읽기 교육의 프리즘

| 저자소개 |

김도남

서울교육대학교 교수
한국교원대학교 대학원 졸업

저서: 상호텍스트성과 읽기 교육 외 다수
논문: 독자의 탈기표체제 생성과 독자의 텍스트 이해(2021) 외 다수

여수현

안산화정초등학교 교사
서울교육대학교 교육전문대학원 박사과정

논문: 들뢰즈의 시간 이론에 기초한 독자 자아 탐구(2020) 외 다수

김예진

서울가원초등학교 교사
서울교육대학교 교육전문대학원 박사과정

논문: 독자 현존재의 본래성 탐구(2021) 외 다수

읽기 교육의 프리즘

초판 인쇄 2022년 2월 28일
초판 발행 2022년 3월 25일

지은이 김도남·여수현·김예진
펴낸이 박찬익
편집 이기남
책임편집 심재진
펴낸곳 ㈜박이정 | 주소 경기도 하남시 조정대로 45 미사센텀비즈 F749호
전화 031-792-1195 | 팩스 02-928-4683
홈페이지 www.pjbook.com | 이메일 pijbook@naver.com
등록 2014년 8월 22일 제2020-000029호
제작처 제삼P&B
ISBN 979-11-5848-681-5 93370

* 책의 정가는 뒷표지에 있습니다.

읽기 교육의 프리즘

김도남 · 여수현 · 김예진

(주)박이정

| 서문 |

이 책은 읽기를 이해하고, 읽기 교육을 위한 몇 가지 다른 시각을 소개하기 위하여 계획되었다. 현재 이루어지고 있는 읽기 교육을 비판적으로 바라보는 시각을 가지고, 읽기와 읽기 교육의 대안을 검토하였다. 현재의 읽기 교육에 대하여 비판적 시각으로 접근하기에 지금의 읽기 교육과 강조점이 다를 수 있지만 읽기 교육을 다양한 관점에서 접근할 수 있는 물꼬를 틀 수도 있다.

이 책은 '읽기 교육의 이해', '읽기 교육의 탐구', '읽기 교육의 도전' 크게 세 부분으로 구성되었다. 1부 읽기 교육의 이해에서는 현재 읽기 교육의 교육 구조를 소개하고, 이 교육적 접근을 비판적으로 바라본다. 그리고 읽기 교육의 접근 관점을 고찰하고, 읽기 영역의 교과서와 읽기 평가 문제를 검토한다. 2부 읽기 교육의 탐구에서는 독자의 텍스트 이해 활동과 관련하여 독자의 의미 표상의 방법, 주체적 관념 구성 방법, 정서 함양 읽기 방법, 읽기 부진 학생 코칭 방법을 살피고, 학교에서의 읽기 활동 측면에서 초등 독서 문화를 비판적으로 살핀다. 3부 읽기 교육의 도전에서는 차연적 읽기와 교육, 읽기 프레임과 교육, 읽기 밈과 교육, 거울 뉴런과 읽기 교육, 영화 읽기와 교육에 대하여 살펴본다.

이 책의 구성은 읽기 교육을 다채롭게 인식하고 새로운 접근 가능성을 모색하는 의도에서 이루어졌다. 읽기 교육을 보는 하나의 시각에서 벗어나 몇 가지 다른 시각에서의 접근 가능성을 타진한다. 현재 읽기 교육에 대한 논의를 이해할 수 있도록 돕는 책은 많이 있다. 이들 책과 다른 내용을 전달하고, 읽기 교육에 대한 다른 인식과 교육 방식을 안내한다. 그러면서 읽기에 대한 이해와 읽기 교육에 대하여 탐구심과 도전 의식을 전달한다. 옳고 그름, 맞고 틀림, 참됨과 거짓의 문제가 아니고, 시각과 입장의 차이로 읽기와 읽기 교육에 대한 다각적 접근 가능성을 살핀다.

이 책은 필자들이 그동안 읽기 교육에 대하여 논의한 결과물을 수정 보완한 것이다. 읽기와 읽기 교육에 대한 현재의 접근 관점을 옹호하면서도 다른 시각에서 바라본 내용을 담고 있는 논의들을 선별하여 구성하였다. 이 논의들을 책으로 엮어냄으로써 독자들이 읽기 교육에 대한 다양한 관점으로의 접근에 관심을 가질 것을 기대한다. 이로써 읽기 교육이 내용적으로 질적으로 변화할 수 있기를 소원한다.

이 책을 위해 그동안 쓴 논문들을 검토하고, 함께 국어교육을 고민하는 교수님들께 자문을 구했다. 시간을 내어 책의 내용이 될 논문을 검토하고, 책의 구성 방향에 대한 의견을 주신 것에 감사드린다. 또한 이 책이 나올 수 있도록 도와주시고 애써 주신 박이정 출판사 담당자분들께도 감사한 마음을 전한다.

저자 일동

| 차례 |

제1부 읽기 교육의 이해

제1장 읽기 교육의 구조

제2장 읽기 교육의 비판

제3장 읽기 교육의 관점

제4장 읽기 교육과 교과서

제5장 문식성 교육과 평가

제2부 읽기 교육의 탐구

제1장 의미의 표상 방법

제2장 주체적 관념 구성

제3장 정서 함양 읽기

제4장 읽기 부진 학생 코칭

제5장 초등 독서 문화 비판

제3부 읽기 교육의 도전

제1장 차연적 읽기와 교육

제2장 읽기 프레임과 교육

제3장 읽기 밈과 교육

제4장 거울 뉴런과 읽기 교육

제5장 영화 읽기와 교육

제1부

읽기 교육의 이해

제1장 읽기 교육의 구조

1. 문제 제기

교육은 교육과정에 의하여 이루어진다. 교육과정은 교육을 실현하기 위한 일련의 계획이다. 교육을 위한 교육과정은 교육 전문가들의 논의와 협의의 과정을 거쳐 만들어진다. 그러다 보니 교육과정은 사회적 기대와 학문적 성과를 반영하고 있다. 이 교육과정은 교육을 실행하기 위한 지침이며 규정이다. 이 규정은 일반적으로 각 개인은 동의한 적은 없지만 따라야 하듯이 교육과정도 관계된 사람들은 따라야 한다. 교육과정은 교육에 관여하는 교사, 학생, 학부모들이 따라야 하는 기준이다. 교육은 이 교육과정을 토대로 이루어진다. 교과 교육을 이해하기 위해서는 교육과정에 대한 이해가 필수이다.

읽기 교육은 읽기 교육과정에 의하여 이루어진다. 읽기 교육과정은 읽기 교육 전문가들의 합의에 의하여 마련된 것이다. 따라서 읽기 교육에 관여하는 교사와 학생은 읽기 교육과정을 준수한다. 즉 읽기 교육은 읽기 교육과정을 근거로 이루어진다. 읽기를 어떻게 생각하든 학교의 교육 제도에 관여하고 있는 교사나 학생은 읽기 교육과정에서 정한 교육 내용과 교수·학습 방법에 따라 교수·학습을 한다. 읽기 교육은 읽기 교육과정에 의하여 이루어져야 하고, 학생들은 읽기 교육과정에 규정하고 있는 내용을 학습해야 한다. 읽기 교육과정은 읽기 교육을 실행하는 토대이면서 기준이다.

교육과정은 교육에 대한 접근 관점을 가진다. 교육과정은 논리적 타당성과 내용의 구체성이 필요하다. 이는 사회적으로 설득력 있게 받아들여지기 위하여 교육과정이 갖추어야 하는 조건이다. 그러다 보니 교육과정은 특정한 관점에서 일관성 있게 정리된다. 이를 위하여 필요한 것이 교육에 대한 접근 관점이다. 교육의 접근 관점에 대하여 우리는 크게 몇 가지를 알고 있다. 전통적인 접근 관점, 진보주의 접근 관점, 학문 중심 접근 관점, 인간 중심 접근 관점 등이다. 현재의 교육과정은 꼭 찍어 말하면 인간 중심 교육과정이라고 할 수 있다. 학문 중심 교육과정의 문제점을 해결하기 위한 대안으로 제시된 것이 인간 중심 교육과정이다.

읽기 교육의 교육과정도 접근 관점을 가진다. 읽기 교육과정의 접근 관점은 전체 교육과정의 관점에 근거하면서 교육과정의 관점을 준용한다. 따라서 현재 읽기 교육의 접근 관점은 인간 중심 교육과정의 논리를 따른다. 기존의 교육과정은 전통적인 삶의 양식을 배우고, 생활에 필요한 것을 익히고, 학자들이 밝힌 지식을 습득하는 것을 강조했다. 읽기 교육도 이에 따라 이루어졌다고 할 수 있다. 인간 중심 교육과정에서는 무엇인가를 할 수 있는 '능력'을 갖추는 것을 강조한다. 읽기 교육에서는 학생들이 '읽기 능력'을 갖추는 것을 목표로 한다. 학생들이 읽기 능력을 갖추게 되면, 읽기를 잘할 수 있을 것이라 전제하기 때문이다.

현재의 읽기 교육은 읽기 교육과정을 토대로 이루어진다. 읽기 교육을 이해하기 위해서는 읽기 교육과정에 근거가 되는 학문적 토대와 교육과정에 대한 이해가 필요하다. 읽기 교육과정을 이해하기 위해서는 그 자체를 들여다보는 것도 중요하지만 그 토대가 되는 학문적인 논의와 교육이 실현되는 실제를 살피는 것도 필요하다. 이 책을 읽는 독자들은 읽기 교육에 대한 실제를 직접 겪어왔다. 초·중·고 학교 교육 속에서 읽기를 학습하고 실천했다. 그러나 배우고 실천했다고 해서 교육과정의 학문적 토대를 이해하고, 교육과정을 이해한 것은 아니다. 따라서 읽기 교육을 이해하기 위해서는 실천한 내용을 되새기며 읽기 교육의 이론적 토대와 교육과정의 내용을 구체적으로 살펴야 한다. 이로써 읽기 교육이 어떠한 논리와 목표로 어떤 내용과 방법으로 이루어졌는지를 이해할 수 있게 된다.

2. 읽기 교육의 이론적 토대

현재의 읽기 교육은 인간 중심 교육과정과 궤를 같이하는 독자 중심 읽기의 관점에서 이루어지고 있다. 독자 중심 읽기 관은 독자가 텍스트의 의미를 구성한다고 본다. 텍스트의 의미를 독자가 결정한다고 보는 관점인 것이다. 텍스트의 의미를 필자의 의도에서 찾을 수도 있고, 텍스트 내용 자체에서도 찾을 수 있다. 또는 특정 시대의 관점이나 사회적인 해석, 문화적인 해석에서도 찾을 수 있다. 이들 관점들은 텍스트를 읽는 방식을 달리한다. 읽기 교육은 이들 관점을 모두 수용할 수도 있으나 반드시 그럴 필요는 없다. 교육의 시간과 능률면에서 특정 관점을 중심으로 교육을 하면서 필요한 관점을 고려하는 것이 효과적이기 때문이다.

독자 중심 읽기 교육 관점은 독자의 '읽기 능력' 향상을 강조하는 관점이다. 읽기 교육으로 독자가 읽기 능력을 향상하게 되면, 텍스트를 읽을 때 부딪히는 문제를 잘 해결하여 읽기를 잘할 것으로 본다. 이는 인지심리학의 학문적 논리에 근거하여 읽기를 규정하는 관점이다. 인지심리학은 사람의 인지적 행동 즉, 사고 행위의 탐구에 관심을 갖는다. 인지심리학의 관점에서 보면 사람의 사고는 문제를 인식했을 때 시작되고, 문제를 해결하기 위하여 사고 행위를 한다. 이는 읽기도 독자의 인지적 행동으로, 텍스트를 읽는 과정에서 다양한 문제와 마주치고, 이들 문제를 해결함으로써 텍스트를 이해하는 행동이다.

또한 독자 중심 읽기 교육 관점은 독자의 텍스트 이해를 '의미 구성'이라고 본다. 의미 구성이라는 말은 독자가 텍스트를 읽고 텍스트와 관련된 의미를 만든다는 뜻이다. 텍스트의 내용을 그대로 받아들이는 것이 아니라 독자의 인지적 요인을 활용하여 의미를 만든다는 것이다.

> 떠밀지 마!! 겁먹은 소리로 애원을 해도 사정없이 떠밀어 대는 장난꾸러기들. 우아아! 아이쿠! 엎어지고 자빠져도 아파할 사이도 없이 산이 떠나갈 듯한 웃음. 하얗게 부서지는 웃음(정춘자, 〈폭포〉).

위 글을 읽으면 여러 가지 생각이 마음속에 떠오른다. 독자의 인지적 요인에 따라 달라질 수 있다. 물론 제목을 보면 쉽게 장면을 떠올릴 수도 있다. 그렇지만 독자는 마을 놀이터의 미끄럼틀에서 노는 아이들이나 물 놀이터에서 물놀이를 즐기는 사람들을 떠올릴 수도 있다. 독자가 경험한 내용에 따라 다른 장면을 떠올릴 수 있는 것이다. 이렇게 독자의 인지적 요인을 활용하여 텍스트의 내용을 이해하는 것을 '의미 구성'이라 한다.

독자 중심 읽기 교육의 관점은 읽기를 '문제해결' 활동과 '의미 구성' 활동을 하는 인지적 행동으로 보는 것이다. 그렇기 때문에 독자 중심 읽기 교육은 독자의 인지적 문제해결을 위한 읽기 능력을 높이는 활동과 독자가 인지적 요소를 활용하여 의미 구성을 하는 활동에 중점을 둔다. 이는 독자가 텍스트를 읽는 과정에서 마주치는 문제를 능숙하게 해결하고, 독자의 인지적 요인을 효과적으로 활용하여 의미를 구성하는 것을 강조하는 것이다. 이는 읽기 교육에서 독자가 텍스트를 읽는 과정에 부딪히는 문제를 해결할 수 있는 방법을 알려주고, 독자의 인지적 요소를 활용하는 방법을 지도할 필요가 있음을 뜻한다.

독자의 인지적 문제해결을 위해서는 문제를 해결하는 데 필요한 인지적 요소가 있어야 한다. 독자가 텍스트를 읽는 과정에서 마주치는 문제를 해결하는 데 필요한 인지적 요소를 '기능(skill)'이라고 한다. 독자가 텍스트를 읽는 과정에서 문제와 마주칠 때, 이 읽기 기능을 활용하면 쉽게 문제를 해결할 수 있다. 예를 들어 기행문을 읽을 때, 독자는 여행자가 펼치는 여러 가지 내용을 파악하는 문제와 마주치게 된다. 이때 시간 변화에 따라 기행문의 내용을 떠올려 보거나 장소 변화에 따라 내용을 정리할 수 있다. 그렇게 되면 기행문의 내용을 쉽게 파악할 수 있다. 이와 같이 텍스트 읽으면서 독자가 마주치는 문제를 해결할 때 활용하는 '시간 변화에 따라 내용 떠올리기'나 '장소 변화에 따라 내용 정리하기' 등이 읽기 기능이다. 독자가 이들 읽기 기능을 많이 알고 활용할 수 있다면 읽기 능력이 높아지게 될 것이다. 따라서 읽기 교육에서는 이 읽기 기능을 학생이 익히게 함으로써 읽기 능력을 높일 수 있다. 읽기 기능과 관련하여 많이 알려진 이해 기능의 분류는 바렛(Barrett, 1976)이 제시한 것이다.

바렛(Barrett, 1976)의 이해의 기능(노명완, 박영목, 권경안, 1994: 175-176)

1. 축어적 재인 및 회상(Literal recognition and recall)
   ① 세부 내용에 대한 재인 및 회상 ② 중심 생각의 재인 및 회상 ③ 줄거리의 재인 및 회상 ④ 비교의 재인 및 회상 ⑤ 원인 결과의 재인 및 회상 ⑥ 인물의 특성에 대한 재인 및 회상
2. 재조직(Reorganization)
   ① 유목화 ② 개요 ③ 요약 ④ 종합
3. 추론(Inference)
   ① 뒷받침이 되는 세부 내용의 추론 ② 중심 생각 추론 ③ 줄거리 추론 ④ 비교 추론 ⑤ 원인과 결과 관계 추론 ⑥ 인물의 특성 추론 ⑦ 결과 예측 ⑧ 비유적 언어 해석
4. 평가(Evaluation)
   ① 현실과 환상의 판단 ② 사실과 의견의 판단 ③ 정확성과 타당성의

판단 ④ 적절성의 판단 ⑤ 수용 가능성의 판단

5. 감상(Appreciation)

① 주제나 구성에 대한 정의적 반응 ② 인물이나 사건에 대한 공감

③ 자기가 사용한 언어에 대한 반응 ④ 심상

독자는 텍스트를 읽고 의미를 구성하는 데 필요한 인지적 요소도 활용할 수 있어야 한다. 독자가 텍스트를 읽고 의미 구성을 하는데 필요한 인지적 요소를 '스키마(schema)' 또는 '배경지식(background knowledge)'이라고 한다. 독자가 텍스트를 읽는 과정에서 텍스트 내용과 관련하여 의식 속에 여러 가지 생각 내용이 떠오른다. 어떤 것은 낱말과 관련된 생각도 있고, 어떤 것은 특정 구절에 관련된 것도 있다. 또 어떤 것은 특정 상황이나 일련의 사건이나 일과 관련된 것도 있다. 스키마는 특정 상황이나 사건과 같이 특정한 일과 관련되어 떠오른 생각 내용이다. 예로 독자가 텍스트를 읽으면서 식당에서 식사하는 내용을 인식하면, '식당 정하기-메뉴 정하기-예약하기-식당가기-주인과 인사하기-예약 확인하기-식사 자리 안내받기-겉옷과 소지품 정리하기-식탁 의자에 앉기-음식 기다리며 대화하기- 물 마시기…' 등 일련의 일의 진행 구조가 떠오른다. 이와 같이 특정한 일에 대한 일련의 구조적 내용이 의식에 떠오른 것이 스키마이다. 스키마와 배경지식은 같은 의미로 쓰이기도 하지만, 배경지식은 스키마를 포함하여 텍스트를 이해는 데 필요한 독자가 가진 인지 내용 전체를 가리킨다. 독자는 이들 스키마와 배경지식의 작용에 의하여 텍스트의 내용을 떠올리게 된다. 독자가 텍스트와 관련된 독자의 인지적 요소를 잘 떠올릴수록 의미 구성을 잘할 수 있다.

읽기 교육에서 독자의 읽기 능력을 향상시키기 위해서는 인지적 문제해결과 의미 구성에 관련된 요소를 지도해야 한다. 교육적으로 인지적 문제해결과 관련된 기능은 구체적으로 찾아 지도할 수 있다. 독자의 인지적 행위를 분석하여 독자가 읽기 과정에서 마주하는 문제를 찾고, 이들 문제를 잘

해결하는 독자의 인지적 과정을 분석하면 문제해결에 필요한 읽기 기능을 찾을 수 있다. 독자의 인지적 문제해결에 필요한 중요 읽기 기능을 간추리고, 학생의 읽기 수준에 맞게 정렬하면 읽기 교육과정의 교육 내용이 된다. 그런데 의미 구성에 관여하는 스키마와 배경지식은 독자가 지닌 개인적인 요소이다. 또한 스키마와 배경지식은 개인의 생활과 삶 전체 과정에서 개별적 경험을 통하여 생성되는 것이기 때문에 교육적으로 이를 생성하는 것은 일부에 지나지 않는다. 읽기 교육에서 스키마와 배경지식을 강조는 하지만 교육 내용으로 구체화하여 지도하기에는 어려운 점이 있다. 또한 스키마와 배경지식은 읽는 텍스트에 따라서 다른 것이기에 읽기 기능과 같이 공통적인 것으로 한정하기 어렵다. 그래서 읽기 교육에서는 독자의 인지적 문제해결과 관련된 읽기 기능을 중요 교육 내용으로 한다.

독자 중심 읽기 교육의 교육 내용이 읽기 기능인 것은 이런 이유에서이다. 이 읽기 기능을 지도하기 위해서는 특정한 교육 방법이 필요하다. 교육의 방법은 교육 내용이 무엇이냐에 따라 달라진다. 학문 중심 교육에서는 지식의 습득이 주요 교육 내용이었기에 탐구 학습 방법이 주요 교육 방법이었다. 독자 중심 교육의 주요 교육 내용은 읽기 기능이다. 기능을 교육하는 방법도 다양할 수 있다. 여러 방법 중 그 타당성을 인정받는 방법이 '직접교수법'이다. 직접교수법은 기능을 '교사의 시범'으로 지도하는 방법이다. 읽기 기능은 설명을 통해서 학생들이 익히게 하기는 쉽지 않다. 그래서 교사가 시범으로 어떻게 하는 것인지를 보이고, 학생들이 따라해 봄으로써 익힐 수 있다. 읽기 기능은 외현적 행동으로 드러나기보다는 인지적 활동의 과정으로 진행된다. 따라서 교사의 읽기 기능 시범은 인지적 활동 과정을 학생들이 이해할 수 있도록 해야 한다. 이를 인지적 시범이라고 한다. 인지적 시범은 텍스트를 읽는 과정에서 활용하는 읽기 기능을 교사가 먼저 소개하고, 활동 과정을 안내하고, 기능의 실행 예시를 보여주고, 실행 과정을 설명하여 학생들이 알게 해야 한다. 그러고 나서 학생들에게 기능의 실행 과정을 교사와 같은 절차와 방법으로 해 보게 한다. 그러면서 읽기 기능의 실행 과정에 대하여 학생들과 이야기를 나누며 부족한 점을 보완해 주어야 한다.

독자 중심 읽기 교육은 인지심리학의 연구 방법을 활용한 읽기 연구의 결과에 도움을 많이 받고 있다. 독자의 인지 활동을 중심으로 읽기를 설명하고, 독자의 인지 활동을 잘 할 수 있게 함으로써 읽기 능력을 높이려고 하고 있다. 읽기 기능을 지도하여 독자가 텍스트를 읽을 때 마주하는 문제를 해결할 수 있도록 하고, 스키마와 배경지식을 활용하여 독자 중심의 의미 구성을 할 수 있도록 하고 있다. 이 독자 중심 읽기 교육의 구체적인 내용과 방법은 읽기 교육과정에 체계적으로 제시되어 있다.

3. 읽기 교육과정의 내용

읽기 교육과정의 내용은 국어과 교육과정의 한 부분이다. 이는 읽기 교육과정이 국어과 교육과정과의 관점을 수용하여 이루어지고 있음을 의미한다. 즉 국어과의 전체적인 교육에 기여하면서 읽기 교육과정으로서의 역할을 하고 있음을 뜻한다. 현재 국어과 교육과정이 추구하는 목표가 '국어 능력 향상(신장)'이므로 읽기 교육과정의 목표는 '읽기 능력 향상'이다. 그렇기 때문에 현재 읽기 교육과정은 학생들의 읽기 능력 향상을 위한 교육 내용과 교육 방법이 중심이 되어 구성되어 있다. 먼저 2015 국어과 교육과정의 교육의 목표를 살펴보면 다음과 같다.

> 국어로 이루어지는 이해·표현 활동 및 문법과 문학의 본질을 이해하고, 의사소통이 이루어지는 맥락의 다양한 요소를 고려하여 품위 있고 개성 있는 국어를 사용하며, 국어문화를 향유하면서 국어의 발전과 국어문화 창조에 이바지하는 능력과 태도를 기른다.

가. 다양한 유형의 담화, 글, 작품을 정확하고 비판적으로 이해하고 효과적이고 창의적으로 표현하며 소통하는 데 필요한 기능을 익힌다.
나. 듣기·말하기, 읽기, 쓰기 활동 및 문법 탐구와 문학 향유에 도움이 되는 기본 지식을 갖춘다.
다. 국어의 가치와 국어 능력의 중요성을 인식하고 주체적으로 국어생활을 하는 태도를 기른다.

국어과 교육목표를 읽기 교육의 입장에서 정리하면 다음과 같다. 읽기 교육은 이해 활동과 관련되어 있는 의사소통이다. 읽기는 품위 있고 개성 있는 국어를 사용한 의사소통을 이루어, 국어문화의 향유와 국어의 발전 및 국어 문화 창조에 이바지할 수 있는 능력과 태도를 길어야 한다. 이를 위해서는 다양한 텍스트를 정확하고, 비판적으로 이해하고 효과적이고 창의적인 읽기 의사소통 기능을 익혀야 한다. 또한 텍스트를 읽는 데 필요한 기본 지식을 갖추어야 한다. 그리고 읽기의 가치와 읽기 능력의 중요성을 인식하고 주체적으로 읽기 생활을 하는 태도를 길러야 한다.

이 읽기 교육의 목표를 이루기 위한 2015 교육과정의 읽기 교육 내용은 다음과 같다. 먼저 읽기 교육의 내용 체계표를 살펴보자.

2015 국어과 교육과정의 읽기영역 교육내용 체계표

핵심 개념	일반화된 지식	학년(군)별 내용 요소					기능
		초등학교			중학교	고등학교	
		1~2 학년	3~4 학년	5~6 학년	1~3 학년	1학년	
▸ 읽기의 본질	읽기는 읽기 과정에서의 문제를 해결하며 의미를 구성하고 사회적으로 소통하는 행위이다.			• 의미 구성 과정	• 문제 해결 과정	• 사회적 상호 작용	• 맥락 이해하기 • 몰입하기 • 내용 확인하기 • 추론
▸ 목적에 따른 글의 유형	의사소통의 목적, 매체 등에 따라	• 글자, 낱말,	• 정보 전달,	• 정보 전달,	• 정보 전달,	• 인문·예술,	

• 정보 전달 • 설득 • 친교·정서 표현 ▸ 읽기와 매체	다양한 글 유형이 있으며, 유형에 따라 읽기의 방법이 다르다.	문장, 짧은 글	설득, 친교 및 정서 표현 • 친숙한 화제	설득, 친교 및 정서 표현 • 사회·문화적 화제 • 글과 매체	설득, 친교 및 정서 표현 • 사회·문화적 화제 • 한 편의 글과 매체	사회·문화, 과학·기술 분야의 다양한 화제 • 한 편의 글과 매체	하기 • 비판하기 • 성찰·공감하기 • 통합·적용하기 • 독서 경험 공유하기 • 점검·조정하기
▸ 읽기의 구성 요소 • 독자·글·맥락 ▸ 읽기의 과정 ▸ 읽기의 방법 • 사실적 이해 • 추론적 이해 • 비판적 이해 • 창의적 이해 • 읽기 과정의 점검	독자는 배경지식을 활용하며 읽기 목적과 상황, 글 유형에 따라 적절한 읽기 방법을 활용하여 능동적으로 글을 읽는다.	• 소리 내어 읽기 • 띄어 읽기 • 내용 확인 • 인물의 처지·마음 짐작하기	• 중심 생각 파악 • 내용 간추리기 • 추론하며 읽기 • 사실과 의견의 구별	• 내용 요약 [글의 구조] • 주장이나 주제 파악 • 내용의 타당성 평가 • 표현의 적절성 평가 • 매체 읽기 방법의 적용	• 내용 예측 • 내용 요약[읽기 목적, 글의 특성] • 설명 방법 파악 • 논증 방법 파악 • 관점과 형식의 비교 • 매체의 표현 방법·의도 평가 • 참고 자료 활용 • 한 편의 글 읽기 • 읽기 과정의 점검과 조정	• 관점과 표현 방법의 평가 • 비판적·문제 해결적 읽기 • 읽기 과정의 점검과 조정	
▸ 읽기의 태도 • 읽기 흥미 • 읽기의 생활화	읽기의 가치를 인식하고 자발적 읽기를 생활화할 때 읽기를 효과적으로 수행할 수 있다.	• 읽기에 대한 흥미	• 경험과 느낌 나누기	• 읽기 습관 점검하기	• 읽기 생활화하기	• 자발적 읽기	

읽기 영역의 교육내용 체계표는 핵심 개념, 일반화된 지식, 학년군별 교육 내용 요소, 읽기 기능으로 되어 있다. 핵심 개념의 하위 항목으로 읽기 본질, 텍스트 요인(글의 유형과 매체), 읽기 활동 요인(읽기의 구성 요소, 읽기 과정, 읽기 방법), 읽기 태도가 제시되어 있다. 이 핵심 개념은 교육 내용을 속성별로 구분한 범주이다. 이 핵심 개념의 범주에 따라 학년군별로 읽기 교육 내용 요소를 배당하고 있다. 일반화된 지식은 핵심 개념과 학년군별 교육내용으로 실행할 읽기 활동을 규정하고 있다. 학년군별 내용 요소에서는 읽기 기능을 학년군별 특성에 맞게 체계화하여 제시하고 있다. 이 표에서 주의하여 볼 것은 학년군별로 제시된 읽기 기능 요소이다. 학년군별로 어떤 읽기 교육 내용 요소가 제시되어 있는지를 이해하는 것이 필요하다. 그리고 마지막 칸에 제시되어 있는 것이 학년군별 내용 요소를 정리한 읽기 기능이다. 이 읽기 기능으로 교육과정에서 강조하는 교육 내용의 주요 요인(항목)을 확인할 수 있다.

이 읽기 교육 내용 체계에 제시된 학년군별 읽기 기능을 토대로 하여 교육과정에서는 교육의 주안점, 성취기준, 학습 요소를 제시하고 있다. 교육의 주안점은 학년군별로 제시된 교육 내용을 교육할 때 중점을 두어야 할 점을 정리한 것이다. 성취기준은 교육 내용 요소를 행동적 표현으로 구체화한 것이고, 학습 요소는 성취기준에 들어있는 교육 내용 요소만 정리해 놓은 것이다. 읽기 교육의 주안점과 읽기 성취기준 및 학습 요소를 차례대로 보면 다음과 같다.

〈학년군별 읽기 교육의 주안점〉

1) 1-2학년군

초등학교 1~2학년 읽기 영역 성취기준은 한글을 깨치고 읽는 활동을 통해 글의 내용을 이해할 수 있는 기초적인 읽기 능력을 갖추는 데 중점을 두어 설정하였다. 글자라는 약속된 기호가 있음을 알고 스스로 글자를 읽으려는 태도를 길러 읽기에 흥미를 가지도록 하는 데 주안점을 둔다.

2) 3~4학년군

초등학교 3~4학년 읽기 영역 성취기준은 다양한 글의 내용을 파악하고 글에 담긴 의미를 추론하는 등 읽기의 기초적 기능을 이해하고 활용하는 데 중점을 두어 설정하였다. 글에 대한 경험과 느낌을 다른 사람과 나누는 활동을 통해 적극적으로 의미를 구성하는 독자를 기르는 데 주안점을 둔다.

3) 5~6학년군

초등학교 5~6학년 읽기 영역 성취기준은 읽기의 목적과 읽기 습관을 점검하며 읽는 능동적인 독자를 기르는 데 중점을 두어 설정하였다. 읽기 목적에 따라 알맞은 방법을 선택하고 지식과 경험 등을 활용하여 능동적으로 의미를 구성하며 글을 비판적으로 이해하는 능력을 기르는 데 주안점을 둔다.

4) 중학교

중학교 1~3학년 읽기 영역 성취기준은 한 편의 완결된 글을 읽어 내는 독서 경험을 바탕으로 하여 읽기의 가치와 즐거움을 아는 능동적인 독자를 기르는 데 중점을 두어 설정하였다. 문제 해결적 사고 과정으로서 읽기의 특성을 이해하고, 독서 목적에 따라 적절한 읽기 방법을 적용하여 다양한 유형의 자료를 비판적으로 읽으며 적극적으로 의미를 구성하는 데 주안점을 둔다.

5) 고등학교 1학년

고등학교 1학년 읽기 영역 성취기준은 학습자가 자신의 관심사와 관련된 다양한 글이나 매체를 자발적으로 찾아 폭넓게 읽으면서 평생 독자로 성장하도록 하는 데 중점을 두어 설정하였다. 사회적 상호 작용 행위로서의 읽기의 특성을 이해하고, 비판적이고 창의적인 사고를 바탕으로 하여 자신의 읽기 과정을 점검하고 조정하며 읽는 능력을 기르는 데 주안점을 둔다.

6) 독서(고2~3학년)

① 독서의 본질

'독서의 본질' 성취기준은 좋은 글을 선택하는 능력과 다양한 글을 주제 통합적으로 읽는 능력에 중점을 두어 설정하였다. 학습자가 독서 목적이나 글의 가치 등을 고려하여 다양한 자료를 선택하고 비판적, 통합적으로 독서하는 능력을 기르는 데 주안점을 둔다.

② 독서의 방법

'독서의 방법' 성취기준은 글을 읽으면서 내용을 파악하고, 추론하고, 비판하고, 창의적인 대안을 떠올리는 능력에 중점을 두어 설정하였다. 글의 중심내용을 파악하고 겉으로 드러나지 않은 내용을 추론하는 수준에서 나아가 필자의 가치관이나 글의 배경이 되는 사회·문화적 이념을 비판하고 필자의 관점에 대한 대안이나 문제해결 방안을 떠올리고 논리적으로 재구성하는 데 주안점을 둔다.

③ 독서의 분야

'독서의 분야' 성취기준은 다양한 분야의 책과 시대·지역·매체의 특성이 반영된 글을 읽으면서 폭넓은 독서 경험을 쌓도록 하는 데 중점을 두어 설정하였다. 독서 자료 및 매체의 유형과 특성을 이해하고 다양한 분야의 글을 읽으면서 각각의 글에 담긴 지식과 정보를 비판적으로 이해하고, 글쓰기의 관습이나 독서 문화에 시대 및 지역의 사회·문화적 특성이 반영되어 있음을 이해하는 데 주안점을 둔다.

④ 독서의 태도

'독서의 태도' 성취기준은 학습자가 다양한 독서 활동에 적극적으로 참여하여 글 속의 삶의 방식과 세계관을 폭넓게 이해하고, 생각과 간접 경험의 폭을 넓히며, 글과 소통하는 삶을 살도록 하는 데 중점을 두어 설정하였다.

이 주안점은 학년군별로 어떤 점을 강조하여 지도할 것인지를 밝히고 있다. 읽기 교육을 실행할 때, 학년별 교육 내용의 위계와 학생들의 발달 수준에 따라 특히 고려하고 강조해야 할 점을 제시하고 있다. 이 주안점은 읽기 교과서를 개발하고, 읽기 수업을 계획하고, 읽기 교수-학습을 실행할 때에 참조해야 할 것이다. 이들 주안점을 토대로 하여 읽기 교육의 실제적인 교육 내용을 체계적으로 정리한 것이 '성취기준'이다. 이 성취기준의 내용에서 학년군별로 필수로 지도해야 할 교육 내용이 '학습 요소'이다.

성취기준은 교육을 통하여 교사가 가르치고 학생이 배워야 할 교육 내용의 기준을 의미한다. 교육 활동을 통하여 성취를 이루어야 하는 내용의 기준을 정한 것이 성취기준이다. 이 성취기준은 교육 내용 요소와 행동의 요소가 포함되어 있다. 따라서 성취기준을 볼 때에는 어떤 교육 내용 요소를 어떤 행동으로 실행할지를 확인해야 한다. 성취기준에 들어 있는 교육 내용 요소는 구체적인 경우도 있지만 포괄적인 요소를 포함하고 있는 경우도 있다. '[2국02-01] 글자, 낱말, 문장을 소리 내어 읽는다.'에서는 구체적인 교육 내용 요소를 알 수 있다. '[4국02-02] 글의 유형을 고려하여 대강의 내용을 간추린다.'에서는 글의 유형도 많지만 글의 내용을 간추리는 방법도 다양하다. 따라서 성취기준의 내용 요소가 포괄적인 경우에는 성취기준에 대한 설명이나 해설이 필요하다. 성취기준에 포함된 교육 내용 요소를 분명하기 인식하기 어려울 때는 '성취기준 해설'을 참고해야 한다. 학년군별 읽기 영역의 성취기준과 학습 요소를 보면 다음과 같다.

학년군별 읽기 성취기준 및 학습 요소

1) 1–2학년군

[2국02-01] 글자, 낱말, 문장을 소리 내어 읽는다.
[2국02-02] 문장과 글을 알맞게 띄어 읽는다.
[2국02-03] 글을 읽고 주요 내용을 확인한다.
[2국02-04] 글을 읽고 인물의 처지와 마음을 짐작한다.
[2국02-05] 읽기에 흥미를 가지고 즐겨 읽는 태도를 지닌다.

학습 요소

정확하게 소리 내어 읽기, 알맞게 띄어 읽기, 주요 내용 확인하기, 인물의 처지와 마음 짐작하기, 읽기에 흥미 갖기

2) 3–4학년군

[4국02-01] 문단과 글의 중심 생각을 파악한다.
[4국02-02] 글의 유형을 고려하여 대강의 내용을 간추린다.

[4국02-03] 글에서 낱말의 의미나 생략된 내용을 짐작한다.
[4국02-04] 글을 읽고 사실과 의견을 구별한다.
[4국02-05] 읽기 경험과 느낌을 다른 사람과 나누는 태도를 지닌다.

학습 요소
중심 생각 파악하기, 대강의 내용 간추리기, 짐작하기(낱말의 의미, 생략된 내용), 사실과 의견 구별하기, 읽기 경험을 나누는 태도 갖기

3) 5–6학년군

[6국02-01] 읽기는 배경지식을 활용하여 의미를 구성하는 과정임을 이해하고 글을 읽는다.
[6국02-02] 글의 구조를 고려하여 글 전체의 내용을 요약한다.
[6국02-03] 글을 읽고 글쓴이가 말하고자 하는 주장이나 주제를 파악한다.
[6국02-04] 글을 읽고 내용의 타당성과 표현의 적절성을 판단한다.
[6국02-05] 매체에 따른 다양한 읽기 방법을 이해하고 적절하게 적용하며 읽는다.
[6국02-06] 자신의 읽기 습관을 점검하며 스스로 글을 찾아 읽는 태도를 지닌다.

학습 요소
의미 구성 과정으로서의 읽기, 요약하기(글의 구조), 주장과 주제 파악하기, 내용의 타당성 평가하기, 표현의 적절성 평가하기, 다양한 읽기 방법 적용하기(매체), 읽기 습관 점검하기, 스스로 글을 찾아 읽기

4) 중학교

[9국02-01] 읽기는 글에 나타난 정보와 독자의 배경지식을 활용하여 문제를 해결하는 과정임을 이해하고 글을 읽는다.
[9국02-02] 독자의 배경지식, 읽기 맥락 등을 활용하여 글의 내용을 예측한다.
[9국02-03] 읽기 목적이나 글의 특성을 고려하여 글 내용을 요약한다.
[9국02-04] 글에 사용된 다양한 설명 방법을 파악하며 읽는다.
[9국02-05] 글에 사용된 다양한 논증 방법을 파악하며 읽는다.

[9국02-06] 동일한 화제를 다룬 여러 글을 읽으며 관점과 형식의 차이를 파악한다.
[9국02-07] 매체에 드러난 다양한 표현 방법과 의도를 평가하며 읽는다.
[9국02-08] 도서관이나 인터넷에서 관련 자료를 찾아 참고하면서 한 편의 글을 읽는다.
[9국02-09] 자신의 읽기 과정을 점검하고 효과적으로 조정하며 읽는다.
[9국02-10] 읽기의 가치와 중요성을 깨닫고 읽기를 생활화하는 태도를 지닌다.

학습 요소
문제 해결 과정으로서의 읽기, 예측하기, 요약하기(글의 목적과 특성), 예측하기, 설명 방법 파악하기(정의, 예시, 비교와 대조, 분류와 구분, 인과, 분석), 논증 방법 파악하기(귀납, 연역, 유추), 동일한 화제의 글 비교하며 읽기, 표현 방법과 의도 평가하기(매체), 한 편의 글 읽기(참고 자료 활용), 읽기 과정 점검하며 읽기, 읽기를 생활화하기

5) 고등학교 1학년
[10국02-01] 읽기는 읽기를 통해 서로 영향을 주고받으며 소통하는 사회적 상호 작용임을 이해하고 글을 읽는다.
[10국02-02] 매체에 드러난 필자의 관점이나 표현 방법의 적절성을 평가하며 읽는다.
[10국02-03] 삶의 문제에 대한 해결 방안이나 필자의 생각에 대한 대안을 찾으며 읽는다.
[10국02-04] 읽기 목적을 고려하여 자신의 읽기 방법을 점검하고 조정하며 읽는다.
[10국02-05] 자신의 진로나 관심사와 관련된 글을 자발적으로 찾아 읽는 태도를 지닌다.

학습 요소
사회적 상호 작용으로서의 읽기, 관점이나 표현 방법의 적절성 평가하기(매체), 문제 해결을 위한 읽기, 과정 점검하며 읽기, 자발적으로 읽는 태도 갖기

6) 독서(고2-3학년)

(독서의 본질)

[12독서01-01] 독서의 목적이나 글의 가치 등을 고려하여 좋은 글을 선택하여 읽는다.

[12독서01-02] 동일한 화제의 글이라도 서로 다른 관점과 형식으로 표현됨을 이해하고 다양한 글을 주제 통합적으로 읽는다.

학습 요소

독서 자료의 선택(독서의 목적, 글의 가치), 주제 통합적 독서(상호 텍스트성)

(독서의 방법)

[12독서02-01] 글에 드러난 정보를 바탕으로 중심 내용, 주제, 글의 구조와 전개 방식 등 사실적 내용을 파악하며 읽는다.

[12독서02-02] 글에 드러나지 않은 정보를 예측하여 필자의 의도나 글의 목적, 숨겨진 주제, 생략된 내용을 추론하며 읽는다.

[12독서02-03] 글에 드러난 관점이나 내용, 글에 쓰인 표현 방법, 필자의 숨겨진 의도나 사회·문화적 이념을 비판하며 읽는다.

[12독서02-04] 글에서 공감하거나 감동적인 부분을 찾고 이를 바탕으로 글이 주는 즐거움과 깨달음을 수용하며 감상적으로 읽는다.

[12독서02-05] 글에서 자신과 사회의 문제를 해결하는 방법이나 필자의 생각에 대한 대안을 찾으며 창의적으로 읽는다.

학습 요소

사실적 읽기(중심 내용, 주제, 글의 구조, 전개 방식), 추론적 읽기(필자의 의도나 목적, 숨겨지거나 생략된 내용), 비판적 읽기(관점, 내용, 표현 방법, 의도나 신념), 감상적 읽기(공감, 감동), 창의적 읽기(해결 방안이나 대안)

(독서의 분야)

[12독서03-01] 인문·예술 분야의 글을 읽으며 제재에 담긴 인문학적 세계관, 예술과 삶의 문제를 대하는 인간의 태도, 인간에 대한 성찰 등을 비판적으로 이해한다.

[12독서03-02] 사회·문화 분야의 글을 읽으며 제재에 담긴 사회적 요구와 신념, 사회적 현상의 특성, 역사적 인물과 사건의 사회·문화적 맥락 등을 비판적으로 이해한다.
[12독서03-03] 과학·기술 분야의 글을 읽으며 제재에 담긴 지식과 정보의 객관성, 논거의 입증 과정과 타당성, 과학적 원리의 응용과 한계 등을 비판적으로 이해한다.
[12독서03-04] 시대의 사회·문화적 특성이 글쓰기의 관습이나 독서 문화에 반영되어 있음을 이해하고 다양한 시대에서 생산된 가치 있는 글을 읽는다.
[12독서03-05] 지역의 사회·문화적 특성이 다양한 형식과 내용으로 글에 반영되어 있음을 이해하고 다양한 지역에서 생산된 가치 있는 글을 읽는다.
[12독서03-06] 매체의 유형과 특성을 고려하여 글의 수용과 생산 과정을 이해하고 다양한 매체 자료를 주체적이고 비판적으로 읽는다.

학습 요소
인문·예술 분야의 글 읽기, 사회·문화 분야의 글 읽기, 과학·기술 분야의 글 읽기, 다양한 시대의 글 읽기, 다양한 지역의 글 읽기, 다양한 매체 자료 읽기
[12독서04-01] 장기적인 독서 계획을 세워 자발적으로 독서를 실천함으로써 건전한 독서 문화를 형성한다.
[12독서04-02] 의미 있는 독서 활동에 참여함으로써 타인과 교류하고 다양한 삶의 방식과 세계관을 이해하는 태도를 지닌다.

학습 요소
독서 계획과 실천(자발적 독서), 독서 문화 형성, 타인과의 교류, 삶의 방식과 세계관 이해

읽기 교육의 실제적 실천은 읽기 지도 방법을 통하여 이루어진다. 읽기 지도 방법은 읽기 교육 내용에 의하여 결정되는 것이다. 교육 내용이 어떤 것인가에 따라 그에 맞는 읽기 지도 방법이 필요하다. 그렇기 때문에 읽기

지도의 방법은 읽기 교육 내용 요소에 따라 제시되어야 한다. 물론 읽기를 지도하기 위한 일반적인 교육 방법이 있다. 이 방법을 중심으로 읽기 교수·학습을 진행하면서 개별 교육 내용 요소의 특성에 맞게 지도 방법을 구체화해야 하는 것이다. 그래서 교육과정에서는 읽기 교육 내용 요소에 따라 '읽기 교수·학습 방법 및 유의 사항'을 제시하고 있다.

읽기 교수·학습 활동은 교육 내용 요소와 교사의 특성과 학생의 특성이 반영되어 이루어진다. 교수·학습 활동을 교사 일방적으로 하거나, 교육 내용 요소만을 중심으로, 또는 학생의 특성만을 중심으로 하는 것은 성공적인 교수·학습이 되지 않는다. 교육이 이루어지는 상황에 맞게 교수·학습을 운영하는 것이 필요하다. 다만 교육과정에서 교수·학습 방법과 유의 사항을 제시한 것은 교수·학습 활동의 여러 요인을 감안할 때, 교육 내용 요소의 측면에서 고려할 점을 제시한 것이다. 따라서 교과서를 개발하거나 읽기 교수·학습을 계획하고 실행할 때는 교육과정에 제시된 읽기 교수·학습 방법 및 유의 사항을 참조할 필요가 있다. 학년군별 '읽기 교수·학습 방법과 유의 사항'을 보면 다음과 같다.

읽기 교수·학습 방법 및 유의 사항

1) 1–2학년군

① 학교 안내판, 학급 게시판, 광고지 등 주변에서 접할 수 있는 읽기 자료를 보고 학습자 스스로 읽기를 시도해 보도록 한다. 예컨대, 글자, 낱말, 문장을 소리 내어 읽기를 지도할 때에는 낱자의 형태, 소리, 이름 등을 읽기보다는 '자동차'의 '자'와 같이 학습자가 익숙한 낱말 속에서 글자의 형태와 소리를 익히도록 한다.

② 띄어 읽기를 지도할 때에는 다 같이 읽기보다는 혼자 읽기를 하도록 하여 기계적으로 띄어 읽기를 하지 않도록 한다. 여러 단위에서 띄어 읽기가 가능하므로 특정한 띄어 읽기 방법을 강요하지 않으며 의미가 통할 수 있는 수준에서 띄어 읽도록 지도한다.

③ 글을 읽고 내용 확인하기를 지도할 때에는 '무엇이 어떠하다.', '누가 무엇을 하였다.'와 같은 수준에서 내용을 파악하도록 지도한다.

④ 글을 읽고 인물의 처지와 마음 짐작하기를 지도할 때에는 그렇게 짐작한 까닭을 말해 보게 함으로써 인물의 처지나 마음을 바르게 짐작하였는지를 살펴본다. 또한 인물의 처지나 마음을 표현할 때에는 '기분이 좋다, 기분이 나쁘다'와 같은 표현을 이용하기보다는 '신나다, 즐겁다, 설레다, 창피하다, 기죽다, 답답하다'와 같이 감정을 표현하는 다양한 어휘를 사용하여 표현할 수 있도록 지도한다.

⑤ 이 시기는 읽기에 흥미를 가질 뿐 아니라 기본적인 읽기 능력을 갖추도록 하는 데 매우 중요한 시기이므로 글자, 낱말, 문장을 소리 내어 능숙하게 읽을 수 있도록 교과 시간 외에도 지속적으로 관심을 가지고 읽기를 독려한다.

2) 3–4학년군

① 글의 중심 생각 파악하기를 지도할 때에는 중심 낱말을 찾고 그것을 바탕으로 하여 문단에서 중심 문장과 뒷받침 문장을 파악한 후 이를 토대로 한 편의 글에서 중심 내용을 간추려 글쓴이가 글에서 드러내고자 하는 중심 생각을 파악하도록 한다. 문단의 중심 생각이 명시적으로 드러나지 않는 글은 학습자가 재구성하여 표현하도록 지도한다. 중심 문장을 찾을 때 두괄식, 미괄식 등 문단 구성의 유형을 먼저 가르치지 않도록 유의한다.

② 글의 유형을 고려하여 대강의 내용을 간추릴 때에는 글의 목적에 따라 대강의 내용을 간추리는 방법이 다름을 파악하도록 한다. 예를 들어, 정보 전달을 목적으로 하는 글일 때에는 다루고 있는 중심 화제(소재)가 무엇인지를 파악하여 이를 설명하는 중심 문장을 선별하는 것이 중요하고, 설득을 목적으로 하는 글일 때에는 주장과 그것을 지지하는 근거가 무엇인지를 선별하는 것이 중요하다. 이와 같이 글의 유형을 고려하여 글 내용을 간추리도록 한다.

③ 읽기 경험과 느낌을 다른 사람과 나눌 때에는 동일한 글에 대한 경험과 반응을 공유할 수도 있고, 생각의 차이를 발견하고 이를 이해하는 과정을 다룰 수도 있다. 서로 얼굴을 맞대고 읽기 경험을 나눌

수도 있지만, 인터넷 매체를 활용하여 의견을 나눌 수도 있다. 또한 자신의 마음을 표현하는 글 쓰기, 문학 작품을 듣거나 읽거나 보고 떠오른 느낌과 생각을 다양한 방법으로 표현하기, 재미나 감동을 느끼며 작품을 즐겨 감상하는 태도 지니기 등 쓰기나 문학 영역과 연계하여 지도할 수 있다.

3) 5–6학년군

① 읽기가 글의 내용을 바탕으로 하여 배경지식을 활용하여 의미를 구성하는 과정임을 지도할 때에는 글을 읽으면서 떠올린 생각이 의미 구성에 어떠한 영향을 주는지를 살펴보고 이를 바탕으로 하여 읽기의 의미 구성 과정을 이해하도록 한다.

② 요약하기를 지도할 때에는 요약하기 방법을 이해하도록 하고, 글에서 중심 문장을 그대로 옮기기보다는 자신의 말로 재구성하도록 지도한다.

③ 내용의 타당성과 표현의 적절성을 판단하는 방법을 지도할 때에는 글에 나타난 주장이나 내용이 편견에 치우치지 않고 타당한지, 글쓴이가 자신의 생각을 드러내기 위해 사용한 표현이 적절한지를 평가하도록 지도한다.

④ 학습자가 글에 대한 질문을 만들고, 함께 답을 찾아가는 대화로 수업이 진행될 수 있도록 한다.

4) 중학교

① 예측하며 읽기를 지도할 때에는 읽기 전과 읽기 중에 적절한 질문을 하여 학습자가 자신의 배경지식을 글과 관련지을 수 있도록 하며, 경우에 따라서는 관련 경험을 활성화하도록 사진이나 그림, 신문 기사나 글 등의 여러 가지 관련 지식을 제공해야 한다. 또한 책의 차례나 제목 등을 통해 글의 전체적인 구조나 내용을 파악함으로써 이어질 내용을 예측하는 것도 글의 이해에 큰 도움이 된다는 점을 인식시켜야 한다.

② 요약하며 읽기를 지도할 때에는 삭제, 선택, 일반화, 재구성 같은 요약의 규칙을 기계적으로 적용할 것이 아니라, 주장이나 정보의

확인, 내용의 적절성 평가 등 읽기 목적에 따라 글의 구조나 전개 방식 등 글의 특성을 고려하여 효과적으로 요약하는 시범을 보이도록 한다.

③ 다양한 표현 방법과 의도를 평가하며 읽기를 지도할 때에는 글에 제시된 정보를 파악하는 데 그치지 말고 그 내용이나 표현 방법의 적절성을 판단하는 데까지 나아갈 수 있도록 지도한다. 표현 방법이란 글에 사용된 어휘나 문장 표현뿐 아니라 도표, 그림, 사진 등과 같은 시각 자료, 동영상 자료의 표현 방법을 모두 포함한다. 이러한 표현 방법이 설명하려는 대상이나 관념에 적절한지, 어떤 효과를 지니는지를 판단하면서 읽도록 한다.

④ 관점과 형식의 차이를 파악하며 읽기를 지도할 때에는 다양한 글을 폭넓게 읽고 서로 비교하면서 읽는 활동을 강조한다. 어떤 쟁점에 대해 찬성의 입장에서 쓰인 글이 있는가 하면 반대의 입장에서 쓰인 글이 있다. 또 어떤 주장이나 의견을 상대방에게 설득하려는 목적으로 쓰인 글이라고 할지라도 논설문 형식으로 쓰인 글이 있을 수 있고 광고문이나 편지글로 쓰인 경우도 있다. 글이란 동일한 화제에 대해 쓰여도 서로 다른 관점에서 쓰일 수 있고 다양한 유형이나 종류로 표현될 수 있으므로 글을 읽을 때에는 관점이나 입장, 형식 등을 고려하여 서로 관련성 있는 글을 폭넓게 읽음으로써 균형 있는 시각을 가지는 것이 중요함을 강조한다.

⑤ 참고 자료를 활용하여 한 편의 글 읽기를 지도할 때에는 적어도 한 편의 글, 한 권의 책 읽기에 도전하여 성공적인 독서 경험을 하도록 하는 데 초점을 둔다. 한두 차시에 걸쳐 온전히 독서만 하도록 할 수도 있고, 여러 차시에 걸쳐 수업 시간의 일부를 독서에 할애할 수도 있다. 또한 학습자가 스스로 글을 선정할 수도 있고, 교사가 학습자의 흥미와 발달 수준을 고려하여 글이나 책을 선정할 수도 있다. 이때 학습자의 흥미, 관심, 읽기 발달 단계에 따라 잘 읽을 수 있는 책이 다르다는 점에 유의해서, 학급 전체가 같은 책을 읽거나, 학습자마다 원하는 책을 읽거나, 모둠별로 같은 책을 읽도록 한다. 이 과정에서 학습자 스스로 자신의 독서 과정을 계획하고, 점검하고,

조정할 수 있는 능력이 길러지도록 한다.

⑥ 읽기를 생활화하는 태도를 지도할 때에는 읽기에 대해 흥미와 호기심을 불러일으킬 수 있는 제재를 마련하여 읽기에 대한 긍정적인 태도를 기르도록 한다. 또 교과서의 제재 외에도 적절한 교과서 밖 제재나 생활에 필요한 읽기 자료를 제공하여 읽기의 중요성을 이해시키고, 나아가 여러 가지 흥미로우면서도 가치 있는 글을 읽으면서 읽기를 통해 얻은 지식이 매우 유용하고 의미 있는 것임을 깨닫게 하도록 한다. 이와 함께 평소 읽기에 대한 동기와 흥미를 강화시키는 다양한 유형의 독서 활동을 하도록 한다.

⑦ 학습자가 글에 대한 질문을 만들고, 함께 답을 찾아가는 대화로 수업이 진행될 수 있도록 한다.

5) 고등학교 1학년

① 독서에 대한 긍정적인 태도를 기르기 위해서는 학습자가 읽기에 관심을 가지고 독서를 할 수 있는 분위기를 마련해 주어야 한다. 학습자 개인의 자발적 의지를 독려함은 물론, 편안하고 긍정적인 독서 환경을 만들어 주도록 한다.

② 매체에 드러난 필자의 관점이나 표현 방법의 적절성 평가하기를 지도할 때에는 필자의 관점이나 의도가 무엇이며, 어떤 점에 중점을 두어 표현하였는지 등을 판단할 수 있도록 지도한다. 예컨대, 신문의 경우는 표제나 기사 본문, 사진 등에서, 광고의 경우는 배경, 이미지, 광고 문구 등에서 필자의 특정 관점이나 의도가 드러나는데, 이를 근거로 관점이나 내용이 편견에 치우치지 않았는지 판단하는 활동을 할 수 있다.

③ 삶의 문제에 대한 해결 방안을 찾으며 읽기를 지도할 때에는 글을 읽기 전에 자신이 현재 갖고 있는 크고 작은 삶의 문제가 무엇인지 짚어 보게 한 뒤, 이와 관련되거나 이를 해결해 줄 수 있는 글이나 책을 선정하도록 한다. 글을 다 읽은 후에는 문제를 해결하게 된 경험을 다른 학습자와 나누며 공유하도록 지도한다.

④ 읽기 방법을 점검하고 조정하며 읽기를 지도할 때에는 글을 읽기 전에 독서 목적이나 글의 특성을 떠올려 보고, 독서의 목적이나 전·중

-후 과정에 따라 다양한 독서 방법을 적용하는 것이 필요함을 이해하도록 지도한다. 글을 읽을 때 스스로 적절한 독서 방법을 선택할 수 있도록 함으로써 자기 성찰 및 자기 점검 능력을 신장하도록 지도한다.

⑤ 자신의 진로나 관심사와 관련된 글을 자발적으로 찾아 읽는 태도를 지도할 때에는 토의 활동과 도서관 활동을 계획할 수 있다. 진로나 관심사가 비슷한 친구들과 이야기를 나누고, 관련되는 글이나 책을 읽고 정보를 공유하기 위한 활동을 하도록 지도한다.

⑥ 학습자가 글에 대한 질문을 만들고, 함께 답을 찾아가는 대화로 수업이 진행될 수 있도록 한다.

6) 독서(고2–3학년)

(독서의 본질)

① 좋은 글을 선택하여 읽기를 지도할 때에는 자신의 독서 목적이 무엇인지 구체적으로 파악하되, 좋은 글의 가치를 깨닫고 가급적 고전과 같이 여러 세대를 통해 검증된 가치 있는 글을 선정하도록 지도한다. 또한 글쓴이가 글을 쓴 목적, 글의 형식과 특성 등 글에 대한 정보를 참고하여 자신의 목적과 가치에 부합하는 글을 찾아 읽도록 한다.

② 주제 통합적 읽기를 지도할 때에는 다양한 자료를 충분히 접하고 그중에서 적절한 자료를 선택하여 읽을 수 있도록 읽기 준비 과정을 미리 안내하고 지도하되, 교사도 적절한 읽기 자료를 준비하여 학습자에게 조언하거나 직접 제공함으로써 안내자나 조력자의 역할을 한다.

③ 수업 시간에 학교 도서관이나 인터넷 자료 등을 이용하거나 지역 도서관 등에서 각자 자료를 수집할 수 있도록 자료 수집 방법 등을 구체적으로 안내함과 동시에 독서가 교실 독서나 과제 독서 수준을 넘어 교실 밖의 즐거운 활동이 되도록 수업을 설계한다.

④ 학습자가 글에 대한 질문을 만들고, 함께 답을 찾아가는 대화로 수업이 진행될 수 있도록 한다.

(독서의 방법)

① 글에 따라 중심 내용, 주제, 글의 구조, 글의 전개 방식 등이 쉽게

드러나는 글이 있는가 하면, 중심 내용이나 주제가 직접 드러나지 않는 글도 있으며, 구조나 전개 방식이 복잡하거나 모호한 글도 있다. 그러므로 글에 드러난 여러 가지 정보를 단서로 하여 글의 표면적인 의미나 중심 내용, 대략적인 구조나 논지의 흐름을 통합적으로 파악하며 읽도록 지도한다.

② 글을 읽는 목적은 물론이고 글의 특성에 따라 독서의 방법이 달라질 수 있음을 이해하고 독서의 목적과 글의 특성에 맞는 적절한 방법을 선택하여 읽도록 한다. 주장을 담고 있는 글은 비판적 읽기가 적절하고, 과학적 지식이나 정보를 담고 있는 글은 사실적 읽기가 적절하며, 교훈이나 즐거움을 담고 있는 글은 감상적 읽기가 적절할 때가 많다.

③ 사실적 독해에서 중심 내용을 파악하는 것은 글의 요지 파악이나 요약하기를 포함한다고 할 수 있다. 특히 요약하기는 학습 방법으로도 유용한데, 이를 지도할 때에는 요약한 내용을 독자 자신의 말로 바꾸어 어법에 맞고 자연스러운 문장으로 표현할 수 있도록 한다.

④ 글을 읽으면서 추론하고 비판하고 대안을 마련한 결과를 글로 쓰거나 말로 표현하도록 하여 쓰기나 말하기 활동과 자연스럽게 연계되도록 한다. 또한 읽기 후 활동 과정에서 자신의 생각과 다른 사람의 생각을 비교해 보고, 느낌이나 해석의 다양성, 가치 부여의 다양성 등을 경험하도록 한다.

⑤ 글을 비판적으로 읽을 때에는 글이 작성된 맥락에 의해 글의 내용이나 형식, 표현 방법, 자료 등에 강조나 과장, 축소나 생략, 편집이나 왜곡 등이 있을 수 있음을 인식하고 다양한 글을 종합적으로 읽는 가운데 비판적 독해 능력이 신장될 수 있도록 한다.

⑥ 학습자가 글에 대한 질문을 만들고, 함께 답을 찾아가는 대화로 수업이 진행될 수 있도록 한다.

(독서의 분야)

① 인문·예술, 사회·문화, 과학·기술 등 다양한 각 분야의 글을 읽을 때에는 내용을 이해하는 데 적절하고 효과적인 독서 방법을 선택하여 글을 읽을 수 있도록 한다. 특히 인문·예술 분야의 글을 읽을 때에는 삶을 성찰하고 인간을 이해하며 자신의 가치관을 정립하는 계기가

될 수 있도록 지도한다.

② 다양한 시대에 생산된 글을 읽을 때에는 시대의 흐름에 따라 어떤 글이 많이 생산·유통되었는지, 특히 최근에는 어떤 분야에서 어떤 특성을 지닌 글이 생산·유통되는지 조사해 보고, 그 이유를 사회적인 필요나 독자의 요구와 관련지어 분석해 보게 한다. 또한 시대적 특성이 반영된, 그 시대의 대표적인 글을 선택하여 독서하도록 안내한다.

③ 공동체의 문화나 사회 제도 등의 요인이 개인의 독서에 작용하고 있음을 인식하고, 독서가 이러한 요인들과 밀접한 관련을 가진다는 사실을 구체적인 예를 통해 이해하도록 한다.

④ 어떤 책들이 어떤 맥락에서 생산되고 소비되는지 사례를 통해 거시적으로 조망하게 하고, 이를 통해 궁극적으로 바람직하고 균형 잡힌 독서 태도를 발전시키도록 한다.

⑤ 학습자가 글에 대한 질문을 만들고, 함께 답을 찾아가는 대화로 수업이 진행될 수 있도록 한다.

(독서의 태도)

① 독서의 가치에 대해 지도할 때에는 독서를 통해 자신의 삶을 변화시켜 큰 성취를 이룬 사람들의 자서전, 사회 저명인사들의 독서 경험을 다룬 글 등을 독서 재료로 사용할 수 있다.

② 학교 도서관·학급 문고를 활용한 독서 토론이나 독서 동아리 활동, 텔레비전·라디오의 독서 토론 등을 활용하여 스스로 독서 경험의 폭을 넓힌다. 또한 공공 도서관이나 대규모 서점 등을 견학하거나 인터넷 독서 토론 공간 등에서 독서의 경험을 공유하고 소통하도록 한다. 이때 자신에게 필요한 책 목록을 찾아보고 스스로 독서하는 적극적인 독서 태도를 기르게 한다.

③ 독서가 미시적으로는 개인의 성장에 기여하며 거시적으로는 사회의 통합과 함께 문명 및 문화의 전승과 발전을 도모하는 행위라는 점을 인식시키는 데 중점을 둔다. 이를 위해 우리가 향유하고 있는 고도의 문명이 어떤 과정을 통해서 이룩되었고, 또 앞으로 어떤 과정을 거쳐 더욱 발전해 갈 것인지에 대해 토의하게 할 수 있다.

읽기 교수·학습 활동이 이루어지는 중이나 후에 학습 활동에 대한 평가가 필요하다. 평가는 교수·학습의 결과를 확인하는 활동이다. 교수·학습의 결과를 확인하는 이유는 몇 가지가 있다. 첫째는 교수·학습에서 학생의 학습 결과를 확인하는 것이다. 둘째는 교사의 교수 방법의 효과를 확인하기 위한 것이다. 셋째는 학생이 학습 활동을 도와주기 위한 것이다. 넷째는 학생에게 학습 결과를 확인시켜주기 위한 것이다. 다섯째는 교수·학습 계획과 실천을 새롭게 하기 위한 것이다. 평가를 통하여 얻을 수 있는 정보는 다양하다. 교사는 평가를 통하여 얻은 정보를 바탕으로 학생을 지도하는 것이 필요하다.

읽기 평가에서 평가해야 하는 것은 읽기 교육 내용 요소의 학습 결과이다. 따라서 읽기 평가가 제대로 이루어지기 위해서는 읽기 교육 내용 요소를 평가해야 한다. 이 평가도 교수·학습과 마찬가지로 읽기 내용 교육 요소에 맞는 평가가 이루어져야 한다. 읽기 교육 내용 요소의 특성에 맞는 평가 방법이 활용되었을 때 읽기 평가가 제대로 이루어질 수 있다. 물론 교수·학습과 마찬가지로 읽기 평가의 방법도 일반적인 방법이 있다. 이 방법을 사용할 때에 읽기 교육 내용 요소의 특성을 반영하여 평가 계획을 수립하고, 평가를 실행해야 한다. 읽기 교육과정에서 '읽기 평가 방법 및 유의 사항'을 제시해 놓은 것은 이 때문이다. 읽기 평가를 위해서는 읽기 교육 내용 요소를 고려하여 평가를 실시해야 한다. 읽기 교육과정에서 제시하고 있는 '읽기 평가 방법 및 유의 사항'을 보면 다음과 같다.

읽기 평가 방법 및 유의 사항

1) 1–2학년군

① 글자, 낱말, 문장 소리 내어 읽기와 알맞게 띄어 읽기는 교실 수업 상황에서 돌아가며 읽기 등의 수행 과정에서 평가할 수 있다. 또한

친구들끼리 서로 평가하도록 할 수도 있는데, 이 과정에서 자신의 읽기를 자연스럽게 점검해 볼 수 있게 한다.

② 글자, 낱말, 문장 소리 내어 읽기를 평가할 때에는 음운 변동이 없는 낱말이나 문장을 주로 평가하되, 음운 변동을 다루더라도 연음 현상이나 경음화(된소리되기) 위주로 다룬다.

③ 인물의 처지나 마음을 짐작하는 글 읽기에서는 글을 읽고 내용을 확인하기, 자신과 비슷한 경험을 떠올리기, 글쓴이의 마음이나 처지를 파악하기를 순차적으로 평가하여 학습자의 읽기 능력을 정확하게 점검하도록 한다.

2) 3–4학년군

① 대강의 내용 간추리기를 평가할 때에는 글에 나타난 문장을 그대로 옮겨 쓰기보다 자신의 말로 바꾸어 쓰도록 한다.

② 중심 생각 파악하기, 짐작하기와 사실과 의견 구분하기를 평가할 때에는 특정한 단원, 특정한 차시의 학습 활동만을 관찰하여 평가하기보다는 여러 단원에 걸쳐 학습 태도를 살펴보고 누적된 결과를 바탕으로 하여 평가하도록 한다.

③ 읽기 경험과 느낌을 다른 사람과 나누는 태도를 평가할 때에는 교과 수업에서뿐 아니라 평소에도 읽기 경험을 공유하는지 관찰하여 형식적이고 일회적인 평가가 되지 않도록 유의한다.

3) 4–5학년군

① 읽기가 글의 내용을 바탕으로 배경지식을 활용하여 의미를 구성하는 과정임을 아는지를 평가할 때에는 지필 평가보다는 읽기를 수행하는 과정을 중심으로 평가한다.

② 읽기 습관 점검하기를 평가할 때에는 독서 시간을 충분히 확보하는지, 좋아하는 분야나 갈래 위주로 편협한 독서를 하지는 않는지 등을 점검한다. 또한, 자신의 독서 습관을 살펴보고 읽을거리의 분량, 난이도, 시간 등을 고려하여 독서 계획을 세워 실천하는지도 확인한다. 읽을거리를 스스로 찾아 읽으며 한 권의 책을 완독하는 습관을 가지고 있는지도 평가할 수 있다. 독서 계획을 세울 때에는 자율적으로

정하도록 하되, 매일 일정한 시간 동안 읽어야 한다는 생각에 얽매이지 않도록 한다.

4) 중학교

① 평가 목표와 내용에 적합한 평가 방법으로 학습자의 읽기에 대한 지식, 비판적이고 창의적인 읽기 능력, 읽기에 대한 긍정적인 태도, 다양한 독서 경험 등을 종합적으로 평가하도록 한다.

② 평가를 위한 제재를 선정할 때는 교과서의 제재뿐 아니라 교과서 밖의 적절한 제재도 활용하여 실제적인 이해력과 사고력을 평가하도록 한다.

③ 읽기만 평가할 것이 아니라, 듣기·말하기, 쓰기, 문학 영역과 통합하여 평가하는 방법도 고려한다.

④ 평가의 목적과 상황에 따라서 다양한 평가 도구를 활용한다. 활용 가능한 평가 도구로서는 자유 회상 검사, 재인 검사(진위형 검사), 대화 및 질의·응답, 빈칸 메우기, 중요도 평정, 요약하기 검사 등이 있다.

⑤ 형식적 평가로서 선택형 지필 평가 외에도, 대화 및 질의·응답, 지속적 관찰과 면담 등의 비형식적 평가, 독서 활동 기록 등을 이용한 과정 평가에도 중점을 둔다. 교사에 의한 평가 이외에 학습자가 평가의 과정에 적극 참여할 수 있도록 하고, 평가의 결과를 바탕으로 하여 학습자의 읽기 문제점을 파악하고 이를 읽기 지도에 활용한다.

5) 고등학교 1학년

① 평가 목표와 내용에 적합한 평가 방법을 활용하여 읽기에 대한 지식, 비판적이고 창의적인 읽기 능력, 읽기에 대한 긍정적인 태도, 다양한 독서 경험 등을 종합적으로 평가하도록 한다.

② 평가를 위한 제재를 선정할 때에는 교과서의 제재뿐 아니라 교과서 밖 제재도 적극 활용하여 단편적 지식을 넘어서는 글에 대한 이해력과 사고력을 평가하도록 한다.

③ 단순 지필 평가에 의존하기보다는 대화 및 질의·응답, 관찰과 면담 등을 활용한 과정 평가를 지향하고, 평가의 결과를 바탕으로 하여

학습자의 읽기 문제점을 파악하고 이를 읽기 지도에 활용하도록 한다.

④ 평가의 목적과 상황에 따라서 다양한 평가 도구를 활용한다. 결과 평가를 위해서는 자유 회상 검사, 진위 검사, 선택형/완성형 검사 등을 활용할 수 있으며, 과정 평가를 위해서는 오독 분석, 빈칸 메우기법, 관찰과 면담법 등을 활용할 수 있다. 상위 인지 능력 평가를 위해서는 중요도 평정, 요약, 자율적 수정 등을 활용할 수 있다.

6) 독서(고2–3학년)

(독서의 본질)

① 학습자가 좋은 책을 선택하는지를 평가할 때에는 주변의 읽을거리를 능동적이고 적극적으로 탐색하는지, 독서의 목적과 글의 가치 등을 종합적으로 고려하여 책을 선택하는지에 평가의 중점을 둔다.

② 주제 통합적 읽기를 평가할 때에는 다양한 읽기 방법을 이해하고 주어진 글이나 자신이 직접 찾은 글을 적절한 방법을 적용하여 통합적으로 읽는지를 평가하는 데 중점을 둔다.

(독서의 방법)

① 평가 항목이나 목표를 설정할 때 내용 확인, 추론, 평가, 대안 제시 등을 구체적으로 구분하여 평가하고 평가 결과를 학습자에게 설명하여 평가의 과정을 통해서도 읽기 능력이 신장되도록 한다.

② 평가를 위한 별도의 시간을 할애하거나 활동을 계획하기보다는 수업 및 과제 수행 등에서 수행과 태도의 변화 과정을 직접적·누적적으로 기록하여 평가하는 방법도 활용할 수 있다.

③ 학습자에게 읽기 활동 점검표나 읽기 평가표 등을 제공하여 스스로 평가하게 하거나, 학습자의 읽기 활동 결과물을 동료 학습자가 상호 평가하도록 하는 방법을 활용할 수 있다.

(독서의 분야)

① 인문·예술, 사회·문화, 과학·기술 등 다양한 분야의 내용을 다룬 글을 골고루 평가의 제재로 하되, 글에 포함된 그림이나 표 등의 시각 자료도 활용한다.

② 시대의 사회·문화적 특성이 반영된 글을 읽을 때 글이 쓰인 당시의 시대 배경과 문화를 충분히 고려하면서 책을 읽는지, 글의 내용을 제대로 이해하고 글의 가치를 충분히 발견하는지에 평가의 중점을 둔다.

③ 지역의 사회·문화적 특성이 반영된 글을 읽을 때 다양한 문화권의 글에 담겨 있는 인식의 차이, 형식과 내용 면에서 나타나는 지역별 문화의 특성을 이해하는지에 평가의 중점을 둔다.

④ 다양한 분야의 글을 읽고 이해하는 것뿐만 아니라, 비판적 관점에서 글이 반영하고 있는 가치나 이념, 내용이나 자료, 정보의 표현 방법, 그림이나 사진, 표, 그래프 등의 제시 방법이 타당하고 믿을 만하며 공정한지를 판단하며 읽는지도 평가할 수 있다.

(독서의 태도)

① 학습자의 독서 습관 형성 및 독서에 대한 인식 제고가 목표이므로 선택형 평가는 지양하며, 책을 읽고 자유롭게 느낌과 감상을 쓰도록 하는 읽기·쓰기 통합 평가, 교사가 학습자의 독서 습관이나 태도를 평가하는 관찰 평가, 학습자의 독서 계획과 실천이 잘 이루어지는지를 평가하는 독서 이력 평가 등 직접 평가나 수행 평가 방안을 적절하게 마련하여 활용한다.

② 평가 활동 및 결과가 학습자의 독서 습관 형성에 유의미한 교수·학습 방법의 일환으로 활용될 수 있도록 학습자의 성장과 발전에 도움이 되는 정보나 지침을 제공한다.

4. 국어 교과서의 읽기 단원의 구성

읽기 수업은 읽기 교과서를 활용하여 이루어진다. 국어과 읽기 교수·학습은 교육과정을 중심으로 이루어지기보다는 교과서를 중심으로 이루어진다. 교사들이 읽기를 지도하기 위하여 교육과정을 살피는 경우는 많지 않다. 교육적 근거를 확인하기 위해서 보기는 하지만 교육과정을 매

차시 살피거나 분석하지 않는다. 국어과 수업을 하기 위해서 매일 확인하고 분석해야 하는 것은 교과서이다. 교과서가 교육 내용을 구체화하고 있고, 수업의 전개 방법도 제시하고 있기 때문이다. 그렇기 때문에 읽기 수업을 하기 위해서 필수적으로 필요한 것이 국어 교과서이고, 읽기 단원이다.

국어과 교과서는 특정한 형식이 정해져 있지 않다. 교육과정이 개정될 때마다 새로운 형태의 교과서가 개발된다. 교과서도 교육과정의 한 부분이기 때문이다. 교과서는 교육과정의 목표를 달성하기 위하여 교육내용을 구체화하고, 그 교육 내용을 교수·학습에 지도할 수 있는 활동으로 실체화한 것이다. 교과서는 교육을 실행하기 위한 교육과정의 실체적 구현체라 할 수 있다. 그렇기 때문에 교수·학습은 교과서를 이용하여 이루어진다.

읽기 교과서(읽기 단원)는 읽기 교육과정의 실체적 구현체이다. 교육과정의 성취기준이 교육내용을 추상적 진술문으로 제시하고 있다면 교과서는 그 추상적 진술문의 내용을 실체적으로 형상화한 자료로 생성한 것이다. 그렇기 때문에 교과서는 교육과정의 내용을 그대로 반영하고 있으면서 실제적 자료의 형태를 띠고 있다. 초등학교의 경우 학년군별 읽기 성취기준은 5개 내외이다. 이 성취기준으로 2개 학년의 국어 교과서 읽기 단원을 구성한다. 교육과정의 읽기 성취기준에 포함된 교육 내용 요소는 세분되고 구체화되어 읽기 단원의 학습 요소로 배분된다. 읽기 단원에 배분된 교육 내용 요소는 교과서의 읽기 학습 활동으로 만들어진다.

초등학교 국어 교과서의 읽기 단원은 각 단원마다 하나의 교육 내용 요소를 포함한다. 읽기 단원은 준비학습, 기본학습, 실천학습으로 이루어져 있고, 한 단원은 보통 10차시의 활동 내용으로 구성된다. 이 한 단원은 준비,

기본, 실천학습의 10차시 동안 하나의 교육 내용 요소를 익힐 수 있도록 구성되어 있다. 물론 교육 내용 요소를 동일하게 제시하고 있는 것이 아니라 준비, 기본, 실천학습의 특성을 반영하여 활동이 구성되어 있다. 또한 중요 교육 내용 요소인 읽기 기능을 동일하게 반복하는 것은 아니라 제재를 활용하여 익히고, 익힌 읽기 기능을 응용하고 변용하여 활용하는 활동을 한다. 평균 10차시 동안 이루어지는 교수·학습 활동에서는 이 단원에 배정되어 있는 읽기 기능을 지도해야 한다.

초등학교 국어 교과서의 읽기 단원 구성의 예로 2학년 2학기 (나)권 9단원을 살펴보면 다음과 같다.

단원 도입 면

1 현진이가 겪은 일을 생각하며 만화를 보고 물음에 답해 봅시다.

(1) 현진이는 교실 바닥에서 무엇을 주웠나요?

(2) ④에서 현진이는 어떤 고민을 하고 있나요?

228

9

2 현진이가 연필 주인을 찾을 수 있는 방법을 말해 봅시다.

3 현진이가 겪은 일을 쓴 글이 학급 게시판에 실렸습니다. 「학용품에 꼭 이름을 쓰자」를 읽고 물음에 답해 봅시다.

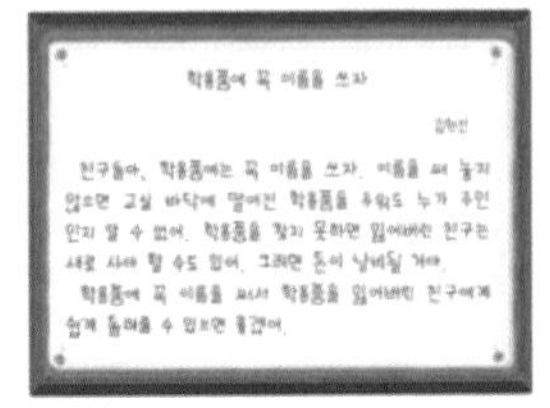

학용품에 꼭 이름을 쓰자

김현진

친구들아, 학용품에는 꼭 이름을 쓰자. 이름을 써 놓지 않으면 교실 바닥에 떨어진 학용품을 주워도 누가 주인인지 알 수 없어. 학용품을 찾지 못하면 잃어버린 친구는 새로 사야 할 수도 있어. 그러면 돈이 낭비될 거야.

학용품에 꼭 이름을 써서 학용품을 잃어버린 친구에게 쉽게 돌려줄 수 있으면 좋겠어.

(1) 현진이는 친구들에게 무엇을 하자고 했나요?

(2) 현진이는 학용품에 이름을 쓰지 않으면 어떤 어려움이 있다고 했나요?

229

4 「학용품에 꼭 이름을 쓰자」에서 주요 내용이 무엇인지 생각해 봅시다.

(1) 글을 읽고 주요 내용이라고 생각하는 문장에 밑줄을 그어 보세요.

(2) (1)에서 찾은 주요 내용을 짝과 돌아가며 말해 보세요.

(3) 글에서 주요 내용이 무엇인지 친구들과 이야기해 보세요.

230

9

5 글을 읽을 때 주요 내용을 알면 어떤 점이 좋은지 친구들과 이야기해 봅시다.

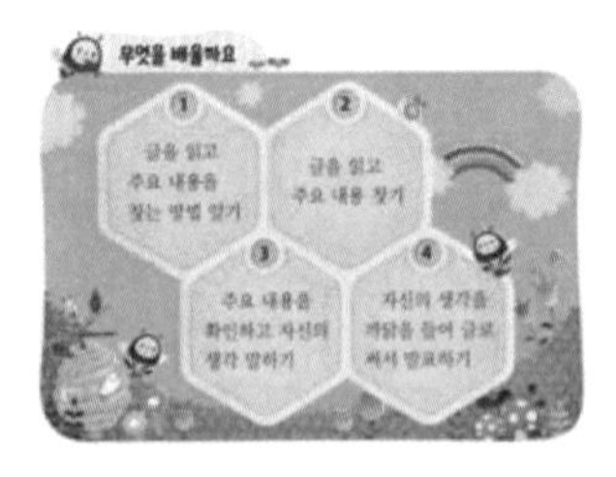

231

준비학습 활동

1 자신의 경험을 떠올리며 「이가 아프지 않으려면 어떻게 해야 할까」를 읽어 봅시다.

이가 아프지 않으려면 어떻게 해야 할까

아침을 먹을 때였습니다. 와삭와삭, 오독오독, 모두 맛있게 먹고 있는데 나는 한 입도 못 먹었습니다. 이가 아팠기 때문입니다. 어머니께서는 이를 잘 닦지 않아서 아픈 거라며 치과에 가서 치료를 받아야 한다고 말씀하셨습니다.

어머니와 함께 간 치과에는 이가 아파서 온 친구가 많았습니다.

"가람아, 음식을 먹고 이를 잘 닦지 않았지? 이를 잘 닦지 않아 이가 썩었구나."

의사 선생님께서 썩은 이를 치료하셨습니다. 아프기도 하고 무섭기도 해서 나도 모르게 눈물이 찔끔찔끔 나왔습니다. 의사 선생님께서는 입안에 음식 찌꺼기가 남아 있으면 입안에 사는 세균이 이를 썩게 한다고 하셨습니다. 평소에 이를 잘 닦지 않은 것을 많이 후회했습니다. 이 닦기만 잘해도 이를 건강하게 지킬 수 있습니다. 이를 잘 닦지 않으면 이가 썩어서 아프고 건강을 해치니까 이를 잘 닦는 습관을 길러야겠습니다.

2 「이가 아프지 않으려면 어떻게 해야 할까」를 읽고 물음에 답해 봅시다.

(1) 가람이는 언제 이가 아팠나요?

(2) 가람이의 이가 썩은 까닭은 무엇인가요?

(3) 치과에 다녀온 가람이는 어떻게 했을까요?

3 「이가 아프지 않으려면 어떻게 해야 할까」를 읽고 글에서 주요 내용을 찾는 방법을 알아봅시다.

(1) 제목을 보고 무엇에 대한 내용인지 짐작해 보세요.

(2) 글쓴이가 이가 아팠던 까닭은 무엇인가요?

(3) 글쓴이가 하고 싶은 말은 무엇인가요?

4 글을 읽고 주요 내용을 찾는 방법을 생각하며 빈칸에 들어갈 알맞은 말을 보기에서 찾아 써 봅시다.

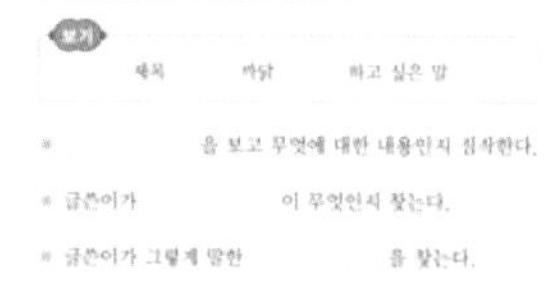

보기

제목　　까닭　　하고 싶은 말

※ ＿＿＿＿을 보고 무엇에 대한 내용인지 짐작한다.

※ 글쓴이가 ＿＿＿＿이 무엇인지 찾는다.

※ 글쓴이가 그렇게 말한 ＿＿＿＿을 찾는다.

기본학습 활동

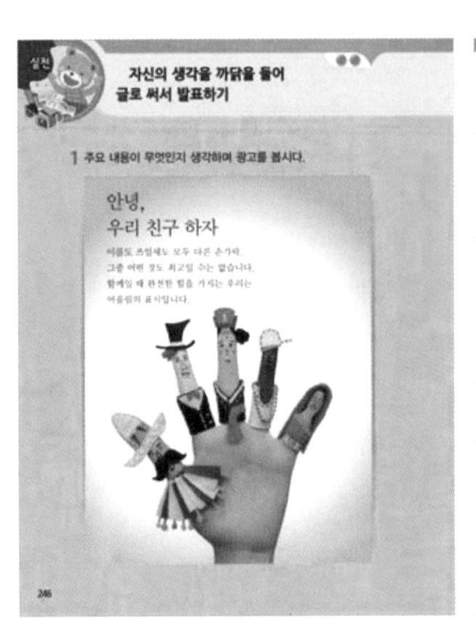
실천

자신의 생각을 까닭을 들어 글로 써서 발표하기

1 주요 내용이 무엇인지 생각하며 광고를 봅시다.

246

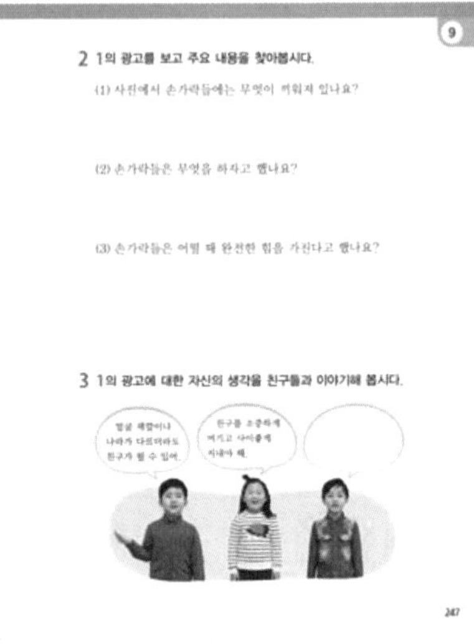
9

2 1의 광고를 보고 주요 내용을 찾아봅시다.

(1) 사진에서 손가락들에는 무엇이 씌워져 있나요?

(2) 손가락들은 무엇을 하자고 했나요?

(3) 손가락들은 어떨 때 완전한 힘을 가진다고 했나요?

3 1의 광고에 대한 자신의 생각을 친구들과 이야기해 봅시다.

247

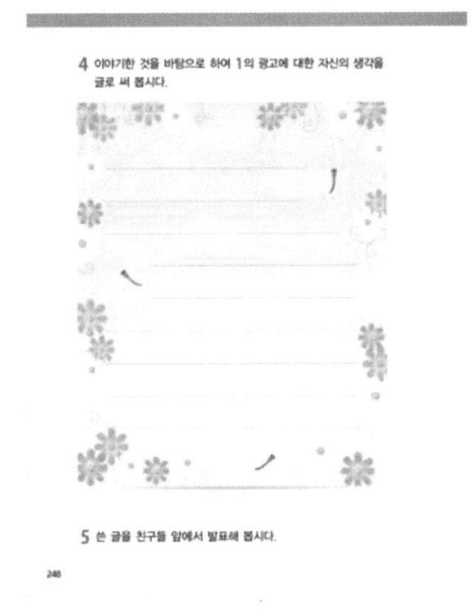
4 이야기한 것을 바탕으로 하여 1의 광고에 대한 자신의 생각을 글로 써 봅시다.

5 쓴 글을 친구들 앞에서 발표해 봅시다.

248

정리 9

글을 읽고 주요 내용을 찾는 알맞은 방법에 색칠해 봅시다.

이 단원에서 배운 내용을 생활 속에서 실천해 봅시다.

249

실천학습 활동

읽기 교수·학습에서는 읽기 단원의 구성 특성에 맞게 지도를 해야 한다. 국어 교과서의 단원 구성에 대한 설명은 교과서 첫 쪽에 있는 '이렇게 활용해 보세요'를 참조한다. 단원도입에서는 단원명과 단원 학습 목표를 읽고 단원에서 공부할 내용을 확인한다. 준비학습에서는 단원의 학습에 필요한 기본적인 개념을 익히고 단원 학습 활동 계획을 구체화해야 한다. 준비학습은 단원의 기본학습을 위해 준비하기 위한 내용을 포함하고 있다. 따라서 준비학습에서는 단원의 기본학습에서 무엇을 어떻게 학습할지를 알아보고, 필요한 요소를 익히고 준비하는 활동에 초점을 두어야 한다. 그리고 단원의 기본학습 활동과 실천학습 활동의 내용을 확인하고, 활동의 계획을 구체화할 필요가 있다.

기본학습 활동은 단원의 교육 내용 요소를 익히는 활동이다. 단원마다 다를 수 있지만 2-3개의 활동으로 4-6차시 활동으로 구성되어 있다. 기본학습에서는 읽기 기능을 익히는 학습 활동과 읽기 기능을 숙달하기 위한 활동들로 구성된다. 읽기 기능을 익히는 활동에 초점이 놓인 활동을 전개하고, 읽기 기능을 숙달하는 활동은 응용하거나 다른 문종의 텍스트를 읽기 기능을 활용하여 읽는 활동으로 구성된다. 이들 활동을 통하여 읽기 기능을 이해하고 체득할 수 있도록 하고 있다. 그러나 2-3개의 활동(4-6차시)으로 학생들이 단원의 읽기 기능을 완전하게 숙달했다고 하기는 어렵다.

실천학습은 기본학습의 학습 내용을 실제 생활과 관련지어 다양한 활동을 한다. 읽기 기능을 실제 읽기 활동에 적용해 보기도 하고, 텍스트 내용과 관련하여 생활에서 할 수 있는 활동을 하기도 한다. 읽기 기능의 측면에서 보면, 읽기 기능을 생활로 확대하여 읽기를 실행할 수 있도록 하기 위한 활동이다. 학급 내에서도 다양한 활동을 할 수도 있고, 학교 밖으로 나가 가정이나 학생 동아리 활동으로 할 수도 있다. 단원에서 배운 내용을 생활에서 실천할 수 있도록 안내하고 이끌어 읽기 활동을 확대한다.

교과서의 읽기 단원은 읽기 내용 요소에 따른 읽기 지도 방법도 구체화하고 있다. 단원의 활동별 읽기 지도 방법은 교육 내용 요소와 제재의 특성에 따라 달라진다. 전체적으로 활용되는 읽기 지도 방법으로 활동을 구성하지만 교육 내용과 제재에 따라 필요한 활동을 추가하고 있다. 읽기 수업을 위해서는 교과서의 구성에서 구체화된 방법을 확인해야 한다. 활동마다 다른 방법 요소를 확인하고 이를 교수·학습 활동에 반영해야 한다.

읽기 교수·학습의 기본은 읽기 단원의 활동 절차를 따를 필요가 있다. 단원의 각 활동을 전개하는 절차는 교육 내용 요소의 특성을 반영하여 활동을 구성하고 있기 때문이다. 읽기 교수·학습에서는 기본으로 교과서의 활동 전개를 중심으로 계획을 하고, 필요에 따라서 활동 내용을 추가하거나 삭제해야 한다. 읽기 수업에 자신이 있거나 교육 내용 요소를 지도하는 효율적인 방법을 가지고 있을 경우에는 나름의 방법을 사용할 수 있다. 그렇지 않을 경우에는 교과서의 활동 절차를 토대로 교수·학습 계획을 세우고, 교수·학습을 실행한다.

5. 읽기 교육의 과제

읽기 교육은 읽기 교육과정에 근거를 두고 이루어진다. 읽기 교육을 실행하려는 교사는 반드시 읽기 교육과정에 대한 이해가 필요하다. 교육과정에 근거하지 않은 교육은 교육이라 할 수 없다. 이는 학생의 읽기 능력을 높이는 활동이 아니기 때문이다. 읽기 교육은 학생의 읽기 능력을 향상 시킬 수 있어야 한다. 단순히 학생의 흥미를 높이거나 읽기 활동을 많이 하게 하는 것만으로는 읽기 교육이 될 수 없다. 읽기 교육과정에서 정한 읽기 교육 내용 요소를 지도하여 학생의 읽기 능력을 높이는 활동이 되어야 한다.

읽기 교육과정은 교육과정이 개정될 때마다 변화하고 달라진다. 읽기 교육을 위해서는 교육과정의 변화를 이해하고 이를 반영한 읽기 지도를 실행해야 한다. 그러기 위해서는 읽기 교육과정의 토대가 되는 읽기 관점을 살피고, 읽기 교육의 논리적 토대를 이해하는 것이 필요하다. 이를 바탕으로 읽기 교육 내용을 이해하고, 이에 따른 교육 방법과 평가 방법을 익혀야 한다. 그래야 교육과정에 근거가 읽기 교육을 실행할 수 있다. 현재의 읽기 교육 관점은 독자 중심 접근 관점이다. 이 접근 관점이 언제나 유지되는 것은 아니다.

읽기 교육을 변화시키고 다양화하기 위해서는 새로운 접근 관점에 관심을 기울여야 한다. 이는 교육과정의 변화에 대처하기 위한 방법이면서 새로운 읽기 교육을 준비하기 위해서이다. 새로운 접근 관점은 학생들의 읽기 능력을 새롭게 하고 향상시키기도 하지만 가치 있는 읽기 교육을 실행할 수 있게 한다. 읽기에 대한 교육적 접근에 대한 탐구는 다양하게 이루어지고 있다. 이들 새로운 접근들을 찾아보고 이들을 활용할 방법을 알아보자.

참고문헌

교육부(2015), 국어과 교육과정, 교육부(제2015-74)
교육부(2017), 초등학교 1-2학년군 국어 2-2(나), 미래앤
노명완, 박영목, 권경안(1994), 국어과 교육론, 갑을출판사.
최현섭 외(2005), 국어교육학 개론, 삼지원.
노명완(1994), 국어교육론, 한샘.
신헌재 외(2017), 초등국어교육학 개론, 박이정.
엄해영 외(2018), 초등국어교육의 이해, 박이정.

제2장 읽기 교육의 비판

1. 문제 제기

국어과 교육과정에서 중요한 영역이 읽기[1]이다. 읽기는 독자의 의식 세계를 결정한다. 독자는 글을 통하여 세상을 보고, 관념 세계를 구성한다. 독자가 구성하는 관념 세계는 독자의 읽기 능력에 따라 달라진다. 우수한 읽기 능력을 가진 독자는 책을 통하여 깊고 넓은 생각 세계를 만나 심원한 관념을 구성한다. 심원한 관념을 구성할 수 있는 우수한 독자는 읽기 교육을 통하여 길러진다. 독자의 우수한 읽기 능력은 타고나는 것이 아니라 교육을 통하여 익혀지는 것이다. 이 말은 읽기 교육은 우수한 읽기 능력을 갖춘 독자를 길러내려는 목표를 지향해야 함을 뜻한다.

읽기 교육은 우수한 독자 교육을 추구하고, 우수한 독자를 길러내고 있다고 믿고 있다. 현재 읽기 교육의 목표는 독자의 읽기 능력 신장이다. 읽기 수업을 통하여 학습자의 읽기 능력을 신장시키면 학습자가 우수한 독자가 될 수 있으리라 여긴다. 그래서 읽기 능력을 높이기 위한 적극적인 방법을

---

* 이 장의 내용은 '인지적 독서 교육에 대한 비판적 검토'(김도남, 2007, 독서연구 17집)를 수정 보완한 것입니다.

1) '읽기'는 일반적으로 사용되는 용어로 고등학교 선택 교육과정에서는 교과 명으로 '독서'를 사용한다. 국민공통 교육과정인 초등학교와 중학교 및 고등학교 1학년· 교육과정에서 '읽기'라는 용어를 사용한다. 여기서 논의의 일반성을 강조하여 '읽기'라는 용어를 사용한다.

시도한다. 학습자의 읽기 능력을 강조하는 대표적인 접근이 인지적 읽기 교육이다. 인지적 읽기 교육의 본격적인 시작은 5차 교육과정부터이다.[2] 이 교육 과정에서 〈읽기(독서)〉 교과서가 생기고, 읽기를 지도할 수 있는 실질적인 시간이 주어졌다. 읽기 교육이 질적으로 변화할 수 있는 계기가 이때부터 마련되었다.

인지적 읽기 교육은 읽기에 대한 여러 가지 변화를 가져왔다. 우선, 교육자들에게 읽기가 교육의 대상이 되어야 한다는 의식을 갖게 했다. 그러면서 읽기 교육에 대한 본격적인 연구를 가져왔다. 교육목표와 내용 및 방법에 대한 실제적인 논의가 이루어지고 있다. 또한 문학 읽기에 치중된 읽기의 방향을 비문학 읽기에 관심을 가질 수 있도록 했다. 그 결과 학습자들이 다양한 글 읽기를 할 수 있도록 지도할 수 있게 되었다. 그리고 인지적 읽기 교육은 스키마를 바탕으로 읽기 기능이나 읽기 전략[3]을 활용하는 읽기 방법을 강조했다. 이러한 인지적 관점의 읽기 교육의 결과는 독자 중심의 읽기 관점을 성립시켰다. 학습자가 관념 구성의 주관자로 자리를 확고하게 잡도록 했다.

인지적 읽기 교육은 눈에 보이는 성과를 보였다. 구체적인 학습 시간의 확보와 읽기 교재의 개발을 이루어내었다. 그러면서 읽기 교육에 대한 집중적 관심을 가지게 했다. 읽기 교육에서는 읽기 기능/전략을 지도하고, 학습자는 읽기 기능/전략을 활용하여 읽기를 한다. 실제적인 인지적 읽기에 대한 접근이 20년 이상이 되었다. 인지적 교육을 받은 학습자들이 사회의 주역이 되었다. 이제는 이에 대한 접근을 비판적으로 검토할 필요가 생겼다고 할 수 있다. 또한 다른 시각에서 인지적 읽기 교육에 대한 분석과 문제점을

2) 교육과정상의 '읽기'라는 영역 명은 '교수요목기'부터 사용되었다. 즉, 읽기에 대한 교육적 의도는 오래전부터 있었다.

3) 이 논의에서는 '읽기 기능'이나 '읽기 전략'을 통칭하는 용어로 '읽기 기능/전략' 또는 '읽기 기제'를 사용한다.

제기할 때가 된 것이다. 읽기 교육에 대한 비판적 검토는 읽기 교육의 변화를 위해서이기도 하지만 우수한 독자와 건전한 사회를 위해서이다. 건전한 사회에 대하여 읽기 교육이 거론하는 이유는 읽기가 사회 구성원의 의식 변화를 이끄는 진정한 힘이기 때문이다.

이 장에서는 인지적 읽기 교육에 대한 비판적 검토를 목적으로 한다. 비판적 검토는 여러 접근 방식이 있을 것이다. 계획, 실태, 성과 등을 비판할 수도 있고, 구체적인 방법을 중심으로 할 수도 있다. 여기서는 인지적 읽기 교육의 접근 관점을 바탕으로 목표, 내용, 방법, 결과를 메타적으로 검토한다. 이는 인지적 읽기 교육의 구체적인 성과를 들어 보이는 것이기보다는 전체적인 가정과 지향에 대한 비판적 검토가 될 것이다. 이를 바탕으로 관념 구성을 강조하는 한 읽기 교육의 접근 방안을 생각해 본다.

2. 인지적 읽기 교육의 문제

인지적 읽기 교육은 읽기를 인지적 문제해결로 본다.[4] 독자가 관념을 구성하는 행위 자체가 하나의 문제해결이라는 것이다. 인지적 관점에서 보면 독자의 읽기 과정은 인지적 문제들을 해결하는 과정이다. 독자의 인지적 문제해결은 스키마와 사고 작용으로 이루어진다. 즉, 읽기는 독자가 스키마로 글의 내용을 받아들이는 사고 작용이다. 이는 인지적 읽기 요인으로 스키마, 글, 사고를 강조함을 뜻한다. 인지적 읽기 교육은 이들 요인 중 사고를 특히 강조한다. 스키마는 독자의 고유한 영역이라 교육적 접근이 어렵다. 글도 독자의 외부 요인이기에 관심을 둘 수가 없다. 사고는 특정한 기

4) 인지적 읽기 교육에 대한 국내의 논의는 노명완(1988)의 논의를 필두로 노명완·박영목·권경안(1991), 이경화(1991), 박수자(1993),박영목·한철우·윤희원(1996), 이경화(1999), 이상형 외(2000), 김도남(2002), 김혜정(2002), 김경주(2004) 등의 논의로 이어지고 있다.

제를 바탕으로 이루어지므로 교육적으로 조절 가능한 것으로 인식된다. 그래서 독자 사고의 활동을 적극 탐색하고 이를 조절하려고 한다. 독자의 사고를 조절하는 교육적 방법은 사고에 필요한 읽기 기제를 통제하는 것이다.

독자의 인지적 문제해결에 필요한 기제를 조절하는 구체적인 방법은 학습자에게 사고의 기제를 익히게 하는 것이다. 그래서 사고의 기제(기능/전략)는 사고 작용의 효율성을 높이고, 그 결과 문제해결 능력, 즉 읽기 능력의 향상을 가져온다. 이것이 인지적 읽기 교육의 논리이다. 그래서 인지적 읽기 교육은 독자의 사고 기제인 읽기 기능/전략을 교육 내용으로 한다. 읽기 교육에서는 이들 읽기 기능/전략을 시범을 통하여 익히게 하고, 익힌 읽기 기능/전략을 적용해 보게 한다. 이 읽기 기제의 학습을 통한 읽기 능력 향상이 인지적 읽기 교육의 목표이다. 이 인지적 읽기 교육에 대한 문제점을 지적해 보면 다음과 같다.

가. 주객전도(主客顚倒)

인지적 읽기 교육은 읽기 방법 익히기를 목표로 한다.

읽기는 독자의 관념 구성 행위이다. 구체적으로 독자가 책을 읽고 자신의 관념을 새롭게 구성하는 활동이다. 독자의 관념 구성이 이루어지지 않는 읽기는 읽기가 아니다. 교육에서 읽기에 관심을 갖는 이유도 읽기가 학습자의 관념을 새롭게 구성할 수 있도록 하기 때문이다. 텍스트는 다양한 생각 세계들로 이루어져 있고, 독자는 읽기를 통해 그 생각 세계와 만난다. 독자는 다른 생각 세계와의 만남을 통하여 관념을 새롭게 구성한다.

독자의 관념 구성은 관념 구성 방법의 활용을 통하여 이루어진다. 독자가 관념을 구성할 수 있게 하는 구체적인 방법은 사고이다. 독자의 사고는 읽기에 필요한 사고 기제(mechanism)를 활용한 심리작용이다. 독자는 이 사고 기제를 활용하여 책의 내용과 관련한 관념을 구성한다. 인지적 관점에서 독자의 사고 활동은 스키마와 텍스트 내용과의 관계를 조절하는 사고 기제를 통하여 이루어진다. 독자는 관념을 구성하기 위해 스키마를 활성화하여, 텍스트의 내용을 스키마로 받아들인다.[5] 독자가 책의 내용을 스키마로 받아들이는 심리활동이 사고인 것이다.

인지적 관점에서 독자의 관념 구성을 위한 사고 기제는 읽기 기능(reading skill)[6]과 읽기 전략(raeding strategy)[7]이다. 이들 읽기 기능/전략은 독자의 활성화된 스키마에 글의 내용을 효율적으로 채울 수 있게 돕는다. 활성화된 스키마의 빈칸을 책의 내용으로 채우는 것이 사실적 이해이고, 사실적 이해 이후에도 남아 있는 스키마의 빈칸을 채우는 것이 추론적 이해이다.[8] 책의 내용을 점검하고, 책의 내용에 대한 새로운 관념을 구성해 내는 것이 비판적 이해이다.[9] 이들 이해는 스키마와 사고 활동의 협력으로 이루어진다. 독자의 관념 구성 사고 활동에서 중요하게 작용하는 기제가 읽기 기능/전략이다. 독자는 읽기 기능/전략을 적절히 활용함으로써 관념의 구성을 원

---

5) 독자의 스키마를 내용 스키마와 형식 스키마로 나눌 수 있다(한철우 외, 2001:19), 독자의 스키마를 활용한 글의 내용 인식 방법에 대한 논의는 김도남(2004: 23-26)을 참조할 수 있다.

6) 읽기 기능은 독자가 텍스트의 조건에 자신의 인지적 작용을 적응시키는 기제이다. 이에 대한 대표적인 논의로는 바렛(Barrett, 1976)을 들 수 있다(최현섭 외, 1997: 267-268).

7) 읽기 전략은 독자가 텍스트의 내용을 자신의 인지적 조건에 맞추어 수용하지는 기제이다. 박수자의 논의(2001: 174-175)를 보면 Oxford(1990)는 ① 기억전략(심적 연결망 구성하기, 이미지와 음을 적용하기, 재검토하기, 행동해보기), ② 인지 전략(연습하기, 메시지 송수신하기, 분석하고 추리하기, 입출력에 대한 구조 형성하기), ③ 보상전략(지능적으로 추측하기), ④ 초인지 전략(학습을 중심화하기, 학습을 정리하고 계획하기, 자신의 학습을 평가하기), ⑤ 정서적 전략(불안감 완화하기, 격려하기, 감정을 유지하기) ⑥ 사회적 전략(질문하기, 협조하기, 다른 것들 강조하기) 등을 제시하였다.

8) 추론적 이해에 대한 논의는 한철우 외(2001), 박수자(2001), 김도남(2004)을 참조할 수 있다.

9) 비판적 이해에 대한 논의는 박수자(2001)과 김혜정(2002)을 참조할 수 있다.

활하게 수행할 수 있게 된다. 그러한 점에서 읽기 교육에서는 학습자들이 읽기에 필요한 읽기 기능/전략을 강조하게 된다. 그래서 읽기 교육에서는 읽기 기능/전략을 교육 내용으로 삼고 있다. 이 읽기 기능/전략의 학습이 읽기 능력을 높인다고 본다. 이런 점에서 인지적 읽기 교육은 읽기 능력 신장이라는 목표의 타당성과 읽기 기제가 교육 내용으로서의 정당성을 확보하게 했다.

인지적 읽기 교육의 목표는 읽기 능력 신장이다. 여기서 읽기 능력은 글의 내용으로 관념을 구성하는 능력이어야 한다. 다시 말하면, 독자가 책 내용을 통하여 관념을 웅숭깊게 구성할 수 있는 힘이어야 한다. 읽기 능력 신장은 독자가 관념을 구성하는 내적 힘의 신장이 되어야 한다. 읽기 교육이 독자의 심원한 관념 구성을 위한 힘을 길러주지 못한다면 바른 읽기 교육이 아니다. 이 점에서 인지적 읽기 교육의 읽기 능력 신장의 의미가 무엇인지 따져보아야 한다. 결론적으로, 인지적 읽기 교육의 읽기 능력 신장은 독자의 관념 구성을 직접 지시하지 않는다. 인지적 읽기 관점의 읽기 능력은 읽기 기제를 효율적으로 활용할 수 있는 힘이다. 즉, 읽기 기제의 활용력의 신장이 목표인 것이다. 이는 관념 구성 능력이 인지적 읽기 관점의 간접적인 목표임을 의미한다. 읽기 기제를 활용하는 능력과 관념 구성을 하는 능력은 다른 것이기 때문이다.

인지적 읽기 교육의 초점은 읽기 기제 학습에 놓여 있다. 독자가 구성해야 할 관념은 독자에게 일임한다. 그 결과 교육의 관심은 읽기 기제인 읽기 기능/전략을 익혀 사용할 수 있는가에 놓인다. 그래서 읽기 능력의 의미가 읽기 기능/전략 사용의 효율성이 된다. 즉, 읽기 능력은 읽기 기능/전략을 익혀서 책을 읽는 과정에서 발생하는 문제를 효과적으로 해결하는 것이다. 그러다 보니 읽기 교육의 관심은 독자의 읽기 효율성과 관련된 읽기 기능/전략의 학습에 집중된다. 초등학교 〈읽기〉와 중학교 〈국어〉 교과서의 차시별 학습 목표는 이들 읽기 기능/전략이 주요 학습 내용 요소로 제시되어 있다. 읽기 교수-학습 활동이 읽기 기능/전략을 위한 활동이 된 것이다.

인지적 읽기 교육은 독자의 관념 구성에는 관심이 부족하다. 교육 활동이 읽기 기능/전략의 학습에 집중되어 있기 때문이다. 수업 과정에서 책의 내용 파악 활동이 있지만 그것으로 학습자의 관념 구성 세계를 열어주기에는 부족하다. 확장적 사고 활동이 있기는 하지만 무슨 내용으로 어떻게 접근해야 하는지가 구체적이지 못하다.[10] 특히 확장적 사고 활동은 독자의 주관적 관념 구성을 강조[11]하는 연장선에서 이루어지기에 독자의 심원한 관념 세계를 열어주기에는 부족하다. 확장적 사고 활동을 통하여 학습자들이 글 내용을 바탕으로 깊이 있는 관념을 구성할 수 있는 방법이 없는 것이다. 그렇기 때문에 인지적 읽기 교육에서는 독자의 관념에 대한 관심이 소홀해질 수밖에 없다.

인지적 읽기 교육은 읽기 교육의 목표 면에서 보면 주(관념구성)와 객(방법습득)이 전도(顚倒)되어 있다. 읽기 방법의 습득이 교육목표인 것이다. 읽기 방법 학습의 필요성이나 타당성이 없는 것은 아니다. 읽기 방법을 알아야 관념 구성을 할 수 있다. 그래서 방법 학습은 필수적이다. 그러나 읽기의 궁극의 목표인 관념 구성을 소홀히 하고 읽기 방법 중심의 교육은 본말이 전도된 것이다. 읽기 방법은 그 자체만으로는 존재적 의미를 갖지 못한다. 읽기 기능/전략은 그 자체만으로는 존재적 가치가 없다. 독자가 웅숭깊은 관념 구성에 이용해야만 그 존재적 의미를 갖는다. 인지적 읽기 교육은 독자의 관념을 심원하게 하는 것에는 관심이 부족하다. 심원한 관념 구성은

---

10) 초등학교 교과서의 구성의 예이다. 초등학교 교과서는 학습 활동 지시를 아이콘의 색깔로 구분되어 있다. 확장적 사고 활동은 적용학습의 보라색 아이콘이다. 중학교 교과서는 단원별 '생각 넓히기' 활동이 따로 있다. 중학교의 확장적 사고 활동에 이에 대해서는 뒤에서 논의한다.

11) 독자의 주관적 관념 구성에 대한 논의는 김도남(2006)을 참조할 수 있다.

독자의 몫이지 교육의 몫이 아니라고 여긴다. 읽기 교육은 다만 읽기 방법만 제시하여 주면 된다고 생각한다. 학습자들은 자신이 어떤 관념 세계를 구성해야 되는지도 모르면서 마냥 읽기 기능/전략을 익히기만 한다. 인지적 읽기 교육은 독자의 관념 구성을 소홀히 하고 있는 것이다.

나. 과유불급(過猶不及)

인지적 읽기 교육은 교육 내용으로 읽기 기제만 강조한다.

읽기에서 독자 요인, 글 요인, 사회적 요인, 문화적 요인, 시대적 요인 어느 요인 하나 중요하지 않는 것이 없다. 이들 요인은 독자가 책을 읽고 관념을 구성하는 데 관여한다. 읽기는 이들 요인들의 균형이 이루어졌을 때 바르게 된다. 특정 요인이 강조되게 되면 그 읽기는 바람직하지 못한 읽기가 된다. 이들 모든 요인들을 읽기 교육에서는 지도해야 한다. 그렇지만 읽기 교육은 이들 요인들 중에서 특정 요인을 강조한다. 읽기 교육에서 읽기의 특정 요인에 초점을 맞추어 교육함으로써 초점이 맞추어진 그 요인을 중심으로 읽기가 이루어진다. 지금까지 읽기 교육은 그것을 당연시하여 왔다고 할 수 있다.

읽기 교육에서 특정 읽기 요인을 강조하는 것이 바람직한 일이 될 때가 있다. 독자에게 필요한 요인 중에서 부족한 요인이 있을 경우 이를 보충해 주는 교육이 이루어질 때이다. 그렇지 않고, 읽기 요인의 균형성을 생각지 못한 상태에서 특정 요인만을 강조하는 교육은 문제가 된다. 독자의 타당한 관념 구성을 방해하기 때문이다. 인지적 읽기 교육에서는 학습자 요인을 강조하고 있다. 이는 글의 요인이나 사회, 문화, 시대적 요인에 비하여 독자 요인의 부족으로 인한 불균형 때문이 아니다. 단지, 교육적 관점으로 독자 중심 관점을 선택했기 때문에 그렇게 하고 있다. 독자들은 스키마(배경지식)와 읽기 기능/전략을 활용하여 책을 읽는다. 독자가 책의 내용에 대하여 임의적인 판단을 내리고 그것이 정당하다고 믿는다. 독자가 읽기를 그렇게 하는 이유는 읽기 교육에서 그러한 방식으로 읽도록 배웠기 때문이다.

독자가 읽기를 하는 데 있어서 균형 있는 읽기 요인의 활용은 중요하다. 균형 있는 읽기 요인의 활용이 관념의 타당성을 확보해 주기 때문이다. 편향된 읽기 요인은 독자가 구성한 관념의 편향성을 가져온다. 읽기를 통한 독자의 관념 구성이 편향되면 삶의 방향성을 잃거나 특정한 신념으로 진리 탐구를 외면한다. 그렇기 때문에 독자는 관념 구성에 있어서 읽기 요인의 균형성에 대한 의식을 가질 필요가 있다. 독자의 타당한 관념 구성에서 중요한 것은 반성의 힘이다. 반성은 항상 자신을 되돌아보고 부족한 점을 찾아 보완하게 한다. 독자의 반성은 읽기 요인을 바탕으로 관념을 살펴 보완하는 것이다. 독자 반성의 힘은 읽기 신념에 기초한다. 독자의 읽기 신념에 영향을 미치는 요인 중 가장 강력한 요인은 읽기 교육이다. 읽기 교육은 독자에게 읽기 요인의 균형성을 유지할 수 있도록 지도하고, 그 균형성에 대한 신념을 길러주어야 한다. 그러면 독자는 구성할 관념의 타당성을 위하여 노력할 것이다.

인지적 관점의 읽기 교육은 독자 요인인 스키마와 사고를 강조한다. 독자는 스키마를 활용하고, 글의 정보를 처리하는 데 필요한 사고 기제를 익혀야 한다고 본다. 글의 이해는 독자의 요인에 달려 있다는 신념을 갖는 것이다. 독자 요인이 독자의 관념 구성에서 중요 요인임에는 틀림없다. 그러나 독자의 요인이 관념 구성의 전부는 아니다. 만약 독자 요인이 글을 읽고 관념을 구성하는 데 필요한 유일하고 절대적인 요인이라면 읽기 교육은 지속적으로 이루어질 필요가 없다. 교육적 접근이 가능한 읽기 기제는 지속적으로 많은 교육을 필요로 하지 않기 때문이다. 사실적 이해의 읽기 기제, 추론적 이해의 읽기 기제, 비판적 이해의 읽기 기제가 있다고 할 때, 이들은 적절한 시기에 집중적으로 알려주면 모두 익히게 할 수 있다.

읽기 기제는 독자의 읽기 능력을 높이는 데 일부 기여한다. 그것은 경험으로 알 수 있다. 책을 읽을 때 읽기 기제를 몇 가지 활용하면 관념 구성에 도움이 된다. 그러나 이들 읽기 기제가 관념 구성의 모든 것을 해결해 주지 못한다. 예를 들어, 『중용(中庸)』을 읽을 때, 알고 있는 읽기 기제만으로 중용의 이치를 깨쳐 중용 관념을 구성하기 어렵다. 『중용』의 본문을 모두 외우고, 책 전체 내용을 파악하였다고 하여 중용의 이치를 깨쳤다고 할 수 없다. 독자의 배경지식과 읽기 기제를 모두 활용하여도 중용의 이치는 깨쳐지지 않는다. 즉, 독자의 인지적 읽기 기제만으로는 타당한 관념 구성을 하기 어려운 것이다. 독자 요인 외의 다른 독자나 다른 글, 사회, 문화 시대적 요인의 도움을 받아야만 중용의 이치를 깨칠 수 있다. 자기중심적 관념 구성에는 인지적 읽기 기제가 훌륭한 사고 도구일 수 있지만 타당한 관념 구성에는 오히려 방해가 될 수도 있다.

인지적 읽기 교육은 독자의 요인에만 편향되어 있는 문제점을 안고 있다. 읽기 교육에서는 독자의 인지적 읽기 기제만을 강조하여 지도한다. 학습 활동에서 관념 구성을 학습자의 몫으로 여겨, 학습자가 구성한 관념에 관심을 갖지 않는다. 그 결과 독자들은 자신이 구성한 관념에 대한 타당성을 따져볼 기회를 갖지 못한다. 독자가 구성한 관념에 대하여 다른 사람의 관심이 주어질 때 그 관념은 가치를 인정받게 되고, 존재적 의미가 부여된다. 즉, 관념의 타당성을 따져볼 기회를 가지게 된다. 그런데 독자에게 관념 구성의 모든 책임을 주게 되면, 독자는 자신이 구성한 관념의 타당성에 대한 확신을 할 수 없게 된다. 또한 독자의 관념이 다른 사람의 관심 대상이 되지 못하면 그 관념은 타당성뿐만 아니라 존재적 의미마저 상실하게 된다. 학습자의 입장에서 보면, 자신이 구성한 관념에 대한 타당성의 확신이 부족하게 되면 자신이 구성하는 관념에 대한 관심을 잃어버리게 된다. 관념에 대한 관심의 상실은 책을 읽어야 할 의의의 상실로 이어진다. 결국 독자는 읽기를 하지 않게 되는 것이다.

읽기 교육에서는 읽기 기제를 필요한 만큼만 강조해야 한다. 오로지 읽기 기제만으로 학습자의 읽기 능력을 높이겠다는 의식을 바꾸어야 한다. 읽기에 영향을 주고 있는 여러 요소를 모두 고려하려는 노력이 필요하다. 읽기 기제에 대한 지나친 강조는 오히려 하지 않는 것만 못할 수 있다. 읽기 교육에서 읽기 기제를 강조함으로써 학생들은 읽기 기제만 익히면 된다고 생각한다. 읽기 평가의 내용도 읽기 기제다. 그러니 학생들은 읽기 기제의 학습에 전념할 수밖에 없다. 교육적으로 읽기 기제를 지나치게 강조하는 것이다. 그 결과는 독자들이 책을 읽지 않는 결과로 이어질 수 있다. 책을 읽을 필요가 없는 것이다. 배워야 할 읽기 기제가 책 속에 있는 것이 아니기 때문이다. 이것은 수단이 목표와 바뀐 형국임을 의미한다. 학생들이 해야 할 것은 글의 내용을 활용한 관념 구성인데, 관념 구성에 관심이 없고 읽기 기제 학습에만 관심이 있는 것이다. 이는 읽기 교육이 추구하는 관념 구성을 소홀히 하는 결과를 가져오게 된다.

다. 견월망지(見月望指)

인지적 읽기 지도는 읽기 기제의 학습을 중심으로 이루어진다.

읽기 교육에서 중요한 것이 읽기 능력을 높일 수 있는 교육 내용이다. 인지적 읽기 교육의 교육 내용은 읽기 기제이다. 교과서의 읽기 단원의 각 차시별 학습 목표 속에는 읽기 기제가 내재되어 있다. 교사는 읽기 수업 매 차시마다 학습 목표에 제시된 읽기 기제를 지도한다. 읽기 기제는 학습자들의 읽기 능력을 높일 수 있는 요인이기 때문이다. 학습자들은 읽기 기제의 학습이 책의 내용을 이해하는 데 효율적이라는 것은 확신한다. 읽기 기제가 학습자들이 주어진 읽기 과제를 해결하는 데 효과적인 것은 분명하다. 그래서 초등학교와 중학교 〈국어〉 교과서의 읽기 단원 학습 활동 구조가 읽기 기제 학습을 중심으로 있도록 되어 있다.

인지적 읽기 교육도 독자의 타당한 관념 구성을 추구한다. 읽기 기제의 지도가 독자가 구성하는 관념의 타당성을 확보해 줄 것이라 믿는다. 이것은 절차적인 측면에서 보면 그렇다고 할 수 있다. 관념을 구성하는 절차가 타당하면 독자가 구성하는 관념도 타당할 것이라고 가정할 수 있다. 즉, 학습자들은 학교에서 배운 읽기 기제를 활용하여 관념을 구성하면 그 관념은 타당한 것이 된다고 여기는 것이다. 그 결과 읽기 기제를 익히고 활용하는 것이 정당화된다. 이는 국어 교과서의 읽기 단원의 활동을 살펴보면 분명해진다.

초등학교 국어 교과서의 읽기 단원 기본학습 활동은 기능을 익혀 활용하는 내용으로 구성되어 있다. 기능을 익히는 활동의 구성은 읽기 기제를 제시하고(설명하기), 읽기 기제의 활용 방법을 시범보인다(시범보이기). 그리고 읽기 기제를 사용할 수 있는지 확인하고(질문하기), 배운 전략을 사용해 보는 활동으로 이루어진다(활동하기). 읽기 기능을 활용하는 활동은 익힌 기능을 텍스트 상황에 맞게 응용하거나 변용해 봄으로써 심화하여 익힐 수 있게 이루어진다. 이에 덧붙여 텍스트의 내용에 대한 이해를 확장하도록 활동이 구성되어 있다. 읽기 활동 구성의 기본 절차는 ① 배경지식을 활성화하고, ② 제재를 읽고, ③ 제재 내용을 확인하고, ④ 읽기 기제를 익히고 적용하고, ⑤ 텍스트 이해 확장 활동이다. 기본학습의 활동은 읽기 기제를 익히고 응용하여 심화함으로써 숙달하는 것이다. 교과서의 읽기 단원의 기본학습 활동의 구성은 대동소이하다.

교과서 구성에서 학습자들의 읽기 기제 학습에 대한 의식을 잡아두는 곳은 기본학습 활동에서 목표 학습 활동이다. 학습에서 배워야 할 내용이 목표 학습 활동에 들어있기 때문이다. 목표 학습 활동은 수업에서도 중요하게 다루어지고, 읽기 평가에서의 평가 내용이기도 하다. 그렇기 때문에 학생들이 읽기 수업에서 중점적으로 학습하는 것은 목표 학습 활동의 내용이다. 학습자들이 학습에서 의식을 집중해야 할 과제가 목표 학습 활동의 내용인 것이다. 이는 학생들이 읽기 학습을 떠올리거나 읽기를 떠올릴 때의 의식을 결정한다. 읽기는 읽기 기제를 익히기 위하여 해야 한다는 의식을 갖게 한다. 생활 속에서 텍스트를 읽을 때는 그 내용에 집중하지만 읽기 학습에서는 내용에 대한 집중을 충분히 이끌어 내지 못하는 면이 있다. 기본학습 활동에서 제재의 내용을 파악하는 활동이 이를 대신하고 있다. 읽기 기제를 학습하면서 관점 구성에도 집중하게 하는 활동이 필요하다.

읽기 기제는 텍스트의 내용을 처리하는 독자의 인지적 사고 도구이다. 인지적 읽기 교육에서 이 읽기 기제를 학습자들에게 가르쳐 주는 것은 당연한 일일 수 있다. 그러나 읽기 교육에서 읽기 기제를 중심으로 가르쳐야 하는가에 대한 심각한 고민이 필요하다. 독자는 텍스트를 읽고 타당한 관념을 구성해야 한다. 그런데 읽기 기제만 가르쳐 주면 학습자들이 타당한 관념을 구성할 수 있게 되는가 하는 것이다. 또한 글 속의 관념에 의식을 집중할 수 있게 할 수 있는가 하는 것이다. 읽기 제재로 깊이 있는 관념 내용이 담긴 글을 제시하는 것은 명분에 불과하다. 수업 시간에 그 제재는 읽기 기제를 익히는 데 사용될 뿐이다. 텍스트의 내용에 대하여 학습자가 고민할 수 있는 기회가 주어지지 않는다. 텍스트의 내용을 사실적으로 파악하는 활동에서 더 나가지를 못한다. 글을 내용을 깊이 생각해 볼 기회가 주어지지 않는 것이다. 기본학습에서의 제재 심화 이해 활동이나 실천학습에서의 제재 이해 활동도 텍스트에 대한 깊이 있는 관념 구성을 위한 활동이 아니라는 것을 쉽게 알 수 있다. 읽기 기제를 사용하는 활동에 초점이 있다.

읽기 교육을 하는 것은 학습자가 심오한 관념을 구성할 수 있도록 하기 위한 것이다. 그런데 인지적 관점의 읽기 교육은 교과서의 구성과 교수-학습에서 이 문제를 소홀히 하고 있다. 학습 활동의 구성이 읽기 기제를 익히는 데 초점이 놓여 있기 때문이다. 그 결과 학습자들은 읽기 기제를 익히는 것을 읽기 학습의 모든 것으로 생각할 수 있다. 읽기 기제가 자동적으로 관념을 구성하고, 그렇게 구성한 관념이 타당한 관념이라고 여길 수 있다. 그렇게 되면 읽기 교육에서 관념 구성은 관심의 대상이 되지 못하고, 읽기 기제만이 관심의 대상이 된다. 학습자들의 관심은 읽기 기제에 집중되어 있다. 학습자들이 관념 구성보다 읽기 기제 학습을 중요하게 생각한다. 읽기 기제는 독자 사고의 도구이지 관념의 내용이 될 수 없다.

읽기 교육에서 관심을 기울여야 하는 것은 독자들이 구성할 관념 내용이다. 인지적 읽기 교육은 읽기 방법만 가르쳐 주고 관념 구성을 소홀히 하고 있다. 낚시 방법은 물고기를 잡기 위한 것이지 그 자체만으로는 의미가 없다. 낚시 방법은 고기를 낚을 때 가치가 있다. 읽기 기제는 관념 구성을 위해서만 의미가 있다. 관념 구성을 제외한 읽기 기제의 교육은 가치 없는 교육이 될 수 있다. 읽기 기제만을 강조하는 교육은 학생들에게 달을 보라고 하면서 항상 손가락만 쳐다보게 하는 것과 같다. 학습자들이 달을 보지 못하는 것은 학습자의 문제가 아니라 읽기 교육이 문제인 것이다. 학생들은 달을 보고 싶어 하고, 교사도 학생이 달을 보는 것을 원한다. 그런데 교육과정이, 교과서가 그리고 수업 활동이 이를 하지 말라고 강요한다. 그래서 학습자들은 글의 내용에 대한 관심을 접고, 글을 읽는 방법에만 관심을 갖는다.

라. 수주대토(守株待兎)

인지적 읽기 활동에서는 관념이 저절로 구성되기를 기다린다.

인지적 읽기 교육은 읽기 기제의 익힘과 활용에 관심이 많다. 읽기 기제는 심리적 절차로 일정한 형식을 갖추고 있다. 이들 읽기 기제는 교사의 시범과 적용의 과정을 거치면 학습자에게 전이된다. 이들 읽기 기제를 학습자가 많이 익히게 되면 익힌 만큼 읽기 능력이 향상된다고 할 수 있다. 그러다 보니 인지적 읽기 교육은 주로 읽기 기제 학습을 중심으로 한 교수-학습을 강조하게 된다. 학습 목표가 읽기 능력 신장이라고 했을 때, 이 목표에 도달할 수 있는 것을 가르쳐야 하기 때문이다. 그러다 보니 학습자가 실제로 구성해야 할 관념에 대해서는 소홀하게 되었다. 그래서 학습자가 관념 구성을 통하여 이루어야 할 정신적 성장의 기회를 제공하지 못하고 있다.[12)]

읽기에 대한 일반적 기대는 독자가 책을 통하여 지성과 인성의 고른 발달을 이루는 것이다. 학습자도, 교사도, 학부도 모두 읽기는 독자의 지성과 인성을 길러준다고 생각한다. 그래서 책을 읽어야 한다는 의무감을 느낀다. 이것이 읽기 교육을 존재하게 하는 이유이기도 하다. 독자의 지성과 인성의 발달은 책의 내용을 이용하여 웅숭깊은 관념과 세련된 정서와 의지를 성취함으로써 이루어진다. 웅숭깊은 관념은 글의 내용에 대한 깊이 있는 궁리를 통하여 얻을 수 있고, 세련된 정서와 굳은 의지는 글 속의 정서와 의지에 대하여 심정적으로 공감하는 함양을 통하여 기를 수 있다. 심원한 관념은 세상의 이치를 깨치게 하고, 정서와 의지는 인간적 품격을 높이게 된다. 읽기는 세상의 이치와 인간적 품격을 높여 독자를 훌륭한 사람으로 만들 것이

---

12) 읽기가 독자의 정신적 성장을 위한 것이라는 논의는 김도남(2007)을 참조할 수 있다.

라고 기대한다. 실제로 읽기는 그 역할을 한다. 읽기 교육도 학습자가 지성과 인성을 갖춘 사람이 될 것을 기대하고 바란다.

독자의 지성과 인성 계발은 독자의 정신의 일신(一新)을 통하여 이루어진다. 정신의 일신은 정신 내용을 혁신하는 것이다. 다시 말하면 독자의 정신의 구성 내용을 본질적으로 새롭게 하는 것이다. 정신의 일신은 스키마를 재구성하는 방식으로는 이룰 수 없다. 독자가 구성한 관념을 이용하여 기존 스키마를 버리고 새 스키마로 대치함으로 이룰 수 있다. 독자의 기존 스키마가 관념을 구성하게 된다면 독자의 정신의 일신은 일어나지 않는다. 독자의 지성이나 인성의 발전은 새로운 스키마를 구성하는 일이고, 이는 정신 내용을 새롭게 바꾸는 일이어야 한다. 예를 들어, 독자가 『중용』을 이해한다는 것은 새로운 중용적 의식을 만드는 것이지 기존에 있던 스키마로 중용을 수용하는 일이 아니다. 독자의 정신 성장은 책의 내용을 통하여 관념을 일신하는 것이다.

인지적 읽기 교육은 독자의 정신의 일신을 소홀히 한다. 독자의 스키마가 글의 의미를 결정한다는 의식도 문제이지만 스키마의 조절(혁신)을 염두에 두고 있지 않다. 이는 읽기를 통하여 학습자의 의식(정신) 변화가 일어날 수 없게 하는 근본 원인이다. 독자의 스키마가 능동적으로 작용하여 스스로 변화할 것으로 여긴다. 스키마가 능동적으로 작용하는 것은 분명하지만 그 변화는 의지적 정신 활동이 뒷받침되어야 한다. 독자의 관념 구성 작용을 제어하는 스키마는 자발적으로 변화하지 않는다. 변화는 익숙하지 않은 일이고 어려운 일이다. 독자의 정신의 일신은 자발적으로 일어나지 않는다. 모든 독자가 경험하는 일이지만 한 편의 글을 제대로 이해하는 일은 어려운 일이다. 스키마의 혁신이 일어나야 하기 때문이다. 독자의 스키마 혁신은 읽기 교육을 통하여 그 구체적인 방법들이 제시되어야 한다. 그렇지 않으면 의식의 질적 변화는 일어나지 않는다.

인지적 읽기 교육을 받은 독자들은 읽기 기제를 익혔기 때문에 어떤 글이든 다 이해할 수 있고, 심지어 읽지 않아도 문제가 없다고 생각한다. 읽기 교육을 통하여 읽기 능력은 확인받았고, 스키마가 자발적으로 글의 내용을 수용한다고 여기기 때문이다. 더 나아가 글을 마음대로 수용해도 된다는 의식까지 가지고 있다. 독자들은 지성과 인성의 발전이 자동화되어 있다고 여긴다. 이는 글을 읽어야 한다는 의지와 자신의 지성과 인성을 적극 계발하겠다는 의지를 약화시킨다. 그러다 보니 읽기 교육에서는 정신 성장이 독자 내에서 일어나기만을 고대한다. 독자의 관념 구성과 의식의 변화가 저절로 일어나는 것이라고 여기는 것이다.

인지적 읽기 교육을 통하여 독자의 정신 성장이 일어나는 것은 우연적인 일이다. 독자는 읽기 능력만 갖추고 있을 뿐 의지적으로 정신을 일신할 수 있는 능력을 갖추고 있지 않기 때문이다. 만약 독자가 정신 성장을 일으켰다면 그것은 인지적 읽기 교육의 결과가 아니라 다른 요인의 작용으로 일어난 것이다. 인지적 읽기 교육에서 볼 때, 학습자가 자발적으로 책을 한 권 읽는 것은 귀한 일이다. 읽기 교육을 하는 근본적인 이유 중의 하나가 책을 읽게 하는 일이지만 말이다. 글을 읽어야 하는 이유가 없는데 의지적으로 책을 읽기 때문이다. 독자가 글을 읽고 관념을 구성하기 위하여 글 내용을 따져보는 일은 더 감사해야 할 일이다. 독자가 읽기의 근본적인 목표를 지향하는 행위를 했기 때문이다. 학습자가 책을 읽고 특정한 생각을 가졌다면 그것은 대단히 고마운 일이다. 읽기의 궁극적인 목적인 관념 구성을 했기 때문이다. 결론적으로, 인지적 읽기 교육은 읽기의 본질적인 목표인 관념 구성은 소홀히 한다.

인지적 읽기 교육은 학습자들이 책을 읽기를 앉아서 기다리고, 학습자들도 책을 읽고 우연히 관념이 구성되기를 기다린다. 읽기 교육에서 학습자들에게 읽기 기제를 지도했고, 학습자들은 그것을 익혔기 때문이다. 그러나 학습자는 관념 구성을 할 수 있는 조건을 갖지 못하고 있다. 관념을 구성하고 발전시킬 의지가 약하기 때문이다. 교사들은 학습자가 글을 읽고 관념을 구성할 수 있도록 지도해야 하고, 학습자들은 글을 읽고 관념을 구성해야 한다. 관념 구성은 읽기 능력을 갖추고 기다린다고 되는 것이 아니다. 글을 읽고 내용에 대한 탐구와 궁리를 해야 한다. 만약 읽기 교육이 사실적, 추론적, 비판적 읽기 기제만 지도하는 것에 만족한다면, 학습자들을 미궁으로 몰아넣어 헤어날 수 없게 만드는 격이 될 것이다.

3. 읽기 교육의 대안

인지적 읽기 교육은 스키마와 읽기 기제를 강조한다. 이는 스키마를 활용한 자기중심적 관념 구성과, 읽기 기제의 학습을 통한 읽기 능력 향상의 추구로 이어진다. 인지적 읽기 교육은 읽기의 교육적 가능성을 인식시킨 공과도 있지만 문제점도 내포하고 있다. 관념 구성보다는 읽기 기제를 강조하고, 읽기 교육 내용을 읽기 기제 중심으로 편성하고, 학습 활동이 읽기 기제만을 익히도록 하고 있다. 그 결과 읽기 교육은 교육의 근본 목적인 학습자의 지성과 인성의 발달을 소홀히 하는 계기를 가져왔다. 읽기 교육은 인지적 읽기 교육의 장점을 취하면서 학습자의 정신 내용의 일신을 이룰 수 있는 방안을 모색할 필요가 있다. 여기서는 인지적 읽기 교육의 문제라고 지적한 것에 대한 대안을 생각해 본다.

가. 격물치지(格物致知)

읽기 교육은 독자의 관념 구성에 관심을 가져야 한다.

독자의 지성과 인성의 구체적인 형태는 사람들이 추구하는 지극한 앎과 통한다. 사람들은 세상의 이치(理致) 탐구를 통한 지극한 앎을 추구한다. 읽기는 세상의 이치를 궁리하여 지극한 앎을 얻을 수 있는 강력한 수단이다. 독자가 읽기를 통하여 알려고 하는 이치는 크게 세 가지로 구분할 수 있다. 사람의 마음 밖 대상이 지닌 이치인 물리(物理), 사람의 마음속 이치인 심리(心理), 사람들이 만들어 내는 사건의 이치인 사리(事理)이다. 인지적 읽기 교육은 읽기 기제를 활용하여 이들 이치를 터득할 수 있다고 여길 수 있다. 그러나 인지적 읽기 교육은 이 앎의 문제를 모두 해결해 주지는 못한다. 대상을 탐구하여 물리를 터득할 수 있는 읽기 방법을 제시하지 못하고 있고, 사람의 마음을 들여다보고 심리를 밝힐 수 있는 읽기 방법도 제시하지 않고 있다. 그리고 독자의 삶이 중심이 되어 물리와 심리가 종합된 사건의 이치를 깨치는 읽기 방법도 제시하지 않고 있다. 단지, 글의 내용과 독자의 심리가 작용하는 한 측면만을 얼핏 강조할 뿐이다.

격물치지는 궁리와 성찰을 통한 이치의 성취를 의미한다. 격물(格物)은 외부 대상의 이치를 탐구하며 인간의 마음을 성찰하여 심리를 밝히는 것이다. 이를 통하여 물리와 심리가 종합되어 완성된 사리(지혜)를 얻는 것이 치지(致知)이다. 읽기 교육은 이 격물치지를 강조할 필요가 있다. 읽기는 사물 이치의 궁구와 마음 본성의 성찰을 통하여 지극한 지혜를 얻기 위한 속성을 갖고 있기 때문이다. 격물의 읽기는 글의 내용을 통해 외부 대상을 살피고, 자신의 내면의식을 점검한다. 글을 대상을 보는 창문과 마음속을 보는 거울로 활용하는 것이다. 독자는 글을 통하여 외부와 내면을 동시에 볼 수 있다. 또한 이들을 통하여 자신의 존재와 삶의 이치를 깨칠 수 있다. 지극한 앎을 이루는 것이다.

책을 통하여 사물의 이치를 밝히는 것은 독자 자신의 눈으로 할 수 없다. 독자가 자신의 눈으로 보는 사물은 항상 똑같다. 그렇기 때문에 사물의 이치를 꿰뚫어 볼 수가 없다. 독자가 읽기를 하는 이유는 다른 눈을 빌어 사물의 이치를 보기 위한 것이다. 독자는 타자의 눈을 빌어야 대상의 이치를 볼 수 있다. 타자의 눈은 다양한 색깔과 밝기를 가지고 있으며, 현미경이나 망원경과 같이 작은 것을 확대하거나 큰 것을 축소하여 보여 주고, 멀리 있는 것을 가깝게 또는 가까이 있는 것을 거리를 두고 볼 수 있게 해 준다. 독자에게 사물의 이치를 보여 주는 타자의 눈은 독자가 마음대로 할 수 있는 것이 아니다. 책을 통하여 드러나는 타자의 눈의 색깔과 밝기, 초점과 원근은 독자가 임의로 바꿀 수 없다. 독자가 임의로 바꾸면 사물의 이치를 볼 수 없게 된다. 따라서 독자는 책(타자)의 눈으로 사물을 보고 물리를 터득해야 한다.

글을 통하여 마음을 들여다보는 것도 마찬가지이다. 맨눈으로 거울을 보면, 보이는 것은 단지 얼굴 그림자일 뿐이다. 잡을 수도 만질 수도 없는 허상이다. 독자의 맨눈으로 책을 보는 것은 자신이 볼 수 있는 허상의 그림자일 뿐이다. 마음속을 들여다보기 위해서는 타자의 눈을 빌려야 한다. 그것이 책을 읽는 이유가 된다. 눈을 빌리기 위하여 읽기를 하는 것이다. 타자의 눈인 책은 독자의 맨눈으로 보이지 않는 마음의 모습을 보여 준다. 독자는 마음을 보기 위하여 책을 거울로 삼아야 하는 것이다. 책에 비친 마음의 심리를 보는 것은 책의 눈을 따랐을 때만 볼 수 있다. 문학 교육에서 '삶의 총체적 이해'라는 말[13]은 아마도 책이 거울의 역할을 하는 방식을 빌어 한 말일 것이다. 책을 통하여 사람 삶의 속성을 속속들이 볼 수 있음을 의미한다. 이는 인지적 읽기 관점의 스키마와 읽기 기제가 책의 이치를 충분히 터득할 수 있게 하는 도구가 아님을 뜻한다.

물리와 심리를 종합한 사건이 사리를 밝히는 것은 독자의 몫일 수 있다.

---

13) 문학 교육의 목표에 대해서는 최현섭 외(1996: 363-365)를 참조할 수 있다.

독자가 책을 통하여 현실적인 삶의 존재 의미 규정인 삶 속의 사건 이치를 터득하는 것은 독자에게 달려있다. 이는 독자의 인지적 사고가 이루어낼 수도 있다고 할 수 있다. 그러나 읽기 기제에는 이를 위한 것이 없다. 사리는 물리와 심리를 종합하여 의식적 판단을 해야 한다. 이 사리의 터득은 인지적으로 설명할 수 없는 부분이다. 이 사고는 인지적 사고의 수준을 넘어가는 초월적 사고[14]이다. 초월은 독자의 인지적, 경험적 사고를 벗어난 정신작용이다. 독자가 책을 통하여 절정경험(지고경험)을 체험하고 새로운 이치를 깨닫는 것은 인지적 사고로 설명할 수 없다. 초월적 사고는 독자의 인지적 인식의 범주를 벗어난 상태에서 이루어지는 사고라고 할 수 있다. 예를 들면, 책의 내용에 대하여 깊이 몰입한 상태에서 충실한 정신적 교감이 일어날 때 발생하는 것이 깨침이 있는 사고이다. 물론 사리의 깨침은 삶의 지혜를 얻는 것이다. 이 독자의 지혜 성취는 인지적인 설명을 넘는 부분이다.

읽기 교육이 문제 삼아야 하는 것은 읽기 능력보다는 독자의 관념 내용의 변화이다. 독자가 이치를 터득하여 깨침이 없는 읽기는 읽기가 아니다. 독자가 깨쳐야 할 대상(이치)을 규정하지 못하고 깨치는 방법만 강조하는 읽기 교육은 성공적일 수 없다. 방법만 강조하는 읽기 교육은 진정한 읽기 교육이 아니다. 독자들이 물리를 궁구하고, 심리를 고찰하여 사리를 깨치도록 하는 읽기 교육이 이루어져야 한다. 독자가 구성해야 할 관념을 위한 교육적 접근이 이루어져야 한다.

---

14) 여기서 '초월적 사고'라는 말은 절대적인 초월적 사고를 의미하는 것이 아니라 인지적 읽기 교육의 읽기 기제를 활용한 사고가 아닌 이치를 탐구하고, 궁리하여 관념을 구성하는 사고라 할 수 있다.

나. 절차탁마(切磋琢磨)

독자에게 책 속의 관념을 직접 대면하게 해야 한다.

물리와 심리와 사리는 그 자체를 탐구해야 한다. 물리가 자연과학의 영역이고, 심리가 인문과학이나 사회과학, 예술학의 영역이라 할 수 있다. 그리고 사리는 독자의 현실 생활과 존재론의 영역이다. 읽기는 글을 통하여 물리와 심리를 깨쳐서 사리를 확보하는 것이다. 독자가 읽기로 세상의 이치를 깨치기 위해서는 글 속의 물리, 심리, 사리를 직접 대면하여 이들을 자르고 갈고, 쪼아 다듬어야 한다. 독자의 의식이 글 속에 물리와 심리를 직접 대면하지 않는다면 결코 이들을 깨쳐 얻을 수 없다. 읽기 교육에서는 학생들이 물리, 심리, 사리에 의식을 집중하여 탐구하도록 해야 한다. 독자가 터득해야 할 이치를 외면하고는 이치를 결코 깨칠 수 없다.

절차탁마는 옥의 원석을 가공하여 옥을 만듦을 일컫는 말이다. 이 말 속에는 원석을 직접 손질해야 한다는 의미와 각고면려(刻苦勉勵)해야 한다는 의미가 들어있다. 원석을 직접 다루지 않고는 옥을 얻을 수 없다. 옥의 원석은 단단하여 다루기가 어렵다. 이런 원석을 보기 좋고 가치 있는 옥으로 만들기 위해서는 옥장이의 부단한 노력이 있어야 한다. 이러한 의미의 절차탁마라는 말은 공부하는 일을 옥 만드는 일에 비유할 때 쓰인다. 공부는 물리와 심리와 사리를 깨치는 일이다. 절차는 물리, 심리, 사리를 탐구하고, 끊임없이 질문하여 답을 찾는 의지적 활동이고, 탁마는 찾은 답을 자신의 것으로 만드는 의지적 활동이라 할 수 있다. 물리, 심리, 사리는 독자가 책을 통하여 만날 수 있다. 독자는 책을 통하여 이들을 대면했을 때 이들에 의식을 집중하여 탐구하고 궁리해야 한다. 그리고 이치를 깨쳐 자신의 정신 내용으로 만들어야 한다. 옥을 만들 때, 원석이 있어도 옥장이가 없으면 원석은 돌일 뿐이다. 책 속에 모든 이치가 들어있어도 이에 집중하는 의식이 없으면 이치를 깨칠 수 없다.

독자는 글 속에서 세상의 이치를 터득하여 지혜를 얻으려고 한다. 읽기 교육은 특정 관점에서 이치 터득의 과정을 특정 방식으로 통제한다. 인지적 읽기 교육도 근본적으로는 글을 통하여 세상의 이치를 터득하는 방법의 한 가지 관점이다. 그러나 현실적으로 읽기 기제를 강조하면서 이치 터득을 가볍게 다루고 있다. 책 속의 물리, 심리, 사리는 독자의 스키마와 읽기 기제만으로 터득할 수 없다. 독자의 주관적인 판단이 아닌 책의 관점으로 물리, 심리, 사리를 바라보아야 한다. 즉, 타자의 관점으로 대상을 바라볼 때 그 이치를 깨칠 수 있다. 옥은 아무 도구나 사용하여 만들 수 있는 것이 아니다. 옥을 다루는 도구와 사용법을 익혀야 한다. 그리고 옥을 직접 자르고 다듬고 갈아야 한다. 독자가 책 속의 이치와 직접 대면하여 이를 깨치기 위한 의지적 노력이 있을 때 그 이치를 터득할 수 있다.

읽기 교육에서는 이 문제에 관심을 가져야 한다. 독자가 사용할 읽기 기제도 중요하지만 책 속의 이치를 터득하기 위해서는 그 이치를 직접 만나야 한다. 읽기 능력은 글을 읽을 줄 아는 능력이 아니라 이치를 깨치는 능력이어야 한다. 이는 책을 통하여 이치를 대면하고, 이를 얻기 위한 교육이 되어야 함을 의미한다. 그렇게 하지 않으면 옥석을 구분할 줄 모르고 옥을 얻을 수 없게 된다. 읽기 교육에서는 독자의 인지에만 관심을 가질 것이 아니라 글 속에 사물의 이치가 존재함을 알고, 이들을 대면하여 탐구하고 궁리할 수 있도록 하는 것에 관심을 가져야 한다. 물리와 심리와 사리는 독자의 마음속에 있는 것도 아니고 책 속에 있는 것도 아니다. 독자가 책의 내용을 파악하면서 의식을 집중하는 곳에 있다. 읽기 교육에서 학습자들에게 교육 내용으로 제시해야 할 것은 읽기 기제가 아니라 세상의 이치를 탐구하는 기제여야 한다. 그렇다고 읽기 교육이 물리학이나 심리학의 연구 방법을 내용으로 삼자는 것이 아니다. 인류가 축적한 물리, 심리, 사리의 내용을 파악하는 방법을 읽기 교육에서 지도하자는 것이다. 그리고 이를 바탕으로 이치를 터득하여 삶의 지혜를 얻도록 하자는 것이다.

다. 돈오점수(頓悟漸修)

관념 구성은 점진적으로 이루어져야 한다.

읽기는 책을 읽고 관념을 구성하는 의지적 행위이다. 독자가 구성하는 관념은 책의 내용을 전적으로 그대로 수용하거나 스키마로 재구성하는 것이 아니다. 글의 내용에 내재된 이치를 확인하고 심리적 정당화를 통하여 신념화하는 것이다. 이는 의도적이고 집중된 사고를 통하여 이루어진다. 관념의 구성은 현재적 의식 수준을 넘는 새로운 의식 수준을 가지는 것이다. 독자가 글을 통하여 이치를 터득하고, 지혜를 얻는 의식의 변화이다. 사물의 이치는 책을 읽으면 곧바로 드러나는 것이 아니라 글의 내용에 대하여 의문을 갖고, 따지고, 관계 지어 보아야 조금씩 드러난다. 글을 읽고, 이치의 단서를 얻으면 그 단서를 활용하여 깊고 넓게 따져 보아야만 이치를 터득할 수 있다. 읽기 과정에서 독자가 이치를 파악할 수 있는 단서의 마련이 돈오(頓悟)이고, 그 단서를 바탕으로 이치를 명료하게 탐구하여 밝히는 것이 점수(漸修)이다.

독자가 사물의 이치를 깨치는 것은 순간적이고, 부분적이다. 글을 통하여 이치를 조금씩 터득하게 된다. 하루아침에 모든 이치를 깨달아 현명한 사람이 될 수는 없다. 어떤 책도 모든 이치를 한 번에 제공할 수 없고, 어떤 독자도 한 번에 모든 이치를 깨칠 수 없다. 독자는 책을 통하여 언뜻 스치는 이치에 의식을 집중하고 그 이치를 탐구해야 한다. 언뜻 깨친 이치는 완전하지 못하기 때문에 계속하여 탐구하고 궁리를 해야 한다. 깊이 따져 보고, 다른 이치와 비교하고 연결하여 이치를 명료화해 나가야 한다. 한 번 얼핏 얻은 이치를 방치하거나 명료화하지 않게 되면 그 이치는 의식에선 사라져 버리게 된다. 그러므로 독자는 읽기를 통하여 얻은 이치를 분명하게 하는 의식적 활동을 점진적으로 해 나가야 한다. 돈오와 점수의 과정은 계속 반복된다. 읽기를 하는 동안에도 읽기를 하고 나서도 계속 연결되어 이루어진다.

독자의 돈오점수를 통한 인식의 한계는 결정하기가 어렵다. 사실, 물리나 심리뿐만 아니라 사리의 한계를 한정한다는 것은 있을 수 없다. 예를 들어, 「단군신화」를 읽는 경우를 생각해 볼 수 있다. 「단군신화」는 독자가 사리를 따져 깨쳐야 할 내용이 많다. 「단군신화」는 개천절과 관련되어 있다. 개천절은 하늘이 열리는 날이라는 의미이다. 단군이 나라를 세우고 왕에 즉위한 날이라는 의미가 내포되어 있다. 「단군신화」와 관련하여 하늘이 열렸다는 의미가 무엇인지 독자는 파악해야 한다. 또한 「단군신화」 속의 환인, 환웅, 단군 등의 인물과 풍백, 운사, 우사의 신과 나라를 세우고, 곰의 웅녀로의 변신과 단군의 탄생 등에 대한 이치를 탐구하고 궁리해야 한다. 환웅과 웅녀의 아들인 단군이 조선을 세웠다는 줄거리만 알아서는 단군이 개천을 했다는 사리를 깨쳤다고 할 수 없다. 글의 내용 속에 들어있는 물리와 심리를 궁구하고 사리를 찾아야 알아야 한다. 이야기를 읽고 궁리하면서 언뜻 스치는 개천(開天)의 이치를 지각하면 이것을 궁구해서 세밀하게 깨치는 것이 필요하다. 개천이 나라의 건국과 새로운 사회제도로 사람들의 의식을 바꾸고, 새로운 문화를 개창하였다는 의미를 깨쳐야 한다. 이야기 전체를 통하여 이치를 탐구하여 「단군신화」의 사리를 깨쳐야 한다. 이는 돈오와 점수의 반복이다. 이 「단군신화」를 통하여 독자가 탐구하고 깨쳐야 할 사리를 한계 짓기는 어렵다.

하나의 이치를 깨치는 돈오(頓悟)는 이치의 단서만 터득한 것이지 구체적으로 대상을 속속들이 안 것이라고 할 수 없다. 대상에 대한 이치를 속속들이 알기 위해서는 탐구하고, 궁리하는 점수(漸修)가 뒤따라야 한다. 개천(開天)의 의미가 단군이 나라를 세워 새로운 제도를 낸 것이라는 것을 알았다면, 새로운 제도가 무엇이고, 그것이 새로운 이유가 무엇이며, 무엇이 어떻게 변화한 것인지를 따져서 개천의 이치를 명료하게 깨쳐야 한다. 언뜻 인식한 사리를 깊이 있게 따져서 물리와 심리, 사리를 깊이 있게 아는 행위가 점수이다. 점수는 돈오한 이치를 정밀하게 하고 확장하는 것이다. 글의 내용에서 이치를 깨치기 위한 의식적 집중도 중요하지만 깨친 이치를 심오하게 하는 것도 중요하다. 독자는 책을 통하여 돈오와 점수의 과정을 통하여 이치를 깨치고, 깨친 이치를 심오하게 할 수 있도록 해야 한다. 읽기 교육에서는 돈오점수에 관심을 가져서 학습자가 읽기를 통하여 항상 대상의 이치를 터득하여 의식의 발전을 이룰 수 있도록 하는 것이 필요하다.

돈오점수는 책의 내용에 담겨 있는 물리, 심리, 사리를 터득하는 수단이다. 돈오점수의 읽기는 책이나 독자 중심의 읽기 교육 접근이 아니다. 활동의 중심에는 독자가 있지만 깨쳐야 할 대상은 책의 내용을 넘어 독자가 살아가는 세계의 이치이다. 독자는 책을 통하여 대상의 이치와 대면하여 이를 인식하고, 탐구와 궁리를 통하여 심원하게 이치를 깨쳐야 한다. 이치를 깨치는 것은 글의 내용 파악을 넘어 본질적인 인류의 정신을 만나는 것이라 할 수 있다. 독자의 정신적 발전은 다른 정신과의 만남과 이 정신을 탐구하고 궁리하여 심원한 이치를 깨침으로써 이루어진다. 읽기 교육은 학습자들이 대상의 이치를 만날 수 있는 기회와 이치를 탐구하고 궁리할 수 있는 활동을 제공해야 한다.

라. 활연관통(豁然貫通)

읽기 교육은 독자의 심원한 관념 구성을 추구해야 한다.

독자는 읽기를 통하여 세상의 이치를 환히 깨치는 활연관통을 지향한다. 그렇지 않다면 책을 열심히, 그리고 많이 읽을 필요가 없다. 필요한 것만 몇 권 골라 읽으면 되는 것이지, 몇 년씩 읽기를 배워야 할 필요가 없는 것이다. 읽기 교육은 학습자들이 책을 통하여 활연관통할 수 있도록 해야 한다. 학습자들이 자기의 생각에 갇혀있거나 작은 생각으로 인해 전체 세상을 보는 안목을 얻지 못하게 해서는 안 된다. 읽기 교육의 지향이 현실에서 벌어지고 있는 일에 대한 몇 가지 정보만을 얻게 하려는 것이라면 그것은 바른 읽기 교육이 아니다. 그런 것은 많은 노력을 들여 가르칠 필요가 없는 것이기 때문이다.

읽기 교육에서는 세상의 이치를 깊이 있게 이해할 수 있도록 해야 한다. 세상의 이치는 '사물의 이치'와 '마음의 이치'로 구분할 수 있다. '사물의 이치'는 사람을 둘러싸고 있는 사물을 탐구하여 밝힌 이치이다. 사람은 자신을 둘러싸고 있는 외부 대상에 대한 이해를 추구한다. 많은 탐구자가 사물에 대한 무한한 호기심의 발로로 많은 이치를 밝혀냈다. 일상에 있는 공기나 물부터 우주에 이르기까지 여러 사물에 내재한 이치를 밝혀 축적하여 놓았다. 이들 사물의 이치는 우리의 물리적인 생명을 유지시켜주는 조건이다. 한편, '마음의 이치'는 인문과학과 사회과학, 예술학에 관련된 것이다. 사람들은 왜 사는지, 어떻게 사는지, 무엇을 느끼면 살아야 하는지가 중요하다. 이에 대한 탐구로 밝혀놓은 것이 마음의 이치이다. 독자는 텍스트를 통하여 이들 이치를 깨쳐야 한다. 이들 이치의 깨침은 독자의 정신 내용과 삶의 본질 의미를 알게 한다. '세상의 이치'는 독자 삶의 문제이다. 자신이 처한 현실을 지각하고, 무엇을 왜 어떻게 해야 하는지에 대한 답을 제공한다. 독자는 자신의 삶에 대한 충분히 이해가 이루어졌을 때, 가치 있는 삶의 지향을 갖게 된다. 읽기 교육은 독자가 세상의 이치에 활연관통하게 깨치는 것을 추구하도록 해야 한다.

읽기 교육에서 독자가 탐구하고 생각해야 할 내용의 문제를 고민하지 않는다면 독자의 세상의 이치에 대한 활연관통은 일어나지 않는다. 활연관통은 대상에 대한 탐구와 궁리를 바탕으로 이루어진다. 대상에 대한 탐구와 궁리는 텍스트 읽기로 할 수 있다. 한 개인이 모든 대상을 탐구할 수는 없다. 그러나 다른 사람이 세상의 이치를 탐구하여 표현해 놓은 텍스트를 읽으면 이해할 수 있다. 그렇기 때문에 읽기 교육에서 세상 이치의 깨침에 대하여 학습자들이 관심을 가질 수 있도록 해야 한다. 그래서 세상의 이치의 깨침을 고민하고 노력하게 해야 한다. 이 노력으로 세상의 이치를 활연관통하게 터득할 수 있다. 세상의 이치를 독자가 활연관통하게 깨치는 것은 읽기 교육에 달려있다. 독자들은 읽기 교육에서 배운 대로 읽기를 하기 때문이다.

인지적 읽기 교육은 독자가 텍스트 내용에 내재한 세상의 이치를 마주칠 기회를 뚜렷이 제공하지 않는다. 교육에서의 관심이 읽기 기제에 있기 때문이다. 읽기 기제 속에는 세상의 이치가 없다. 독자들은 읽기 학습 활동에서 세상의 이치를 만나는 것이 아니라 인지적 읽기 기제를 만나는 것이다. 읽기 교육은 읽기 전, 읽기 중, 읽기 후의 과정을 구분하고, 이들 각 과정에 필요한 전략을 제시하고 있다. 읽기 전·중·후 활동이 원활하게 이루어지도록 하게 하기 위한 것이다. 읽기 기제를 가르치는 읽기 교육은 독자가 세상의 이치를 활연관통하게 깨칠 수 있는 길을 열어주지 못한다. 그 이유는 읽기 기제가 독자가 깨쳐야 할 이치가 아니기 때문이다. 독자는 텍스트에서 깨쳐야 할 세상의 이치와 대면해야 한다. 이치와 대면하지 않으면 깨칠 수 없다. 독자가 텍스트에서 세상의 이치를 대면할 수 있는 것은 읽기 교육에서 배웠을 때이다.

읽기 교육은 최고의 읽기와 그 읽기를 하는 독자를 지향해야 한다. 최고의 읽기와 그 읽기를 하는 독자는 세상의 이치의 활연관통을 추구하는 독자이다. 이 독자는 읽기 교육을 통하여 길러진다. 텍스트를 읽고 사물의 이치와 심리의 이치와 대면하여 탐구하고 궁리하여 이치를 깨치는 교육이 있을 때 독자는 이를 할 수 있다. 이런 독자는 지성과 지혜를 두루 갖출 수 있다. 지성과 지혜로 자신의 삶과 다른 사람의 삶을 성장으로 이끌 수 있다. 읽기 교육은 세상의 이치를 깨치는 교육에 대하여 고민해야 한다.

4. 읽기 교육의 과제

인지적 읽기 교육이 우리 교육에 도입되면서 읽기 교육에 많은 변화를 가져왔다. 독자의 인지적 사고 과정을 이해할 수 있게 됨으로써 읽기 교육의 접근 방법을 새롭게 규정하게 되었다. 그래서 읽기 교육과정을 바꾸고, 교육목표를 새롭게 정하였으며, 읽기 교육의 내용과 방법을 구체화할 수 있게 되었다. 그 결과 읽기(읽기) 교과서가 독립적으로 개발되고, 이에 따른 교수-학습이 도입되었다. 이로 인하여 학습자들의 읽기 활동의 변화를 이루었다고 할 수 있다.

읽기 교육에서 인지적 관점의 수용은 큰 의의를 남겼음에도 불구하고 그 근본적으로는 부족한 측면이 있다. 독자가 텍스트를 읽고 심원한 관념 구성을 하도록 지원하지 않는 것이다. 인지적 읽기 교육은 독자의 관념 구성에 관심을 보이기는 하지만 구체적인 활동 목표와 활동 내용으로 표현되지 못했다. 이 관념 구성의 책임을 독자에게 위임했기 때문이다. 이 위임으로 독자는 자신이 구성한 관념의 본질적 가치를 의식하지 못하게 된다. 인지적 읽기는 독자가 구성하는 관념의 개별성을 강조하고, 다른 독자의 관여를 배제한다. 이는 독자가 구성한 관념의 주인이 독자 자신이고, 구성 관념의 주인인 독자는 관념 구성에 주도권을 갖기 때문이다. 관념 구성에 주인이 된 독자는 자신의 구성한 관념에 주의를 집중하지 않는다. 읽기 교육에서 그렇게 배웠기 때문이다. 독자는 텍스트를 읽고 자기가 구성한 관념에 관심을 갖지 않는다. 그 결과 구성된 관념은 독자의 마음이나, 인식, 정신과 연결되지 못하고, 곧 의식에서 사라진다. 읽기 교육의 결과는 독자가 읽기 기능/전략을 사용할 줄 알게 된 것뿐이다. 읽기 기능/전략은 독자에게 옹골진 관념의 생성을 이끌지 못한다. 독자에게 텍스트에서 관념 생성을 하도록 하지 못했기 때문이다.

앞으로의 읽기 교육에서는 인지적 읽기 교육의 부족한 점을 보완하는 것이 필요하다. 읽기의 분명한 성격을 규정하고, 교육의 방향을 탐구해야 할 필요가 있다. 이를 위해서는 읽기의 근본적인 필요성과 가치를 인식해야 하고, 읽기의 교육적 접근 방식을 고민해야 한다. 읽기의 효율성보다는 읽기를 통한 관념 구성 교육에 관심을 가져야 한다. 읽기 교육은 다른 어떤 교육보다 가치 있고 의미 있는 교육임에 틀림없다. 다만, 이것은 읽기 교육의 접근 방식이 바르게 정립된 경우에 성립한다. 현재의 교육은 세분된 전문 영역을 익히는 방향으로 치닫고 있다. 전문 영역은 관념 구성에서 비롯된 지성과 지혜를 갖추는 것이다. 이를 위하여 읽기 교육의 본질을 추구하고 그 본질을 깊이 탐구해야 한다.

참고문헌

김경주(2004), 읽기 교수 학습 과정에 대한 연구, 서울대 박사학위논문.
김도남(2004), 독자의 의미 표상 방법 고찰, 한국초등국어교육학회, 한국초등국어교육 제25집.
김도남(2006), 읽기 주체의 관념 구성 교육 방향, 국어교육학회, 국어교육학연구 제25집.
김도남(2007), 성찰적 읽기 교육의 방향 탐색. 국어교육학회, 국어교육학연구 제28집.
김혜정(2002), 텍스트 이해 과정과 전략에 관한 연구, 서울대 박사학위논문.
노명완 외(1991), 국어과교육론, 갑을출판사.
노명완(1988), 국어교육론, 한샘.
박수자(1993), 읽기 전략지도 교재구성에 관한 연구, 서울대 박사학위논문.
박수자(2001), 읽기 지도의 이해, 서울대학교출판부.
박영목 외(1995), 국어교육학원론, 교학사.
이경화(1991), 독해점검전략의 상보적 수업을 통한 아동들의 독해력 향상에 관한 연구, 숙명여자대학교 박사학위논문.
이경화(1999), 담화구조와 배경지식이 설명적 담화에 미치는 효과에 관한 연구, 교원대 박사학위 논문.
이삼형 외(2000), 국어교육학, 소명출판사.
장성모 편저(2007), 수업의 예술, 교육과학사.
최현섭 외(1996), 국어교육학개론, 삼지원.
한철우 외(2001), 과정중심 독서지도, 교학사.

제3장 읽기 교육의 관점

1. 들어가며

텍스트 이해에 대한 설명은 심리학, 언어학, 문학, 해석학 등 여러 학문의 논의를 바탕으로 이루어지고 있다. 독자의 텍스트 이해에 대한 이들의 설명은 읽기 이론을 구성한다.[1] 텍스트 이해 교육에서는 이들 이해 방식에 대한 설명들을 수용하여 활용한다. 텍스트 이해 교육에서 특정한 읽기 이론의 수용은 그에 따른 교육의 목표, 교육 내용과 방법의 변화를 수반한다. 즉 텍스트 이해에 대한 특정한 관점이나 이론의 선택은 교육의 방향과 활동 및 결과의 변화를 가져오게 된다.

텍스트 이해 교육은 '이해'[2]가 어떤 것이 되어야 하는가에 따라 다르다.

---

* 이 장의 내용은 '텍스트 이해 교육의 접근 관점 고찰'(김도남, 2002, 국어교육학연구 15집)을 수정 보완한 것입니다.

1) 텍스트 이해 방식을 설명하는 것이 읽기 이론이고, 학습자들에게 텍스트 이해의 방법을 어떻게 가르쳐야 하는지를 설명하는 것이 읽기 교육 이론(텍스트 이해 교육이론)이라 할 수 있다. 읽기 이론과 읽기 교육이론은 서로 밀접한 관계를 유지하고 있지만 서로의 관심 영역은 다르다. 읽기 이론은 텍스트 이해 현상 그 자체를 탐구 대상으로 삼고, 읽기 교육이론은 학생들이 텍스트 이해를 효과적으로 할 수 있게 하는 교육의 방법을 탐구한다. 그렇지만 읽기 교육이론은 읽기 이론에 많이 의존하여 이루어지기 때문에 읽기 교육이론은 읽기 이론과 밀접한 관계를 유지한다.

2) 읽기 교육에서 '이해'라고 하였을 때는 독해(Reading comprehension)를 지칭한다. 독해는 독자가 텍스트를 읽는 과정에서 마음속에 의미를 구성하는 행위를 가리킨다. 즉 comprehension은 독자가 구성해 가는 과정 속에 있는 의미를 말한다(comprehend는 주로

그동안 '텍스트 이해'라고 하였을 때의 의미는 필자의 의도를 아는 것, 텍스트의 내용을 암기하는 것, 텍스트 내용에 들어있는 주제(속뜻)를 찾는 것, 독자의 배경지식을 활용하여 내용을 새롭게 구성하는 것, 공동체 구성원들이 텍스트 의미에 대하여 토의하여 합의하는 것 등 여러 가지이다. 텍스트 이해의 의미가 이렇게 여러 가지인 것은 텍스트 이해를 설명하는 관점이 여러 가지이기 때문이다.

텍스트 이해 교육은 텍스트 이해에 대한 접근 관점을 선택하고, 선택한 관점에 따라 교육의 목표를 구체화한다. 선택된 관점은 학습자들이 특정한 내용과 방법으로 텍스트를 이해할 수 있도록 하는 학습 활동으로 이어진다. 그동안에 이루어진 텍스트 이해 교육에서는 여러 관점이 선택되어 활용되었고, 앞으로도 새로운 관점들이 선택될 것이다. 이 장에서는 텍스트 이해 교육에서 선택한 관점들을 몇 가지로 구분하여 보고, 이들의 특성이 무엇인지를 알아본다.

텍스트 이해에 작용하는 기본적인 요인은 텍스트와 독자가 있다. 이 텍스트와 독자를 함께 포함하는 요인이 사회와 문화이다. 텍스트와 독자, 사회와 문화는 텍스트 이해 과정에 실제적으로 작용하며 함께 상호작용한다. 텍스트 이해 교육에서 볼 때, 텍스트, 독자, 사회, 문화 이들 네 가지 요인들이 텍스트 이해에 대한 접근 관점을 형성하고 있다.[3] 이들은 형태를 조금

'지적 이해'에 한정되는 것으로 '결론적 이해'라기보다는 현상 또는 사실 인식인 경우가 많다(한컴사전)). 읽기에서 결과적으로 '이해'라고 하였을 때는 '깨달아 앎'의 의미로 사용되는 understanding(이해[悟性])의 의미로 사용할 필요가 있다(understand는 가장 일반적인 말로 지적 이해뿐만 아니라 감정적 이해, 경험적 이해 따위도 포함한다(한컴사전)). 즉 텍스트 이해의 과정을 강조하는 이해는 comprehension의 의미로 사용할 수 있지만, 텍스트 이해의 결과를 강조하는 이해는 understanding의 의미로 사용하는 것이 타당하다고 본다.

3) 박삼서(1996: 149)는 구인환 외(1988)의 '문학교육론'을 참조하여, 문학교육의 내용 체계의 교재화 측면에서 이해의 접근 방식을 ① 학습자 중심 ② 텍스트 중심 ③ 사회문화 중심 ④ 작가 중심으로 구분하였다.

씩 달리하면서 계속 논의되고 있다. 이들을 텍스트 중심의 접근 관점, 독자 중심의 접근 관점, 사회적 상호작용 중심의 접근 관점, 문화 중심의 접근 관점으로 구분하여 각 관점을 구체적으로 살펴본다.

2. 텍스트 중심의 접근 관점

텍스트 중심의 접근 관점은 필자의 생각이나 텍스트의 내용 구조를 중심으로 텍스트 이해를 지도하는 방식이다. 이 관점은 텍스트의 이해를 필자의 생각을 알거나, 텍스트 이루고 있는 형식적인 구성 요소 또는 텍스트의 내용 구조 속에서 의미를 찾아 받아들이는 것으로 본다. 그래서 필자에 관련된 풍부한 정보를 가지거나 텍스트를 구성하고 있는 일반적인 요소나 텍스트 구조를 알면 텍스트의 의미를 잘 이해할 수 있다고 본다. 때문에 필자와 텍스트 외의 요인을 고려하지 않는 면이 있다.

텍스트 중심의 접근 관점에 영향을 준 것은 일반해석학이나 문학의 역사·전기적 비평과 신비평이다. 일반해석학은 슐라이어마허가 제기한 텍스트 해석 이론으로 필자의 생각(심리적 해석)과 텍스트의 내용 요소 간의 관계(문법적 해석)를 중시한다(강돈구, 2000). 역사·전기적 비평은 텍스트와 필자를 중요하게 다루며, 신비평은 텍스트 자체를 중요하게 여긴다. 이들은 텍스트를 이루고 있는 여러 가지 요소들의 유기적인 관계에 의하여 텍스트의 의미[4]가 드러난다고 본다.

---

4) 텍스트의 의미라고 했을 때, '의미'라는 말은 여러 가지 뜻으로 쓰인다. 텍스트의 내용을 독자가 인식한 것이나 텍스트 전체를 통하여 드러나는 함축된 중요 내용을 지시하는 '주제'를 가리키기도 하고, 독자가 배경지식을 활용하여 텍스트를 해석하여 구성하게 되는 '생각 내용'을 가리키기도 한다. 일반적으로 '텍스트의 의미'라는 말은 텍스트의 전체 내용을 통하여 드러나거나 독자가 텍스트 내용 전체에서 찾아내거나 구성해 낸 중심이 되는 내용, 즉 중심 생각을 가리킨다.

이 관점에서 보면 텍스트의 의미는 정적이다. 이 정적인 의미는 필자의 생각이나 텍스트의 구성 요소들 사이에 내재해 있다. 그래서 텍스트의 이해는 이 정적인 의미를 찾아 기억하는 것이다. 이러한 생각은 주요 읽기 활동을 텍스트에서 필자의 생각을 찾아내거나, 텍스트 내용 형식적 구조나 세부 내용 유기적 관계 구조에서 중심 생각을 찾는 것으로 본다.

이것은 필자와 텍스트의 권위를 인정하는 것에서 비롯된 것이기도 하다. 필자와 텍스트에 대한 권위의 인정은 텍스트 내용을 절대시하고, 독자의 이해를 텍스트에 의존하게 만든다. 즉 텍스트를 통하여 필자가 제시한 생각이나 내용을 그대로 독자가 이해하고 그것을 실천하는 것을 중요하게 생각한다.[5] 텍스트 이해 교육에서 이 관점의 수용은 텍스트를 중심으로 한 이해를 강조할 수밖에 없다.

텍스트 중심의 접근 관점은 필자에 대한 탐구와 텍스트의 구성 요소를 찾아내고, 이들의 요소 간의 관계를 파악하기 위한 지도를 요구한다. 그러나 텍스트 이해 교육에서는 필자의 생각과 텍스트의 내용과의 연결이나 텍스트 구성 요소의 유기적인 관계 탐구보다는 필자 자체나 텍스트의 세부적인 내용이나 개별적인 구성 요소를 지도하는 경향이 있었다.

텍스트 중심의 접근 관점은 크게 세 가지로 나눌 수 있다. 첫째, 필자를 중심으로 접근하는 방식, 둘째, 텍스트 구성 요소를 중심으로 접근하는 방식, 셋째, 텍스트 구조를 중심으로 접근하는 방식이다. 텍스트 이해 교육에서 볼 때, 이들 세 방식은 텍스트 이해 교육에 잠재적으로 또는 명시적으로 적용되고 있다.

---

5) 텍스트의 내용을 그대로 파악하는 방식을 선택하는 이유는 텍스트의 내용에 대한 절대성과 저자에 대한 신뢰에서 비롯된다. 전통적으로는 생각을 글로 표현할 수 있는 사람은 학문적 권위와 정치적, 종교적 권위가 있는 사람이었기에 때문에, 독자는 이들의 생각을 담고 있는 텍스트의 내용을 그대로 받아들여야 한다고 생각하는 것으로 볼 수 있다.

가. 필자 중심의 접근 방식

필자 중심의 접근 방식은 필자의 의도나 생각을 찾아 텍스트 이해를 하려는 것이다. 텍스트 내용의 일차적인 출발점은 필자이다. 따라서 텍스트 내용 이해에서 먼저 생각해 보아야 할 것은 필자가 말하려고 하는 것이다. 텍스트 이해에 대한 이런 생각은 텍스트와 필자를 분리하려고 하지 않는다. 그래서 텍스트에서 의미를 찾기 위하여 끊임없이 필자를 탐구한다. 필자에 대한 탐구는 필자의 생각을 구성하게 된 주변적인 것에서 필자의 구체적인 의도나 관점, 사상을 알아보는 것이다(강돈구, 2000: 191; 이경순 역, 1994: 25-25; 이선영 편, 1985: 65-73).

필자 중심의 접근 방식에서는 필자 개인의 생활사와 필자의 개인적인 성향, 사회 문화적인 요소들을 분석하여 필자의 의도와 관점, 사상이 어떻게 형성하게 했는지를 탐구하고, 탐구 결과를 텍스트의 내용을 해석하고 이해하는 데 활용하려고 한다. 이것은 텍스트 이해 교육에서도 그대로 받아들여져, 텍스트를 이해하기 위해서는 필자의 생각에 대하여 알고 이를 탐구해야 하는 것으로 본다(구인환 외, 1994: 123-138; 우한용, 1999: 201-226). 텍스트의 의미를 파악하기 위하여 일차적으로 필자의 생각을 살피는 것은 의미 있다. 이 접근은 텍스트의 내용에 내재되어 있는 필자의 의식이 텍스트의 의미라고 생각한다. 그래서 허쉬(1967)는 필자가 의도한 텍스트의 의미는 하나이고, 독자의 입장에서 해석할 수 있는 의의가 여러 가지일 수 있다고 말한다(이경순 역, 1994: 25-26). 이 말은 텍스트 이해를 위하여 독자는 필자의 의도를 알아야 한다는 생각을 내포한다.

학습 활동에서 필자에 대한 탐구는 어려운 일이지만 많이 강조된 면이 있다. 그래서 구체적인 학습 활동에서는 학습자들이 필자의 의식을 탐구하기보다는 이미 탐구되어 정리된 것을 활용했다. 즉 학생들은 학자들이 정리하여 놓은 필자에 대한 정보를 접함으로써 필자에 대하여 인식하고, 이를 활용하여 텍스트를 이해하는 방식을 취했다. 필자에 대한 정보는 텍스트의 내용을 보는 관점이나 해석의 단서로 활용한다. 이 접근은 텍스트의 내용을 이해하기 위해 필자에 대하여 관심을 가지는 것이 필요하다는 인식을 심어 주었다.

나. 텍스트 구성 요소 중심 접근

텍스트 구성 요소를 중심으로 접근하는 방식은 텍스트 이해가 텍스트의 수사적 요소 즉, 텍스트의 내용 구성 요소가 바탕이 되어 이루어진다고 본다. 때문에 텍스트를 구성하고 있는 세부 구성 요소를 알고, 이를 활용하면 텍스트 이해를 잘할 수 있다고 생각한다. 이런 생각은 텍스트의 형식적 구조나 텍스트 내용 구성 요소 즉 '이야기의 전개 단계', '소설 구성의 3요소', '극본의 3요소' 등의 형식적 요소에 주목하고 이야기 문법과 같이 텍스트 내용을 이루고 있는 기능적 구성 요소를 강조한다.

텍스트 구성 요소의 구체적인 내용은 정동화 외(1984)[6]와 박영목 외(1996)[7]에서 볼 수 있다. 이들은 주로 문학 텍스트를 중심으로 이야기하고 있지

---

6) 정동화 외(1984: 309-334)에서는 독해 지도를 어휘나 문장, 문단을 분석적으로 지도하는 방법을 제시하고 있다. 그러면서 시나 소설의 구성 요소를 구체적으로 분석하여 지도 요소로 정리하고 있다. 소설의 지도 요소를 예를 들면 다음과 같다(439-441).

1) 개관단계 - ① 대강의 내용(줄거리 짐작, 중심인물 알기), ② 분위기(알기, 즐기기)

2) 분석단계 - ① 인물 ② 구성 ③ 배경 ④ 시점 ⑤ 갈등 ⑥ 문체 ⑦ 어조 ⑧ 우유(allegory) ⑨ 주제

3) 분석단계 - ① 공감하기 ② 미의 양상(엄숙, 골계, 비장 등) ③ 낭독 ④ 가치

7) 박영목 외(1996: 368)에서는 시, 소설, 희곡 지도의 요소를 제시하고 있다.
시 지도 요소만 보면 다음과 같다

1. 시의 운율(시와 운율, 운율의 효과, 운율 이해의 확장)
2. 시의 주제(전체적 느낌, 행과 연의 의미, 시적 화자, 주제의 이해)
3. 시어(시어의 함축성, 시어의 이미지, 시어의 상징)

만 다른 텍스트도 마찬가지이다. 수사학적 접근은 이대규(1994)의 논의를 들 수 있다. 이대규는 텍스트의 내적 구성을 수사학 논의에 바탕을 두고 텍스트 이해의 지도 내용을 탐색하고 있다. 읽기 지도 내용으로 ① 낱말 ② 낱말의 지시적 의미와 함축적 의미 ③ 일반어와 특수어 ④ 추상어와 구체어 ⑤ 제재와 주제 ⑥ 문장 ⑦ 문단 ⑧ 단위 - 서론, 본론, 결론 ⑨ 정의 ⑩ 분류 ⑪ 묘사 ⑫ 서사 ⑬ 일반화와 특수화 ⑭ 귀납 ⑮ 연역 ⑯ 비교와 대조 등을 들고 있다. 이야기 문법을 활용할 수 있다는 논의도 노명완(1988)과, 이경화(1997) 등에서 이루어졌다.

텍스트 이해에 대한 이 접근은 텍스트를 구성하는 구체적인 단위 요소들을 분석한다. 이를 통하여 이들 요소들이 어떻게 내용과 연결되어 있는지를 밝혀서 내용을 파악할 수 있도록 한다. 이 방식은 텍스트의 내용을 부분적이고 세부적으로 파악할 수 있는 실질적인 방법이 된다. 즉 텍스트의 내용은 몇 가지 구성 요소를 바탕으로 이루어져 있기 때문에 각 문종에 따른 공통적인 요소를 알면 쉽게 내용을 파악할 수 있다고 보는 것이다.

텍스트 구성 요소는 모든 독자들이 공유해야 하는 것이고, 앞으로도 계속 공유되어야 하는 것 중의 하나가 될 수 있다. 그러나 이것 자체가 텍스트 이해 교육의 전체 내용이나 방법은 아니다. 텍스트 구성 요소를 아는 것은 텍스트 이해를 위한 기본적인 요인은 되지만 궁극적인 학습 내용은 될 수 없다. 다시 말하면, 텍스트 구성 요소의 분석은 텍스트의 내용은 파악할 수 있게 하지만 텍스트가 지니고 있는 속뜻이나 이 속뜻을 이해하는 방법은 되지 못한다.

---

4. 시의 표현(시의 표현 기교, 시적 구조의 이해)

다. 텍스트 구조 중심의 접근

텍스트 구조 중심의 접근 방식은 텍스트의 구조를 활용하여 텍스트 이해를 하기 위한 방법이다. 텍스트 구조는 텍스트의 내용이 이루고 있는 관계를 말한다. 텍스트 내용 구조는 위계 구조와 논리 순서 구조로 구분할 수 있다. 텍스트의 구조를 미시 구조나 거시 구조, 초구조 등의 관계로 구분하는 것(van Dick & Kintsch, 1983; 이은숙, 1997)은 내용의 위계 구조이고, 인과, 문제해결, 수집, 비교/대조 나열 등은 논리 순서 구조이다. 텍스트 구조 중심의 접근은 텍스트 구성 요소 중심의 접근과 달리 텍스트 내용의 연결 관계나 내용의 전개 방식을 중심으로 내용 파악에 접근한다. 이 접근 방식은 독자의 인지 구조와 텍스트 내용 구조와의 관계에 바탕을 둔 접근이다. 즉 독자가 텍스트의 내용을 구조화함으로써 쉽게 기억할 수 있고, 회상할 수 있다고 본다. 그래서 텍스트의 내용을 도식화하거나 구조화하는 것을 강조한다.

텍스트 구조 중심의 접근 방식은 텍스트에서 확인할 수 있거나 추론할 수 있는 정보를 중심으로 내용을 구조화하려고 한다. 때문에 텍스트에 의존한 내용 파악이 주요 활동이 된다. 텍스트 구조에 대한 텍스트 이해 교육적 논의는 텍스트의 내용의 위계 구조를 따지는 접근(van Dick & Kintsch, 1983)과 내용 연결 관계를 따지는 접근(Halliday & Hasan, 1976)이 논의의 주를 이룬다. 이들은 내용의 위계와 연결을 관계를 따져서 텍스트의 내용을 구조화하려고 한다. 내용의 연결 관계를 중심으로 한 접근은 텍스트의 구조를 결속구조(cohesion)와 결속성(coherence)으로 나누어 표층적 의미 현상과 심층적 의미 현상 나누기도 한다(김재봉, 1999: 57). 이들은 텍스트가 각기 여러 가지의 결속 기제를 포함하고 있다고 보고 이 결속 기제를 구체화하여 정리하는 데 많은 관심을 기울인다[8](김용도, 1996).

이 접근의 논의는 이삼형(1993), 서혁(1995), 김봉순(1997), 이경화(1999), 이은희(2000) 등의 논의가 여기에 속한다고 할 수 있다. 이들은 텍스트의 구조적인 요인이 텍스트 이해에 영향을 미친다고 보고 있다. 독자의 요인에 대한 논의도 함께 들어 있지만 텍스트 이해의 주요 요인으로 텍스트의 구조를 들고 있다. 이들 구조적 요인들을 학습자들이 익힘으로써 텍스트 이해를 효과적으로 할 수 있다고 본다.

텍스트의 이해 과정에서 텍스트 내용의 구조화는 독자의 텍스트 이해에 많은 도움을 주는 것이 사실이다. 내용에 대한 전체적인 이해를 할 수 있게 하면서 세부적인 내용에 주목하고 인식하게 하는 특징이 있다. 이 접근의 교육적 지향은 텍스트 내용을 파악하기 위해서는 텍스트 구조에 유연하게 대처함으로써 내용을 효과적으로 파악할 수 있어야 된다는 것이다. 그러나 텍스트 이해에 대한 접근 방법에서 텍스트에만 의존하는 경향이 있기에 텍스트의 속뜻의 풀이나 이해의 과정에 대한 설명에서 한계를 가지는 면이 있다.

3. 독자 중심의 접근 관점

독자 중심의 접근 관점은 텍스트 이해가 독자 요인에 의하여 이루어진다고 보는 관점이다. 독자가 텍스트 이해에서 부각된 것은 행동주의 심리학이나 인지심리학, 해석학, 독자 반응 비평(수용이론) 등에서 독자의 심리나 배경지식, 선이해의 역할에 주목하게 되면서부터이다. 독자 중심의 관점에서는 독자를 의미 구성의 주체로 여기고, 독자가 텍스트의 의미를 결정한다고 본다. 그래서 독자의 여러 가지 요인에 관심을 가진다.

---

8) 김(Kim, 1993)은 결속 구조 기제로 반복, 유변화 반복, 병행, 대용, 생략, 시제/상, 접속, 환언, 반의 인 용 부호 등을 제시하였다(김용도, 1996: 87-88). 이삼형(1993: 62 ~ 74)은 결속성 기제로 수집, 부가, 공제, 인과, 이유, 비교/대조, 상세화, 문제/해결, 초담화 등을 제시하였다.

독자 중심의 접근 관점에서, 텍스트 의미는 독자의 스키마나 목적, 방법에 따라 달라지며, 읽는 과정에서 결정된다. 이것은 독자의 배경지식과 사고 활동이 의미를 구성한다고 보는 것이다. 특히 사고는 스키마와 텍스트의 내용을 연결하여 이해하게 하는 역할을 하는 것이라고 여긴다. 그래서 사고의 능력을 신장하는 것을 강조한다. 인지적 관점에서는 텍스트 이해 과정에 작용하는 사고를 문제해결로 본다. 그래서 학습자가 텍스트 이해를 위해 배워야 하는 것을 텍스트 이해의 과정에서 부딪히는 문제를 해결하는 데 필요한 전략으로 본다.

독자 중심의 접근 관점에서 관심을 가지는 것은 텍스트 요소를 능숙하게 처리할 수 있는 기능(skill)과 독자의 심리적 지식 구조인 스키마, 그리고 문제해결에 필요한 사고 능력이다. 기능은 독자가 텍스트를 읽는 과정에서 필요로 하는 생리적 작용(예: 눈의 움직임)이나 사고의 원활한 조작 작용과 관련된 심리적인 기술이라 할 수 있다. 학습자가 유능한 독자가 되기 위해서는 텍스트를 읽는 데 필요한 기능을 익혀 능숙하게 사용해야 하는 것이다. 스키마는 독자의 심리적 지식 구조체로서 텍스트 내용 인식을 가능하게 하는 틀을 제공한다. 텍스트 내용의 이해를 통해 동화되어 확장되고, 조절되어 변화되는 특징을 가진다.

독자가 텍스트를 이해하는 과정에 작용하는 사고는 전략적(인지적) 사고와 언어적 사고로 나눌 수 있다. 전략적 사고는 독자가 텍스트를 읽는 과정에서 부딪히는 문제를 해결하는 사고 활동으로 논리 연산적이고 정보처리적인 조작이다. 전략적 사고는 문제해결을 위한 비판적 사고, 창의적 사고 등의 복합적 사고와 그 하위로 범주화, 순서화, 비교/대조, 속성 및 요소 파악, 관계 양식 파악, 핵심 아이디어 식별, 오류 확인, 귀납, 연역, 유추 등의 기본적 사고로 구성된다(허결철, 1991). 이 전략적 사고에 대한 탐구는 독자의 이해 과정에 대한 많은 정보를 제공했으며, 독자가 텍스트를 읽는 과정에서 부딪히는 문제를 해결하기 위한 사고 기제로 '전략'을 강조한다. 언어적 사고는 언어가 지니고 있는 맥락적인 의미나 개인적인 정감, 사회·문화적인 관습과 의식을 포함하는 사고이다. 언어적 사고의 활동은 전략적인 사고에 비하여 이해의 총체성을 지닌다고 할 수 있다. 즉 인지와 정의적인 요인을 함께 포함하면서, 독자의 의식을 구성하고 있는 내외적인 심리적 환경에서 비롯되는 사고 활동이다. 언어가 가지는 속성이 사회·문화적인 관습이나 의식 구조를 포함하면서, 정보와 정서에 관련되어 있기 때문이다.

독자 중심의 접근 관점은 독자 요인이 텍스트의 의미를 결정하는 것으로 본다. 그래서 텍스트 이해를 위한 지도의 내용은 독자와 관련된 요소를 중심으로 선정한다. 독자의 기능과 스키마, 사고가 그것이다. 독자 중심의 관점에서 볼 때, 읽기는 텍스트의 내용을 독자의 인지 구조 속으로 끌어들여 새롭게 가공하는 행위이다. 이 과정에 작용하는 기능이나 스키마, 사고의 활동 중 어느 하나에 초점을 맞추는가에 따라 이해의 지도 방법이 달라진다. 독자 중심의 접근 관점에서는 학습자가 이해의 과정을 이해하고, 이해의 과정에서 원활한 사고 활동을 할 수 있도록 하는 것에 관심을 갖는다.

이 관점은 텍스트 이해 교육이 텍스트 이해를 벗어나 사고를 위한 활동인 것처럼 여겨지는 면이 있다. 기능이나 스키마, 사고의 활동을 강조하기 때문이다. 이것은 독자의 사고 능력 증진이 텍스트 이해 능력의 향상을 가져온다는 전제에서 이루어진 측면이 있다. 읽기 교육이 사고 교육이라는 생각을 벗어나기 위해서는 텍스트와 독자의 이해 결과에 대한 관심을 더 필요로 한다.

가. 기능 중심의 접근 방식

기능 중심의 접근 방식은 텍스트를 읽기 위해 필요한 독자의 생리적, 심리적 기능을 능숙하게 하여 텍스트의 내용을 이해하도록 하는 것이다. 텍스트 이해에서의 기능은 텍스트의 구성 요인을 다루는 데 필요한 기술적인 능력이라고 할 수 있다. 독자는 이 기능을 활용하여 텍스트의 내용을 파악하게 된다. 텍스트 이해 교육에서는 기능에 많은 관심을 가졌는데 이는 행동주의 심리학의 관점에서 중요 학습 내용으로 인식되었기 때문이다. 이들 기능은 텍스트와 독자의 인식 활동을 연결하는 역할을 한다. 기능은 텍스트의 내용에 접근하고 인식하는 기술이기에 기능의 숙달은 텍스트의 각 요소를 독자가 효과적으로 인식하게 해 준다.[9] 때문에 텍스트 이해 교육에서는 이 기능을 능숙하게 사용할 수 있게 하기 위하여 반복적인 연습을 강조한다. 이를 통하여 기능이 숙달되어 자동화되면 유능한 독자가 될 수 있다고 본다.

이 접근의 텍스트 이해 교육에서는 학습자가 기능에 능숙해지도록 지도하기 위하여 기능을 범주화하고 세분하여 위계적으로 구조화한다. 그래서 학습 내용의 세분화와 위계화를 강조하고 프로그램 학습에 관심을 두었다(김재윤 외, 1991). 김재윤 외(1991)에서는 학습 내용을 지식, 이해, 분석, 종합, 비판의 범주로 나누어 체계화하고 있으며, 프로그램 수업 모형을 제시하고 있다. 텍스트 이해 방식도 낱말, 문단, 글의 범주로 확대되는 상향식 방법을 강조하거나, 읽기의 형식적 방법이나 기술을 강조한다(손정표, 2000). 이 기능의 숙달은 독자의 읽기 능력의 향상과 비례하는 것으로 인식된다. 이러한 기능 숙달을 통하여 달성하려는 것은 텍스트의 내용 파악의 효율성을 높이자는 것이다. 이와 관련된 다른 한 가지 방법이 '속독'이다. 속독에 대해서

---

9) 이 기능(skill)이 전체적으로 원활하게 할 작용하는 것을 기능(function)이라 하는데, 이 기능(function)은 세부적인 기능(skill)이 종합적으로 작용하여 언어적 활동을 수행하는 것을 말한다. 읽기 교육에서 기능의 세분화와 위계화는 중요한 요인이 되고, 기능을 익히기 위해서는 반복적인 활동 강조된다. 이를 통하여 독자는 텍스트 이해의 기능(function)을 원활하게 할 수 있게 된다고 본다.

는 정동화 외(1984), 김재윤 외(1991), 손정표(2000) 등이 강조한다. 이 접근은 학습의 내용을 행동주의 관점에서 관찰 가능한 행동(기능)으로 구체화하려는 것이다. 이와 관련하여 텍스트의 요소와 독자의 인지적 요소를 결합하여 정리한 것이 루델(Ruddell, 1974)과 바렛(Barrett, 1976)의 이해 기능의 분류이다. 이것은 텍스트 요인과 독자 요인을 고려하여 텍스트 이해에 필요한 기능을 체계적으로 정리한 것이라 할 수 있다.

손정표(2001: 181-182)의 독서 지도 내용 영역

① 발전적 독서 능력: ㉠ 독자력 ㉡ 어휘력 ㉢ 음독과 묵독의 기능 및 속독력 ㉣ 독해력 ㉤ 정독과 적독(摘讀) ㉥ 비판력 ㉦ 감상력 ㉧ 독서 습관의 형성
② 기능적 독서: ㉠ 자료 이용 기능 - 색인 이용, 목차의 이용, 사전 및 백과사전의 이용, 카드 목록의 이용, 각종 서지 자료의 이용, 대충 훑어 읽기 ㉡ 독서 자료의 이해력 - 독해력(①에 제시된 것, 교과학습에 필요한 특별한 능력, 예를 들면, 수식, 지도, 표, 그래프 등의 이해력) ㉢ 독서 자료의 평가 및 선택 능력 ㉣ 독후 처리 능력 - 요약 및 개요 작성, 노트 필기법, 레포트 및 논문 작성, 감상문 작성
③ 오락적 독서: ㉠ 계획적인 독서 능력 ㉡ 여가 이용으로서의 독서 습관의 형성, 독서의 기쁨을 충족하는 능력 ㉢ 음독에 의한 문장의 감상을 즐기는 능력

루델(Ruddell, 1974)의 이해 기능(노명완 외, 1994: 175-177)

① 세부사항(확인, 비교, 분류) ② 줄거리 ③ 원인과 결과 ④ 중심 생각 ⑤ 결과 예측 ⑥ 가치화(개인적 판단, 인물의 특성 확인, 작자의 동기 확인) ⑦ 문제해결

이러한 기능 중심의 접근은 텍스트의 내용을 다루는 기술적인 능력과 관계된 것이기 때문에 독자의 행동이 교육의 중심에 놓이게 된다. 독자의 행동에서는 텍스트 내용 인식에서의 정확성과 속도, 기억과 회상이 중요한

관건이 되었다. 학습자가 이들을 잘할 수 있게 하기 위해서는 독자의 읽기 행동을 구체적으로 변화시켜야 한다고 보았다. 즉 이 접근은 효과적인 텍스트 이해를 위하여 독자의 생리적(속독), 심리적 행위(사고)가 효과적으로 작용하도록 하는 것에 관심을 두었다고 할 수 있다. 그러나 독자의 텍스트 이해를 위해서는 이러한 생리적, 심리적 행위의 효율적인 작용보다는 폭넓은 독자의 내외적인 요인에 대한 고려가 필요하다.

나. 스키마 중심의 접근 방식

스키마는 독자의 지식 구조체로서 동화와 조절을 통하여 변화한다. 이 스키마는 독자가 접하는 텍스트를 이해할 수 있는 사전 지식과 이해의 틀을 제공한다. 그래서 스키마 중심의 접근에서는 독자의 스키마 때문에 텍스트의 이해가 가능하게 된다고 본다. 즉 독자의 스키마가 텍스트의 내용뿐만 아니라 텍스트의 형식에 관련하여 모든 것을 지배하고 결정하는 역할을 한다는 것이다(노명완, 1988; 노명완 외, 1994; 한철우 외, 1996; 이경화 1999). 그래서 텍스트 이해 지도에서 스키마를 활용할 수 있도록 해야 한다는 것이다.

독자의 스키마는 텍스트 이해의 기반이 된다. 독자의 마음속에 텍스트의 내용을 인식할 수 있는 틀을 만들고(Thomas, 1996), 내용을 인식하는 과정에서 텍스트의 생략된 내용을 보충하거나 내용을 범주화하여 텍스트 전체의 내용을 인식하게 해 준다. 즉 독자가 텍스트를 접하면 텍스트의 내용을 예상, 인식, 확인, 점검하게 해준다. 이런 면에서 보면, 스키마는 텍스트 이해의 기반이 됨으로써 독자의 스키마에 따라 텍스트의 의미가 결정된다는 생각을 가지게 한다. 이것은 또한 텍스트 이해가 독자를 중심으로 이루어진다는 논의의 바탕을 제공한다.

스키마 이론에서 보면, 독자는 텍스트를 읽기 전에 이미 텍스트와 관련된 스키마를 가지고 있어서 이를 활용한다. 독자는 텍스트를 읽으면서 내용에 관계된 스키마와 형식에 관계된 스키마를 활성화하여 텍스트의 내용을 인식하는 것(이경화, 1999)이다. 독자는 텍스트를 읽기 전에 이 스키마를 활성화해야 하고, 텍스트와 관련된 스키마를 가지지 못했을 경우에는 새롭게 구성해야 한다(박영목 외, 1996; 김도남, 2002). 독자가 텍스트를 읽기 위하여 필요로 하는 스키마의 활성과 구성의 범위는 한정하기 어려운 면이 있다. 그러나 특정 목표로 텍스트를 읽는다고 할 때, 읽는 관점이나 의도에 따라 텍스트를 살피면서 필요한 요소를 생각해 보거나 다른 텍스트나 다른 사람의 도움으로 스키마를 활성화하거나 구성할 수 있다.

독자의 텍스트 이해에서 스키마의 강조는 중요한 의미를 갖는다. 텍스트의 이해가 독자에 의하여 이루어진다는 근거가 되기 때문이다. 독자는 누구나 텍스트의 내용에 대하여 관련 지식이나 기대를 가지고 있다. 이것이 텍스트의 내용을 독자 중심으로 이해하게 한다. 그러나 텍스트 이해 교육에서 이 스키마에 대한 접근은 독자의 내재적 지식만을 강조함으로써 필자나 텍스트 자체 또는 사회·문화적으로 작용하는 의미에 대해서는 소홀히 하는 면이 있다.

다. 전략적 사고 중심의 접근 방식

전략적 사고 중심의 접근 방식은 텍스트 이해의 과정을 문제해결 과정으로 본다. 독자의 텍스트 이해는 텍스트를 읽는 과정에서 부딪히는 문제를 해결함으로써 이루어지는 것으로 생각한다. 텍스트 이해에 대한 이 생각은 독자의 사고를 논리 연산적이고 정보처리적 사고로 보게 한다. 이것은 독자의 사고를 텍스트를 읽는 과정에 발생하는 문제를 해결하는 것에 맞게 프로그램하여, 이해의 과정에 문제가 발생하면 적절한 명령(전략)을 줌으로써 해결할 수 있다고 보는 것과 같다. 다시 말하면, 독자가 읽기의 각 과정에서 부딪히는 일련의 문제들을 확인하고 이 문제를 해결할 수 있는 방법을 찾아서 독자에게 제공함으로써 읽기를 잘하게 할 수 있다는 것이다. 이러한 생각은 독자의 인지적인 사고 처리 과정을 탐색한 결과인데, 기존의 독자에 대한 이해의 방식을 새롭게 하는 역할을 했다. 즉 텍스트 이해에 대한 전략적 접근은 논리적, 비판적, 창의적 사고력의 신장이 이해력을 높일 수 있다는 생각을 가지게 했다.

텍스트 이해 교육에서 인지적인 관점을 받아들이면서 텍스트 이해에 필요한 전략이 교육의 내용으로 자리 잡았다. 텍스트 이해 전략은 인지적 관점이나 읽기의 전·중·후 과정, 텍스트 이해에 대한 상황적인 요인(박수자, 2000: 171-177) 등에 따라 다양하게 탐구되었다. 이들 전략은 읽기를 어떻게 보는가에 따라 달라진다. 전략은 기호의 해독에서부터 이해에 이르는 과정까지 포함하기 때문에 읽기를 보는 관점에 따라 다른 전략이 필요할 수 있다. 독자는 이들 전략을 효과적으로 활용함으로써 텍스트의 이해를 잘할 수 있게 된다.

박수자(1994)가 제시한 읽기 전략

① 읽기 모형(상향식, 하향식, 상호작용식) ② 글 구조 파악 전략 ③ 문단 관계 파악 전략 ④ 담화구조 파악 전략 ⑤ 중심 내용 파악 전략 ⑥ 관계 짓기 전략 ⑦ 문맥 단서 전략 ⑧ 예측하기 전략 ⑨ 재구성 전략 ⑩ 초인지 전략(자기 점검)

최현섭 외(1999: 286-292)에서 제시한 읽기 전략

연상하기, 예측하기, 미리 보기를, 읽기 중 전략으로 훑어보기, 중심 생각 찾기, 글 구조 파악하기, 추론하기, 건너뛰며 읽기를, 읽기 후 전략으로 요약하기, 비판적으로 읽기, 창의적으로 읽기

박수자(2001 : 179–196)가 제시한 읽기 전략

- 읽기 전 전략: 미리 보기, 예측하기, 연상하기, 건너뛰며 읽기, 빈칸 메우기(1)
- 읽기 중 전략: 글자 인식하기, 단어 인식 늘리기, 제목과 중심 생각 찾기, 글 조직 유형 찾기
- 읽은 후 전략: 빨리 읽기, 훑어보기, 묶어보기, 정교화하기, 요약하기, 연결 짓기, 빈칸 메우기(2), 자기 점검하기

전략적 사고는 문제해결을 위한 논리적이고 규칙적인 사고이다. 때문에 독자는 읽는 과정에서 부딪히는 문제가 무엇인지 판단하고, 이 문제를 해결할 수 있는 방법을 효율적으로 동원하는 것이 중요하다. 이런 문제의 판단과 전략의 인식, 사용, 점검에서 초인지에 대한 관심(박수자, 2001: 199)이 생기게 되었다. 즉 전략적 사고는 인지적 사고와 초인지적 사고를 함께 필요로 한다. 이러한 전략 지도 중심의 접근은 독자가 학습해야 하는 것을 사고의 방법으로만 보는 경향이 있다. 즉 원활한 사고 활동을 통하여 텍스트의 내용 파악이 가능하다는 것이다. 그러나 독자가 텍스트를 이해하기 위해서는 텍스트 내용에 종합적으로 반응할 수 있는 폭넓은 사고 능력을 필요로 한다.

라. 언어적 사고 중심의 접근 방식

언어적 사고 중심의 접근 방식은 텍스트의 이해가 언어의 특성을 바탕으로 이루어진다고 본다. 언어가 지닌 개인적이면서 사회적, 문화적인 특성을 사고와 관련하여 생각하는 것이다. 즉 언어는 개인적인 정서를 포함하며, 사회적인 관념이나 의식을 반영하고, 문화적으로 제도나 관습을 포함하고 있다. 때문에 언어적 사고라고 했을 때는 언어가 가지는 복합적인 요인으로 인한 종합적인 인식 활동 과정을 포함한다. 따라서 언어적 사고를 바탕으로

한 텍스트 이해의 접근은 이들 요소를 바탕으로 일어나는 사고의 활동을 강조한다. 텍스트에 명시적으로 제시되어 있지 않은 정서적인 요인이나 사회적인 의식, 문화적인 속성들을 중심으로 텍스트의 의미를 찾아 이해하는 것을 중시한다.

언어적 사고에 대한 논의의 토대는 인지 발달에서 언어적 비계를 강조하는 비고츠키(조희숙 역, 2000)나, 텍스트 구성이 인물의 이질적인 신념이나 이데올로기, 문화의 관습들이 어울려 이루어진다는 바흐친(김욱동, 1990), 언어가 사고를 구성한다는 사피어와 워프(이삼형 외, 2001) 등의 논의를 들 수 있다. 이들은 언어가 개인적인 정서나 사회·문화적 의식 구조나 전통의 요소들을 포함하고 있다고 본다. 특히 언어적 사고는 비고츠키의 관점에서 보면 다른 사람과의 관계를 바탕으로 이루어진다. 사고의 발달은 근접 발달 안에서의 언어적 비계를 중요하게 보기 때문이다. 언어학적인 면에서 보아도 언어는 사회 활동의 산물이고 사회적인 약속이며, 사회화의 과정 속에서 습득되고 활용된다. 이러한 언어를 바탕으로 한 사고의 작용은 개인적, 지역적, 문화적, 시대적인 요인에 따라 달리 작용하고, 텍스트 이해에 직접적인 영향을 미친다고 할 수 있다.

언어적 사고는 언어가 가지고 있는 다층적 의미 관계를 중시한다. 이는 언어가 지니는 다층적 의미 기능 때문이다. 리치(1984)는 언어의 의미를 개념적 의미, 내포적 의미, 심리적 의미, 정서적 의미, 연어적 의미, 주제적 의미 등으로 나누었다(임지룡, 1994). 이러한 의미의 분류에서 알 수 있는 것이 언어적 사고는 복합적 의미를 환기시킨다는 것이다. 이것은 텍스트의 이해 과정에서 개인적인 정서나 감정, 신념, 의도, 상황, 동기적 요인[10]에 따라 의미가 달라지며, 사회적인 관계나 문화적인 배경에 따라 의미 이해가

10) 읽기에서 정서적, 동기적 요인은 자아 존중감, 읽기 효능감, 읽기 태도, 읽기 목적 등 있다(한철우 외, 2001).

다양해질 수 있음을 반증한다.

언어적 사고 중심의 접근 방식은 텍스트의 가치와 해석의 필요성을 강조하기도 한다. 언어가 가지는 의미의 다층성으로 인하여 텍스트의 의미도 다층적인 특성을 갖기 때문이다. 그래서 텍스트의 의미는 표면적인 내용과 심층적인 내용이 달라질 수 있으며, 텍스트를 보는 관점이나 방법에 따라 의미가 달라진다고 생각한다. 이러한 생각은 텍스트 이해에 대한 개인이나, 집단, 문화, 세대, 시대 간의 의미에 대한 해석이 달라질 수 있음을 인정하게 만든다. 이것은 텍스트에 대한 가치의 부여나 개인 간의 정서적인 느낌의 차이가 있음을 받아들이게 한다. 또한 텍스트의 내용에 따른 오락, 친교, 정보 전달, 교훈과 같은 의미 기능에 대한 인식할 수 있게 해준다.

이 접근 방식은 문학교육에서의 상상력의 세련, 삶의 총체적 경험, 문학적 문화의 고양이라는 목표[11](구인환 외, 1999)를 의미 있게 받아들이게 하고, 김중신(2001)이 정의적 사고의 활동 범주를 ①알기 ②따지기 ③느끼기 ④즐기기로 구분한 것[12](이삼형 외, 2001)이 타당성 있게 느껴지게 한다. 이들은 언어적 사고를 바탕으로 일어날 수 있는 텍스트 이해 방식에 대한 논의이기 때문이다. 이와 같이 언어적인 사고는 텍스트 속에 들어있는 의식 구조나 관습, 정서를 인식하고 이해하게 하여 텍스트의 이해를 보다 풍부하게 한다.

언어적 사고를 바탕으로 하는 텍스트 이해의 지도도 순차적이고 단계적이면서 회귀적으로 이루어져야 하며, 그 목표는 언어적 사고 능력의 향상에

11) 최현섭 외(2001)에서는 문학 교육의 목표를 ① 문학적 문화의 고양 ② 상상력의 발달 ③ 삶의 총체적 이해 ④ 심미적 정서의 함양 ⑤ 민족 정서의 이해와 습득으로 제시하고 있다. 이 목표도 언어적 사고를 바탕으로 한 텍스트 이해의 관점에서 받아들일 수 있다.

12) 이성영(2001)은 인지적 사고의 활동 범주를 ① 명료화하기(중심 내용 파악하기, 글 구성 파악하기) ② 상세화하기(관련 지식 살리기, 추리 상상하기, 발상의 표현 특성 음미하기) ③ 객관화하기(비판하기, 이해 과정 조절하기) ④ 주체화하기(내면화하기, 발전적으로 사고하기)로 나누고 있었다(이삼형 외, 2001).

두는 것이 필요하다. 지금의 텍스트 이해 교육에서는 언어적 사고를 바탕으로 이루어져야 할 이해의 내용이 개별 학습자들에게 맡겨져 있다. 이들 이해의 내용은 독자 개인적인 영역이라고 생각하기 때문이다. 그러나 숙고해 보면 텍스트에 대한 모든 이해의 방식들은 교육을 통하여 체계적으로 이루어져야 한다. 때문에 이에 대한 교육적 논의가 필요한 것이다. 인지적 사고와의 관계도 분명하게 구분되어야 하며, 사회·문화적인 요인도 함께 고려할 필요가 있다.[13] 또한 언어적 사고의 범주 속으로 들어가야 할 것이 무엇인가에 대한 구체적이고 명시적인 요소들을 탐구하여 교육적으로 접근할 필요가 있다.

4. 사회적 상호작용 중심의 접근 관점

사회적 상호작용의 관점에서는 텍스트 이해가 독자간의 상호작용으로 이루어진다고 본다. 사회적 상호작용은 개별 독자의 의미 이해를 인정하면서, 개별 독자가 이해한 내용을 확인하고 공유하려는 접근 방식이다. 이 관점에서 텍스트의 의미는 독자와 텍스트와의 상호작용뿐만 아니라 독자와 필자, 독자와 독자, 독자와 문화의 요소들이 상호작용하는 것을 강조한다. 독자 사이에 상호작용이 이루어지기 위해서는 다양한 형태의 집단이 형성된다. 3-4명의 소집단이나 학급과 같은 구체적인 공동체에서 해석 공동체, 담화 공동체와 같은 추상적이고 관념적인 공동체까지 확대된다. 이러한 공동체

13) 이해 능력의 구성 요인을 다음과 같이 나누고 있다(이삼형 외, 2001: 185).

- 언어요인 ① 음성 언어나 문자언어를 해독하는 능력 ② 언어 규범이나 장르적 관습, 문체 등을 파악하는 능력
- 사회·문화 요인 ③ 화자나 필자의 성향, 이데올로기 등을 고려하는 능력 ④ 사회적 가치, 문화적 배경 등을 고려하는 능력
- 개인 심리적 요인 ⑤ 지식, 기억, 연상 등 기본적인 사고 능력 ⑥ 분석, 조직, 추론, 평가 등의 고등 사고 능력

들은 독자가 의미를 토의하는 장을 만들기도 하고, 독자에게 텍스트 해석의 절차와 방법을 제공하여 독자의 생각을 일정한 방향으로 이끌어 가기도 한다. 사회적 상호작용의 관점에서 보면 텍스트의 의미는 공동체의 합의에 의하여 결정된다(김욱동, 1994: 430)고 할 수 있다.

텍스트 이해에 대한 사회적 상호작용의 관점은 인지 발달 연구에서 사회적 상호작용의 중요성을 강조하는 비고츠키(1980)나 자아의 구성에서 다양한 역할의 인식을 강조하는 미드(1934), 문학에서 다성성을 강조하는 바흐친(1978), 무의식은 타자의 목소리이고 언어처럼 구조화되어 있다는 라캉(1966), 텍스트의 구성에서 상호텍스트성을 강조하는 크리스테바(1968), 텍스트 이해에서의 상호텍스트성을 주장하는 바르트(1971)와 같은 사람들의 논의를 바탕으로 한다(김도남, 2002). 이들 논의에서 의미 구성에 작용하는 기본적인 기제는 '대화'이다.

사회적 상호작용을 강조하는 텍스트 이해 교육은 학급이나 소집단 안에서의 토의를 강조한다. 학급이나 소집단은 텍스트의 의미를 결정하는 하나의 합의 기구가 된다. 개별 학습자는 소집단의 일원으로 텍스트의 의미 결정에 참여하게 된다. 공동체 속에서 개별 독자가 제시하는 의견은 의미의 합의에 이르는 과정에서 제시되는 하나의 안(idea)으로 결정적인 역할을 하지 못한다. 즉 독자의 텍스트 의미 이해는 다른 독자와의 상호작용 속에서 의견을 견주고 조율하는 과정에서 이루어진다. 이것은 독자가 의미 구성의 주체이기보다는 독자가 속해있는 공동체가 의미 구성의 주체가 됨을 의미한다. 이러한 관점은 텍스트 이해가 합리적으로 이루어질 수 있다는 의식을 가지게 한다. 하지만 텍스트의 의미가 공동체의 합의에 의하여 결정된다고 봄으로써 텍스트 의미의 고정성에 반대한다.

사회적 상호작용 중심의 접근 관점에서는 개별 독자의 생각을 인정하지만, 공동체 구성원의 대화를 중시함으로써 종합적으로 합의된 의미가 권위를 갖는다. 때문에 대화의 과정에서 개별 독자들의 역할에 대한 책임이 강조되기는 하지만, 개별 독자들은 의미에 대하여 책임을 회피할 수도 있다. 따라서 사회적 상호작용을 통한 텍스트의 이해는 개별 독자들이 적극적이면서 주도적인 활동을 하지 못하면 이루어질 수 없다. 이렇게 볼 때, 사회적 상호작용 중심의 관점에서는 개별 독자의 역할을 강조하면서 집단적인 합의를 이끌어 낼 수 있도록 조절하는 것이 중요하게 된다.

사회적 상호작용 중심의 접근 관점은 개별 독자를 특정 공동체의 담론 속으로 이끌어 들이기 위한 접근 방식과 주어진 과제를 해결하기 위하여 구성원들이 협력하는 접근 방식, 텍스트의 이해를 위하여 토의를 중시하는 접근 방식, 텍스트 의미 사이의 관계를 중심으로 내적인 상호작용을 강조하는 접근 방식 등으로 나눌 수 있다. 이들은 사회적인 상호작용을 통한 텍스트 이해를 강조하는 면에서는 의견의 일치를 보이지만 그 목표나 활동 과정은 서로 다르다. 이 사회적 상호작용 중심의 접근 관점은 독자들이 서로 의지하고 도움을 줌으로써 효과적인 학습을 할 수 있도록 하는 방법적인 성격을 갖는다. 이러한 활동이 지향하는 것은 텍스트 이해에 대한 폭을 넓히고, 독자들이 이해한 내용을 공유하는 것이다. 이들의 구체적인 내용을 살펴보면 다음과 같다.

가. 공동체 참여 중심의 접근

독자가 텍스트의 의미를 이해하는 데 있어서 해석 공동체의 역할을 강조하는 접근 방식이다. 이 접근 방식에서는 개별 독자들은 텍스트의 의미를 결정하기 어렵다고 보고, 기존의 해석 공동체 구성원과의 상호작용을 통한 이해를 강조한다. 해석 공동체는 독자에게 텍스트의 형식과 주제에 대하여 의미를 해석할 수 있게 가르친다고 본다(국어교육학 사전, 1999: 214). 학습 활동에서 권위를 가지고 있는 교사로 대표되는 해석 공동체는 독자와의 상호작용을 통하여 독자가 해석 관습에 따라서 텍스트를 해석할 수 있게 한다(우창효, 1995: 88). 비즐(Bizzle, 1992), 브루피(Bruffee, 1986), 리페브르(LeFevere, 1987) 등이 제기하는 담화 공동체의 담화 관습에 따른 의미 구성 접근 방식에 대한 설명(최현섭 외, 2000)은 이러한 공동체와의 상호작용을 통한 텍스트 이해의 방식을 강조한다. 김대행 외(2000: 75-82)에서도 '공동체 형성적 문학교육'에서 설명하는 내용도 이 접근 관점의 확대 적용이라 할 수 있다.

이 접근 방식에서 보면 텍스트의 의미는 독자와 텍스트 사이에서 존재하는 것이 아니라 텍스트를 소유한 공동체에 있다. 독자는 이 공동체와의 상호작용을 통하여 의미를 구성하게 된다. 즉 텍스트의 의미는 개별 독자 외부에서 존재하면서 다른 독자와의 상호작용 속에서 독자에게 인식되는 것으로 볼 수 있다. 이 접근에서는 독자가 접하게 되는 공동체에 따라서 텍스트의 의미가 변할 수 있다는 전제가 성립한다.

공동체 참여 중심의 접근에서는, 텍스트의 의미를 결정하는 주체가 텍스트를 소유한 공동체라고 생각하기 때문에 공동체의 의미 합의 과정에 참여하는 것이 중요하다. 해석 공동체는 텍스트 해석에 대한 권위를 가지고 있어서 개별 독자들은 권위 있는 공동체와의 상호작용을 통하여 텍스트의 의미를 특정한 방향에서 구성해야 한다. 즉 권위 있는 해석 공동체로 인하여 열린 관점으로 텍스트에 접근하기보다는 주어진 해석의 규범과 관점을 바탕으로 접근한다. 이러한 이해의 방식은 공동체를 유지하고 개별 독자를 공동체 구성원으로 받아들이는 기능을 한다.

이 해석 공동체를 중심으로 한 교육적인 접근은 동료 학습자와의 대화보다는 교사나 텍스트 해석에 권위 있는 독자와의 상호작용을 강조하게 된다. 매체를 이용한 상호작용이나 강연회, 대담, 면담, 토론회 참석과 같은 활동들에 참여함으로써 상호작용을 할 수 있게 된다. 학교에서 이루어지는 대표적인 방법은 교사와의 수업을 통한 상호작용이라 할 수 있다. 이 상호작용 속에서는 일 대 다수의 대화 방식을 취한다. 이때 교사는 공동체의 의견을 대변하고, 학습자들은 개별 독자의 역할을 한다. 이 과정을 통하여 학습자는 교사로 대표되는 해석 공동체를 접하게 되고, 텍스트의 의미 해석의 방식과 텍스트 의미를 이해하게 된다. 그러나 해석 공동체 속의 개별 독자는 공동체의 생각을 그대로 수용하지 않고 변형하거나, 정교화하여 수용되기도 한다. 때문에 개별 독자의 의견이 영향력을 가질 수도 있다. 지금의 텍스트 이해 교육에서는 이러한 방식의 의미 해석이나 이해를 강조한다.

나. 집단적 토의 중심의 접근

집단적 토의 중심의 접근은 텍스트 의미에 대하여 개별 독자가 이해한 내용을 집단 내에서 토의하여 공유하는 방식이다. 이 접근은 텍스트 의미가 독자에 따라 다르게 이해될 수 있다는 생각을 기반으로 개별 학습자의 이해 방식과 내용을 존중한다. 교수-학습 활동에서는 소집단을 구성하고 각 집단 내에서 개별 독자들이 이해한 내용을 토의하여 공유할 수 있도록 한다. 대표적인 방법이 반응 중심 학습 활동이나 독서 클럽 활동에서 이루어지는 독서 토의이다. 이 토의에서는 텍스트의 의미 이해에 대하여 개방성을 인정하기 때문에 자유로운 토의가 이루어질 수 있고, 학습 상황에 따라 다양한 의견을 이끌어낼 수 있다. 학습 활동 자체가 결론을 끌어내려고 하기보다는 개별 독자의 의미 해석을 알아보고 그것에 공감하려고 한다.

토의를 중심으로 한 접근 방식은 문학의 독자 반응 이론이나 수용이론을 교육적으로 받아들이면서 체계적으로 정리된 면이 있다. 이에 대한 논의는 경규진(1994)과 이희정(1999)의 논의가 있으며, 독서 클럽에서의 토의는 맥마혼(Mcmahon, 1997)의 논의를 수용하여 교육적 적용을 분석한 강원경(1999)이나 신헌재 외(2002)의 논의가 있다. 이들 논의는 독자가 텍스트에 대하여 인식한 내용을 토의를 통하여 교환하는 것에 초점이 놓여져 있다. 독자 중심의 텍스트 이해 방식을 수용하면서 사회적 상호작용의 방식으로 재구조화한 텍스트 이해의 지도 방식이라 할 수 있다. 텍스트의 이해가 개인의 내적인 의식 속에만 머무는 것이 아니라 다른 독자와의 관계 속에서 의미 있는 것으로 인정받을 수 있게 해준다는 면에서 이 접근 방식은 의의를 갖는다.

반응 중심의 토의나 독서 클럽의 토의는 교육적으로 구조화된 계획적인 학습 활동을 강조한다. 토의를 통하여 서로의 생각을 효과적으로 주고받을 수 있도록 학습 활동을 설계한다. 활동 과정 속에서 텍스트 이해에 필요한 기능이나 전략의 습득을 목적으로 하는 경우도 있다. 그러나 이들 학습 활동의 본질은 개별 독자들이 이해한 내용에 대한 의견 교환이다. 토의 활동은 미리 계획된 활동 내용과 절차를 가지고 이루어지며, 그 과정에서의 활동에서는 텍스트의 내용에 대한 개별 독자의 생각이 중요시된다. 개별 독자들은 토의를 통하여 이해의 폭을 넓히면서 다른 독자의 이해에 공감하게 된다. 개별 독자들이 토의를 통하여 자신의 생각을 더욱 공고히 하거나 확장할 수 있다는 면에서 활동의 의미를 찾을 수 있다.

요컨대, 집단적 토의 중심의 접근에서는 텍스트의 의미를 한 가지로 정하려고 하지 않고 다양한 의미 해석의 가능성을 열어 놓는다. 때문에 텍스트 의미의 불확정성과 다양성, 변화 가능성을 당연시한다. 토의 과정에서는 독자에게 논리적인 해석과 타당한 근거 제시를 요구함으로써 이해의 타당성에 접근하려 한다. 또한 독자가 풀이하는 텍스트의 의미나 텍스트의 이해 방식은 독자의 고유한 권리라고 생각하여 독자들은 서로의 생각을 존중한다. 물론 텍스트의 의미 해석이 타당성을 갖지 못한다면 반박을 당할 수도 있다. 토의 중심의 텍스트 이해 접근 방식에서는 의미에 대한 개방성을 바탕으로 다양한 해석의 가능성과 독자의 개별적인 이해를 존중 및 의미 해석의 공유라는 면에서 교육적 의의를 찾을 수 있다. 그러나 개별 독자의 이해가 모두 존중받게 됨으로써 텍스트 의미 이해의 타당성에 대한 기준이 모호하다.

다. 소집단 탐구 중심의 접근

소집단 탐구 중심의 접근은 독자의 텍스트 이해를 협동적인 문제해결로 보는 관점이다. 독자들은 텍스트의 의미를 탐구하기 위하여 소집단을 만들고, 각자의 과제를 나누어 맡는다. 소집단은 4-6명의 학습자로 구성되고, 집단 구성원은 과제 해결을 위하여 상호작용을 통하여 협력한다. 소집단 활동의 형태는 두 가지로 구분할 수 있다. 전통적으로 과제 해결 중심의 소집단 학습과 최근에 논의되는 의미 공유 중심의 협동학습이 그것이다. 이 두 형태는 집단별로 주어진 과제를 해결하기 위하여 구성원들이 적극적으로 상호작용하는 것을 강조한다.

소집단 학습에서는 과제 해결을 위하여 집단 구성원들이 서로 협력한다. 활동의 과정은 과제를 해결하기 위해서는 과제를 확인하여, 과제 해결 절차를 논의하고, 과제를 분담하여 각자 맡은 과제를 해결한 다음 전체적으로 종합하는 과정을 거친다(정수경 역, 1999). 소집단 학습의 대표적인 형태는 조별(모둠별)학습이나 총체적 언어학습(신헌재·이재승, 1994), 프로젝트 학습(지정옥, 1995) 등을 들 수 있다. 이들 학습 활동은 과제 해결 자체를 중시하는 경향이 있다. 그래서 소집단 학습의 학습자들은 자신에게 주어진 과제를 해결함으로써 집단의 과제를 해결에 기여해야 한다고 본다. 이것은 소집단 학습의 활동이 개별 학습자보다는 과제에 중점을 두고 이루어지기 때문이다.

이와 달리 협동학습에서는 협력적인 과제 해결을 강조하면서 학습자들에게 초점을 둔다. 이것은 소집단별 과제 해결과 그 결과의 공유를 강조함으로써 개별 학습자의 학습도 동시에 강조한다. 학습자들은 문제를 해결하기 위하여 서로 협력해야 할 뿐만 아니라 활동의 결과를 공유하기 위한 노력을 함께 기울여야 한다. 소집단 학습이 학습의 활동 과정에서 학습이 이루어질 것이라고 가정한 것과는 달리 학습의 결과를 확인하는 과정을 거침으로써 개별 학습자의 직접적인 학습과 학습의 결과를 확인하게 된다. 이것은 스탈(Stahl, 1995)이나 카간(kagan, 1995), 슬라빈(Slavin, 1999)등이 제안한 협동학습 모형에서 공통적으로 확인할 수 있다. 또한 협동학습에 대한 논의(이경화 외, 2002, 신헌재 외, 2002)나 동료 도움 학습(강혜진, 1999)에서도 마찬가지이다. 이들 활동은 개별 학습자들이 학습 결과를 확인하고 공유하게 함으로써 이것을 가능하게 한다. 때문에 학습 활동에서는 학습자들이 모두 참여하는 텍스트 이해 활동 과정을 계획하고, 학습 결과를 공유할 수 있도록 하기 위하여 노력한다. 이를 통하여 텍스트의 의미를 집단으로 찾고 받아들이게 해야 한다. 협동학습의 접근 방법은 학습 결과에 대한 공유를 강조한다는 측면에서 교육적 의의를 찾을 수 있다.

소집단 탐구 중심의 텍스트 이해 활동에서는 테스트 의미가 특정한 형태로 존재하는 것을 가정하는 경향이 있다. 집단에서 합의를 거쳐 결정한다고 할 수도 있지만 문제해결이라는 관점에서 보면 문제에 관련하여 제시될 수 있는 결과는 한정되는 특징을 갖는다. 협동학습에서 결과의 공유와 그 공유 결과에 대한 평가에서 보면, 텍스트의 의미는 집단적 관점에서 합의를 거치거나 정해진 의미로 귀결되어야 하는 측면이 있다. 이것은 다양한 의미 이해 과정에 접근하는 것을 막을 수 있다.

라. 내적 대화 관계 중심의 접근

내적 대화 관계 중심의 접근은 텍스트의 의미가 개별 텍스트 자체로 결정되지 않는다고 본다. 각 텍스트의 의미는 다른 텍스트와의 내적 대화 관계에서 드러난다는 것이다. 각 텍스트의 내용이 다른 텍스트의 영향을 받아서 이루어졌기 때문에 텍스트의 의미도 다른 텍스트와의 관계를 기반으로 하여 존재한다는 것이다. 바르트(1971)는 텍스트의 의미가 직접 또는 간접적으로 다른 텍스트와 관계를 맺고 있으며, 텍스트 이해는 상호텍스트성을 바탕으로 이루어진다고 설명한다(김희영 역, 1998). 이것은 크리스테바(1967)가 '모든 텍스트는 다른 텍스트의 내용들이 짜깁기된 모자이크다'(김욱동, 1993: 196)라고 말한 것을 텍스트 이해를 설명하면서 사용한 것이기도 하다. 즉 텍스트의 구성 내용뿐만 아니라 독자의 텍스트 이해는 다른 텍스트와의 상호작용 속에서 이루어진다고 할 수 있다(김도남, 2002, 김정우, 1998).

이 접근에서 텍스트 이해를 보게 보면, 상호작용의 요인을 강조하기는 하지만 상호작용의 대상과 범위가 넓다. 기본적으로는 다른 텍스트와의 상호작용이지만, 매체(하이퍼텍스트/하이퍼미디어)를 통한 상호작용이나 다른 독자와의 상호작용도 포함한다. 이 접근에서 보면 텍스트의 의미는 그 텍스트가 맺고 있는 다른 텍스트와의 관계 속에 있다. 다시 말하면 텍스트의 의미는 독자가 어떤 텍스트와 관계짓는가에 따라 텍스트의 의미가 결정된다고 볼 수 있다.

이 접근 방식의 교육적 논의는 이해의 확장에 초점이 놓여 있다. 최협섭 외(2002), 김대행 외(2000), 구인환 외(1999), 우한용(1999), 경규진(1994) 등은 단일 텍스트의 의미를 이해하고 나서 다른 텍스트와의 관계성을 살펴 텍스트의 의미 이해를 넓히기 위하여 관련 텍스트를 활용해야 하는 것으로 본다. 그러나 독자는 단일 텍스트 이해의 전체 과정에서 다른 텍스트와의 내적 관계에 유의해야 한다(Hartman, 1991). 때문에 텍스트 이해 교육에서는 독자의 마음속에 구성되는 텍스트의 상호텍스트성을 도울 수 있도록 다양한 텍스트와의 상호 작용할 수 있도록 하는 접근이 필요하다(김도남, 2002). 이를 위해서는 하이퍼텍스트(이경화, 2001: 429-434)뿐만 아니라 텍스트 내용에 관련된 다양한 자료를 활용해야 한다.

내적 대화 관계 중심의 텍스트 이해의 방식은 기본적으로는 텍스트 의미의 다양성과 불확정성을 전제하고, 다른 텍스트와의 관계 속에서 의미가 결정된다고 본다. 때문에 독자의 텍스트 의미에 대한 이해는 계속적인 변화를 전제한다. 관련된 텍스트의 선택에 따라 의미가 달라질 수 있기 때문이다. 텍스트 이해 교육의 활동은 내용과 관련 있는 텍스트를 함께 제시하여 텍스트의 이해 영역을 넓힐 수 있도록 할 필요가 있다. 이 접근은 학습자의 텍스트 이해 범위를 넓힐 수 있다는 측면에서 의미가 있지만 학습자의 학습 활동 시간과 자료 준비, 인지적인 면에서 부담이 된다.

5. 문화 중심의 접근 관점

텍스트 이해가 문화에 기반을 두어야 한다는 것은 오래된 관점이다. 문화는 일반적으로 지식, 신앙, 예술, 도덕, 법, 관습 및 인간이 사회의 한 구성원으로서 획득한 다른 능력과 관습을 포함하는 복합 총체를 의미한다(국어교육학사전, 1999: 341). 문화는 인간의 생활 양식을 모두 포함하기에 의식적·무의식적 사고방식과 행동 양식을 모두 포괄한다. 때문에 분명하게 문화의 범위를 한정하는 것은 어려운 일이다. 그렇지만 문화적인 접근은 텍스트 이해 현상을 설명하는 하나의 원리(김창원, 2000: 34)이면서, 접근 방식으로 논의되고 있기에 이에 대한 관점을 살펴볼 필요가 있다.

텍스트나 독자, 사회적 상호작용 중심의 접근 관점은 각각 개별적인 구분이 가능한 면이 있다. 그러나 문화 중심의 접근 관점은 이와 달리 이들 모두가 텍스트 이해의 작용태라는 인식을 갖게 한다. 독자는 텍스트를 매개로 하여 문화에 적응하고, 텍스트는 독자를 문화와 연결하는 기능을 하기 때문이다. 이러한 관점은 텍스트 이해의 접근을 거시적으로 보게 한다. 즉 텍스트 이해를 독자의 개인적인 지식습득이나 정서 함양, 사고력 계발이 아니라 독자의 정체성을 가지게 하는 메커니즘으로 여기게 한다. 그렇기 때문에 텍스트 이해 교육에서 텍스트와 독자와 사회는 문화라는 하나의 체계에 의하여 존재하며 그 속에서 독자는 자신의 정체성을 발견하는 것으로 본다.

문화 중심의 접근은 문화의 실체가 다면적이어서 문화를 이야기하는 논자마다 문화의 개념과 범주를 달리하기 때문에 텍스트 이해 교육에서의 논의도 다양하다. 또한 각 논의들은 특정 관점만을 취하는 것이 아니라 여러 관점을 혼용하고 있다. 그래서 문화적인 접근의 범주와 갈래를 정하기 어려운 면이 있다. 이것은 논의를 다양하게 한다는 면에서 의의가 있기는 하나 교육적인 접근이 구체적으로 어떻게 되어야 하는가에 합의하지 못하고 있는 것과 같다. 이들의 접근 방식을 몇 가지로 구분하여 살펴본다.

가. 문식성 확장 중심의 접근

현재의 독자는 과학 기술의 발달로 인하여 다양한 텍스트 환경에서 살고 있다. 독자들은 이런 텍스트 환경에 적응하기 위하여 문식성의 확장이 필요하다. 박수자(2001)나 박영목(2002)은 독서 환경의 변화를 문화적인 관점에서 접근하면서 새로운 문식성이 요구된다고 말하고 있다. 그러면서 새로운 텍스트 문화의 변화에 적응하기 위하여 텍스트 이해 교육의 문화론적인 접근이 필요하다고 본다. 박수자(2001: 374)는 문식성의 개념이 문자언어에 한정된 것에서 특정 의사소통 문화에서 형성된 심적 상태로 그 범위가 확장되고 있다고 보면서, 텍스트 이해 교육에서는 현대적 문식성을 계발할 수 있도록 해야 한다고 말한다. 박영목(2002: 5)도 모든 텍스트 이해 활동은 특정의 사회적 맥락 속에서 이루어지기 때문에 사회·문화적 맥락 요인은 텍스트 이해 능력을 위한 학습을 총체적인 관점에서 규정할 수 있도록 해 준다고 보면서, 사회·문화적 맥락에서 텍스트를 이해할 수 있는 문식성의 필요성을 강조한다. 김대행 외(2000: 307-345)도 언어 환경 변화에 대한 접근 방식으로 문식성의 확장이 필요하다고 말한다.

문화적인 맥락에서 문식성의 확장을 텍스트 이해 교육에서 수용해야 한다는 관점은 타당한 측면을 갖는다. 현대를 살아가는 사람들이 변화된 언어문화, 다시 말하여 텍스트 이해 문화에 적응할 수 있는 능력을 길러야 하기 때문이다. 오늘날의 독자들은 변화된 사회 문화 속에서 살아가기 위해 사회에서 요구하는 문식성을 지녀야 한다. 문식성의 확장에 주목하는 것은 현실적이고 실질적인 접근이다. 김미량(1999)은 컴퓨터 문식성, 비주얼 문식성, 미디어 문식성, 정보 문식성 등을 구분하고 있다(박수자, 2001: 374). 이러한 구분에서 볼 때, 이들 문식성은 각기의 텍스트를 기반으로 한다. 이들 텍스트를 효과적으로 이해하기 위해서는 이들을 읽고 이해할 수 있도록 하는 문식성이 있어야 한다. 즉 텍스트 이해의 교육에서 이들을 길러줄 필요가 있다. 문화적으로 요구되는 문식성을 지도하기 위해서는 이들 문식성의 특성을 규정하고 그 내적인 구조를 세부적으로 탐구함으로써 지도 내용과 방법을 찾아야 한다.

새로운 문식성에 대한 접근은 넓게는 문화에 대한 적응 방식이면서, 사회·문화 속에서 주체적인 활동을 할 수 있도록 하기 위한 것이다. 이러한 접근은 교육의 관점에서 현실적인 목표를 추구하는 접근이 된다. 그러나 이러한 문식성의 확장은 학습자들에게 지식의 확장이나 기능적인 적응력을 길러 주는 정도에 머물 수 있다. 이에서 더 나갈 수 있는 적극적인 관심과 논의가 필요하다.

나. 이해의 작용 요소로 보는 접근

문화를 텍스트 이해에 작용하는 하나의 요소로 보기도 한다. 문화가 텍스트와 독자 사이에서 독자의 이해 활동을 중재하는 역할을 한다는 것이다. 즉 문화는 텍스트 이해의 한 요소로서 독자에게 영향력을 행사하여 독자의 이해를 조절하는 중요한 기능을 하게 된다는 것이다.

독자의 텍스트 이해에 영향을 주는 문화의 요소는 전통, 관습, 사상, 의식구조, 종교, 제도 등 인간 삶의 총체적 내용을 포함한다. 이들은 독자의 의식과 텍스트에 대한 해석 방법과 자료를 제공하고, 이해의 바탕을 마련하여 준다. 즉 문화는 독자가 텍스트 내용을 어떻게 인식하고 해석하고 받아들여야 할지를 결정한다. 다시 말하면 독자의 텍스트 이해는 문화와의 영향 관계 속에서 이루어지며, 텍스트 이해의 내용은 문화의 여러 가지 요소에 지배를 받는다[14]는 것이다. 정재찬(2001: 91-138)은 문화의 관점을 사회구성주의 관점과 바흐친의 언어관을 끌어와 설명한다(이삼형 외 2001). 이것은 문화를 독자와 상호작용하는 하나의 요인으로 보는 입장이라 할 수 있다. 이삼형(2001: 66)도 사고 중심의 국어교육관을 설명하면서 텍스트 생산과 관련하여 문화·상황을 하나의 작용 요소로 보고 있는데, 이해의 영역으로 확장하여 보아도 마찬가지라 할 수 있다. 우한용(1999: 257-282)의 프라이의 문학이론을 바탕으로 한 텍스트 이해의 방식에 대한 설명이나, 구인환 외(1999: 172-198)에서 논의하는 텍스트 이해에 대한 설명은 문화가 텍스트 이해의 한

14) 어떤 분야의 텍스트를 제대로 이해하기 위해서 학생들은 해당 학문 분야의 특징적인 사고 양식과 독서 방식에 대한 지식을 보유할 필요가 있다. 내용에 관한 지식, 텍스트에 관한 학문 분야별 특징적인 사고 양식에 관한 지식 등은 독해 과정을 지원하는 중요한 자원이다(박영목, 2002: 9).

요소로 작용한다는 것을 보여준다.

문화가 텍스트 이해의 요인이기에 이에 대한 구체적인 접근 방식을 탐구하는 것은 중요하다. 텍스트 이해 교육에서 문화의 요소를 고려함으로써 텍스트에 대한 이해를 넓히고, 깊게 할 수 있으며, 텍스트가 가지는 총체적인 가치를 인식할 수 있게 해준다. 또한 문화와 텍스트와의 관계에 대한 인식을 넓혀 주며 텍스트 이해를 통한 삶의 구조적 틀을 인식하게 함으로써 독자 자신의 정체성을 찾게 할 수 있다. 교육 현장에서는 이러한 필요성은 인식하여 학습 활동으로 끌어들이고 있으나 접근 범위와 방법이 구체화되어 있지 않기에 활용하기가 쉽지 않다. 이에 대한 텍스트 이해 교육의 관점에서 구체적이고 깊이 있는 논의가 있어야 한다.

다. 참여의 대상으로 보는 접근

텍스트와 텍스트 읽기는 하나의 문화를 형성하고 있다. 텍스트와 텍스트 읽기가 형성한 문화는 인류가 문자를 발명하면서 시작된 것이다. 이 문화는 독자가 활용할 대상이라기보다는 참여의 대상이 된다. 독자는 텍스트 읽기를 통하여 이 문화에 한 성원이 되는 것이다. 독자가 텍스트를 읽고 이해하는 과정은 다른 독자들과 공통의 문화적 약호를 통해 의미의 그물망을 이루어나가는 것이다. 이러한 과정에서 독자는 개인의 문화적 인격을 형성한다(우한용, 1999: 36). 구인환 외(1999: 32)는 문학교육을 대화 문화로 보면서, 이러한 대화의 문화는 독자를 문학적인 의미 작용에 참여시키는 것이라고 인식한다. 이 관점에서 텍스트 이해는 이러한 문화적 약호를 익히고 대화를 통한 문화적 의미 작용에 참여하는 것이라 할 수 있다.

텍스트 읽기를 통한 문화의 참여는 사회화의 일환으로 이루어지는 측면도 함께 포함하는 것이다. 독자는 텍스트를 통하여 자신이 속해 있는 문화를 느낄 수 있고, 그 과정에서 자기 생각을 형성하고 구성하게 된다. 독자는 스스로 자신의 심신을 구성하는 것이 아니라 문화와 관계를 맺는 과정에서 자신을 구성하는 것이다. 그렇기 때문에 텍스트 이해는 이러한 관계를 촉진시키기 위한 활동이 되는 것이다.

텍스트 이해 교육은 학습자를 그가 속해 있는 특정 텍스트 문화 속에 포함시키고자 하는 의도가 들어있다. 이러한 의도는 표면적으로 드러나기도 하지만 잠재적으로 존재한다. 학습자가 텍스트를 이해할 수 있도록 지도하는 것은 특정한 문화 속으로 학습자를 참여시킴으로써 문화와의 관계를 바탕으로 자신을 알게 하기 위한 접근이 될 수 있다. 이러한 관점에서의 텍스트 이해 교육은 구체적이지 못한 개념적이라는 면에서 한계를 갖는다.

라. 언어 관습의 유지와 전승으로 보는 접근

언어 관습의 유지와 전승으로 보는 접근은 텍스트 이해의 교육을 통하여 전통적인 언어의 관습을 탐구하고 이를 교육적으로 활용하자는 것이다. 이 접근은 전통적인 장르를 중심으로 접근하려는 경향이 강하다. 전통적인 언어 관습을 밝히고 이를 지금의 언어 관습으로 받아들여 확장하고 넓히자는 것이다. 이러한 접근은 텍스트의 이해가 언어의 관습에 의하여 지배받고 영향받는다는 면에서 타당성을 갖는 면이 있다. 그렇기 때문에 텍스트 이해 지도는 언어 사용의 관습을 알 수 있도록 하는 것이며, 이를 활용하여 텍스트 이해를 확장하도록 하는 것이다.

언어 관습으로서의 읽기 교육에 접근하는 방식은 텍스트 구성 과정에 사용된 다양한 언어 규범들을 밝히고 이를 새롭게 발전시키자는 의도가 들어있다. 염은열(2000)의 연구나 최인자(2001), 이지호(2002)의 문화론적인 접근들은 우리의 전통적인 관점에서의 언어 규범을 알아보자는 것이고, 최미숙

(1998)의 연구나 안수진(2001)의 연구는 비교적 근래에 이루어진 언어적 규범을 알아보자는 논의가 된다. 이러한 논의는 작문 영역에 집중된 것이기는 하지만 이해의 영역으로 넓혀 생각해 본다면 언어 관습을 알아보고 이를 텍스트 이해 과정에 활용하자는 생각과 같다고 할 수 있다. 우한용(1999)이나 김대행 외(2000)의 문학교육적인 접근에서도 이들의 관점을 취하는 면이 있다.

언어 규범을 익힘으로써 텍스트 이해를 하자는 것은 텍스트의 형식이 내용을 담아내는 것으로서, 형식이 텍스트 이해에 중요한 역할을 한다는 인식에서이다. 이 접근은 전통적인 담화구조에 대한 인식으로 이해의 적절성을 이끌 수 있다는 생각에서 문화의 유지와 전승이 필요하다고 본다. 언어를 통한 표현과 이해라는 면에서 그 언어의 문화적 규범과 관습을 따르는 것은 당연한 일일 수 있다. 그렇기 때문에 이러한 문화적 관습에 대한 이해와 활용은 중요한 의미를 갖는다. 다만 이 접근이 텍스트 이해를 위한 본질적인 목적과 궤를 같이 할 수 있도록 조율하는 것이 필요하다. 단지 관습을 아는 것만으로 이해의 영역이 모두 해결되는 것은 아니기 때문이다. 이러한 관점은 전통의 유지와 새로운 규칙을 살핀 후 교육의 방향을 결정하는 것이 필요하다.

마. 향유와 생산 대상으로 보는 접근

텍스트 이해를 문화적으로 접근하는 방식 중에 또 다른 한 가지는 문화를 향유하고 생산하는 것으로 보는 입장이다. 텍스트 문화에 참여하는 것을 바탕으로 텍스트 문화를 향유하면서 새로운 텍스트 문화를 창조하는 것으로 나가자는 것이다. 이 접근을 텍스트 이해 교육과 관련하여 보면, 모든 텍스트는 문화를 기반으로 한다는 인식에서 텍스트가 담고 있는 문화를 알고 즐기면서, 이들에 깊이 참여하고 또한 문화를 창조할 수 있도록 하자는 것이다.

박수자(2001: 376-377)는 독서 행위의 결과로 얻게 되는 책의 기능성으로 다음과 같은 것을 들고 있다. ① 지식 축적의 기능 ② 가치 규범의 정착 기능 ③ 과거와 현재를 연결시키는 기능 ④ 현실을 발전시키는 기능 ⑤ 사회 교육과 통합적 기능 ⑥ 정보화 기능 ⑦ 분석과 비판적 사고의 기능 ⑧ 사회화 기능. 이들에서 새로운 미디어 매체들이 등장하지만 책은 여전히 중요한 문화의 매체이기 때문에 향유되고 생산되어야 한다고 본다. 이러한 관점은 책이 형성하고 있는 문화에 대한 인식에서 출발한 것으로 책에서 비롯되는 문화를 향유하도록 해야 한다는 것과 이를 위한 생산이 이루어져야 한다는 것을 말한다. 문학 교육의 관점에서 새롭게 대두되고 있는 창작 교육에 대한 논의도 문화 생산의 교육적 접근으로 볼 수 있다.

책을 읽는다는 것은 여러 가지 문화를 인식하여 즐기는 것이고, 이를 바탕으로 새로운 문화를 생산할 수 있는 기반을 마련하는 것이다. 이러한 즐김과 생산의 문화는 박영목(2002)이나 우한용(1999), 김대행(2000)의 논의에서 찾아볼 수 있다. 구인환 외(1999: 37)에서도 문학교육을 통하여 문화의 보존, 전승과 아울러 문화적 혁신과 창조를 해야 한다고 보고 있다. 텍스트 이해 교육에서 문화에 대하여 알고 이를 즐기고, 생산할 수 있어야 한다는 관점은 교육적으로 타당하다. 이러한 접근은 표면적인 활동과 잠재적인 목표를 모두 포함한다. 그러나 이에 대한 분명한 규정과 교육적으로 접근하기 위한 구체적인 내용과 방법에 대한 논의가 필요하다.

6. 읽기 교육의 과제

텍스트 이해 교육은 다양한 텍스트 이해 이론을 수용하여 교육적으로 해석함으로써 성립된다. 텍스트 이해 교육은 텍스트 이해에 관한 모든 이론을 수용하기보다는 특정한 관점을 선택하여 받아들이고 이를 교육의 관점에서 재이론화한다. 텍스트 이해에 대한 교육적 접근은 그동안 다양한 방식으로 이루어졌으며 새로운 이론들이 선택되어 활용된다. 여기서는 그동안 선택되어 활용된 몇 가지 관점을 중심으로 살펴보았다.

텍스트 이해 교육은 독자의 요인과 텍스트의 요인, 다른 독자의 요인, 문화의 요인이 상승 작용으로 이루어진다. 그동안의 텍스트를 중심으로 한 접근이나 독자를 중심으로 한 접근이 어느 한쪽의 역할을 강조한 것이었다면, 앞으로의 관점은 의사소통에 중점을 둔 의미 구성의 관점, 즉 상호주관성을 바탕으로 한 대화를 통한 의미 구성이 이루어질 수 있도록 하는 것이 필요하다.

텍스트 이해에 대한 해석학적 관점은 자기 이해를 강조한다. 텍스트를 이해하는 행위는 독자가 자기 자신을 밝히는 행위로 자신의 삶의 들여다보고 새롭게 하는 활동이라는 것이다. 읽기는 독자가 텍스트를 통하여 자기를 들여다보고, 자기를 새롭게 생성하며, 자기 삶의 본질을 깨쳐 자기답게 살 수 있게 하는 것이다. 텍스트 이해를 자기 이해로 바라보는 해석학적 관점을 제공하는 논의자들로 하이데거, 데리다, 레비나스, 라캉, 리쾨르, 들뢰즈 등을 들 수 있다.

텍스트 이해 교육은 다양한 관점을 받아들여야 할 뿐만 아니라 변화에 대처할 수 있어야 한다. 어느 한 가지 관점만을 고집할 수 없게 된 것이 현실이다. 학습자의 요구가 다양할 뿐만 아니라 사회 문화적인 요구가 변화하기 때문이다. 이러한 변화에 읽기 교육이 대처하기 위해서는 다양한 접근 관점에 대한 폭넓은 검토와 수용, 발전 방안을 찾는 것이 필요하다.

참고문헌

강돈구(2000), 슐라이어마허의 해석학, 이학사.
강혜진(1999), *Assessing literacy growth in a cross-age elementary grade Peertutoring Program*, 경진문화사.
강혜진(2000), 읽기 교육의 최근 동향과 국어교육에의 시사, 국어교육연구회, 국어교육학연구 10집.
강원경(1999), 독서 클럽 양상 연구, 한국교원대 석사논문.
김대행 외(2000), 문학교육학 원론, 서울대학교출판부.
김도남(2014), 상호텍스트성과 텍스트 이해 교육, 박이정.
김도남(2002), 텍스트 이해지도의 절차 탐색, 한국독서학회, 독서연구 7호.
김봉순(1996), 텍스트 의미구조의 표지연구, 서울대 박사논문.
김용도(1996), 텍스트 결속이론, 부산외국어대학교출판부.
김욱동(1990), 바흐친과 대화주의, 나남.
김욱동(1993), 모더니즘과 포스트모더니즘, 현암사.
김욱동(1997), 포스트모더니즘의 이론, 민음사.
김재윤 외(1991), 국어과교수법, 선일문화사
김재봉(1999), 텍스트 요약 전략에 대한 국어교육학적 연구, 집문당.
김창원(2000), 국어표현의 문화와 반문화, 박갑수 외, 국어표현·이해교육, 집문당.
김태옥·이현호(1991), 담화·텍스트 언어학 입문, 양영각.
김희영 역(1999), 텍스트의 즐거움, 동문선
박삼서(1996), 문학교육 과정 내용의 교재화, 국어교육연구소 학술발표자료집 2.
박수자(2001), 읽기 지도의 이해, 서울대학교출판부.
박영목 외(1996), 국어교육학 원론, 교학사.
박영목(2002), 독서 교육 연구에 있어서의 사회·문화적 접근, 한국독서학회, 독서연구 7호.
박태호(2000), 구성주의 작문 교수 학습론, 박이정.
변영계·김광위(2000), 협동학습의 이론과 실제, 학지사.
서혁(1995), 담화 구조와 주제 구성에 관한 연구, 서울대 박사논문.
손정표(2000), 독서지도 방법론, 학문사
신헌재·이재승(1994), 학습자 중심의 국어교육, 서광학술자료사.
신헌재 외(2002), 학습자 중심의 국어과 수업 방안, 박이정.

안수진(2001), 1930년대의 표현 공동체에 대한 연구, 국어교육학회 학술발표대회 발표원고.
염은열(2000), 고전 문학과 표현 교육론, 열락.
우창효(1995), 텍스트와 독자, 경북대 박사논문.
우한용(1999), 문학교육학과 문화론, 서울대학교출판부.
이경식(1979), 새로운 독서지도, 집문당.
이경화(1997), 이야기 스키마 사용을 통한 전래동화 지도 방안, 국어수업방법, 박이정.
이경화(1999), 담화구조와 배경지식이 설명적 담화에 미치는 효과에 관한 연구, 한국교원대 박사논문.
이경화(2001), 읽기 교육의 원리와 방법, 박이정.
이대규(1994), 수사학, 한글과컴퓨터.
이삼형(1994), 설명적 텍스트 내용 구조분석 방법과 교육적 적용연구, 서울대 박사논문.
이삼형 외(2001), 국어교육학, 소명출판사.
이삼형(2000), 국어교육과 사고, 박갑수 외, 국어표현·이해교육, 집문당.
이선영 편(1985), 문학 비평의 방법과 실제, 동천사.
이은숙(1997), 텍스트 구조지도가 독해에 미치는 효과, 한국교원대 석사논문.
이은희(2000), 텍스트언어학과 국어교육, 서울대학교출판부.
이지호(2002), 글쓰기와 글쓰기 교육, 서울 대학교 출판부.
전병화(1999), 협동학습을 통한 소설지도 방안 연구, 한국교원대 석사논문.
지옥정 역(1995), 프로젝트 접근법, 창지사.
최미숙(1997), 모더니즘 시의 글쓰기 방법 연구, 서울대 박사논문.
최현섭 외(2002), 국어교육학 개론, 삼지원.
최인자(2001), 국어교육의 문화론적 지평, 소명출판사.
한철우 외(2001), 과정중심의 독서지도, 교학사.
허경철(1990), 사고력의 개념화, 중앙교육평가원, 사고력교육과 평가 보고서.
Hartman, D. K.(1994), The Intertextual Links of Readers Using Multiple Passage. Ruddell, R. B., Ruddell, M. R., Singer, H.(1994), (4th ed) *Theoretical Models and Processes of Reading*, IRA., inc.
Kagan, M.(1995), *Classbuilding: cooperative learning activites*, Kagan cooperative learning.
Mcmahon, S. I. & Raphael T. E.(1997), *The Book Club Connection*, IRA.

Slavin, R. E.(1999), *Educational psychology: Theory and practice/a practical guide to cooperative learning and practical guide*, Allyn and bacon

Spivey, N. N.(1997), *Constructivist Metaphor*, NY:Academic press.

Stahl, R, J.(eds)(1995), *Coopative learning in language arts, A hand book for teachers*, Addison-Wesley Pub.

Thomas, G, G.(1996), *Creating reading instruction for all children*(2th), Aiiyn and Bacon.

제4장 읽기 교육과 교과서

1. 문제 제기

교과서는 교육과정의 형상체(形象體)이다. 추상의 교육과정은 교과서에 의해서 구체화된다. 교과서는 교육과정의 성격과 목표에 기초한 교육 내용의 실체를 드러내 보여준다. 교육과정의 성취기준[1]이 교수-학습의 관점에서 해석되어 교육 내용 요소가 되고, 이 교육 내용 요소는 학습 목표를 이루게 된다. 교과서의 지면은 학습 목표에 들어있는 교육 내용 요소를 학습자들이 학습할 수 있는 활동의 형태로 구성된다. 학생들은 교과서의 지면에 제시된 구체화된 학습 절차에 따라 교육 내용 요소를 익히게 된다. 교과서의 개발은 교육과정을 학습 활동으로 구체화하여 형상화하는 작업이라 할 수 있다.

교과서는 교육 내용 요소를 포함하고 있기 때문에 사회적 관심의 대상이며, 권위와 권력을 갖는다. 학생의 학습 활동과 학습 결과 및 학생의 학력을 판단하는 기준이기 때문이다. 그래서 교육과정보다는 교과서가 교육의 실제를 제어하고 통제하는 역할을 한다. 교과서를 매개로 수업이 이루어지고,

---

* 이 장의 내용은 '읽기 교과서 개발 방향 검토'(김도남, 2007, 새국어교육 77집)를 수정 보완한 것입니다.

1) '성취기준'은 개정 교육과정에서 새로 사용한 용어이다. 기존 교육과정의 '내용'에 해당하던 용어이다.

그 속에 교육의 실체가 있다. 이런 교과서는 학생이 구성할 의식세계를 결정한다. 이는 교육 현장에서 교과서가 교육과정보다 중요한 역할을 함을 의미한다. 즉, 교과서는 교육 실행의 핵심이다. 이 교과서로 교육이 추구하는 바를 이룰 수 있다.

국어 교과서의 읽기 단원(이하 '「읽기」 교과서')은 다른 영역의 단원과 교육적 의미가 다르다. 「읽기」 교과서는 교수·학습을 매개하는 기능과 아울러 독자의 관념[2] 구성을 매개하는 기능을 함께 하기 때문이다. 국어 교과서의 다른 단원도 관념 구성을 매개한다. 그러나 「읽기」 교과서와 같이 제재를 이용하여 의도적이고 구체적으로 하지는 않는다. 「읽기」 교과서는 텍스트를 이용하여 관념을 모방하고, 변형하고, 생성하여 학생이 가질 수 있게 한다. 「읽기」 교과서는 단지 읽기 능력 신장을 위한 읽기 기능이나 읽기 전략의 학습만을 위한 것이 아니다. 읽기 능력 신장은 타 영역이나 다른 교과 교과서를 활용해도 가능하다. 「읽기」 교과서가 필요한 본질적인 이유는 관념 구성을 매개하는 요인이 있기 때문이다. 「읽기」 교과서를 통한 관념 구성은 읽기 능력[3]만큼 중요하다. 그러나 지금의 「읽기」 교과서는 독자의 관념 구성 매개 기능을 강조하지 않고 있다. 관념 구성 능력보다 우선 되어야 할 것을 읽기 능력이라고 보기에 그렇다. 읽기 능력이 없거나 낮으면 관념 구성에 어려움이 있지만 관념 구성을 매개하고 강조하지 않는 「읽기」 교과서는 공허하다.

「읽기」 교과서가 읽기 능력 신장을 매개하는 기능을 '현재적 기능(顯在的 機能)', 관념 구성을 매개하는 기능을 '잠재적 기능(潛在的 機能)'이라 할 수 있다. 현재적 기능은 교과서 표면에 드러나 있는 기능이고, 잠재적 기능은 교

2) 여기서 '관념'은 독자가 책을 읽고 마음속에 구성하게 되는 지식(지성)과 인격(인성)을 통칭한다.

3) 읽기능력은 독자 중심 읽기교육 관점에서 보면, 읽기를 할 수 있는 가능한 힘이다. 이 가능한 힘은 읽기기능과 읽기전략을 획득함으로써 얻을 수 있고 본다.

과서 이면에 내재해 있는 기능이다. 「읽기」 교과서는 이들 현재적 기능과 잠재적 기능의 상보적 작용으로 그 역할을 다한다. 어느 한 기능이라도 없으면 「읽기」 교과서는 바른 역할을 할 수 없다. 그래서 「읽기」 교과서 개발에서는 현재적 기능과 잠재적 기능을 함께 고려해야 한다. 그동안의 「읽기」 교과서 개발에서는 어느 한 기능만 강조되는 경우가 있었다.[4)]

교과서의 개발은 교육과정에 기초한다. 교육과정의 성격, 목표, 내용, 방법, 평가의 의도를 반영한다. 그렇기 때문에 교과서는 교육과정의 연장선상에 있다. 따라서 교과서는 교육과정이 추구하는 실질적 가치를 반영한 현재적 기능이 잘 드러나도록 하는 것이 중요하다. 교과서는 교육과정의 의도를 벗어나서는 의미를 갖지 못한다. 교과서의 잠재적 기능은 교육과정이 추구하는 본질적 가치의 반영으로 드러난다. 교육과정은 실질적 가치와 함께 본질적 가치를 지향하고 있다. 「읽기」 교과서는 이 본질적 가치도 담아내야 한다. 즉, 본질적 가치를 함축한 「읽기」 교과서를 개발해야 한다. 본질적 가치를 함의한 잠재적 기능은 현재적 기능의 이면에서 작용한다.

현재의 「읽기」 교과서 구성을 볼 때, 독자의 관념 구성을 위해서는 잠재적 기능이 강화될 필요가 있다. 현실적인 읽기 능력을 강조하면서도 관념 구성의 본질적 목적을 추구하도록 해야 한다. 읽기 교육의 본질적 목적 달성에 필요한 잠재적 기능은 읽기 제재를 바탕으로 이루어진다. 독자의 관념 구성은 제재에 함축된 내용의 활용으로 이루어지기 때문이다. 따라서 「읽기」 교과서 개발은 현재적 기능과 잠재적 기능의 조화를 이룰 수 있도록 해야 한다. 이 논의에서는 「읽기」 교과서의 개발에서 현재적 기능과 잠재

---

4) 제4차 교육과정 이전의 교과서는 관념 매개 기능이 현재적 기능이 되었다고 할 수 있고, 제5차 교육과정 이후에는 읽기능력 매개 기능이 현재적 기능이 되었다고 할 수 있다. 제4차 교육과정까지는 지식을 강조하고, 제5차 교육과정은 이후는 읽기기능(skill)을 강조하는 「읽기」 교과서를 만들었다. 이 논의는 5차 교육과정 이후의 「읽기」 교과서 구성 관점을 전제로 한다.

적 기능의 균형을 위하여 잠재적 기능을 강화해야 할 필요성을 제기한다.

2. 교과서의 기능

교과서는 여러 가지 역할을 한다. 교육과정을 구체화하여 학습내용과 학습방법을 안내하고, 학습과제를 제시하여 교수·학습 활동을 매개한다. 특히 「읽기」 교과서는 학생의 관념 구성을 통한 정신 성장을 위한 밑바탕을 마련해 준다. 읽기 텍스트에 들어있는 내용이 학생의 관념 구성을 돕는 것이다. 「읽기」 교과서는 현재적 기능과 잠재적 기능을 함께 수행한다. 현재적 기능은 「읽기」 교과서의 표면에 드러나 있지만 잠재적 기능은 제재나 특정한 지면에 함축되어 있다. 「읽기」 교과서의 현재적 기능과 잠재적 기능에 대하여 살펴본다.

가. 현재적 기능(顯在的 機能)

「읽기」 교과서의 현재적 기능은 단원 활동의 각 차시 활동의 지면에 드러나 있다. 읽기 교육자는 누구나 인식할 수 있다. 이 현재적 기능은 교육과정의 성격, 관점, 목표, 의도, 내용, 방법 등이 교과서에 구체화된 것으로 읽기 교육 활동을 실질적으로 조절하는 역할을 한다. 「읽기」 교과서의 현재적 기능을 몇 가지로 세분하여 살펴보면 다음과 같다.

1) 관점 반영 기능

읽기 교육은 읽기를 바라보는 관점에 기초하여 이루어진다. 읽기 관점은 읽기 현상을 바라보고 규정하는 입장이다. 읽기에 대한 입장은 읽기의 어떤 측면을 강조하는가에 따라 달라진다. 독자와 글의 관계를 강조하여 상향식 읽기, 하향식 읽기, 상호작용식 읽기 등으로 분류하거나(노명완 외, 1994: 116-124), 읽기에 작용하는 요인을 강조하여 독자 중심 읽기, 텍스트 중심 읽기, 사회적 상호작용 중심 읽기, 문화 중심 읽기 등으로 구분하기도 한다(김도남, 2002). 독자의 인지작용을 강조하면 사실적 읽기, 추론적 읽기, 비판적 읽기, 창의적 읽기 등으로 구분할 수도 있다(한철우 외, 2001; 박수자, 2001: 147-152). 이들 읽기 관점은 읽기 방식의 차이를 만들고, 독자의 구성 관념의 차이를 결정한다.

「읽기」 교과서는 읽기 관점을 반영한다. 읽기 관점에 따라 교과서의 구성 방식이 달라진다. 텍스트 중심 읽기는 텍스트의 내용을 구조적으로 이해할 수 있도록 교과서를 구성하고, 독자 중심 관점은 독자의 요인이 관념 구성에 작용할 수 있도록 구성한다. 이러한 교과서 구성 방식은 학생에게 읽기 방법으로 받아들여진다. 그래서 학생은 「읽기」 교과서를 구성한 관점에 바탕을 둔 읽기 방법을 익히게 된다. 학생이 어떤 읽기 관점에서 구성된 교과서를 이용하는 교육을 받았는가에 따라 읽는 방식과 구성한 관념이 달라진다. 「읽기」 교과서가 독자의 읽기 방법을 결정하는 것이다.

개정 교육과정은 독자 중심의 읽기 관점을 선택하고 있다. 독자 중심 읽기 관점은 읽기 기능을 교육 내용으로 강조한다. 독자에게 읽기 기능을 숙달시켜 읽기 능력을 높이려고 한다. 읽기 기능은 텍스트의 조건에 독자의 생리적, 심리적 작용을 맞추는 것이다. 텍스트의 조건은 텍스트의 형식(종류), 담화 관습, 내용의 구조, 어휘(낱말) 표현, 논리 구조, 사회적 의미 규정 등이 있고, 생리적 작용은 자세, 안구운동, 감각, 음독(묵독) 습관 등이 있으며, 심리 작용은 지각, 동기, 스키마, 인식 작용(내용 파악, 분류, 비교, 추론, 평가, 비판, 창의), 메타 인지, 감상, 태도 등이 있다. 「읽기」 교과서의 개발은 읽기 기능 요인을 학습자들이 익힐 수 있도록 활동을 구성한다. 읽기 관점은 읽기 교육의 목표와 내용과 방법을 연결 짓는 고리이다. 이 관점은 「읽기」

교과서의 면면에 작용하여 읽기 교육을 조절하는 역할을 한다.

2) 교육 내용 제공 기능

모든 교과서는 교육 내용을 담고 있다. 교육 내용은 교육의 성격이나 목적에 따라 달라진다. 읽기 교육 내용은 글의 내용에 들어있는 구조화된 지식일 수도 있고, 담화 관습이나 읽기 기능/전략일 수도 있다. 또는 사고방법이나 태도일 수도 있다. 이들 읽기 교육 내용은 「읽기」 교과서에서 임의로 정하지는 않는다. 읽기 교육에서 선택한 관점에 따라 교육 내용이 정해진다. 텍스트 중심 읽기 관점이면 주로 지식(텍스트의 내용)이 교육 내용이 되고, 독자 중심의 읽기 관점이면 주로 읽기 기능/전략이 된다. 「읽기」 교과서는 교육과정에서 선택한 읽기 관점에서 비롯된 읽기 교육 내용을 담고 있다.

「읽기」 교과서의 교육 내용 제시 방식은 교육 내용의 속성에 따라 다르다. 교육 내용이 '지식'일 경우는 제재의 내용에 들어있다. 이때는 제재 선정을 통하여 가르칠 교육 내용을 제시한다. 읽기 교육 내용이 '읽기 기능/전략'일 경우에는 단원의 활동명과 각 활동의 전개 과정에서 개념과 절차가 제시되고, 구체적인 실체는 교사에게 있다. 즉 교사의 시범으로 읽기 기능/전략의 실체를 알 수 있게 된다. 이때 「읽기」 교과서는 읽기 기능/전략을 익힐 수 있는 안내 자료나 활동 자료이다. 교사는 교과서를 활용하여 교육 내용을 학생들이 알 수 있도록 제시해야 한다. 이 점에서 강조되는 것이 교사의 시범이다. 읽기 기능을 학생들에게 제시하는 방법이 시범이다. 기능의 시범은 인지적 문제해결 방법을 학생들이 따라 할 수 있도록 제시하는 것이다. 교육 내용의 속성에 따라 교과서 개발에서 고려해야 할 교수-학습의 방법과 활동 절차가 달라진다.

교과서의 필수 기능은 교육 내용 제공이다. 모든 교과서는 교육 내용을 담고 있다. 이 교육 내용이 외현적인지 함축적인지는 내용의 속성에 따라 다르다. 읽기 교육 내용의 속성은 「읽기」 교과서의 형태를 근본적으로 바꾸게 한다. 따라서 「읽기」 교과서 개발에서는 읽기 교육의 내용 속성을 구체적으로 분석할 필요가 있다. 개정 읽기 교육과정의 주요 교육 내용은 읽기 기능/전략이다. 읽기 교육의 교육 내용으로 읽기 기능을 강조한 것은 5차 교육과정부터이다. 2015 교육과정에서는 학년군별로 읽기 기능/전략을 제시하고 있다. 「읽기」 교과서는 이 읽기 기능/전략을 익힐 수 있는 활동으로 구성되어 있다.

3) 교육 활동 매개 기능

교육의 계획은 국가 수준의 거시계획부터 교사의 차시 수업의 미시계획까지 다양하다. 교육의 거시계획은 교육과정을 만드는 것이고, 미시계획은 개별 차시 수업 계획을 세우는 것이다. 이들 교육의 계획은 일련의 관계 속에서 이루어진다. 거시계획은 미시계획을 전제로 하고, 미시계획은 거시계획을 기반으로 한다. 이들 계획은 교육목표 도달을 위한 것이다. 교육에서 중요한 것은 교사와 학생의 상호작용이다. 이 교사와 학생의 상호작용은 교육계획이 반영된 교과서를 매개로 이루어진다. 교과서는 거시계획과 미시계획을 연결하고, 실제적 교육 활동이 이루어지도록 매개하는 작용을 한다. 읽기 교육 활동은 전적으로 「읽기」 교과서의 매개 작용으로 실현되게 된다.

읽기 교육 활동은 제재를 활용하여 목표로 하는 교육 내용 요소를 지도하는 것이다. 「읽기」 교과서는 학습 목표와 교육 내용 및 학습 활동 방법을 모두 담고 있다. 그래서 교사와 학생의 매 차시 상호작용을 조절하고 통제한다. 그래서 「읽기」 교과서가 달라지면 읽기 교육 활동은 다른 방식으로 이루어지게 된다. 즉, 읽기 교육 활동은 「읽기」 교과서에 의존하여 이루어진다. 현재의 읽기 교육 활동은 교과서를 매개로 교사와 학생이 상호작용(교수-학습)을 하게 되면 학생의 읽기 능력을 향상시킬 수 있도록 되어 있다. 요컨대, 「읽기」 교과서는 읽기 수업 실행을 이끄는 역할을 한다.

교과서에서 읽기(문학 포함) 단원의 학습 활동은 듣기·말하기나 쓰기, 문법 단원이 학습 활동을 매개하는 것과는 다른 점이 있다. 듣기·말하기와 쓰기, 문법 단원의 활동에는 제재가 없는 경우도 있고, 제재에 활동의 초점이 놓이지 않는 경우가 많다. 이들 교과서는 주로 말하고, 듣고, 쓰는 방법을 학습하는 활동만 안내한다. 이는 교과서를 구체적으로 활용하지 않아도 활동이 가능함을 의미한다. 하지만 읽기는 제재 텍스트를 수업의 활동 속으로 끌어들여 교사와 학생의 상호작용을 매개하게 한다. 읽기 교육 활동은 다른 영역과 달리 교육 활동을 매개하는 제재를 꼭 필요로 한다. 읽기 단원의 활동 구성에서는 이 활동 매개 특성을 염두에 두어야 한다. 그래야 읽기 교육이 추구하는 바를 실현할 수 있다.

4) 활동 안내 기능

읽기 교수-학습은 읽기 관점에 따른 교육 내용에 따라 달라진다. 텍스트 중심 읽기 관점에 따른 교수-학습 활동은 제재를 읽어 대강의 줄거리를 파악하고, 세부 내용을 분석적으로 확인하고, 전체 내용을 종합적으로 정리한다[5](정동화 외, 1987: 417). 독자 중심 읽기 관점에서 의미 구성을 강조하는 교수-학습 활동은 배경지식 활성화, 읽기 기능/전략 사용을 통한 내용 파악, 파악 내용 점검의 과정으로 이루어진다(박수자, 2001: 177-189). 독자 중심 읽기 관점에서 읽기 기능/전략을 강조하는 교수-학습 활동은 읽기 기능/전략

5) 이 수업 모형은 문학 텍스트를 지도하기 위한 모형이긴 하지만 읽기 수업 모형으로 보아도 큰 무리는 없다고 할 수 있다. 이때의 국어과 교육은 영역 구분은 있었지만 교과서는 한 권으로 되어 있다.

을 설명하고, 읽기 기능/전략을 시범 보이고, 읽기 기능/전략을 이용할 수 있는지 확인하고, 읽기 기능/전략을 적용하여 활동하는 과정으로 이루어진다(신헌재 외, 2005).

교과서는 교수-학습의 활동을 전제하여 만든다. 「읽기」 교과서의 활동 구성도 읽기 교수-학습 활동 절차가 드러나게 구성한다. 이 활동 절차의 제시는 활동 구성의 중요 요건이다. 읽기 교수-학습이 교과서에 제시된 활동 절차에 따라 이루어지기 때문이다. 그래서 읽기 단원 개발에서는 읽기 교수-학습의 활동 상황을 충분히 고려한다. 텍스트 중심 읽기 접근 관점의 교과서에서는 텍스트의 내용 파악, 내용 종합, 주제 찾기를 중심으로 활동을 구성하고, 독자 중심 읽기 접근 관점의 교과서는 읽기 기능/전략의 익히고, 이를 적용하여 의미를 구성하는 활동을 중심으로 구성한다. 2015 교육과정의 읽기 단원 구성에서 고려하는 교수-학습 절차는 두 가지이다. 읽기 기능/전략을 익혀서 적용하는 이해학습 절차(연역식)와 다양한 읽기 경험을 통하여 읽기 기능/전략을 터득하는 실천학습(귀납식) 절차이다. 이들 교수-학습 활동 절차는 교육 내용을 학생들에게 효율적으로 전달하기 위한 수단이다.

「읽기」 교과서는 단일의 읽기 교수-학습 활동 방식을 제공할 수도 있고, 다종의 읽기 교수-학습 활동 방식을 제공할 수도 있다.[6] 단일 방식은 일관된 활동으로 학생들의 학습의 효과를 높일 수 있는 반면, 학습 활동의 단조로움이 있다. 다종의 읽기 교수-학습 활동 방식은 활동의 변화를 주어 활동의 흥미를 불러일으킬 수 있는 반면, 교사가 교수-학습 활동을 익히고 적응하는 데 시간이 많이 걸리고, 적절한 모형을 선택하여 활동을 전개하는 데

---

6) 6차 교육과정은 직접교수법에 기초한 읽기 교수-학습 활동 방식을 활용하였다. 7차 교육과정에서는 원리학습과 적용학습 두 가지 교수-학습 활동 방식을 활용하였다. 2009 교육과정에서는 이해학습과 적용학습을 방식을 활용하였다.

어려움이 있다.[7] 읽기 교수-학습 활동은 교육 내용 특성에 맞게 구안되어야 하고, 한 모형보다는 몇 가지 모형을 제시하는 것이 바람직하다.

5) 독자 상 반영 기능

읽기 교육은 추구하는 독자 상을 가지고 있다. 독자 상은 읽기 교육 목적, 구성할 관념, 읽기 방법 등 관련된다. 읽기 교육이 기대하는 독자 상은 다양하다. 읽기 관점마다 지향하는 독자 상이 다르기 때문이다. 필자의 생각을 잘 이해하는 독자 상을 기대하기도 하고, 텍스트의 내용을 잘 분석하여 인식하는 독자 상을 기대하기도 한다.[8] 또는 어떤 글이든 효율적으로 읽어낼 수 있는 능력을 갖춘 독자 상[9]이나 독자의 의도나 필요에 맞게 텍스트를 잘 읽어 내는 독자 상[10]을 바라기도 한다. 읽기 교육은 이들 독자 상을 모두 추구한다고 할 수도 있다. 그러나 표면적으로 추구하는 독자 상은 어느 한 가지이다. 읽기 관점을 선택하면서 하나의 독자 상을 선택하게 되는 것이다.

「읽기」 교과서는 추구하는 독자의 모습을 담고 있다. 이것은 읽기 교육의 목표라는 형태로 추상적으로 드러날 수도 있지만 읽기 활동 과정에서 구체화되어 드러난다. 2015 읽기 교육과정의 목표는 읽기 능력 신장이다. 여기서 읽기 능력 신장은 읽기 기능/전략을 효율적으로 활용할 수 있는 능력을 갖추는 것이다. 읽기 기능/전략을 효율적으로 활용할 줄 아는 독자

---

7) 2015 교육과정에서는 읽기 기능 학습을 직접 지도하는 직접교수법을 중심으로 다양한 읽기 학습 활동을 할 수 있는 문제해결 학습 모형, 창의성 계발 학습 모형, 지식 탐구 학습 모형, 반응 중심 학습 모형, 역할 수행 학습 모형, 가치 탐구 학습 모형, 전문가 협동 학습 모형, 토의토론 학습 모형의 9가지를 제시하였다.

8) 이 관점은 텍스트 중심 읽기 관점에서 추구하는 독자 像이다(정동화 외, 1987: 417-455).

9) 독자 중심 읽기 교육 중 읽기 기능을 강조하는 읽기 관점에서 추구하는 독자 상이다(최현섭 외 2002: 325-326).

10) 독자 중심 읽기 교육 중 읽기 전략을 강조하는 읽기 관점에서 추구하는 독자 상이다(박수자, 2001).

상을 추구하는 것이다. 읽기 교육에서 추구하는 독자 상에 따라 교과서의 각 차시나 각 단원의 활동이 달라진다. 교육에서 추구하는 독자 상을 학생이 갖추도록 교과서의 지면 내용과 학습 활동을 구성하기 때문이다. 개정 교육과정도 표면적으로는 읽기 기능/전략을 갖춘 능력 있는 독자 상을 추구한다. 그러나 일반적으로 생각하고 바라는 독자 상은 풍부한 지식과 인덕을 갖춘 전인이라 할 수 있다. 개정 교육과정에 따른「읽기」교과서 개발에서는 읽기 능력을 강조한 독자 상을 추구하면서도 자기 이해를 추구하는 전인적 독자 상의 강조가 필요하다.

「읽기」교과서 구성에서는 교과서가 추구하는 독자 상을 분명하고, 구체적으로 제시해야 한다. 그렇게 하였을 때 학생들은 자신이 어떤 독자가 될지를 분명히 알게 된다. 그러기 위해서는「읽기」교과서를 만들기 전에 추구하는 독자 상을 결정하고 있어야 한다. 그래야 교과서를 통하여 분명한 독자 상을 제시할 수 있다. 개정 교육과정에서는 읽기 기능/전략을 강조하기 때문에 글을 효율적으로 다룰 수 있는 독자 상을 추구한다.「읽기」교과서 개발에서는 읽기 기능/전략을 잘 갖춘 독자 상이 드러나도록 구성할 필요가 있다.

6) 읽기 자료 제공 기능

「읽기」교과서는 읽기 자료를 담고 있다. 읽기 자료는 지식과 담화형식 및 사유 방식을 포함하고 있다. 이들 텍스트는 다양한 종류가 있으며 다양한 담화형식으로 되어 있다. 또한 다양한 사유 방식과 논리 전개의 형식을 담고 있다. 이들 중에는 시간과 공간을 초월한 것도 있고, 특정한 시간과 공간에서만 존재하던 것도 있다. 읽기는 다양한 시공간에 존재한 텍스트를 읽고 관념을 구성하는 활동이다. 학생들이 다양한 종류의 텍스트를 읽고, 관념을 구성할 수 있도록 하기 위해서는「읽기」교과서 구성에서 읽기 자료를 다양화해야 한다. 시공간을 초월한 텍스트뿐만 아니라 특정한 시공간에서 존재했던 텍스트를 읽을 수 있도록 제시하는 것이 필요하다.

「읽기」 교과서를 개발할 때, 읽기 기능/전략의 교육을 강조한다. 그러다 보니 읽기 기능/전략을 잘 익힐 수 있는 텍스트를 우선 선정하는 경향이 있다. 학생들이 읽어야 할 읽기 자료에 대해 충분한 고려를 하지 못하는 것이다. 교과서 제재를 선정하기 위한 기준은 교육과정에 제시되어 있다.[11] 국어과에서 학생들에게 다양한 종류의 읽을거리를 제공하기 위한 장치이다. 그렇지만 교과서의 읽기 활동을 구성할 때는 읽기 기능/전략을 먼저 고려하는 것이 현실이다. 읽기 자료의 선정에서 읽기 기능/전략보다, 학생의 읽기 능력보다 읽을 텍스트의 종류를 고려할 필요도 있다. 읽기 교육의 결과로 학생들이 읽어야 할 텍스트이기 때문이다. 읽기 제재와 관련하여 읽기 학습뿐만 아니라 읽기 학습 후에 독자들이 읽을 텍스트를 고려할 필요가 있다.

「읽기」 교과서는 풍부한 읽기 자료를 제공해야 한다. 학생들이 교과서의 제재를 통하여 다양한 종류와 형식의 텍스트를 만나보게 해야 한다. 「읽기」 교과서를 구성할 때, 시간과 공간의 측면에서 텍스트의 종류와 형식, 내용, 구조, 논리, 사유 형식 등을 고려할 필요가 있다. 읽기 교육의 현실적 목표만을 강조하여 읽기 자료를 선택하는 것은 근시안적이다. 학생들이 실제

---

11) 초등학교 5-6학년군 국어 자료의 예(2015 교육과정)
일상생활이나 학교생활에서 발생한 문제를 논제로 한 토의, 토론/ 조사한 내용에 대해 여러 가지 매체를 활용한 발표/ 주변 사람들과 생활 경험을 나누는 대화, 생활문/ 인문, 사회, 과학, 예술, 체육 등과 관련한 교과 내용이 담긴 설명문/ 일상생활이나 학교생활에 대해 글쓴이의 주장과 근거가 잘 나타난 논설문/ 일상생활이나 학교생활에서의 의미 있는 체험이 잘 드러난 감상문, 수필/ 개인적인 관심사나 일상적 경험을 다룬 블로그, 영상물/ 설문 조사, 면담, 동영상 등을 활용하여 제작된 텔레비전 뉴스, 광고/ 다양한 관용 표현이 나타나 있는 글/ 다양한 가치와 문화를 경험할 수 있는 문학 작품/ 비유 표현이 드러나는 다양한 형식의 시나 노래, 글/ 현실이 사실적으로 반영되거나 환상적으로 구성된 이야기/또래 집단의 형성과 구성원 사이의 관계를 다룬 이야기나 극

독자가 되어서 텍스트를 읽고 이해하는 것을 방해하는 교육이다. 그동안 「읽기」 교과서 구성에서 보면 읽기 자료는 점차 현대 중심, 독자 중심, 읽기 기능 학습 중심으로 선정되는 면이 있다. 읽기 교육의 현실적 목표에 효율적으로 도달할 수 있는 제재 선정을 강조했기 때문이다. 이는 「읽기」 교과서가 읽을 자료를 제공해야 한다는 기능을 가볍게 여긴 결과이다.

사회적으로 교과서에 실린 텍스트는 우수하다고 여긴다. 어떤 행동을 보고 '교과서 같다'라고 했을 때는 완벽함에 가깝다는 말이다. 이는 교과서에 실린 제재의 우수성과 모범성을 의미한다. 개정 「읽기」 교과서 구성에서 자료 제공 기능에 대한 역할을 강화할 필요가 있다. 이를 위하여 제재 내용의 우수성과 다양성을 확보해야 한다. 과거, 현재, 국내, 국외 등의 철학, 종교, 과학, 사회, 예술 등의 모든 영역의 글들이 「읽기」 교과서에 제시되어야 한다. 읽기 기능이나 읽기 전략을 가르치는 자료로써 뿐만 아니라 그 형식적 내용적 가치를 선별하여 교과서에 제시하는 것이 필요하다.

나. 잠재적 기능(潛在的 機能)

「읽기」 교과서의 잠재적 기능은 제재에 내재되어 있다. 이 잠재적 기능은 현재적 기능 못지않게 중요한 「읽기」 교과서의 기능이다. 「읽기」 교과서 구성에서는 잠재적 기능을 의도적으로 포함할 수 있도록 해야 한다. 현재의 읽기 교육 관점에서 볼 때, 학생들의 정신 성장과 관련된 역할을 적극적으로 수행할 수 있도록 하기 때문이다. 여기서는 「읽기」 교과서의 잠재적 기능 중 몇 가지만 언급하도록 한다.

1) 정신문화 계승 기능

「읽기」 교과서는 텍스트를 담고 있다. 텍스트는 인류 정신문화의 내용을 담고 있다. 정신문화는 텍스트를 통하여 존재하고 전달되고, 계승된다. 정신문화의 내용은 뿌리를 가지고 있으며 발전하고 계승된다. 정신문화의 발전은 새로운 세대를 통하여 이루어지며, 교육을 통하여 계승된다. 즉, 정신문화의 발전과 계승의 계기는 학교 교육이고, 교과서를 매개로 일어난다. 교과서의 제재 내용이 정신문화를 담고 있고, 이 교과서에 의하여 다음 세대로 계승된다. 이는 교과서가 어떤 정신 내용을 담는가에 따라 발전되고, 계승될 정신문화가 결정된다. 특히 「읽기」 교과서는 이들 정신문화의 문제에 많은 관심을 가질 필요가 있다. 그러면서 어떤 정신문화를 발전시키고 계승시킬 것인지를 신중하게 결정해야 한다. 교과서가 모든 정신문화를 담을 수는 없기 때문이다. 요컨대, 「읽기」 교과서 개발에서는 정선된 정신문화를 제공하여 학생들의 정신 성장을 도와야 한다.

초등학교 국어 교과서는 지금까지 국정 교과서를 유지하고 있다. 모든 학생이 동일 교과서를 읽고 생각한다. 따라서 계승할 정신문화는 교과서에서 의하여 전적으로 결정된다. 「읽기」 교과서 개발에서는 필수적으로 계승해야 할 정신문화를 담은 글을 선별해 제재로 선정해야 한다. 인류 보편적이고, 고양된 정신문화로 그 뿌리가 깊은 민족적 긍지와 인류 보편적 가치를 가진 것이어야 한다. 그래서 학생의 정신적 지주가 되고 인류 문화에 대한 자긍심을 불러일으키는 것이어야 한다. 「읽기」 교과서의 제재는 체계적인 계획과 전문가의 식견에 의하여 선정할 필요가 있다. 그렇지 못하면 고양된 정신문화를 학생들에게 제공하지 못할 것이다.

「읽기」 교과서를 구성하면서 정신문화의 계승에 대한 의식이 소홀해지고 있다. 정신문화보다는 효율적인 읽기 능력을 강조하고 있기 때문이다. 학생들은 교과서에서 요구하는 대로 배우고 생각하는 특성이 있다. 학생들이 세련되고 고양된 정신문화를 접하면 이들을 익혀 생각하고 마음에 담아 둔다. 읽기 능력은 고양된 정신문화가 기반이 되었을 때 더 가치 있는 것이 된다. 따라서 「읽기」 교과서에서는 범인류적 가치가 있는 정신 내용을 계승할 수 있는 제재를 제시하여야 한다. 이런 점에서 「읽기」 교과서의 제재 선정은 엄격한 기준을 바탕으로 이루어져야 한다.

2) 독서 공동체 구성 기능

「읽기」 교과서의 글은 독서 공동체를 구성하게 한다. 피쉬(Fish, 1980)는 독서 공동체[12]가 같은 읽기 기능/전략을 공유함으로써 이루어진다고 본다. 독서 공동체는 공통된 공동체의 공동관념을 기반으로 구성원들의 관념 내용에 대한 연대감과 심리적 유대감에 의하여 이루어진다(김도남, 2006). 공동관념은 공동체 구성원들이 공유하고 있는 관념으로 제재 해석의 바탕이 된다. 독서공동체의 연대감은 구성원 서로의 관념 내용에 대한 책임감이고, 유대감은 구성원들 간의 심리적 의존성이다. 학생들이 공동관념과 심리적 연대감은 같은 글을 읽고, 공통된 관념을 구성할 때 생긴다. 이들 공동관념과 연대감 및 유대감이 구성원들의 공동체 의식을 높이게 된다. 읽기 교육에서는 학생들이 독자 공동체를 구성하게 할 필요가 있다. 제재를 읽고 생각한 내용을 다른 사람과 소통하게 함으로써 독자로서의 존재를 인식할 수 있게 하기 위해서이다. 학생들이 공동체 의식을 가질 때 타자와의 소통을 통하여 제재에 대하여 이해를 깊게 할 수 있게 되고, 관념 구성의 가치를 느끼게 된다. 그러면서 독서를 계속할 수 있는 에너지를 얻게 된다. 독서 공동체가 독자의 존재적 의미를 확인시켜 독서할 수 있는 힘을 제공해 주는 것이다.

「읽기」 교과서는 독서 공동체의 구성을 가능하게 만든다. 제재를 읽는 학생들에게 공통의 관념 구성을 가능하게 하고, 구성 관념에 대하여 연대감을 갖게 한다. 교과서의 제재를 함께 배우게 됨으로써 공유관념을 구성하는

---

12) 피쉬(Fish, 1980)의 '해석 공동체'라는 용어와 '독서 공동체'라는 용어는 개념적 차이가 있을 수 있다. 이 논의에서는 해석 공동체의 개념이 확대된 의미로 독서공동체를 사용한다.

과정에서 심리적 유대감을 가지게 된다. 이들은 읽기 교수-학습이 지속되는 동안 계속 만들어진다. 「읽기」 교과서가 이들이 만들어지도록 도와주고 있기 때문이다. 또한 읽기 교수-학습에서 제재를 바탕으로 한 상호작용을 강조할수록 독서 공동체 구성은 강화된다. 학생들은 독서 공동체 구성원의 역할을 적극적으로 수행할수록 관념의 소통과 발전을 이룬다. 독서 공동체가 구성원의 구성 관념을 점검하고, 확장할 수 있게 돕기 때문이다.

「읽기」 교과서 개발은 독서 공동체를 고려해야 한다. 「읽기」 교과서 구성에서 독서공동체 구성 요인(읽기 기능/전략, 공동관념, 연대감, 유대감 등)들을 제시하고, 학생들이 의식하도록 해야 한다. 공동체 구성 요인은 교과서에 직접 제시할 수도 있지만 학습 활동 과정에서 교사의 안내로 학생들이 인식하게 할 수도 있다. 교과서 개발에서는 공유관념을 구성할 수 있는 제재의 제시와 공동체 구성 장치를 마련하는 것이 필요하다. 그래서 학생들이 독서 공동체를 이룰 수 있도록 안내해야 한다. 그동안의 교과서들은 독서 공동체보다는 개별 독자를 강조하는 경향이 있었다. 앞으로는 독서 공동체를 구성할 수 있는 교과서 구성에 관심을 기울일 필요가 있다.

3) 사회 기대의식 반영 기능

독자가 글을 읽는 이유는 시대마다 다르다. 종교나 정치, 사회의식에 따라서도 달라진다. 시대나 장소에 따라 읽기의 목적도 변화한다. 읽기는 사회 요구를 반영하기 때문이다. 독자는 사회를 벗어나서는 존재할 수 없다. 그렇기 때문에 독자는 사회의식을 반영한 독서를 하게 된다. 이는 독자가 시대적 요구에 따라 읽기를 한다는 의미이기도 하다. 독서에 대한 시대적 요구는 독자보다는 사회가 만든다. 사회가 독자에게 특정한 방식의 읽기를 요구하는 것이다. 이런 점에서 보면, 「읽기」교과서도 물론 사회적 요구에서 만들어진다. 그래서 그 사회에 필요한 관념 구성 방법을 학생들에게 교육한다. 요컨대, 사회의 요구가 읽기 교육에 반영되고, 이는 「읽기」 교과서를 통하여 드러난다.

「읽기」 교과서는 사회의 기대의식을 반영한다. 읽기 교육은 사회적 필요에 의해 이루어지기 때문이다. 「읽기」 교과서는 제재나 읽기 방법의 선택 및 구성 관념에 대한 요구를 중심으로 사회의 기대의식을 반영한다. 「읽기」 교과서에는 사회의 관심거리가 되는 텍스트를 선정하고, 특정한 읽기 방법을 강조하며 학생이 구성할 생각 내용을 조절한다. 「읽기」 교과서의 이러한 기능은 잠재적으로 존재하지만 강력하게 작용한다. 이에 따라 학생들은 「읽기」 교과서에 반영된 사회 기대의식을 인식하고 그 기대에 맞추어 읽기를 한다. 이러한 사회적 기대를 벗어나서 읽기를 하는 일은 어렵다. 개인은 사회에 의존하여 생각하고, 관념을 구성하기 때문이다.

「읽기」 교과서 개발에서는 사회적 기대를 적극적으로 반영해야 한다. 사회적 기대는 표면적인 것과 심층적인 것이 있다. 표면적 기대는 아동의 흥미나 관심, 성적이나 진학/진로와 관련된 현실적 요구이다. 이들은 교과서 개발에서 쉽게 반영할 수 있는 기대의식이다. 학생들이 공감할 수 있는 제재와 학습 활동을 제시함으로써 반영할 수 있다. 심층적 기대는 학생의 심성과 지성 및 이성의 발달과 같은 근원적이고 본질적인 기대이다. 이들은 심원한 내용을 담고 있는 제재를 통하여 반영할 수 있다. 표면적 기대는 단기적인 사회적 기대로 독자의 내적 성장과 사회의식의 발전에는 기여도가 낮다. 「읽기」 교과서는 이런 점을 감안하여 심층적 기대를 반영하기 위한 적극적인 노력을 기울여야 한다.

4) 독자 정체성 확립 기능

독자는 자기 정체성 확립이 필요하다. 자신이 누구이고 왜 독서를 하는지를 규정해야 하기 때문이다. 독자는 텍스트를 읽으면서 자신의 정체성을 형성한다. 독서가 쉽게 변하지 않는 독자 존재의 본질을 일깨워주기 때문이다. 특히 학교 교과서는 학생들의 정체성을 확립하게 해 주는 핵심 자료이다. 학생들은 교과서의 제재를 읽고 관념과 신념과 가치관을 형성한다. 자신만의 고유한 의식세계를 형성하여 자신이 누구인지를 규정하게 된다. 교과서 제재가 학생의 관념 세계를 구성하게 하는 것이다. 학생들은 제재 글을 통하여 추구하는 인생관, 역사관, 세계관을 갖게 되는 것이다. 이들을 통하여 학생들은 독자로서의 자기 정체성을 확립하게 된다.

「읽기」 교과서는 학생들이 자신을 규정할 수 있게 하는 제재를 담아야 한다. 학생들은 글을 통하여 세상을 알고, 사람들의 생각을 알고, 자신을 인식한다. 무의식적 개인이 글을 통하여 자기 존재의 본질을 알게 되면서 의식적 개인이 된다. 이러한 의미에서 「읽기」 교과서는 중요한 역할을 한다. 「읽기」 교과서의 제재는 다양한 종류의 다른 정서와 신념과 관념의 세계가 들어있다. 학생들은 이들 글을 읽고 자기 자신을 규정해 간다. 자신이 누구이며, 무엇을 해야 하고, 어떤 생각을 가지고, 어떻게 살아야 하는지를 결정한다. 「읽기」 교과서의 제재가 학생들의 정체성 확립에 관여하는 것이다.

그동안 「읽기」 교과서는 학생들의 정체성 확립에 많은 기여를 했다. 그러나 「읽기」 교과서를 통하여 추구한 학생 정체성이 어떤 것이었는지 꼼꼼하게 따져보아야 한다. 독자 중심의 읽기 교육이 이루어지면서 학생의 정체성 확립은 가볍게 다루어지고 있는 것이 사실이다. 무엇을 위한 목표인지 분명하지 않은 읽기 능력 신장을 추구하고 있는 것이다. 「읽기」 교과서 개발에서는 학생이 확립해야 할 정체성의 내용이 무엇이고, 정체성을 확립하기 위하여 어떤 제재를 제시해야 할지 생각해 보아야 한다. 이는 「읽기」 교과서 개발에서 고려해야 할 중요한 과제이다.

5) 독자의 인성 계발 기능

교육이 추구하는 중요한 목적 중의 하나가 학생의 인성을 계발하는 것이다. 인성은 사람다운 마음 됨됨이와 씀씀이이다. 읽기 교육은 학생의 인성이 텍스트 이해를 통하여 발전되기를 바란다. 읽기를 통한 학생의 인성 계발은 사회의 보편적 기대이기도 하다. 교사나 학부모는 학생에게 독서를 권하면서 학생이 훌륭한 인성을 갖추어주기를 고대한다. 품격 있는 글을 읽고 고양된 정서, 확고한 윤리의식, 합리적 비판력, 넓은 아량, 심원한 인덕, 세심한 배려, 고상한 사유, 우아한 기품 등을 갖추기를 원한다. 읽기가 독자의 인성을 바꿀 수 있는 조건을 가지고 있기 때문이다.

현재의 읽기 수업에서는 인성 계발을 위한 직접적인 활동을 하기 어렵다. 읽기 교육목표인 읽기 능력에 인성의 요소가 부각되어 있지 않기 때문이다. 이는 읽기 능력이 갖추어지면 학생 스스로 인성을 계발할 수 있을 것으로 여기기 때문이기도 하다. 인성 계발이 읽기 교육의 관심을 직접 받고 있지 못한 것이다. 2015 읽기 교육과정의 내용에 인성의 문제는 언급되지 않았다. 그러다 보니 인성의 문제는 「읽기」 교과서의 활동 요소로 구성될 수 없다.[13] 교육 내용 요소로 인성 개발을 강조하지 못하면, 학습 활동 구성에서라도 이에 대한 관심을 가질 수 있도록 고려해야 한다. 학생이 텍스트를 읽게 되면 알아서 인성을 갖출 것이라는 전제는 타당하지 않다.

학생의 인성 계발은 「읽기」 교과서에 제시된 제재에 달려있다. 읽기 수업에서 인성의 문제를 직접 다루지 않기 때문이다. 따라서 학생들은 교과서에 제시되어 있는 한정된 텍스트를 읽고 인성을 함양하게 된다. 그러므로 「읽기」 교과서 개발에서는 학생의 인성 문제에 관심을 가질 필요가 있다.

---

13) 국어과 문학의 영역에서 인성을 지도할 수 있을 것을 전제하지만 그렇지 않다. 문학도 작품을 효율적으로 읽는 방법을 익히게 하는 데 일차적 관심이 있기 때문이다. 학생의 생각 내용의 변화나 인성의 변화는 이차적 관심 대상이다.

학생들이 읽고 자신의 인성을 적극적으로 발전시킬 수 있는 텍스트를 제시해야 한다. 이는 학생을 훌륭한 독자로 만드는 일이면서 읽기 교육의 본질적 목적을 이루는 일이다.

3. 읽기 활동 구성의 방향

교과서의 읽기 활동 구성에서는 교과서의 현재적 기능과 잠재적 기능을 고려해야 할 필요가 있다. 현재적 기능은 읽기 교육에서 추구하는 현실적 목표에 도달하기 위한 「읽기」 교과서의 역할 내용이다. 반면, 잠재적 기능은 본질적 목표에 도달하기 위한 「읽기」 교과서의 역할 내용이다. 읽기 교육은 교과서의 현재적 기능과 잠재적 기능을 모두 활용한 읽기 교육목표 도달을 추구한다. 따라서 교과서 개발에서는 이들 두 가지 교과서의 기능이 조화를 이루도록 해야 한다.

가. 「읽기」 교과서 검토

2015 교육과정의 국어 교과서의 읽기 단원의 구성은 독자 중심 읽기 관점을 토대로 만들어졌다. 학생이 읽기 기능/전략을 익혀 읽기 능력을 갖추도록 하는 것에 교과서 단원 활동의 초점이 있다. 앞으로 개정될 교육과정도 마찬가지 관점을 취하게 될 것이다. 따라서 「읽기」 교과서의 큰 틀은 2015 교육과정의 교과서와 같을 것이다. 2015 교육과정에 따른 「읽기」 교과서의 기능을 분석하고, 보완되어야 할 점을 탐색하여 본다.

1) 읽기 교육의 관점

독자 중심의 읽기 교육은 독자의 인지적 읽기 능력을 강조한다. 이 관점은 읽기를 낱말의 해독과 스키마의 작용이 바탕이 된 인지적 의미 구성 활동 과정으로 본다. 읽기 교육에서는 독자의 인지 과정에 더 많은 관심을 갖는다. 그래서 이 관점의 교육적 연구는 독자의 의미 구성에 작용하는 인지 활동을 중심으로 이루어진다. 독자의 사고 과정이 어떤 절차로 이루어지며 그 절차가 효율적으로 이루어질 수 있게 하는 기제(기능/전략)를 규명하려고 한다. 그 결과 읽기를 전·중·후의 과정이나 사실적 이해, 추론적 이해, 비판적 이해 등의 사고 활동과 관련짓는다. 그러면서 읽기의 효율성을 위한 기능/전략을 교육 내용으로 제시하고 있다.

읽기 교육은 독자의 읽기 효율성을 높이기 위하여 이루어진다. 즉, 읽기 능력 향상이 읽기 교육의 목표인 것이다. 읽기 능력 향상은 텍스트를 이해할 수 있는 내재적인 힘을 기르는 것이다. 이는 읽기 기능/전략을 익힘으로써 실현된다고 본다. 다시 말하면, 독자가 읽기 기능/전략을 많이 알고 있으면 읽기 활동의 효율성을 높일 수 있는 내적인 힘을 가지게 된다는 것이다. 이는 읽기 교육에서는 읽기 기능/전략이 읽기 능력 향상의 주된 요인임을 뜻한다. 그래서 읽기 기능/전략이 주요 교육 내용이 되는 것이다.

읽기 교육의 내용은 교육 방법을 결정한다. 읽기 기능/전략이 주요 교육 내용이므로 이를 지도하기 위한 교육 방법이 개발되었다. 읽기 교육 방법은 크게 주어진 읽기 기능/전략을 익혀서 적용하는 '연역식'과 읽는 과정에서 읽기 기능/전략을 찾아내고 터득하는 '귀납식'이다. 교과서의 읽기 단원의 활동 구성을 보면, 연역식 활동 구성이 대부분이다. 그리고 연역식을 토대로 귀납식을 적용해 보는 형태를 취하고 있다. 즉 학습을 통하여 익힌 읽기 기능/전략을 텍스트 읽기에 적용하여 보고, 점검 및 분석을 하고 토의하면서 읽기 기능/전략의 원리를 새롭게 익히는 방법이다. 연역식은 학생이 교사의 읽기 기능/전략의 사용 시범을 보고, 이를 따라 함으로써 익히는 것이다. 귀납식은 읽기 기능/전략을 텍스트 읽기 활동에 활용해 봄으로써 내면화하고 자기화하는 것이다. 2015 교육과정의 읽기 교육은 이들 연역식과 귀납식을 활용하여 이루어지고 있다.

이 읽기 교육 관점에서 강조하는 읽기 능력은 읽기 기능/전략의 활용능력이다. 읽기 기능/전략의 활용능력이 독자의 관념 구성을 가능하게 하고, 관념의 발전을 이루게 될 것이라고 여긴다. 그래서 교수-학습은 주로 읽기 기능/전략을 익히는 것에 초점이 놓여 있다. 제재 내용에 대하여 크게 관심을 갖지 않고 있다. 이러한 이유로 인하여 '읽기'라는 용어는 단순히 읽는 방법을 배우는 것으로 보려는 경향도 있다. '읽기'라는 말이 읽기 방법뿐만 아니라 텍스트를 이해함으로써 학생을 정신적 성장을 이끄는 것을 지시하는 의미가 될 수 있도록 해야 한다. '읽기'가 읽기 방법의 배우는 학습이라는 좁은 의미로 받아들여지는 것은 지금의 읽기 교육 관점에서 비롯된 것이라고 할 수 있다. 읽기에 대한 인지적 관점이 읽기 기능/전략의 학습을 강조하고, 독자의 관념 구성을 독자에게 일임한 결과이다. '독자에게 글 내용을 알려주지 말고, 내용을 파악하는 방법을 알려주라'는 의식(최현섭 외, 2002: 341-342)이 반영된 관점이 갖는 한계이기도 하다. 이 관점의 읽기 교육을 보면, 학생들은 읽기 기능/전략을 익히는 것에 모든 역량을 동원한다. 「읽기」 교과서도 이를 위한 매개체의 기능을 효율적으로 수행할 수 있도록 구성되어 있다.

2) 단원 활동 구성 분석

2015 교육과정의 국어 교과서 읽기 단원은 독자 중심 읽기 관점을 수용하여 만들어졌다. 교과서 구성을 살펴보면, 이를 분명하게 알 수 있다. 읽기 단원의 구성 방식의 기본 형식은 다른 영역과 마찬가지로 준비학습, 기본학습, 실천학습의 3개의 학습으로 구분된다. 준비학습은 단원에서 무엇을 어떻게 공부할지를 준비하고 계획을 세우는 활동이다. 기본 학습은 단원에서

배워야 할 교육 내용을 익히고 연습하는 활동이다. 단원 학습에서 중요하게 다루어야 할 활동이 기본 학습이다. 실천학습은 단원에서 학습한 내용을 새로운 상황에 적용해 보고, 단원의 학습 내용을 정리하는 활동이다. 한 단원은 10차시로 본다면, 준비학습 2차시, 기본학습 6차시, 실천학습 2차시 정도로 구성되어 있다. 단원 학습의 활동을 분석하여 보면, 읽기 학습 활동 구성을 이해할 수 있다. 국어 교과서의 읽기 단원 구성을 4학년 1학기 2단원의 활동(단원명: 내용을 간추려요)을 중심으로 살펴보면 다음과 같다.

〈표 1〉 4학년 1학기 국어 교과서 2단원 활동 구성

준비학습(1–2차시)	기본학습(3–4차시)
〈활동명〉 들은 내용 간추리기 〈활동〉 1. 가족 나들이를 준비하면서 일기 예보를 들을 때 생각할 점을 '보기'에서 찾아 써 봅시다. 〈활동〉 2. 춘천으로 가족 나들이를 갈 준비를 한다고 생각하며 일기 예보를 들어 봅시다. 〈활동〉 3. 2의 일기 예보를 다시 듣고 물음에 답해 봅시다. 〈활동〉 4. 일기 예보를 듣고 쓴 내용입니다. 간추려 쓰는 방법을 알아봅시다. 〈활동〉 5. 자료를 읽거나 듣고 난 뒤에 정리하는 방법을 알아봅시다.	〈활동명〉 글의 내용을 간추리는 방법 알기 〈제재〉 동물이 내는 소리 〈활동〉 1. 동물의 소리를 흉내 내 봅시다. 〈활동〉 2. 동물이 소리를 내는 방법을 생각하며 '동물이 내는 소리'를 읽어 봅시다. 〈활동〉 3. '동물이 내는 소리'를 읽고 물음에 답해 봅시다. 〈활동〉 4. 글을 읽고 내용을 간추리는 방법을 알아봅시다.
기본학습(5–6차시)	**실천학습(7–8차시)**
〈활동명〉 이야기의 흐름에 따라 내용 간추리기 〈제재〉 나무 그늘을 산 총각 〈활동〉 1. 이야기의 흐름을 생각하며 '나무 그늘을 산 총각'을 읽어 봅시다. 〈활동〉 2. '나무 그늘을 산 총각'을 읽고 물음에 답해 봅시다. 〈활동〉 3. '나무 그늘을 산 총각'을 다시 읽고 중요한 사건을 정리해 봅시다. 〈활동〉 4. 이야기 흐름에 따라 '나무 그늘을 산 총각'의 내용을 간추려 봅시다.	〈활동명〉 글의 전개에 따라 내용 간추리기 〈제재〉 에너지를 절약하자 〈활동〉 1. 문제와 해결 방안을 생각하며 '에너지를 절약하자'를 읽어 봅시다. 〈활동〉 2. '에너지를 절약하자'의 내용을 간추리는 방법을 말해 봅시다. 〈활동〉 3. '에너지를 절약하자'를 다시 읽고 중요한 내용을 간추려 말해 봅시다. 〈활동〉 4. '에너지를 절약하자'의 간추린 내용을 가족한테 말해 봅시다. 〈활동〉 5. 우리 가족이 실천할 에너지 절약 약속을 가족과 함께 만들어 봅시다.

준비학습에서는 날씨 뉴스 텍스트를 필요에 맞게 듣고, 요약된 자료를 보고 요약의 방법을 알아보는 활동을 2차시 동안 한다. 기본학습에서는 먼저 정보전달의 제재를 읽고 요약하는 방법을 익히는 활동을 2차시 동안 한다. 그러고 나서 이야기 제재를 읽고 이야기의 흐름에 따라 내용을 요약하는 활동을 2차시 동안 한다. 실천학습에서는 설득하는 내용의 제재를 읽고, 중요한 내용을 간추리는 활동을 한 후, 간추린 내용을 가족에게 말해 보는 활동을 한다. 이와 함께 제재와 관련된 내용을 생활에서 실천하는 방안을 생각해 본다. 단원의 전체 흐름이 단원의 목표인 요약하기 기능을 익히고, 활용하는 활동에 초점이 맞추어져 있다. 초등학교 국어 읽기 단원 할동의 구성은 대부분 유사한 형태를 취하고 있다.

이 교과서 단원 구성의 현재적 기능을 보면 다음과 같다. 단원 활동을 구성하고 있는 내용은 '글의 내용을 간추리는 방법'(읽기 기능) 학습에 집중되어 있다. 읽기 기능을 제시하고, 읽기 기능을 익히고(방법 이해 학습, 연역식) 제재를 읽은 후 읽기 기능을 활용하는 활동(방법 활용 학습, 귀납식)을 하도록 되어 있다. 앞에서 검토한 현재적 기능을 충실하게 실현하고 있다. 독자 중심 읽기 관점을 반영하고 있으며, 읽기교육의 내용(기능)을 제시하고, 읽기 기능을 익히는 활동을 한다. 그러면서 단원 활동은 읽기 교수-학습을 할 수 있도록 하는 매개 기능을 충실히 하도록 되어 있다. 또한 학습 목표와 기본학습 활동의 교육 내용이 지향하는 읽기 능력을 갖춘 독자 상도 예상할 수 있다. 텍스트를 읽는 과정에서 생길 수 있는 인지적 문제(주요 내용 파악)를 효율적으로 해결할 수 있는 읽기 능력이 높은 독자를 전제한다. 읽기 제재와 관련하여 학생들이 생각해 볼 수 있는 기회가 실천학습에 있기는 하지만 단원 활동 전체가 읽기기능 학습에 치우치다보니 크게 부각되지 못하고 있다.

이 교과서 단원의 잠재적 기능을 분석해 보면 다음과 같다. 우선 정신문화 계승이라는 측면에서 보면 다소 부족한 측면이 있다. 두 번째 기본학습에 제시된 '나무 그늘을 산 젊은이' 제재가 공동체 의식의 문제를 다루고 있지만 고양된 정신문화라고 하기에는 부족한 점이 있다. 독서 공동체를 구성하는 측면에서도 읽기전략을 공유한 독서공동체를 전제할 수 있지만 공동 관념을 기반으로 한 구성원 간의 심리적 의지나 관념 내용에 대한 책임감을 불러일으키기에는 부족한 점이 있다. 사회의 기대의식의 반영 측면에서도 부족하다. 전체적으로 읽기 기능 학습에 대한 활동이 주를 이루기 때문에 제재 내용을 통한 학생의 정신 성장이나 뛰어난 사회의식, 세련된 정신문화 등을 전제한 구성인지 분명하지 않다. 독자의 정체성 확립에서도 마찬가지이다. 독자의 정체성을 형성하는 것은 독자의 관념 내용이다. 제재 읽기를 통하여 생성된 독자의 자기 인식이나 자기 규정을 이끌 수 있는 장치가 부족하다. '나무 그늘을 산 총각'과 '에너지를 절약하자' 제재는 「읽기」 교과서의 잠재적 기능을 전제한 신중한 선택의 결과이다. 그러나 「읽기」 교과서의 잠재적 기능을 충실히 하고 있는지는 장담하기 어렵다.

2015 교육과정의 「읽기」 교과서는 현재적 기능을 강조하는 교과서다. 요컨대, 읽기 능력 신장을 강조하는 교과서 구성이다. 이는 읽기 교육목표 도달의 측면에서 보면 효율성이 높은 교과서다. 학생들이 읽기 기능/전략에 집중된 활동을 할 수 있도록 함으로써 읽기 능력 신장에 집중하게 한다. 그러나 「읽기」 교과서에 관심을 두어야 할 잠재적 기능은 약화되어 있다. 제재의 선정에서 잠재적 기능을 강조하기 위한 의도는 있었다고 할 수 있지만 일부 잠재적 기능을 학생들이 의식하게 하는 데는 미흡하다. 「읽기」 교과서 제재를 통하여 학생들이 인류 정신문화와 독서 공동체 형성, 사회적 기대의식 수용, 독자 정체성 확립, 인성의 함양이 이루어진다고 볼 때, 이 부분에 대한 배려가 부족한 것이다. 「읽기」 교과서 개발에서는 이 잠재적 기능을 강화하는 방안이 필요하다.

나. 잠재적 기능을 반영한 활동 구성

2015 교육과정에서는 읽기 기능을 강조한다. 앞으로 개정될 교육과정도 마찬가지일 수 있다. 잠재적 기능보다는 현재적 기능이 강조될 수 있다. 그런 면에서 「읽기」 교과서의 잠재적 기능을 강화해야 한다는 의견을 제기할 필요가 있다. 「읽기」 교과서의 개발은 현재적 기능과 잠재적 기능의 균형이 필요하다. 여기서의 균형은 현재적 기능을 중심으로 교재를 개발하면서 잠재적 기능에 대한 고려를 해야 한다는 것이다. 「읽기」 교과서의 현재적 기능은 읽기의 현실적 문제를 다루지만 잠재적 기능은 읽기의 본질적 문제에 관심을 둔다. 그래서 잠재적 기능이 고려되지 않은 「읽기」 교과서는 읽기 교육의 내재적 가치를 높이기 어렵다. 또한 학생들을 우수한 독자로 교육하는 데도 부족하다. 그래서 「읽기」 교과서 개발에서는 잠재적 기능에 관심을 기울여야 한다. 잠재적 기능을 강화할 수 있는 「읽기」 교과서 개발의 접근 방법을 살펴보면 다음과 같다.

1) 잠재적 기능의 강화

「읽기」 교과서 활동 구성에서는 교과서의 현재적 기능과 잠재적 기능을 함께 고려해야 한다. 표면에서는 현재적 기능이 드러나야 하지만 이면에는 잠재적 기능이 함축되도록 해야 한다. 특히 제재에 함축되어 있는 잠재적 기능을 학생들이 효과적으로 인식할 수 있도록 구성해야 한다. 잠재적 기능이 함축되어 있다고 감추어지고 드러나지 않게 해야 하는 것이 아니기 때문이다. 교과서의 지면에서 잠재적 기능도 현재적 기능과 같이 학생들이 분명하게 인식해야 한다. 그렇지 않으면 「읽기」 교과서의 잠재적 기능은 제구실을 하지 못하게 될 것이다.

「읽기」 교과서 개발에서 현재적 기능을 중시하는 것은 '현실지향'이라 할 수 있다. 현실지향은 읽기 교육의 교수-학습 활동에서 의도한 실제적이고 명시적으로 드러난 기능의 강조를 의미한다. 그리고 잠재적 기능을 중시하는 것을 '본질지향'이라 할 수 있다. 이것은 읽기 교육의 궁극적 목적을 전제하고, 교수-학습 활동의 바탕에서 작용하는 기능을 의미한다. 「읽기」 교과서 개발에서는 현실지향과 본질지향을 모두 드러내야 한다. 현실지향은 수업이 이루어지는 상황 속에서 기대되는 바람이고, 본질지향은 전반적 교육의 맥락에서 기대되는 바람이다. 현실지향이 교수-학습 활동과 관련된 읽기 교육의 성격, 목표, 내용, 방법, 평가 등과 관련된다면, 본질지향은 읽기 교육에 대한 보편적 기대나 궁극적 목적과 관련된다.

「읽기」 교과서의 현실지향은 현재적 기능을 강화하는 것이다. 이는 읽기 교육의 목표에 기초한 교수-학습을 위한 것이다. 읽기 교육과정에서 추구하는 교육목표에 충실한 기능을 하는 교과서가 되도록 하는 것이다. 이는 읽기 교육 활동이 구체적으로 이루어지게 한다. 즉, 교사와 학생 사이의 교과서를 통한 의도적 의사소통을 매개한다. 교육 활동과 의사소통을 위한 정교한 행위 절차와 방법을 제시하고 있는 것이다. 현실지향은 이러한 교육적 활동을 위한 교과서의 구성인 것이다. 교과서의 이러한 구성으로 읽기 교수-학습 활동이 원활히 이루어진다고 할 수 있다.

「읽기」 교과서의 본질지향은 심층적으로 내재된 잠재적 기능을 강화하는 것이다. 이것은 읽기교육의 궁극적 목적을 추구하는 구성이다. 본질지향은 구체적인 교수-학습 활동으로 드러나기 어렵다. 교수-학습 활동의 전체적인 의도나 배려를 기반으로 드러나게 된다. 그렇기 때문에 교과서가 이 부분을 구체화하는 것도 암시적으로 이루어질 수밖에 없다. 구체적인 학습 활동보다는 학습상황이나 분위기 속에서 이를 인식할 수 있도록 해야 한다. 교과서에서는 잠재적 기능을 적절히 인식할 수 있는 장치를 마련해 주어야 한다. 대표적인 방법이 읽기 학습 제재를 잠재적 기능을 가진 것으로 선택하여 제시하는 방법이다. 제재로 교과서 지면을 구성하면서 날개[14]를 구성할 때 이 잠재적 기능을 인식할 수 있도록 한다. 적극적인 방법으로는 제재를 읽고 나서 내용 파악 활동에서 이 부분을 강화하는 방법이다. 본질 지향은 함축되어 있지만 교수-학습 활동에서 은연중에 의식하도록 하는 것이 필요하다.

2) 잠재적 기능의 반영

잠재적 기능을 교과서에 반영하는 방법은 몇 가지로 구분해 볼 수 있다. 2015 교육과정의 국어교과서 읽기 단원 구성을 중심으로 생각해 보면, 활동별 반영 방법과 단원별 반영 방법, 학기별 반영 방법, 학년별 반영 방법이 있을 수 있다. 그렇지만 이들 방법 중에서 현실적으로 가능한 방법의 선택이 필요하다. 현재적 기능과 균형성 문제를 고려해야 하기 때문이다. 차시별로 한 가지 잠재적 기능을 제시하는 것은 문제가 있다. 차시별 현재적 기능이 분명하게 주어지는 것이 있기 때문이다. 학기별이나 학년별 단위에서 잠재적 기능을 반영하는 것도 가능하지만 1년에 한두 가지 기능만 제시해야 한다는 면에서 비효율적이다. 이렇게 볼 때, 잠재적 기능을 반영하는 적절한 방법은 단원별로 한 가지 이상의 기능을 반영하도록 하는 것이 타당하다.

잠재적 기능은 주로 읽기 제재를 통하여 인식된다. 그렇기 때문에 읽기 기능/전략 학습을 위한 원리학습 활동 제재에는 잠재적 기능을 반영하기 어려운 경우가 많다. 반영한다고 하여도 학습 활동에서 잠재적 기능에 관심을 갖기 어렵다. 잠재적 기능을 실제적으로 인식할 수 있도록 하기 위해서는 적용학습의 제재를 활용해야 한다. 적용학습의 제재는 복합적 특성을 지니기 때문에 잠재적 기능을 효율적으로 반영할 수 있다. 적용학습의 구성

---

14) 교과서 제재의 양쪽에 학습활동에 필요한 정보를 제공한 것

에서는 제재의 선택이 자유롭다. 그리고 교과서 개발에서 실제로 적용학습의 제재는 여러 가치를 고려하여 선정한다. 따라서 적용학습을 위한 제재를 선정할 때 잠재적 기능을 고려하게 되면, 잠재적 기능이 강화된 읽기 교과서를 개발할 수 있다.

잠재적 기능을 교재에 반영하는 방법은 '제재 선별'과 '학습 활동 반영'으로 구분될 수 있다. '제재 선별'은 잠재적 기능을 할 수 있는 제재를 선택하는 것이다. 예를 들어 정신문화를 계승하는 기능을 할 수 있는 제재를 선택해야 하는 경우가 있다. 이때는 먼저 시대와 사상(인물) 등의 범주를 정한다. 시대는 고대, 중세, 근세, 현대 등으로 구분하고, 사상은 전통 사상, 불교 사상, 유교 사상, 실학사상, 현대사상 등으로 구분할 수 있다. 또는 철학, 종교, 과학/수학/기술, 사회/역사/문화, 언어, 예술, 가정/건강 등의 사상으로 나눌 수도 있다. 이들 사상들은 제재에 내재되어 있다. 경전이나 시나 이야기뿐만 아니라 수필이나 논문 등의 다양한 형식으로 존재한다. 이들을 학년의 특성을 반영하여 적절히 선택하여 제시한다.

잠재적 기능의 '학습활동 반영'은 다시 두 가지로 구분할 수 있다. 읽기 전략이나 읽기 기능 적용학습의 경우에 제재의 내용 파악을 전제해야 한다. 2015 교과서의 구성을 전제로 하였을 때는 제재를 읽고 나서 하게 되어 있다. 이 내용을 파악하는 과정에서 이 잠재적 기능을 인식할 수 있도록 배려하는 것이 한 가지 방법이다. 다른 한 가지 방법은 제재에 대한 확장적 사고 활동을 하는 부분에서 잠재적 기능을 강화하는 방법이다. 현 교과서는 제재에 대한 개별 학생의 생각을 말해 보는 정도에서 다루어지고 있다. 이 활동을 강화하여 실제적인 학습 활동이 이루어지도록 하는 것이다. 개정 교육과정의 교과서에서 활동이 어떻게 변화될지는 분명하지 않다. 학습 활동에서 잠재적 기능을 강화하기 위한 배려로 이 활동을 강화할 필요가 있다.

4. 읽기 교육의 과제

개정 교육과정은 새로운 교과서의 구성을 요구한다. 그래서 교과서 구성에 대한 여러 가지 논의가 이루어지고 있다. 이들 논의의 중심은 교과서의 단원 구성이나 차시 구성, 활동 구성과 같은 문제에 많은 관심을 가지고 있다. 그러면서 외국의 교과서를 분석하고, 시사점을 찾으려고 하고 있다. 이들은 모두 소중한 교과서 개발을 위한 연구라고 할 수 있다. 교과서 개발에 대한 풍부한 논의와 교과서의 효율성을 보장할 수 있는 아이디어들이 필요하기 때문이다. 풍부한 연구를 기반으로 한 교과서의 개발은 무엇보다 중요하다. 교과서는 학생들의 관념 내용과 행동방식을 결정짓는다. 사람은 배운 대로 생각하고 행동하기 때문이다. 학생들이 배워서 생각하고 행동하게 하는 그 바탕이 교과서다. 교과서에 대한 바람직한 방향에 대한 논의는 다양할수록 좋다.

「읽기」 교과서 개발에서는 다른 국어과 교과서 개발과 달리 고려할 점이 많다. 그것은 「읽기」 교과서가 지닌 잠재적 기능 때문이다. 그동안 교육과정에서는 「읽기」 교과서의 잠재적 기능에 대하여 관심이 많지 않았다. 읽기 교육목표에 효과적으로 도달할 수 있는 「읽기」 교과서만을 고려했기 때문이다. 읽기 교육목표에 효과적으로 도달할 수 있는 교과서 개발은 중요하다. 그러나 학생의 정신 성장을 이끌어낼 수 있는 잠재적 기능이 강화된 「읽기」 교과서 개발이 필요하다. 읽기 교육은 학생들의 정신 성장을 지향해야 하기 때문이다. 개정 교육과정에 따른 「읽기」 교과서는 학생의 정신 성장을 지향하는 기능을 강화할 필요가 있다. 이는 읽기 교과서의 잠재적 기능을 강화하여 제시하는 것으로 가능하게 될 수 있다.

개발될 「읽기」 교과서는 현재적 기능과 잠재적 기능의 균형을 맞추어야 한다. 특히 잠재적 기능을 강조하는 「읽기」 교과서의 개발이 필요하다. 읽기 교육과정에서 읽기 기능/전략을 강화하고 있기 때문에, 교과서 개발에서는 잠재적 기능을 고려함으로써 이 문제를 해결할 수 있다. 읽기 기능/전략은 독자의 정신 성장을 이끌어 내지 못한다. 따라서 학생들의 정신 성장을 이끌 수 있는 교육 내용이 필요하다. 학생들이 고양된 정신문화를 접하고, 이를 활용하여 생각 내용을 새롭게 구성하였을 때 정신 성장이 일어난다. 「읽기」 교과서 개발에서는 학생의 읽기 능력과 정신 성장을 동시에 배려할 필요가 있다.

참고문헌

한국교육과정평가원(2021), 국어과 교육과정 개정안, 국어과 교육과정 개정안 워크숍 자료집.

교육부(2015), 국어과 교육과정, 교육부 고시 제 2015-74호.

구인환 외(2004), 문학교육론, 삼지원.

김도남(2002), 텍스트 이해 교육의 접근 관점 고찰, 국어교육학회, 국어교육학연구 15집.

김도남(2006), 해석 공동체의 개념 탐구, 국어교육학회, 국어교육학연구 26집.

김혜정(2002), 텍스트 이해의 과정과 전략에 관한 연구, 서울대 박사논문.

노명완 외(1994), 국어과교육론, 갑을출판사.

박수자(2001), 읽기 지도의 이해, 서울대학교출판부.

신헌재 외(2005) 초등 국어과 교수·학습 방법, 박이정.

이삼형 외(2000), 국어교육학, 소명출판.

정동화 외(1989), 국어과교육론, 선일문화사.

최현섭 외(1996, 2002), 국어교육학개론, 삼지원.

Fish, S.(1980), *Is there a text in this class?*. NY: Harvard University press.

제5장 문식성 교육과 평가

1. 문제 제기

문식성은 문자나 기호를 사용하여 이해하고 표현하는 인식 활동의 속성이다. 문식성을 넓게 보면, 사람들이 대상을 인식하고, 인식한 것을 표현하는 일체의 활동 속성이다. 대상을 인식하고 표현하는 활동이 기호를 매개로 이루어지기 때문이다. 문식성을 좁게 보면, 문자를 사용하여 생각을 글로 표현하는 활동 특성과 표현된 글을 읽고 이해하는 활동 특성이다. 국어과의 입장은 좁은 의미의 문식성과 관련된다. 여기서는 문식성을 국어과 교육에서 텍스트를 읽고 이해하는 활동의 속성으로 본다. 이 문식성의 실체는 문식활동이다. 문식활동은 텍스트를 읽고 이해하는 문식 행위를 가리킨다. 이 텍스트 이해의 문식활동은 읽기 교육을 통하여 실행력을 얻는다. 문식활동을 하기 위해서는 이에 필요한 것을 학습하고 익혀야 하기 때문이다.

문식성 교육은 문식성 평가를 필요로 한다. 학생들이 익힌 문식 능력을 확인하고 학습에 필요한 도움을 제공하기 위해서이다. 문식성 평가는 다양한 접근 방식이 있다. 문식 학습 요소를 중심으로 할 수도 있고, 문식활동 과정이나 결과를 중심으로 할 수도 있다. 또한 학생 개인별로 할 수도 있고,

* 이 장의 내용은 '초등학교 중학년 문식성 평가 방향 탐색'(김도남, 2012, 한국초등국어교육 48집)을 수정 보완한 것입니다.

소집단이나 학급 전체를 대상으로 할 수도 있다. 학년별이나 학교급별로도 할 수 있다. 여기서는 초등학교 중학년(3-4학년)에 초점을 맞추어 문식성 평가를 논의한다. 초등학교 중학년의 문식성 평가를 살피면 저학년과 고학년의 문식성 평가를 짐작할 수 있기 때문이다. 문식성 평가를 살피기 위해서는 문식성 교육의 접근에 대한 이해도 필요하다. 따라서 중학년 문식성 교육의 특성을 살피고 이를 토대로 중학년 문식성 평가에 대하여 살펴본다.

초등학교 중학년 학생들은 문식활동에 점차 익숙해지는 단계에 있다. 문자를 사용한 의미 구성과 의사소통 능력을 형성[1]하고 있기 때문이다. 그렇지만 문자를 해독하여 능숙하게 의미를 구성하고, 글로 다른 사람과 생각을 소통하는 일은 잘하지 못한다. 충분한 문식력을 갖추고 있지 못하기 때문이다. 그래서 문식학습을 통하여 문식력을 향상시켜야 한다.

중학년 문식성 교육은 문식력을 형성하고 있는 학생[2]을 대상으로 한다. 중학년의 문식성 교육은 '기본적인 문식력'을 갖추는 것을 목적으로 한다. 기본적인 문식력을 문식성 교육의 측면에서 명료하게 규정하기는 쉽지 않다. 이 논의에서 '기본적인 문식력'은 문자를 사용한 의미 구성과 의사소통을 할 수 있는 필수 능력이다. '필수 능력'도 규정하기는 어렵지만 문식생활에 요구되는 핵심적[3] 지식과 기능을 습득하여 사용할 수 있는 능력이다.

---

1) '형성'은 학생들이 지닌 선험적 능력을 외부의 도움으로 실제(경험)적 능력으로 발현하는 것이다. '메논'에서 소크라테스가 노예 소년에게 기하의 원리를 인식시키는 것과 같은 것이다. 형성(becoming)에 대한 의미는 이홍우, 임병덕 역(2003)을 참조할 수 있다.

2) '문식력 형성'이라는 말은 문식활동을 할 수 있는 내재적 능력을 발현하여 실제 문식활동을 할 수 있는 기초 기능을 갖추게 되었다는 말이다. 즉, 사람은 학령기 이전에 '언어습득장치(LAD, Comsky(1957)의 용어)'의 작용으로 말하는 능력을 갖추게 되고, 초등학교 저학년이 되면 말하는 능력에 더하여 문자를 습득하여 사용할 수 있게 된다. '문식력의 형성'은 말하는 능력에 문자를 사용할 수 있게 된 것을 가리킨다.

3) '핵심적'이라는 말은 브루너의 '교육의 과정'에서 말하는 나선형 교육과정의 지식 구조의 바탕이 되는 단순 하지만 기본적이고 본질적인 교과의 학습 내용의 특성(이홍우, 2006)을 가리킨다. 또한 나선형 교육과정에서 기본적인 것은 학년이 올라갈수록 점차 확대되어 나간다는 점에서 핵심적인 교육 내용도 학생의 발달이나 인지 수준, 학습 능력에 따라

이 기본적인 문식력은 일상의 문식생활을 할 수 있게 하고, 세련된 문식활동을 위한 토대를 마련해 주는 것이다.

문식력은 문식활동에 필요한 규정적 지식이나 활동적 기능 등의 요소로 이루어진다. 문식력을 이루는 요소를 '문식 요소'라고 할 때, 중학년의 문식력을 구성하는 요소들이 존재한다. 문식성 교육에서는 학생들이 반드시 익혀야 할 문식 요소를 선별하여 지도한다. 학생들이 주요 문식 요소를 이해하고, 익혀서 문식활동을 할 수 있게 하기 위해서이다. 문식력은 글을 이해하고 생각을 글로 표현하는 데 활용되는 능력으로 교육적으로 체계화된 규정적 문식 요소와 사회적으로 통용되는 관습적 문식 요소[4]를 모두 요구한다. 문식력을 높이기 위해서는 규정적 문식 요소를 익히게 하는 문식학습과 관습적 문식 요소를 익히게 하는 문식생활의 참여가 필요하다.

중학년 학생을 위한 문식성 교육 내용은 일상적인 글의 구성력과 이해력을 향상시키는 요소들과 관련된다. 중학년 학생들은 학습활동과 일상생활에 필요한 글을 읽고, 쓰는 능력을 갖추는 것이 우선 필요하기 때문이다. 학생들이 생활에서 만나는 제재 자료는 학습 자료, 학습 사전, 신문, 광고, 사용 설명서, 동화책, 인터넷 텍스트, 쪽지 편지, 서평 등이다.[5] 이들 글의

달리진다.

4) 관습적 문식 요소는 한 사회의 언어문화적으로 관습화되어 문식활동에 관여하는 요소들이라 할 수 있지만 문식성 교육의 측면에서는 문식학습을 통하여 익혀진 문식 요소들이 문식상황에 맞게 응용되고, 실제화된 것을 가리킨다.

5) 2015 교육과정의 3-4학년 국어 자료의 예
높임법이 나타난 일상생활의 대화/ 일상생활에서 가족, 친구들과 안부를 나누는 대화, 전화 통화, 문자, 사회 관계망 서비스의 글/ 친구나 가족과 고마움이나 그리움 등의 감정을 나누는 대화, 편지/ 학급이나 학교생활과 관련된 안건을 다루는 회의/ 중심 생각이 잘 드러나는 문단이나 짧은 글/ 가정이나 학교에서 일어난 일에 대해 자신의 의견을 쓴 글/ 본받을 만한 인물의 이야기를 쓴 전기문, 이야기나 극/ 한글의 우수성을 알게 해 주는 다양한 글이나 매체 자료/ 일상의 경험이나 고민, 문제를 다룬 시, 이야기, 글/ 운율, 감각적 요소가 돋보이는 시나 노래/ 사건의 전개 과정이나 인과 관계가 잘 드러나는 이야기, 글/ 감동이 있거나 재미가 있는 만화나 애니메이션

내용과 구조는 문식자라면 누구나 소통이 가능한 보편적인 것이다. 이들 문식 자료를 읽고 쓸 수 있는 문식력을 갖추는 데 필요한 문식 요소를 익히게 하여, 학생들 수준의 문식생활을 돕고, 유려한 문식력을 갖출 수 있는 토대를 마련하는 교육이 필요하다.

문식성 평가에서는 학생들이 문식학습과 문식생활을 통하여 익힌 문식 요소를 확인해야 한다. 즉 평가는 학생들이 습득한 문식 요소와 습득하지 못한 문식 요소를 구분하여 줌으로써 학습해야 할 문식 요소를 가려낸다. 그래서 학생들의 문식학습을 도우려는 것이다. 그동안의 문식력 평가가 제 역할을 잘 해 왔지만 이들 평가는 학생들의 입장에서의 평가였다기보다 교육적 입장이나 교과의 입장에서 평가를 실시함으로써 학생들의 문식력을 강화하는 기능을 못한 면이 있다. 이 논의에서는 문식력 평가를 학생의 입장에서 생각하여 보고, 맞춤형 교육에 기초한 맞춤형 평가의 접근 논리를 생각하여 본다.

초등학교 중학년 학생들의 문식교육의 특성을 검토하여 문식력 평가 방향을 생각하여 보고, 학생들의 문식력을 높일 수 있는 방안으로써 맞춤형 문식성 평가를 제안하여 본다. 이를 통하여 개별 학생들이 중학년에서 갖추어야 할 문식력을 갖출 수 있도록 하는 교육의 가능성을 살핀다. 먼저 중학년 문식성의 교육의 특성을 검토하고, 이에 따른 문식성 평가의 접근 방향을 알아본다.

2. 중학년 문식성 교육과 평가

중학년 문식성 교육은 저학년의 문식성 교육의 결과를 토대로 이루어지지만 그 접근의 특성은 다르다고 할 수 있다.[6] 중학년의 문식성 교육의 가장 큰 특징은 학생들의 문식력 향상을 지향하는 것이라 할 수 있다. 중학년의 문식력 향상을 위한 교육적 성격을 살피고, 문식성 지도의 접근 방식과 문식성 평가의 접근 방향을 알아본다.

가. 문식성 교육의 성격

초등학교 저학년은 기초 문식력을 갖추고 있어 일상생활이나 학교학습에서 간단한 글을 읽고 쓰는 활동이 가능하다. 기초 문식력은 학생들이 초보적인 문식활동을 할 수 있는 문식 기능으로 이루어진 문식 능력이다. 저학년은 이 기초 문식력을 형성하고 있지만 글을 능숙하게 읽고, 생각을 글로 효과적으로 표현하지는 못한다. 저학년에서는 글자를 사용하여 읽고 쓸 수 있는 토대를 갖추도록 해 주지만 글의 높은 이해 능력과 표현 능력을 갖추도록 해 주지는 않는다. 학생들의 문식력을 높이려면 중학년에서 문식성 향상 교육을 해야 한다.

중학년 문식성 교육은 학생들의 문식력을 높이는 것에 중점을 두어야 한다. 문식력을 높이기 위한 실질적 교육은 학생들에게 필요한 문식 요소를 학습시키는 것이다. 학생들에게 필요한 문식 요소는 글을 이해하고 표현하는 데 요구되는 흥미, 지식, 규범, 기능, 전략, 활동, 관습 등과 관련된 것이다. 중학년이 학습해야 할 문식 요소에 대한 논의는 다양할 수 있지만 교육과정을 참조할 때, 읽기와 관련된 내용 범주는 '낱말 및 문장의 이해, 내용 확인, 추론, 평가와 감상, 읽기 과정의 점검과 조정' 등이고, 쓰기와 관련해서는 '글씨 쓰기, 쓰기의 계획, 내용 생성과 조직, 표현하기와 고쳐 쓰기, 쓰기 과정의 점검과 조정' 등이다.[7] 유사한 구분이지만 읽기의 내용 범주를

---

6) 초등학교 저학년 문식성 교육의 특성은 '문식력 형성'과 '문식생활의 적응'이라 할 수 있다. 이에 대한 논의는 김도남(2010)을 참조할 수 있다. 초등학교 고학년 문식성 교육의 특성은 '문식 기능 숙달'과 '문식생활 주도'라 할 수 있다. 이에 대한 논의는 김도남(2021)을 참조할 수 있다.

'한글 해득(음독하기), 낱말 이해, 내용 파악, 추론, 평가와 감상'으로 하고, 쓰기를 '낱말 쓰기, 문장 쓰기, 내용 생성하기, 내용 조직하기, 표현과 고쳐 쓰기'로 하기도 한다.8) 문식 요소를 범주에 따라 세부적으로 구분하면 많은 양이 될 수 있다.9) 학생들이 문식력을 갖추게 하기 위해서는 이들 문식 요소를 익혀 활용할 수 있도록 해야 한다.

중학년 문식성 교육의 속성은 학생들의 '문식력 향상'과 '문식생활 참여'이다. 문식력 향상은 저학년에서 형성한 문식력을 토대로 문식활동을 효과적으로 할 수 있는 능력을 기르는 것이다. 문식생활 참여는 글을 사용한 의미 구성과 의사소통 활동을 일상의 생활에서 의식적으로 경험하면서 문식활동과 문식문화를 체험하는 것이다. 이로써 학생들이 문식력의 발달을 이루는 것이다. 문식력의 발달은 학습을 통한 향상과 생활을 통한 참여가

---

7) 2009 개정 교육과정의 국어과 읽기와 쓰기 교육 내용을 보면 다음과 같다(교육과학기술부, 2011).

읽기	실제	• 다양한 목적의 글 읽기 - 정보를 전달하는 글 • 읽기와 매체	- 설득하는 글	- 친교 및 정서 표현의 글	
	지식	• 읽기의 본질과 특성	• 글의 유형	• 읽기와 맥락	
	기능	• 낱말 및 문장의 이해 • 읽기 과정의 점검과 조정	• 내용 확인	• 추론	• 평가와 감상
	태도	• 가치와 중요성	• 동기와 흥미	• 읽기의 생활화	
쓰기	실제	• 다양한 목적의 글 쓰기 - 정보를 전달하는 글 • 쓰기와 매체	- 설득하는 글	- 친교 및 정서 표현의 글	
	지식	• 쓰기의 본질과 특성	• 글의 유형	• 쓰기와 맥락	
	기능	• 글씨 쓰기 • 표현하기와 고쳐 쓰기	• 쓰기의 계획 • 쓰기 과정의 점검과 조정	• 내용 생성과 조직	
	태도	• 가치와 중요성	• 동기와 흥미	• 쓰기의 윤리	• 쓰기의 생활화

8) 이 문식 기능 분류는 2011년에 이루어진 초등학교 3학년 국가수준 기초학습 진단평가의 내용 범주이다. 2002년부터 2008년까지 시행된 초등학교 3학년 국가수준 기초학력 진단평가의 내용 범주는 '한글 해득(음독하기), 낱말 이해, 사실적 이해, 평가 및 감상', '낱말 쓰기, 문장 쓰기, 쓸 내용 준비하기, 표현 및 전달하기'이다.

9) 세부적인 문식 요소에 대한 언급은 이 논문 주제를 벗어나기에 논의하지 않는다.

어우러질 때 효과적으로 이루어질 수 있다. 향상이 내재적 가능성의 확대를 지향한다면 참여는 실제적 숙련을 통한 정교화와 세련화를 지향한다. 이런 문식성 교육은 학급 단위로 하기보다는 소집단 또는 개별 학생을 중심으로 이루어질 때 효과적이다. 중학년 문식성 교육의 속성을 구체적으로 보면 다음과 같다.

문식력의 향상은 문식 요소를 학습을 통하여 익혀 수준 높은 문식활동을 할 수 있는 능력을 갖추는 것이다. 문식력의 향상은 학생들이 지니고 있는 선험적 문식 요소의 형성과 교육을 통하여 제공되는 규정적(경험적) 문식 요소를 익힘으로써 이루어진다. 선험적 문식 요소의 형성은 저학년에 주로 이루어지고,[10] 중학년 이상에서는 경험적 문식 요소의 학습이 요구된다. 문식 요소의 학습에서는 핵심적 문식 요소를 배워 익혀서 자신의 것으로 만드는 '습득(習得)'이 필요하다. 문식 요소의 습득은 문식적으로 조건화된 상황에서 문식활동을 할 수 있게 한다. 학생들은 습득된 문식 요소를 '사용'을 통하여 체화함으로써 문식력을 높일 수 있다. 또한 문식활동에 대한 '보완'를 통하여 부족한 문식 요소를 스스로 밝히고 문식 요소의 사용을 보정하는 것이 필요하다. 문식력 향상의 요인인 습득, 사용, 보완을 구체적으로 살펴보면 다음과 같다.

'습득'은 주요 문식 요소인 이해와 표현의 기능과 전략을 배우고 익혀서 자기의 것으로 만듦을 말한다. 자기의 것이 된 문식 요소는 의식적으로 주목하였을 때 분명하게 인식되고 활용할 수 있음을 뜻한다. 중학년 학생들은 문식 요소를 자기 것으로 만들 수 있는 조건을 갖추고 있지만, 주요 문식 요소를 자기 것으로 만들지는 못한 상태에 있다. 문식 요소를 익혀 습득하지 못했기 때문이다. 문식 요소의 습득은 '익힘'과 '내면화'의 과정이 필요하

10) 이에 대한 논의는 김도남(2010)을 참조할 수 있다.

다. 익힘은 문식 요소를 배우는 것(배움)과 익숙해지는 것(익숙함)을 포함한다. 배움은 자기의 것이 아니었던 것을 자기의 것으로 만드는 것이고(의식하지 못하던 것을 의식할 수 있게 되는 것이고), 익숙함은 서툰 것을 능숙하게 할 수 있게 되는 것이다. 문식 요소의 익힘은 학습활동을 통하여 자신이 가지고 있지 못한 문식 요소를 자기 것으로 만들고, 익숙하게 사용하도록 하는 것이다. 내면화는 문식 요소가 의식 활동의 일부로 편입되는 의식화와 문식 상황에서 문식활동이 일어나게 하는 기동화(機動化)를 포함한다. 의식화는 문식 요소를 문식적 의식 작용의 한 부분이 되도록 받아들이는 것이다. 즉 문식 요소를 문식적 사고 활동의 형식적 틀로 만들거나 의식적 문식활동의 단서가 되도록 만드는 것이다. 기동화는 문식 문제 상황을 인지하면 즉각 문식 요소를 활용한 의식적 반응을 하는 것이다. 그래서 문식 과제에 적극적으로 대처할 수 있는 심리적 조건을 갖추는 것이다. 문식 요소의 내면화는 의식화과 기동화가 이루어졌을 때 완성된다. 요컨대 문식 요소의 습득은 익힘과 내면화가 있을 때 이루어진다.

'사용'은 문식활동을 위해 문식 요소를 활용하는 것이다. 문식력은 문식 요소의 사용을 통하여 문식활동에서 구체적으로 드러난다. 중학년 학생들이 문식활동을 잘 못하는 원인 중의 하나는 문식 요소의 사용이 원활하지 못하기 때문이다. 문식 요소를 원활하게 사용할 수 있게 되면 문식력이 높아져 글을 사용한 의미 구성과 의사소통을 잘 할 수 있게 된다. 문식 요소의 사용은 '선택'과 '활용' 두 가지 활동으로 이루어진다. '선택'은 여러 가지 문식 요소 중에서 문식 과제에 가장 적절한 것을 고르는 것이다. 학생들은 문식 문제를 해결할 때 가장 적절한 문식 요소를 골라 정할 수 있어야 한다. 문식 문제해결에 요구되는 문식 요소는 다양하다. 내용을 간추린다고 할 때 '중심 문장, 문단의 중심내용, 시간순서, 장면 변화, 사건의 전개, 인물의 마음 변화, 읽기 목적, 관심이 가는 내용' 등 활용할 문식 기능은 다양하다.

이들 중 하나의 문식 기능의 선택은 문식 문제 해결의 기초가 된다. 그리고 선택된 문식 기능은 문식 상황에 맞게 활용되어야 한다. '활용'은 문식 요소를 문식과제의 조건과 특성에 맞게 적용하거나 응용하여 사용하는 것이다. 적용은 문식활동 조건에 맞게 문식 요소를 사용하는 것이다. 그리고 응용은 문식 요소를 문식 과제에 따라 변형해 사용하는 것이다. 문식활동에서 문식 요소를 효과적으로 사용할 수 있을 때 문식력이 높아진다.

'보완'은 문식활동을 분석하여 부족한 문식 요소를 보정함으로써 문식력을 높이는 것이다. 이 보완은 학생 자신의 문식활동의 분석과 다른 사람의 문식활동 분석을 필요로 한다. 자신의 문식활동 분석은 문식 요소 사용을 보충하기 위한 것이고, 다른 사람의 문식활동 분석은 문식 요소 사용의 좋은 점을 찾아 본받기 위한 것이다. 자신의 문식활동 분석은 문식 요소 사용의 문제를 찾아 해결하는 과정으로 이루어지고, 다른 사람의 문식활동 분석에서는 우수한 문식활동 요인을 찾아 수용하는 과정으로 이루어진다. 자신의 문식활동 분석에서는 문식 요소의 사용이 효과적이지 못한 점을 따져들어가 문제를 밝히고, 해결 방안을 찾아서 해결하는 것이 필요하다. 학생은 자신의 문식 문제를 정확히 알수록 해결 방안을 바로 찾아 문제를 해결할 수 있다. 다른 사람의 문식활동 분석에서는 그 사람이 잘하는 요소를 찾아 밝히고, 그 요소를 모방하여 익힌다. 모방도 문식력 학습의 하나의 방법으로 학생들이 이에 관심을 가질 수 있게 할 필요가 있다. 보완에서는 자신의 문식활동에 대한 반성과 다른 사람의 문식 요소 활용의 효과성을 정확하게 파악하는 것이 필요하다. 이는 학생들이 문식력 향상을 능동적이고 실제적으로 할 수 있게 돕는다.

중학년 문식성 교육의 다른 한 요인은 '문식생활 참여'이다. 참여는 자발적인 활동으로 내재적 가능성의 문식력을 외현적 실현 행동으로 드러나게 한다. 학생들은 문식학습에서 수동적으로 제시된 문식 과제를 해결하는 활동을 하지만 문식생활의 참여에서는 적극적으로 문식활동을 수행한다. 이는 자신의 문식력의 활용이면서 점검과 수정을 할 수 있게 하여 실제적 문식력을 갖게 한다. 중학년 학생이 자발적으로 글을 읽고 쓰는 경우는 많지 않다. 문식활동에 익숙하지도 않을 뿐만 아니라 문식활동 참여를 의식적으로 인식하지도 못한다. 그래서 10세 전후의 아동은 자발적으로 글을 읽고, 생각을 글로 표현하는 활동의 참여가 부족하다. 다시 말하면 문식성 교육에서 문식생활을 인식하게 하고, 의식적으로 문식생활에 참여할 수 있게 하는 기회 마련이 필요하다.

문식생활 참여는 몇 가지 세부적인 과정으로 나눌 수 있다. '관심 갖기, 모방하기, 해보기, 함께하기'를 들 수 있다. 참여의 본질은 관심을 갖는 것이다. 어떤 활동에 참여를 하든 관심이 있어야 참여를 하게 한다. 문식활동에 대한 관심은 자신과 관계를 맺고 있을 때 가장 높다. 학교에서 문식활동이 학생들과 관계를 갖게 하는 것은 개별 활동보다는 집단 활동이다. 문식성이 사회를 전제한 것이라는 점에서 집단 활동은 흥미를 유발하고 학생들의 마음을 끌어들인다. 책을 읽든 글을 쓰든 다른 학생과 함께 하게 되면 학생들은 문식활동에 관심을 갖는다. 참여를 통한 학습은 모방에서 시작된다. 다른 사람이 하는 것을 따라 하게 되면 새로운 것을 쉽게 배우고 직접 체험하는 효과가 있어 빨리 배울 수 있다. 모방하기는 단순히 따라서 똑같이 하는 활동과 유사하게 모방을 하는 활동이 있다. 학생들이 책을 읽고 글을 쓰는 행위는 단순한 따라 하기에서 시작하여 모방하기를 거쳐 자신만의 활동을 이루어간다. 유창하게 읽기를 생각해 보면 처음에는 교사를 따라 읽고, 교사를 모방하여 읽고, 나중에는 자신의 특성을 살려 읽는다. 참여에서는 모방하기를 거친 후 자신이 직접 해보는 활동이 있어야 한다. 어떤 활동을 배우든 자신이 직접 해 보는 것이 중요하다. 국어과 수업에서 적용하기 학습이 직접 해 보기 활동과 닮았다. 그렇지만 그 활동은 실제 학생들이 직접 해 보는 활동과는 다른 것이라 할 수 있다. 학생이 주도적으로 하지 않고, 교사 주도로 이루어지기 때문이다. 직접 해 보고 난 후에 필요한 것이 다른 사람과 함께 하는 것이다. 다른 사람과 함께 하는 것은 읽고 쓰는 활동을 함께 하는 것이다. 책을 서로 읽어 주고, 서로에게 글을 쓰고, 이야기를 나누는 것이다. 함께하기를 통하여 학생들은 문식활동의 주체가 된다. 문식 주체는 문식 요소에 대한 자발적 학습과 사용을 통하여 문식력을 스스로 높일 수 있게 된다. 이를 위한 학생들의 문식활동 참여는 처음에는 문식활동의 객체였다가 점차 주체가 되도록 한다.

나. 맞춤형 문식성 지도

중학년 문식성 교육의 성격이 문식력 향상과 문식생활 참여로 이루어진다고 할 때 문식 학습 지도의 형태를 생각해 볼 필요가 있다. 학습 지도는 학습의 성격과 내용 및 방법에 따라 달라질 수 있기 때문이다. 학습 지도는 학생들과 학습의 내용 특성에 맞게 할 때 그 효과를 높일 수 있다. 중학년 문식성 학습은 핵심적인 문식 요소의 습득, 제한된 문식 과제를 해결하기 위한 문식 요소의 사용, 수준과 능력에 따른 문식생활의 참여를 중심으로 이루어진다. 이를 위한 문식성 지도는 맞춤형이 적절할 수 있다. 맞춤형은 학생의 개인적 요구를 확인하고, 확인된 문식 요소를 지도할 수 있게 한다.[11] 학생의 개인적 요구는 중학년 수준에서 학습해야 할 문식 요소를 익히는 것이라 할 수 있다. 학습할 문식 요소는 개인적 선호의 문제라기보다는 사회적이고, 공통적인 것이다. 그래서 중학년 학생들에게 필요한 문식

11) 맞춤형 학습은 '학생의 잠재력을 실현시키기 위해 개별 학습자의 요구에 부합하는 최적의 자원을 제공하는 것'으로 '학생 개개인의 능력과 요구에 부응하는 학습과 지원을 체계적으로 제공함으로써 학생 중심의 교육을 실천하는 노력'이라 할 수 있다(홍선주 외, 2010: 311-312).

요소를 갖추고 활용하도록 하는 맞춤형 지도가 필요하다. 문식 요소의 지도는 문식력 평가와 깊은 관련을 맺고 있다. 학생들의 요구를 확인하기 위하여 평가하고, 요구에 맞는 학습지도를 하고, 학습한 결과를 평가해야 하기 때문이다.

맞춤형 지도는 인지 발달 연구에 기초한다. 피아제나 비고츠키는 학생의 발달 수준에 맞는 과제를 제공하거나 학생이 교사의 도움으로 해결할 수 있는 과제를 제공해야 한다고 본다.[12] 이를 문식성 지도와 관련지어 구체화하면 학생의 문식력 발달에 필요한 문식 요소와 문식 과제를 제공해야 한다는 것이다. 물론 학습자의 준비도, 흥미, 학습 양식의 차이를 실제 수업에 반영하여 적용할 때 학습자가 가장 잘 배운다는 것을 전제한다.[13] 문식성 교육에서 학생에게 필요한 교육 내용(문식 요소)은 이미 체계화되어 제시되어 있다. 다만 학생들의 개인적 문식 발달이나 학습 진도에 따른 문식 요소 선택과 맞춤식 방법을 마련하고 있지 못한 것이 현실이다. 학생의 요구에 맞는 문식 요소를 학생의 학습 방식에 맞추어 익힐 수 있도록 하면 문식력이 향상되는 것은 당연한 일이다.

---

12) 피아제와 비고츠키의 인지적 접근에 대한 세부적인 논의는 김지현(1998)을 참조할 수 있다.

13) 맞춤형 학습은 그 전제로서 학습자의 요구와 흥미, 능력, 학습 양식, 등 개인적 특성이 다른 것을 인정한다. 따라서 맞춤형 학습은 서로 다른 개개인의 잠재적 능력과 자질을 발견하고, 이를 발전시켜 나가는 데 그 목적을 둔다. 학교에서 맞춤형을 실천하는 방법은 우선 교실학습과 관련하여 학습자 개개인의 능력·특성을 근거로 교수 방법과 교육과정을 다양화하고, 학생 개개인의 요구에 부응하는 교수 방법과 교육과정을 제공하기 위한 수단으로 평가를 적절히 활용함으로써 개별화된 학습 경험을 제공하는 것이다. 또한 여기에 그치지 않고 교실학습 외에도 개인의 요구에 부응하는 각종 학습 활동을 학생들이 경험할 수 있도록 학교 안팎에서 지원하는 것이다(홍선주 외, 2009:16) 맞춤형 학습에서 '맞춤'은 학생 개개인이 동기화된 학습자로서 자신의 역량을 증대시킬 수 있는 방향으로서의 맞춤을 의미하며, 학교와 교사는 이러한 방향에서 학생 개개인에게 맞추어진 다양한 기회를 모든 학생들이 경험할 수 있도록 학습 환경을 조성해야 한다(중략). 이를 통하여 결과적으로 자기주도적인 평생 학습자를 길러내고자 하는 것이다(홍선주 외, 2009: 17).

맞춤형 지도는 학생의 개별적 요구를 파악하여 지도하는 것이다. 일반 학습지도에서는 학생들을 모두 같은 발달 수준에 있는 것으로 보고, 모두에게 같은 내용을 같은 방식으로 지도한다. 그러다 보니 특정한 학생들에게는 교육적 배려가 부족할 수밖에 없다. 이 방법으로는 학생들의 일반적인 문식력은 높일 수 있었지만 개별 학생의 문식력은 높이지 못한다. 특히 우수한 학생들과 학습부진 학생들의 학습에 문제가 있다. 이들 중 우수학력 학생들은 그들 스스로 문제를 해결할 수 있는 능력이 다소 있지만 학습부진 학생들을 그 문제를 스스로 해결할 수 있는 능력이 낮아 교육적 소외가 심화될 수 있다. 맞춤형 지도는 학생 개인의 학습에 관심을 가지는 배려적 교육 활동이다.

맞춤형 문식성 지도는 학생의 요구에 맞는 문식 요소와 지도 방법을 제공하는 것이다.[14] 학생의 요구를 파악하기 위해서는 맞춤형 문식성 평가가 바탕이 되어야 한다. 학생의 요구를 확인하고, 요구에 맞는 문식 요소의 결정을 평가가 해주기 때문이다. 맞춤형 문식성 평가에서는 학생에게 요구되는 문식 요소의 학습 여부를 확인하고 학습된 것과 학습할 것을 구분해 내야 한다. 이로써 어떤 문식 요소를 지도해야 하는지 밝혀야 한다. 이들 학습 요소를 학생들에게 지도하게 되면 맞춤형 문식성 지도가 된다.

맞춤형 문식성 지도는 문식력 향상에 목표를 둔다.[15] 문식력의 향상은 문식 요소를 습득함으로써 이루어진다. 습득은 배우고 익혀서 자기의 내적 능력을 실현할 수 있는 능력을 갖추는 것이다. 어린 새가 날개 짓을 연습하

14) 문식성 지도 방법을 중심으로 국어과 교육을 보면 '개념학습, 기능학습, 적용학습'(제7차 교육과정의 초등 국어과 교과서)나 '이해학습와 적용학습'(2007 교육과정의 초등 국어과 교과서)의 단원 활동을 사용하고 있다. 이들 학습 활동은 문식 요소를 배우고, 배운 문식 요소를 연습하여 보는 것으로 문식 요소를 익히는 것에 초점이 있다. 문식 요소를 활용한 적극적 문식활동은 학생들에게 맡겨 두고 있다.

15) 저학년의 문식력 지도는 형성에 초점을 둘 수 있고, 고학년은 숙달에 초점을 둘 수 있다.

여 공중으로 날아오를 수 있는 능력을 갖추고, 실제로 하늘을 나는 것과 같은 것이다. 문식 요소의 습득은 학생들이 핵심적 문식 요소를 익혀 문식력을 갖추고, 문식활동을 적극적으로 할 수 있게 한다. 문식활동에 필요한 문식 요소들은 사회적으로 규정된 속성을 가지고 있고, 사회 문화 속에서 정교화되고 세련되어진다. 따라서 학생들이 문식력의 향상을 위해서는 경험적으로 문식 요소를 습득하여야 한다. 중학년 학생들이 익힐 수 있는 문식 요소들은 핵심적이고, 기본적인 것이라 할 수 있다. 이들 문식 요소들은 제한되어 있고, 학생의 선행 학습의 결과에 기초해야 하므로 맞춤형으로 이루어진다.

문식력 향상 지도는 문식 요소의 확장을 필요로 한다. 문식 요소의 확장은 문식력을 이루는 동기, 지식, 기능, 전략, 관습 등 문식 요소의 습득 양을 늘리는 것이다. 학생들이 문식 요소를 많이 익히게 되면 문식력이 높아지게 된다. 물론 많은 수의 문식 요소가 문식력 일체를 높이는 것은 아니지만 중학년에서 중요한 것은 습득된 문식 요소의 양을 충분히 늘리는 것이다. 학생들의 문식 요소 습득을 위해서는 지도할 문식 요소를 계열별, 위계별로 구분하여 체계화해야 한다. 예를 들어 유창하게 읽기를 익힌다면 '낱말 단위로 띄어 읽기, 구절 단위로 띄어 읽기, 문장 단위로 띄어 읽기, 말하듯이 읽기, 감정을 살려 읽기, 전달의 효과를 높여 읽기'와 같은 단계로 학습하는 것이 필요하다. '문장 단위로 띄어 읽기'도 못하는 학생에게 '말하듯이 읽기'를 요구하는 것은 바람직하지 않다. 이들 체계화된 문식 요소들을 단계적으로 지도하여야 한다.

문식력 향상은 학습한 문식 요소 사용에 영향을 받는다. 학습한 문식 요소의 양이 많다고 하여 문식력이 곧바로 높아지는 것이 아니라 문식 요소를 문식활동에 사용할 수 있어야 능력이 높아진다. 문식 요소의 사용은 문식 요소를 필요로 하는 상황과 과제를 필요로 한다. 따라서 문식활동을 위해서는 문식 과제를 맞춤형으로 구체화하여 제시해야 한다. 제한된 조건을 갖추고 있는 과제나 자료를 제시하여 문식 요소를 사용할 수 있도록 하는 것이다. 사실 국어과 교과서의 자료들은 학습 목표에 제시된 문식 요소를 사용할 수 있도록 제한된 조건을 갖추고 있다. 특히 교과서의 읽기와 쓰기 제재들은 문식 요소의 학습 조건을 갖추고 있는 것이 많다.

문식력 향상을 위해서는 학생들의 문식생활 참여가 중요하다. 문식생활에의 참여는 학생들의 생활 주변에서 일어나는 문식활동에 관심을 가지고 함께 하는 것이다. 생활 속에서의 문식활동은 자연스러운 일이기 때문에 의식을 집중하지 않으면 인식되지 않는다. 따라서 자신의 문식활동뿐만 아니라 다른 사람의 문식활동을 살피면서 의식적으로 문식활동을 할 수 있게 하는 것이 필요하다. 일상생활에서 접하는 인쇄물들과 문자를 이용한 소통활동에 관심을 가지고 살펴볼 필요가 있다. 학교에서 친구들이 주고받는 편지, 쪽지, 낙서뿐만 아니라 학교의 안내장, 초청장, 소식지, 학교 게시판에 붙여지는 글 자료들이 모두 문식생활의 한 부분들이다. 문식생활을 의식하고, 참여하는 것은 문식활동에 대한 동기와 의지를 가지는 것이다. 이는 학생들이 문식생활에 대한 주체성을 가지게 하여 문식력의 향상에 기여하게 된다. 문식성 교육에서는 학생들이 문식생활을 의식하고, 문식활동을 적극적으로 이루어 나갈 수 있도록 하는 데 관심을 기울일 필요가 있다.

다. 맞춤형 문식성 평가

맞춤형 문식성 평가는 맞춤형 학습 및 맞춤형 평가에 기초한다. 맞춤형 평가는 맞춤형 학습을 위하여 실시하고, 맞춤형 학습의 결과를 다시 맞춤형 평가로 확인한다. 이는 맞춤형 학습과 맞춤형 평가가 상호 보완적 관계에 있음을 뜻한다.[16] 맞춤형 평가는 학생들의 학습 요구를 고려한 평가라 할 수 있지만 학생들이 학습 결과를 확인하여 송환(feedback)하는 평가의 본질은 유지한다. 기존의 평가가 학습 결과의 전반적 성취를 확인하는 것이었다면 맞춤형 평가는 학생 학습의 구체적 결과를 확인하려 한다. 학생이 학습한 구체적 요소를 중심으로 평가를 실시하기 때문에 평가의 결과도 구체적으로 제시된다. 즉 학습한 요소를 학생이 습득하였는지 아닌지를 판단하게 되는 것이다.[17)]

맞춤형 평가는 개인의 학습 결과를 확인하기 위한 개별적 평가이다. 맞춤형 문식성 평가는 학생 각자가 학습 활동에서 학습한 내용을 중심으로 평가하는 것이다. 학습한 문식 요소를 알고, 익혀 사용할 수 있는지를 확인하기 위한 것이다. 학생들이 언제 어떻게 학습하였는지도 고려하지만 학습한 것을 실제적으로 이해하고, 적용하고, 활용할 수 있는지를 평가한다. 일반적 평가에서도 평가 범위를 정하여 평가를 실시하지만 맞춤형 문식성 평가는 개별 학생이 학습한 문식 요소를 중심으로 평가한다. 그래서 학생의 학습 결과에서 부족한 점이 무엇인지 분명하게 가려내게 한다. 학생의 학습 내용에 대한 결과를 확인함으로써 차후 학습에 대한 안내를 구체적으로 제시한다.

맞춤형 평가는 학습 목표의 도달을 돕기 위한 지속적인 평가이다. 맞춤형 평가는 일정 기간마다 한 번씩 이루어지는 평가와는 달리 정해진 목표가

---

16) 맞춤형 평가는 '학생이 이전 학습의 결과로서 얻게 되는 혹은 새로운 학습에 앞서 학생 스스로가 이미 가지고 있는 기술 능력에 관한 정보를 얻기 위한 학생의 학습에 대한 평가'와 '학생이 실제로 학습을 통해 만들어가고 있는 진보에 대한 정보를 얻기 위한 학생 학습을 위한 평가'로 나눌 수 있다(홍선주 외, 2009: 23).

17) 맞춤형 평가의 학습 지원에 대한 논의를 보면, 평가와 학습의 연계를 위하여 지속적인 추적관리시스템이 필요하다고 한다. 추적관리시스템의 운영으로 개별 학생에 대한 교사와 동료의 평가 결과를 누가적으로 기록하고, 평가 결과에 근거한 개별 학생의 강점과 약점에 따른 교과 학습 계획과 추가 지원 계획이 수립하며, 교사와 학부모가 함께 협의를 통하여 학생의 학습 목표를 설정하고 목표달성의 과정을 점검해야 한다고 제안하고 있다(홍선주 외, 2009: 25).

있으면 그 목표에 도달할 수 있을 때까지 단계적 반복적으로 이루어진다. 중학년의 교육과정에 제시된 성취기준이나 교사가 정한 학습 목표에 학생들이 도달하는 과정에서 도달 결과가 확인될 때까지 순차적으로 반복한다. 교육과정의 성취기준은 몇 가지의 학습 요소(문식 요소)를 포함하고 있는데 각 성취기준에 포함된 학습 요소들을 성취하였는지를 단계적으로 확인한다. 맞춤형 평가는 기존의 형성평가나 단원 학습 평가와 같이 수시적 평가의 특성을 지니면서 부진 학습 요소의 성취 확인을 지향한다. 학생의 학습 목표 도달을 반드시 이루게 하기 위한 목적과 실천을 강조하는 평가인 것이다.

맞춤형 평가는 학생의 학습을 지원하기 위한 협력적 평가이다. 학생의 학습과 활동 결과를 평가하여 학생의 부족한 요소와 활동을 점검함으로써 학습을 지원하는 평가이다. 맞춤형 평가는 맞춤형 학습과 학습 요소와 학습 활동을 공유하고, 학습이 부진한 부분을 지도할 수 있게 한다. 맞춤형 문식성 평가는 학습과 문식 요소 및 문식활동을 공유함으로써 부족한 문식 요소를 익히고 문식활동을 보정할 수 있게 돕는다. 학생들의 문식 요소 학습을 위한 대표적인 자료가 교과서이지만 평가 결과에서 학습 부진으로 나타났을 경우에는 이를 보정하여 학습할 수 있는 자료가 필요하다.[18] 이들 학습을 돕기 위한 자료는 여러 가지로 존재한다.[19] 평가 결과, 학습이 필요한 문식 요소를 지도할 수 있는 학습 자료를 선택하여 사용하면 된다. 또는 문식 과제와 문식활동을 마련하여 학생들이 문식활동을 할 수 있게 해야 한다.

맞춤형 평가는 학습의 과정과 활동을 조절하는 관리적(management) 평가

---

18) 이 자료는 한국교육과정평가원에서 운영하고 있는 기초학력향상지원사이트-꾸꾸(www.basics.re.kr)에 탑재되어 있고, 계속 추가되고 있다.

19) 그동안 학습 부진 학생의 보정교육 자료는 시도교육청과 한국교육과정평가원에서 다양하게 개발하였으며, 대표적으로 '학력향상지원사이트(www.basics.re.kr)'의 자료를 들 수 있다.

이다. 맞춤형 평가는 학생의 학습 내용, 학습 진도, 학습 과정, 생활 등을 점검하고 관리하는 것을 돕는다. 평가 요소와 평가 결과를 학생과 교사가 공유하고, 평가를 통하여 학습 결과를 점검하고 학습할 요소를 판단한다. 개별 학생이 무엇을 학습하고, 어떻게 학습해야 할지 안내하고, 지원한다. 학습된 요소와 학습할 요소를 구분하여, 학습 활동을 안내하기 때문에 개별 학생의 학습 과정을 조절한다. 맞춤형 평가는 관리적 속성으로 인하여 학습 지도와 결합되고 학생들의 학습에 적극적으로 관여한다.

맞춤형 문식성 평가는 맞춤형 평가에 바탕으로 이루어진다. 학생들의 개별 학습의 결과를 알아보고, 학습 목표를 도달하기 위하여 지속적으로 평가를 한다. 문식력을 위한 학습과 생활을 지원하고, 문식 학습 과정을 관리한다. 이 문식성 평가는 학생들의 문식력을 높이게 된다.

3. 중학년 문식성 평가 방향

중학년 문식성 평가는 문식성 학습의 성격으로 볼 때 맞춤형 평가가 필요하다. 맞춤형 평가는 학생들의 문식력을 높이는 데 필요한 학생들의 요구를 확인하여 문식성 지도를 할 수 있게 한다. 초등학교 중학년의 맞춤형 문식성 교육을 돕기 위한 맞춤형 문식성 평가 방향을 생각하여 본다.

가. 맞춤형 문식성 평가의 특성

맞춤형 평가는 평가 상황과 조건을 통제하여 이루어지는 평가이다. 학생의 요구에 맞추어 이루어지는 평가인 것이다. 맞춤형 평가는 어떤 상황과 조건을 제한하느냐에 따라 평가의 내용과 방법이 달라진다. 중학년 문식성 맞춤형 평가에서의 제한 조건은 다양할 수 있지만 평가 내용과 평가 과제

(문항) 및 평가 방법 등이 통제된다. 평가 내용은 학생들이 학습한 문식 요소로 제한되고, 평가 과제는 학생들의 학습 결과 확인으로 제한된다. 그리고 평가 방법은 학생들의 맞춤형 문식활동 점검으로 제한된다. 이들 제한 조건을 토대로 이루어지는 맞춤형 문식성 평가의 특성을 몇 가지 들면 다음과 같다.

첫째는 학생의 개별적 문식력을 확인하는 '개별성'이다. 맞춤형 문식성 평가는 평가 대상 면에서 개별 학생의 문식력을 평가한다. 개별성은 평가할 문식 요소가 학생마다 다른 것을 말한다. 중학년 맞춤형 평가에서 중학년이라는 조건과 평가해야 할 목표는 동일하다. 그렇지만 학생의 개인적 학습 특성과 문식 요소의 교수·학습의 과정과 단계는 다르다. 따라서 평가에서는 학생의 학습 특성과 교사의 교수 특성을 고려해야 한다. 학생들은 특정 교육 내용을 쉽게 빨리 배울 수도 있고, 어려워하며 늦게 배울 수도 있다. 학생의 배경지식, 문식활동 경험, 인지 능력이나 문식 요소의 특성에 따라 배우고 익히는 방식이 다를 수 있다. 또한 교사의 교수 요인이나 활용 자료의 요인에 따라 다를 수도 있다. 학생의 개인 학습 특성, 학습 수준, 학습 단계뿐만 아니라 교수의 차이에서 익히고 습득한 문식 요소의 차이가 있기 마련이다. 문식성 평가에서는 학생들의 학습을 고려하여 교사가 지도한 내용에 따라 개별적 평가가 이루어져야 한다.

둘째는 문식 요소를 누가적·점증적으로 확인하는 '점증성'이다. 맞춤형 평가는 학생의 개인별 학습 이력에 따른 학습 요소의 누적과 점증의 요인을 고려해야 한다. 맞춤형 학습에서는 학생이 익혀야 할 문식 요소가 학습자마다 다르다. 또한 문식 요소에 대하여 학습의 단계와 진도가 다르게 된다. 평가에서는 학생들의 학습 결과를 토대로 학습된 문식 요소가 누적되고, 학습할 문식 요소를 점증적으로 평가할 수 있도록 계획하고 실행하는 것이 필요하다. 습득된 문식 요소는 다시 평가할 필요가 없고, 습득할 문식 요소를 점증성의 원리에 따라 평가하는 것이 타당하다. 즉, 학생이 익히지 못하여 반복적으로 학습하고 있는 문식 요소와 새롭게 학습한 문식 요소를 중심으로 평가를 해야 한다. 이는 학생의 부족한 문식 요소를 가려내고, 새로운 문식 요소의 학습 결과를 확인할 수 있게 한다. 기존의 평가는 학생이 익히지 못한 문식 요소에 대하여 학습 과정이 지나가면 학습할 기회를 제공하지 못한 면이 있다. 맞춤형 평가에서는 학생이 익히지 못한 문식 요소는 반복적으로 학습할 수 있는 기회를 제공한다. 맞춤형 평가에서 학생이 익힌 누적의 요인과 학생이 학습한 내용에 대한 점증적 요인을 함께 고려하기 때문이다. 이로써 평가가 학생의 학습을 지원하는 기능을 충분히 발휘할 수 있게 한다. 이는 맞춤형 평가가 수시적이면서 나선형 교육의 특성을 반영하는 것이다.

셋째는 문식활동의 사회적 상호작용을 확인하는 '협력성'이다. 맞춤형 문식성 평가는 문식활동의 상호작용 요인을 고려한다. 문식력은 언식력(oracy)과 마찬가지로 사회적 상호작용을 필요로 한다. 문식활동은 다른 사람과 의사소통을 전제하고 있다. 글을 읽고 이해하는 것이나 생각을 글로 표현하는 활동은 사회적 관계 속에서 이루어지고, 문식성 학습의 효율을 높이기 위해서는 사회적 상호작용이 필요하다. 책을 읽는 활동의 결과 확인을 문제지만을 활용하여 평가하는 것은 그 효율성이 낮다. 문제지를 활용한 평가는 글을 읽고 쓰는 목적과 상황 속에 문식 요소를 원활하게 사용할 수 있도록 해 주지 못할 뿐만 아니라 문식 요소를 활용할 수 있는 기회도 제한한다. 글의 내용을 다른 사람과 공유하는 활동 상황이 만들어지면 문식 요소의 사용이 적극적이고 활발해지게 된다. 이를 위해서는 평가 과제의 구성에서 사회적 상호작용이 이루어질 수 있게 조건화하는 것이 필요하다. 학생들이 문식 요소의 사용을 실제적으로 할 수 있게 할 때 평가의 효과성이 높아질 수 있다. 협력적 평가 활동은 면대 면으로 할 수도 있지만 소집단 이상의 단위를 중심으로 할 수도 있다.

넷째는 문식 요소의 학습을 조절하는 '관리성'이다. 맞춤형 문식성 평가의 주요 기능 중의 하나가 학습의 관리이다. 학습의 관리는 학생들의 학습 내용과 조건을 통제하여 학습을 조절하고 지원하는 것이다. 이는 평가가 학생들의 학습 결과를 확인하고, 이를 토대로 송환(feedback)의 기능을 강화함으로써 가능하다. 모든 평가에서 송환을 강조하지만 그 송환은 여의치 않다. 개별적 송환보다는 집단적 학생을 대상으로 송환하고, 학습 부진 요소에 한정된 송환보다는 학습 전반에 관련된 송환을 한다. 맞춤형 평가에서는 개별 학생에게 관심을 두기 때문에 부진 요소를 중심으로 송환을 함으로써 학습 관리의 효율성을 높여 준다. 평가의 결과가 개인적으로 제시될 뿐만 아니라 학습 부진 요소를 분명하게 제시하기 때문에 학생들의 학습을 쉽게 관리할 수 있다. 학습을 관리한다는 것은 학생의 학습 부진 요소를 정확하게 파악하고, 무엇을 어떻게 해야 하는지에 대한 정보를 제공하여, 학습을 지원할 수 있도록 하는 것이다. 맞춤형 문식성 평가는 이를 가능하게 한다.

다섯째는 학생들의 문식생활을 확인하는 '생활성'이다. 맞춤형 문식성 평가에서는 학생들의 문식생활 참여에 대해서도 평가해야 한다. 학생들은 학습과 생활 속에서 문식 요소를 활용하여 문식활동을 한다. 문식생활에서 문식활동의 요인이 개입하여 학생 개인의 문식 습관과 문식 태도에 관여한다. 맞춤형 문식 평가에서는 문식 습관과 문식 태도를 직접적으로 평가하지 못할 수 있지만 이들에 대한 정보는 학생의 문식 지도에 활용될 수 있다. 문식성 교육이나 평가는 학생들의 문식생활 향상을 전제하기 때문에 문식 습관과 문식 태도 및 문식 문화, 문식 관습의 인식 여부를 확인하고, 학습에 반영할 수 있도록 하는 것이 필요하다. 문식력 지도는 문식 요소의 학습과 문식 요소의 활용 및 문식생활을 포괄하기 때문이다. 문식생활에 대한 평가는 구체적인 과제를 제시하여 평가할 수도 있지만 일상적인 문식활동을 관찰해서도 평가할 수 있다. 특히 중학년에서는 문식활동을 학교에서만 하는 학습으로 인식하여 생활에서의 문식활동이 소홀히 이루어지게 되면 학습의 효과가 낮아질 수 있다. 학생들의 문식생활에 대한 평가를 통하여 문식 요소의 활용을 확인하고, 안내함으로써 문식력을 높일 수 있다.

나. 맞춤형 문식성 평가의 요인

맞춤형 문식성 평가에서 중점을 두고 평가하고 확인해야 하는 요인이 있다. 학생들의 학습 결과를 확인하고, 평가 후 이루어지게 될 학습에 대한 안내 요인이다. 맞춤형 문식성 평가에서 중점을 두어야 할 몇 가지 요인을 보면 다음과 같다.

첫째, 맞춤형 문식성 평가는 학생들이 학습한 문식 요소를 습득하였는지를 확인해야 한다. 문식 요소 습득의 확인은 학생들이 학습한 내용의 결과를 점검하기 위한 것이다. 평가에서는 학습 목표로 제시된 문식 요소를 이해하고 익혀서 사용할 수 있는지를 확인하는 것이 중요하다. 문식 요소의 습득 확인은 개별 문식 요소에 대한 개념을 알고 있는지, 문식 요소를 익혔는지를 문식 과제 해결 활동을 통하여 확인해야 한다. 예를 들어 문단의 중심 문장 찾기의 기능을 확인할 때, 학생이 중심 문장의 개념을 알고 있는지를 알아보고, 주어진 문단에서 중심 문장과 뒷받침 문장의 내용을 비교하여 중심 문장을 찾을 수 있는지를 점검한다. 학생이 중심 문장의 개념을 이해하고, 중심 문장을 찾아낼 수 있다면 중심 문장 찾기의 문식 요소를 학습한 것이라 할 수 있다.

둘째, 맞춤형 문식성 평가에서는 학생들이 습득한 문식 요소를 사용할 수 있는지를 확인하는 것이 필요하다. 문식 요소를 알고 있더라도 문식활동에 바르게 적용하여 활용하지 못한다면 문식 요소를 습득한 것이라 할 수 없다. 따라서 학생이 익힌 문식 요소를 제시된 문식활동 과제를 해결하는 데 사용할 수 있는지를 확인해야 한다. 문식력은 문식 요소를 익힌 것만으로는 높아지지 않기 때문에 익힌 문식 요소를 문식활동에 활용할 수 있는 것이 중요하다. 학생들의 문식 요소의 활용은 문식활동 능력을 높이는 것이기 때문에 문식 요소의 사용 능력 강조는 문식력을 높이는 데 긍정적인 역할을 한다. 문식 요소의 사용의 예로 중심 문장과 뒷받침 문장으로 문단 구성하기를 들 수 있다. 학생들은 중심 문장과 뒷받침 문장이 무엇인지를 알고, 문단의 중심내용을 문장으로 표현하고, 세부 내용을 뒷받침하는 문장으로 표현할 수 있어야 한다. 평가에서는 중심 문장과 뒷받침 문장에 대한 이해 및 기능의 습득을 확인하여 그 결과로 학습을 안내해야 한다.

셋째, 문식성 평가에서는 자신의 문식활동을 반성하고, 다른 사람의 문식활동에서 본받을 점을 찾을 수 있는지를 확인할 필요가 있다. 문식력의 향상에서 자신을 반성하고, 다른 사람은 본받아 문식력을 높이는 것이 필요하기 때문이다. 문식활동 보완은 자신의 문식활동에서 무엇이 문제인지를 확인하는 것이 우선일 수 있다. 이는 문식 요소를 활용한 의미 구성과 의사소통의 활동 과제를 파악한 후, 자신의 문식활동을 반성하여 장단점을 찾고, 단점을 해결하는 활동의 과정을 평가한다. 다른 사람의 문식활동의 탐구에서는 특정 문식활동을 보고 문식활동의 장단점을 찾아보고, 장점의 수용 방안과 수용 과정을 평가한다. 문식활동 탐구의 주요 평가 요인은 자신의 문식활동을 개선하려는 활동의 절차를 확인하는 것에 중점을 둘 필요가 있다. 자신의 문식활동 문제를 발견하고, 다른 사람의 효과적인 문식활동을 알았다고 하여 곧바로 문식활동을 개선할 수는 없기 때문이다.

넷째, 문식생활 참여 능력을 확인해야 한다. 이것은 학생들이 일상적인 문식생활에 어떻게 참여하는지를 관찰함으로써 확인할 수 있으나 평가 상황에서는 문식활동 모둠을 만들어 모둠 내에서의 문식활동 과정에 학생들의 참여를 점검한다. 문식생활 참여 평가도 학생들이 문식활동에 적극적이며, 문식생활을 인지하고, 문식생활을 적극적으로 하려는 의지를 점검해야 한다. 또한 학생들의 문식생활이 적절한지, 다른 사람과의 문식적 상호작용이 효과적인지를 파악해야 한다. 이의 결과로 문식생활을 개선하고, 문식력을 높일 수 있도록 해야 한다. 문식활동 참여 평가는 학생들의 문식활동 태도와 문식 요소의 활용을 함께 확인할 수 있는 장점이 있다.

다섯째, 문식력 향상도를 확인해야 한다. 향상도 확인은 문식 요소의 습득이나 학습 기간에 이루어진 문식활동의 효과성을 점검함으로 이루어진다. 향상도를 알아보기 위해서는 비교의 기준이 되는 결과와 활동의 내용이 있어야 한다. 그러므로 향상도를 확인하기 위해서는 학생들의 정보를 누적적으로 관리하면서 특정 문식 요소를 익혔는지, 활용하여 문식활동을 할 수 있는지를 점검한다. 또한 모둠별로 문식활동 과제를 제시하고, 집단적 문식활동 과정에서 학생의 향상도를 확인하는 것이다. 문식력 향상도 확인에서는 학습 목표에 도달하였는지를 점검하여 목표로 정한 문식력의 향상을 파악한다.

다. 맞춤형 문식성 평가의 방향

맞춤형 문식성 평가는 학생의 문식성 학습에 대한 평가와 문식성 학습을 위한 평가의 특성을 반영할 필요가 있다. 학생들의 문식력 확인과 함께 문식력 향상을 위하여 학습해야 할 것을 확인해야 한다. 이를 위한 맞춤형 문식성 평가의 방향을 살펴보면 다음과 같다.

1) 문식 요소 중심 평가

문식 요소 중심 평가는 학생이 개별 문식 요소의 개념, 기능, 전략, 관습 등을 이해하고 습득하였는지를 확인하는 평가이다. 이 평가에서는 학생에게 질문하거나 설명을 요구하고, 과제를 제시하여 문식 요소의 사용을 요구한다. 그래서 특정한 문식 요소를 학생이 알고 사용할 수 있는지를 확인한다. 문식 요소 중심 평가에서는 정교한 평가 문항을 사용할 수도 있으나 개념이나 기능을 확인할 수 있는 간단한 자료(과제)를 사용할 수도 있다. 평가의 속성상 학생이 평가를 받고 있고, 평가의 요점을 알아 평가에 응하게 하면 된다. 그래서 문식 요소의 습득을 확인하고, 평가의 결과에 대하여 학생이 인정하고 받아들일 수 있게 하면 된다.

문식 요소 중심 평가는 평가 과제의 구성이나 평가의 실시를 필요에 따라 형식적 또는 비형식적으로 할 수 있다. 특정한 문식 요소의 습득만을 확인하면 되기 때문이다. 따라서 문식 요소를 확인하는 것에 한정된 제한적 과제들을 제시하여 평가를 실시할 수 있다. 평가 과제는 문식 요소를 확인하는 데 적합한 것이면 된다. 낮은 수준의 문식 요소를 확인하기 위한 과제는 단순할 수 있다. 문식 요소의 수준이 높아질수록 평가 과제를 복잡하고, 정교하게 구성해야 한다. 그렇지만 중학년 학생이 학습할 문식 요소는 핵심적이지만 기본적인 것이기에 이를 확인할 수 있는 과제면 된다.

문식 요소 중심의 평가는 맞춤형 문식 평가에서 기초적인 평가로써 개별 문식 요소의 지도 단위에 따라 요소별, 활동별, 단원별, 단계별 평가를 할 수 있다. 이 평가의 기본은 단위 학습활동에서 강조한 문식 요소의 습득을 확인하는 것이다. 이 단위 활동별 평가는 형성평가와 비슷한 평가이다. 다만 형성평가는 차시별 목표 중심의 평가라는 점에서 단위 문식 요소의 습득 확인 평가인 맞춤형 평가와 다를 수 있다. 즉 문식 요소 중심 평가는 수시적, 비형식적, 단계적, 반복적, 연계적, 지속적, 점증적으로 이루어지는 특성을 갖는다. 또한 평가의 초점이 교수·학습 결과에 있다기보다는 학생의 개인적 문식학습의 과정별 결과 확인에 있다.

2) 문식활동 중심 평가

문식활동 중심 평가는 주어진 문식 과제를 해결하면서 문식 요소의 습득과 사용, 보완을 확인한다. 평가에서 제시된 문식과제를 특정한 문식 요소를 활용하여 해결할 수 있도록 함으로써 문식 요소의 습득과 사용을 함께 평가할 수 있다. 그리고 문식활동 과제의 해결 과정을 분석하고 반성하게 하여 문식 요소의 사용과 보완을 점검할 수 있다. 이는 활동의 과제가 문식 요소의 사용을 전제하여 제한적·조건적으로 만들어져야 함을 의미한다. 그러면서 과제 해결 활동이 문식 요소의 사용을 중심으로 문식활동의 과정을 점검할 수 있게 마련되어야 한다.

문식활동 중심 평가의 과제 구성이나 실시는 계획에 따라 이루어질 필요가 있다. 활동 과제를 만들 때에는 학생들이 학습한 문식 요소와 문식 자료 및 문식 상황을 고려해야 한다. 그리고 평가 실시도 일정한 시기와 시간을 필요로 하기 때문에 이에 대한 계획을 해야 한다. 과제는 엄격하게 정교할 필요는 없지만 학생들의 문식활동에서 쉽게 접할 수 있는 제재와 상황을 선택해야 하고, 과제 해결에서 하게 될 활동도 제한적이어야 한다. 평가 활동의 초점이 특정 문식 요소의 사용 능력 확인이나 보완 능력 확인에 있어야 하기 때문이다. 또한 과제 해결에서는 시간의 제한과 다른 학생과의 협력의 문제도 고려할 필요가 있다. 모든 과제가 다른 학생과의 협력을 필요로 하는 것은 아니지만 평가 활동에서 보완 능력의 확인을 전제하고 있다는 점을 고려해야 한다.

문식활동 중심의 평가는 형식적인 평가의 형태를 띠고, 평가의 목표는 복합적일 수 있다. 단위 문식 요소의 사용을 확인하기 위하여 실시할 수도 있지만 복수의 문식 요소의 사용을 평가할 수도 있다. 또한 읽기와 쓰기의 복합적 문식력을 평가할 수도 있다. 이는 평가의 설계에서 고려해야 한다.

3) 문식생활 참여 중심 평가

문식생활 참여 중심의 평가는 문식활동과 문식생활에 참여하여 의미 구성과 의사소통을 할 수 있는지를 확인하는 방법이다. 문식생활 참여 중심의 평가는 학생이 문식생활에 의도적이고 적극적으로 참여하고 있는지를 확인하는 것이다. 즉 문식생활에 주어진 문식과제를 인식하고, 문식 상황을 파악하여, 문식활동을 조절하면서 수행하여 만족스러운 문식 결과를 내는지를 점검한다. 이 평가는 문식과제 해결 활동을 통하여 문식활동에 대한 관심과 습관, 태도 등을 파악한다. 특히, 문식생활 참여는 문식활동을 통한 학습력(관심 갖기, 모방하기)과 활동성(해보기, 함께 하기)을 점검할 수 있다. 문식생활 참여 평가는 문식활동을 할 수 있는 과제를 제시하여 활동 과정을 점검함으로써 이루어진다. 문식생활 참여 평가는 개별적 문식활동보다는 소집단을 중심으로 한 문식활동이 필요하다. 이 평가에서는 학생의 문식 요소의 사용과 보완뿐만 아니라 문식력을 종합적으로 평가한다.

문식생활 참여 중심 평가는 문식활동 과제나 문식 상황 과제를 제시하여 활동의 과정, 내용, 결과에 대한 평가를 실시하는 형식적 평가, 비형식적 평가이다. 형식적 평가는 문식력의 여러 요소를 복합적으로 확인할 수 있는 과제를 제시하고, 평가의 조건을 반영하여 문식활동을 할 수 있게 해야 한다. 이 평가에서는 문식활동의 계획과 수행, 결과뿐만 아니라 상호작용을 통한 문식 과제 해결 과정을 확인한다. 비형식적 평가는 학생들이 주어진 과제를 사회적 상호 관계를 고려하면서 문식활동을 수행하는지, 문식 과제 조건과 문식활동 상황을 인식하여 조정하면서 원활한 활동을 하는지를 관찰하여 확인하는 것이다. 이를 위한 문식과제는 개별적인 것이기보다는 공동의 것이면서 동료들과의 상호작용으로 해결할 수 있는 것이어야 한다.

문식생활 참여 중심의 평가는 종합적 맞춤형 문식성 평가라 할 수 있다.

학생들이 문식 요소를 과제에 맞게 사용하고, 문식 요소를 보완하는 문식생활에 대한 인식, 관심, 태도 등을 판단하는 것이다. 이는 학생의 실제적 문식활동을 분석하고, 점검하는 것과 함께 학생들의 문식생활을 관찰하고, 학생과 같이 문식활동을 하는 것을 필요로 한다. 이 평가는 제시된 평가 목표를 확인을 위한 것이지만 학생의 문식활동에 내재된 학습 목표를 종합적으로 점검한다. 그리고 문식활동 자체의 수행을 잘 할 수 있도록 하는 피드백을 준다.

4. 문식성 평가의 과제

초등학교 중학년 문식성 평가는 학생들의 문식학습 요소를 고려하여 이루어져야 한다. 중학년의 문식성 교육에서는 문식력의 향상과 문식생활의 참여를 강조할 수 있다. 저학년에서 문식력의 형성과 문식생활의 적응 학습이 이루어지기에 중학년에서는 문식력을 기르기 위하여 문식 요소를 습득하고, 이를 활용한 문식생활로의 출발을 준비해야 한다. 따라서 중학년들은 문식 요소의 학습과 문식활동에의 참여가 필요한 것이다.

중학년 문식성 지도에서는 문식력을 기르는 데 필요한 문식 요소를 중심으로 한 맞춤형 학습을 강조해야 한다. 학생들의 요구에 맞는 문식 요소를 가려 뽑고, 그 문식 요소를 충분히 익힐 수 있는 맞춤 학습이 필요한 것이다. 문식성 학습에서 다양한 문식 상황을 도입하여 능숙하게 효과적인 문식력을 갖추게 하는 것은 고학년에서 하면 된다. 그런 점에서 중학년에서는 문식력을 높이는 데 필요한 맞춤식 문식성 지도가 필요한 것이다.

중학년 문식성 학습을 고려할 때 문식성 평가도 맞춤형 평가가 필요하다. 학생들의 요구를 반영한 문식 요소의 학습을 확인할 수 있는 평가를 해야 하기 때문이다. 학생들이 배운 문식 요소를 정확하게 진단하고, 학습된 것과 학습할 것을 가려내어 학습지도의 방향을 정하고, 학습을 안내하고, 관리해 줄 수 있어야 한다. 이 맞춤형 문식성 평가에서는 문식력 향상과 문식활동 참여에 한정된 과제를 바탕으로 학생들의 문식활동을 평가할 수 있도록 해야 한다.

맞춤형 문식성 평가는 학생의 개별적 문식력을 중심으로 평가를 하면서, 학습된 문식 요소를 누가적으로 확인하며 반복적으로 평가를 실시하여 문식 요소에 대한 점증적인 점검이 이루어지도록 해야 한다. 문자를 활용한 의미 구성과 의사소통 활동을 전제하여 다른 학생과의 협력을 고려하고, 문식 요소의 학습과 교수를 관리할 수 있도록 하는 것이 필요하다. 문식성 평가의 과제는 문식 요소를 측정할 수 있는 선별적이면서 평가의 초점이 분명하게 드러나게 가공된 문식 조건을 포함하도록 한다. 그리고 나선형의 원리에 입각하여 점증·반복적 평가이면서 전체적으로 모든 문식 요소를 확인할 수 있는 과제를 제시할 필요가 있다.

맞춤형 문식성 평가의 실행에서는 문식 요소의 습득 여부를 확인하기 위한 평가, 문식 요소를 사용을 확인하기 위한 평가, 문식활동의 실제 능력을 확인하는 평가 등이 필요하다. 이들 맞춤형 평가는 평가 받을 학생들의 문식학습 결과와 문식력을 정확하게 진단하여 학생들의 문식학습과 지도를 도울 수 있도록 이루어져야 한다. 이를 통하여 학생들의 문식력 향상에 기여해야 한다.

참고문헌

교육부(2015), 국어과 교육과정, 교육과학기술부 고시 제2015-74호[별책5].
김도남(2010), 초등학교 저학년 문식성 평가 방법 연구, 한국초등국어교육학회, 한국초등국어교육 제42집.
김도남(2011), 읽기 학습부진 학생을 위한 코칭 방향, 청람어문교육학회, 청람어문교육 43집.
김명화 외(2011), 3R's 기초학습 부진 선별도구 개발 연구. 한국교육과정평가원 연구보고 CRE 2011-10
김지현(1998), 피아제와 비고스키 이론의 쟁점에 관한 교육학적 해석, 한국교육원리학회, 교육원리연구 제3권1호.
노명완(2010), 초등 저학년을 위한 문식성 교육, 한국초등국어교육학회, 한국초등국어교육 제42집.
이경언 외 (2008), 교실 내 맞춤형 학습 지원 방안 연구, 한국교육과정평가원 연고보고 RRI 2008-3-1.
이홍우(2006), 지식의 구조와 교과, 교육과학사.
이홍우·임병덕 역(2003), 키에르케고르의 교육이론, 교육과학사.
이환길(2008), 학습부진 학생들의 행위 특성에 기초한 맞춤형 교육원리에 관한 일 연구, 한국청소년학회, 청소년학연구 제15권2호.
정혜승(2010), 초등학교 저학년 문식성 교육과정의 향방, 한국초등국어교육학회, 한국초등국어교육 제42집.
홍선주 외(2009), 초등학교 맞춤형 학습 지원 방안 연구, 한국교육과정평가원 연고보고 RRI 2009-6
홍선주 외(2010), 맞춤형 학습의 효과적인 방안에 대한 인식 조사, 초등교육연구 제23권2호.

제2부

읽기 교육의 탐구

제1장 의미의 표상 방법

1. 문제 제기

표상은 외부 세계의 대상이 마음속에 나타나는 것을 가리킨다. 사람은 여러 가지 감각으로 외부 세계의 대상과 만난다. 이 외부 대상을 알기 위해서는 이 대상을 마음속으로 떠올려야 한다. 우리는 대상을 만나면, 그 대상을 오감으로 감각하고, 형태나 느낌, 감흥, 경험, 지식 등을 마음속에 생성한다. 대상에 대하여 마음속에 생성된 내용을 통해 우리는 대상을 알 수 있게 된다. 우리가 대상을 감각하고 지각하여 마음속에 대상에 대한 내용을 생성하는 활동과 그 활동의 결과 생성한 결과물을 표상이라 한다.

독자는 텍스트의 기호를 해석[1]하여 의미를 표상한다. 여기서 의미는 독자가 텍스트의 내용을 마음속에 생성하여 떠올린 것을 가리킨다. 독자의

* 이 장의 내용은 '독자의 의미 표상 방법 고찰'(김도남, 2004, 한국초등국어교육 48집)을 수정 보완한 것입니다.

1) 해독(decoding)과 해석(interpretation)은 유사한 개념으로 사용되는 용어지지만 세부적인 쓰임에서는 구분된다. 해독이 기호가 지시하고 있는 내용을 그대로 풀이해 내는 것에 초점이 있다면, 해석은 전체적인 관련 맥락 속에서 기호의 작용적 의미를 풀이하는 것이 초점이 있다고 할 수 있다. 즉 해독이 특정 기호가 기호 자체의 관계 구조 속에서 지니고 있는 개념을 풀이해 내는 것이라면, 해석은 기호의 작용으로 인하여 드러나는 맥락적인 의미를 풀이해 내는 것이라 할 수 있다. 따라서 텍스트를 읽을 때 독자가 하게 되는 기호의 의미 풀이는 맥락적인 요소가 많이 작용하여 이루어지기 때문에 해석이라고 할 수 있다.

의미 표상은 기호 지각과 기호 해석을 통한 관념의 형성으로 이루어진다. 독자는 텍스트를 읽으면서 기호를 통하여 마음속에 떠오르는 관념을 구체화하거나 서로 관계 지음으로써 의미를 표상하게 된다. 의미 표상은 텍스트 이해의 가장 낮은 수준에서 이루어지는 의미 구성 작용이다. 따라서 독자의 의미 표상은 텍스트 이해의 기초 활동으로 깊이 있는 이해를 위한 기반이다. 독자는 표상된 의미를 바탕으로 텍스트의 속뜻(중심내용, 주제)을 풀이하는 '해석'을 하고 해석한 결과를 자신의 것으로 받아들이는 '이해'를 하게 된다.

의미 구성을 위한 기호 해석은 독자의 인지적 토대를 바탕으로 이루어진다. 각 기호는 그 나름의 고유한 지시 대상을 가지고 있다[2]고 할 수 있지만 독자가 해석하는 기호는 독자의 배경지식이나 의도 및 텍스트 요인과 사회문화적인 요인에 영향을 받기 때문에 이들 요인의 상호 관계에 의하여 의미가 결정된다고 할 수 있다. 이는 관련 상황과 맥락에 따라 기호의 해석 내용이 달라질 수 있음을 뜻한다. 요컨대 독자가 표상한 의미는 독자와 텍스트 및 관계 상황·맥락의 상호작용에서 이루어지며 이들 요소의 작용 관계에 따라 달라진다.

독자의 의미 표상은 텍스트의 낱말, 문장, 문단 등의 내용을 일련의 의미 덩이로 마음속에 떠올리는 것이다. 독자의 의미 떠올리기는 지각, 사고, 상상, 연상 등의 마음 작용을 바탕으로 이루어진다. 마음 작용으로 이루어지는 표상은 관련 맥락에 따라 방법이 달라지고, 그 형태도 달라지게 된다. 표상된 의미의 형태는 이미지나 스키마, 명제 구조체 등으로 설명되고, 방법은 각 형태에 따라 다르다고 할 수 있다. 이러한 의미 표상 결과, 독자는 텍스트 이해를 할 수 있는 기반을 마련하게 된다.

---

2) 소쉬르는 기호를 (S/s)로 나타낸다. 기표(S)와 기의(s)는 하나의 기호를 구성한다. 그래서 기호는 고유의 기의를 포함하고 있는 것으로 볼 수 있다.

이장에서는 독자의 의미 표상에 대한 기존의 논의를 검토하면서 독자의 표상 방법에 대하여 정리하여 보고자 한다. 이를 통하여 학생들의 표상 방법에 대한 교육적 관심을 제고시키고자 한다.

2. 의미 표상 개념과 작용

가. 의미 표상의 개념

표상에 대한 논의는 오랜 역사를 가지고 있다.[3] 쇼펜하우어는 오성에 의하여 객관 세계의 대상이 우리의 의식에 주어지는 것을 표상이라고 한다(곽복록, 2000: 11-12). 즉 표상은 의지적 인식 작용에 의하여 형성되는 것으로 본다. 후설은 대상을 보는 순간 무의식적으로 대상과 관련된 이전에 있었던 관련 경험을 현재로 다시 당기고(retention), 아직 도달하지 못한 않은 미래의 예상 경험을 미리 당겨서(protention) 현재가 이들과 연결됨으로써 표상이 이루어진다고 본다(이진경, 2003: 606). 이를 지향성이라는 말로 압축하여 표현한다. 이들 설명에서 알 수 있는 것은 표상이 무의식과 의지적 심리 활동을 통하여 이루어지며 표상의 내용은 가변적이라는 것이다.

표상은 마음의 속에서 일어나는 관념의 구성 작용과 그 결과를 지칭하기도 하지만 구성된 결과가 외부적으로 표현하는 것을 가리키기도 한다(이종희, 1998). 다시 말하면, 표상은 대상이 사람의 마음속에 관념을 구성하고 이 구성된 관념이 외부로 드러나는 것을 모두 지시한다. 표상의 과정에 대한 설명은 신경계의 작용으로 이루어진다고 보기도 하고(홍경남, 2003: 43), 논리연산적인 사고 작용으로 이루어진다고 논의하기도 한다(차경호 역, 2002:

---

3) 김광수(1995:187)는 아리스토텔레스가 기억을 이미지로 다루는 것으로 본 것을 표상에 대한 논의의 시발점으로 본다.

93-107). 정리하면 표상은 감각적 지각을 통한 신경의 작용과 무의식 및 의지적인 사고 작용에 의하여 이루어진다고 할 수 있다. 이러한 심리적 작용을 통하여 구성된 의미 표상의 유형은 개념적 표상과 형상적 표상으로 구분하기도 하고, 개념 표상, 상징 표상, 심상 표상 등으로 구분하기도 한다(이종희, 1998).

이 논의에서는 독자가 텍스트의 내용을 마음속에 의미로 구체화하여 인식한 것을 표상이라고 본다. 여기서 표상은 독자가 의미를 인식하는 과정을 지시하기도 하지만 인식한 결과에 초점을 두고 표상의 개념에 접근한다. 즉, 표상은 독자의 마음속에 구성된 의미 덩이를 지시한다. 독자가 마음속에 떠올리는 의미 덩이는 잠시 머물기도 하고, 오랫동안 머물러 있기도 한다. 의미가 독자의 마음속에 머물 수 있는 것은 때로는 독자의 의지 때문이기도 하고, 때로는 텍스트와 독자가 함께 구성하는 맥락 때문이기도 하다. 의미가 독자의 마음속에 어떤 형태로든 머물러 있게 된 것을 표상이라 할 수 있다. 의미가 표상되면 독자가 의미를 회상할 수 있고, 장기기억 속에 넣어 오랫동안 기억할 수도 있다.

독자의 표상은 텍스트의 기호가 담고 있는 내용을 마음속에서 환기시켜 특정한 관념을 구성함으로써 일어난다. 독자가 기호를 지각하더라도 마음속에 특정한 관념을 구성하지 못하면 짧은 순간 스치는 심적형상이나 청각영상일 뿐 표상되지 못한다. 일반적으로 듣기를 hearing(들리기), listening(듣기), auding(깨닫기)로 구분하는 것(최현섭 외, 2002: 190)과 마찬가지로 텍스트 속의 기호가 눈을 통하여 단순히 감지되는 상태는 들리기(hearing)와 같이 아무런 흔적을 남기지 못하는 것과 같다. 따라서 독자가 기호를 해석하여 의미를 표상하기 위해서는 의식적으로 집중해야 할 필요가 있다. 의미 표상을 작동기억, 단기기억, 장기기억과 관련시켜 보면, 기호의 의미를 작동기억을 통하여 해석하여 단기기억에 저장하여 놓은 상태이다. 작동기억을 통하여 해석된 의미가 주목받지 못하면 단기기억으로 넘어갈 수 없다. 그렇게 되면 독자의 의미 표상은 이루어질 수 없게 된다.

독자의 의미 표상의 과정은 기호를 지각하여 마음속에 환기된 관념들을 연결하여 확장하는 과정이다. 독자는 낱말의 의미 인식에서 문장과 문단, 장, 절 등의 의미 구성으로 확장한다. 이런 확장의 과정을 통하여 표상된 의미는 텍스트의 내용과 동일한 형태로 표상되는 것은 아니다. 독자가 처한 상황에 따라 달리 표상된다. 따라서 표상의 과정은 환기된 관념을 연결하는 과정이지만 독서 상황에 작용하는 요소들의 강밀도에 따라 의미가 달리 구성된다.

독자의 의미 표상 형태는 몇 가지로 구분된다. 텍스트의 내용에 따라 일정한 상(이미지)의 형태로 표상하기도 하고, 독자의 스키마나 특정한 감정의 형태로 표상하기도 하며, 명제의 형태로 표상하기도 한다. 또한 어떤 경우에는 이들 표상의 형태가 종합적으로 작용하여 이루어지는 경우도 있다고 할 수 있다. 여기서는 의미 표상의 형태를 구분하는 것에 일차적인 목적이 있으므로 이들 표상의 대표적인 형태를 중심으로 살펴본다.

나. 의미 표상의 작용 요인

독자의 의미 표상은 텍스트 기호 해석 작용을 통하여 이루어진다. 기호 해석 작용이 없으면 독자는 마음속에 의미를 표상할 수 없다. 기호 해석은 기호가 지시하는 대상에 대한 인상(印象)이나 개념을 떠올려 관념을 구성하는 것이다. 관념의 구성은 신경계와 심리 작용으로 비롯된 논리연산적 사고 작용이나 상상과 연상 등의 확산적 사고 작용을 통하여 일어난다. 이들 심리 작용은 독자 요인과 텍스트 요인, 상황 요인이 함께 작용하여 이루어진다. 독자의 심리 작용의 촉발은 텍스트의 기호를 접하면서 일어나는 것이지만 의미의 표상은 여러 요인이 함께 작용하여 일어난다. 즉 같은 텍스트라도 학교, 집, 도서관 등의 장소에 따라 다르며 혼자 읽는가 다른 사람과 상호작용을 하면서 읽는가 아니면 다른 책을 참고하면서 읽는가 등에 상황에 따라 달라진다. 독자의 의미 표상에 작용하는 요인은 다양하며 이들 요인의 상보적으로 작용한다고 할 수 있다.

독자의 의미 표상에 작용하는 주요 요인을 독자 요인, 텍스트 요인, 사회문화적 요인 등으로 범주화하여 볼 수 있다. 독자 요인은 심리 구조(배경지식)와 조작 작용으로 인지와 관련된 것이다. 텍스트 요인은 독자가 텍스트의 내용과 상호작용하면서 구성하는 맥락과 관련된 것이다. 사회문화적 요인은 독자가 텍스트와 관계하고 있는 내외적 영향 환경과 관련된 것이다.

독자의 요인은 의미를 표상할 때 직접적으로 작용하는 요인으로 강력한 영향력을 행사한다. 다른 요인들도 상당 부분은 이 요인에 영향을 받게 된다. 독자 요인은 신경 작용, 스키마, 인지 조작, 의도 등을 들 수 있다. 신경 작용은 의미 표상을 촉발하고 유지하는 역할을 한다고 할 수 있다. 신경은 기호를 지각하여 인식하고 그것에서 관념을 구성할 수 있는 조건과 관념의 구성에 직접 관여한다.[4] 그리고 스키마는 독자의 경험의 총체로써 구조화된 인식 틀이다. 감각작용은 무의식적으로 이루어지는 심리 작용이라면 스키마는 의식적인 심리작용이라 할 수 있다. 그래서 스키마는 의미 표상에 직접적으로 작용하는 요인이라 할 수 있다. 인지 조작은 인지작용, 즉 사고작용으로 의미 표상의 중요한 기제이다. 의미 표상은 기호 해석으로 떠올려진 관념들을 구분하고, 분석하고, 분류하고, 관계 짓고, 판단하는 사고를 통하여 이루어진다. 인지 조작은 의미 표상의 도구 역할을 하는 독자 요인이

---

4) 홍경남(2003: 197-198)은 '신경-지각동형설'을 설명하면서, 시각적으로 대상을 보고 그 대상을 인식하는 것은 신경들의 작용 때문이라는 것이다. 즉 신경들이 작용하여 대상에 대한 '신경적 표상'이 이루어진 결과라는 것이다.

라 할 수 있다. 의도는 다른 요인과는 달리 추상적인 영향 요인으로 독자가 텍스트를 읽는 목적으로 볼 수 있는 것으로 환기된 관념들을 선택하고 연결하여 의미 덩이의 구성 내용과 구조를 결정하는 역할을 한다고 할 수 있다. 즉 표상이 독자의 의지에 따라 또는 상황에 따라 적절하게 이루어질 수 있도록 하는 데 영향을 준다.

맥락 요인은 텍스트와 독자가 특정 요소를 공유함으로써 표상에 영향을 주는 것이다. 맥락 요인의 첫째는 언어의 공유이다. 독자가 기호를 해독하여 의미 표상을 하게 되는 것은 텍스트에 사용된 기호 체계(언어)를 독자가 공유하고 있기 때문이다. 다른 언어로 된 책을 읽을 수 없다든다 책을 읽고 이해가 되지 않아 어렵다고 느껴지는 책은 그 책에서 사용하는 언어 규칙과 어휘를 공유하고 있지 못하기 때문이다. 둘째는 감정의 공유이다. 독자는 텍스트를 읽어가면서 각 낱말 하나에서 텍스트 전체에 흐르는 감정을 인식하고 이를 공유한다. 감정은 분명하게 설명할 수 없지만 실제로 의미 표상에 강력하게 작용하는 요인 중의 하나이다. 셋째는 내용 구조의 공유이다. 텍스트의 내용 제시 방식이나 내용 전개 구조를 독자가 공유할 때 표상이 일어날 수 있다. 텍스트 내용 구조는 구성 요소의 유기적인 관계를 기반으로 하는데 구성 요소의 배치와 관계 방식이 독자의 의미 표상에 작용한다. 넷째는 사고방식의 공유이다. 텍스트의 내용 구성과 구조가 독자의 사고 구조와 유사할 때 의미 표상이 일어날 수 있다. 다섯째, 경험의 공유이다. 의미 표상은 텍스트의 내용과 독자의 경험 내용이 같게 되면 일어나게 된다. 즉, 텍스트가 담고 있는 내용에 대한 직접 또는 간접 경험을 하거나 예상하여 경험할 수 있어야 한다.

사회문화적 요인은 독자가 의식하고 있지 않지만 의미 표상에 영향을 주는 사회적 제도나 관습, 의식 등의 환경 요인이다. 사회문화적 요인으로는 언어적 관습, 내용적 관습, 형식적 관습, 해석적 관습 등을 들 수 있다. 언어적 관습은 기호의 상징적 의미나 함축적 의미, 분위기와 뉘앙스의 문제이다. 각 어휘나 관용어구, 표현의 특징 등이 형성하는 분위기는 독자의 표상에 관여한다. 내용적 관습은 공유된 관심의 대상을 말한다. 텍스트와 독자가 같은 사회 공동체로써 함께 관심을 공유하는 내용(대상)일 경우 의미 표상이 잘 일어나게 된다. 형식적 관습은 텍스트의 종류나 장르에 따른 표현의 방식이나 내용의 전개 방식이다. 글의 종류나 장르는 내용의 구조와 구성방식의 특성으로 독자의 의미 구성에 영향을 준다. 또한 형식은 텍스트를 읽는 방식과 기대 의미에 영향을 줌으로써 의미 표상에 관여한다. 해석적 관습은 특정 내용이나 대상에 대하여 그 독자가 속한 사회의 의식 구조가 작용하여 특정한 방식으로 의미를 부여하게 하는 것이다. 이는 특정한 관점으로 기호를 해석하여 의미를 구성하게 할 뿐만 아니라 의미 표상이 내용적으로 특정한 경향성을 갖도록 하는 데 유도한다. 이들 사회문화적인 요인은 무의식적으로 작용하기도 하고 의식적으로 작용하기도 하여 표상에 직접 관여한다.

독자의 의미 표상은 이들 요인이 복합적으로 작용한다. 독자 요인이나 맥락 요인, 사회문화적인 요인 동시적으로 작용하여 텍스트의 내용을 독자의 의미로 표상하게 한다.

다. 의미 표상의 종류

독자의 의미 표상 방법을 설명하는 틀에는 세 가지가 있다. 심상 표상 이론(mental model)과 스키마 표상 이론(schema theory), 명제 표상 이론(propositional theory)이 있다(Gunning, 1992; 김도남, 2003: 39-40). 심상 이론은 독자의 의미 표상이 이미지로 이루어진다는 설명 방식이다. 스키마 이론은 독자가 가지고 있는 스키마의 작용으로 의미 표상이 일어난다는 설명 방식이다. 그리고 명제 표상 이론은 텍스트의 내용을 독자의 명제 단위로 재구성하여 표상한다는 설명 방식이다. 이들 방식에 대하여 구체적으로 살펴보면 다음과 같다.

심상 이론은 텍스트의 내용을 독자가 이미지로 의미화하여 형상화하는 방법에 대한 설명이다. 심상 이론으로 보면 독자는 기호를 해독하여 마음속에 모습이나 장면의 이미지를 떠올려 의미를 표상한다. 이미지로 의미를 표상하게 되는 것은 텍스트의 내용이 이미지를 구성할 수 있도록 제시되어 있기 때문이라고 할 수 있다. 즉, 텍스트의 내용 제시 방식이 독자의 마음속에 이미지를 구성할 수 있게 되어 있기 때문이다. 이런 텍스트의 경우, 텍스트를 읽으면서 이미지의 형태로 의미를 표상하지 않게 되면 텍스트의 내용 인식은 어렵게 된다.

이미지 표상은 기호를 통한 상상이나 연상으로 마음속에 상을 만듦으로써 이루어진다. 상상은 구체적인 상을 떠올려 이미지를 구성하는 것이라면 연상은 관련된 개념이나 상을 떠올려 이미지를 구성하는 방식이다.

> 남쪽 나라, 따뜻한 나라, 사람 사는 동네도 없고, 사람이나 짐승이 지나간 흔적도 없는 쓸쓸한 바닷가에 넓고 넓은 모래 벌판이 펼쳐져 있습니다. 바닷가라서 나무도 없고, 나무가 없으니 노래를 부를 새 한 마리는커녕 풀 한 포기조차 없었습니다. 희고 흰 모래 벌판과 푸르고 푸른 바닷물만이 한 끝에서 한 끝까지 펼쳐져 있었습니다(마해송, 〈바위나리와 아기별〉의 일부).

이 텍스트는 바닷가의 한 장면을 묘사하고 있는데 만약 독자가 글을 읽으면서 바닷가의 이미지를 구성하지 못하게 된다면 각 낱말이나 문장은 독자에게 아무런 의미를 주지 못하게 된다. 즉, 독자는 텍스트가 담고 있는 내용을 표상할 수 없게 된다. 독자가 의미 표상을 하기 위해서는 텍스트의 내용이 그려내고 있는 바닷가를 마음속에 떠올리면서 장면을 구체화하여 바닷가의 전체 모습과 분위기를 표상해야 한다.

이미지 표상을 통하여 독자의 마음속에 떠올려진 모습이나 장면은 비언어적인 특성을 갖는다. 이미지는 사물의 모습이나 장면이므로 언어가 될 수 없다. 이미지는 모습이기 때문에 구체적인 언어로 표현될 수 없다. 그래서 이미지를 언어로 재연하기는 어렵다. 다만, 독자가 텍스트가 제시하고 있는 장면을 입체적으로 그리게 되면 의미가 분명하게 표상된다. 이를 위하여 독자는 자신의 경험과 텍스트의 내용, 사회문화적인 관습을 바탕으로 이미지를 정교화하고, 구체화해야 한다.

이미지 표상은 텍스트의 내용을 기반으로 이미지를 구성하는 것이지만 그 이미지는 독자가 임의적이고 자의적으로 구성된다. 때문에 기호를 해독할 때 독자가 구성하는 의미를 기호가 지시하고 있는 대상 이미지라고 상정하지만 독자가 구성하는 이미지는 기호가 지시하는 것과는 다른 형태의 이미지라 할 수 있다. 이는 독자가 이미지를 텍스트의 내용을 바탕으로 자율적으로 구성하면서 독자 자신만의 특정한 형태의 이미지를 만든다는 것이다. 이는 독자가 텍스트 내용을 자신의 총체적 경험 속에서 재구성하여 인식하는 것이라 할 수 있다. 위의 '바위나리와 아기별'을 읽는 독자는 마음속에 바닷가 장면을 그리게 되는데 이는 독자만의 특정한 바닷가의 이미지를 그리게 된다고 할 수 있다.

스키마 이론은 스키마가 구성한 구조에 따라 의미를 떠올리는 방법이다. 스키마는 독자의 마음속에 이미 구조화되어 있는 틀이다. 독자가 텍스트의 내용을 접하게 되면 이 틀을 활성화하여 의미를 담을 수 있도록 빈칸을 만든다. 독자의 의미 표상은 이 스키마의 빈칸에 의미를 채움으로써 이루어진다고 할 수 있다. 그래서 스키마 이론은 독자가 이미 가지고 있는 인식 구조를 활용한 의미 표상 방법에 대한 설명 이론이다.

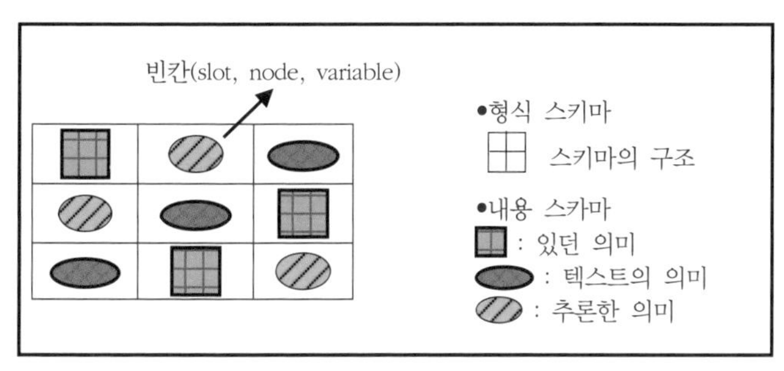

스키마의 구조 모형

독자의 스키마는 대개 형식 스키마와 내용 스키마로 구분한다. 형식 스키마는 외적 구조 즉, 무엇을 담을 수 있는 여러 칸으로 만들어진 용기이다. 내용 스키마는 그 용기 속에 담겨 있는 내용물이다. 읽기에서 형식 스키마는 독자의 마음속에 의미를 받아들일 수 있도록 빈칸을 만들고 내용 스키마는 빈칸에 들어가 자리를 잡게 된다. 이렇게 내용 스키마가 형식 스키마의 빈칸을 채우게 되면 의미 표상이 이루어진다.

> 2002년에는 제17회 월드컵 축구 대회가 열렸습니다. 이 대회는 우리나라와 일본이 공동으로 열었습니다. 세계 여러 나라에서 많은 사람들이 축구 경기를 위하여 우리나라에 왔습니다. 우리나라에서는 온 국민이 힘을 모아 준비하여 월드컵 축구 대회를 세계인의 잔치로 만들었습니다(〈월드컵 축구 대회〉의 일부).

이 텍스트를 보면 독자는 축구 대회라는 스키마를 표상하게 된다. 독자는 '축구 대회'라는 말을 인식하게 되면, 대회 이름과 대회 주관자와 대회 참가 팀, 구경꾼 등으로 인식 구조를 마음속에 만든다. 이 구조를 바탕으로 텍스트를 읽으면서 대회 이름은 '월드컵 축구 대회'이고 개최국은 우리나라와 일본이며, 참가 팀과 구경꾼은 세계 여러 나라의 선수들과 사람들이라는 것을 인식한다. 이렇게 인식한 의미들이 일정한 구조 속에 놓이게 됨으로써 의미의 표상이 일어나게 된다.

텍스트에 대한 이러한 표상은 구조 요소와 의미 요소가 함께 작용하여 이루어진다. 구조 요소는 형식 스키마이고, 의미 요소는 내용 스키마이다. 여기서 형식 스키마는 구조이기 때문에 외적 형식 구조를 만들고 내용 스키마는 형식 스키마의 빈칸에 들어가는 내적 구성물이다. 즉, 스키마는 일정한 구조 속에 관계된 의미로 채워진 형태이다. 따라서 스키마를 활용한 표상은 구조와 의미가 함께 작용하여 이루어진다고 할 수 있다.

명제 표상 이론은 독자가 텍스트를 읽고 구성한 관념을 자신의 말, 즉 텍스트에 제시된 낱말이나 문장과는 다른 낱말이나 문장으로 만들어 표상하는 방식이다. 여기서 독자는 떠올려진 관념을 개념적으로 인식하고 이를 낱말이나 문장 형식의 명제[5]로 구체화한다고 하여 '명제 표상'이라 한다. 독자는 텍스트를 읽어가면서 텍스트의 내용을 자신의 관념으로 만들고 이 관념을 명제 단위로 재구성하는 것이다. 명제 단위는 낱말이나 구절, 문장 등이 된다.

독자는 명제를 범주화하고 연결하여 일정한 구조를 만든다. 그래서 명제 간의 관계를 지어 의미를 표상하게 된다. 명제들은 다른 명제와 관계를 맺지 못하게 되면 단일 명제로 표상되고, 다른 명제들과 관계를 맺게 되면 일정한 구조를 형성하게 된다. 명제들이 일정한 관계 구조를 이루어 하나의 응결된 의미 구조체를 이룰 때 의미 덩이 표상이 된 것이라 할 수 있다.

> 해치는 아득한 옛날, 태평성대였던 중국의 순 임금 시대에 세상에 나타났다고 하는 상상의 동물이다. 상상의 동물이나 만큼 해치는 여러 가지 이름으로 불리었다. '신양', '식죄', '해타' 등이 그것인데, 요즈음 일반인의

5) 여기서의 명제는 의미를 낱말이나 구절, 문장 등으로 인식하거나 표현한 것을 말한다. 명제로 의미를 표상한다는 것은 그 단위가 언어임을 의미한다. 이는 의미 표상이 언어에 의존한 사고의 작용으로 이루어진다는 생각의 기반이 된다.

입에 익숙한 해태라는 말은 그 어원이 분명하지 않다. 아마 해타가 변형된 것이 아닌가 추측하기도 한다. '고종실록'에서는 이 동물의 이름을 '해치'로 표기하고 있다('광화문의 해치'의 일부).

이 텍스트를 처음 접하게 되는 독자는 해치에 대한 모습을 마음속에 떠올릴 수 없다. 해치를 본 적도 없고, 들은 적도 없는 독자는 해치를 쉽게 인식할 수 없다. 다만 텍스트의 제시된 기호를 통하여 해치가 어떻게 정의되고 있는지를 파악하여 독자의 의미 표현 단위로 정의해야 한다. 독자의 의미 표현 단위로 정의한다는 것은 자신이 구성한 관념을 명제로 구체화한다는 것이다. 만약, 텍스트의 내용을 자신의 명제로 바꾸지 못하면 이 텍스트는 독자에게 의미 있는 것이 되지 못한다.

독자가 이 텍스트 내용을 인식하기 위해서는 다음과 같은 자신의 말로 정의하는 과정이 필요하다. '해치는 상상의 동물이다, 아주 오랜 옛날부터 있었다, 여러 가지 이름이 있다, 우리나라 기록에도 있다.' 등의 말로 나타내야 한다. 그리고 '해치는 오래전에 사람들이 상상하여 꾸며낸 동물로 여러 가지 이름으로 불리고 있다'라고 다시 정리하여야 한다. 이렇게 정리하지 못하게 되면 독자는 이 텍스트의 내용을 의미 있게 받아들여 표상했다고 할 수 없다.

이러한 명제 표상은 텍스트에 의존하여 이루어진다. 그러면서 반드시 언어적인 형식으로 재정의되고 구조화되어야 한다. 텍스트에 의존한다는 것은 독자가 텍스트에 제시된 기호들을 해석하여 그 의미를 구성해야 함을 뜻한다. 의미의 구성은 독자가 임의로 결정할 수 없기 때문에 텍스트에 제시된 기호에서 의미를 인식할 수 있는 단서를 찾아 이를 활용해야 한다. 즉, 텍스트에 제시되어 있는 낱말이나 구절, 문장의 의미를 활용하여 의미를 구성하게 된다. 그래서 텍스트에 의존하여 의미를 구성하게 되는 것이다. 이러한 의미의 구성은 반드시 독자가 사용하는 언어 형식으로 재구성되어야 한다. 명제 표상 이론에서 보면 독자가 구성한 의미가 독자의 말로 다시 표현되지 못하면 의미를 표상했다고 할 수 없다.

라. 의미 표상의 기능

독자가 의미를 표상한다는 것은 독자가 텍스트의 내용을 독자의 인식 체계 속으로 받아들이는 것을 의미한다. 독자가 의미 표상을 했다는 것은 텍스트의 내용을 독자의 의미로 받아들여 단기기억 속에 저장하여 놓은 것을 가리킨다. 이 의미 표상은 독자가 텍스트 내용을 이해하는 과정에서 몇 가지 기능을 한다. 그것을 살펴보면 다음과 같다.

첫째, 독자와 텍스트를 연결한다. 텍스트의 내용은 독자 밖에 존재하는 대상이다. 따라서 독자가 텍스트의 내용을 표상하기 전까지 텍스트와 독자와는 아무런 관계도 갖지 않는다. 독자는 텍스트의 내용을 마음속에 의미로 표상하게 됨으로써 텍스트 내용과 관계를 맺게 된다. 텍스트 내용이 독자와 관계를 맺는다는 것은 텍스트가 독자의 인지 구조와 보이지 않는 끈 즉, 심리적 연대를 형성한 것을 의미한다. 이러한 심리적 연대는 구조와 개념, 이미지 등을 공유하게 되었다는 것을 의미한다. 조금 달리 말하면, 독자의 마음속에 텍스트의 내용이 타자의 모습으로 자리를 잡고 자아와 마주하고 있는 것이다.

둘째, 독자의 마음속에 의미를 붙잡아 둔다. 독자가 의미를 표상하였다는 것은 독자의 마음속에 텍스트의 내용이 의미로 변화되어 자리를 잡고 있다는 것을 말한다. 이것은 기억과는 다른 것으로 단기 기억 속에 텍스트의 내용이 들어와 공간을 차지하고 있다는 것을 의미한다. 그래서 독자는 표상된 의미를 필요할 때 회상하거나 다른 의미와 연결 짓거나 관계를 분석할 수 있게 된다.

셋째, 텍스트의 내용을 독자의 의미로 소유하게 한다. 텍스트의 내용을 독자가 의미화하여 표상하였다는 것은 텍스트의 내용을 그대로 옮겨왔다는 것을 의미하지 않는다. 몇 가지 실험[6]에서 알 수 있듯이 독자는 텍스트의 내용을 글자 그대로 암기하는 것이 아니다. 독자는 텍스트의 내용을 자신의 의미 체계로 재구조하여 받아들인다. 예를 들어 다음과 같은 문장이 있다고 치자. "영수는 서울역으로 갔다. 기차표를 한 장 사서 개찰구로 향했다. 부산행 기차에 올라탔다. 두 시간 반이 지나 부산에 도착했다." 이러한 문장이 있으면 독자는 '영수는 서울에서 기차를 타고 부산으로 갔다'로 의미를 표상하게 된다. 이것은 상황에 따라 달라지기는 하지만 대체로 전체적인 의미를 하나의 연결된 의미로 재구조화하여 독자 것으로 만든 것이다. 즉 의미 표상은 텍스트의 내용을 독자가 자신의 것으로 소유할 수 있게 만든다.

넷째, 텍스트의 내용에 대한 해석의 기반을 마련해 준다. 독자는 표상된 의미를 바탕으로 다른 의미와 연결 짓거나 비교 분석하여 함축된 의미를 찾아내거나 의미를 부여한다. 독자가 텍스트의 내용을 표상하지 않고 다른 의미와 연결 짓거나 분석하여 함축된 의미를 찾을 수 없다. 따라서 의미의 표상은 독자에게 텍스트 내용 속에 들어있는 의미를 해석하여 깊이 있는 이해를 할 수 있게 하는 바탕이 된다.

이러한 점에서 볼 때, 독자의 의미 표상은 텍스트 이해에서 기본적인 것이지만 중요한 역할을 수행하는 것이라고 할 수 있다. 그러므로 독자가 의미를 효과적으로 표상하는 것은 텍스트 이해에서 무엇보다 중요하다.

6) Anserson과 Pichert(1974)의 '집' 텍스트를 활용한 연구나 Bransford 와 Johnson(1972)의 '세탁기' 텍스트를 활용한 연구 등(노명완, 1994: 268-277 참조).

3. 독자의 의미 표상 방법

독자는 텍스트를 읽으면서 텍스트의 내용을 이미지, 스키마, 명제 구조체 등으로 바꾸어 마음속에 표상한다. 독자의 의미 표상은 독자와 텍스트, 관련 상황의 맥락들이 총체적으로 작용하여 이루어진다. 의미 표상 방법에 대하여 앞에서 제시한 심상 표상, 스키마 표상, 명제 표상을 중심으로 좀 더 구체적으로 살펴보면 다음과 같다.

가. 심상 표상

심상은 독자가 의미를 이미지로 표상한 것이다. 독자가 텍스트의 내용을 이미지로 표상하는 방식은 텍스트의 기호를 해석하여 마음속에 특정한 공간을 만들고 그 공간을 대상의 이미지나 대상들의 행위 이미지로 채우는 방식이다. 이들 이미지 표상은 주로 상상이나 연상 작용을 통하여 이루어진다. 상상 작용[7]은 낱말이나 문장이 지시하고 있는 구체적인 대상에 대한 이미지를 만든다. 그리고 연상 작용[8]은 낱말이나 문장을 보고 낱말이나 문장이 지시하는 관련 개념뿐만 아니라 관계된 지시 대상을 함께 떠올려 이미지를 만든다. 이들은 개별적으로 작용하기보다는 상보적으로 작용하여 독자가 텍스트의 내용을 마음속의 이미지로 표상하게 만든다.

독자가 표상한 이미지는 감각적이고 상황적이다. 감각적이라는 것은 표상 이미지가 대상에 대한 양감, 질감, 운동감의 느낌을 갖게 하는 것을 의미

---

7) 상상은 표면적인 인상뿐만 아니라 대상의 본질을 찾아내는 인식 작용이다. 그러나 여기서는 표상의 관점에서 대상의 본질에 대한 인식보다는 대상의 표면적인 인상의 표상에 초점을 둔다.

8) 연상은 마음속에 생각, 느낌, 심상, 사건들이 연속적으로 떠오르는 것이다. 현실 세계에서 어떤 모습을 보거나 소리를 듣는 순간 그것과 비슷하거나 관련 있는 과거의 경험이 생각나고 그 생각 때문에 또 다른 것이 생각나는 것이 연상이다(김영희, 2003: 46).

한다. 사람은 오감을 갖고 있다고 하는데 이미지는 이들 오감을 통하여 감각적으로 느낀 것처럼 인식하게 한다. 그리고 상황적이라는 것은 특정한 표상된 공간 속에 존재하는 대상들이 서로 유기적인 관계 속에서 작용하는 상태를 말한다. 즉, 독자의 마음속에 특정한 상황이 가정되면 그 속에는 여러 대상들이 상호관계 속에서 작용하게 되는데 독자는 간접적이긴 하지만 이들 상황을 인지할 수 있게 된다. 요컨대, 기호를 지각하여 마음속에 표상한 이미지는 독자의 감각을 자극하고 특정 상황 속으로 독자를 불러들인다.

이미지 표상은 공간화를 지향하다. 독자는 이미지 표상을 할 때, 대상의 한 측면이 아닌 전체의 모습을 떠올려 다른 대상들과의 관계를 맺게 한다. 그래서 이미지의 표상은 대상을 입체적으로 떠올리고, 그 대상을 특정한 공간 속에 배치함으로써 이루어진다. 즉, 이미지 표상은 입체적, 공간적으로 이루어지게 된다. 이미지가 평면적이고 단편적으로 이루어지게 되면 제대로 된 표상이라 할 수 없다. 그리고 이미지 표상에서는 독자가 자신이 마음속에 구성한 공간 속에 한 대상으로 참여하든가 아니면 그 공간을 관찰하는 관객이 된다. 그러므로 이미지 표상 활동에서는 공간 속에서 대상을 입체적으로 표상하면서 자아를 그 속에 투여할 수 있도록 해야 한다.

이미지를 표상하는 방식은 그게 두 가지로 나눌 수 있다. 하나는 정적 표상이고 다른 하나는 동적 표상이다. 정적 표상은 고정된 대상이나 장면을 표상하는 방식이고, 동적 표상은 움직이거나 변화하는 대상이나 장면을 표상하는 방식이다.

1) 정적 표상

정적인 표상은 텍스트에 제시된 대상이나 장면이 고정되어 있는 경우에 사용된다. 정적 이미지 표상에서 독자는 텍스트의 내용 제시 순서에 따라 의미를 표상하지만 그 결과는 대상 전체의 이미지를 구성해야 한다. 다시 말하면, 텍스트의 대상에 대한 설명 방식이 위에서 아래로, 아래에서 위로, 좌에서 우로, 우에서 좌로, 외부에서 내부로, 내부에서 외부로 등으로 이루어질 때 독자는 텍스트의 내용 제시 방식을 따라가기는 하지만 독자의 마음속에 구성하는 이미지는 독자가 생각한 대상이나 장면의 전체 모습이다. 그래서 의미 표상의 결과는 텍스트의 내용이 어떤 방식으로 서술되든지 독자는 텍스트의 기호가 지시하고 있다고 여기는 독자만의 대상을 마음속에 형상화한다.

이런 표상 방식이 주로 사용되는 것은 시나 설명하는 글에서 주로 사용되는 방식이라 할 수 있다. 시는 어떤 대상이나 감정에 대한 순간적인 장면을 묘사하는 경우가 많기 때문에 정적 표상 방식을 많이 사용하게 한다. 설명문에서도 고정된 대상을 묘사하고 있을 때는 정적으로 의미를 표상해야 한다. 정적 표상은 대상의 이동이 없고 특정한 공간에 위치한 대상을 그려낸 텍스트의 내용을 표상하는 방식이다.

정적 표상은 전체를 먼저 떠올리고 부분을 나중에 떠올려 표상하는 방식과 부분들을 떠올려 전체를 표상하는 방식으로 이루어진다. 이들 표상 방식은 텍스트의 내용 전개나 독자의 배경지식에 따라 달라진다고 할 수 있다. 텍스트의 내용에 대하여 이미 알고 있는 경우에는 전체를 표상한 후에 세부적으로 표상할 수 있다. 그러나 내용에 대한 사전 경험이 없는 경우에는 텍스트에 제시된 내용에 따라 표상하여야 한다.

2) 동적 표상

동적 표상은 텍스트의 내용 구성이 장소의 이동이나 시간의 흐름에 의하여 이루어지는 표상이다. 텍스트의 내용이 몇 개 장면으로 구분되어 이루어졌거나 특정하게 구분되지 않는 연속적인 장면으로 구성되어 있을 때 독자는 동적 표상을 하게 된다. 몇 개의 장면으로 이루어져 있을 경우는 각 장면마다 이미지를 만들어 연결시켜야 하고, 연속적 장면은 내용의 전개에 따라 이미지를 표상해야 한다.

동적 표상은 주로 이야기 글이나 기행문, 설명문 등에서 사용된다고 할 수 있다. 이들 텍스트의 내용 전개는 계속해서 장소와 위치가 변화하는 경우가 많다. 이렇게 할 경우, 독자는 텍스트의 내용의 시간적·공간적 변화에 따라 이미지를 표상한다. 이미지의 표상은 텍스트 내용의 특정 요소(인물이나 사건)가 움직일 수도 있고, 내용을 전개하는 시점이 움직일 수도 있다. 독자는 이들 내용에 따라 동적 이미지를 구성하게 된다.

동적 표상은 연속 이동 표상과 초점 이동 표상으로 구분할 수 있다. 연속 이동 표상은 이야기 글이나 기행문과 같이 인물이나 배경이 시간과 공간에 따라 이동하는 것을 표상하는 방식이다. 영화와 같이 연속적으로 변화되는 이미지를 표상하는 방식이다. 초점 이동 표상은 특정한 장면을 중심으로 이미지가 전체에서 부분으로 축소되면서 이루어지거나 부분에서 전체로 확대되는 표상 방식이 있다. 또는 특정 장면 속에서 특정 대상들로 초점의 위치가 이동하면서 그 대상을 구체적으로 표상하게 하는 방식이다. 초점 이동 표상은 장소나 인물의 이동이 없고 초점이 위치한 곳에서 카메라의 줌의 기능과 같이 특정 대상에 초점을 맞추어 세부적으로 축소하거나 전체로 확대 및 초점 이동을 통하여 특정 대상을 부각시키는 방식이다.

나. 스키마 표상

스키마는 독자의 경험을 통하여 형성된 구조화된 인식의 틀이다. 독자들은 누구나 자신의 스키마를 가지고 있다. 이 스키마는 독자가 의미를 표상할 구조와 내용의 일부를 함께 포함하고 있다. 따라서 스키마는 독자의 의미 표상을 쉽게 할 수 있을 뿐만 아니라 독자 중심으로 의미를 표상할 기반을 제공한다. 독자는 스키마를 활용함으로써 의미 표상의 인지적인 부담감을 줄이고, 텍스트에 쉽게 접근할 수 있다.

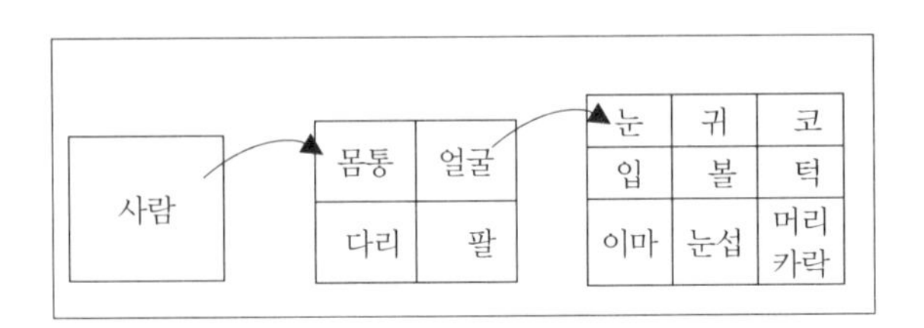

스키마의 세부 구조 정교화의 예

독자의 스키마는 내용의 인식에 유연하게 작용하는 구조이다. 독자가 이미 가지고 있는 구조로 의미를 표상하기도 하지만 구조를 변화시켜 의미를 표상하기도 한다. 전자를 동화, 후자를 조절이라 한다. 텍스트의 내용을 독자의 기존 스키마로 수용할 수 있는 경우에는 동화의 방식으로 스키마의 세부 구조를 정교화하게 된다. 그러나 텍스트의 내용을 기존의 스키마로 수용할 수 없을 경우에는 조절의 방식으로 스키마를 변화시켜 확장하게 된다. 따라서 독자의 의미 표상도 동화 방식의 표상과 조절 방식의 표상이 있을 수 있다.

스키마는 텍스트의 내용을 의미화하는 데 있어 텍스트의 내용으로부터 의미를 수용하여 채우기도 하지만 기존의 의미와 새롭게 받아들인 의미로부터 추론을 통하여 의미를 표상하기도 한다. 이런 표상 방식은 독자의 의지에 따라 의미의 표상이 정교화되고 구체화될 수 있게 하는 작용을 한다. 또한 스키마는 그 형식과 내용이 다른 구조와 내용을 비교, 분석하게 하기도 하면서 표상한 의미들을 판단하고 비판하게 하기도 한다. 이들은 독자의 인지적 사고를 통하여 이루어지는 것이지만 그 기반에는 스키마가 작용하는 것이라 할 수 있다.

스키마를 이용한 표상도 의미의 입체적인 표상을 추구한다. 스키마의 입체 표상은 구조를 가진 입체의 표상이기 때문에 심적 모델에서 이야기하는 입체의 표상과는 다른 방식을 취한다. 즉 형식 스키마의 구조가 입체적인 구조를 가지게 됨으로써 그 형태에 따른 입체적 표상을 지향하게 된다고 할 수 있다. 스키마 이론에 따른 의미의 표상 방식은 정교화 표상 방식과 확장 표상 방식으로 구분할 수 있다.

1) 정교화 표상

정교화 표상은 텍스트의 내용 구조와 독자의 형식 스키마의 구조가 비슷한 경우에 이루어진다. 독자는 텍스트의 내용을 받아들여 스키마를 빈자리를 채우거나 기존의 형식 스키마를 더욱 세분하여 그 속에 의미를 채우는 방식이다. 정교화 표상은 독자가 가지고 있는 스키마의 구조가 텍스트의 내용과 비슷하여 스키마를 바꾸지 않고도 의미를 표상할 수 있을 때 일어난다. '식당 가기' 스키마와 같은 것을 예로 들 수 있다. 식당 가기는 정해진 형식 구조를 가지고 있다. 따라서 텍스트의 내용이 식당 가기에 관한 것이라면 독자는 쉽게 텍스트의 내용을 표상할 수 있고, 세부적인 변형도 수용할 수 있게 된다.

정교화 표상은 일정한 구조로 만들어진 스키마를 활용하기는 하지만 텍스트의 내용에 따라 형식 스키마의 구조가 세분화되면서 내용 스키마가 채워지면서 이루어진다. 앞에서 말한 '식당 가기' 스키마는 식당에 들어가기, 자리에 앉기, 주문하기, 식사하기, 계산하기, 나오기와 같은 것으로 이루어지지만 식당에 들어가서 앉기까지 다른 사건이 벌어짐으로써 그 구조가 변할 수도 있다. 예를 들어 주문하기 전의 과정을 더 세부적으로 구분하여 기다리기, 인사하기, 자리 안내받기, 자리에 앉기, 메뉴 고르기 주문하기 등으로 구체화할 수 있다. 이러한 구조의 변화는 변화된 구조 속에 내용 스키마를 채울 때 쉽게 표상이 일어날 수 있다.

2) 확장적 표상

확장적 표상은 독자가 이미 가지고 있는 스키마의 구조로 텍스트의 내용을 쉽게 수용할 수 없거나 독자가 가진 스키마가 분명하지 못한 경우에 이루어진다. 텍스트 내용이 기존의 스키마와 관련은 있지만 텍스트가 새로운 구조와 내용을 가지고 있을 경우 독자는 기존 형식 스키마를 바꾸어야 의미를 표상할 수 있게 된다. 또한 독자는 형식 스키마가 분명하지 못하여 텍스트 내용의 도움을 받아서 스키마를 구성해 나가기도 한다. 즉, 독자가 텍스트에서 다루고 있는 내용에 대하여 부분적으로 스키마를 가지고 있을 경우에 텍스트의 내용을 활용하여 전체적인 스키마로 표상한다. 이들은 모두 기존의 형식 스키마를 변화시켜 새로운 스키마를 구성하면서 의미를 표상하는 방식이다.

예를 들어 개를 애완동물로 인식하던 독자가 '개'에 대한 설명 텍스트를 접하였을 할 경우, 독자는 개를 애완동물로 인식하게 한 스키마를 변형시켜야 한다. 이 개에 대한 애완동물 스키마로는 '개가 빨리 달릴 수 있고, 추위를 잘 견디면, 집을 잘 찾아올 수 있고, 사냥을 한다'는 내용을 쉽게 받아들일 수 없다. 때문에 독자는 자신의 애완동물 스키마를 확장하여 이들 내용을 받아들여야 한다. 이러한 변화는 독자가 이미 가지고 있던 스키마의 형식이 변하면서 이루어질 수도 있지만 기존에 가지고 있던 분명하지 않은 스키마가 분명해지면서 확장되기도 한다.

다. 명제 표상

명제는 의미를 담고 있는 언어 단위이다. 독자는 텍스트 내용을 표상하기 위해 텍스트의 내용을 독자의 명제로 바뀌어야 한다. 이를 매개하는 것이 기호이다. 독자는 텍스트의 기호를 매개로 하여 텍스트의 명제를 자신의 명제로 바꿈으로써 마음속에 텍스트의 의미를 표상할 수 있게 된다. 텍스트의 내용을 명제로 표상하는 과정은 먼저 기호가 지시하고 있는 관념을 인식하고, 그다음 인식한 관념을 자신의 명제로 바꾸어야 한다. 이 과정을 통하여 독자는 텍스트의 내용을 자신의 인식 세계로 받아들이게 되는 것이다.

명제 표상은 텍스트의 낱말이나 문장을 해석하여 의미를 인식하고, 이 의미를 독자가 사용하는 낱말이나 문장 등의 명제로 다시 나타내는 것이다. 따라서 텍스트의 의미를 표상하기 위해서는 의미의 명제화가 필요하다. 의미를 명제로 바꿀 때 독자는 텍스트의 어휘나 문장 구조를 독자의 어휘나 문장 구조로 바꾸며, 텍스트의 내용을 축약하거나 확장하게 된다. 이를 통하여 독자는 텍스트의 내용을 독자의 명제로 구체화한다.

독자가 명제로 의미를 표상해야 하는 경우는 텍스트의 내용 구조가 명확하지 않거나[9] 텍스트의 내용이 개념적인 설명으로 제시되어 있을 때이다. 독자는 구조가 명확하지 않은 텍스트를 읽게 되면, 각 부분의 의미 관계를 따져보아야 한다. 의미 관계를 따지기 위해서는 낱말이나 문장, 문단의 의미를 개별적으로 파악하여 명제화해야 한다. 다시 말하면, 텍스트의 각 부분의 내용을 명제로 표상해야만 관계를 따질 수 있다. 명제 간의 관계가 파악되면 하나의 의미 덩이로 표상된다. 텍스트가 개념적인 내용을 담고 있는 경우에도 독자는 텍스트에 제시되어 있는 개념을 인식하여 명제화하고, 이들 명제를 범주화하여 하나의 의미 단위로 표상하게 된다. 명제 표상 방식을 세부적으로 구분하면 점적 표상, 선적 표상, 면적 표상, 입체적 표상 등으로 구분할 수 있다.

---

9) • 구조가 분명한 글의 예(Timothy, et al, 1994: 494)
침대는 책꽂이 뒤에 있다. 침대는 책상 왼쪽에 있다. 의자는 책상 오른쪽에 있다.
• 구조가 분명하지 않은 글의 예
침대는 책꽂이 뒤에 있다. 침대는 책상 왼쪽에 있다. 의자는 침대 오른쪽에 있다.

1) 점적 표상

점적 표상은 텍스트의 내용을 텍스트 구성 요소를 중심으로 표상하는 것을 가리킨다. 텍스트 구성 요소는 텍스트의 유형에 따른 내용 분석 단위들이다. 예를 들면 소설의 3요소인 인물, 사건, 배경 등이다. 점적 표상은 텍스트의 내용을 이들 요소를 중심으로 표상하는 것이다. 점적 의미 표상은 텍스트 요소에 초점을 맞추어 인식하도록 한 교육의 영향이 크다. 독자들은 텍스트를 읽고, 텍스트를 구성하고 있는 요소를 활용하여 이들을 중심으로 내용을 표상하는 것이다. 그래서 인물은 누구, 사건은 무엇, 배경은 어떤 때, 어떤 곳 등으로 표상하게 된다. 점적 표상이 일어나는 다른 이유는 텍스트의 내용이 독자에게 어려울 때 일어난다고 할 수 있다. 텍스트의 내용이 독자에게 낯설 경우 독자는 내용을 전체적으로 표상할 수 없다. 그래서 몇몇 용어나 인명 등 특정한 요소만을 기억에 남아있는 경우가 종종 있다. 이것은 텍스트에서 다루고 있는 내용이 독자에게 친숙하지 못하여 몇 가지 요소만을 표상한 것이기 때문이다.

이런 점적인 표상은 텍스트 내용에 대한 독자의 의미 표상이 가장 낮은 수준에서 이루어진 것이라 할 수 있다. 텍스트 내용에 대한 전체 의미를 표상해야 하는데 그렇지 못하고 특정한 요소만을 표상하였기 때문이다. 또한 텍스트의 부분이나 요소에 대한 의미 표상이 다른 부분이나 요소와 관계를 짓지 못하였기 때문이기도 하다. 이는 의미 표상이 텍스트의 특정 부분이나 요소에 한정되어 이루어졌기 때문이라 할 수 있다. 요컨대, 의미의 점적 표상은 개념을 정의한 명제가 다른 명제와 연결 관계를 형성하지 못하고 단기기억 속에 머물러 있는 상태라 할 수 있다.

점적 표상 방식에 대한 교육적인 접근의 예는 정동화 외(1987: 418-448)에서 설명하고 있는 시와 소설 지도 내용에서 찾아볼 수 있다.[10] 여기서 학습 활동의 주요 내용을 보면, 시는 정경, 분위기, 운율, 정서적 자아, 비유, 심상, 상징, 문체, 형식적 특징, 주제 등이고, 소설은 인물, 구성, 배경, 시점, 갈등, 어조, 주제 등이다. 이들은 특정의 요소를 중심으로 이를 하나하나를 분석하여 보게 함으로써 이들을 개별적으로 표상하게 만들었다. 이러한 텍스트 구성 요소 중심의 지도는 독자가 개별 구성 요소에 초점을 맞추어 의미를 점적으로 표상하게 만든다.

점적 표상은 수업에서 사실적인 내용을 확인하기 위한 방식으로 나타나기도 한다. 텍스트에 내용 파악을 위하여 교사가 부분적인 내용이나 내용 구성 요소를 질문하고 확인한다. 이런 활동이 반복되면 학습자의 의미 표상 방식은 특정한 부분이나 텍스트 구성 요소를 중심으로 이루어지게 된다. 따라서 교사는 여러 표상을 활용하여 학생들이 전체적인 의미를 표상할 수 있도록 하는 것이 필요하다.

2) 선적 표상

선적 표상은 점적으로 표상된 명제들을 선적으로 연결하여 표상하는 방식이다. 명제의 선적 연결은 두 명제를 관계지어 표상하는 것이라 할 수 있다. 이들 명제의 관계짓기는 임의적으로 관계짓는 것은 아니다. 명제들의 유기적인 관련성을 바탕으로 관계를 짓게 된다. 그래서 선적으로 연결된 명제 간에는 응집성이 있어야 한다. 만약 명제들을 관계짓지 못하거나 관계를 지은 명제 간에 응집성이 없으면 선적 표상이 될 수 없다.

독자가 표상한 명제의 응집성은 다소 텍스트에서 기인한 것이기도 하다. 명제 표상은 텍스트에 제시된 내용을 바탕으로 개념을 인식하고, 이들 개념

---

10) 이 책의 읽기 지도 영역의 내용은 텍스트의 내용에 대한 것보다는 음독, 묵독, 속독 등의 읽기 방법을 중심을 설명하고 있다. 그리고 의미 표상의 원리를 텍스트에 기술된 내용을 중심으로 어구, 문장, 문단으로 확장하는 방식으로 주제를 찾는 것을 설명하고 있다(정동화 외, 1997: 319-341).

을 명제로 지시하게 만든다. 그런 다음 이들 명제를 연결 지어 표상하게 된다. 따라서 독자의 의미 표상은 텍스트의 내용이 응집성을 바탕으로 이루어지게 된다. 그러나 텍스트의 내용의 응집성이 부족할 때는 독자가 응집성의 요인을 찾아서 연결하기도 한다. 이런 경우에는 독자에게 인지적 부담감을 주게 된다.

독자의 의미 표상의 선적 방식은 텍스트 분석 연구에서 영향을 받았다. 즉 텍스트의 내용 구조가 특정한 선적 방식으로 구성되어 있기 때문에 독자의 의미 구조도 같은 방식으로 이루어져야 한다고 본 결과이다. 선적 표상의 대표적인 형태는 수집 유형, 인과 유형, 문제해결 유형, 비교/대조 유형 등이 있다(이경화, 2003: 73-78). 이들 텍스트 구조 유형들은 독자의 의미 표상 구조의 유형들로 그대로 사용된다. 이들 표상 유형들은 도식화 전략을 사용하여 도식으로 드러낼 수 전략을 사용하기도 한다. 이들 내용 구조와 아울러 시간이나 장면의 변화, 장소 및 심리의 변화에 대한 표상 방법도 활용된다.

선적 표상은 점적 표상보다 확장된 특징을 가지지만 텍스트의 특정 부분에 한정되는 경우가 있다. 즉 텍스트 내용 전체에 대한 의미의 표상이 아닌 부분적인 의미의 표상이 될 수 있다는 것이다. 그러므로 전체적인 의미의 표상을 위해서는 이들을 확장적으로 표상할 수 있게 하는 것이 필요하다.

3) 면적 표상

면적 표상은 선적으로 표상된 명제들이 더 큰 단위로 연결되어 이루어지는 표상 방식이다. 면적 표상은 선적 표상의 단순한 결합이라기보다는 면적 표상의 내적인 구조를 가진다. 면적 표상은 텍스트의 내용에 대한 전체적인 구조를 바탕으로 한 의미 표상을 목적으로 한다. 그래서 점적 표상이나 선적 표상의 명제들이 연결되어 하나의 전체 명제 구조체를 구성한다. 이들 구조체는 특정한 구조를 형성함으로써 면적으로 표상하게 한다. 점적 표상이나 선적 표상된 명제들이 면적 표상을 이루기 위해서는 이들 간에도 응집성이 있어야 한다. 표상 의미들이 응집성을 갖지 않고 연결되게 되면 면적 표상이 될 수 없다.

면적 표상 방식도 텍스트 내용의 구성 방식에 의존하여 의미를 표상하는 방식을 띤다. 이는 의미의 표상 방식이 텍스트 분석에서 이루어진 결과에 기초하여 설명되기 때문이기도 하다. 면적 표상의 대표적인 형태는 메이어(Mayer) 등이 제시하고 있는 상위구조를 미시구조와 거시구조 구분하여 명제를 제시하는 방식(이경화, 2003: 84-85, 이석규, 2001; 김재봉, 1999)과 토니 부잔(Tony Buzan) 등이 제시한 맵의 형태로 명제를 표상하는 방식(라명화 역, 1994)이 있다. 상위구조는 위계적으로 범주화하여 명제를 배열하는 방법이고, 맵은 평면적으로 명제를 범주화하여 배열하는 방식이다. 위계 구조는 전체의 의미가 상위구조로 수렴되는 의미의 표상을 지향하지만 맵 구조는 중심에 놓이는 화제나 주제를 중심으로 확장을 지향한다.

이 두 가지 표상 방식은 텍스트의 내용이나 성격에 따라 구분하여 적용하는 것이 필요하다. 교육적으로는 위계적 구조가 많이 사용되고 있다. 그것은 텍스트의 내용이 화제를 중심으로 내용을 전개할 때 사용될 수 있다. 주제를 중심으로 다양한 화제의 내용이 다루어지고 있는 텍스트에는 평면 구조를 활용하는 것도 한 방법이 될 수 있다. 이들은 표상의 결과로 보면 같은 것이나 표상의 과정에서 차이가 나는 것이라 할 수 있다.

4) 입체적 표상

입체적 표상은 면적인 표상이 서로 연결되어 이루어지는 표상이다. 입체적 표상은 대단위의 텍스트의 경우 이루어지는 표상 방식이다. 한 권의 책은 여러 장과 절, 항으로 이루어져 있다. 책을 이루고 있는 하위 단위들은 그 각각이 하나의 면적인 표상을 이룰 수 있다. 이들 단위 면적 표상들이 전체로 연결되어 하나의 입체적인 구조를 형성할 때 입체적 표상이 된다. 책이 여러 권으로 되어 있을 경우에도 마찬가지이다. 이들 내용에 대한 독자의 의미 표상은 각 부분에 대한 면적인 표상을 바탕으로 전체적인 관계를 고려한 입체적 구성이 이루어진다고 할 수 있다.

입체적 표상은 각 면적 표상들의 연결점을 바탕으로 이루어진다. 같은 책 속에 들어있는 여러 텍스트도 연결점이 없으면 각기 하나의 면적 표상으로 끝나게 된다. 여러 텍스트로 이루어진 내용이 하나의 통일된 입체적 표상이 되기 위해서는 면적 표상 간의 연결점들이 있어 연결되어야 한다. 그래서 하나의 명제 단위체로 표상될 때 입체적 표상이 된다.

입체적 표상은 최종적인 의미 표상의 방식이라 할 수 있다. 텍스트의 일부가 아닌 전체의 내용을 의미로 표상했기 때문이다. 그러나 이 입체적인 표상은 인지적 부담감을 많이 준다. 면적인 표상은 시각적으로 나타낼 수 있어서 도식화함으로써 표상의 인지적 부담을 덜 수 있지만 입체적인 표상은 그렇게 할 수 없는 것이 특징이다. 건물 설계도를 보면 각 부분에 대한 하나하나의 설계도를 구성할 수 있지만 이들을 하나로 연결하여 설계도를 그리는 것은 어려운 일이다. 컴퓨터라는 보조 기구를 이용하면 가능할 수 있지만 그렇게 간단한 문제는 아니다. 따라서 입체적인 표상은 면적 표상의 모든 내용을 세부적으로 인식하여 마음속에 표상하기 어렵다. 그래서 입체적 표상은 텍스트 전체의 의미를 표상하기는 하지만 특히 주목한 부분이나 의미 있는 부분은 구체적으로 표상하고 나머지 부분은 대강의 의미만을 표상하게 된다고 할 수 있다.

4. 의미 표상의 과제

읽기 교육에서 의미 표상은 이해의 가장 낮은 단계에서 이루어지는 활동으로 깊이 있는 이해 활동을 위한 기반이 된다. 그래서 의미 표상이 효과적으로 이루어지지 않게 되면 깊이 있는 이해가 어렵게 된다. 읽기에 대한 연구들은 의미 표상에 많은 관심을 갖는다. 그러나 독자의 의미 표상에 대한 전반적인 검토가 이루어지지 않고 있다.

이 논의에서는 의미 표상의 결과에 중점을 두면서 표상의 방법과 영향 요인 및 기능을 정리하면서 표상의 방법에 대하여 살펴보았다. 여기 제시된 독자의 표상 방법은 교육적으로 활용되고 있는 것이기도 하지만 독자가 글을 읽을 때 활용해야 하는 것이기도 하다. 독자는 각 텍스트의 특성에 따른 표상 방법을 활용함으로써 의미 표상을 효과적으로 할 수 있을 것이다.

독자는 의미 표상을 교육받은 대로 한다. 읽기 교육은 학생들에게 텍스트로부터 어떻게 의미를 구성하는지를 가르쳐 습관화하도록 하기 때문이다. 그래서 독자의 의미 표상 방식은 교육이 결정한다고 할 수 있다. 이 말을 좀 바꾸면, 읽기 교육에서는 학생들이 의미 표상을 효과적으로 할 수 있도록 지도해야 한다. 의미 표상에 대한 지도는 의미 표상에 대한 이해를 바탕으로 이루어진다. 즉 교사의 표상에 대한 이해는 학생들에게 효과적으로 의미 표상을 할 수 있도록 질문하고, 안내하고, 활동하게 한다.

의미 표상을 지도하기 위해서는 표상에 대한 탐구가 필요하다. 의미 표상에 대한 몇몇 논의가 있지만 독자의 의미 표상에 대한 전반적인 논의가 없다. 그 결과 읽기 지도에서는 임의적인 의미 표상 방법이 선택되어 활용되고 있다. 의미 표상에 대한 교육적 접근을 위해서는 의미 표상에 대한 접근 관점에 따른 표상 방법을 정리하고, 현재 이루어지고 있는 의미 표상 방식에 대한 교수-학습 활동을 비판적으로 검토하여야 한다. 이를 통하여 텍스트의 내용의 특성에 따른 바른 표상 방법을 제시해야 한다.

참고문헌

곽복록 역(2000), 의지와 표상의로서의 세계, 을유문화사.

김광수(1995), 표상적 심리론의 이론적 특징과 그 전망, 서울대학교철학과, 철학논구 23호.

김도남(2003), 상호텍스트성과 텍스트 이해 교육, 박이정.

김성태(1996), 진술·표상체계·주체. 한국철학회, 철학 48호.

김영희(2003), 시 창작을 위한 발상의 지도 방법 연구, 한국교원대 석사논문.

김재봉(1999), 텍스트 요약 전략에 대한 국어교육학적 연구, 집문당.

김형효(2000), 구조주의 사유체계와 사상, 인간사랑.

노명완(1994), 국어교육론, 한샘.

라명화 역(1994), 마인드 맵 북, 평범사.

유영희(1999), 이미지 형상화를 통한 시 창작교육 연구, 서울대 박사논문.

이경화(2003), 읽기 교육의 원리와 방법, 박이정.

이남인(2004), 현상학과 해석학, 서울대학교출판부.

이석규 외(2001), 텍스트 언어학의 이론과 실제, 박이정.

이종희(1998), 표상의 개념: 상징, 이미지, 모방과의 관계, 유아교육연구 18권 1호.

이진경(2003), 노마디즘1, 휴머니스트.

정동화 외(1984), 국어과교육론, 선일문화사.

정성호(1997), 포도어의 심적 표상론. 한국철학회, 철학 53호.

차경호 역(2002), 통합인지이론, 아카넷.

최현섭 외(2002), 국어교육학개론, 삼지원.

홍경남(2003), 시 지각 이론에 있어서 지각의 주체의 지위에 관하여, 한국철학회, 철학 74호.

홍경남(2003), 지각 이론에 있어서의 표상의 지위에 관하여, 한국분석철학회, 분석철학 6호.

Gunning, T. G.(1992), *Creating reading instruction for all children,* Boston: Allyn and Bacon.

Timothy, P. et al(1994), Mental models and reading comprehension, *Theoretical models and Processing of reading*. IRA.

제2장 주체적 관념 구성

1. 문제 제기

읽기 교육에서 독자의 주체적 의미 구성은 최대의 과제로 여겨진다. 이는 읽기 주체가 텍스트의 의미를 구성한다는 읽기 관점을 반영한다. 읽기 주체의 의미 구성은 칸트의 이성 철학이나 가다머의 선험 해석학, 수용이론이나 독자반응비평에 따라 다를 수 있다. 또한 읽기 교육의 관점을 주도하는 구성주의 이론 또는 인지심리학의 관점도 다른 뜻을 갖는다. 인지심리학 관점은 텍스트의 의미를 독자가 결정한다고 여긴다. 독자의 기대(선입견)나 배경지식이 텍스트 의미를 결정한다고 본다. 이런 생각은 읽기 교육에서 독자의 주체적 의미 구성을 강조하는 형태로 나타나고 있다.

독자는 주체적으로 텍스트를 이해한다. 독자가 주체적으로 텍스트를 이해하지 못한다면 텍스트 이해는 없다. 독자의 의미 구성이나 정보 습득은 모두 독자의 주체적 행위에 기초한다. 텍스트 중심, 독자 중심, 상호작용 중심, 문화 중심 등의 모든 읽기 행위는 독자의 주체적인 의미 구성 방식으로 이루어진다. 독자의 주체적 활동 없이는 어떤 의미 작용도 일어나지 않는다. 다만, 문제가 되는 것은 주체가 어떤 주체인가 하는 것이다. 더 구체

* 이 장의 내용은 '읽기 주체의 관념 구성 교육 방향'(김도남, 2006, 국어교육학연구 25집)을 수정 보완한 것입니다.

적으로 말하면, 어떻게 의미를 구성하는 주체인가가 문제이다. 주체의 활동 방식에 따라 의미 구성이 달라지는 것이다.

읽기 교육에서는 읽기 주체의 상(像)이 중요하다. 읽기 교육에서 추구하는 주체의 상에 따라 교육 방식이 달라질 수 있기 때문이다. 지금의 읽기 교육은 '자기 중심 관념'을 구성하는 주체의 상을 추구한다. 텍스트의 의미가 읽기 주체에 의하여 결정된다고 보기 때문이다. 그러면서도 '관계 중심[1] 관념'을 구성하는 주체의 상을 바라기도 한다. 이는 읽기 활동에서의 사회적 상호작용이나 협동학습의 강조에서 나타난다. 읽기 주체의 자기 중심 관념은 정당화나 합리화를 필요로 한다. 주체 스스로 의미에 만족하기 위해서이다. 그러나 관계 중심 관념은 타자를 만족시켜야 한다. 그래서 관계 중심 관념은 객관화를 필요로 한다. 앞으로의 읽기 교육에서는 주체가 구성한 관념의 합리화를 강조할 것인지, 객관화를 강조할 것인지는 따져보아야 한다. 바람직한 읽기 주체의 상을 선택하기 위해서이다.

읽기 교육에서는 읽기 주체에 대한 특정 관점을 선택한다. 선택된 관점으로 읽기 교육이 이루어진다. 그 결과 학생들은 선택된 관점을 수용한 읽기 주체가 된다. 읽기 주체들은 학교에서 배운 방식대로 읽기를 하게 된다. 따라서 읽기 주체에 대한 관점의 선택은 읽기 교육에서 중요한 일이다. 이는 선택한 관점에 대하여 지속적인 반성과 검토가 필요함을 의미한다. 이 글에서는 지금 읽기 교육에서 선택한 읽기 주체의 문제를 중심으로 논의한다. 읽기 주체를 자기 중심적 읽기 주체와 관계 중심적 읽기 주체로 구분하여 살펴본다.

---

1) '자기 중심'과 대립되는 말은 '타자 중심'이라 할 수 있다. 그러나 독자의 의미 구성을 타자가 중심이 되어야 한다는 말을 성립하지 않는다. 자기중심과 대립되는 말이 함의하는 의미는 타자와 상호작용을 한다는 것이다. 여기서는 타자와의 상호작용을 의미하는 말을 '관계'로 정하여 '관계 중심'이라는 말을 사용한다.

자기 중심적 읽기는 주체가 자립적으로 관념[2]을 구성하는 방식이고, 관계 중심적 읽기는 주체가 의존적으로 관념을 구성하는 방식이다. 전자를 주관적 이해라고 하고, 후자를 상호주관적 이해라 할 수 있다. 이들 이해에 의의가 있으려면 특정 조건을 갖추어야 한다. 구성한 관념이 유의의한 것이 되어야 하기 때문이다. 주관적 이해는 자립적 관념의 내적 합리화를 이루어야 하고, 상호주관적 이해는 관계적 관념의 객관화를 확보해야 한다. 주관적 이해는 합리화가 됨으로써 주체에게 의의 있게 되고, 상호주관적 이해는 객관화가 됨으로써 주체와 타 주체에게 의의 있게 된다. 이 글에서는 이들 주관적 이해와 상호주관적 이해의 작용과 교육의 접근의 과제가 무엇인지를 논의한다.

2. 읽기 주체의 관념 구성 구조

읽기는 텍스트와 독자의 상호작용이다. 더 근본적으로는 읽기 주체의 관념 구성 활동이다. 읽기 주체는 텍스트의 내용을 분석하고, 관련 내용을 종합하여 관념을 구성한다. 이 읽기 주체의 관념 구성에 대한 규명은 읽기를 이해하고, 읽기 교육의 방향을 설정하는 데 중요하다. 읽기 주체의 관념 구성을 설명하는 방식은 한 가지일 수는 없다. 여기서는 읽기 주체에 대한 현재 교육적 관점을 중심으로 살펴보자.

가. 독자 역할

읽기는 텍스트와 독자의 관계 맺기이다. 의미가 매개된 관계 맺기이다.

2) '관념'이라는 말은 '의미'를 주체와 관련하여 사용하는 말이다. 의미가 '말이나 글의 뜻'으로 독자가 글을 읽고 의식에 떠올린 내용이라면, 관념은 '어떤 일에 대하여 가지는 생각이나 견해'로 독자가 글을 읽고 주체적으로 자신의 의식내용을 생성한 것이다.

독자는 텍스트와의 관계 맺기를 통하여 관념을 구성한다. 독자와 텍스트의 관계 맺기에서 독자가 관념을 구성하지 않으면 그 관계 맺기는 성립된 것이 아니다. 텍스트와 특정한 관계를 이루고 있는 사람은 많다. 예를 들어, 텍스트를 쓰는 사람, 텍스트를 만드는 사람, 텍스트를 소통시키는 사람, 텍스트를 사는 사람 등이 있다. 이들도 텍스트와 관계 맺기를 하고 있다. 그러나 텍스트를 읽고, 관념을 구성하지 않는다. 그래서 이들을 독자라고 부르지 않는다. 독자는 텍스트와 의미를 매개로 관계를 맺고 있는 사람이다. 텍스트와 독자는 서로의 존재를 보장한다. 즉, 독자는 텍스트와의 관계를 벗어나서는 독자일 수 없고, 텍스트는 독자가 없으면 가치 없는 사물일 뿐이다.

독자는 텍스트를 바탕으로 관념을 구성하고, 텍스트는 독자로 인하여 존재의 의미를 부여받는다. 이들의 관계는 부창부수의 관계이지만 보는 관점에 따라 달라진다.[3] 어떤 관점에서는 독자 우위로 이루어진 관계이고, 어떤 관점에서는 텍스트 우위로 이루어진 관계이다. 또는 둘 다 우위를 점하고 있거나 둘 다 우위를 점하고 있지 못한 관계이기도 하다. 그동안에 읽기 교육(연구)에서 관심을 둔 것은 텍스트 우위나 독자 우위의 관계였다. 특히 지금은 독자 우위로 이루어진 관계에 관심을 가지고 있다. 그렇게 된 것은 읽기 교육이 독자의 역할을 강조하는 인지심리학과 문학비평이론이나 해석학의 관점을 받아들였기 때문이다. 읽기 교육 연구에서는 텍스트와 독자의 관계에 대하여 많은 관심을 가질 필요가 있다. 읽기 교육에서 바람직한 텍스트와 독자의 관계를 필요로 하기 때문이다.

텍스트와 독자 관계의 다름은 읽기 방법의 다름이다. 또한 독자가 구성한 관념의 다름이다. 이는 텍스트와 독자 관계가 읽기의 성격을 결정함을

---

3) 읽기는 물자체이다. 따라서 그 속성을 분명하게 알 수 없다. 다만, 그 현상을 보고 설명하게 된다. 읽기 현상을 보는 것은 읽기를 연구하는 사람의 관점에 따라 달라진다. 요컨대, 읽기의 속성은 읽기에 대한 연구 관점에 따라 달라진다.

의미한다. 예를 들어, 텍스트 우위 관계를 강조하면 텍스트 중심 읽기가 된다. 텍스트 중심 읽기는 독자가 텍스트 내용을 그대로 수용하는 것을 요구한다. 이 방법은 텍스트를 분석하여 중요 내용을 요약하는 것이다. 텍스트 우위 관점에서 텍스트의 절대적 가치를 인정하기 때문이다. 이 관계에서 독자는 소극적 역할을 한다. 반면, 독자 우위 관계를 강조하면 독자 중심 읽기가 된다. 독자 중심 읽기는 독자 나름대로 의미를 구성하는 것을 강조한다. 이 관점에서는 독자의 배경지식과 읽기 전략의 활용을 강조한다. 이것은 독자의 사고 행위에 절대적 가치를 부여하는 것이다. 이 관계에서 독자는 적극적 역할을 한다. 이와 같이 텍스트와 독자 관계 인식의 차이는 읽기의 성격을 달리 인식하게 한다.

현재 읽기 교육의 관심 대상인 독자 우위의 관계는 두 가지 관점으로 나눌 수 있다. 독자의 배경지식과 읽기 전략을 강조하는 관점과 독자 간의 상호관계를 강조하는 관점이다. 이들 관점은 주체의 관념 구성방식과 구성 관념 형식을 달리한다. 그렇지만 그동안은 독자 중심의 관점에서 함께 다루어졌다. 독자 우위 관계의 읽기 교육을 위해서는 이들 관점에 대한 구체적인 규명이 이루어져야 한다. 독자 우위 관계에 속하는 이들 두 관점에서 중요한 것은 읽기 주체다.[4] 읽기 주체가 텍스트와 독자의 관계를 결정짓는 역할을 하기 때문이다. 텍스트를 바탕으로 관념을 구성하면서 배경지식을 끌어오고, 전략을 활용하며, 사회적 관계 작용을 결정하는 것이 읽기 주체이기 때문이다. 따라서 읽기 주체가 텍스트와 독자의 어떤 측면을 활용하는가에 따라 읽기가 달라진다. 읽기 주체에 대하여 살펴보면 다음과 같다.

---

4) 읽기 주체에 대해서는 김도남(2005a)을 참조할 수 있다.

나. 읽기 주체

독자가 텍스트와 관계에서 의미를 가지듯 주체는 관념과의 관계에서 의미를 갖는다. 주체는 읽기의 행위 주관자로서 관념을 구성하고, 구성한 관념을 드러내는 대표의 역할을 한다. 읽기 주체의 관념 구성은 의식적인 행위이면서 무의식의 지배를 받는다(김도남, 2005a). 또한 주체의 사회적 관계나 상황에 따라 달라진다. 독자는 이들 주체와 관념으로 이루어져 있다. 관념은 주체에 의하여 구성되고, 주체에 의하여 드러난다. 그러면서 관념은 주체의 특성을 결정짓는 역할을 한다. 읽기 주체는 의미 관련 요인을 통제하여 관념을 구성한다. 주체가 관념을 구성하였을 때 그 주체의 모습이 구체화된다. 독자는 여러 주체를 가질 수 있다.[5] 독자가 어떤 상황에 놓이는가에 따라 주체의 모습이 달라진다. 독자의 상황에 따라 요구되는 관념이 달라지기 때문이다. 이는 주체가 완성된 존재가 아니라 관념을 통하여 완성되어 가는 존재임을 뜻한다.

텍스트 이해는 읽기 주체의 관념 구성이다. 주체의 관념 구성은 텍스트와의 주체 및 타 주체 간의 상호작용으로 이루어지며 일정한 절차를 따른다. 주체는 텍스트의 개념을 파악하고, 개념을 분류하고 합하여 의미를 만들고, 의미들을 하나의 통일된 생각으로 종합한다. 그리고 주체의 의식체계에 맞추어 최종적으로 결정한 내용이 관념이 된다. 이러한 관념의 구성 과정에서 주체는 관념에 대하여 내적으로 합리화를 하거나 다른 텍스트와 주체와의 상호작용을 통하여 관념의 객관화를 하게 된다. 주체의 이러한 관념 구성 과정과 구성된 관념이 주체의 특성을 결정짓는다.

---

5) 독자가 여러 주체를 가질 수 있다는 것은 독자가 주체를 선택한다는 말은 아니다. 읽기 주체는 다른 주체와의 관계 속에서 구성된다. 그러므로 읽기 주체는 어떤 읽기 주체와 관계를 맺는가에 따라 달라질 수 있다. 독자가 여러 주체를 가질 수 있다는 말은 주체가 다른 주체와의 관계에 따라 달라질 수 있음을 의미한다.

읽기 주체는 독자가 자의적으로 결정할 수 없다. 읽기 주체는 다른 읽기 주체와의 관계에서 발현한다. 주체는 다른 주체와의 차별성을 갖는 행위에서 드러난다. 차별성은 타 주체와 구별됨이다. 주체는 타 주체와 구별됨에서 독자에게 주어지는 것이다. 즉, 타 주체가 있음으로 하여 주체가 있게 되는 것이다. 이는 주체가 타 주체와의 관계 속에 있음을 뜻한다. 그러므로 주체의 존재는 타 주체의 존재 여부에 따라 결정되는 것이다. 데리다의 해체 주체는 차이와 반복에서 이루어지고, 라캉의 의식 주체는 아버지의 법에 의하여 탄생하고, 알튀쉐의 이데올로기 주체는 타자의 호명으로 이루어진다. 그리고 바르트의 자율적 주체는 계보학과 윤리학을 기반으로 만들어진다(윤효영 외, 1999), 이들 주체와 같이 모든 주체는 반드시 타 주체를 조건으로 한다. 타 주체와의 대립이나 협력으로 주체가 존재할 수 있게 된다.

읽기 주체는 다른 읽기 주체와의 구별됨으로써 존재할 수 있다. 주체가 다른 주체와 구별되는 것은 읽기 행위의 절차보다는 구성된 관념에서 볼 수 있다.[6] 읽기 주체의 행위 방식은 유사할 수 있다. 독자의 의미 구성 행위 절차들이 같을 수 있기 때문이다. 그러나 구성된 관념은 주체들이 관념을 구성하기 위해 끌어온 생각의 줄기가 다르기 때문에 구별될 수밖에 없다. 어떤 주체는 배경지식에서 생각의 줄기를 끌어오고, 어떤 독자는 타 주체의 생각에서 끌어온다. 그러므로 주체가 구성한 관념은 서로 구별된다. 그러므로 관념이 주체 간의 차이점을 만든다. 그러나 주체들은 차이점만 갖는 것은 아니다. 구별은 차이점과 공통점을 함께 가진다. 주체 간의 공통점은 텍스트에 기초한 관념 구성이라는 것이다. 읽기 주체는 텍스트를 공통 기반으로 삼고 있다. 주체 간의 구별이 관념에 의하여 이루진다고 볼 때,

---

6) 주체의 문제해결 행위도 서로 다를 수 있다. 그러나 사고 작용의 형태들은 크게 달라진다고 할 수 없다. 사고 작용에 대해서는 인지심리학에서 일반적인 과정을 설명해 주고 있기 때문이다.

주체와 관념은 불가분의 관계임을 알 수 있다. 주체와 관념이 분리되면 그 특성을 함께 잃어버리게 된다. 주체는 관념을 대표할 때만이 타 주체와 구별된다.

주체의 관념 구성은 두 가지 형태를 갖는다. 하나는 타 주체와의 차이점만 강조하는 '고립적 관념 구성'이고, 다른 하나는 타 주체와 상호작용을 강조하는 '관계적 관념 구성'이다. 고립적 관념 구성은 읽기 주체와 텍스트와의 내적 대화를 기반으로 이루어진다. 반면 관계적 관념 구성은 텍스트에 대한 주체 간의 외적 대화를 기반으로 이루어진다. 고립적 관념 구성은 자기도취적 2자 관계를 기초로 한다. 관계적 관념 구성은 자기 반성적 3자적 관계를 기초로 한다.[7] 2자적 관계의 내적 대화는 일방적 대화이다. 타 주체의 목소리는 없고 주체의 목소리만 있다. 그러나 3자적 관계의 외적 대화는 쌍방 간의 대화이다. 이 대화는 배려와 존중이 바탕이 되어 여러 목소리가 서로 얽혀 이루어진다. 주체는 자신의 생각을 타 주체에게 인정받기 위해서 타 주체의 생각을 인정해야 한다. 따라서 2자적 관계의 대화는 주관적 대화이고, 3자적 관계의 대화는 상호주관적 대화이다. 주관적 대화는 타 주체에 대한 배려가 없는 대립적 대화이고, 상호주관적 대화는 타 주체를 배려한 협력적 대화이다. 대립적 대화가 서로의 차이점을 확인하는 것으로 끝나는 고립적 대화라면 협력적 대화는 서로를 보충해 주는 개방적 대화라 할 수 있다. 주체의 대화 방식은 관념 구성의 방식이고, 그 결과는 주체를 결정하는 관념이 된다.

---

7) 2자적 관계는 텍스트와 주체의 관계이고, 3자적 관계는 텍스트와 주체, 타 주체 간의 관계이다. 이들 관계는 라캉의 욕망이론 관련된 된다. 아버지의 법을 모르는 아이는 어머니와 2자적 관계를 형성한다. 그러나 아버지의 법을 인식함으로써 아버지와 어머니, 아이 자신의 3자적 관계를 형성하게 된다. 3자적 관계를 형성한 아이는 아버지의 법을 내면화하여 아버지와 대등한 존재가 된다.

다. 관념 구조

관념은 읽기 주체가 읽기 과정에서 구성한 결과물이다. 읽기 주체는 이 관념을 얻기 위하여 텍스트를 읽는다. 읽기가 단순한 정보를 위한 것일 수도 있지만 궁극적인 목적은 관념을 구성하는 것이다. 그래서 읽기 주체의 행위는 이 관념을 지향한다. 관념 구성을 벗어난 주체의 행위는 무의미하다. 주체의 관념 구성 과정에 대하여 칸트의 생각을 빌려서 보면, 기호 해독은 대상을 지각하여 인식하는 감성 작용이고, 개념을 파악하고, 의미 덩이를 만드는 것은 오성 작용이다. 그리고 주체적으로 관념을 구성하는 것은 이성 작용에 해당된다. 감성 작용의 기제는 해독이고, 오성 작용의 기제는 범주화이고, 이성 작용의 기제는 추론이다(임혁재·맹주만 역, 2004). 주체는 텍스트의 기호를 해독하여 개념을 인식하고, 개념을 범주화하여 의미 덩이를 만들고, 의미 덩이 간의 관계를 추론하여 전체의 관념을 구성하는 것이다.

관념은 주체의 행위 과정과 행위 의도에 따라 달라진다. 주체의 행위 과정은 텍스트와 주체의 2자 관계를 중심으로 이루어지는 것과 텍스트와 주체 그리고 타 주체 간의 3자적 관계를 중심으로 이루어지는 것으로 구분할 수 있다.[8] 그동안의 텍스트 중심 읽기나 독자 중심 읽기는 2자적 관계에서 이루어진 행위 과정이다. 2자적 관계의 행위는 텍스트나 주체 어느 한쪽이 주도권을 가진다. 그래서 주도권을 가진 쪽에게 모든 것을 맡긴다. 그 결과 어느 한쪽이 의미 결정에 대한 절대 권위를 갖는다. 이는 주체가 구성한 관념이 텍스트나 독자 중 어느 한쪽에 편중된 것임을 뜻한다. 이런 읽기를 하는 주체는 그 편중된 관념에 만족을 느낀다. 2자적 관계의 주체는 관념이 편중된 것이라는 것을 모르기 때문이다. 그래서 2자적 관계의 관념 구성은

---

8) 읽기 주체의 2자적 관계의 의미 구성과 3자적 관계의 의미 구성에 대해서는 김도남(2005a)을 참조할 수 있다.

착각과 오해의 의미 구성이 된다(김도남, 2005a).

반면, 3자적 관계를 중심으로 한 읽기에서 의미 결정에 대한 주도권이나 절대 권위는 의미가 없다. 주체들이 서로를 필요로 하는 관계적 주체이기 때문이다. 관계적 주체는 자신의 생각에 대한 반성과 점검을 통하여 대화를 한다. 주체 간의 대화에서 내용이 충실하지 못한 일방적 생각은 받아들여지지 않는다. 주체들은 타 주체가 받아들일 수 있는 생각을 제시해야 한다. 주체의 관념에 대한 객관화가 필요한 것이다. 주체의 관념에 대한 객관화는 타 주체에 대한 존중이면서 배려이다. 이러한 3자적 관계의 주체들은 관념 내용에서 차이점을 갖는다. 주체 간의 대화는 그 차이점이 바탕이 된다. 이러한 대화 관계는 관념의 변화 가능성을 함의한다. 주체 간의 대화는 타 주체의 생각을 수용하는 것을 의미하고, 타 주체의 생각의 수용은 주체 관념의 재구성을 전제한다. 이 주체의 관념 재구성이 타 주체와의 합의이고, 관념의 객관화이다.

주체의 관념 구성 의도는 '만족지향'과 '공유지향'으로 구분할 수 있다. '만족지향'은 구성된 관념에 대하여 주체만의 만족을 의도하는 것이다. 즉, 주체는 자기만의 관념을 구성하는 것이다. 2자적 관계의 관념 구성이 그것이다. 텍스트의 내용을 전적으로 주체의 관념으로 여기거나 주체의 생각만을 유일한 관념으로 여긴다. 주체의 절대적 권위가 관념을 결정하는 것이다. 이 만족지향 관념 구성은 주체 간의 대화를 필요로 하지 않는다. 텍스트에 모든 것을 의존하거나 주체에게 모든 것이 일임되기 때문이다. 반면, '공유지향'은 관념에 대하여 타 주체와의 공유를 의도한다. 타 주체와 관념을 나누어 가지면서 관념 보완의 필요성을 느끼기 때문이다. 즉, 주체는 관념을 공유함으로써 관념의 부족분을 타 주체의 생각에서 채우고자 한다. 공유지향은 주체가 관념의 불완전성을 인식하는 것이다. 다시 말하면, 공유지향은 주체의 관념 불완전성을 극복하려는 의도를 내포하고 있다.

주체만을 위한 '만족지향'의 2자적 관계의 관념은 '의미'의 속성을 갖고 있다. 의미는 개인적이고 직관적이며 내밀하다. 소통을 위한 것이기보다는 구성 그 자체가 목적이다. 그래서 일단 구성되면 그 자체로서 의의를 갖게 된다. 의미는 누가 간섭하여 변화시키거나 바꿀 필요가 없다. 주체 스스로의 만족만 있으면 그 자체로 완결된다. 그래서 2자적 관계에 있는 주체의 관념 구성에는 타 주체가 개입할 여지가 없다. 구성된 관념에 대하여 주체가 부족함을 느낄 수 있는 조건이 없기 때문이다. 이 관념 구성 주체는 타 주체도 자신과 같은 관념을 구성할 것이라고 생각하거나 타 주체의 관념에는 관심을 갖지 않는다. 그래서 주체는 스스로 관념에 만족한다. 라캉이 말하는 오이디푸스 콤플렉스 이전의 단계에 있는 아이가 2자적 관계에 대해 스스로 만족하는 것과 같다.

독자 중심의 읽기 교육은 학생들에게 개인적인 의미를 구성하도록 요구한다. 타자와의 대화를 통한 의미 구성보다는 개별적 의미 구성을 중시한다. 의미 구성이 독자의 내밀한 경험에 기초하여 이루어진다고 보기 때문이다. 다른 학생과의 상호작용도 요구하지만 의미 구성에서 적극적 영향을 줄 수 있는 정도는 아니다. 학생의 생각에 대한 교사의 관여도 최소한으로 이루어진다. 학생의 생각은 개인의 내밀한 경험에 의한 것이기에 교사가 가타부타를 말할 수 없다고 생각하기 때문이다. 이는 주체가 만족하면 된다는 만족지향의 관점을 드러내 보여주는 것이다.

주체 간 공유지향의 3자적 관계의 관념은 '의견'의 속성을 갖는다. 의견은 다른 주체에게 제시될 수 있는 체계화된 관념이다. 의견은 공적이고, 논리적이며 개방적이다. 타 주체를 고려하여 구성되어 설득력을 지니고 있으며, 다른 의견과의 관계 속에서 변화될 수 있다. 의견은 주체들 간의 대화 속에서 변화 발전된다. 만약 의견이 완전성을 갖는 것이라면 주체들의 대화는 필요 없을 것이다. 그러나 의견은 주체에게도 타 주체에게도 의견일 뿐이다. 그래서 불완전한 것으로 받아들여진다. 누구도 의견이 확정된 것이라거나 완전한 것이라고 여기지 않는다. 이러한 의견은 다른 주체에게 공개되는 것이면서 공유되어야 하는 것이다. 그래서 모든 주체는 의견에 대하여 관심을 갖는다. 그것은 의견이 주체들의 관념에 영향을 주는 것이라고 여기기 때문이다. 주체들은 서로의 의견에 반응을 보이고, 대화를 시도한다. 읽기 교육에서는 주체가 의견의 속성을 갖는 관념을 구성할 수 있도록 접근하는 것이 필요하다.

라. 주관 구성

주관은 주체와 관념의 결합으로 이루어진다. 주체와 관념은 서로 동전 양면과 같이 서로를 구성한다. 그래서 주체 없는 관념은 공허하고, 관념 없는 주체는 맹목적이다. 이들은 서로를 통해 존재를 확인한다. 이러한 주관의 존재 방식은 다양하며, 주체와 관념의 관계에 따라 달라진다. 주체가 우월하면 '주관'이 되고, 관념이 우월하면 '상호주관'이 된다.[9] 또한 주체와 관념이 같이 우월하거나 같이 열등한 경우도 있을 수 있다.[10] 이들 주체와 관념의 관계는 상대적이다. 주체가 우월하면 관념 범주가 좁고, 관념이 우월하면 주체의 범주가 좁아진다. 주체가 우월하면 주체는 주체만을 위한 관념을 구성하고, 관념의 범주를 임의로 결정할 수 있다. 반면, 관념이 우월하면 주체는 관념을 위하여 작용해야 하고, 관념의 범주를 임의로 결정할 수 없다. 즉, 주체는 타 주체의 도움으로 범주가 넓은 관념을 구성하기 때문에 관념의 범주를 임으로 결정할 수 없다.

---

9) 일상적으로 '주관'이라는 말은 주체가 강하게 작용함을 뜻하는 의미로 사용된다. 반면에 '상호주관'이라는 말은 주체의 관념이 객관적, 합의적(합리적), 공동적(공유적)이라는 의미를 갖는다. 즉, 상호주관은 주체보다 주체의 관념(말의 내용)에 관심을 둔 말이다.

10) 이들에 대한 논의는 이 글의 범위를 벗어나므로 다음 기회에 논의한다.

이 글에서는 독자 중심 읽기 주체의 관념 구성에만 관심을 갖는다. 독자 중심의 읽기 주체가 관념을 구성하는 형식은 두 가지이다. '주관'과 '상호주관'이다. '주관'은 주체가 중심이 된 관념 구성의 결과이다. '주관'은 주체와 관념의 완전한 결합으로 이루어지는 형식이다. 기호가 기표와 기의의 완벽한 결합인 것으로 보는 것과 같다.[11] 주체는 주체만을 위한 관념을 구성하고 그 관념을 대표한다. 주관은 타 주관와의 구분만 강조될 뿐이지 서로 어떻게 무엇이 다른지는 상관이 없다. 서로 다름만 확보되면 다른 것은 문제되지 않는다. 주관은 유아적 만족감을 기반으로 한다.[12] 주체는 관념에 만족하기 때문에 타 주체의 참견을 필요로 하지 않는다. 부족을 느끼지 않기 때문이다. 그래서 타 주체의 관심과 도움을 거부한다. 그러므로 타 주체가 할 수 있는 일은 주체를 용인하고, 옹호하며, 격려하여 스스로 발전하기를 기대하는 것이다.

'상호주관'은 주체 간의 대화 관계가 기반이 된 주체와 관념의 결합 형식이다. 상호주관에서는 주체가 관념을 대표하지만 관념은 타 주체의 관념과 연결되어 있다. 이는 주체와 관념의 불완전한 결합을 의미한다. 여러 주체가 각 주체가 구성한 관념의 부분들을 공유하고 있기 때문이다. 이는 주체와 결합된 관념이 오로지 한 주체의 것이 아님을 뜻한다. 주체들이 대화하는 과정에서 관념들이 종횡으로 연결되어 구성된 것이다. 그래서 상호주관은 주체의 관념이 다른 주체의 관념과 겹쳐있어서 주체만의 관념의 범위가 분명하지 않다. 그렇다고 여러 주체가 한 관념을 구성한 것은 아니다. 각 주체는 구별되는 관념을 각자 가지고 있으면서, 그 관념의 일부를 공유하고

---

11) 소쉬르의 기호관에서 보면 기호는 기표와 기의의 완전한 결합으로 이루어진다(최승언 역, 1990). 그러나 라캉이나 데리다의 기호관에서 보면 기표와 기의의 결합은 불완전하며 서로 떨어져 있다(김도남, 2005). 주체와 관념의 완전결합은 오해에서 비롯된 것이다. 이에 대한 논의는 김도남(2005a)을 참조할 수 있다.

12) 주체의 관념에 대한 만족감에 대해서는 김도남(2005a)을 참조할 수 있다.

있는 것이다. 이렇게 타 주체의 관념들이 얽혀서 구성된 상호주관은 필연적으로 객관적이다. 객관적이라는 것은 주체만이 알고 있는 것이 아니라 여러 주체들이 인정한다는 것을 의미한다. 주체들이 공통적으로 관념에 동의할 수 있음을 의미한다. 상호주관은 주체들이 서로 관계를 맺고 있고, 관념이 서로 얽혀 있음을 가리킨다.

독자의 주관은 다른 독자 주관과의 구별도 중요하지만 서로 소통을 필요로 한다. 소통을 위해서는 관념의 합리화보다는 객관화를 해야 한다. 또한 관념의 유지나 보존보다는 변화를 전제해야 한다. 그리고 관념의 특수성보다는 보편성을, 비판에 대한 방어보다는 수용이 필요하다. 독자 중심의 읽기 교육은 독자의 주관은 강조하면서 상호주관에 대해서는 소홀하다. 그 결과 학습자(독자)들은 텍스트에 대한 관념을 다른 학습자(독자)들과 소통하지 못한다. 학생들은 자신의 생각을 의견으로 구체화하여 제시할 줄 모르고, 다른 학습자의 동료의 생각을 어떻게 배려하고 받아들여 공유하는지 모른다. 주관의 옹벽을 두껍고 높이 쌓는 것만 학습하기 때문이다. 그래서 학생들은 구성한 관념을 변화시킬 수 있는 기회를 갖지 못한다.

독자가 상호주관을 가지려면 다른 독자를 인정하고 존중하면서 대화를 해야 한다. 독자 간의 대화는 의견의 속성을 가진 관념을 기반으로 해야 한다. 관념의 불완전성을 인식하고 공유를 통하여 완전성을 높일 수 있다고 전제를 가져야 한다. 관념의 변화 가능성을 인정하고, 그 변화는 타자에 의하여 이루어진다고 여겨야 한다. 그러면서 관념 내용의 논리성과 논증에 따른 근거를 갖추어야 한다. 또한 형식적으로 독자들이 합의된 구조 체계를 갖추고 있어야 한다. 독자가 생각의 내용과 표현 형식을 갖추는 것이 대화에 임하는 타자에 대한 배려이다. 독자 간의 대화는 텍스트에 기초하면서 관념의 차이점을 확인하고, 차이점에 대하여 협상하는 행위이다. 독자가 대화를 통하여 주체 간의 생각을 종합하여 관념을 재구성할 때 상호주관을 가지게 된다.

3. 읽기 주체의 관념 구성 교육

읽기는 주체의 관념 구성 행위이다. 주체는 텍스트를 읽는 동안 여러 가닥의 생각의 줄기를 활용한다. 주체가 활용하는 생각의 줄기들은 텍스트와 주체뿐만 아니라 다른 주체와 다른 텍스트에서도 나온다. 주체는 이들 생각의 줄기를 엮어서 관념을 만든다.[13] 관념은 주체가 선택하는 생각의 줄기에 따라 달라진다. 그동안의 교육에서는 텍스트나 주체만의 생각 줄기를 선택할 것을 강조했다. 그러면서 텍스트와 주체에서 동등하게 생각의 줄기를 선택할 수 있게 하려는 의지도 있었다. 그러나 선택이 동등하게 이루어지지 않았다.[14] 그 결과 주체가 배경지식에서 생각의 중심 줄기를 끌어다 관념을 구성할 것을 강조하는 격이 되었다. 이는 주체의 관념 구성을 위한 생각의 줄기 선택이 관점에 따라 달라질 수 있음을 의미한다. 즉, 읽기 교육을 어떻게 하느냐에 따라 학생의 관념 구성이 달라짐을 뜻한다.

읽기 주체는 텍스트를 읽으면서 텍스트, 주체, 상황 등의 읽기 관련 요인을 통제하여 관념을 구성한다. 주체의 관련 요인 통제 방법에 따라 구성되는 관념이 달라지는 것이다. 읽기 주체의 관련 요인 통제 방법은 교육을 통하여 학습한 것이다. 예를 들어, 텍스트를 강조하는 교육을 받은 사람들은 주로 텍스트 요인을 중심으로 관련 요인을 통제한다. 그 결과 텍스트에 기초한 관념을 구성하게 된다. 제4차 국어과 교육과정으로 교육을 받은 독자들은 이야기를 읽으면 인물, 사건, 배경 등의 내용이 쉽게 파악한다.[15)]

13) 관념은 여러 생각의 씨줄과 날줄이 얽히고, 엮여서 만들어진다. 그러므로 하나의 텍스트이다. 마음속에 만들어지기 때문에 내적 텍스트이다(김도남, 2005).

14) 최현섭 외(2002: 310~315)에서 읽기 방법을 상향식, 하향식, 상호보완식으로 구분하였다. 여기서 상호보완식이 텍스트와 독자에서 동등한 생각의 줄기를 뽑아 관념을 구성하는 접근이 된다고 할 수도 있다. 그러나 상호보완식은 구체적으로 무엇이 상호작용되어야 하는지를 분명하게 규정하지 못하고 있다.

15) 제4차 교육과정의 국어과 교육은 문학에 대한 관심이 많았고, 글의 구성 요소 분석을

글의 주제는 잘 모르지만 이들 세 요소는 분명하게 파악한다. 이것은 읽기 주체가 텍스트 구성 요인을 중심으로 다른 요인을 조절하도록 교육받았기 때문이다. 제7차 국어과 교육과정의 읽기 교육을 받은 학생들은 읽은 텍스트에 대하여 각자의 생각을 나름대로 말하려고 한다. 이것은 읽기 교육이 읽기 주체를 그렇게 하도록 교육하였기 때문이다. 이는 읽기 교육에서 읽기 주체를 어떻게 교육하느냐에 따라 관련 요인의 통제 방식이 달라져 관념 구성 방식과 구성한 관념이 달라짐을 의미한다. 그동안 이루어진 독자 중심의 읽기 교육의 주체 문제를 비판적으로 검토하면서 대안을 탐색하여 본다.

가. 주관 중심 접근의 문제

현재 이루어지고 있는 읽기 교육에서는 독자 중심 읽기를 강조한다. 독자 중심이라는 말은 앞에서 보았듯이 몇 가지 의미를 가진다. 여기서의 독자 중심 읽기는 독자의 배경지식과 읽기 전략을 활용한 주관 구성을 뜻한다. 독자 중심 읽기에서는 주체가 구성한 관념의 차이를 강조한다. 그 관념의 차이는 배경지식에 근거한다. 독자 중심 읽기에서는 주체가 관념을 구성하기 위하여 활용할 주요 생각의 줄기를 배경지식에서 끌어온다고 보기 때문이다. 그리고 배경지식은 주체마다 다르다고 여긴다. 그래서 주체가 구성한 관념은 본질적으로 개별적이라고 본다. 그리고 독자의 관념 구성 방법으로 읽기 전략의 활용을 강조한다. 읽기 교육에서 볼 때 배경지식은 학습자 고유의 것으로 접근이 어렵다. 그러다 보니 비교적 활용하기 쉬운 읽기 전략에 초점을 맞추어 교육이 이루어지고 있다. 이 읽기 교육은 독자 중심 읽기를 강조하기는 하지만 핵심적인 배경지식에 접근하지 못하게 됨으로써

강조하는 신비평 이론을 수용했다. 그 결과 국어과에서는 텍스트의 구조와 구성 요소를 교육 내용으로 강조하였다. 이에 관련된 내용은 정동화 외(1987)를 참조할 수 있다.

주체가 구성하는 의미에 대하여 속수무책이다. 단지 학생들이 사고 전략을 잘 활용하여 나름대로 타당한 의미를 구성해주길 바라고만 있는 실정이 되었다.

학습자들은 주체적 관념 구성의 방법을 교육을 통하여 배운다. 읽기 교육이 읽기 주체의 관념 구성 방법을 결정하게 된다. 독자 중심 읽기 교육에서는 학습자들의 주체적 관념 구성을 강조한다. 이 방법은 그 나름의 유용성도 있지만 단점도 내포하고 있다. 여기서는 독자 중심 읽기의 단점 중에서 읽기 주체 고립 문제와 관념의 합리화 문제를 중심으로 살펴본다. 그리고 독자의 주관 중심 접근의 한계를 생각해 본다.

1) 고립된 읽기 주체

읽기 주체는 텍스트를 읽는 과정에서 관념을 구성한다. 독자 중심 읽기 교육의 관점에서 볼 때, 읽기 주체의 관념 구성은 주로 텍스트의 내용과 배경지식의 결합으로 이루어진다. 읽기 주체는 관념 구성을 위하여 텍스트 내용을 인식하여 배경지식과 연결 짓는다. 읽기 주체의 텍스트 내용과 배경지식의 연결에는 심리적인 도구가 필요하다. 주체에게 필요한 심리적 도구는 크게 두 가지이다. 이들은 기능과 전략이다.[16] 이들은 세부적으로 네 가지로 구분할 수 있다. 첫째는 텍스트를 해독하여 내용을 파악하는 데 필요한 기능이다. 둘째는 배경지식에서 필요한 내용을 인출하는 기능이다. 셋

16) 읽기 교육에서 독자의 심리적 기제인 기능과 전략에 대하여 논의가 다양하다(박수자, 2001: 45~61). 이 글에서 의미하는 기능(skill)과 전략(strategy)의 개념 및 이들 관계를 간단히 정리하면 다음과 같다. 기능은 독자가 텍스트를 다루는 데 필요한 기술이고, 전략은 독자가 의미 구성을 하는 데 필요한 사고 도구이다. 기능은 독자의 생리적·심리적 작용을 텍스트 체계에 맞추는 것이고, 전략은 텍스트의 내용을 독자의 인식 체계에 맞추는 것이다. 기능은 텍스트를 다루기 위한 반복 숙달을 통하여 익히는 것이고, 전략은 독자의 인식 체계에 맞게 내용을 재구성하는 방안을 마련하는 것이다. 독자의 읽기 활동은 기능과 전략 모두를 필요로 한다. 즉, 읽기는 독자가 텍스트 다루는 기능과 인식 체계에 맞게 내용을 재구성하는 전략을 상보적 활용함으로써 이루어진다.

째는 텍스트 내용과 배경지식을 연결하여 의미를 구성하는 전략이다. 넷째는 주체의 전반적인 의식체계와 구성한 의미를 조정하여 관념을 구성하는 전략이다. 이들 기능과 전략은 독자 중심의 관념 구성 활동에 작용한다. 주체는 관념 구성을 위하여 이들 기능과 전략을 활용하여 텍스트의 개념을 파악하고, 개념을 연결하여 의미 덩이를 만들고, 의미 덩이들을 하나의 내용으로 연결해야 한다. 그 후에 주체의 의식체계와 결합하여 관념을 구성해 내야 한다.

독자 중심의 읽기 교육은 독자의 배경지식과 기능과 전략을 강조한다. 즉 읽기 주체가 배경지식과 읽기 기능과 전략을 사용하여 관념을 구성할 수 있도록 지도한다. 텍스트와 배경지식에 한정하여 관념을 구성할 생각의 줄기를 끌어오도록 강요한다. 다른 곳에서 생각의 줄기를 끌어오는 것을 원천적으로 단절하도록 가르친다. 그것도 배경지식의 우위를 강조함으로써 생각의 줄기에 있어 선택의 폭을 좁히게 된다. 주체는 이러한 읽기 교육에 대하여 전혀 문제의식을 갖지 못한다. 그 결과 주체는 배경지식에서 끌어온 생각의 줄기를 축으로 관념을 구성한다. 관념 구성의 근원이 배경지식으로 제한되는 것이다. 그렇게 됨으로써 주체는 생각의 줄기를 제공하는 다른 요인들과 단절된다. 주체의 관념은 독자의 의식 한계를 벗어날 수 없다. 이러한 읽기 교육은 읽기 주체를 고립시킨다.

읽기 교육에서 강조하는 읽기 기능과 전략도 읽기 주체를 고립시키는 데 효과적으로 작용한다. 읽기 기능은 독자의 심리 작용을 텍스트에 순응시키는 기제이고, 전략은 텍스트의 내용을 독자의 인식체계로 조절하는 기제이다. 이들 기능과 전략은 주체가 텍스트의 내용을 효과적으로 파악하도록 하는 도구인 것이다. 이들 읽기 기능과 전략은 독자의 심리에 국한되어 작용한다. 독자의 심리를 벗어나면 그 효과를 상실한다. 그래서 읽기 주체는 이들을 활용하여 제한된 의미를 구성하게 된다. 이들 기능과 전략은 주체가 만족지향의 관념을 구성할 수 있도록 하는 기제로 작용하는 것이다. 주체를 고립시키는 역할을 수행하는 것이다.

읽기 교육에서는 읽기 기능과 전략을 지도하여 주체가 관념 구성에 능숙해질 수 있도록 한다. 이는 읽기 교육과정 내용의 '원리' 영역은 대부분이 기능과 전략이라는 점에서 드러난다. 이들 기능과 전략은 주체의 관념 구성에서 텍스트와 독자의 인식 한계를 제한한다. 기능은 텍스트의 내용에 주체를 제한하고, 전략은 독자의 인지 체계에 주체를 묶어둔다. 기능이 텍스트 내용 파악에 효과적인 기술이 되고, 전략이 독자가 정보 처리에 효과적인 기제가 됨으로써 주체의 외부 접촉 필요성을 없애버린다. 기능의 숙달과 전략의 익힘은 읽기 주체의 개별성을 강화하는 역할을 하게 되는 것이다. 결국 이들의 학습은 읽기 주체의 고립적 관념 구성을 지도하는 결과가 된다.

독자의 배경지식과 읽기 기능과 전략은 읽기 교과서에 그대로 반영되어 지도되고 있다. 국어 교과서를 활용한 수업은 학습자를 배경지식과 읽기 기능과 전략을 활용한 관념 구성 방법을 지도한다. 예를 들어, 3학년 2학기 읽기 둘째 단원의 5-6차시 활동 구성을 보면 다음과 같다.

> 단원명: 중심 생각을 찾아요.
> 단원 목표: 글을 읽고 중심 생각을 말해 봅시다.
> 활동명: 글을 읽고 중심 생각 찾기
> 제재: 갯벌을 보존해야 하는 까닭
> [활동 1] 사진을 보고 갯벌에 대해 알고 있는 내용이나 갯벌에 가 본 경험을 말해 봅시다.
> [활동 2] 각 문단의 중심 문장을 생각하며 '갯벌을 보존해야 하는 까닭'을 읽어 봅시다.
> [활동 3] '갯벌을 보존해야 하는 까닭'을 읽고 친구들과 묻고 답하기 놀이를 해 봅시다.
> [활동 4] '갯벌을 보존해야 하는 까닭'의 중심 생각을 찾아봅시다.

[활동 5] 4를 바탕으로 하여 '갯벌을 보존해야 하는 까닭'의 중심 생각을
한 문장으로 써 봅시다.
[활동 6] 중심 생각을 정리하는 방법을 정리해 봅시다.
[활동 7] '갯벌을 보존해야 하는 까닭'을 읽고 새롭게 안 내용과 더 알고
싶은 내용을 친구들과 이야기해 봅시다.

활동의 흐름을 보면, '갯벌을 보존해야 하는 까닭'에 대하여 관계적 관념 구성을 하도록 짜여져 있다. [활동 3]에서 친구들에게 말할 기회를 제공한 것과 [활동 7]에서 더 알고 싶은 것을 이야기해 보는 것에서 그렇게 느껴진다. 그러나 속을 들여다보면 그렇지 않다. [활동 3]은 제재의 내용을 확인하기 위한 것이고, [활동 7]은 더 알고 싶은 내용을 이야기해 볼 뿐이다. 활동이 학습 목표에 집중되어 있어서 그렇다고 할 수 있지만 관계적 관념 구성을 할 수 있는 활동은 없다. 각 활동의 의도와 전체 활동의 흐름은 '갯벌을 보존해야 하는 까닭'에 대하여 학습자가 고립적 관념을 구성하게 되어 있다. 학생 활동을 위한 학습 도우미의 말을 보아도 수 있다. 관계적 관념 구성을 요구하지 않는다.

- 한 문단의 전체 내용을 대표하는 문장이 문단의 중심 문장이에요.
- 글쓴이는 글 전체의 내용을 가장 잘 전할 수 있는 내용을 제목으로 정하기 때문에 제목을 보면 무엇을 쓴 글인지 미리 알 수 있어요.
- 중심 생각이란 글쓴이가 글 전체에서 말하고 싶은 생각이에요.

이 활동을 통하여 학습해야 하는 것은 '중심 생각 찾기 방법'이다. 목표가 중심 생각을 찾는 방법에 놓여 있기에 다른 추가 활동을 할 수 없다고 할 수 있다. 그러나 글의 중심 생각을 찾는 방법에 대한 접근은 2자적 관계에서 관념을 구성하게 되어 있다. 이는 개별 활동이나 전체 활동의 흐름이 텍스트와의 2자적 관계에 집중된 활동의 구성이다. 다른 읽기 단원의 학습

활동의 구성이나 다른 학년의 읽기 학습 활동 구성도 크게 다르지 않다.

학습 주체가 중심 생각 찾는 방법을 정리하는 [활동 6]에서조차 상호작용은 없다. 자신이 한 활동을 바탕으로 하여 중심 생각 찾기의 방법을 정리하라는 것이다. 이는 이 활동의 목표가 문단의 중심 문장을 찾아 중심 생각을 정리하는 것으로 되어 있기 때문이라고 할 수 있다. 여기에는 정해져 있는 학습 내용(문단의 중심 문장으로 중심내용 찾기)을 정리하면 된다는 의식이 반영되어 있다. 동료들의 관심이나 읽기 주체의 말할 의지와 상관없이 정리해 보라는 것이다. 수업 활동에서 교사는 학생들의 활동 결과를 발표하게 함으로써 상호작용이 된다고 할 수도 있다. 그렇지만 활동의 결과를 발표하는 것이 동료들과 생각을 교환하는 대화는 될 수 없다. 단지, 자신이 한 활동 결과를 확인하는 의도에서 말해 보는 것뿐이다. 생각의 교환은 전혀 필요치 않다. 이 차시의 전체 학습 활동은 학습자가 개별적으로 읽기 기능인 '중심 생각 찾기(문단의 중심 문장 찾기)'을 익히라는 것이다.[17]

이 활동의 교수-학습은 단원의 학습 내용을 익히는 기본 학습[18]이다. 이 기본 학습이 단원의 핵심 학습 활동이다. 읽기 능력을 높이기 위하여 학생들이 익혀야 할 읽기 기능을 배우게 된다. 읽기 영역의 기본 활동의 전개를 보면, 배경지식 활성화, 제재 읽기, 제재 내용 파악하기, 읽기 기능 익히기, 읽기 기능 정리하기, 제재에 대한 이해 확장으로 구성되어 있다. 이 활동의 전개는 학습자가 읽기 기능을 효율적으로 익히도록 하기 위한 것이다. 이러한 지도는 학생이 읽기 기능을 익혀 읽기 능력을 높이는 것에 기여는 하지

---

17) 이러한 차시 활동은 이 교육과정에서 의도하는 것이기에 교과서나 수업 내적으로는 전혀 문제가 되지는 않는다. 다만, 독자의 상호주관적 의미 구성이라는 측면에서 보았을 때 문제가 된다.

18) 국어과 단원 내에서의 교수-학습 활동은 준비학습, 기본학습, 실천학습으로 이루어지게 되어 있다. 준비학습에서는 단원에서 무엇을 어떻게 공부할지 준비하고 학습 계획을 세운다. 기본학습에서는 단원에서 배워야 할 내용을 익히고 연습을 한다. 실천학습은 단원에서 배운 내용을 새로운 상황에 적용하고, 단원의 학습 내용을 정리한다.

만, 결과적으로 학습 주체의 고립성을 강화하게 된다. 이와 같은 방법으로 학습한 주체는 모든 것을 주체 위주로 생각하고 판단하고 말한다. 배경지식과 읽기 기능으로 구성하는 의미는 주체가 독자적으로 하는 일이다. 특히 텍스트의 의미는 독자의 배경지식을 활용하여 구성해야 하는 일인 것이다. 따라서 읽기 주체는 다른 주체와 상호작용을 해야 할 아무런 이유가 없다.

이러한 접근은 이 차시에만 한정되는 것이 아니다. 읽기 교육과정의 '기능'의 하위 내용이 '맥락 이해하기, 몰입하기, 내용 확인하기, 추론하기, 비판하기, 성찰·공감하기, 통합·적용하기, 독서 경험 공유하기, 점검·조정하기'(2015 교육과정)으로 이루어져 있다. 여기서 '내용 확인'은 텍스트 분석을 위한 기능을 필요로 하고, '추론'은 텍스트 내용과 배경지식을 연결짓는 것이고, '비판'은 주체가 중심이 된 내용 평가와 판단을 하는 것이다. 성찰·공감은 자신의 이해를 되돌아보고 텍스트 의미에 동의하는 것이고, 통합·적용은 기능을 상황에 여러 가지를 함께 활용하는 것이다. 독서 경험 공유는 다른 사람들과 책에 대한 자신의 생각을 나누라는 것이고, 점검·조정은 텍스트를 읽는 인지적 과정을 메타적으로 확인하고 관리하라는 것이다. 이들 기능은 독자 중심 읽기라는 교육적 접근 관점이 분명하게 해 준다. 읽기 교육과정의 내용과 교과서의 구성은 읽기 주체를 효과적으로 고립시킬 수 있도록 되어 있다. 이러한 주체 우위의 읽기 교육은 주체가 구성한 관념에 대하여 타 주체의 접근불가의 원칙을 고수하게 만든다. 그래서 누구와의 상호작용도 의미 없게 만들고 있다.

읽기 주체의 고립화는 주체의 우월을 당연시한다. 주체 우월은 타 주체를 관여를 배제하는 원인이 된다. 타 주체의 배제는 관념의 변화를 원하지 않는다. 그 결과 주체만이 만족하는 고립된 관념을 구성하게 된다. 주체만 만족하는 관념 구성이 일면 타당성을 갖기도 한다. 읽기가 독자만을 위한 경우도 있기 때문이다. 그러나 교육적으로는 독자만의 읽기보다는 관념을 소통할 수 있는 읽기를 지향한다. 그것이 읽기 능력의 실질적인 향상이기 때문이다.

2) 관념의 합리화

고립적 주체의 관념 구성에서 중요한 것이 관념의 내적 합리화[19]이다. 고립 주체는 다른 주체와의 관계를 상정하지 않는다. 다른 주체와의 구별만이 중요할 뿐이다. 그렇기 때문에 관념에 대하여 주체가 만족하기 위한 조건이 내적 합리화이다. 그래서 고립적 주체는 관념의 내적 합리화의 문제를 해결하여야 한다. 내적 합리화의 문제를 해결하는 가장 중요한 방법이 배경지식을 활용하는 것이다. 자신의 배경지식에서 필요한 정보를 취하여 텍스트의 내용과 결합함으로써 내적 합리화를 할 수 있다.[20] 배경지식은 주체가 내적 합리성을 보장하는 유일한 토대가 된다. 그리고 독자의 인지작용 연구는 이론적으로 이런 내적 합리화를 정당화한다.

읽기의 실제 수업에서는 읽기 주체가 구성한 관념의 합리화 문제는 중요하게 다루어지지 못한다. 구성된 관념에 대하여 읽기 주체의 고유한 소유권을 인정하기 때문이다. 그래서 관념의 합리화는 대개는 주체에게 맡겨진다. 교사나 타 주체들은 읽기 주체가 구성한 관념에 대하여 긍정만 할 뿐이지 이에 비판을 가할 수가 없다. 관념을 주체의 신성한 영역으로 보기 때문이다. 그래서 관념은 타 주체들에게 신성불가침의 대상으로 받아들여진다. 그래서 교사와 동료들의 유일한 도움은 주체가 관념이 내재적 타당성을 가져야 한다고 말해주는 것뿐이다. 즉, 주체의 관념의 합리화는 주체의 고유한

---

19) 내적 합리화는 자기만족을 위한 것이다. 합리화는 이론이나 이치에 합당하게 한다는 의미도 있지만 어떤 일을 한 뒤에, 자책감이나 죄책감에서 벗어나기 위하여 그것을 정당화한다는 의미를 가진다.

20) 문학비평이론(수용이론, 독자반응비평)이나 해석학에서는 이러한 문제를 해결하기 위한 기제로 '기대지평'이나 '빈자리 메우기' 등을 제시하고 있다(송충현, 2001; 김도남, 2005: 68).

것으로 되고 만다. 그래서 주체의 관념을 확인하는 교사의 발문은 간단하다. 첫째는 "글을 읽고, 네가 생각한 것이 무엇이니?"이고, 둘째는 "그렇게 생각한 까닭은 무엇이니?"이다. 더 이상의 발문은 필요가 없다.

이런 읽기 수업에서 주체는 관념의 합리화를 자신의 배경지식에 의지할 수밖에 없다. 배경지식은 관념의 주요 생각의 줄기이면서 합리화의 근원이 된다. 이렇게 독자 중심 읽기 교육에서 중요한 것은 독자의 배경지식이다. 읽기 교육에서는 배경지식을 넓히기 위하여 읽기 전에 배경지식을 마련해 주어야 한다는 의견도 있다. 주체의 관념 구성에 배경지식이 직접 관여하고 있기 때문이다.[21] 그러나 근본적으로 배경지식은 짧은 시간에 제공할 수 없다. 학습자가 태어나면서 경험을 통하여 만들어진 것이기 때문이다. 그러다 보니 교육적으로 배경지식의 문제는 직접 다룰 수 없다. 그 결과 주체가 구성한 관념에 대하여 교육적으로 직접 관여할 수 없게 된 것이다. 이것은 교사와 동료들은 학습자가 구성한 의미에 대하여 아무런 영향력도 행사할 수 없음을 뜻한다.

요컨대, 독자 중심의 읽기 교육에서는 할 수 있는 일이라는 것은 주체가 스스로 내용에 대하여 책임을 지게 하는 것이다. 외적인 도움을 받을 수 없기 때문에 주체가 관념에 대하여 스스로 책임을 지게 하는 것이다. 주체가 관념에 대하여 책임을 지는 방법은 관념을 배경지식과 깊이 있게 연관을 짓는 것이다. 외부적인 요인의 영향을 중요하게 생각하지 않기 때문에 주체 내부에서 합리화를 해야 하는 것이다. 이러한 내적인 합리화는 독자만의 만족을 제공한다. 이는 다른 주체의 관념에 대한 관심의 단절을 의미한다. 서로 다른 배경지식에서 구성된 관념이기 때문에 서로 관여할 수 없다고 여기

---

21) 특정한 텍스트를 읽는 데 필요한 제한된 지식은 '사전지식(prior knowledge)'이라 할 수 있다. 텍스트의 내용을 파악하는 데 직접 관련된다는 점에서, 텍스트 이해에 전반적으로 영향을 미치는 배경지식(background knowledge)과 구분된다고 할 수 있다.

기 때문이다. 단지, 각 학습자는 자신의 관념에만 관심을 가지면 될 뿐이다.

3) 주관 중심 접근의 한계

주관 중심의 읽기 교육은 주체의 관념을 제한하는 읽기 활동을 강조한다. 주체의 관념 구성을 독자의 인지 범위 내로 제한한다. 주체는 자신의 인식 체계를 넘어서는 관념을 구성할 수 없다. 관념 구성에 필요한 생각의 줄기를 주체의 인식 체계 속에서만 끌어올 수 있게 하기 때문이다. 주체는 자신의 의식체계 내에서 모든 문제를 해결해야 한다. 그렇게 됨으로써 주체의 관념은 자신만의 세계에 갇히게 된다. 주체는 관념에 대하여 객관화를 확보할 수 없다. 그래서 주체는 구성한 관념을 합리화함으로써 자신만의 관념을 구성한다. 주체의 자신만을 위한 관념에 대해서는 누구도 이의를 제기하지 않는다. 구성된 관념은 주체만의 고유한 것이기 때문이다. 주체의 관념은 튼튼한 장막에 가려져 있는 셈이다. 가끔 얼핏 그 모습을 드러내기는 하지만 누구도 관심을 갖지 않는다. 개인의 내밀한 것으로 여기기 때문이다. 그렇기 때문에 주체는 관념에 대하여 혼자 만족해한다.

주체의 관념은 타 주체에게 외면을 당한다. 주체는 배경지식에 기초하여 자기만의 관념의 아성을 쌓았기 때문이다. 그리고 주체는 관념의 아성을 지키기 위하여 애쓴다. 다른 주체의 관심을 무시하거나 상관없는 것으로 여겨 대응을 안 한다. '내 생각에는 그렇다'로 일관하는 것이다. 이런 아성의 방비는 주체를 고립시키고, 타 주체에게 무관심을 유도한다. 혹시라도 타 주체의 접근이 있으면 공격으로 간주하여 철저한 자기방어를 수행한다. 방어의 방법은 '내 생각에는 … 이다'를 반복하는 것이다. 이러한 유아적 관념 구성 태도는 학습을 통하여 익히는 것이다. 지금의 읽기 수업이 읽기 주체를 그렇게 교육하고 있는 것이다. 타 주체가 주체의 관념에 관여하지 않는 것은 불문율로 되어 있다. 이는 학습 주체가 관념의 아성을 쌓게 하고,

주체 간에 외면하게 만든다.

읽기는 의사소통을 통한 관념 구성이다. 고립된 관념 구성은 바른 읽기가 아니다. 읽기 주체는 텍스트와 의사소통을 해야 할 뿐만 아니라 다른 주체와의 의사소통이 필수적이다. 주체는 텍스트와의 의사소통을 통해서는 생각의 줄기를 얻고, 주체 간의 의사소통을 통해서는 관념의 객관성을 확보할 수 있다. 주체는 여러 주체와 관계 맺기를 통하여 관념의 완전성을 바랄 수 있으며, 타 주체와 만족을 공유할 수 있다. 주체는 대화를 통하여 관념을 공유해야 한다. 이러한 관념 구성 활동이 주체를 주체답게 만들고, 독자를 독자이게 한다.

나. 상호주관 중심 접근의 과제

읽기 교육은 타 주체와 관계 맺기를 통하여 관념을 구성할 수 있는 관계적 주체를 교육할 필요가 있다. 관계적 주체는 상호주관적으로 관념을 구성한다. 주체가 상호주관적으로 구성한 관념은 의견의 속성을 갖는다. 의견은 개별적 생각이지만 다른 타자와의 관계를 통한 변화 가능성을 내포한다. 또한 타자에게 제시되어야 함은 물론 타자의 의견과는 다름을 함의한다. 의견의 다름은 상호작용을 전제한다. 의견의 차이에 따른 상호작용은 상호존중을 바탕으로 이루어진다. 상호작용에 참여자들이 서로를 배려하였을 때 대화가 성립되는 것이다. 따라서 의견은 타자를 배려하는 명확한 주장과 타당한 근거 및 논리적인 생각의 전개가 특징이다. 상호작용을 요구하는 의견의 속성을 갖는 관념이 상호주관이다.

이러한 상호주관을 구성하는 주체는 타 주체와의 관계에서 탄생한다. 또한 타 주체와의 관계유지를 통하여 존재하게 된다. 주체 간의 관계가 유지되지 못하면 주체는 사라진다. 따라서 주체는 필연적으로 다른 주체를 필요로 한다. 주체 간의 관계유지는 관념에 기초한 관계이다. 주체가 구성하는 관념을 타 주체가 일정 부분 공유하게 됨으로써 관계가 유지된다. 주체가 타 주체와 관념을 공유한다는 것은 관념의 객관화를 의미한다. 관념의 객관화는 개방적 주체의 관념 구성에 필연적으로 따르는 것이다. 주체 간의 대화 속에서 관념이 구성되기 때문이다. 주체의 입장에서 관념의 객관화는 주체가 다른 주체와 관계를 위한 준비이다. 그리고 주체 간의 관계 수단은 대화이다. 주체들은 대화를 통하여 관념을 공유하게 된다. 이 대화가 상호주관적 관념을 구성하게 한다. 주체의 상호주관적 관념 구성에 대해 살펴보자.

1) 관념의 객관화

주체는 주체로서 존재하기 하기 위하여 타 주체와의 대화 관계를 필요로 한다. 주체와 타 주체의 대화는 관념 구성을 위한 관계를 유지시켜 준다. 주체들은 서로의 관념을 인정하고 수용하여 공유하거나 이의를 제기하여 대립함으로써 대화 관계를 성립시킨다. 주체들은 대화를 통하여 관념이 같으면 공유하고, 다르면 대립하게 된다. 관념의 공유나 대립은 주체 간의 존중에서 일어난다. 주체 간에 존중이 없으면 서로의 관념에 관심을 갖지 않기 때문이다. 주체 간의 관계를 맺게 하는 매개인 관념은 주체 중심의 관념과는 달라야 한다. 주체만을 위한 관념은 내적 합리화만을 필요로 한다. 그러나 주체 간의 관계를 고려한 관념은 객관화를 필요로 한다.[22] 다른 주체와 관념에 대한 공유할 수 있는 조건이 요구되기 때문이다. 주체가 관념에 대한 객관화를 갖추지 못하면 관념은 매개로서의 기능을 못한다. 다른

22) 객관화는 주체가 일차적인 관념 구성에서의 객관화와 관념에 대한 대화를 통한 객관화가 있을 수 있다. 일차적인 객관화는 주체가 관념을 구성하면서 타 주체를 배려함으로써 확보된다. 결과적으로는 일차적 객관화나 이차적 객관화는 하나로 연결된다.

주체가 관념에 대하여 관심을 가질 수 없기 때문이다.

주체가 관념을 객관화하기 위해서는 읽기 관련 요인의 통제 범위를 넓히는 것이다. 즉, 생각을 줄기를 여러 곳에서 끌어오는 것이다. 배경지식이나 텍스트에 한정된 생각의 줄기를 다양화하는 방법이다. 타 주체와 다른 텍스트뿐만 아니라 다른 관점에서 생각을 줄기를 끌어오는 것이다. 그렇게 되면 주체가 구성하는 관념은 여러 줄기의 생각이 얽히게 된다. 여러 생각이 얽힌 관념은 객관화를 확보할 수 있다. 관념의 객관화는 누구나 공감할 수 있는 내용이 될 때 일어난다. 누구나 공감할 수 있는 내용이 되는 것은 여러 주체의 생각이 바탕이 되는 것이다. 즉, 여러 주체의 생각을 참조하여 관념을 구성하는 것이다. 이러한 관념의 객관화는 주체의 독단적인 관념의 결정이 아니라 판단유보를 통하여 조정해 나가는 것이다.

주체가 관념을 객관화하는 방법은 상호작용의 확장이다. 주체가 상호작용을 할 수 있는 요인은 네 가지이다. 텍스트, 타 주체, 다른 텍스트, 구성한 관념이다. 주체는 관념을 구성할 때, 이들과 반복하여 상호작용을 한다. 주체가 접한 '텍스트'는 일차적 상호작용의 대상이다. 배경지식과 텍스트 내용의 상호작용이다. '타 주체'와 '다른 텍스트'는 주체가 이차적으로 만나는 대상이다. 주체는 다양한 내용과 방식으로 상호작용을 할 수 있으며 그 범위는 제한되지 않는다. 이때 그 범위는 '구성한 관념'과 주체 내에 있다. 주체는 거리를 두고 바라봄으로써 상호작용할 수 있다. 주체가 타자의 입장에서 관념을 따져보는 것이다. 타 주체적인 입장의 주체는 관념의 객관화를 높일 수 있다. 이들 관련 요인과의 상호작용은 관념의 변화 가능성을 전제한다. 주체는 관념의 재구성을 항상 고려한다. 주체가 상호작용할 수 있는 요인이 많을수록 관념의 객관화가 높아진다고 할 수 있다. 다양한 생각의 줄기들로 관념을 구성할 수 있기 때문이다.

읽기 교육에서는 주체 간의 상호작용을 위해서 주체들의 서로 존중하는 마음을 확보해야 한다. 다른 주체는 근본적으로 주체와 동등하며, 타 주체의 관념도 주체의 관념과 같은 가치를 가지고 있다고 여기게 하는 것이다. 학습자들이 서로를 존중하고 배려하며, 서로가 도움이 필요하고, 도움을 줄 수 있다고 생각할 수 있게 해야 한다. 주체가 관념의 불완전성을 인정하고, 대화를 통하여 재구성해야 한다는 의식을 갖게 해야 한다. 이는 주체의 우월이 아니라 관념이 우월한 위치를 차지할 수 있도록 하는 것이다. 독자의 배경지식이 중요한 것이 아니라 타자와의 관념이 매개된 관계가 중요함을 강조하는 것이다.

지금까지의 읽기 수업은 주관의 구성을 강조했다. 주관은 이해의 한계를 많이 갖는다. 주관을 벗어나기 위해서는 상호주관을 강조하는 것이 하나의 방법이다. 상호주관을 학생들이 가질 수 있게 하기 위해서는 지금의 방식과는 다른 수업의 방식을 요구한다. 학습자들은 자신의 생각을 소중하게 생각하면서 다른 학습자의 생각도 존중하여야 한다. 그리고 읽기에 대한 새로운 생각을 기반으로 기존의 읽기 태도를 변화시켜 나가야 한다. 읽기 주체 간의 대화에서 단지 친구의 말에 귀를 빌려주는 대화가 아니라 생각을 담은 대화를 하는 것이다. 마음을 열고 서로의 생각을 엮어 가야 한다. 이러한 대화를 하는 수업이 독자의 상호주관을 구성하는 힘을 기르는 수업이다.

2) 주체 간의 대화

주체 간의 관계유지와 관념 구성을 위하여 대화가 필요하다. 대화는 주체들이 서로를 주체로써 인정하는 활동이다. 주체들은 대화를 통하여 자신의 존재를 인정받을 수 있게 된다. 주체의 대화는 상호주관성을 바탕으로 이루어지는 실질 대화이다. 앞에서 살펴본 교과서의 [활동 4]는 실질 대화를 이끌지 못한다. 주체의 독백일 뿐이다. 아무도 주체의 말에 귀조차 빌려주지 않는다. 주체들은 허공에 대고 혼자 말할 뿐이지 아무도 반응을 해주지 않는다. 대화는 이런 혼잣말이 아니다. 대화는 주체가 서로의 관념을 공유하는 것이다.

상호주관을 위한 대화는 주체 간의 신뢰를 기반으로 한다. 신뢰는 서로 부족한 부분을 채워줄 수 있다는 믿음을 바탕으로 한 의지함이다. 이 신뢰가 기반이 될 때 주체 간의 생각을 나눌 수 있는 대화가 성립한다. 이러한 대화는 주체에게 관념을 구성할 수 있는 생각을 줄기를 제공한다. 그래서 주체 간에 관념을 공유할 수 있게 된다. 관념을 공유할 수 있는 대화는 주체의 관념을 변화시킬 수 있다. 주체들은 대화를 통하여 관념을 엮어낸다. 주체들의 생각이 엮어진 관념이 상호주관이다. 즉, 상호주관은 주체들이 신뢰를 바탕으로 대화를 통하여 생각을 공유하여 구성한다.

주체 간의 대화는 주체를 구분하여 주기도 한다. 대화를 통하여 주체들 생각의 차이점이 드러나기 때문이다. 상호주관은 주체들 생각의 차이들이 얽히고설키는 것이다. 대화에서 주체들이 차이점을 드러내지 않는다면 상호주관은 성립할 수 없다. 그러므로 각 주체는 대화하기 전에 생각을 구성하고 있어야 한다. 주체들이 대화를 통하여 서로의 생각이 다름을 확인할 수 있을 때 주체들은 그 역할을 다하는 것이다. 이러한 주체 간의 관계를 라캉은 다음과 같이 말한다. "나는 내가 존재한다고 당신이 생각하는 것을 내가 생각한다는 것을 알고 있다. 그러므로 나는 존재한다"(정문영, 1999: 100). 존재를 생각한다는 것은 차이이며 대화의 조건이다. 즉, 주체들의 존재 확인이 대화를 필요로 하고, 이 대화가 상호주관을 구성하게 한다.

주체의 대화 상대는 타 주체이다. 타 주체의 범위를 한정하는 것은 쉽지 않다. 타 주체는 동료 학습자의 주체가 일차 범위에 포함된다. 그러나 타 주체에는 교사와 텍스트, 그 외의 여러 다른 주체들이 있다. 읽기 교육에서는 이들 주체의 범위를 효과적으로 넓히는 것이 주요 과제가 된다. 또한 어떤 주체와의 대화가 가장 효과적인 상호주관을 구성할 수 있을지도 고민해야 한다. 관념의 객관화가 동료 학습자의 생각만으로는 부족한 부분이 많다. 따라서 대화의 상대를 신중히 선택하여 읽기 주체들과 만나게 하는 것이 무엇보다 중요하다. 특히 학습자들이 대화할 수 있는 주체를 선택할 수 있는 힘을 길러주는 것이 필요하다. 읽기 교육의 중요한 부분이 대화 주체를 선택할 수 있는 방법을 지도하기 위한 것일 수도 있다. 대화 주체의 선택은 상호주관을 구성하게 하는 것이 되면서 주체의 새로운 탄생을 돕는 것이 된다. 주체는 자신을 변화시킬 수 있는 주체를 만나게 되면 새롭게 변하기 때문이다. 이러한 변화는 주체의 관념 변화에서 비롯되는 것이다.

읽기 교육에서는 주체 간의 대화를 적극적으로 유도해야 한다. 주체의 읽기 활동의 변화를 이끌어야 한다. 그러기 위해서는 대화의 상황을 만들고, 제재를 새롭게 해야 한다. 대화의 상황은 주체의 대화를 다각적이고 역동적으로 이끌어야 한다. 교실의 안과 밖을 넘나들며 대화할 수 있도록 해야 한다. 대화의 상대를 정하고, 대화할 내용을 미리 준비하여 생각을 교환해야 한다. 단지 주어진 조건 속에서 대화를 하는 것은 역동적인 대화가 아니다. 학습자들은 대화의 상대를 스스로 찾아내어 대화할 수 있게 해야 한다. 매체를 활용하는 것도 좋은 방법일 수 있다. 이러한 대화를 위한 수업에 필요한 것이 제재이다. 수업에 사용될 텍스트의 질 확보가 필요하다. 지금의 교과서 제재는 많은 부분이 읽기 전략을 익히기 위하여 선택되었다. 이들 제재는 대화를 이끌기에는 부족한 점이 많다. 따라서 제재의 선택이 효과적으로 이루어졌을 때 읽기 주체의 대화를 돕는 수업을 이끌 수 있다.

대화를 중심으로 한 수업에서는 주체의 상보적 관계와 길항적 관계를 유지해야 한다. 그래야 학습 주체들의 올바른 대화를 유지할 수 있다. 이들 관계는 상호주관의 조건이기도 하다. 상호주관은 주체의 단일 관계를 의미하지 않는다. 상호주관은 타자와의 동일시를 하는 2자적 관계를 벗어나 주체를 인식한 3자적 관계에서 이루어지기 때문이다. 3자적 관계에서 주체는 사회적 규칙을 바탕으로 합리적 행위를 한다. 합리적 행위는 타자 중심 동일시나 자기중심 동일시에서 벗어나 객관적으로 생각하고 판단하는 것이다. 이러한 주체는 타 주체와 협력이 필요하면 협력하고, 논쟁이 필요하면 논쟁을 하는 것이다. 이는 주체 간의 차이를 확인하는 것이면 주체 존재를 확인하는 것이다. 읽기 수업에서 교사는 학습자의 이러한 주체적 특성을 드러낼 수 있도록 도와주어야 한다. 즉, 주체의 역할을 분명하게 알 수 있도록 지도해야 한다.

주체들은 대화에서 타 주체의 생각을 본질적으로 이해하고, 대응해야 한다. 타 주체의 생각에 대한 이해는 타 주체에 대한 관심이면서 생각을 공유하는 것이다. 주체의 생각에 대한 근본적인 이해와 공유를 하지 않고는 대화를 할 수 없다. 읽기 수업에서 주체의 생각을 확인하고, 서로 이해할 수 있게 하는 것이 교사의 역할이다. 주체 간 생각의 이해와 공유는 타 주체의 의견에 대응을 순조롭게 이끈다. 그 결과 주체 간에 의견교환이 질적으로 이루어지게 된다. 읽기 수업은 주체 간의 질적인 대화의 조건을 확보해야 한다. 질적 대화의 조건은 타 주체에 대한 진정한 존중과 생각의 이해 그리고 대응이다. 주체 간에 존중하지 않은 채, 생각을 이해하고 대응하는 것은 대화가 아니다. 주체의 혼잣말에 지나지 않는다.

4. 주체적 관념 구성의 과제

읽기 교육에서는 독자가 상호주관을 구성할 수 있도록 해야 한다. 상호주관은 구별되는 주체들이 서로의 관념 공유를 통하여 구성한다. 주체들은 필연적으로 서로의 차이점을 확인함으로써 자기 존재를 확인한다. 주체들은 서로의 차이점이 확인되면 그 차이에 대한 간극을 좁히기 위한 대화를 필요로 한다. 이 대화를 통하여 주체들은 상호주관을 구성하는 생각을 공유하게 되는 것이다. 따라서 독자들의 상호주관 구성은 대화를 통한 관념의 공유로 이루어진다.

읽기 주체들은 상호주관을 위하여 관념의 공유를 필요로 한다. 주체가 관념을 공유하기 위한 도구는 상호주체적 대화이다. 상호주체적 대화는 대화자의 존중과 배려를 통한 관념이 매개된 대화이다. 대화를 통하여 읽기 주체는 관념을 공유하고, 관념의 변화와 발전을 추구해야 한다. 주체들의 관념 공유는 주체들이 자기 중심성에 벗어나 타 주체에 대한 인정과 관심에서 시작된다. 서로에 대한 인정과 관심이 대화를 가능하게 하기 때문이다. 읽기 주체들의 구별되는 서로의 관념에 대한 관심은 대화를 통하여 서로 얽히게 됨으로써 상호주관이 된다. 지금의 읽기 수업은 읽기 주체들의 대화를 막고 있다. 읽기 주체들이 서로의 존재를 망각하게 하고 있는 것이다. 읽기 주체들이 서로의 존재를 인식하고 서로를 필요하게 하는 읽기 교육이 필요하다.

상호주관 중심의 읽기 교육은 관념 우위의 관점에서 이루어지는 교육이다. 관념을 중심에 놓게 되면 상호주관적 대화는 필연적으로 이루어질 수 있다. 그 결과는 읽기 주체의 관념을 키우는 데 기여하게 될 것이다. 관념을 키우는 것은 사고 능력이나 국어사용능력과는 다른 것이다. 관념을 키우는 것은 주체의 마음을 키우는 것이고, 세상을 새롭게 볼 수 있게 하는 눈을 기르는 것이다. 그러면서 생각을 실천으로 옮길 수 있게 하는 사람을 기르는 것이다. 그동안 읽기 교육은 읽기 능력 중심으로 이루어졌다. 읽기 능력을 가졌다는 것이 무엇인지도 잘 모르면서 능력을 강조했었다. 아직도 읽기 교육에서는 읽기 능력을 강조하고 있다. 읽기 능력이 텍스트 이해 능력인지 확실하지도 않고, 정말 학생들의 읽기 실력을 높이고 있는지 알 수도 없다. 읽기 능력은 교육적으로 필요한 것이기는 하지만 그것을 전부로 생각해서는 안 된다. 생각이 빠져있는 읽기 능력, 마음을 키우는 내용이 없는 읽기 교육은 바람직한 읽기 교육이 아니다.

읽기 교육의 접근 방향을 '관계적 관념 구성'으로 정하는 것이 필요하다. 읽기 수업에서 읽기 주체들이 관계를 지향하고, 3자적 관계를 가질 수 있도록 활동을 구성해야 한다. 그래서 읽기 주체들 대화를 통한 의견을 교환으로 관념을 구성하게 해야 한다. 학생들이 스스로 관계적 관념 구성 능력을 가질 수 없다는 것을 알고 읽기 수업을 이끌어야 한다. 읽기 교육은 읽기를 교육하는 주체들이 읽기 주체가 상호주관을 구성할 수 있도록 하는 것이다.

참고문헌

김도남(2002), 텍스트 이해 교육의 접근 관점 고찰, 국어교육학회, 국어교육학연구 제15집.

김도남(2005), 상호텍스트성과 텍스트 이해 교육, 박이정.

김도남(2005a), 라캉의 욕망 이론과 읽기 교육의 문제, 국어교육학회. 국어교육학연구 제24집.

김성동(1993), 상호주관성 이론의 재구성, 서울대 박사논문.

김성철 역(2005), 중론, 경서원.

남수영 역(1999), 용수의 공사상 연구, 시공사.

노명완 외(1994), 국어과교육론, 갑을출판사.

박수자(2001), 읽기 지도의 이해, 서울대학교출판부.

송충현(2001), 문학 감상 능력의 신장을 위한 '빈자리 메우기' 전략화 방안, 한국교원대 석사논문.

이기영(1999), 불교개론 강의(하권), 한국불교연구원.

임혁재·맹주만 역(2004), 칸트의 순수이성비판 읽기, 철학과현실사.

장회익(2001), 삶과 온생명, 솔.

정동화 외(1987), 국어과 교육론, 선일문화사.

최현섭 외(2002), 국어교육론, 삼지원.

제3장 정서 함양 읽기

1. 문제 제기

독자의 텍스트 이해는 정서 함양을 지향한다. 텍스트는 필자의 관념[1]과 정서[2]를 포함하고 있다. 독자는 텍스트를 읽는 과정에서 필자의 관념과 정서를 인식한다. 독자가 인식한 필자의 관념과 정서는 독자의 관념과 정서로 연결된다. 독자의 텍스트 이해 과정은 관념과 정서의 구성 과정이다. 독자가 마음속에 구성하게 되는 관념과 정서는 의존적이다. 정서는 관념을 기반으로 드러나고, 관념은 정서를 기반으로 명료해진다. 예를 들어 한 편의 시는 관념을 바탕으로 정서를 표현한 것이고, 한 편의 비평문은 정서를 바탕으로 관념을 표현한 것이다. 관념이 없는 시나 정서가 배어있지 않는 비평문은 존재할 수 없다. 정서와 관념은 단독으로 존재할 수 없는 것이기에 그렇다. 사람의 대상 인식은 근본적으로 감성과 지성을 기반으로 하며, 이

---

* 이 장의 내용은 '정서 함양 읽기 교육 방향'(김도남, 2006, 국어교육 120집)을 수정 보완한 것입니다.

1) 관념은 사람이 사고를 통하여 갖는 의식의 내용으로 개념, 정의, 의견, 주장, 견해, 이론, 지식 등이다. 독자의 관념 구성에 대한 논의는 김도남(2006)을 참조할 수 있다.

2) 정서는 사람이 갖는 여러 가지 감정이다. 정서는 순간적인 감정이라기보다는 체계화된 정감이다. 동양적인 면에서는 정서는 인의예지신(仁義禮智信)이나 희노애락애오욕(喜怒哀樂愛惡慾) 등이며, 서양적인 면에서는 진선미성(眞善美聖), 지정의(知情意:정서 관련 요인은 情意) 등을 예로 들 수 있다. 정서는 분명하게 정의하거나 범주화하기 어렵다. 의미가 중복되는 면이 있지만 정서를 정감, 감정(기분), 심정, 정조 등으로 범주화할 수 있다.

들의 협력으로 사고한다. 그래서 정감 작용의 내용인 정서와 지성 작용[3]의 내용인 관념은 근본적으로 함께 한다.[4]

텍스트 읽기는 필자와 독자 간의 감성과 지성을 기반으로 한 정서와 관념의 소통이다. 시인은 시를 통하여 자신의 감성을 지성에 기초하여 표현한다. 비평가는 비평문을 통하여 시에 대한 자신의 지성을 감성에 기초하여 설명한다. 독자는 시인의 지성에 기초하여 감성에 공감하고, 비평가의 감성에 기초하여 지성을 공유한다. 독자의 시 감상에 중요한 것이 지성이듯, 비평문을 이해하는 데 중요한 것이 감성이다. 텍스트를 읽는 과정은 지성과 감성의 치밀한 상보작용으로 이루어진다. 독자는 이들의 상보작용으로 텍스트를 이해할 수 있게 된다. 독자는 어떤 텍스트를 읽더라도 감성과 지성을 함께 활용해야 한다. 독자는 지성을 통하여 생각의 뼈대를 만들고, 감성을 통하여 생각의 살을 찌운다. 어떤 텍스트는 독자의 지성을 활용하여 감성을 부풀리고, 어떤 텍스트는 감성을 자극하여 지성을 공고하게 한다. 독자가 지성을 활용하지 않으면 공허한 독서가 되고, 감성을 활용하지 않으면 맹목적인 독서가 된다. 텍스트 이해는 이성과 감성의 화합으로 관념과 정서를 조화시키는 것이다.

텍스트 이해 교육에서는 텍스트 중심 접근 방식이나 독자 중심 접근 방식을 취함으로써 필자와의 소통을 배제하거나 소통을 전제하지 않는 면이 있

---

3) 감성과 대비되는 용어는 이성이다(최지현, 2000: 29). 따라서 '감성 작용'에 대비되는 용어로 '이성 작용'을 사용할 수 있다. 그러나 이성 작용은 모든 합리성을 갖는 의식적 사고를 지칭한다. 그래서 여기서는 '관념' 구성에 국한된 사고를 지시하는 용어로 '지성 작용'을 사용한다.

4) 정서와 관념은 다른 텍스트 형식으로 존재한다고 생각할 수 있다. 문학 텍스트는 정서 텍스트이고, 비문학 텍스트는 관념 텍스트라고 할 수 있다. 그러나 이런 텍스트 인식은 관습적인 것일 뿐이다. 문학 텍스트든 비문학 텍스트이든 관념은 표면에, 정서는 그 이면에 들어있다. 관념의 내용을 표면에 내세우지 않으면 어떤 텍스트도 존재할 수 없기 때문이다. 텍스트는 필자의 관념과 정서를 모두 포함하고 있고, 독자는 이것을 모두 읽어냄으로써 텍스트 이해에 이를 수 있다.

다(김도남, 2006). 그렇다고 텍스트 속에 들어있는 필자의 목소리를 아예 없는 것으로 여길 수는 없다. 텍스트는 필자와 완전히 분리될 수 없는 존재이기 때문이다. 그래서 텍스트 내용을 독자의 마음속에서 표상하여 기억하거나 회상할 수 있으면 텍스트 이해가 이루어졌다고 보는 것은 잘못이다. 텍스트 이해는 텍스트의 내용 파악이 아니다. 텍스트 이면에 작용하고 있는 필자의 관념과 정서를 독자가 공유하는 것이다.[5] 독자는 텍스트 이해를 통하여 기존의 관념이나 정서를 확대하거나 정교화함으로써 생각의 질적 변화를 이룬다.

읽기 교육은 그동안 관념 중심의 텍스트 이해를 강조하였다. 필자가 텍스트를 통하여 드러내는 정서나 독자가 텍스트를 읽으면서 느끼는 정감에 대해서는 굳이 외면하였다. 그러나 텍스트 이해에 작용하는 정서는 외면한다고 없어지거나 작용을 멈추는 것이 아니다. 텍스트 이해 교육에서 관념을 강조했지만 정서는 끊임없이 이해에 영력을 행사한다. 텍스트를 읽고 있는 독자 의식의 심층에서 정서가 쉬지 않고 작용한다. 정서의 작용이 없으면 이해가 일어나지 않기 때문이다. 텍스트 이해에서 정서의 중요성에 대해서도 여러 논의가 있다.[6] 이들 논의는 텍스트 이해 교육에서 정서에 대한 논

5) 관념과 정서를 '공유(공감)'한다는 것은 정확한 표현이 아니다. 공유는 두 사람 이상이 특정 대상을 공동으로 소유한다(공감: 남의 생각이나 감정에 대하여 자신도 그렇다고 느낌)는 의미이다. 그런데 관념과 정서는 하나의 대상이라고 할 수 없다. 필자의 관념과 정서가 독자의 관념과 정서와 같은 것이 아니기 때문이다. 유사할 수는 있지만 동일한 하나의 대상이 아니다. 다만, 서로 유사할 수 있음을 비유적으로 나타내기 위하여 공유 또는 공감이라는 말을 사용한다. 공유라는 말을 맥락에 따라서는 '유대'라는 말도 사용한다. 이 유대라는 말의 뜻은 서로 연결되어 결합되어 있다는 말이다. 이 말도 정확하게 필자와 독자의 관념과 정서의 관계를 나타내고 있지는 못하다. 다만, 필자와 독자의 관념과 정서가 관련이 있지만 동일한 것이 아니라는 의미를 비유적으로 나타낼 뿐이다.

6) 국어교육학회의 『국어교육학연구』 11집과 한국문학교육학회의 『문학교육학』 12집에 실린 관련 논문을 참조할 수 있다. 이들 논의에서 '정서', '정의', '태도'는 명확히 구별되지 않는다. 정서와 정의가 같은 의미로 사용되고(박인기, 2000; 최지현, 2000, 2003; 한창훈, 2003), '정의'는 '태도'와 같은 의미로 사용된다(이도영, 2000; 김정우; 2003; 황정현, 2003).

의의 필요성을 제안하고 있다. 여기서는 읽기에서 학습자의 정서를 구체화 하는 방안을 알아본다.

2. 정서 작용 구조

텍스트는 언어로 이루어져 있다. 언어는 필자(화자)와 독자(청자) 간에 생각을 전달하는 매개체이다. 그래서 텍스트와 독자를 연결한다. 텍스트는 언어의 형식과 언어의 내용으로 이루어져 있다. 언어의 형식은 사고 매개 기제이고, 내용은 관념과 정서이다. 언어의 형식은 쉽게 인식되어 전달된다. 반면, 내용은 그렇지 못하다. 내용이 언어의 형식에 내재되어 있기 때문이다. 언어는 형식인 사고를 통하여 내용인 관념과 정서를 드러내고 전달한다. 관념을 구성하기 위하여 언어를 조작하는 사고를 '지성 작용'이라 하고, 정서를 구성하기 위하여 언어를 조작하는 사고를 '감성 작용'이라 한다. 지성 작용과 감성 작용은 독자가 텍스트를 이해하는 과정을 이루기도 한다.

그러나 '정서'와 '태도'는 같은 의미로 사용되는 경우는 많지 않다. 이들 용어의 의미를 이 글의 논의와 관련하여 필자 나름대로 정리하면 다음과 같다. 태도는 학습이나 과제를 해결하기 위한 심리적 조건이다. 동기, 흥미, 습관 등이 그 하위 요소이다. 한편, 정서는 학습 과제 해결에 작용하는 심리 내용이다. 감정, 정감, 기분, 심정, 정조 등이 하위 요소를 이룬다. 태도는 마음의 형식(조건)이고, 정서는 마음의 내용(작용)이다. 정의는 정서와 태도의 의미를 포괄한다. 그러면서 심미, 윤리, 가치 등을 포함한다. 블룸이 분류한 정의적 영역의 위계인 수용(receiving), 반응(responding), 가치화(valuing), 조직화(organization), 인격화(characterization)는(임의도 외 역, 1967) 정서의 발전 단계를 함의한다. 그리고 정서라고 이야기하는(이병래, 1997) 태도, 흥미, 가치, 자아개념, 귀인, 불안, 동기, 인성, 행동발달 등은 태도의 영역이다. 이 태도 영역 중에 '가치, 불안, 인성 등은 정서에도 속한다. 그렇다 보니 정의는 마음의 형식과 내용이 분명하게 구분되지 않는 부분을 갖는다. 그래서 혼용되고 있다. 교육에서는 '정의'에 대한 구체적인 개념 합의를 한 후 사용할 필요가 있다. 참고로 정봉교 외 역(2003)에서 기본적 정서라고 말하는 혐오, 슬픔, 위협과 해, 흥미, 동기 관여와 만족(459~466)과 공포, 분노, 기쁨, 슬픔, 수용, 혐오, 기대, 놀라움(467) 등은 정서의 한 요소인 감정이라 할 수 있다. 행복, 불쾌, 경악, 슬픔, 분노, 공포 등도(한창훈, 2003: 97)도 감정이다.

독자는 이들 두 작용으로 텍스트 이해를 하게 되고, 생각의 질적인 변화를 이루게 된다. 관념을 구성하는 지성 작용과 정서를 구성하는 감성 작용이 어떻게 관련을 맺어 텍스트 이해에 작용하는지 따져본다.

가. 정서와 관념

사람은 사물의 자극을 감지할 수 있는 오감을 가지고 있다. 사람은 오감 작용으로 여러 가지 자극을 감각 한다. 감각은 신경계에 의하여 인지된다. 신경계는 자극에 대한 감각을 두 가지로 활성화한다. 그것은 정감과 지각이다. 정감은 감성 작용을, 지각은 지성 작용을 일으키는 단서가 된다. 감성 작용은 감각을 정감으로 받아들여 정서화하고, 지성 작용은 감각을 지각하여 개념으로 받아들여 관념화한다. 정서는 감각 자극에 대한 정감적 감응이고, 관념은 감각 자극에 대한 개념적 판단이다. 정서는 감성 작용의 결과이고, 관념은 지성 작용의 결과이다. 감성 작용은 감각에 대한 정감을 구체화하고, 지성 작용은 감각에 대한 지각을 구체화한다. 예를 들어, 물 한 방울이 얼굴에 튀었을 때, 자극에 대한 감각이 감지된다. 이 감각은 한편으로는 신경계의 감성 작용에 의하여 정감이 되고, 한편으로는 지성 작용에 의하여 지각이 된다. 감성 작용은 '불쾌감'과 같은 정감을 불러일으키고, 지성 작용은 '물'이라는 지각 판단을 하게 한다. 이들 정감과 지각이 구체화되어 정서와 관념이 된다.

정감과 지각을 정서와 관념으로 만드는 감성 작용과 지성 작용은 유사한 활동 특성을 갖는다. 이들은 감각을 인식하고 분류하고 구체화하는 작용을 함께 한다. 정서는 감성 작용의 내용이고, 정서의 기초 요소가 정감[7]이다.

7) 감각에서 일어나는 느낌이다. 정감이 구체화된 형태가 기쁨, 슬픔, 두려움, 즐거움 등의 감정 또는 기분이 된다.

관념은 지성 작용의 내용이고, 관념의 기초 요소는 지각[8]이다. 사람의 인식 작용은 이들 정감과 지각의 상호작용인 것이다. 정서는 여러 정감의 결합이고, 관념은 여러 개념(지각)의 결합이다. 정서는 정감을 감성 작용으로 확인하고 분류하여 구체화한 것이다. 아무런 사고 작용이 없는데 마음속에 어떤 정감을 정서로 만들 수 없다. 관념도 개념을 지성 작용으로 확인하고 분류하여 구체화한 것이다. 감성 작용과 지성 작용은 각기 독립적으로 일어나지 않는다.[9] 같은 감각에서 출발한 심리 작용이기 때문이다. 그래서 둘은 서로에게 영향을 준다. 감성 작용과 지성 작용은 서로 의존적이고, 동시적인 사고 작용이다. 즉, 사람의 인식 작용은 감성 작용과 지성 작용의 협력을 기반으로 한다. 물이 얼굴에 닿자마자 감각에 대한 감성 작용과 지성 작용이 동시에 일어난다. 감성 작용은 지각을 기반으로 정감을 일으키고, 지성 작용은 정감을 기반으로 지각을 구체화한다. 감성 작용은 지성 작용이 '찬 물방울'임을 확인할 때 정감을 구체화하고, 지성 작용은 감성 작용이 불쾌한 느낌을 확인할 때 '찬 물방울'로 판단한다. 감각에 대한 인식은 정감과 지각에 대한 동시적 규정이다.

인식 작용은 감성 작용과 지성 작용의 결합으로 이루어진다. 어느 한 가지 작용만으로 올바른 인식을 할 수 없다. 다만, 경우에 따라 어느 한 가지 작용에 의식을 집중할 수 있다.[10] 정서에 의식을 집중하면 감성 작용이 부

---

8) 지각은 감각의 내용이 무엇인지 알아차린 것이다. 감각을 내용을 인지적으로 알아차린 첫 단계가 지각이다. 이 지각한 내용을 인지적, 언어적으로 규정한 것이 개념이다. 이 논의에서는 지각이라는 용어가 문맥이나 어감상 편하지 않은 곳이 있어 상황에 따라 개념을 정감과 대비되는 용어로 사용하기도 한다.

9) 박인기(2000: 13)는 언어 현상 속에서의 인지와 장의(정서)는 불가분의 관계라고 지적한다. 그러면서 '교육적으로 의미 있게 다루어질 정의(정서)는 일차적인 감각과 연계된 것이 아니라 일정하게 고양된 정의(정서)들이다'라고 말한다.

10) 인식 작용은 감성 작용과 지성 작용을 의식적으로 조절할 수 있다. 예를 들어, 과학자는 의식적으로 지성 작용에 초점을 맞추어 감각을 관념화하는 것이고, 예술가는 감성 작용에 초점을 맞추어 감각을 정서화하는 것이다. 사람은 누구나 과학이론이나 예술작품을

각되고, 관념에 의식을 집중하면 지성 작용이 부각된다. 일반적으로 관념이 중심이 되는 텍스트 읽기의 경우, 지성 작용이 의식의 전경으로 부각되고, 감성 작용을 의식의 배경으로 작용하는 것으로 여겨진다. 이때, 감성 작용이 없는 것으로 생각하는 경우가 많다. 그러나 감성 작용이 뒷받침되지 않으면 지성 작용은 의미가 없다. 텍스트에서 제시되는 주장이나 설명이 독자의 정감에 닿는 것이 아니면 의미 있는 것으로 여겨지지 않는다. 즉, 독자의 관념으로 구성되지 않는다. 정서가 중심이 되는 텍스트 읽기의 경우에는 감성 작용이 의식의 전경으로 부각되고, 지성 작용이 후경에 배치된다. 감성 작용이 중요한 역할을 하기 때문이다. 이때도 지성 작용을 배제한다면 아무런 감성 작용도 일어나지 않을 것이다. 관념적 내용이 표상되어야 정서가 작용할 수 있게 되는 것이다. 어떤 텍스트 읽기이든 감성 작용이나 지성 작용 어느 한 작용을 제외한 텍스트 이해 작용은 일어날 수 없다.

정서와 관념은 단일 감각을 구체화한 것이 아니다. 감각은 단일한 것으로 감각 기관에 주어지지 않는다. 공감각적인 감각 작용을 통하여 이루어진다. 특정 상황에서 주어지는 여러 가지 자극을 감각하여 복합적으로 감성 작용과 지성 작용이 이루어진다. 앞의 예에서 물이 아무런 상황 조건 없이 얼굴에 튀는 경우는 없다. 무엇인가 원인이 있고, 그럴만한 상황이 생겼기 때문에 일어난다. 감각에 대한 인식 작용은 주변의 다른 자극에 대한 감각을 종합한다. 그래서 여러 감각과 관련된 정감과 지각을 동시적으로 처리한다. 얼굴에 튄 물은 아침에 어머니가 잠을 깨우려다 떨어뜨린 것일 수도 있고, 잘 모르는 사람이 실수로 튕긴 것일 수도 있다. 어머니가 떨어뜨린 물방울 자극에 대한 감각적 정감은 작은 불쾌감이나 쾌감일 수도 있다. 또

이해할 수 있다. 지성 작용에 집중하여 과학이론을 기반으로 현상을 이해할 수 있고, 감성 작용에 집중하여 예술 원리를 바탕으로 작품을 감상할 수 있다. 이는 사람들이 감성 작용과 지성 작용을 조절할 수 있기 때문이다.

한 원인에 따라 감각에 대한 지각의 결과는 물일 수도 있지만 다른 액체로 판단될 수도 있다. 텍스트 읽기에서 기호의 해독은 시각적이다. 그러나 독자의 인식은 공감각을 바탕으로 이루어진다. 이와 같이 정서와 관념은 관련된 상황 속에서 갖게 되는 종합 인식이다.

정서와 관념은 의식적 구체화를 통하여 구조화된다. 정서와 관념은 감각에 대한 정서화나 관념화로 구체화된다. 감성작용은 감각에 대한 정감을 구체화된 정서로 발전시키는 정서화 과정이다. 정서화는 먼저 감각에서 생겨난 정감을 규명한다. 감각에서 일어난 정감을 느끼고, 정감을 분석하여 속성을 확인하여 인식하는 활동이 정감 규명이다. 규명된 정감은 '감정(기분)'으로 발전한다.[11] 감정은 정감이 구체화된 심리 반응이다. 감정은 일시적 형태로 여러 정감의 요인들이 연결되어 만들어 내는 정서의 일부이다. 이 감정은 다른 감정들과 연결되어 '심정'을 만든다. 심정은 복합적 감정으로 일정 기간 지속되는 정감이다. 심정은 감정보다는 구체화되고, 구조화된 정서이다. 이 심정은 또 다른 정감들이 연결되어 체계화되어 '정조(情操)'가 된다. 정조는 관습화되고 인격화된 정서이다. 정조는 개인의 심리나 성격 특성을 지속적으로 나타내면서 다른 정서의 작용을 통제하고 조정하는 역할을 한다. 정감은 이러한 정서화 과정을 거쳐 구체화된 형태로 발전되어 정서가 된다.

지성 작용은 감각에 대한 지각을 구체화된 관념으로 발전시키는 관념화 과정이다. 관념화는 감각을 지각하는 것에서부터 시작된다. 감각을 지각한다는 것은 감각이 무엇인지 알아챘다는 뜻한다. 알아챘다는 것은 자극에 대한 인지이며 판단이다. 이 지각은 독자의 인지 요인과 다른 지각들에 의하여 '개념'으로 발전한다. 개념은 지각에 대한 의미 부여이고 언어적, 관계

11) 감정(기분)은 다양한 형태를 띤다. 감각에 대한 정감이 상황에 따라 분화된 것이기 때문이다. 기쁨, 슬픔, 혐오, 분노, 공포, 두려움, 다정, 외로움, 신남 등 상황마다 다르다.

적, 논리적 규정이다. 개념은 지각을 언어적으로 표현하여, 다른 지각과 구별하고 내재적 의미 체계를 밝힌 것이다. 이 개념은 다른 개념과의 관계 맺기를 통하여 주체의 구체화된 생각인 '견해'[12]를 이룬다. 견해는 개념을 연결하여 주체가 구성한 중심이 되는 생각의 내용이다. 이 견해는 다시 다른 견해의 작용으로 지식이 된다. 지식은 일반적이고 통상적인 관념이다. 지각은 이러한 관념화 과정을 거쳐 구체화된 관념이 된다. 감각에서 비롯된 감성 작용은 정서화를 통하여 정감을 구조화하고, 지성 작용은 관념화를 통하여 지각을 구조화한다. 사람들은 반복적인 감성 작용을 통하여 체계화된 정서인 정조를 갖게 되고, 지성 작용을 통하여 체계화된 관념인 지식을 갖게 된다.

나. 구체화와 구조화

필자는 정서와 관념을 텍스트로 표현한다. 그러나 정서와 관념은 구체화되어 완결된 상태에서 텍스트로 전사되는 것이 아니다. 필자의 정서와 관념은 텍스트로 바꾸는 과정에서 구체화되고 명확해진다. 필자의 표현 행위는 감성 작용과 지성 작용의 협동으로 이루어진다. 필자는 표현을 하면서 정서와 관념을 구체화하기 위하여 노력한다. 내용을 첨가하거나 빼고, 내용의 구조를 변형시키고, 효과적인 표현을 위하여 낱말을 바꾼다. 정서와 관념은 표현 과정을 거치면서 필자에게 분명한 형태로 드러난다. 그렇지만 텍스트는 필자가 구체화한 정서와 관념 그 자체는 아니다. 필자의 정서와 관념이 독자와의 소통을 위하여 약속된 기호로 지시된 것뿐이다. 독자는 기호 해독으로 텍스트에 내재되어 있는 필자가 구체화한 정서와 관념을 공유한다.

---

12) 견해는 자기의 의견과 해석이라는 뜻을 갖는다. 여기서는 의견, 해석, 주장, 가설, 이론 등의 의미를 포함한다.

독자가 필자의 정서와 관념을 공유했을 때를 '이해'라 한다. 다시 말해, 텍스트 이해는 필자가 텍스트를 통하여 구체화한 정서와 관념을 독자가 독서를 통하여 자신의 정서와 관념으로 다시 구체화하는 것이다.

텍스트는 필자의 사고 내용을 담아내는 그릇이다. 그러나 완전한 그릇이 아니다. 필자의 정서와 관념을 그대로 다 담아낼 수 없는 불완전한 그릇이다. 텍스트가 불완전한 것은 텍스트를 만드는 언어 때문일 수도 있고, 담화 관습이나 어휘의 부족 때문일 수도 있다. 그러나 근본적인 이유는 텍스트 자체가 정서와 관념이 아니라는 것이다. 텍스트는 필자가 정감과 지각을 정서와 관념으로 구체화하는 과정에서 만들어진 결과물일 뿐이다. 필자가 구체화한 정서와 관념은 필자의 마음속에 있다.[13] 텍스트는 정서화 과정과 관념화 과정에서 정서와 관념을 구체화하기 위해 만들어진 산물이다. 필자의 입장에서 보면, 텍스트 표현 활동은 정서와 관념을 구체화하기 위한 한 가지 수단이다. 필자는 텍스트 표현을 통하여 정서와 관념을 뚜렷한 대상으로 구체화하는 것이다. 텍스트는 필자가 정서와 관념을 구체화하는 하나의 단계에서 만들어진 것이지 그 자체가 정서와 관념은 아닌 것이다. 그렇지만 텍스트는 독자와 소통을 위한 것이기 때문에 정서와 관념을 최상의 형태로 드러낸 것이라 할 수 있다.

독자가 구체화한 정서와 관념은 필자와 일치하지 않는다. 텍스트의 기호는 정서와 관념을 지시하고 있을 뿐이다. 필자는 기호가 자신의 정서와 관념을 지시할 수 있게 텍스트로 구조화한다. 독자는 텍스트로 구조화된 기호를 해독할 수 있는 방법을 알고 있다. 그래서 텍스트의 기호는 필자와 독자

13) 콜링우드는 진정한 예술작품은 대상물로 표현된 것이 아니라 작가의 마음속에 구체화된 것이라고 말한다. "만일 「예술작품」이라는 말이 진정한 예술작품을 의미한다면, 음악작품은 가청적인 것이 아니라, 음악가의 머릿속에 존재하는 어떤 것이다"(김혜련 역, 1996: 183).

를 연결하는 매개체가 된다. 필자와 독자는 약속된 기호 해독 방법을 사용함으로써 정서와 관념을 소통할 수 있다. 독자와 필자의 소통은 정서와 관념의 완전 일치를 뜻하지 않는다. 독자는 고유의 인지 요인을 활용하여 정서와 관념을 구체화하기 때문이다. 독자와 필자의 소통은 텍스트를 매개로 한 정서와 관념의 '유대'이다. 여기서 유대의 의미는 독자가 구체화한 정서와 관념이 필자가 표현한 텍스트에 투영되면 같은 형상이 될 수 있다는 의미이다. 만일 독자가 자신의 정서와 관념을 텍스트로 구체화하여 표현한다면 그것은 필자의 텍스트와는 전혀 다른 형태가 될 것이다. 즉, 유대는 독자의 텍스트와 필자의 텍스트는 연관성은 있지만 다르다는 것을 뜻한다. 독자는 필자의 텍스트와 의미적 관계를 가진 여러 형태의 텍스트를 만들 수 있다. 그렇지만 독자가 만든 여러 텍스트를 다 모은다고 하여도 필자의 텍스트가 될지는 의문이다. 이것은 텍스트의 운명이고 한계이다. 이것은 또한 텍스트 이해 연구의 주요 과제이기도 하다. 이 한계는 텍스트의 불완전성으로 인한 문제일 수도 있지만 필자와 독자가 가지고 있는 본질적인 인지 속성 차이에서 비롯된 것일 수도 있다.

텍스트는 언어 표현으로 이루어져 있다. 언어 표현은 일정한 구조를 갖는다. 텍스트는 언어 표현의 구조화된 담화형식인 것이다. 구조화된 담화형식이 완결성을 가짐으로써 필자와 독자와의 소통을 가능하게 한다. 다만, 필자의 정서와 관념을 그대로 다 드러내지 못한다는 점에서 완전함을 갖지 못한다. 독자가 텍스트를 통하여 완전하게 드러나 있지 않은 정서와 관념을 찾아 인식하는 활동이 읽기이다.[14] 읽기는 정서와 관념의 동시적인 작용이지만 텍스트에 따라 차지하는 비중이 다르다. 또한 어떤 텍스트를 읽을 때 정서에 많은 비중을 두고, 어떤 텍스트는 관념에 많은 비중을 둔다. 비중은

---

14) 콜링우드는 감상자가 예술작품을 예술가와 공유하는 것 즉, 이해하는 것은 상상을 통해서라고 말한다(김혜련, 1996: 169-175).

독자 관심의 크기를 의미할 뿐이지 어느 한 요소를 배척하는 것은 아니다. 문학 텍스트가 관념을 포함하지 않을 수 없듯, 설명 텍스트가 정서를 포함하지 않을 수 없다. 이는 독자가 텍스트를 읽을 때 정서와 관념 어느 한쪽으로 읽기를 할 수 없음을 뜻한다. 독자는 기계와 같이 감정이 없이 데이터만을 처리할 수 없다. 그동안 읽기 교육은 정서보다 관념에 많은 관심을 기울였다. 텍스트를 관념 중심으로 읽으면 정서가 자동으로 해결되는 것으로 보았다. 그래서 설명 텍스트뿐만 아니라 문학 텍스트 읽기도 관념적 내용 파악을 중시했다. 앞으로의 읽기 교육에서는 정서에도 많은 관심을 가질 필요가 있다.

다. 표현과 상상

필자가 정서와 관념을 구체화하는 활동이 표현이고, 독자가 정서와 관념을 구체화하는 활동이 상상[15)]이다. 필자와 독자는 텍스트를 통하여 정서와 관념을 구체화한다. 필자는 정서와 관념을 텍스트로 '표현'하는 과정에서 구체화하고, 독자는 텍스트로 '상상'하는 과정에서 구체화한다. 필자의 표현 과정과 독자의 상상 과정은 다르다. 필자는 분명하지 않은 정감과 지각을 표현을 통하여 명료하게 하는 것이고, 독자는 구체화된 정서와 관념을 상상을 통하여 공감하는 것이다.[16)] 필자의 정서와 관념 표현은 감각에서 일어

---

15) 상상은 관념보다 정서를 구체화하는 기제이다. 상상은 이미 알고 있는 사실이나 관념을 바탕으로 새로운 사실과 관념을 만드는 사고이다. 상상(想像)의 像은 코끼리(象)와 닮음을 나타낸다(네이버 한자사전). 국어사전의 상(像)의 의미는 '가장 바람직한 모습'이다(민중국어대사전), 상상은 코끼리의 뼈를 보고 살아 있는 코끼리를 생각한다는 자구적 의미를 갖는다. 읽기와 관련지어 보면 텍스트의 관념은 뼈대이고, 정서는 살이며 생명작용이다. 상상은 뼈대인 관념에 생명작용인 정서를 덧붙이는 일이다. 상상은 관념을 단서로 정서를 떠올리는 것이다. 관념을 인식하여 구체화하도록 하는 기제는 추론과 연상(논리·비판적 사고)이다.

16) 콜링우드가 예술가와 감상자의 관계에 대하여 설명한 내용을 보면 다음과 같다.

나는 분명하지 않은 정감과 지각을 붙잡고, 그 정체를 분명하게 규명하기 위한 속앓이 과정이다. 정서가 쉽게 포착되어 분명하게 드러나지 않기 때문에 필자의 독창적 노력이 필요한 것이다. 필자가 구체화하여 놓은 정서와 관념은 텍스트에 투영된다. 독자는 텍스트를 읽으면서 필자가 투영한 정서와 관념에 공감하게 된다. 독자의 공감도 텍스트를 읽는다고 간단히 이루어지는 것은 아니다. 예를 들어, 독자는 시를 읽고, 시의 정서와 관념에 곧바로 공감할 수 없다. 시에 담겨진 고양된 정서와 정교화된 관념에 공감하기 위한 노력이 필요하다. 독자의 정서와 관념의 구체화는 필자와는 다른 방향으로 이루어진다. 독자는 먼저 텍스트에서 구조화된 형태의 정서와 관념을 만난다. 독자는 이 구조화된 정서와 관념을 독자의 것으로 구체화해야 한다. 독자는 정서와 관념을 세부적인 정감과 개념으로 분석하고, 그들의 특성과 관계를 파악함으로써 구체화한다. 그래서 독자는 텍스트의 표현과 구조를 분석하고, 필자의 눈과 마음으로 정서와 관념을 인식해야 한다. 그래서 필자의 마음을 독자의 마음으로 재구성해야 한다. 이 과정이 효과적으로 이루어질 때 정서와 관념이 독자에게 구체화된다. 독자가 이렇게 정서와 관념을 구체화하는 기제가 상상이다.[17] 독자는 텍스트를 바탕으로 한 상상

"만일 예술이 감정을 표현하는 활동이라면 작가뿐만 아니라 독자도 예술가이다. 예술가와 감상자 간에는 질적인 차이가 없다. 이 말은 그들 간에 아무런 구별이 없다는 뜻은 아니다. 시인의 일은「누구나 느끼지만 아무도 그렇게 잘 표현하지 않은 것」을 말하는 것이라고 포프가 썼을 때, 우리는 (그 말을 썼을 때 포프 자신이 의식적으로 이것을 의미했든지 그렇지 않았든지 간에) 시인이 독자와 다른 점은 두 사람 모두 똑같은 행위를 하지만, 즉 바로 이 특별한 감정을 이 특별한 말들로 표현하고 있지만, 시인은 그 감정을 표현하는 문제를 스스로 해결할 수 있는 사람인 반면, 독자는 시인이 그 말들을 들려줄 때 비로소 그 감정을 표현할 수 있다는 사실에 있다. 시인은 그 감정을 소유하거나 그것을 표현하는 데 있어서 독보적인 것이 아니라 모두 느끼고 또 표현할 수 있는 것을 표현하는 일에 선취권을 갖는 능력에 있어서 독보적인 것이다"(김혜련 역, 1996: 146).

17) 독자의 예술작품 이해를 위한 상상의 개념은 김혜련 역(1996)의 169~184쪽을 참조할 수 있고, 이해 과정에서의 상상의 작용에 대해서는 김혜련 역(1996)의 280~287쪽을 참조할 수 있다.

을 통하여 필자의 정서와 관념에 공감하게 된다. 독자가 필자의 정서에 공감하는 것은 '정서(적) 유대'이고, 독자가 필자의 관념을 공유하는 것을 '관념(적) 유대'이다. '유대'는 서로 끈으로 연결되어 있다는 말이다. 연결된 두 대상이 동일한 것이라기보다는 깊은 영향 관계에 있다는 의미를 담고 있다. 유대는 필자가 표현을 통하여 구체화한 정서와 관념이 독자가 상상을 통하여 구체화한 정서와 관념과 깊은 관계 속에 있음을 비유적으로 나타내는 것이다.

필자가 표현을 통하여 구체화하는 정서와 관념은 서로 상보적이다. 순수한 정서나 관념만 표현하는 것은 불가능하기 때문이다. 조각가는 자신의 정감을 표현하기 위해서는 흙을 붙이고, 나무나 돌을 깎아야 한다. 흙이나 나무나 돌로 어떤 형상을 만들어 낸다. 조각가가 만든 그 형상에 조각가가 구체화한 정서가 깃들어 있다. 조각가가 재료를 다듬는 작업은 비례와 균형, 강조와 생략, 질감과 양감, 동감과 정감 등을 드러내는 것이다. 이들 요소는 조각가의 정감을 구체화하기 위한 관념의 요소다. 조각가의 정서는 이 관념의 요소 속에 들어있는 것이다. 필자가 텍스트를 구성하는 것도 마찬가지이다. 텍스트는 관념적 내용으로 이루어져야 하고, 그 관념적 구조 속에 정서가 들어있는 것이다. 오직 정서만을 표현할 수 있는 방법은 없다. 필자가 관념을 구체적으로 나타내기 위해서는 정서를 구체화해야 하고, 정서를 구체적으로 드러내기 위해서는 관념을 구체화해야 한다. 관념과 정서는 서로를 필요로 한다. 필자는 정서와 관념이 조화를 이룰 수 있도록 표현의 과정을 반복한다. 관념은 정교한 논리를 통하여 구체화되지만, 정서는 섬세한 언어 표현을 통하여 구체화된다.[18] 정교한 논리는 지성적 인식을

18) 정교한 논리와 섬세한 표현은 관념과 정서 모두의 구체화에 도움이 된다. 그러나 정교한 논리와 섬세한 표현의 무게 중심을 생각해 볼 때, 정교한 논리는 관념 쪽에, 섬세한 표현은 정서 쪽으로 기운다. 최지현(2000)도 정의적 교육 내용을 논하면서 정서 교육 내용의

돕고, 섬세한 언어 표현이 감성적 인식을 돕기 때문이다. 따라서 필자는 정교한 논리를 만들고, 섬세한 언어 표현을 하려고 노력한다. 이것은 관념과 정서를 구체화하기 위한 것이다.

독자는 텍스트를 매개로 관념과 정서를 구체화한다. 독자의 정서와 관념도 서로 상보적으로 구체화된다. 텍스트에 제시된 내용에 대한 인식 없이 정서를 인식하는 것은 불가능하다. 독자가 텍스트의 내용을 인식하여 관념을 구성하면 정서도 함께 구성되는 것이다. 어느 하나만 구성하는 것은 있을 수 없다. 감상자는 조각 작품을 보고, 조각가가 드러내려고 한 정감을 알아챈다. 조각 작품을 이루고 있는 형상적 요소를 바탕으로 알아채는 것이다. 감상자는 조각 작품의 구성 요소를 살피고, 그 구성 요소들의 교묘한 결합 속에서 드러나는 정감에 공감하는 것이다. 독자도 마찬가지이다. 텍스트의 내용으로 관념을 구체화하는 과정에서 정서를 구체화한다. 독자가 구체화하는 관념과 정서는 서로를 돕는다. 독자의 관념은 연상과 추론을 통하여 구체화된다. 연상은 텍스트의 관념으로 독자의 관념을 불러일으키는 것이고, 추론은 연상된 관념들을 연결시키는 기제이다. 독자가 텍스트에 대한 통일된 관념을 구성하기 위해서는 연상과 추론이 필요하다. 독자의 정서는 상상을 통하여 구체화된다. 상상은 뼈대에 살을 붙이는 사고이다. 관념이 연상과 추리를 기초로 한 생각의 뼈대를 이룬다면, 상상은 뼈대에 살을 붙이고, 생명을 불어넣는 것이다. 상상은 필자의 섬세한 언어 표현에 기초한다. 독자는 섬세한 언어 표현에서 정감을 구체화하는 상상을 하게 된다. 이 정감의 구체화는 논리적 지성으로 이루어지는 것이 아니라 상상적 감성을 통해서 이루어진다.

'추상화 수준 1'에 '정서 어휘, 도식, 비문자적 자질들'을 배당하였다. 이는 정서가 언어적 표현에 의존하는 경향이 있음을 지적한 것이라 할 수 있다.

마. 충전과 이해

독자는 읽기를 통하여 정서를 구체화함으로써 필자와 정서 유대를 형성한다. 독자의 정서 유대는 인식 작용의 일부이다. 우리는 독자가 텍스트를 읽고 의미를 구성한다고 하기도 하고, 정보나 지식을 얻는다고 말하기도 한다. 읽기에 대한 이러한 의식은 정서를 고려하지 않은 것이다. 교육적으로나 사회적으로 읽기를 단순히 필요한 정보를 얻기 위한 것으로 보는 것이다. 이러한 독서 의식은 '관념 중심 읽기'를 지향한다. 관념 중심 읽기는 원심적 읽기가 되어 외부 대상에 대한 인식에 초점이 맞추어진다. 원심적 읽기는 독자의 감성 발달보다는 지성 발달을 전제한다. 독자의 지성은 독자를 냉정한 사람으로 만들 수 있지만 온정이 있는 사람으로 만들 수 없다. 사람은 지성만으로는 온전한 사람이 될 수 없다. 읽기에서는 지성과 감성의 균형이 필요한 것이다. 감성을 소홀히 하고 있는 지금의 읽기 교육은 감성에 대한 관심을 갖는 것으로 전환되어야 한다. 감성에 관심을 가지는 읽기는 '정서 중심 읽기'이다. 정서 중심 읽기는 구심적 읽기가 되어 내적 심성에 대한 인식에 초점을 맞춘다. 심성은 정서를 대표하는 사람이 갖추어야 할 바르고 따뜻한 마음이다.

정서 중심 읽기는 관념 중심 읽기와는 다르다. 필자와 정서 유대를 형성하는 읽기이기 때문이다. 관념 중심 읽기가 새로운 생각을 구성하거나 몰랐던 점을 알기 위한 읽기라면, 정서 중심 읽기는 느끼지 못했던 점을 느낄 수 있기 위한 읽기이다. 관념이 독자 인식의 외적인 확장이라면 정서는 독자 인식의 내적인 충실이다. 관념이 독자의 마음을 외부 대상의 본질과 연결한다면, 정서는 마음의 내적인 본질을 밝혀 아는 것이다. 방향성에서 정서와 관념은 다르지만 이들은 독자의 인식 틀 속에 함께 존재한다. 둘은 분리되어 존재하는 것이 아니고 공존하여 독자의 생각을 이룬다. 동전의 양면과 같이 서로 다른 면을 가지고 있지만 결국은 하나의 동전을 이룬다. 독자의 마음은 정서와 관념의 융합으로 이루어진다.

텍스트를 읽으면서 독자에게 드러나는 감성 작용의 형태는 몇 가지로 구분된다.[19] 첫째, 독자가 글을 읽으면서 자신이 품고 있던 억눌린 정감(감정, 정서)을 풀어낼 수 있다. 독자가 생각한 내용을 필자가 효과적으로 풀어냈거나, 억압된 정감을 풀어주는 상황을 제시함으로써 마음을 후련하게 풀어주기도 한다. 그 결과 독자가 가지고 있는 억눌린 정감이 사라진다. 텍스트를 통한 이러한 감성 작용이 '발산'이다. 발산은 독자가 텍스트 이해를 통하여 억눌린 정감을 모두 털어내 버리는 것이다.

둘째, 독자는 텍스트 읽기를 통하여 마음속에 잠자고 있던 정감을 불러일으키기도 한다. 잠재된 정감이 분명하게 드러나기도 하고, 새로운 정감이 생겨 과감한 행동을 할 수 있는 심리 상태로 만든다. 광고 텍스트는 상품에 대한 설명을 통하여 독자가 그 상품을 갖고 싶은 생각이 일어나게 한다. 그래서 독자가 물건에 대한 관심을 구체화시켜 사는 행동을 할 수 있는 마음 상태로 바꾼다. 주장이나 선동을 하는 많은 텍스트는 독자가 텍스트에서 요구하는 행동이나 결정을 할 수 있는 마음의 상태를 갖도록 이끌어 준다. 행동으로 이어지지는 않더라도 이 경우는 마음속에 특정한 정감이 일어나게 한다. 독자의 마음속에 이러한 정감이 일어날 수 있도록 하는 감성 작용이 '환기'[20]이다. 환기는 텍스트 이해를 통해 잠재된 정감이나 감정을 불러

19) 콜링우드는 정서의 작용 형태를 발산과 환기와 충전으로 구분하였다(김혜련 역, 1996).

20) 로젠블렛(1985)은 환기의 개념을 '텍스트와의 심미적 거래 동안 독자가 자신의 언어적 문화적 삶의 과거 경험에서 끌어온 아이디어·감각·느낌·이미지를 선택하여 그것을 새 경험인 환기된 시나 소설 또는 희곡으로 종합하는 과정'으로 정의하고, 환기에 대한 반응의 개념을 '심미적 거래 동안 그리고 후에 생성되는 것'으로 정의하고 있다(경규진, 1993: 21). 환기는 기억 속에 내재되어 있는 생각이나 느낌을 불러오는 것이고, 기억 속에서 불러온 생각이나 느낌을 텍스트를 읽는 동안이나 읽고 난 후에 표상된 생각과 느낌에 연결하는 것이다. 결국 환기는 독자의 마음속에 생각과 느낌을 불러일으키는 역할을 한다.

일으키는 것이다.

셋째, 독자는 텍스트 이해를 통하여 자신이 갖지 못했던 정감을 갖는다. 이는 발산이나 환기와는 다른 진정한 감성 작용이다. 물론 일부의 읽기는 발산이나 환기를 위한 것일 수 있다. 그리고 이러한 정서의 작용을 위한 독서가 필요한 것도 사실이다. 다만, 교육적으로 또는 읽기의 궁극적인 목적으로서의 감성 작용은 정서의 '충전'이다. 정서의 충전은 말 그대로 마음속에 정서 에너지를 축적하는 것이다. 정서 에너지의 축적은 정서적 마음 작용을 할 수 있는 힘을 가지는 것이다. 고양된 정감을 잘 표현한 시나 특정 대상에 대하여 영감 어린 열정을 가지고 쓴 책을 보면 우리는 쉽게 정서 에너지를 느낄 수 있다. 필자의 혼신을 담은 모든 텍스트에는 정서 에너지가 있다. 앞에서 정서의 구체화가 텍스트 표현의 과정을 거쳐 완성됨을 살펴보았다. 정서를 구체화하여 표현한 모든 텍스트는 정서 에너지를 가지고 있다. 독자는 읽기를 통하여 이 정서 에너지를 마음속에 만들 수 있다. 독자의 정서 에너지 만들기가 바로 정서 충전이다.

텍스트 이해는 관념과 정서의 상호작용으로 이루어진다. 독자는 필자의 정교한 논리와 섬세한 언어 표현으로부터 관념과 정서를 동시에 인식한다. 독자는 텍스트를 읽으면서 정교한 논리를 따라가면서 관념을, 세심한 언어 표현을 통하여 구체화된 정서를 떠올리게 된다. 텍스트 내용이 독자의 마음에 유의미한 형태로 표상되는 것은 이들의 상호작용 때문이다. 독자의 읽기는 정교한 논리 전개에 초점을 맞추어 관념을 의식의 전경에서 인식한다. 정서는 후경(배경)이 되어 관념을 돋보이게 하는 역할을 수행하는 것이다. 그러나 텍스트를 읽고 나면 독자는 전경에 드러난 관념보다는 후경이 된 정서에 기초하여 텍스트의 의미를 규정하려고 한다. 독자의 텍스트 의미 해석은 후경에 초점을 맞추어야 가능하기 때문이다. 그래서 독자는 후경을 다시 확인하고 전경과 후경과의 관계를 꼼꼼히 따지게 된다. 관념과 정서의 관계가 분명하게 드러나면 텍스트의 의미는 분명해지고 이해가 일어난다. 이해에서 더 중요한 역할을 하는 것은 정서이다. 정서는 독자의 심층 심리의 작용이기 때문이다. 텍스트 이해가 일어나게 하는 것이 독자의 내면의식인 정서이다. 정서가 구심점이 되어 관념을 규정한다. 관념보다는 정서가 더 심층에 있는 인간 본성의 요소가 된다. 독자의 관념은 의식 세계의 확장을 지향하지만 정서는 의식 세계의 정밀화를 지향한다. 독자의 정서 정밀화가 정서 에너지의 충전이다.

> 텅 빈 산에 비가 개니
> 가을 기운 더욱 깊다.
> 밝은 달빛 소나무 사이로 비치고
> 맑은 물소리 돌 위로 구른다.
> 빨래하던 아낙들 돌아가니 대나무 소리 이어지고
> 고깃배 지나가니 연꽃이 흔들거린다.
> 봄의 꽃향기 사라진들 어떠리
> 왕손은 스스로 머무를 수 있는데(왕유(王維), 산거추명山居秋暝[21])

왕유의 '산거추명(山居秋暝)'은 초야(草野) 가을 저녁의 한가함을 그렸다. 이 시를 읽고 독자는 비갠 가을 저녁에 적막한 초가에서 문 열고 밖을 내다보는 왕유의 모습을 떠올릴 수 있다. 이 시의 이해를 정서와 관련지어 볼 수 있다. 이 시를 읽는 독자는 마음속에 왕유의 시선이 움직이는 대로 따라가면서 대상을 표상할 수 있다. 이것은 지성 작용으로 시에서 그려지고 있는 대상에 대한 인식인 관념을 구성한다. 이를 통하여 왕유가 가을 산속에서 비 온 후 저녁이 저물어가는 모습을 보면서 생활을 즐기는 모습을 알 수 있다. 만약 독자가 이 시를 이렇게 표면에 드러나는 장면을 연상과 추리를

---

21) 空山新雨後/ 天氣晩來秋// 明月松間照/ 淸泉石上流// 竹喧歸浣女/ 蓮動下漁舟// 隨意春芳歇/ 王孫自可留(王維, 山居秋暝). 김원중 평석, 1993: 289)

통하여 파악한다면 바르게 이해한 것이라고 할 수 없다. 왕유가 산속에서 저물어가는 가을 저녁에 느끼는 정서를 함께 인식해야 한다. 왕유가 시구를 다듬어 가면서 구체화한 산속의 평온함과 세속을 떠나 있는 자족적인 마음의 여유로움을 함께 인식해야 한다. 시인의 정감은 시적 표현 속에 들어있는 섬세한 낱말 선택과 대비적 배치(예, 공산(空山)과 천기(天氣), 명월(明月)과 청천(淸泉), 송(松)과 석(石))를 통하여 드러난다. 각 행에서 드러나는 정감을 독자의 정감과 연결해야 한다. 그러면서 시인의 무위자연의 여유로움과 초월적 편안함의 정감을 상상으로 구체화하면 이 시는 분명한 의미로 이해된다. 각 장면의 의미가 분명해지고, 시 전체의 의미가 드러난다. 이 시에 대한 이해를 통하여 독자의 마음속에 남는 것은 시의 장면이기보다는 자연 속에서의 마음의 자족적인 여유로움이다. 이 시를 이해한 독자는 평소에는 아무런 정감이 없던 자연이 새로운 느낌으로 다가온다. 산행 가서 산속에 들어가면 시를 읽으면서 구체화된 정감이 움직여 시적 평온함과 여유로움을 갖게 한다. 이렇게 필자와의 정서 유대를 통하여 독자가 구체화된 정서를 가지게 된 것이 정서 충전이다.

독자에게 정서 충전은 정서 함양이다. 함양된 정서는 심미적이고 정조(情操)적이다. 독자가 텍스트를 통하여 얻게 되는 정서는 아름다움에 대한 탐구이면서 바른 삶의 자세이다. 아름다움과 삶의 자세를 요건으로 하여 즐거움과 괴로움, 기쁨과 슬픔, 편안함과 두려움, 싫음과 좋음 등의 감정이 일어나게 된다. 텍스트 이해를 통한 정서 충전은 상상을 통하여 정감을 확인하고, 그 정감을 구체화하여 미적 속성이나 바른 삶의 속성으로 인식하여, 정감을 자신의 정서 내용으로 가지는 것이다. 독자에 대한 사회적 관심은 독자가 많은 텍스트를 읽기 바란다. 많은 텍스트를 읽어야 한다는 의식 이면에서 이 정서 충전에 대한 욕망이 들어있다. 정서의 내용인 미의식과 정조가 독자의 인격적 성숙을 가져올 수 있다는 신념에 기초하고 있다. 이러한 면에서 볼 때, 텍스트 이해가 관념 구성에만 집중하여 정서 충전에 관심을 가지지 않는다면, 사회적인 요구를 받아들일 수 없다. 또한 독자가 독서를 통하여 얻으려는 풍부한 지식과 원만한 인격을 갖출 수 없게 된다. 따라서 텍스트 이해는 관념의 구성과 함께 정서 충전을 위한 노력을 해야 한다.

3. 정서 함양 교육 방향

읽기 교육은 독자의 읽기 방법을 결정한다. 학생들은 읽기 교육을 통하여 독자가 되기 때문이다. 현재의 독자 중심 읽기 방법은 읽기 전략을 강조한다. 읽기 전략은 독자의 인지 문제해결 능력 향상에 초점이 맞추어져 있다(신헌재 외, 2005:15). 이 관점은 정서와 관념에는 관심이 적다. 정서와 관념에 관심을 가지는 방법은 독자의 생각 내용에 교육적 초점을 두는 것이다. 이것은 '정서 중심 읽기'와 '관념 중심 읽기'로 구체화될 수 있다. 이들 읽기는 독자 생각 내용의 질적 변화에 관심을 갖는다. 이 읽기 교육에서 생각의 양적인 측면을 완전히 배제하는 것은 아니지만 강조하지는 않는다. 이 글에서는 독자의 생각 내용 중 정서에 초점이 맞추어져 있다. 정서는 독자의 텍스트 이해의 한 부분을 이룬다. 정서는 일정한 형태를 갖지 못하는 특성으로 인하여 교육적으로 접근하기 어려운 면이 있다. 정서 교육에 대한 여러 논의가 있지만 정서의 실체를 분명하게 규정하고 있지 못하고 있다. 그렇지만 누구나 정서의 역할과 가치를 알고 있다. 여기서는 이러한 점을 인정하면서 정서 함양을 위한 읽기 교육 방향을 생각해 본다.

가. 내용 표상에서 정감 촉발로

텍스트를 읽을 때, 독자는 내용 표상을 중요하게 여긴다. 내용 표상이 텍스트의 중요 정보를 파악하게 하기 때문이다. 읽기 교육에서 가르치는 대부분의 교육 내용은 주로 내용 표상 방법이다.[22] 텍스트 중심 읽기 교육 내용이나 독자 중심 읽기 교육 내용 모두가 독자의 내용 표상을 위한 것이다. 읽기 학습 결과, 학생들은 텍스트를 읽고 주요 정보는 쉽게 떠올린다. 이야기를 읽고 인물, 사건, 배경을 잘 기억하며, 시를 읽고 글감을 잘 찾아낸다. 또한 주장하는 글을 읽고 주장과 근거를 쉽게 찾고, 정보전달 글을 읽고 인과구조로 내용을 파악하거나 문제해결 구조로 내용을 표상한다. 학생들은 이와 같은 내용 표상 방법을 중심으로 학습하였기 때문에 더 이상의 활동은 어려워한다. 글의 주제를 정리하지 못하는 것이다. 글의 주제는 교사가 알려주었거나 참고서의 것을 기억하는 것이 전부이다. 학생들이 읽기를 못하는 것이 아니라 읽기 교육이 그렇게 하도록 교육한 것이다. 최근의 독자 중심 읽기는 이러한 면에서 보면 더 심각하다. 텍스트의 내용보다 읽기 전략에만 초점이 맞추어져 있다. 그래서 학생들은 읽는 방법, 또는 내용 표상 방법만 알면 된다고 생각한다. 교육의 목표가 읽기 능력을 높이는 것이고, 읽기 능력을 높이기 위한 교육 내용이 읽기 전략이라고 본다(신헌재 외, 2005; 김도남, 2006). 그래서 읽기 능력의 높고 낮음은 전략을 얼마나 아는가에 따라 결정되는 것이다. 물론, 읽기 전략이 텍스트 내용과 관계 속에서 학습된다고 말할 수도 있다. 그러나 읽기 전략이 학습 목표인데, 텍스트 내용에 관심을 가진다는 것은 맞지 않다.

아무튼, 텍스트 중심 읽기나 독자 중심 읽기가 텍스트의 내용 표상에 초점을 두고 있다. 이러한 읽기는 그 나름의 장점도 있지만 단점도 지니고

---

22) 읽기 교육과정의 내용 구성 체계는 본질, 원리, 태도로 되어 있다. 이 중에서 주요 교육 내용을 차지하는 원리의 세부 내용은 '낱말 이해', '내용 파악', '추론', '평가 및 감상'이다(교육인적자원부, 1997). 이들 내용은 사실적 이해, 추론적 이해, 비판적 이해이다. 이들 이해의 속성은 독자의 텍스트 내용 표상이다. 이해의 최고 수준인 비판적 이해도 텍스트 내용의 표상에 대한 타당성을 따지는 것을 목적으로 하고 있다.

있다. 장점은 텍스트의 주요 내용을 잘 기억하게 하거나 독자의 스키마로 내용을 표상하게 하는 것이다. 단점은 텍스트의 의미를 규명하지 못하거나 학생의 생각이 발전하는 것을 기대할 수 없다는 것이다(김도남, 2006: 197-205). 학생들은 임의로 텍스트의 의미를 결정한다. 이러한 단점을 보완할 필요가 있다. 그 한 가지 방법이 읽기에서 정서를 강조하는 것이다. 그동안의 읽기 교육에서는 텍스트 내용 표상에 초점을 맞추어 독자의 마음속에서 느껴지는 정감을 억제하게 했다. 텍스트 이해는 이지적 지성을 바탕으로 이루어진다고 생각했다. 텍스트 이해에는 감정이 개입되면 안 된다는 합리적 연구 방법의 영향을 받았기 때문이다. 그래서 독자가 텍스트를 읽을 때 느끼는 정감은 텍스트 이해에 방해가 된다고 여겼다. 이러한 읽기 의식에 기초한 교육의 결과는 독자가 정감이 수반되지 않은 객관적인 내용만을 마음속에 표상하게 만들었다. 콜링우드는 이러한 것은 '소독하는 습관'라고 말한다(김혜련 역 1996:195). 독자는 교육을 통하여 텍스트의 내용을 파악할 때 감정을 섞어서 표상할 수 없도록 소독처리를 하는 것을 학습하게 되었기 때문이다.

텍스트에 대한 정서적 이해는 텍스트 내용 파악에서 비롯되는 정감을 자연스럽게 유도하는 것에서 시작된다. 독자가 텍스트 내용을 인식하는 과정에서 정감은 당연히 일어난다. 이 정감을 무시하거나 배제하려고 하기보다는 그것을 도울 수 있도록 해야 한다. 정감을 의식적으로 억누르면 정감은 쉽게 사라진다. 그러나 정감을 그대로 두면 읽는 과정에서 끊임없이 생겨나고, 확장된다. 어떤 정감은 다른 정감과 연결되기도 하고, 구체화되면서 명료해지기도 한다. 또한 텍스트의 내용에 따라 정교해지기도 하고, 확대되기도 한다. 그러면서 텍스트 내용 인식에 적극적으로 작용한다. 텍스트 내용이 독자의 정감을 바탕으로 하고 있기 때문이다. 독자는 읽기과정에서 일어나는 정감에 관심을 두고, 그 감정이 어떤 것인지 확인하려는 노력이 필요하다. 정감에 의식적으로 초점을 맞추는 것이다. 정감을 의식하면 정감은 분명하게 드러나기 시작한다. 텍스트의 내용 표현이 그렇게 하도록 하는 단서를 제공한다. 독자의 정감에 대한 의식은 필자가 의도한 것인지, 내용 자체에서 비롯된 것인지, 또는 자기만의 것인지, 필자와 독자의 상보적인 것인지를 알 수 있게 한다. 독자가 정감을 인식하고 확인하기 시작하면, 그 정감은 텍스트 내용과의 상호작용 속에서 평가되고 정리된다. 그렇게 되면 텍스트를 통하여 제시된 필자의 구체화된 정서를 만날 수 있게 된다.

그동안 텍스트 이해 교육 연구에서 정서에 대하여 관심을 가져왔다.[23] 그러나 정서를 드러낼 수 없게 하는 읽기 교육의 관점이 우세했다. 이들 읽기 교육 관점이 정서의 요인을 억제하도록 요구했다.[24] 객관적으로 확인할 수 있는 내용에 기초한 읽기를 강조하고, 독자의 배경지식에 기초한 주관적 이해를 강조하면서 정서의 요인은 언제나 소독되어야 하는 것으로 인식되었다. 정서 요인은 읽기 교육에서 선택한 특정 관점의 논리에 밀려 방치되었던 것이다. 읽기 교육에서 가끔 독자의 정감 작용에 관심을 두어도 구체화되고 체계화된 정서보다는 일시적인 감정[25]이나 태도[26] 또는 정의적 요인[27]으로 받아들여지는 경향이 있었다. 그러다 보니 정서는 텍스트

---

23) 각주 6 내용 참조.

24) 텍스트 중심 읽기 관점이나 독자 중심 읽기 관점 모두 정서의 억제를 요구했다. 텍스트 중심 읽기 관점은 독자가 텍스트 내용 구조 분석에 집중도록 했고, 독자 중심 읽기 관점은 전략 학습에 집중하게 했다. 모두 감성보다는 이성을 강조한 관점인 것이다.

25) 이는 정서에 대한 교육적 논의에서 일반적으로 슬픔, 기쁨, 두려움, 놀람, 성냄 등과 같은 감정 요소에 관심을 보이고(강원갑, 1998) 있다. 박인기(2000: 14)는 이들 감정적인 요인은 국어교육에 도움을 주지 못한다고 지적한다. 한창훈(2003)도 이들 요인을 정서 발달의 기본적인 요인으로 바라보면서 문학 정의(정서) 교육에서의 관심은 문학적 심성이 되어야 한다고 보고 이를 평가를 주장한다.

26) 정서를 태도로 보고 접근하는 논의는 이도영(2000)과 김정우(2003)의 논의를 참조할 수 있다.

27) 정서를 정의적 요인으로 보는 논의는 박인기(2000)와 최지현(2000)의 논의를 참조할 수 있다.

이해의 본질 요인으로 인식되지 못한 면이 있었다. 텍스트 이해 교육에서는 이 정서에 관심을 가질 필요가 있다. 텍스트 이해라는 것이 단순한 정보의 인식이 아니라 독자의 마음 작용의 변화를 기하는 것이라면 정서는 중요한 역할을 하는 요인이다. 그동안 읽기 교육에서 정감의 억제가 중심이 되었다면 앞으로는 정감의 촉발을 강조하는 것이 필요하다. 정감의 촉발은 정감을 유도하고 생겨나게 한다는 의미가 될 수 있으나 그것보다는 텍스트 내용 인식에서 자연스럽게 생겨나는 정감을 확인하는 것이다. 그래서 독자가 구체화된 정감을 느낄 수 있도록 해야 한다.

나. 정서 내면화에서 정서 유대로

독자는 텍스트를 통하여 다양한 정감을 갖는다. 독자가 가지는 정감을 구분하면, 텍스트에 내재된 정감과 독자의 마음속에서 일어난 정감이 있다. 두 가지 모두 독자가 의식함으로써 존재한다. 텍스트에 내재된 정감은 '객체 정감'이고, 독자에게서 생겨난 정감은 '주체 정감'이다. 객체 정감과 주체 정감은 논리적으로 구분할 수 있지만 실제로는 그 구분 점이 분명하지 않다. 모두 독자에게 인식되어 존재하는 정감이기 때문이다. 그렇지만 정서에 대한 논의는 논리적인 구분을 바탕으로 개념을 정리해야 한다. 교육은 실제를 개념화한 행위이기 때문이다. 객체 정감은 필자의 정감이거나 텍스트의 정감으로 독자와는 일정한 거리를 두고 있다고 여겨진다. 반면, 주체 정감은 독자의 감성 작용이 만들어 낸 것으로 독자의 마음속에 있는 정감이다. 독자가 텍스트를 읽는 과정에서는 이들은 서로 얽혀서 하나가 된다. 그러나 독자가 인식한 정감을 어떻게 보는가에 따라 객체 정감이 중심에 놓일 수도 있고, 주체 정감이 중심에 놓일 수도 있다. 객체 정감이 중심에 놓인다는 것은 독자가 필자나 텍스트의 정감을 내면화한다는 것이 되고, 주체 정감이 중심에 놓인다는 것은 독자가 객체 정감을 활용하여 주체 정감을 구성한다는 것을 의미한다. 읽기 교육적으로 객체 정감을 내면화해야 한다는 관점에서 주체 정감을 구성해야 한다는 관점으로 변해가고 있다. 그러나 객체 정감을 내면화하는 방법도 구체화되지 못했었지만 주체 정감을 구성할 수 있는 방법도 아직 제안되지 않았다.

그동안 읽기 교육에서 강조한 정서 함양 교육[28]은 객체 정감을 내면화하는 것이었다. 정서 내면화는 텍스트에서 정감 찾기가 가장 우선된다. 객체 정감이 텍스트에 내재되어 있기 때문이다. 따라서 독자는 텍스트에서 정감을 찾아야 내면화가 가능해진다. 정감을 찾기 위해서는 내용의 구조나 필자와 관련된 자료를 탐색한다. 그러나 텍스트에 내재된 정감은 쉽게 찾아지지 않는다. 정감은 텍스트 이면에 있으면서 세밀한 언어 표현 속에서 드러나는 것이고, 객관화되기 어렵기 때문이다. 그러다 보니 정감 찾기가 어려워 읽기에 흥미를 잃는다. 시를 잘 읽지 않고, 이야기를 읽고도 주제는 말하지 못한다. 설명문도 표면적인 주장은 잘 알아도 그 의도하는 바를 알지 못한다. 객체 정감에 초점을 맞춘 객관적 주제나 의도 찾기 지도가 제대로 이루어지지 못한 결과이다. 그리고 객체 정감을 찾는 것이 가능하다 하더라도 내면화하는 것은 가능하지 않다. 정감은 구체적이지 않아서 명료한 인식이 있을 수 없다. 그래서 정감의 전달(공유)이나 모방은 일어날 수 없다. 독자는 필자가 마련한 단서를 활용하여 자신의 주체 정감을 구성할 뿐이다.

정감은 독자의 마음속에서 관념을 구성하는 동안 일어난다. 그 정감은 독자만의 주체 정감이다. 주체 정감이라 하여 순수하게 독자의 정감으로만 구성되는 것이 아니다. 주체 정감은 텍스트에 제시된 정감을 일으키는 단서로 독자의 기존 정서에서 정감을 불러내거나 새로운 정감을 갖는 것에서

28) 읽기 교육 관점에서 보면 정서의 지도는 억제되었지만, 읽기 실제에서는 지도가 이루어졌다. 정서는 텍스트 이해의 중요한 요인이기 때문에 완전히 배제될 수 없기 때문이다.

시작된다. 독자는 읽기에서 생겨난 정감을 구체화하는 과정을 거쳐야 한다. 독자의 정감 구체화는 텍스트의 정감과 자신의 정감을 반복적으로 결합하여 융합하는 것이다. 독자가 정감 융합은 텍스트의 정감이 자신의 정감과 합치되었다고 느끼는 순간 완결된다. 그러므로 주체 정감은 텍스트와 독자가 상호작용을 통하여 구성한 상호 정감이라고 할 수도 있다. 주체 정감은 독자와 텍스트(또는 필자) 사이의 정감 소통이 바탕이 된다. 독자와 텍스트의 정감 소통은 텍스트에 제시된 단서를 독자가 활용하여 정감을 갖고, 그것을 다시 텍스트의 다른 단서로부터 확인받는 과정의 반복이다. 이 과정에서 독자는 정감을 구체화하게 되고, 정감 구체화의 희열을 맛본다. 정감이 구체화되는 과정을 통하여 정서 유대를 형성하게 된다. 정서 유대는 독자의 주체 정감이 객체 정감과 긴밀한 관계가 있음을 의미한다. 이는 독자의 정서가 텍스트의 정서와 같으면서 다름을 뜻한다. 정서 유대를 통하여 관계 맺은 것이기에 다르다고 말하기 어렵고, 필자와 독자의 주체가 다르기 때문에 같다고 말하기 어렵다. 분명한 것은 독자의 정서가 텍스트를 전제했을 때는 필자의 정서와 같은 것이지만 텍스트를 떠나면 달라진다. 독자가 구성한 정서를 표현하면 다른 형태의 정서가 되기 때문이다. 요컨대, 독자는 텍스트와의 정서 유대를 통하여 주체 정감을 구체화할 수 있다.

다. 정서 환기에서 정서 충전으로

독자의 텍스트 이해 과정에는 여러 감성 작용이 일어난다. 텍스트의 종류에 관계없이 감성 작용은 일어난다. 다만, 감성 작용은 텍스트의 종류에 따라 달라지고, 독자가 어떤 정감에 관심을 갖는가에 따라 달라진다. 또한 감성 작용을 어떤 방향으로 구체화하는가에 따라 달라진다. 콜링우드는 감성 작용을 크게 세 가지 형태로 구분했다. '오락형', '주술형', '충전형'이다(김혜련 역, 1996). 오락형은 억눌린 정서를 표출하여 발산하는 것이다. 주술형은 정서가 특정 행위를 할 수 있도록 환기시키는 것이다. 충전형은 정서를 느끼고 그것을 구체화하여 충전하는 것이다. 이 모든 감성 작용은 인간 삶에 유용한 기능을 한다. 사람들은 생활 속에서 답답한 마음을 시원하게 풀어낼 수 있어야 한다. 텍스트를 통하여 웅크려진 마음을 펼 때가 필요하다. 그리고 어떤 행동을 할 수 있는 동기를 얻을 수도 있어야 한다. 그러면서 내적으로 자신의 발전을 위하여 마음을 키우기도 해야 한다. 교육이라는 면에서 볼 때, 바람직한 것이 어느 것인지 생각할 필요가 있다. 콜링우드는 예술의 차원에서 오락형과 주술형은 사이비 예술이라고 보았고, 충전형은 순수예술이라고 보았다. 교육적 차원에서도 마찬가지이다. 오락형과 주술형은 사이비 감성 작용이고, 충전형이 진정한 감성 작용이라 할 수 있다.

독자가 텍스트 이해 과정에서 정서를 발산하고, 환기하는 것은 소극적인 감성 작용을 하는 것이다. 독자가 텍스트를 읽고, 정감을 떨쳐버리거나 잠재되어 있던 정감을 촉발시키는 것은 정서를 구체화하는 것이 아니다. 정감을 떨쳐버리거나 드러내는 것은 정감을 명료하게 확인하고 그것을 정밀화화는 것이 아니기 때문이다. 환기는 구체화된 정서라고 생각할 수도 있다. 그러나 깊이 생각해 보면 그렇지 않다. 독자는 텍스트의 몇 가지 단서로 정감을 불러일으킨다. 독자의 마음속에 불려 환기된 정감은 그 자체로 독자에게 파악될 겨를이 없다. 환기된 정감은 다른 목적으로 사용되기 때문이다. 다른 정감을 더 불러오든가, 관념 속으로 이입되어 들어간다. 그렇게 되어 쉽게 다른 것으로 대치되거나 사라지거나 행동을 위한 마음의 준비를 위한 조건이 작용한다. 환기된 정감은 정감으로서의 존재성이 밝혀지기 전에 다른 것을 위해 봉사하게 된다. 환기의 의미가 정감을 불러일으키는 것이고, 불러일으키는 것은 다른 데 사용하기 위해서이다. 교육적으로 정서를 환기시키는 목적도 정서 자체를 규명하기 위해서가 아니다. 정서를 환기시켜 무엇인가 다른 일을 하고자 함이다. 텍스트의 내용을 잘 파악하게 하든가, 특정 인물이나 사건에 공감을 잘 할 수 있게 하기 위한 것이다.

정서는 그 자체로 주목을 받을 때 충전될 수 있다. 관념이 관념으로 주목을 받음으로써 지식으로 구성되는 것과 마찬가지이다. 읽기 교육에서는 감성 작용이 독자의 정서를 구성할 수 있도록 그 자체에 관심의 초점을 맞추어야 한다. 그래야 정서 충전이 일어난다. 정서 충전은 독자가 텍스트를 통하여 마음속에 느껴지는 정감이 무엇인지를 명확하게 확인하고 밝히는 것이다. 정서를 명확하게 밝힌다는 것은 텍스트의 정서와 유대 갖음을 의미한다. 정서 유대는 필자가 구체화한 정감을 독자가 상상을 통하여 확인한다. 정서 유대를 위한 상상은 지성 작용으로 구성된 관념의 뼈대에서 살과 피를 느끼며 생명 현상을 붙잡는 것이다. 정감은 텍스트가 가진 생명 현상이기 때문이다. 텍스트의 관념이 독자에게 생생하고 가치 있게 여겨지게 만드는 것이 정감이다. 독자가 상상을 통하여 텍스트의 정서와 유대 관계를 형성하는 것은 독자의 마음에 새로운 생명을 심는 것이다. 즉, 마음의 질적 변화를 이루는 것이며, 독자가 정서를 충전한 것이다. 독자에게 충전된 정서는 독자와 하나가 된다. 그래서 충전된 정서는 독자를 떠나거나 다른 것을 위하여 봉사하지 않는다. 언제나 독자의 정서로 존재한다. 그래서 독자의 감성이 풍부해지고, 정서가 함양된다. 함양된 정서는 독자가 특정 대상과 조우했을 때 언제나 독자의 마음을 일깨운다. 이러한 이유로 읽기 교육은 학생들에게 정서 환기보다는 정서 충전을 지도해야 한다.

라. 세계 탐구에서 존재 통찰로

독자는 텍스트를 통한 존재 이해를 최상의 목표로 한다. 독자의 최상의 목표는 텍스트를 이해하는 방식에 따라 달라진다. 독자의 텍스트 이해 방식은 크게 두 가지로 구분할 수 있다. 세계 인식 독서 방법과 자기 인식 독서 방법이다. 세계 인식 독서 방법은 텍스트가 창문과 같은 역할을 하게 하는 방법이다.[29] 사람은 창문을 통해 창밖에 있는 대상을 바라보고 탐구한다. 그래서 창문은 창문 밖의 대상을 분명하게 인식하도록 도와준다. 사람들은 창밖에 주어진 대상을 즐기고, 감상하고, 탐구하고, 감정이입하고, 비평한다. 이러한 과정을 통해 대상을 명확하게 규정하게 됨으로써 많은 지식을 얻게 된다. 창밖의 대상을 화제로 하여 이야기를 나눌 수도 있다. 그 결과 대상에 대하여 확실하고 분명한 규정을 하게 된다. 창밖의 대상은 창안에 있는 사람과는 전혀 관계없이 그 자체로 파악된다. 독자의 읽기도 이와 마찬가지로 할 수 있다. 텍스트라는 창문을 통하여 드러나는 모든 세계를 객관적으로 인식하고 규정할 수 있다. 독자는 자신과 무관한 세계를 객관적으로 파악하고 이해할 수 있다. 비평가의 독서가 이 방법을 대표한다. 비평가는 텍스트의 내용을 객관적으로 바라보고 분석할 수 있어야 한다. 만약 주관에 입각하여 텍스트를 분석하게 되면 그 비평은 의미 없게 될 것이다. 물론 비평은 비평가의 입장에서 보면 주관적인 분석이다. 비평가의 주관은 텍스트 내용에 대한 주관이 아니라 내용을 보는 관점(창문)을 주관적으로 선택할 수 있다는 의미일 뿐이다. 비평가는 선택한 관점으로 텍스트의 내용을 감상하고 비평할 뿐이다.

자기 인식 독서 방법은 텍스트를 거울과 같은 역할을 하게 하는 방법이다. 거울은 거울을 보는 사람의 모습을 비춰준다. 거울을 보는 사람은 거울에 비친 자신의 모습을 보고, 얼굴을 치장하고, 머리를 손질한다. 그래서 자신을 최상의 모습으로 변화시킨다. 어떤 사람은 얼핏 한 번 얼굴만 비춰

---

29) Cullian & Galda(1998)는 문학작품 읽기를 창문에서 거울로 변해 가는 것으로 설명한다. 그는 문학작품이 처음에는 다른 이의 인생을 들여다보게 하다가 인물에 대하여 알아가면서 그 인물이 자신으로 변해 간다고 말한다(Raphael & kathryn, 1998).

보고 지나치기도 한다. 거울의 궁극적인 용도는 자신을 자세하게 들여다보기 위한 것이다. 또한 거울을 보는 시각을 조금만 옮기면 주변에 있는 사물들도 똑같이 비춰준다. 거울 뒤에 있는 모습이 아니라 거울 앞에 모든 모습을 비춰준다. 그러면서 자신이 보고 싶은 것을 선택적으로 볼 수 있게 해준다. 정면으로 거울을 보면 자신의 얼굴만 보이지만, 시선을 옆으로 돌리면 원하는 것은 무엇이든 볼 수 있다. 텍스트도 거울과 마찬가지 역할을 할 수 있다. 독자가 자신의 모습을 보고 싶다고 생각하면 자신의 모습을 비춰준다. 텍스트는 거울보다 독자 마음의 모습을 선명하게 보여준다. 독자는 텍스트를 통하여 자신의 마음을 속속들이 들여다볼 수 있다. 그래서 독자가 자신의 존재적 의미를 분명하게 인식할 수 있게 해 준다. 독자의 현재와 과거뿐만 아니라 미래의 모습도 명료하게 보여준다. 학습자의 독서는 자신을 이해하고 자신을 알고, 자신의 마음과 생각을 키우는 거울로서의 독서여야 한다. 즉, 학습자의 독서는 대상에 대한 비평이 아니라 자신의 성장을 위한 독서여야 한다.

그동안의 읽기 교육은 학생들에게 창문 독서를 강조한 면이 있다. 텍스트를 통하여 세상에 대한 풍부한 지식을 얻어야 한다고 강조한 것이다. 이 읽기 교육의 목표는 텍스트의 내용을 감상하고 비평하는 것이었다. 독자가 텍스트의 내용을 객관화된 대상으로 바라보게 가르친 것이다. 텍스트의 내용을 감상하고 평가하는 읽기에서는 정서가 의미를 갖지 못한다. 냉철한 지성만이 유용한 도구가 된다. 그러면서 텍스트를 읽는 학생을 성인으로 비평가로서의 역할을 하게 만든다. 텍스트의 내용을 평가하고, 감상하고, 비평하는 사람은 학생일 수 없기 때문이다. 학생은 다른 사람의 생각을 이용하여 자기의 생각을 키워가는 사람이다. 대상을 객관화하여 감상하거나 평가하는 사람이 아니다. 그렇다면 이러한 교육의 문제점을 해결하는 방법이 거울 독서를 강조하는 방법이다. 거울을 보고 자신의 모습을 가다듬고,

자신의 존재를 확인하듯 텍스트를 통하여 자신을 되돌아보고, 자기의 생각을 키우게 해야 한다. 텍스트의 내용을 객관화하여 바라볼 것이 아니라 학습자와의 관계 속에서 감성을 교류하며 마음과 생각을 키워갈 수 있도록 해야 한다. 학습자는 텍스트를 통하여 자신을 바라보면서 감성과 지성을 활용하여 존재를 통찰할 수 있어야 한다. 학습자의 존재 통찰은 자신의 정서와 관념을 구체적으로 인식하는 것으로 가능하게 된다.

4. 정서 함양 읽기의 과제

독자의 텍스트 이해는 관념과 정서의 상보적 구조로 이루어진다. 어느 한 쪽이 작용하지 못하면 그 이해는 제대로 이루어지지 않는다. 현재의 읽기 교육에서 보면, 정서는 관심의 대상으로 주목받지 못하고 있다. 오직, 관념만이 이해의 전부라고 여기는 관점이 읽기 교육을 주도하기 때문이다. 이러한 읽기 교육은 학생들에게 마음의 성숙을 가져오기보다는 지식의 축적만을 할 수 있게 한다. 지식은 학습자 마음의 특정 부분을 차지하는 것이지 마음을 자라게 하지는 못한다. 지식에는 생명체가 갖는 생장점과 같은 것이 없기 때문이다. 마음의 생장점은 정서이다. 정서는 인간 마음의 생명소(生命素)이기 때문이다.

읽기에서 정서는 지성 작용을 돕고, 관념은 정감 작용을 돕는다. 관념은 정서로 인하여 구체적으로 인식되고, 정서는 관념에 의하여 분명하게 드러난다. 관념은 정교한 논리로 인식되지만 정서는 세밀한 언어 표현에서 느껴진다. 이들 관념과 정서는 독자의 텍스트 이해의 두 중심 줄기이다. 독자는 어느 하나만으로는 텍스트를 이해할 수 없다. 이들이 상보적으로 상호연결되어야만 독자의 텍스트 이해가 이루어진다. 그동안의 읽기 교육은 관념을 중시하였다. 그래서 독자가 텍스트를 읽는 동안 정감을 일으키는 것을 적절히 지원하지 못했다. 그러나 텍스트 이해의 실제는 정서와 관념의 상보적 작용으로 이루어진다. 따라서 읽기 교육에서는 정서를 위한 교육 내용과 방법을 찾아야 한다.

읽기 교육에서는 정서에 관심을 가지고 지도해야 한다. 관념 구성에만 초점을 맞추어 읽는 방법을 가르칠 것이 아니라 정서 구성에 초점을 맞출 필요가 있다. 정서를 고려하는 것이 관념 구성에 도움을 줄 뿐만 아니라 학생 생각의 질적 발달에 기여하기 때문이다. 정서에 초점을 맞춘 읽기 활동은 텍스트에 들어 있는 객체 정서를 찾아 내면화하는 것에 초점을 맞출 것이 아니라 텍스트와 감정 교류를 통한 주체 정서 구성에 초점을 맞추어야 한다. 이는 텍스트(필자) 정서와 독자 정서의 유대를 강화하는 방법이다. 독자는 필자와 구체화된 정서 유대를 이룰 수 있을 때 마음의 성장을 이룰 수 있다.

참고문헌

교육부(2015), 국어과 교육과정, http://ncic.re.kr

강갑원(1998), 정서 교육의 개념 탐색, 열린유아교육학회, 열린유아교육연구 3권2집.

강진명(1995), 정서 개념과 교육적 의미 탐색, 대학원학술논문집 42집, 건국대학교.

경규진(1993). 반응 중심 문학교육의 방법 연구. 서울대 박사학위논문.

김도남(2006), 읽기 주체의 관념 구성 교육 방향, 국어교육학회, 국어교육학연구 25집.

김상호(1989), 정서교육의 탐색적 연구, 중앙대학교한국교육문제연구소, 한국교육문제연구소논문집 5집.

김영미(2001), 콜링우드 예술원리의 교육적 함의, 한국도덕교육학회, 도덕교육연구 13집1권

김용래·김태은(2002), 자아개념과 정서지능의 관계, 홍익대학교, 교육연구논총 19집.

김원중(1993), 당시감상대관. 까치.
김정우(2003), 국어과 교육과정에서의 정의교육 범주에 대한 연구, 한국문학교육학회, 문학교육학 12호.
김혜련 역(1996), 상상과 표현, 고려원.
나일수(2003), 정서표현의 주관적 지식 전달, 서울대학교교육사학회, 교육사학연구 13집.
박인기(2000), 국어과 교육에서의 정서 교육의 향방과 재개념화, 국어교육학회, 국어교육학연구 11집.
신헌재 외(2005). 초등 국어과 교수·학습 방법, 박이정.
이도영(2000), 국어과 정의적 영역의 평가 방법, 국어교육학회, 국어교육학연구 11집.
이병래(1997), 정서 기능 개념 정립, 열린유아교육학회, 열린유아교육연구 2권2집.
이주일·민경환(1996), 정서 지능, 서울대학교 사회과학대학 심리과학연구소, 심리과학 5권1집.
정봉교 외 역(2003), 동기와 정서의 이해, 박학사.
최지현(2000), 국어과 교육에서 정의적 교육 내용, 국어교육학회, 국어교육학연구 11집.
최지현(2003), 감상의 정서적 거리, 한국문학교육학회, 문학교육학 12집.
하대현(1997), 새로운 지능 개념으로서의 정서지능의 이해, 사회 교육과학연구 2집, 숙명여자대학교 사회과학연구소.
한창훈(2003), 중등학교 문학교육에서 정의적 영역의 평가 문제, 한국문학교육학회, 문학교육학 제12집.
황정현(2003), 초등학교 문학교육의 정의적 영역의 문제와 교육 방법, 한국문학교육학회 ,문학교육학 제12집.
Raphael, T. E. & Kathryn, H. A. ed.(1998), *Literature-Based instruction: Reshaping the curriculum*, Christopher-Gorden publish, Inc.

제4장 읽기 부진 학생 코칭

1. 문제 제기

최근 국가수준 학업성취도 평가 시행의 강화와 함께 학습부진 학생들에 대한 교육적 관심이 높다. 정부와 학교가 학습부진 학생들의 학력 향상을 위하여 많은 노력을 기울이고 있다. 학생들의 학습부진의 주요 원인 중의 하나는 읽기 능력 부족이라 할 수 있다. 읽기를 잘하지 못하면 책을 통한 내용 파악을 할 수 없기 때문에 책을 중심으로 이루어지는 교과 학습이 부진하게 되는 것이다. 이들 읽기 학습부진 학생들의 읽기 능력 향상을 위해 읽기 동기, 읽기 교육 내용, 읽기 교수 방법 등에 관심을 가지고 지도를 해야 한다.

학교에서의 읽기 학습부진 학생에 대한 지도는 다각도로 이루어지고 있다. 그러나 읽기 학습부진 학생을 지도하는 데 필요한 교수에 대한 논의는 많지 않다. 읽기 학습부진 학생을 지도하기 위한 효과적인 교수 방법에 대한 체계적 접근이 이루어지지 않은 것이다. 특히 교사가 어떤 관점에서 읽기 학습부진 학생을 지도해야 하는지에 대한 논의가 부족하다. 읽기 학습부진 학생을 지도하기 위한 교수 방법이 다양하게 제시되어 있지 않은 것이

* 이 장의 내용은 '읽기 학습 부진 학생을 위한 코칭 방향'(김도남, 2011, 청람어문교육 43집)을 수정 보완한 것입니다.

다. 이는 읽기 학습부진 학생지도의 효과를 높이지 못하게 한다.

읽기 학습부진 학생들의 읽기 학습을 지도하는 한 가지 방법이 코칭[1]이다.[2] 읽기 코칭은 학생의 읽기 능력 수준과 읽기 학습 특성을 고려한 맞춤형 지도[3]의 한 종류이다. 학습부진 학생들의 읽기 능력에 맞게 개별적이거나 소집단별로 지도하는 방법이다. 학습부진 학생들은 한글 해득, 음독하기, 읽기 동기, 읽기 기능, 읽기 습관, 읽기 시간, 읽기 분량, 읽기 환경 등이 서로 다르다. 학생들의 서로 다른 읽기 수준과 능력을 고려하여 학습 내용과 학습 활동을 마련하여 읽기 학습을 지도하는 방법이 읽기 코칭이다.

읽기 학습 코칭은 교육 코칭의 한 갈래이다. 읽기 학습 코칭은 학생들의 읽기 문제를 해결하거나 읽기 능력을 높이기 위한 한 방법이다. 이 읽기 학습 코칭은 '읽기 학습'을 강조한 코칭과 '읽기'를 강조한 코칭이 있을 수 있다. 전자가 읽기 학습의 일반성을 강조한 접근이라면 후자는 읽기 특수성을 강조한 접근이다. 이는 전자가 읽기 학습에 문제가 있는 학생의 학습 능력을 높이기 위한 방법이라면 후자는 우수 학생이나 읽기 전문성이 필요한 사람의 읽기 능력을 신장하기 위한 것이라 할 수 있다. 또한 전자는 읽기

1) 양병현(2009: 12-22)에 따르면 코칭(coaching)은 헝가리의 마차(coach)에서 유래된 말이며, '마차는 손님을 현재의 위치에서 원하는 목적지까지, 손님이 원하는 길과 속도로 데려다주어 감동을 줄만큼 개별화된 서비스를 제공하는 것'이라는 의미를 함축한다고 한다. 이 의미에서 코칭은 '개인의 지식이나 능력에 따라 지도하는 맞춤식 교육으로 학생의 잠재능력을 최대한 끌어내는 데 초점을 맞추어, 학생 스스로가 생각하며 책임감을 갖고 자기 주도적으로 성장하는 교육 방식'이라 말한다.

2) 읽기 학습 코칭에 대한 국내 논의는 시작 단계에 있다. 일반 학습 코칭에 대한 논의는 쉽게 찾아볼 수 있는 편이지만 읽기 학습(읽기 교육) 코칭과 관련된 논의는 아직 다양하지 못하다. 읽기 교육의 입장에서 볼 때 '코칭'이라는 용어조차도 아직 편안하게 받아들여지지 않고 있다. 읽기 학습 코칭에 대한 소개를 한 자료로는 양병현(2009)의 『미국의 리터러시 코칭』이 있다. 이 책에서는 읽기 코칭의 개념과 활동 내용을 소개하고 있다. 읽기 학습 코칭에 대하여 본격적으로 논의한 국내 글은 많지 않다.

3) 맞춤형 지도에 대한 교수적 접근에는 수준별 학습, 개별화 학습, 능력별 교실제 학습, 멘토링, 보조 담임제, 팀티칭, 교과 담임제 등이 있다.

학습을 바탕으로 전반적인 학습 능력 향상을 전제한 것이라면, 후자는 다른 학습과 관계없이 학생의 읽기 능력만을 최대화하는 것에 중점이 있다. 이 논의에서는 전자의 관점에서 읽기 학습부진 학생의 읽기 능력을 높이기 위한 코칭을 논의한다.

읽기 코칭은 학생에게 내재되어 있는 읽기 능력의 형성[4]을 강조한다. 읽기 능력의 형성은 학습부진 학생에게 잠재되어 있는 읽기 능력을 현재화(顯在化)함으로써 이루어진다.[5] 학생들은 누구나 읽을 수 있는 능력을 가지고 있다. 사람은 누구나 말을 사용한 의사소통이 가능하기 때문이다. 읽는 능력은 말을 사용한 의사소통을 글을 사용한 의사소통으로 확장한 것이다. 읽기 능력의 형성은 학생들이 말을 사용한 의사소통 능력을 바탕으로 글을 사용한 의사소통 능력을 갖는 것이다.

읽기 학습 코칭은 교수적 측면에서 읽기 학습부진 학생을 지도할 수 있는 한 방법이다. 코칭은 학생들의 읽기 학습부진의 원인에 따라 교수적 도움을 제공할 수 있는 방법이기 때문이다. 코칭은 학생의 조건이나 수준에 맞게 교수적 도움을 제공하는 원리이기 때문에 기존 읽기 학습부진 학생을 위한 교수의 부족한 점을 보완할 수 있다. 이 논의에서는 읽기 학습부진 학생들의 문제를 해결하기 위한 교수 방법 중의 하나로 읽기 학습 코칭을 제안하고자 한다.

---

4) '형성'은 이홍우·임병덕 역(2003)에서 사용된 말로 'becoming'의 번역어이다. 이 말은 '인간에게 잠재 또는 내재되어 되어 있는 가능성을 발현하여 구체적인 앎이나 능력으로 가지게 되는 것'을 가리킨다.

5) 혼마 마사토(정은지 역, 2008: 30)는 코칭에 대하여 다음과 같은 말을 하였다. ① 인간은 원래 무한한 가능성을 가진 존재이다. ② 한 사람 한 사람이 스스로의 가능성을 주체적이고 자발적으로 계발하는 일은 인간으로서의 가장 숭고한 자기표현이다. ③ 개인의 다양한 재능을 꽃피우기 위해서는 그 사람의 개성에 맞춘 적절한 지원이 필요하다. 코치로 활동하는 에노모토 히데타케(이재덕; 2008: 315)도 비슷한 말을 하였다. ① 모든 사람은 무한한 가능성이 있다. ② 그 사람에게 필요한 해답은 모두 그 사람 내부에 있다. ③ 해답을 찾기 위해서는 파트너가 필요하다.

읽기 학습 코칭은 학생의 잠재된 읽기 의지를 발현시키고, 읽기 동기를 강화하여 필요한 읽기 기능의 습득을 돕는 계획적 교수 활동이다.[6] 읽기 의지 발현의 도움은 학생의 잠재된 읽기 의지를 자극하여 현재화함으로써 읽기 행위를 하도록 하는 것이다. 읽기 동기의 강화는 학생에게 읽기에 대한 만족감을 주어 읽기를 하고 싶은 강한 마음이 생기도록 돕는 것이다. 그리고 읽기 기능 습득의 도움은 학생들이 읽기 기능을 체득할 수 있도록 세련된 시범을 보이고, 기능을 능숙하게 사용할 수 있도록 하는 활동을 안내하는 것이다. 학생들은 누구나 책을 읽어야 한다는 잠재된 읽기 의지와 읽기 동기 및 읽기 학습 능력이 있다. 그런데 이들은 자발적으로 활동하지 않는다. 그렇다고 외부에서 이들의 작용을 요구하거나 압력을 가한다고 하여 활동하는 것도 아니다. 읽기 의지와 읽기 동기 및 읽기 학습의 활동은 학생의 심정적 동의가 바탕이 된 교사의 도움이 있어야 이루어진다. 따라서 읽기 코칭은 권위적 주도가 아닌 학생과 상호작용으로 친밀한 정서적 교감을 가지고 할 필요가 있다.

읽기 코칭은 모든 학생에게 필요하지만 좀 더 절실히 필요한 학생들은 읽기 학습부진 학생들이다. 학습 코칭이 학생들의 읽기 학습부진의 모든 문제를 해결할 수 있는 것은 아니지만 한 가지 대안적 방법은 될 수 있다. 여기서는 읽기 학습 코칭의 특징과 교수적 접근 방향을 살펴, 읽기 학습 코칭 논의의 토대를 마련한다.

---

6) 글을 사용하여 의사소통을 하기 위한 읽기 능력의 형성은 '촉발(觸發)'이 기초가 된다. 촉발은 어떤 일을 일어나게 하는 매개 조건이 갖추어 졌을 때 그 일이 이루어지는 시작점이다. 이 '촉발'의 '촉(觸)'은 어떤 일이 일어나게 하는 외부 매개 자극을, '발(發)'은 그 어떤 일이 이루어지기 시작하는 활동의 시초 작용을 의미한다. 교육의 활동에서 보면, '촉'은 학생 심리 외부에서 주어지는 교사의 자극이고, '발'은 학생의 심리 내부에서 학습 활동을 시작하는 것이다. 읽기 학습은 교사가 제공하는 '읽기 교수'인 촉(觸)과 학생의 잠재된 '읽기 의지의 활동'인 발(發)로 이루어진다. 이 촉발로 학생이 '읽기 행위'를 시작하면 읽기 능력 형성이 시작한다.

2. 읽기 학습 코칭의 특성

학습부진 학생들을 위한 읽기 학습 코칭은 읽기 능력이 낮은 학생을 대상으로 한다. 읽기 학습에 실패하였거나 읽기 학습이 부진한 학생들의 읽기 능력을 높이기 위한 것이다. 읽기 학습 코칭은 학생들의 읽기 문제점을 찾아 이를 효과적으로 해결하기 위한 교수 방법인 것이다. 이 읽기 학습 코칭의 개념, 코치의 요건, 코칭의 원리에 대하여 알아본다.

가. 읽기 학습 코칭의 개념

코치(coach)의 사전적 정의[7])에서 교육과 관련된 것은 '(가정교사가) …에게 수험 지도를 하다.'이다. 이 정의에서 강조되는 의미는 첫째 '수험 지도를 하다.'이다. 여기서 '수험'은 일반적으로 '시험'이나 '평가'의 뜻으로, 학습이 지향하는 목표 지점을 의미한다. '수험 지도'는 시험을 잘 보도록 가르치거나 돕는다는 의미를 내포한다. 좀 더 의미를 넓히면 학생이 성취해야 하는 목표를 이루도록 지도를 한다는 뜻이다. 이 말에 내포된 의미를 구체화하면 교사의 '교수 행위'가 학생의 '시험' 보는 행위의 효율성을 높일 수 있게 이루어져야 한다는 것이다. 둘째, '(가정교사가) …에게'에 내포된 의미는 개별적인 교수-학습 활동에 대한 강조이다. 즉, 가정교사와 학생은 대부분 일대일 교수·학습을 하기 때문에 학생에게 알맞은 학습 내용과 교수 방법을 사용한다는 의미가 들어 있다. 또한 이 교수-학습은 교사가 주도를 해 나가지만 개별 학생에 초점이 놓여 있기에 학생의 목표가 우선된다는 의미를 담고

7) coach [koutʃ] v.
-vt. ① (드물게) 마차로 나르다. ② (경기 지도원이) 코치하다; 〖야구〗 (주자)에게 지시를 내리다; (가정교사가) ---에게 수험 지도를 하다. -vi. ① 마차로 여행하다. ② 코치 노릇을 하다; 수험지도를 하다. ③ (경기의) 코치를 받다; (가정교사로부터) 수험지도를 받다(영한사전).

있다. 셋째, 이 정의의 전체 의미는 교사와 학생의 개인적 교육 관계이면서 다른 것의 관여를 배제하고 있다는 의미가 있다. 가정교사는 학생이 시험에서 좋은 결과를 얻을 수 있게 관여한다는 의미만 강조된다. 즉 학생의 여러 가지 조건이나 관심을 배제하고 오직 목표로 하는 수험에만 초점을 놓고 지도한다는 것이다. 이 말을 학습부진 학생의 교수-학습과 관련지어 보면, 코칭은 개별 학생의 학습 목표 도달을 위한 맞춤형 교육을 한다는 의미가 된다.

'코칭'이라는 용어는 이런 내포적 의미로 인하여 학습부진 학생 교육 방법으로 관심의 대상이 되고 있다. 코칭에 대한 개념 정의 중에서 현재의 교수-학습 관점과 관련하여 개념을 정의하고 있는 논의가 있다. 이재덕(2008: 308)은 코칭을 '코치(coach)가 가지고 있는 해결책을 주는 것이 아니라 코치이(coachee)가 가지고 있는 것(능력)을 끌어내는 것이다.'라고 보았다. 코칭의 교수적 특징을 잘 드러낸 정의라고 할 수 있다. 오인경(2003)이 인용한 Brandt, Farmer & buckmaster 등의 정의도 이를 잘 보여 주고 있다.

> 코칭은 개인이 학습을 하거나 과제를 수행하는 동안 그들을 관찰하고 돕는 것이다. 코치는 학습자의 주의를 환기시키고 간과된 단계를 상기시키며 힌트와 피드백을 제공하고, 수행방법을 구조화하고, 부가적인 과제나 문제 또는 문제적 상황을 제공하는 것을 포함하는 활동이다. 또한 학습자의 사고 오류나 오해를 확인하고, 그것들을 고치도록 도와준다. 그러므로 코칭은 학습 활동을 학습자의 이해 방식과 배경 지식에 의거하여 조정하며, 언제 어떻게 왜 진행해야 하는지에 대한 보충 지도를 제공하는 등 온전히 학습자에게 초점을 맞춘다. 또 Lawson Consulting Group은 '코칭은 학습 성과 향상에 걸림돌이 되는 장애를 극복하고 핵심 역량을 극대화하기 위해 설계된 지속적인 프로세스이다.'라 했다. 코칭은 행동 변화를 유발하며, 능력이나 지식을 갖고 있음에도 불구하고 성과가 떨어질 때 이를 다시 상승시킬 수 있는 유용한 방법이다(오인경, 2003: 7-8).

이 인용 내용을 바탕으로 코칭의 개념 구성 요소를 분석하면 ① 개인(개별적 학생에 관심), ② 학습이나 과제 수행(목표를 가지고 이루어지는 행위이며 해결해야 할 문제가 있음), ③ 과정(일련의 연속적인 문제해결 활동이 이루어져야 함), ④ 관찰(학습 특성 분석 또는 활동에서의 문제나 도움이 필요한 요소 확인), ⑤ 돕기(문제를 효과적으로 해결할 수 있도록 조력하는 행위) 등이다. 이에 덧붙여 ⑥ 학생의 인지(학생의 사고를 통한 문제해결), ⑦ 배경지식(학생이 가진 인지 활동 가능 조건에 토대를 둠) ⑧ 행동 변화(문제를 해결할 수 있는 능력의 향상), ⑨ 효과 증대(정의적 자극을 통하여 활동의 효과성 증대)의 요소를 들 수 있다. 이러한 개념 구성 요소는 코칭의 특성이기도 하지만 수업이나 멘토링의 개념 구성 요소이기도 하다.

코칭의 개념을 멘토링이나 수업 컨설팅, 상담 등과 비교하여 코칭의 특성을 중심으로 밝힌 논의들도 있다. 오인경(2003: 8-9)은 멘토링과 비교하여 코칭의 특징을 세 가지 들었다. 첫째, 코칭에서 코치(coach)와 코치이(coachee)의 관계는 수평적이다. 둘째, 직무 관련성이 낮다. 셋째, 구체적인 기능이나 과제에 초점을 둔다. 이재덕(2008: 313)은 수업 컨설팅과 비교하여 코칭은 '교사의 전문적 영역에 대해 짧고 격식 없는 피드백을 하고 질문하여 아는 것을 행동으로 옮기도록 돕는 기술'이라 하였다. 이와 관련하여 유재성(2009: 102)은 상담과 비교하여 '코칭은 기본적으로 고객 안에 내재된 잠재력과 자원을 끌어내 현재보다 나은 미래의 목표를 이루도록 촉진하는 긍정적이고 미래지향적인 조력의 과정이다.'라고 정의하고 있다. 서우경(2009: 38)도 상담과 비교하여 코칭을 '코치이의 미래 지향적인 관점에서 성장과 변화에 초점을 맞춰 그에 대한 피드백을 제공하는 것'이라고 정의하고 있다. 이들 코칭의 개념에서 코칭의 의미 요소를 교육과 관련하여 추출하면 ① 교사와 학생의 수평적 관계 ② 학생의 구체적 학습 과제에 초점을 둔 도움 ③ 학생의 학습 가능성 인정 ④ 개별 학생의 잠재력 현시(現示) ⑤ 학생과 친밀한 상호작용을 통한 교수-학습 실천 ⑥ 미래 지향적 목표 성취를 위한 학생과의 협력 ⑦ 성장과 변화에 초점을 둔 피드백 등이라 할 수 있다.

읽기 학습 코칭과 관련한 개념 논의는 양병현(2009: 22)에서 찾아볼 수 있다. 양병현은 미국의 리터러시 코칭을 소개하면서 읽기 코칭에 대하여 언급하고 있다. 이 논의에서의 리터러시 읽기 코칭 개념도 앞에서 밝힌 코칭의 개념과 크게 다르지 않다. 이 논의에서는 코칭을 티칭, 트레이닝, 카운슬링, 컨설팅, 멘토링과 비교하면서, '코칭은 코치 교사가 제공하는 다양한 질문들과 수업 수단을 통해 학생 스스로가 지식과 기술을 이끌도록 하는 것이다. 그래서 코칭은 '양방향 커뮤니케이션' 지도 방법이다.'라고 하고 있다. 그러면서 코칭의 특성으로 ① 개별화된 서비스 ② 학생의 성장 가능성 ③ 학생의 자기 주도적 학습 ④ 미래 지향적 학습 ⑤ 교사와 학생의 대등한 수평적 관계 ⑥ '무엇'보다는 '누구'에게 관심 등을 들었다. 그러면서 리터러시 코칭을 '학습 현장에서 코치 교사가 행하는 리터러시 활동을 말한다. 다른 말로 교과목을 읽고 쓰는 능력을 코치가 코칭한다는 뜻이다.'로 규정하고 있다.

학습 코칭의 개념을 몇 가지 요인으로 정리하면 첫째, 학생의 발달 잠재성과 변화 가능성에 대한 신념을 바탕으로 한다. 둘째, 학생에게 맞춤형 교수적 도움을 체계적으로 제공하는 것이다. 셋째, 학생과 교사가 존중과 신뢰를 바탕으로 학생의 과제나 문제해결을 위하여 상호작용하는 것이다. 넷째, 개별 학생이 학습 목표 성취 과정에서 만난 문제를 스스로 해결할 수 있는 힘을 갖추도록 돕는 것이다. 한편 읽기 학습 코칭은 코치 교사가 학생의 무한한 읽기 발달 가능성에 대한 신념을 바탕으로 잠재된 읽기 동기를 발현시키고, 읽기 기능의 습득을 도와 읽기 능력의 향상을 이루도록 하는 교수 활동이다.

나. 읽기 학습 코치의 요건

코칭 논의에서 주요 관심 대상은 코치 교사이다. 코칭의 일체 활동이 코치 교사에 의하여 이루어지기 때문이다. 코치 교사는 학생의 문제를 파악하고, 그 문제를 해결하기 위한 계획을 세운다.[8] 그리고 그 계획에 따라 코칭을 하고, 코칭의 결과를 확인한다. 학생은 코치 교사의 지도에 따라 학습을 하여 목표를 성취하게 된다. 코칭 활동과 결과가 코치 교사의 역할에 의하여 달라지는 것이다. 이와 관련하여 코치가 갖추어야 할 요건에 대하여 논의자에 따라 의견의 차이가 있다.[9] 이는 주로 코치 교사의 역할에 대한 전문성을 강조하느냐와 그렇지 않느냐의 입장 차이라고 할 수 있다. 읽기 학습 코치 교사의 역할에서 보면 전문성을 필요로 하는 부분과 그렇지 않은 부분이 있다.

예를 들어 읽기 기능의 사용을 학생들에게 시범[10]으로 보여주기 위해서는 읽기 기능과 읽기 교수에 대한 전문성이 있어야 한다. 다시 말하면, 읽기 학습 코치 교사가 학생들의 읽기 능력을 높이기 위한 코칭 활동을 하기 위해서는 읽기 전문 교수 능력을 갖추고 있어야만 한다. 그렇지만 학생의 읽기 활동을 도울 때에는 읽기 전문 교수 능력보다는 학생의 활동 관리 능력이 더 필요하다. 학생들의 읽기 활동 계획, 읽기 활동 독려, 읽기 활동 시간

---

8) Veenman과 Denessen(2001)은 코칭을 '교수-학습 과정을 체계적으로 반영하여 줌으로써 교사의 교수 역량을 강화시켜 주는 지원 방법'이라고 정의한다(이재덕, 2008: 312).

9) 양병현(2009: 59)은 읽기 코치 교사의 전문성을 강조한다. 그는 '코치 교사들은 석사학위 이수는 물론이고 읽기 자격증, 코치 전문지식, 읽기과정 학습, 학습 평가를 수행할 수 있는 심층적인 지식을 갖추어야 한다.'고 말한다. 반면 오인경(2003: 8)은 '코치는 전문 능력을 가질 수도 있지만 꼭 필요한 조건이 아니다.'라고 밝히고 있다.

10) 기능을 학생들에게 지도하는 대표적인 방법이 직접교수법인데, 직접교수법의 핵심은 교사의 기능 시범에 있다(교육과학기술부, 2009: 363). 그리고 비고츠키의 인지 연구에서 비롯된 비계설정을 통한 근접발달영역의 잠재적 수준에 도달하기 위한 교사의 역할 강조에서도 인지적 도제 활동, 즉 시범을 강조한다(노명완 외, 2009: 344).

관리, 읽기 활동 결과 확인 등의 활동에서는 학생 활동 관리 능력이 더 중요하기 때문이다. 읽기 학습 코치 교사는 읽기 교수 능력을 갖추고, 학습 지도 능력과 학생 관리 능력을 갖추어야 한다. 이에 더하여 학생과의 교육적 관계 형성 능력이 있어야 한다. 이 능력을 떠올려 보면, 읽기 학습 코치 교사가 갖추어야 할 요건이 드러난다.

읽기 학습 코치 교사의 역할을 구분하여 읽기 교육 전문성과의 관련 여부를 정리할 수 있다. 오인경(2003: 13)이 코치의 역할에 대한 논의를 참조하여 읽기 코치 교사의 역할을 정리하면 아래 표와 같다.

읽기 학습 코치 교사가 갖추어야 할 요건으로는 읽기 교수 능력, 학습 지도 능력, 활동 관리 능력, 대인 관계 능력 등을 들 수 있다. 이들 능력 요인을 고루 갖추고 있을 때, 읽기 코치 교사로서의 역할을 효과적으로 수

코치의 역할

	읽기 교수	학습 지도	활동 관리	관계 형성
활동 내용	〈읽기 문제 진단〉 읽기 동기 확인 읽기 기능 확인 읽기 활동 확인	〈수업 운영〉 학생진단 지도계획 학생지도 평가확인	〈격려 활동〉 관여하기 칭찬하기 지지하기	〈의사소통〉 대화하기 경청하기 질문하기
	〈읽기 교육 계획〉 학습 목표 설정 교육 내용 선정 수업방법 선택 평가방법 선택	〈탐구 활동〉 문제파악 방법탐색 문제해결 결과확인	〈조절 활동〉 관리하기 감독하기 통제하기	〈연대형성〉 신뢰형성 타인지향 유대강화
	〈읽기 수업〉 직접교수법 문제해결학습법 토의토론학습법 전문가협동학습	〈도움 활동〉 과제안내 과제탐구 결론도출 공유하기	〈조언 활동〉 알려주기 요구하기 비평하기	〈상호협력〉 협력하기 협의하기 상담하기
	〈읽기 평가〉 평가 방법 선택 평가 문항 개발 평가 실시 평가 결과	〈독서 활동〉 도서선정 내용파악 의견제시 상호점검	〈협력 활동〉 지원하기 조언하기 피드백하기	〈동료의식〉 응원하기 의지하기 축하하기

행할 수 있다. 읽기 학습 코치 교사의 요건을 좀 더 구체적으로 살펴보면 다음과 같다.

1) 읽기 교수 능력

읽기 교수는 읽기 기능을 가르치고, 읽기 동기를 향상시키는 교육 행위이다. 이 읽기 교수는 읽기 학습 코치 교사에게 필수적으로 요구되는 활동이다. 읽기 교수는 학생의 읽기 문제를 파악하고, 그 문제를 해결할 읽기 기능을 찾아 가르쳐 학생의 읽기 능력을 높이는 교육 행위이다. 읽기 학습부진 학생에 대한 교수는 학생의 읽기 부진 원인에 따른 맞춤형 읽기 교육을 실행하는 행위이다. 읽기 학습 코치 교사는 읽기 학습부진 학생의 읽기 문제를 해결하기 위하여 읽기 능력 신장에 필요한 지식을 전달하고, 읽기 기능을 시범 보여 학생이 그 기능을 익히도록 해야 한다. 이를 위해서는 읽기 교육에 대한 이해, 학생에 맞는 읽기 교육내용 선정 능력, 교수 자료 제작 능력, 읽기 기능 시범 능력 등을 갖추어야 한다. 또한 학생의 읽기 진단 능력, 읽기 학습 특성 파악 능력, 교수-학습 계획 및 운영 능력, 읽기 교수-학습 점검 능력 등이 있어야 한다.

읽기 학습 코치 교사는 이를 위하여 현재 읽기 교육과정을 이해해야 한다. 읽기 교육의 접근 관점(성격이나 목표)과 읽기 교육의 내용과 방법을 알아야 한다. 그리고 읽기 교육 내용과 방법을 바탕으로 학생들의 요구와 읽기 교육 관점에 맞게 교수 활동을 설계하고, 교수-학습 활동을 할 수 있어야 한다. 이는 읽기 교수-학습 모형들에 대한 이해와 이들을 활용할 수 있는 능력을 바탕으로 한다. 또한 학습부진 학생들을 지도하기 위해서는 여러 양상을 보이는 학생들을 지도한 경험이 있어야 한다. 그래야 학습부진 학생들에게 요구되는 읽기 능력 요인을 효과적으로 교수할 수 있다. 교수 경험을 통하여 체득된 읽기 교수 능력은 학습부진 학생의 읽기 능력을 신장할 가능성을 높인다. 요컨대, 읽기 학습 코치 교사는 읽기 교수를 위하여 읽기 교육과정에 대한 이해와 읽기 교수-학습 능력을 갖추어야 하고, 읽기 학습 지도 경험을 충분히 가지고 있어야 한다.

2) 학습 지도 능력

학습 지도는 학생들이 학습 활동을 할 수 있도록 돕는 교육 행위이다. 학습 지도 능력은 코치 교사가 학생들과 교육적 상호작용을 하면서 각 교과의 일반적 내용을 가르칠 수 있는 교육 능력이다. 교사가 교육학을 토대로 익힌 기초적인 학생지도 능력인 것이다. 이는 각 교과의 교육 내용을 능숙하게 가르치지는 못하지만 일반적인 교육 활동을 할 수 있는 능력이다. 이 능력은 읽기 교수와 교육 활동을 공유한다는 점에서 관련이 있지만 구체적인 읽기 기능을 효과적으로 가르치는 데는 부족하다. 다만 이 능력은 읽기 교수 능력을 갖추는 데 토대가 되는 능력이라 할 수 있다. 이 능력을 갖추었을 때 학생들의 학습 활동에 대한 조언과 학습 문제에 대한 교육 활동이 가능하다. 학생들의 일반적인 읽기 학습 활동을 도울 수 있는 능력이라 할 수 있다.

읽기 학습 지도를 위하여 코치 교사들에게 요구되는 몇 가지 조건이 있다. 코치 교사는 학생의 읽기 실태 분석, 학생의 읽기 특성 확인, 읽기 학습 지도 목표 선정, 읽기 학습 도움 요소 판단 등을 할 수 있어야 한다. 그리고 학생에 맞는 읽기 활동 목표 설정, 목표에 맞는 활동 계획 수립, 계획에 따른 활동 운영, 활동 결과의 확인과 피드백을 할 수 있어야 한다. 이들은 코치 교사의 읽기 학습 경험과 읽기 활동 경험, 학생지도 경험 등을 통하여 확립한 교육 능력을 토대로 이루어진다. 읽기 학습 코치 교사는 읽기 교육에 관심을 가지고 학생의 읽기 문제를 분석하고, 문제를 해결할 방안을 찾고, 학생과의 상호작용 방법을 마련하여 실천해야 한다. 또한 학생에게 읽기 학습 과제를 안내하고, 필요한 읽기 자료와 읽기 방법을 제공하여 학생들이 주도적으로 읽기 활동과 읽기 학습을 할 수 있도록 도움을 주어야 한다. 이 활동들은 읽기 학습 코치 교사의 코칭 활동에 많은 부분을 차지한다.

3) 활동 관리 능력

활동 관리(management)는 학생이 목표로 하는 활동을 할 수 있도록 보살피고 단속하는 교육 행위이다. 학생들이 특정 활동에 관심을 가지고 지속적으로 할 수 있도록 이끄는 것이다. 예를 들어 학급 담임이 아침 독서 활동 시간을 정해 놓고 학생들이 지속적으로 독서를 하도록 관리하는 것이다. 활동 관리 능력은 학생의 활동 목표 설정, 활동 계획, 계획 실행, 실행 점검, 활동 격려, 활동 내용 조정, 활동 심리 조절, 활동 환경 개선 등으로 구성된다. 이 활동 관리 능력은 전문적 교육 능력이라기보다는 학생의 심리와 외적 상황을 통제하여 목표한 것을 성취할 수 있게 하는 교육 일반적 능력이다. 특정 활동에 대한 교사의 관심으로 학생들의 활동 참여 독려 및 지속적인 활동 실천을 돕는 교사의 행위이다. 이 활동 관리는 교사의 일상적 학생 지도에서도 필요하지만 개별 학생이나 소집단을 대상으로 하는 코칭에서 더 강하게 요구된다.

읽기 학습 코칭의 활동 관리는 읽기 학습과 읽기 활동의 시간 및 상황을 조절하고, 책의 선택, 읽기 활동 안내, 읽기 활동 조언, 읽기 활동 격려, 읽기 활동 협력, 읽기 활동의 문제해결 등과 관련된다. 학생이 읽기 학습과 읽기 활동에 집중하여 목표로 하는 결과를 얻을 수 있도록 지원하는 것이다. 읽기 코칭 활동에서 코치 교사의 이 활동 관리 능력이 발휘되지 않으면 학생들의 학습 활동이 효과적으로 이루어지기 어려워진다. 코치 교사는 학생들이 읽기 활동에 전념할 수 있는 심리적, 물리적, 환경적 조건을 통제하고 조절함으로써 학생의 읽기 활동의 효과를 높일 수 있다.

4) 관계 형성 능력

관계 형성은 교사가 학생과 효과적으로 교육 활동을 할 수 있는 인간관계를 맺는 것이다. 교사가 학생을 지도하기 위해서는 필연적으로 인간적 관계 맺음이 있어야 한다. 교육적 인간관계는 의도적이고 계획적으로 이루어지며 목적과 역할이 분명히 정립된 관계이다. 교육적 상호관계는 교사가 도움을 주고 학생이 도움을 받는 관계이지만 서로에게 당당하고, 존중을 통한 인지적, 정서적 협력을 요구하는 관계이다. 교사는 교육 내용을 매개로 학생에게 신뢰와 존중을 제공함으로써 지위와 역할을 인정받고, 학생은 학습의 필요를 매개로 교사에게 감사와 존경을 제공함으로써 자신의 존재와 가치를 확인받는다. 이를 통하여 교사와 학생의 교육적 관계 맺음이 성립된다. 이 교육적 관계는 사회적으로 규정되어 있는 측면도 있지만 개인적 사귐을 통하여 형성된다. 사회적 규정은 '학생'과 '교사'라는 관계 속에 이미 관습화되어 있다. 개인적 관계는 서로 마음을 나눔으로써 형성된다. 코칭을 위해 코치 교사는 이 교육적 인간관계 형성 능력을 갖추어야 한다.

읽기 학습 코치 교사가 읽기 학습 코칭을 할 때, 가장 먼저 요구되는 것이 관계 형성이다. 이를 위하여 먼저 코치 교사는 학생에 대한 관심과 배려가 바탕이 된 신뢰감을 형성해야 한다. 이는 학생과 읽기 활동에 대한 관심을 공유함으로써 학생의 읽기 문제를 해결해 줄 수 있는 존재로 받아들여짐으로써 가능하다. 신뢰감이 형성되면 학생의 읽기 학습 활동에 관여하여 활동의 효율성을 증대시킬 수 있다. 이는 학생의 읽기 활동의 실행력을 강화하는 결과로 이어질 수 있다. 읽기 학습 코치 교사가 학습부진 학생과의 관계를 위해서는 신뢰감과 존중심이 바탕이 된 상호작용, 읽기 과제에 대한 연대형성, 문제해결을 위한 상호협력, 자연스러운 도움을 요청하게 하는 동료의식 등이 있어야 한다. 이들 요인은 코치 교사와 학생들이 함께 교수-학습을 할 수 있게 하는 역할을 한다.

다. 읽기 학습 코칭의 원리

읽기 학습 코칭은 코치 교사의 요건을 바탕으로 활동의 원리에 따라 이루어져야 한다. 학습 코칭의 원리는 코칭 활동의 전제로써 활동 목표, 활동 계획, 활동 내용, 활동 반성 등에 대한 토대와 방향을 제공한다. 따라서 읽기 학습 코칭이 코칭 원리에 맞게 이루어질 때 활동이 목적을 반영하고 활동 내용이 타당성을 갖는다. 그래서 코치 교사와 학생이 바라던 활동의 결과를 성취할 수 있게 된다. 즉 코칭 원리를 바탕으로 코칭 활동이 이루어졌을 때, 코칭 활동의 효과를 극대화할 수 있다. 읽기 학습 코칭에서 코치 교사가 고려해야 할 코칭의 원리를 몇 가지 제시하면 다음과 같다.[11)]

첫째, 읽기 동인(動因) 형성의 원리이다. 읽기 학습 코칭은 학생에게 읽기를 할 수 있는 능력이 내재되어 있다는 신념에서 시작한다. 그래서 학생에게 잠재되어 있는 읽기 가능성에 대한 확신을 일깨워 스스로 읽기를 할 수 있다는 의식을 갖게 해야 한다. 이 의식에서 읽기를 할 수 있는 단초가 만들어진다. 이 읽기를 할 수 있게 하는 단초에서 읽기 능력의 발달이 이루어지게 된다. 읽기 코칭에서는 읽기 학습부진 학생들이 읽기를 시작할 수 있는 계기를 만들어 읽을 수 있게 하는 것이 가장 필요하다. 읽기는 듣기/말하기 능력과 같이 누구에게나 내재되어 있는 능력을 현재화(顯在化)함으로써 가능하게 된다. 읽기 능력은 적절한 외적 도움이 주어지면 누구나 갖출 수 있는 능력인 것이다. 이렇게 잠재된 가능성을 현재적 능력으로 실제화하는 것이 읽기 동인 형성이다. 읽기 학습 코치 교사는 학생들의 잠재된 읽기 가능성

---

11) 코칭의 원리는 코칭의 개념 논의나 활동 전략 논의들을 참고하여 논의하였다. 주요 참고 자료는 양병현(2009: 166-188, 242-248), 오인경(2003), 이재덕(2008), 정은지 역(2008: 45-65) 등이다.

을 믿고 읽기의 동인을 촉발시키면 학생은 스스로 읽기 능력을 갖추게 될 것이다.

둘째, 읽기 능력 향상의 원리이다. 읽기 학습 코칭을 하는 이유는 학생들의 읽기 능력을 높이기 위한 것이다. 읽기 능력의 향상은 읽기의 동기, 지식, 기능, 습관 등 읽기 능력 구성 요인의 양과 질을 높이는 것이다. 이들 읽기 요인의 양적 확대는 학습으로 습득하여 풍부하게 갖춤으로 이루어지고, 질적 향상은 적용으로 세련된 활용력을 갖춤으로써 이루어진다. 양적 확대는 교사의 도움으로 이루어지고, 질적 향상은 학생의 주도적 활동으로 이루어진다. 읽기 학습 코치 교사는 학생들이 필요로 하는 이들 읽기 능력 구성 요인을 가르치고, 이들 요인을 적용하는 활동을 관리해야 한다. 읽기 학습 코치 교사는 교수로 학생의 읽기 능력 구성 요인의 양을 늘리고, 관리로 이들의 질을 높여 줌으로써 학생들의 읽기 능력을 향상시킬 수 있다.

셋째, 읽기 활동 촉발의 원리이다. 촉발은 외부의 도움으로 심리 활동을 일으키는 것이다. 이 촉발은 또한 준비된 상태에서 급격하고 확실한 활동이 일어나는 것을 뜻한다. 읽기 학습 코칭은 학생의 읽기를 촉발하게 하는 것이다. 교사의 코칭은 '촉'의 역할을 해야 한다. 책에 대한 관심과 재미를 느끼게 하고, 내용에 대한 호기심을 불러일으키도록 하는 것이다. 교사가 학생의 읽기 심리를 자극하게 되면 학생의 읽기 의지가 활동하기 시작한다. 읽기 활동 의지는 학생이 읽기 행위를 하도록 만든다. 읽기 학습 코칭은 학생의 읽기 활동을 촉발하게 하는 자극을 주도록 이루어져야 한다.

넷째, 읽기 통찰의 원리이다. 교사는 학생의 읽기 능력 형성과 향상 활동 하나하나에 관여할 수 없다. 이는 불가능할 뿐만 아니라 그렇게 해서도 안 된다. 읽기 능력 형성은 읽기의 기초 원리를 터득하는 순간에 형성된다. 그리고 주도적으로 읽기 활동을 성공하는 과정에서 향상된다. 읽기의 이치와 방법을 터득하는 순간에 읽기 통찰이 일어난다. 교사는 읽기 능력의 형성과 향상에 필요한 최적의 도움을 주어 학생이 읽기 통찰을 경험하도록 해야 한다. 학생에게 적절한 읽기 상황이나 조건을 만들어 주어 주도적으로 읽기 학습과 읽기 활동을 하면서 읽기 능력을 갖출 수 있게 해 주어야 한다. 읽기 학습 코칭에서는 학생의 읽기 통찰이 일어날 수 있는 조건을 마련해 주는 것이 필요하다. 읽기에 대한 통찰이 일어나면 학생은 교사의 큰 도움 없이 주도적으로 읽기를 할 수 있게 된다.

다섯째, 읽기 수준 맞춤의 원리이다. 읽기 학습 코칭은 개인이나 소집단 단위로 읽기 학습에 도움을 주는 것을 전제로 한다. 개별 학습이나 소집단 학습의 가장 큰 장점은 맞춤형 학습을 하는 것이다. 맞춤형 학습은 학생에게 맞는 교육 내용과 방법을 사용하는 것을 말한다. 학생의 읽기 능력을 고려하여 학습할 읽기 기능을 교수하고, 읽기 활동을 하며 필요한 읽기 태도를 갖추도록 하는 것이다. 읽기 학습부진 학생들은 보통 학생에 비하여 이해가 느리고 학습 활동이 효과적이지 못하다. 따라서 이들 학생을 지도하는 교사는 학생의 이런 특성에 맞는 내용과 방법을 활용해야 한다. 학습 내용을 세분하여 위계화하고, 교사의 정교하고 반복된 시범을 통하여 읽기 기능을 지도하고, 학습 성과를 재촉하기보다는 기다려 주고, 적극적인 칭찬과 격려를 해야 한다. 맞춤 학습이 이루어졌을 때 교육의 높은 효과를 얻을 수 있다.

여섯째, 읽기 심정 소통의 원리이다. 소통은 전달자의 정보가 수용자에게 받아들여짐으로써 이루어진다. 소통은 참여자들이 서로에 대한 신뢰와 존중에서 비롯된 정서적 공감과 필요한 정보의 인지적 공유가 이루어질 때 효과적이다. 읽기 학습 코칭에서의 정서적 공감은 교사가 학생의 읽기에 대한 심정을 느끼고 이해하는 것에서 비롯된다. 읽기에 대하여 학생이 느끼는 즐거움, 호기심, 기대심, 불안감, 두려움, 싫음, 흥미, 괴로움 등의 감정을 함께 나누는 것이다. 코치 교사는 학생과 읽기에 대한 심정을 교감할 수 있어야 한다. 읽기에 대한 심정의 교감은 읽기 코칭을 어떻게 풀어갈지에 대한 구체적인 단서가 된다. 인지적 공유는 읽기 기능의 공유와 이해 내용의 공유로 구분할 수 있다. 읽기 기능의 공유는 코치 교사가 학생에게 필요한 읽기 기능을 교수하여, 학생이 읽기 기능을 활용할 수 있을 때 이루어진다. 그리고 이해 내용의 공유는 책의 내용에 대한 서로의 생각을 이해했을 때 이루어진다. 대화를 통하여 교사와 학생이 같은 생각을 가지는 것이 아니라 서로의 생각을 이해하는 것이다. 소통은 감정, 기능, 생각, 정보 등을 교류하고 교환하여 공유할 때 이루어진다. 이 소통을 통하여 학생의 읽기 능력은 높아질 수 있다.

일곱째, 읽기 학습 촉진의 원리이다. 촉진은 재촉하여 속성(速成: 빠른 성장)하게 하는 것이다. 읽기 학습에서의 재촉은 교사가 읽기 능력을 갖추도록 학생을 독려하는 것이고, 속성은 학생이 읽기 능력의 빠른 향상을 이루어내는 것이다. 재촉은 코치 교사가 학생에게 가장 필요하고 본질적인 교육 내용을 효과 있게 교수함으로써 이루어지고, 속성은 학생이 교사의 교육 내용을 내면화함으로써 이루어진다. 학습 코칭은 재촉과 속성을 함께 요구한다. 즉, 읽기 학습이 효율적으로 이루어지도록 해야 한다. 읽기 학습 코칭을 교사의 입장에서 보면 학생의 속성이 중요하고, 학생의 입장에서 보면 교사의 재촉이 중요한 역할을 한다. 그렇지만 재촉의 영향으로 속성이 일어난다는 점을 생각해 보면, 학생의 읽기 능력 촉진을 위해서는 교사의 재촉이 중요하다.

여덟째, 읽기 수행 관리의 원리이다. 관리는 맡은 일이 효과적으로 이루어질 수 있도록 이끌고 보살피는 것이다. 읽기 학습 코칭은 학생의 읽기 학습과 읽기 활동을 관리해야 한다. 학생이 설정한 목표에 도달할 수 있도록 학생의 심리와 활동 및 환경을 조절해야 한다. 학생에게 필요한 읽기 학습 활동의 목표와 내용을 정하고, 활동의 계획을 세우고, 활동의 과정과 결과를 점검하고, 피드백과 진행을 조절해야 한다. 읽기 학습에 관련된 일체의 활동을 조절하여 학생의 학습 효율을 높일 필요가 있다. 학생들의 읽기 활동을 관리함으로써 필요로 하는 읽기 코칭의 목표를 효과적으로 이룰 수 있다.

이들 학습 코칭의 원리는 코칭 활동의 효과를 높이기 위한 것이다. 코칭 활동에서는 이 원리들을 반영할 수 있도록 해야 한다. 이들 원리는 일반적 원칙과 같은 것으로써 구체화된 형태로 제시할 수 있는 것이기보다는 코치 교사의 의도를 통하여 코칭 과정에서 실현되어야 할 것이다.

3. 읽기 학습 코칭의 교육적 접근

읽기 학습 코칭은 그 특성으로 볼 때 모든 학생들에게 효과적인 교수 방법이 될 수 있다. 다만 개별이나 소집단을 중심으로 이루어지는 교수를 강조하기 때문에 읽기 학습부진 학생의 지도에 효과가 높을 개연성을 더 많이 가지고 있다. 읽기 학습 코칭은 학생의 특성에 맞는 읽기 학습 지도를 제공하여 학습부진에서 벗어날 수 있도록 하는 체계적 교수-학습 활동을 가능하게 하기 때문이다. 이 읽기 학습 코칭의 내용과 주요 활동, 방법을 생각해 본다.

가. 읽기 학습 코칭의 내용

읽기 학습 코칭의 내용은 읽기 학습 코칭에서 코치 교사가 학생들에게 강조하여 익히게 하는 읽기 능력 요소이다. 코치 교사가 코칭 활동에서 학생들에게 코칭하는 요소이고, 학생들이 코칭 활동 과정에서 발현(發現)하거나 습득(習得)하는 것이다. 읽기 학습 코칭의 내용을 학생들이 익혀 습득하게 되면 읽기 능력 신장을 이루게 된다. 이러한 읽기 학습 코칭의 내용은 다양할 수 있다.[12] 읽기 능력을 신장시킬 수 있는 모든 요인이 읽기 학습 코칭의 내용이 될 수 있기 때문이다. 학습부진 학생을 위한 읽기 학습 코칭의 내용은 학생들의 특성을 고려하여 정할 필요가 있다.[13] 이 학생들은 읽기 수업에 실패하고 있기 때문이다. 읽기 학습이나 읽기 활동을 고려해 볼 때, 학생들이 읽기 능력을 갖추려면 읽기를 하고 싶어 해야 하고, 읽을 수 있는 능력이 있어야 하며, 읽기를 해야 한다. 그런 면에서 읽기 학습 코칭의 내용은 읽기 동기, 읽기 기능, 읽기 수행으로 한정하여 생각해 볼 수 있다.[14] 이들 세 가지와 관련된 내용을 코칭을 하면 읽기 학습부진 학생들이 읽기를 할 수 있는 능력을 갖추게 될 것이다.

1) 읽기 동기

읽기 동기는 학생이 책을 읽고 싶게 하여 책을 읽게 만드는 기제이다. 책에 대한 관심과 읽기의 즐거움으로 읽기 행위에 빠져들게 하는 구조화된 심리작용이다.[15] 이 읽기 동기는 그 자체를 직접 지도하여 형성하게 할 수

12) 읽기 학습 코칭의 내용의 일차적인 고려 대상은 교육과정이다. 읽기 교육과정의 교육내용은 각 교육과정마다 조금씩 다르다. 이차적인 고려 대상은 읽기 연구자들이 제시하는 교육 내용들이다. 연구자들은 어떤 관점에서 읽기를 보느냐에 따라 다양한 읽기 내용 요소를 제공한다.

13) 조난심 외(2009)의 학습부진 학생에 대한 논의에서는 부진 원인에 근거하여 학생들에게 교육적 접근을 해야 한다고 강조한다. 이들 학생은 학교, 사회, 가정, 개인적인 면에서 여러 가지 학습부진 원인을 가지고 있다. 그렇기 때문에 모든 부진 원인을 고려하여 교육 내용을 정하기는 어렵다. 그래서 읽기 교육 영역에 한정된 원인에 근거하면서도 실제적으로 읽기 학습 코칭에서 지도할 수 있는 것을 중심으로 코칭 내용을 선정할 필요가 있다.

14) 2006년 국가수준 기초학력 진단평가의 결과에서 보면(남명호 외, 2007: 107) 읽기 기초학력 미도달 학생 중 하루 동안 '책을 전혀 읽기 않는 비율'은 33%이고, 1시간 미만 읽는 학생이 39%이다. 읽기 기초학력 미도달 학생들은 읽기 동기 부족, 읽기 기능 부족, 읽기 활동 부족으로 인하여 책을 읽지 않는다고 할 수 있다.

15) 박영민(2008; 144)은 읽기 동기를 '읽기 행동이나 행위를 불러일으키고, 지속하게 하며,

도 있겠지만 대개는 읽기 학습이나 읽기 활동 속에서 형성하고 향상시키려고 한다. 읽기 동기의 형성과 향상이 읽기 활동의 과정과 결과에서 오는 만족감에서 비롯되는 경우가 많기 때문이다. 누구나 경험하는 일이지만 읽기를 통하여 즐거움을 갖게 되면 다시 읽고 싶어진다. 그래서 읽기 동기 교육은 읽기 활동을 완수하는 것보다는 성공적인 활동으로 만족감을 느끼게 하는 데 중점을 두어야 한다.

읽기 학습부진 학생의 읽기 학습 코칭에서 먼저 관심을 두어야 할 것이 이 읽기 동기이다. 학생들이 읽기 동기를 갖추게 되면 읽기를 잘할 수 있는 방법에 관심을 가지게 되고, 읽기 활동을 하게 된다. 그렇기 때문에 읽기 학습부진 학생들의 코칭에서 다른 읽기의 지도 내용보다 읽기 동기에 먼저 관심을 가져야 한다. 읽기 학습을 하고 싶어 하게 하고, 읽기 활동을 자발적으로 할 수 있도록 하기 위해서이다. 학생들이 읽기 동기를 형성하게 되면 읽기 학습의 문제는 쉽게 해결될 수 있다.

읽기 동기에 대한 논의를 보면 읽기 학습 코칭에서 관심을 가져야 할 것은 내적 동기이다.[16] 내적 읽기 동기는 읽기를 능동적이고 자발적으로 할 수 있게 하는 동기이다. 학생들이 이 내적 동기를 형성하고 신장해야만 읽기 학습과 읽기 활동을 원활하게 할 수 있다. 동기에 대한 논의[17]에서 내적 동기 요소들을 간추려 보면 '읽기 효능감', '읽기 호기심', '읽기 도전심', '읽기 집중성(몰입)', '상호작용', '읽기 중요성', '읽기 흥미' 등이다. 이들 동기 요소들은 책을 읽게 되면 자연스레 생기기도 하지만 읽기 코치 교사가 이들

심화·발달하도록 하는 심리적인 원인'이라고 정의한다.

16) 읽기 동기에 대한 전제응(2005: 79-82)의 논의를 보면 읽기 동기 향상을 위해서는 사회적 동기나 내적 동기를 향상시켜야 한다고 강조하고 있다.

17) 권민균(2002, 2005), 전제응(2005), 박영민(2008) 등의 동기 요소에 대한 논의를 종합해 보면, 읽기 동기 요소는 ① 효능감 ② 도전심 ③ 호기심 ④ 몰입 ⑤ 인정 ⑥ 상호작용 ⑦ 경쟁 ⑧ 순응 ⑨ 성적 ⑩ 회피 ⑪ 중요성 ⑫ 가정문식성 ⑬ 내용 흥미 등이다.

동기 요소에 관심을 가지고 의도적으로 지도할 때 강화된다.

읽기 학습부진 학생의 경우에는 읽기의 실패로 인하여 읽기 동기가 위축되어 있거나 소멸되어 읽기를 싫어하거나 두려워한다. 읽기 학습 코칭에서는 이들 학생의 읽기 동기 문제를 우선 해결하기 위한 접근이 필요하다. 이 읽기 동기 문제가 해결되면 다른 읽기 학습 코칭의 내용들은 쉽게 해결 가능할 것이다.

2) 읽기 기능

읽기 학습 코칭의 주요 목표는 읽기 능력의 신장이다. 읽기 능력의 신장을 위한 핵심 조건은 읽기 기능(전략) 습득의 양적 증대와 질적 향상이다. 읽기 기능의 양적 증대는 읽기에서 사용할 수 있는 기능의 수를 늘리는 것이다. 그리고 질적 향상은 읽기 기능을 능숙하고 정교하게 사용하는 것이다. 학생이 글을 읽을 때 사용할 수 있는 기능의 수가 많고 그 기능을 정교하게 사용할 수 있게 되면 읽기 능력이 높아진다.

읽기 학습 코칭에서 학생들에게 지도해야 할 읽기 기능은 학생마다 다르다. 학생의 읽기 수준과 학습 조건, 학습 요구가 다르기 때문이다. 코칭에서는 학생의 읽기 문제를 해결하는 데 우선 필요한 읽기 기능들을 선택하고 체계화하여 지도할 필요가 있다. 이 과정에서 교육과정에서 제시하고 있는 읽기 기능의 범주인 '내용 파악', '추론', '평가 및 감상'을 고려할 필요가 있다.[18] 이들 읽기 기능들을 고르게 학습하였을 때 학생들의 읽기 능력이 효과적으로 향상될 수 있기 때문이다.

읽기 학습부진 학생을 위한 읽기 기능 선택에서 고려해야 할 것이 높은

18) 교육과정의 경우 7차의 읽기 교육 내용의 '원리'에서는 '낱말 이해, 내용 확인, 추론, 평가와 감상'이었으나 2007 개정의 '기능'에서는 '내용 확인, 추론, 평가와 감상'으로 하고 있다.

수준의 읽기 기능을 함께 선택해야 한다는 것이다. 읽기 학습부진 학생을 지도할 때에 학생들이 할 수 있는 낮은 수준의 읽기 기능을 반복하는 것은 의미가 없다. 읽기 학습 코칭은 소리 내어 읽기나 내용 파악 중심의 학습에서 벗어나 추론하고, 평가와 감상을 할 수 있는 읽기 능력을 함께 길러주어야 한다. 읽기 학습부진 학생들이 습득하지 못한 읽기 기능은 추론이나 평가와 감상과 관련된 것이다.[19] 그럼에도 불구하고 읽기 부진 학생지도의 초점이 수준 낮은 읽기 기능 지도에 관심을 기울이는 경우가 많다. 읽기 코칭에서는 학생의 부족한 읽기 기능을 정확하게 파악하여 지도하는 것이 중요하다.

읽기 학습 코칭에서의 지도할 읽기 기능의 선택은 학생의 읽기 학습 수준에 달려있다. 학생이 현재의 읽기 수준을 정확하게 파악하고, 지도해야 할 기능을 선택해야 한다. 이것이 가능한 것은 코칭이 개별적 학습 지도를 하기 때문이다. 읽기 학습부진 학생들을 대상으로 하는 읽기 학습 코칭에서 학생들에게 가르쳐야 할 읽기 기능 범주를 현재 교육과정을 중심으로 범주화하면, '소리 내어 읽기', '내용 파악하기', '추론하기', '내용 평가하기', '내용 감상하기' 등으로 구분할 수 있다.

3) 읽기 수행

읽기 수행은 읽기 지식과 기능을 종합적으로 적용하여 실제 읽기 활동을 하는 것이다. 책을 선택하여 읽고, 읽기 전·중·후 과정의 신체적, 인지적 활동을 하는 것이다. 이 읽기 수행은 교육을 통하여 익혔을 때 효과적으로

---

19) 2006년 국가수준 기초학력 진단평가의 결과를 보면(남명호 외(2007: 43) 읽기의 내용 영역별 미도달 비율은 한글 해득 1%, 낱말 이해 2.6%, 사실적 이해가 3.2%, 평가와 감상 9.3%이다. 그리고 조남심 외(2009: 78-80)의 설문 결과를 보면, 초등학교 교사도 기초학력 부진 학생들이 잘 못하는 읽기 영역이 '내용 요약', '추론', '평가와 감상'라고 응답하고 있다.

할 수 있다. 읽기 수행에서는 알맞은 책을 선택해야 하고, 책을 읽기 위해 일정 시간 집중해야 하며, 책의 내용을 인지적으로 파악하여 정리해야 한다. 이를 위해서는 책 내용의 수용에 필요한 인지 활동 능력과 인지 활동을 위한 심리 공간[20]을 마련해야 하고, 인지적 관습을 갖추어야 한다. 즉, 한 권의 책을 읽기 위해서는 책을 읽는 시간 동안의 집중력, 내용을 파악하고 정리하기 위한 기능(機能) 능력, 내용을 수용하여 처리할 심리 공간 운영 능력, 책의 내용 구조에 따라 지각할 수 있는 인지 관습 등을 갖추어야 한다.

읽기 수행은 읽기 학습과는 별도의 시간에서 이루어지는 활동이다. 이 읽기 수행은 읽기 학습부진 학생들에게는 다른 것 못지않게 중요한 교육 내용이 된다. 실제 읽기 행위를 할 수 있도록 하는 활동 학습을 할 수 있게 하여 읽기 능력을 높여 주기 때문이다. 읽기 수행에서는 읽기 학습부진 학생에게 읽기 시간을 정하고, 그 시간 동안 책을 읽는 활동을 지속적으로 하면서 글의 내용 이해와 함께 읽기 방법과 습관을 갖추게 된다. 읽기 학습 코칭에서의 읽기 수행을 주요 학습 내용으로 정하여 교사가 학생의 읽기 활동에 적극 개입하여 활동을 지도하고 관리할 필요가 있다. 학생들의 읽기 시간을 계획적으로 늘리고, 주의분산을 통제하여 집중하는 능력을 길러주고, 책을 바르게 읽을 수 있는 습관을 형성해 주는 것이다. 그래서 학생이 책을 읽을 수 있는 마음을 가지게 하고, 읽기에서 즐거움은 느끼며, 습관적으로 읽을 수 있는 태도를 갖게 해야 한다. 이를 위해서는 읽기 방법 적용, 읽기 습관 형성, 읽기 지속 시간 확장, 인지 공간 확보, 인지 관습 습득, 담화 관습 체득, 감상 및 평가 내용 체계화, 읽기 결과 공유, 관련 정보 확장, 관련 내용 탐구, 읽을 책 목록 확대 등을 익혀야 한다. 읽기 수행에서는

---

20) 인지심리학의 작업 기억(working memory)이나 단기 기억(short-term memory)과 같이 마음속에 책 내용을 받아들이기 위한 여유 공간과 책을 내용을 파악하고, 정리하고, 평가하는 사고 활동 공간을 말한다.

실제적인 읽기 활동을 통하여 계획적이고, 체계적이며 지속적으로 읽을 수 있게 하는 심리적, 인지적, 정서적 기제를 갖추도록 해야 한다.

읽기 수행의 내용은 학생이 능동적으로 읽기에 참여할 수 있게 하는 읽기 습관을 기르기는 것이 되어야 한다. 학습부진 학생의 경우에는 읽기 활동을 능동적으로 하는 습관이 낮다.[21] 이들 학생을 위해서는 코칭 활동 내용이 학생들이 책 읽기의 주도성과 적극성을 갖도록 하는 것을 선택할 필요가 있다. '책 정보 파악', '책 선택', '읽기 계획', '읽을 준비', '책 읽기', '읽은 결과 정리', '읽은 내용 소통', '읽기과정 반성' 등의 지속적으로 할 수 있는 습관을 기르는 내용이 되어야 한다. 코칭에서는 이들 활동이 일련의 과정에 따라 이루어질 수 있도록 활동을 구성하고 실행할 수 있도록 도와주어야 한다.

읽기 수행 코칭에서 학생의 읽기 습관을 길러 주기 내용 선정에 적극적인 관심을 가질 필요가 있다. 학생마다 읽기 수행을 위해 갖추어야 하는 학습 요소가 다르다. 또한 읽기 시간이 주어졌을 때 수행 활동에 필요한 활동 요소가 다를 수 있다. 학생에 따라, 상황에 따라 읽기 수행 능력을 높일 수 있는 내용이 달라지는 것이다. 읽기 코치 교사는 이런 점을 고려하여 학생의 읽기 수행에 필요한 활동 내용 요소를 선정하는 것이 필요하다. 학생의 책을 읽는 바른 습관은 하루아침에 형성되는 것이 아니라 일정 기간 동안 지속되어야만 길러진다. 학생의 읽기 수행 능력을 높이기 위해서는

21) 2007년 기초학력 진단평가의 하루 동안 책 읽는 시간 조사에서 보면, 기초학력 미도달 학생은 전혀 책을 읽지 않는 학생이 29%, 한 시간 미만인 학생이 41.9%, 두 시간 미만인 학생은 19%, 두 시간 이상은 9.2%로 나타났다. 반면 도달 학생은 전혀 책을 읽지 않는 학생이 10.1%, 한 시간 미만인 학생이 46.8%, 두 시간 미만인 학생은 30.6%, 두 시간 이상은 12.6%로 나타났다(남명호 외, 2008: 153). 2007년 학업성취도 평가에서 초등학생의 한 달 동안의 독서량 조사에서 보면, 거의 책을 읽지 않는 학생 비율이 10.9%, 1-2권이 20.5%, 3-4권이 23.6%, 5-6권이 15.7%, 7-8권이 7.1%, 9권 이상이 22.2%로 나타났다. 이때의 기초학력 미도달 비율은 3.5%였다(양길석 외, 2008: 186).

교사의 계획적이고 지속적인 지도가 있어야 한다.

나. 읽기 학습 코칭의 주요 활동

읽기 학습부진 학생들의 학습을 코칭하기 위해 코치 교사는 몇 가지 특정한 활동에 관심을 둘 필요가 있다. 이들 활동은 코칭을 계획하고, 진행할 때 반영되어야 한다. 읽기 학습 코칭은 학생과 교사의 상황에 따라 다양한 변형이 가능한데, 이들 변형은 이들 몇 가지 특정 활동을 토대로 이루어져야 한다. 코칭 활동은 학생에 대하여 알아보고, 코치로서의 역할을 규정하고, 코칭 활동을 수행하는 것이라 할 수 있다. 교사가 읽기 학습 코칭을 하는 데 필요한 주요 활동을 생각하여 보면 다음과 같다.

1) 관계 형성

읽기 학습 코치 교사에게 요구되는 일차적인 과제가 학생과의 코치로서의 관계 형성이다. 관계 형성은 교사와 학생이 코치와 코치이 관계로 서로를 받아들이는 것이다. 코치와 코치이의 관계 형성은 교사가 학생들에게 일방적으로 코치로 나서는 것이 아니라 교사의 교수 행위에서 학생들이 교사를 코치로 여기게 하는 것이다. 코치는 학생의 과제 해결 동료이고, 마음을 열고 문제에 대해 대화할 수 있는 사람이다. 그러면서 코치는 학생의 문제를 정확하게 알아내고, 알맞은 문제해결 방안을 제공하는 사람이다. 학생이 교사를 코치로 받아들이게 하는 것은 교사가 학생에게 맞는 시선과 마음을 드러내 보여주는 것이다. 그리고 학생에 대한 이해를 바탕으로 이들에게 자신의 존재 의미와 역할을 이해시키는 것이다. 그렇지 못하면 학생들은 코치의 역할을 인식하지 못하여 코치의 활동을 의미 없게 만든다. 그래서 코치 교사는 학생과 읽기 과제를 중심으로 한 관계 형성을 이루어 학생이 코치 교사를 자신의 읽기 문제를 해결해 줄 수 있는 적극적인 지원자로 받아들이게 한다. 그렇게 되면 학생은 코치 교사를 자신의 읽기 문제를 해결해 줄 협력자로 받아들이게 된다.

2) 소통 방법 선택

학습 코칭에서 중요한 것이 소통의 방법에 대한 결정이다. 소통의 방식은 같은 대화의 내용을 놓고 형식으로 드러나는 심리의 작용을 어떻게 할 것인가와 관련되어 있다. 학습에서의 코치와 코치이의 관계는 형식적으로는 수평적이다. 서로 인격적 대등 관계로 대화를 시작하는 것이다. 그런데 코치와 코치이의 심리작용 면에서는 그 관계가 수평적인지 않다. 코치는 심리적 우위(優位)에 있고, 코치이는 심리적 열위(劣位)에 있다. 가르치는 입장과 배우는 입장에서 오는 차이가 있는 것이다. 코칭에서 이 심리적 문제를 전제한 효율적인 소통 방법을 찾아야 한다. 이를 해결하는 소통 방법은 일단 서로의 역할을 인정하고, 서로 심리적 유대감을 강화하는 것이다. 읽기 학습을 위한 교사와 학생의 심리적 유대감은 단순한 친근감을 넘어서는 것이다. 이는 읽기 학습 지도의 전문성을 바탕으로 한 읽기 문제에 대하여 학생이 교사에게 의존하면서 생기는 친근감이다. 교사는 읽기 학습에 대하여 소통할 때 읽기 과제 해결의 전문성을 바탕으로 친밀한 관계를 만들어 가는 것이 필요하다. 즉 읽기 문제에 대한 적극적인 문제해결 방안을 학생의 마음속에서 끌어내 주고 이를 확인시키면서 의존감을 높여 갈 수 있는 방법을 찾아야 한다.

3) 문제 확인

읽기 학습 코칭이 이루어지기 위해서는 학생의 읽기 학습의 문제를 파악해야 한다. 읽기의 문제가 되는 요인이 무엇인지를 파악하지 못하면 코칭은 이루어질 수 없다. 읽기의 동기 부족인지, 읽기 기능의 부족인지, 읽기 습관의 문제인지를 확인하여야 한다. 물론 학생의 인지적 능력이나 행동 특성의 문제도 파악해야 한다. 학생들의 문제를 구체적으로 확인하여 코칭할 읽기 과제를 결정해야 한다. 문제를 파악하는 형식적인 방법은 성취도 평가나 학력 평가 및 읽기 평가 도구를 활용하는 것으로, 읽기 평가 도구를 활용하면 분명하고 정확한 진단을 할 수 있다. 비형식적인 방법은 글을 읽게 한 후, 글의 내용에 대한 이해를 물어보거나 학생의 읽기 행동을 관찰하여 분석한 내용으로써 문제를 확인할 수 있다.

4) 대안 마련

학생의 진단을 통하여 문제 확인이 이루어지면 문제를 해결할 수 있는 대안을 마련하는 것이다. 대안의 마련은 학생이 가지고 있는 읽기 학습의 문제를 가장 근본적으로 해결할 수 있는 것이어야 한다. 읽기 문제를 단순한 반복이나 혼자서 터득하도록 시키는 것은 코칭이 될 수 없다. 대안은 학생에게 드러난 읽기 문제를 실제적이면서 가장 효과적으로 해결할 수 있는 방법이어야 한다. 학생에 따라 코치가 제시할 대안이 문제를 근본적으로 해결하는 효과적인 대안이 되지 못한다면 그 학생의 읽기 문제는 해결되지 않는다. 읽기 학습 코칭을 하기 위하여 마련한 대안은 단위 활동보다는 프로그램으로 마련하는 것이 필요하다. 학생을 진단하여 파악한 읽기 학습 문제를 해결하기 위해서는 지도 계획에 의하여 목표와 내용 및 방법이 체계화된 프로그램을 마련해야 한다. 읽기 능력의 신장을 위해서는 일정 기간 지속적인 교육이 이루어져야 하기 때문이다. 프로그램은 학생별 또는 소집단별로 코칭 받을 학생에 맞게 구성되어야 한다.

5) 코칭하기

대안이 마련되고 나면 코칭에 들어가야 한다. 코칭은 계획된 프로그램을 활용한 학생 맞춤형 지도가 되어야 한다. 교사가 과제를 주고 학생이 문제를 푸는 방식은 코칭이 될 수 없다. 교사는 학생의 읽기 문제를 단계적이고 체계적인 학습 활동으로 해결해 나가야 한다. 그러면서 코칭에서 활동을 이끌어 가는 것은 코치 교사이지만 활동의 중심에는 학생이 있도록 해야 한다. 즉 프로그램은 운영은 학생이 주도적 읽기 학습 활동을 하고 있다고 느끼면서 책을 읽는 활동을 통하여 읽기 동기와 읽기 기능의 학습이 일어나야 한다. 코칭의 과정에서 교사는 학생들의 활동을 독려하고, 확인하고 피드백을 실행하여 활동의 효과를 높여야 한다. 소집단 활동의 경우에는 적극적인 상호작용이 일어나도록 해야 한다.

이 코칭의 주요 활동은 코칭을 처음 시작할 때를 전제한 것이다. 코칭은 학생과 상황에 따라 다양한 형태로 변화할 수 있다. 코칭의 활동 순서나 구체적인 방법은 학생과 교수 상황에 맞게 재구성하여 적용할 필요가 있다.

다. 읽기 학습 코칭의 방법

읽기 학습 코칭은 코치 교사나 학생, 코칭 프로그램이나 학교 여건에 따라 달리 이루어질 수 있다. 학교에서 할 수 있는 읽기 학습 코칭의 방법을 지도해야 할 대상의 크기로 구분하면 개별 코칭, 소집단 코칭, 학급 코칭, 학년 코칭 등으로 구분할 수 있다.[22] 여기서는 논의의 초점이 학습부진 학생에게 있으므로 개별 코칭과 소집단 코칭으로 구분하여 살펴보자.

---

22) 코칭의 활동 단위를 학급별, 학년별, 학교별 코칭으로 더 크게 나눌 수 있다. 학교 규모가 작은 학교에서는 이들 단위의 코칭이 가능할 수 있다. 여기서는 학습부진 학생을 중심으로 한 집중적 코칭을 논의하기 때문에 학교에서의 집단 구분 단위에 따른 코칭 논의에서 제외한다.

1) 개별 코칭

개별 코칭은 코치와 학생의 개인적 관계를 중심으로 이루어진다. 개별 코칭은 코칭의 기본 단위로, 교사가 학생 개인의 읽기 특성에 맞추어 코칭하는 방법이다. 읽기 학습부진이 '심각한' 학생이거나 짧은 시간에 코칭의 효과를 거두기 위하여 시행하는 코칭이다. 개별 코칭에서 교사는 학생 개인의 읽기 학습에 대한 문제를 해결하기 위하여 코칭을 하게 된다. 학생 개인별 읽기 특성에 따른 프로그램을 구성하여 개별 학생의 요구에 맞는 코칭을 하는 것이다. 따라서 코치 교사는 학생의 개별적 학습 문제를 탐색하고, 문제해결 방안을 찾아 코칭을 수행하게 된다.

개별 읽기 학습 코칭은 학생 개인의 읽기 능력 신장을 최우선으로 한다. 이를 위하여 코치 교사는 학생의 읽기 능력의 향상과 관련하여 교사가 중요하다고 여기는 것을 학생에게 강조하기보다는 학생이 필요로 하는 것을 익히도록 도와주어야 한다. 교사가 강조하는 것은 교육과정이나 프로그램 등에서 이미 정해진 목표나 학습 내용이지만 학생이 필요로 하는 것은 학생의 현재 읽기 학습 활동이나 수준에서 학습해야 할 것이다. 학생이 필요로 하는 것을 코칭한다는 것은 상황 중심의 코칭이 될 수 있다. 그래서 학생에서 가장 필요한 것을 학습하게 함으로써 학습의 효과를 더 높일 수 있다.

코칭에서 교사와 학생이 함께 읽기 학습 활동을 한다. 코치 교사가 지시자나 안내자의 역할만을 충실히 하는 것이 아니라 학생과 함께 생각하고 과제를 해결하는 협력자의 역할을 하는 것이다. 교사가 학생과 함께 읽기 학습 활동을 한다는 것은 학생이 읽기에서 느끼는 심리적 부담감을 덜고, 읽기과정에서의 어려운 문제를 의존하여 해결할 수 있는 동료가 되는 것이다. 학습부진 학생은 학습 활동에서 외로운 문제해결자가 되는 경우가 많다. 그러다 보니 학습을 쉽게 포기하고 좌절하게 된다. 개별 코칭에서는 학생의 이러한 문제를 해결해 주어야 한다. 학생과 교사가 의기투합하여 공동의 문제해결자가 되어야 한다. 의존할 사람이 있는 학생은 읽기 학습을 두려워하거나 쉽게 포기하지 않는다. 성취해야 할 것을 끝까지 해낼 수 있는 의지를 키우고 자신감을 갖는다.

개별 코칭에서 교사는 학생의 읽기 학습에 초점이 있어야 한다. 학생에 따라 다를 수는 있지만 코칭 교사는 학생이 필요할 때에 교수를 제공해야 한다. 그래서 학생에게 잠재되어 있는 읽기 능력을 촉발하도록 해야 한다. 읽기 학습 코칭에서 학생의 읽기 잠재성을 고려하지 않고 읽기 학습을 강요하게 되면 학생들은 이전의 실패한 학습 활동을 반복하게 된다. 이를 벗어나기 위해서는 학생의 읽기 가능성에 기초하여 학생의 작은 읽기 성취에 주목하고, 이를 이용해야 한다. 그리고 좀 더 높은 목표를 성취할 수 있도록 자극하고 격려를 통하여 읽기 능력의 형성과 향상을 이루어내는 것이 필요하다. 교사의 적절한 자극으로 학생들의 읽기 능력이 형성되면 교사가 큰 노력을 기울이지 않아도 학생들은 주도적으로 읽기 능력을 향상시켜 나갈 것이다.

코칭은 단계적으로 지도하면서 통찰이 일어나도록 해야 한다. 읽기 능력 향상은 읽기 기능 하나하나를 지도하여 이루어지는 것이 아니다. 학생이 읽기 능력을 형성하면 읽기 능력 향상은 짧은 시간에 큰 폭으로 이루어지게 된다. 한글을 깨우쳐 글을 소리 내어 읽으면서 글의 내용을 파악하는 것이 가능하게 되면 읽기 학습 속도는 쉽게 빨라진다. 일반적인 학생들의 읽기 능력도 이와 같은 읽기 잠재성의 발현으로 갖추어진 것이다. 읽기 능력이 낮은 학생에 대한 접근은 글자를 익히고, 낱말을 읽고, 글을 자연스럽게 읽어 의미를 파악하도록 하는 단계로 해야 한다. 그러다 글을 읽고 의미를 파악할 수 있는 수준이 되면 학생들은 읽기에 대한 통찰이 일어나게 된다. 읽기 능력은 처음에는 한 번에 높일 수 없지만 어느 시기에는 학생의 읽기에 대한 통찰이 일어나도록 해야 한다. 학생의 읽기를 언제까지 교사가 옆에서 도와줄 수 없기 때문이기도 하지만 학생이 읽기의 이치를 터득하면 스스로 할 수 있게 된다. 읽기 학습 코칭에서 읽기에 대한 통찰이 일어나면 읽기 코칭은 일차적으로 성공을 거두게 된다고 할 수 있다.

읽기 학습 코칭에서 학생들의 읽는 능력 형성이 이루어지고 난 후에는 읽기 기능의 양과 질을 높여 주어야 한다. 읽기 기능의 양은 교사가 읽기 학습 활동 과정에서 시범을 통하여 늘리고, 읽기 기능의 질은 학생의 읽기 활동을 통하여 기능의 사용을 높여야 한다. 읽기 학습 코칭에서 학생들의 주도적 읽기 학습 과제와 상황을 제시하여 학생들이 읽기 기능을 익히고, 읽기 기능을 사용할 수 있도록 해 주어야 한다. 그러면서 읽기 학습 활동을 스스로 반성하여 자신을 점검하는 기회를 제공하는 것이 좋다.

2) 소집단 코칭

소집단 코칭은 코치 교사가 2명 이상의 학생을 함께 코칭하는 방법이다. 일반적으로 학습부진 학생의 지도가 주로 10명 이하의 학생을 한 소집단으로 하기 때문에 개별 코칭과는 다른 방식으로 이루어질 필요가 있다. 소집단으로 학습 활동을 하면 개별적일 때와는 달리 학생들 사이에 의존심과 경쟁심이 생겨나기도 한다. 교사 역시 개별 코칭 때와 달리 공적인 심리가 더 많이 작용하게 되므로 코칭이 다른 형태로 이루어진다. 따라서 소집단 코칭에서는 이에 맞는 코칭 방법을 사용해야 한다.

소집단 코칭에서는 집단 학생들의 공통의 문제에 초점을 맞춘다. 학생들의 읽기 능력과 관심은 다르지만 코칭의 활동에서는 집단을 고려해야 하므로 일차적으로는 집단 공통의 문제에 관심을 가져야 한다. 공통의 문제는 주로 읽기 기능(학습 목표) 학습이나 글(과제 또는 주제: 기능 적용)에 맞추어질 수 있다. 그리고 읽기 능력이 높은 학생보다는 읽기 능력이 낮은 학생을 중심으로 활동이 이루어져야 한다. 읽기가 글을 읽고, 내용을 파악하고, 의미를 찾고, 평가와 감상하는 복합적인 활동이지만 처음에는 유창하게 읽기나 내용 파악의 중심 활동이 주가 될 수 있다. 이들 읽기 능력이 갖추어지면 점차 확대된 읽기 기능을 지도해야 한다.

소집단 읽기 학습 코칭은 학생 간의 유대를 강조하면서 협력과 경쟁을 활용한다. 소집단 읽기 활동에서는 읽기 지식 요인, 읽기 기능 요인, 글 내용 이해의 요인이 함께 소통되고 공유된다. 이 과정에서 소집단의 구성원들은 서로를 의식하게 된다. 학생 간의 의식은 읽기 지식이나 기능의 전이가 일어나게 하고, 글의 내용 이해에 따른 의견 차이를 만들어 낸다. 이 과정에서 학생들은 서로 도와주는 관계를 형성하기도 하고, 서로 경쟁의 관계를 형성하기도 한다. 교사는 그 관계를 활성화하거나 약화시키면서 읽기 학습 활동을 조절하게 된다. 그래서 교사는 학생들 간의 상호작용은 물론 공동의 과제 해결을 요구하기도 한다. 읽기 학습 코칭에서 학생들의 경쟁과 협력은 읽기 학습 활동을 원활하게 한다. 교사는 코칭 활동 과정에서 학생들의 유대 관계를 강화하면서 협력과 경쟁이 일어날 수 있도록 하는 것이 필요하다.

소집단 읽기 학습 코칭에서는 모방과 공유를 강조한다. 모방과 공유는 집단 학습 활동에서 중요 학습 수단이다. 읽기 학습 코칭에서 일어나는 학생의 모방은 교사의 시범을 보고 따라 하는 모방과 학생들 간에 상호 관찰에 의한 읽기 학습 모방으로 나눌 수 있다. 교사의 시범 모방은 읽기 기능에 대한 교사와 학생 간에 이루어지는 교수의 모방이지만 학생들 간의 모방은 소집단 활동을 통하여 한 학생이 익힌 읽기 기능을 다른 학생들이 따라 해봄으로써 익히는 방식이다. 소집단 학습에서는 학생들 간의 모방을 강조할 필요가 있다. 그리고 공유는 학생들이 익힌 읽기 기능이나 글에 대한 이해 내용을 집단 구성원이 모두 함께 가지게 되는 것이다. 이 모방과 공유는 소집단 학습 코칭에서 학생들이 학습을 하는 기본적인 원리가 된다. 코치 교사는 읽기 지식과 읽기 기능 및 글에 대한 이해 내용을 집단 구성원들이 모방하고 공유할 수 있도록 하는 것이 필요하다.

소집단 학습 코칭에서는 읽기 기능 이해와 적용을 강조한다. 읽기 학습 코칭이 주로 읽기 자료를 통하여 이루어지기 때문에 자료에 초점이 놓일 수 있다. 자료에 초점이 놓이게 되면 자료의 내용을 파악하는 것으로 활동이 마무리되어 학생들은 읽기 기능에 관심을 두지 않게 되어 읽기 기능 학습을 소홀하게 된다. 읽기 능력의 향상은 읽기 기능을 학습해야만 이루어진다. 읽기 기능을 이해하고, 그 기능을 적용하여 습득할 때 읽기 능력이 신장되는 것이다. 읽기 학습 코칭에서 읽기 기능의 이해와 적용이 부각되지 못하면 학생들이 읽기 활동은 하였지만 읽기 학습은 하지 않은 것이 될 것이다.

소집단 학습 코칭에서는 구성원 전체의 참여와 성공을 강조한다. 소집단 활동을 관찰하여 보면 특정 과제에서 개별 학생의 활동으로 수업이 마무리되는 경우가 있다. 그렇게 되면 특정 학생에게만 학습이 일어나고 전체 학생들에서는 읽기 학습이 일어나지 않게 된다. 이를 해결하기 위해서는 과제 해결 활동에 집단 구성원 전체가 참여하고, 그 참여로 모든 구성원이 과제 해결에 성공할 수 있도록 교사가 유도하는 것이 필요하다. 한두 학생의 참여와 성공으로 읽기 학습 활동이 마무리되면 다른 학생들은 일반 수업에서와 같이 학습에서 학습부진 학생들은 또 소외될 수 있다.

소집단 코칭에서는 학생들의 차이와 다양성도 고려해야 한다. 전체 학생의 참여를 강조하다 보면 학생들 간에 읽기 수준의 차이와 내용 이해의 차이, 또는 활동의 차이에서 비롯되는 다른 형태의 학습과 반응이 생기게 마련이다. 교사는 이들 반응을 적극적으로 수용하여 의미를 부여하고 인정하여 다른 학생들이 공유할 수 있도록 돕는 것이 필요하다. 차이와 다양성이 인정되는 활동의 과정에서 성공감과 자신감을 가질 뿐만 아니라 주도성도 길러질 수 있다. 아울러 소집단 활동에서 전체와 개인의 조화를 이루게 해야 한다. 차이와 다양성을 인정하면서 개별 학생들의 활동이 전체 학습에 기여하도록 할 필요가 있다. 이는 전체의 읽기 학습 활동이 목표 도달을 지향해야 함을 말한다. 소집단 코칭 활동에서 개인들의 활동이 학습 목표를 중심으로 조화를 이루게 되면 소집단 활동의 효과는 높아질 수 있다.

4. 읽기 부진 코칭의 과제

읽기 학습 코칭은 읽기 학습이 필요한 학생을 개별적이나 소집단으로 지도하는 방법이다. 이 코칭은 학생에게 맞춤형 교수를 제공함으로써 학습의 효과를 높일 수 있는 장점이 있다. 이 장점을 활용하게 되면 읽기 학습부진 학생의 읽기 학습 지도를 효과적으로 할 수 있다. 코칭은 학습부진 학생에게 필요한 읽기 능력 구성 요인을 집중적이고 적절한 방법으로 익힐 수 있게 하기 때문이다.

이 논의에서는 읽기 학습부진 학생의 읽기 학습 능력을 높이기 위한 교수 방법으로 코칭을 제시하였다. 읽기 학습 코칭의 개념을 살피고, 읽기 학습 코치 교사의 조건을 알아보고, 읽기 학습 코칭의 원리를 살폈다. 그리고 읽기 학습 코칭에서 다루어야 할 교육 내용의 범주와 코칭의 절차와 코칭의 방법을 정리하였다. 이 읽기 학습 코칭은 학습부진 학생의 읽기 능력을 신장시키는 하나의 효과적인 대안이 될 수 있을 것이다. 읽기 학습부진 학생들은 일반적인 읽기 교육 활동에서 실패하였는데, 코칭을 통하여 개별적 맞춤형 학습을 제공해 줄 수 있기 때문이다.

읽기 학습 코칭은 읽기 학습부진 학생뿐만 아니라 읽기 능력을 높이기 위한 어떤 학생들에게나 필요하다. 다만, 코칭이 개별 교육 활동을 강조하기 때문에 많은 학생들을 동시에 코칭하기는 어렵다. 읽기 학습 코칭을 필요로 하는 학생들은 다양한 형태로 존재한다. 이들에게 적절한 코칭을 제공할 필요가 있다. 이 읽기 학습 코칭이 학교에서 적극적이고 효율적으로 이루어지기 위해서는 이론이 바탕이 된 구체적 방안이 필요하다. 이를 위해서는 읽기 학습 코칭에 대한 논의가 확대될 필요가 있다. 읽기 학습 코칭에 대한 논의는 이제 시작 단계에 있다. 읽기 학습 코칭에 대한 다각적인 접근을 통하여 풍부한 이론적 토대를 마련하고, 구체적 활동 방안을 제시할 필요가 있다. 이를 통하여 읽기 교육의 장을 넓히고, 학생들의 읽기 능력을 높일 수 있는 또 다른 방안을 마련할 필요가 있다.

참고문헌

교육부(2018), 초등학교 국어 교사용 지도서, 미래앤.

권민균(2002), 초등학생의 읽기 동기에 관한 연구: 읽기 동기 구성 요인 학년과 성 차이를 중심으로, 한국아동학회, 아동학회지 23권 3호.

권민균(2005), 초등학생 저학년 아동의 읽기 동기 구성 요인과 읽기 능력의 관계, 대한가정학회, 대한가정학회지 4권 1호.

남명호 외(2007), 2006년 초등학교 3학년 국가수준 기초학력 진단평가 연구 -읽기-, 연구보고 CRE 2007-3-2, 한국교육과정평가원.

남명호 외(2008), 2007년 초등학교 3학년 국가수준 기초학력 진단평가 연구 -종합-, 연구보고 CRE 2008-5-1, 한국교육과정평가원.

노명완 외(2009), 국어교육학개론, 삼지원.

박수자(2001), 읽기 지도의 이해, 서울대학교출판부.

박영민(2008), 중학생 읽기 동기 구성 요인 분석과 읽기 동기 신장 프로그램 개발, 청람어문교육학회, 청람어문교육 38권.

서우경(2009), 크리스천 코칭과 상담의 비교 및 통합적 접근에 대한 효과성 연구, 한국기독교상담심리치료학회, 한국기독교상담학회지 18권.

양길석 외(2008), 2007년 국가수준 학업성취도 평가 연구 -국어-, 연구보고 RRE 2008-5-1, 한국교육과정평가원.
양병현(2009), 미국의 리터러시 코칭, (주)대교출판.
오상철 외(2010), 학습부진 학생지도의 실효성 제고를 위한 지원 연구, 연구보고 RRI 2020-11, 한국교육과정평가원.
오인경(2003), 구성주의 교수-학습 전략으로서의 코칭(Coaching)의 역할 및 프로세스: 외국 기업 사례 비교, 한국기업교육학회, 기업교육연구 5권 2호.
유재성(2009), 상담과 토칭의 분리-통합 접근, 한국기독교상담심리치료학회, 한국기독교상담학회지, 18권.
이재덕(2008), 수업컨설팅을 위한 코치 기법의 특징과 활용 방안, 한국초등교육학회, 초등교육연구 21권 2호.
이홍우·임병덕 역(2003), 키에르케고르의 교육이론, 교육과학사.
전제응(2005), 읽기 성취 수준에 따른 읽기 동기 유형 연구, 한국교원대학교 석사학위 논문.
정은지 역(2008), 마법의 코칭, 새로운제안.
조난심 외(2009), 기초학력 증진을 위한 정책 개발 기초 연구, 연구보고 RRI 2009-2, 한국교육과정평가원.
조주섭 역(2008), 굿 코칭, 제임스컨설팅.
최현섭 외(2002), 국어교육학개론, 삼지원.
Burkins J. M.(2007), *Coaching for balance*, IRA.
Byrd, D., & Westfall, P.(2002), *Guide Reading coaching tool 1-6*. Crystal springs books.
Walpole, S., & Mckenna M. C.(2004), *The literacy coach's handbook*, Guilford.

제5장 초등 독서 문화 비판

1. 문제 제기

독서[1]는 양보다는 질을 추구해야 한다. 사회의 독서 문화에 대한 관심과 읽기 교육은 독자의 이해 질을 높이기 위한 것이다. 이해의 질은 독자의 내적 성장의 토대이다. 독자는 질적 이해를 통하여 발전한다. 텍스트 이해의 질은 독서의 근본 과제이다. 독서에 대한 우리의 기대는 독자의 훌륭한 성품 도야와 지성의 계발이다. 그래서 부모와 교사, 사회가 학생들에게 독서를 권하고 강조한다. 그러나 이런 기대와는 다른 독서 현실이 존재한다. 학생 독서가 질적 독서보다 양적 독서로 치우쳐 이루어지는 면이 있다. 학생들에게 제공되는 도서 목록이나 학교 도서관 운영은 양적 독서를 지향한다. 정해준 책을 몇 권 읽었고, 도서관에서 책을 몇 권 빌렸는지에 관심을 둔다. 이들 방법이 질적 이해를 위한 독서 방법을 마련하지 못했기 때문이다.

---

* 이 장의 내용은 '초등학교 현장의 독서 문화 비판'(김도남, 2006, 독서연구 15집)을 수정 보완한 것입니다.

1) '독서'는 '읽기'와 같은 말이다. 교육과정에서 초1-고1의 공통교육과정에서는 '읽기'라는 명칭을, 선택 교육과정에서는 '독서'라는 명칭을 쓴다. 읽기라는 말은 어감상 학교에서 이루어지는 읽기 교육(국어 학습에서, 글을 바르게 읽고 이해하는 일)과 관련되고, 독서는 읽기를 포함하여 학교 밖의 활동(책을 읽음)을 포함한다. 그래서 여기서는 학교에서의 읽기 교육을 넘어 읽기 문화에까지 관심을 두기에 '독서'를 사용한다.

텍스트의 질적 이해는 독자 마음의 질적 변화이다. 마음 질적 변화는 독자의 마음이 새롭게 발전되는 것이다. 독자는 독서를 통하여 세계의 이치를 깨닫게 됨으로써 마음의 질적 발전을 이룬다. 텍스트의 질적 이해는 세 가지로 구분할 수 있다. 첫째는 성찰을 통한 의식 구조[2]의 변화이다. 성찰은 자신의 의식 구조를 살피는 것이다. 의식 구조는 독자가 느끼고 생각하고 판단하는 데 기준이 되는 가치 체계이다. 이는 사람 행동의 근본 바탕이다. 독자는 독서를 함으로써 자신의 의식 구조를 성찰하고, 변화시킬 수 있다. 둘째는 각성을 통한 인식 체계의 변화이다. 각성은 이치의 깨달음이다. 인식 체계는 대상을 지각하고 해석하는 사고의 작용 구조이다. 이는 세상을 규명하고, 의미를 부여하는 토대이다. 독자는 독서를 통하여 각성함으로써 인식 체계를 새롭게 할 수 있다. 셋째는 사리에 기초한 합리적 판단이다. 사리는 일의 이치가 합당함이다. 합리적 판단은 편중되지 않은 올바른 결정으로 모든 일에 대한 공명한 규명이다. 이성이 바탕이 된 바른 삶을 위한 의지이다. 독자는 독서를 통하여 합리적 판단의 기초인 사리를 터득할 수 있다. 종합하면, 질적 이해는 의식 구조를 변화시키고, 인식 체계를 새롭게 하여 합리적 판단을 하는 힘을 기르는 것이다. 독서 문화는 독자의 질적 이해력을 요구한다.

독서 문화는 독서 의식과 독서 현상으로 드러난다. 독서 현상은 독서 의식에 기초한 독서의 실제이다. 독서 현상은 독서의 실제보다는 독서 의식에 의하여 파악된다. 독서 의식은 독서 기대와 독서 의지이다. 이 독서 기대와 의지가 독서 현상을 만든다. 독서 현상은 독서 문화의 실천 양상으로써 다양하다. 다양한 독서 현상은 이면의 독서 의식을 분석함으로써 파악된다. 독서 의식 분석은 독서 현상의 문제점을 찾고, 이를 해결할 수 있는 방안을

2) 의식 구조란 지식, 관점, 견해, 이론, 신념, 행위, 관념 등에 기초한 세계관, 진리관, 인생관, 윤리관 등이다.

찾게 한다. 학생 독서에 대한 사회적 기대와 학교 독서 교육의 심층에 작용하는 독서 의식의 검토는 독서 문화 비판의 핵심이다.

독서 문화는 내적의식과 외적 실천으로 이루어진다. 내적의식과 외적 실천은 상호 의존적이다. 내적의식에 따라 외적 실천이 이루어지고, 외적 실천을 통해 내적의식이 완성된다. 독서 문화의 발전은 시대에 합당한 의식과 실천이 조화를 이루는 것이다. 내적의식 없이 외적 실천만 강조하는 것은 맹목적이고, 실천을 전제하지 않는 의식은 공허하다. 실천을 위한 타당한 독서 의식과 이에 따른 실천이 있어야 한다. 이 논의에서 검토하는 것은 독서의 외적 실천 속에 들어있는 내적의식이다. 학생 독서 문화에 대한 규명보다는 개선을 전제하기 때문이다. 독서 문화는 질적 이해를 견인할 수 있는 방향으로 발전해야 한다. 학생 독서 문화는 사회의 독서 기대 의식과 학교의 독서 교육이 바탕이 된다. 따라서 사회의 독서 기대 의식과 학교 독서 교육을 비판적으로 검토하여 학생 독서 문화가 질적 이해로 나갈 수 있는 방향을 생각해 본다.

2. 독서 문화의 비판적 검토

학생 독서 문화의 양상은 다양하다. 또한 보는 관점에 따라 다르다. 독서 문화를 비판적으로 검토하기 위해서는 양상을 분석하는 것이 필요하다. 그러나 양상의 검토는 그 다양성을 밝히는 것으로 끝날 수 있다. 그래서 독서 문화의 비판적 검토는 독서 의식을 점검하는 것이 효과적이다. 독서 의식도 다양한 양태를 갖는다. 거시적으로 문화적, 민족적(국가적), 사회적 의식이 있고, 미시적으로는 교육적, 집단적, 개인적 의식이 있다. 여기서는 이들 독서 의식을 모두 검토할 수는 없다. 이 글에서는 학교 독서 현실에 작용하는 사회의 기대 의식과 학교의 독서 교육 의식 일부만 검토한다. 학생 독서 문화 개선에 이들이 직접적으로 관여한다고 판단하기 때문이다.

가. 사회의 독서 지원 검토

학생 독서 문화는 사회적 요구를 반영하여 이루어진다. 사회적 요구의 반영 그 자체가 하나의 문화이다. 학생 독서는 부모의 요구뿐만 아니라 교사, 각종 사회단체 및 전 사회적인 기대의 영향을 받는다. 부모와 교사는 학생에게 직접 독서할 것을 요구하고, 전 사회적으로는 간접적으로 독서를 독려한다. 학생 독서는 사회의 관심 속에서 이루어진다. 학생 독서에 관여하는 사회의식은 도서 선택뿐만 아니라 텍스트 이해의 방법에까지 영향을 준다. 여기서는 학생 독서에 대한 사회의식을 ① 도서 목록 선정, ② 독서 시간 확보, ③ 양적 독서 요구, ④ 담화형식의 단일성 등을 중심으로 살펴본다.

1) 도서 목록 선정: 〈좋은 책은 누구에게나 좋다?〉

학생 독서에 사회가 관심을 표하는 일 중의 하나가 도서 목록을 제공하는 것이다. 좋은 책의 선정이 학생 독서의 질을 확보해 줄 것이라는 기대 때문이다. 학생 도서 목록은 학교나 교육청, 도서관, 출판사, 학부모 단체 등에서 작성한다. 도서 목록은 어디에서나 쉽게 구할 수 있다. 도서 목록은 학교에서 학생들에게 제공하기도 한다. 학생이 필요하다면 인터넷을 통하여 다양한 도서 목록을 검색할 수 있다. 학교급별, 학년별로 구분된 도서 목록이 있다. 이런 도서 목록을 위한 연구 논문도 있다. 이들 논문에서는 학생들의 발달과 학습에서 도서의 중요성을 강조하면서 도서선정 기준을 정하고 있다.[3] 도서 목록은 학생 독서에 중요한 자리를 차지하고 있고, 학생

3) 김경숙(1997), "아동 문학 도서 선정 기준 설정에 관한 연구", 석사학위논문(충북: 한국교원대학교).
우동식(1991), "문학 교재 선정 기준의 설정과 적용에 관한 연구", 석사학위논문,(충북: 한

독서에 대한 사회의 관심을 표하는 대표적인 예이다.

도서 목록에는 학생 독서에 대한 몇 가지 사회의식이 반영되어 있다. 첫째는 양질의 도서로 학생 독서의 질을 확보하려는 의지이다. 사회적으로 좋은 책이 학생 독서의 질을 결정한다고 생각한다. 그래서 좋은 책을 학생들에게 제공하기 위한 수단이 도서 목록이다. 둘째, 좋은 책은 학생이 꼭 읽어야 한다는 염려이다. 도서 목록을 선정할 때는 목록에 있는 책을 꼭 읽어야 한다고 여긴다. 책에 대한 절대적 신뢰의 반영이다. 셋째는 책의 내용이 독자의 생각을 발전시킬 수 있다는 믿음이다. 학생은 좋은 책의 내용을 그대로 받아들임으로써 마음을 키울 수 있다고 본다. 그래서 마음을 키울 수 있는 도서선정에 관심을 기울인다. 넷째는 사회 공통의식의 공유에 대한 바람이다. 도서 목록은 기성세대가 신세대에게 제공하는 것이다. 도서 목록 선정에는 기성세대의 의식이 담겨 있고, 그것을 신세대와 공유하려는 의식을 담고 있다. 이들 의식에 기초하여 도서 목록이 작성되고 학생들에게 제공된다.

좋은 책의 선택은 독서에서 중요한 일임에 분명하다. 좋은 책은 그 자체로 가치 있고, 독자에게 좋은 영향을 줄 수 있다. 그래서 학생 독서를 위하여 교육기관이나 사회단체들은 학교별, 학년별, 개인별 권장도서 목록을 만든다. 이들 도서 목록에서 같은 책이 중복되기도 하나 대부분은 서로 다르다. 선정 도서가 다른 것은 선정 기준이 달라서일 수도 있지만 수많은 책 중에서 한정된 도서를 선택하면서 생긴 불가피한 결과이다. 도서 목록의 문제는 선정 도서가 다른 것에 있지 않다. 도서 목록에 들어 있는 도서가 학생들에게 어떻게 좋은지 알 수 없다는 데 있다. 도서 목록의 책을 읽기만

국교원대학교).
신헌재(1995), "아동을 위한 서사 문학 작품 선정의 기준 고찰". 『국어국문학』 제114호, (서울: 국어국문학회).

하면 학생들이 질적 이해를 할 수 있느냐는 것이다. 여러 도서 목록에 중복되는 유명한 책이 과연 모든 학생에게 질적 이해를 가능하게 하는지는 분명하지 않다. 사회의 기대 의식이 반영된 책이 학생들에게 좋은 책이라고 장담할 수 없다. 독자 중심 독서 이론에서 보면, 책에 대한 이해는 학생마다 다르다. 또한 어떤 관점에서 책의 내용을 해석하느냐에 따라 의미가 달라진다.

지금까지 사회적으로 많은 도서 목록을 학생들에게 제시했다. 지금도 교육적이라는 가치판단에서 많은 도서 목록을 만들고 있다. 도서 목록을 만든 취지는 누구나 공감할 수 있다. 그러나 도서 목록을 작성하는 데 기초가 된 사회의식은 학생 독서 문화에 큰 기여를 못한다. 특히 텍스트 이해의 질적인 측면에서 보면 그 기여도는 낮다. 사회의 독서 기대가 바로 학생의 독서 욕망이 되지 않기 때문이다. 또한 학생 독서는 사회가 바라는 방향으로 일어나지 않는다. 도서 목록의 책들에 학생은 흥미가 없을 수 있다.[4] 학생의 입장에서 보면 도서 목록의 책은 좋은 책일 수 없다. 좋은 책이 되기 위해서는 그 책을 읽은 경험이 있어야 하는 데 도서 목록의 책은 좋은 경험을 하지 못했기 때문이다. 학생들이 도서 목록의 책이 읽기 어렵고 재미없다고 하면, 흔히 다음과 같은 말로 위안을 삼고 만다. '콩나물에 물을 주면 물은 다 빠져나가도 콩나물은 자란다.' 학생에게 양질의 책을 많이 읽히다 보면 학생의 생각이 언제쯤 트이게 될 것이라는 것이다.

학생 독서를 위하여 도서 목록만을 제시하는 것은 비효율적이다. 교육적 의도라면 효율성이 있어야 한다. 도서 목록이 책 선택의 부담을 덜어준다고 하더라도, 도서 목록의 책이 질적 이해를 하게 하지는 못한다. 질적 이해는

4) 도서 목록은 그 작성자들에겐 좋은 책일 수 있다. 도서 목록을 만드는 사람들은 선정한 책을 읽고, 생각의 질적인 변화를 경험했다고 봐야 하기 때문이다. 그렇다고 학생들이 그 책을 읽고 똑같은 경험을 할 것이라고는 단언할 수 없다.

학습자의 몫이다. 실제로 학생들은 많은 책을 읽고 있지만 그것을 통하여 학생들이 얻은 것은 단순하다. "재미있다. 재미없다. 쉽다. 어렵다" 등의 말이 전부이다. 책에 대한 깊이 있는 생각을 하지 못하는 것이다. 이들에게 도서 목록에 있는 좋은 책은 지루한 책일 뿐이다. 도서 목록을 만드는 데 좋은 의도가 들어 있다고 하더라도 학생들은 그것을 알지 못한다. 도서 목록 그 차제로는 학생 독서의 질적 이해를 보장하지 못한다.

도서 목록은 학생들에게 책을 왜 읽고 무엇을 생각하고, 어떻게 이해해야 할지 가르쳐 주지 않는다. 목록은 선정된 책을 어떤 점에 관심을 두고, 어떻게 해석을 해야 하는지 제시하지 않고 있다. 도서 목록에 있는 책이나 없는 책이나 형편은 똑같다. 도서 목록은 몇몇 독자들에게는 의미 있을 수 있지만 다른 독자에게는 의미가 없다. 이 말은 독자마다 좋은 책이 다르다는 뜻이다. 예를 들어, 초등학생에게 주자나 플라톤의 책은 의미가 없다. 플라톤의 책은 사회문화적으로 좋은 책이지만 초등학생에게 어렵고 이해 안 되는 책일 뿐이다. 좋은 책은 독자에게 의미 있게 해석되고 이해될 수 있는 책이다. 초등학생의 질적 이해를 위해서는 도서 목록만 강조할 것이 아니라 각 책을 이해할 수 있는 방법의 안내가 필요하다. 학생들에게 도서 목록만 제시하고, 나머지는 학생들에게 일임할 것이 아니라 어른들이 함께 읽으면서 함께 생각해야 한다.

2) 독서 시간 확보: 〈절대 독서 시간이 중요하다?〉

사회(어른)는 학생들에게 절대 독서 시간이 필요하다고 생각한다.[5] 절대 독서 시간보다는 많은 독서 시간을 강조한다. 그래서 학교에서든 가정에서

---

5) 통계청의 생활통계 자료(2005)에 따르면 우리나라 10세~19세 학생들의 평균 독서 시간은 평일 15분, 토요일 18분, 일요일 25분 등이다. http://www.nso.go.kr/nso2005/index.jsp 동아일보(06.4.24)에 따르면 우리나라 독서 시간은 주당 3.1시간으로 조사 대상국 중 꼴찌라고 한다. http://sshong.com/1032

든 학생들에게 시간만 나면 독서를 권한다. 독서를 위한 절대 시간을 확보하기 위한 것이다. 절대 독서 시간은 학생들이 책을 읽을 수 있는 조건을 제공한다. 독서를 위한 절대 시간이 주어지면 학생들은 책을 읽는다. 독서 시간 확보하려는 의식 속에는 독서가 곧 학습이라는 생각이 반영되어 있다. 학생 자신도 부모나 교사도 그렇게 생각한다. 이러한 생각은 절대 독서 시간 확보가 절대 학습 시간의 확보로 인식되는 것이다. 그래서 많은 시간의 독서가 많은 독서를 할 수 있게 하고, 그 결과 많은 양의 학습을 하게 된다고 여긴다.

독서에서 절대 시간의 확보는 중요하다. 독서 시간이 없으면 독서는 없다. 학교에서나 가정에서 학생들의 절대 독서 시간을 확보해 주어야 한다. 다만, 절대 독서 시간 확보가 학생 독서의 질적 이해를 이끌어 주지 못한다. 완전학습 이론[6]이 학습에 대한 절대 시간이 학력 확보의 조건임을 강조한다. 그러면서 학생의 노력(적성, 교수 이해력, 학습 기회, 지구력)과 교사의 도움(교수의 질)을 강조한다(주영숙·김정휘, 1986). 절대 독서 시간이 중요한 것이기는 하지만 독자의 내적·외적 조건도 함께 갖추어져야 한다. 절대 시간 확보가 단지 시간만 제시하는 것이라면 큰 의미가 없다.[7] 누구나 경험을 해보았지만 많은 시간 동안 읽는다고 하여 이해의 질이 높아지는 것은 아니다. 많은 시간을 들이지만 이해가 안 되는 경우도 많고, 싫증을 느껴 책이 읽히지 않는 경우도 많다. 책에 대한 이해의 질은 독서 시간이 보장해 주지 않는다.

절대 독서 시간을 확보하려는 의식은 독서에 대한 강박관념에서 비롯되

6) 완전학습 이론은 블룸(Bloom, 1968)이 제시한 것으로 학습 정도는 투입한 시간 량을 필요한 시간 량으로 나누어 나타낸다.

7) 지속적인 묵독(SSR: Sustained Silent Reading) 방법은 학생들에게 절대 독서 시간을 확보해 주기 위한 좋은 예시다. 원진숙·윤준채·전아영(2002))의 논의에서 보면, SSR은 주로 독서 태도에는 영향력이 있는 것으로 나타나지만 읽기 이해에는 영향력이 없는 것으로 나타났다. 이것은 독서 시간의 확보가 내용 이해의 질을 담보해 주지 못함을 나타내는 예라 할 수 있다.

었다. 책을 항상 접하고 있으면 이해가 일어나고 공부가 된다고 생각하는 것이다. 교사나 부모들은 학생이 책을 읽고 있다는 것만으로 마음의 평온을 느낀다. 이러한 의식은 학생도 마찬가지이다. 그래서 학생들은 항상 책을 가까이 둔다. 부모들도 학생 방에 책을 쌓아 놓고, 교사도 교실 한편에 책을 정리해 놓는다. 책을 학생 곁에 두어, 절대 독서 시간을 확보하겠다는 의식의 반영이다. 실제로 학생들은 주변에 책이 있으면 보게 된다. 그 속에서 재미도 느끼고 필요한 정보를 찾는다. 어느 정도의 효과는 있다. 그렇지만 절대 독서 시간이 학생의 질적 독서를 보장하지는 못한다. 이것은 나이 많은 학생들의 질적 이해를 확신할 수 없음에서도 드러난다.

절대 독서 시간의 확보는 질적 이해를 위한 방법과 함께 강조되어야 한다. 학생들은 독서의 목적과 책 내용 표상 방법 및 해석 방법을 알고 있어야 한다. 독서 과정에서 텍스트의 내용을 따지고, 자신이 알게 된 것을 확인할 수 있어야 한다. 그렇게 되면 짧은 시간에도 의미 있는 독서가 가능하다. 그러면서 교사나 부모 또는 동료가 독자가 구성한 의미에 관심을 보이면 질적 독서가 가능하게 된다. 학생들은 독서 시간만 갖는다고 질적 이해를 하는 것이 아니다. 비고츠키(Vygotsky, 1978)에 따르면 고등사고의 발달에는 높은 능력이 있는 사람의 도움이 절대적이다(한순미, 1999). 질적 독서는 시간보다 교사나 부모의 도움을 필요로 한다. 학생 독서에서 시간 확보에 관심이 많은 사회(어른)는 도움을 주는 것에는 관심이 적다. 시간 이외에는 모든 것을 학생에게 맡긴다. 무슨 책을 어떻게 이해했는지는 묻지 않는다. 학생들이 읽은 책에 대하여 다시 생각해 볼 기회를 잘 주지 않는다.

독서 시간 통제는 심적 부담을 준다. 그래서 학생들이 독서를 회피하게 만든다. 어른들은 가끔 학생에게 절대 독서 시간을 지나치게 강조한다. 그러면 학생들은 독서를 피할 방법을 찾는다. 독서를 하는 척만 하거나 다른 생각을 하거나 핑계를 대면서 안 하려고 한다. 학년이 높아질수록 책에서 멀어져 간다. 책의 내용을 해석하는 방법을 몰라 내용을 깊이 있게 이해할 줄 모른다. 어른들의 기대에 부응하지 못하여 무의식적 부담감으로 남는다. 그렇게 되면 독서는 학생들에게서 멀어진다. 그렇지만 학생이기에 책을 읽어야 한다는 강박감이 항상 따라다닌다. 요컨대, 절대 독서 시간의 강조만이 중요한 것이 아니다. 독서 활동 과정에 대한 관심, 내용 해석 방법과 해석 내용에 대한 관심, 독자의 생각 내용과 그 변화에 대한 관심이 중요하다. 사회(어른)가 학생에게 절대 독서 시간을 부과할 것이 아니라 함께 독서를 해가는 것이 필요하다.

3) 양적 독서 지향: 〈많이 읽으면 많이 안다?〉

사회는 학생들에게 양질의 독서를 요구한다. 학교와 가정은 교과 성적과 관련된 독서를, 사회는 인격의 성숙과 관련된 독서를 요구한다. 교사는 학교생활 중 짬이 날 때마다 독서를 요구하고, 부모는 자식이 눈에 띄면 책읽기를 강요한다. 독서가 학습에 도움을 줄 것이라는 기대에서이다. 사회는 방송이나 신문을 통하여 책을 소개하고 읽도록 권한다. 이러한 사회적 요구는 학생들에게 전달된다.[8] 그래서 학생들도 이에 맞춘 독서를 한다. 이러한 사회적 독서 기대 속에 들어있는 의식이 많은 독서량이다. 학생은 책을 많이 읽어야 한다는 잠재적 기대이다. 많은 독서 양이 좋은 학습 성적과 인격적 성숙을 가져올 것이라고 여기는 것이다.

독서 양의 강조는 독서 질에 대한 기대가 반영되어 있다. 책의 양이 생각의 질로 이어질 것이라고 여긴다. 이러한 의식은 학생들에게 많은 독서를 요구하는 결과로 이어진다. 독서 양과 생각 질의 관계에 대한 유추는 일면

8) 이홍우(1998)는 뒤르껨의 교육에 대한 생각을 검토하면서 사회의 집단적 의식을 '제도적 의미'라는 용어로 나타낸다. 제도적 의미는 한 사회의 구성원들이 의식적, 무의식적으로 가지게 되는 행동에 대한 논리적 이유가 된다.

일리가 있다. 책은 질 높은 사고의 결과물이다. 필자의 깊은 사고의 결과에서 비롯된 것이다. 학생이 그런 책을 많이 읽으면 읽은 만큼 생각의 질이 높아질 가능성이 있다. 이것이 사회가 학생들에게 독서 양을 강조하는 이유이기도 하다. 학생들은 이러한 사회의 요구를 당연시한다. 그래서 많은 책을 읽고 있음에도 더 읽어야 한다고 생각한다. 학생들도 독서 양만큼 생각의 질적 변화가 있다고 믿기 때문이다. 양적 독서에 대한 기대는 범국민적이다. 학교나 부모뿐만 아니라 신문도 국민의 독서량을 비교[9]하여 양적 독서를 강조한다. 양적 독서로 질적 이해를 보장받기 위한 것이다.

양적 독서에 대한 의식은 전통적인 독서관의 반영이기도 하다. 우리의 고사성어 중에 자주 인용되는 말로 남아수독오거서(男兒須讀五車書)가 있다. 장자와 두보가 사용했다는 이 말은 많은 책을 읽어야 훌륭한 사람이 될 수 있다는 의식을 반영하고 있다. 우리의 의식 속에 이 글귀의 힘은 대단하다. 책을 많이 읽을수록 훌륭한 사람이 될 수 있다는 기대 의식에 부응하게 되는 것이다. 그래서 이 글귀를 접한 사람은 훌륭한 사람이 되기 위해 많이 읽어야 한다고 생각한다. 여기서 책을 많이 읽으라는 것은 세상에 대해 폭넓고 깊은 이해를 갖추라는 의미를 내포한다. 그것이 곧 인간됨을 보장한다는 의미이다. 이러한 의식은 양이 질을 결정한다는 의식을 그대로 반영하고 있다.

양적 독서에는 그만큼의 생각이 뒤따라야 한다. 학교나 사회에서 읽은 만큼 생각할 것을 요구하는지를 따져보아야 한다. 맹목적 독서는 생각을 못하게 한다. 목적 있는 독서가 생각을 하게 한다. 그런 면에서 학생 독서

9) 김영철(2005), 한국인 도서 시간 꼴찌, 문화일보 05. 6. 28.
http://blog.daum.net/1271yongchul,
김종락(2006), 책 안 읽는 한국인 지식의 위기, 문화일보 06. 4. 26.
http://agorabbs2.media.daum.net/griffin/do/debate/read?bbsId=D003&articleId=120399

의 목적을 생각해 보아야 한다. 특히 제도적 의미[10]로서의 학생 독서 목적을 생각해 보아야 한다. 지금 우리 사회가 요구하는 학생 독서 목적은 명료하지 않다. 훌륭한 인격 계발이나 풍부한 지식 습득과 같은 표면적 목표조차도 분명하지 않다. 막연하지만 입시와 관련하여 공부를 잘해야 한다는 의식이 제도적 의미를 대변한다. 학생들이 제도적 의미로 받아들여야 할 독서 의식을 현재 우리 사회는 분명하게 제시하기 어렵다. 학생들은 양적 독서를 강요받으면서 무엇을 위한 독서인지 모르고 있다. 가장 많은 독서 기대의 대상이 되는 초등학생들이 맹목적 독서를 하고, 생각을 하지 않는 독서를 한다. 이것은 사회적으로 시급해 해결해야 할 과제이다.

학생들의 독서 문화는 읽기 교육의 영향을 많이 받는다. 학생 독서 문화에서 교육은 거의 절대적인 역할을 한다. 학교가 어떤 독서를 원하느냐에 따라 질적 독서 문화로 가기도 하고, 양적 독서 문화로 그치기도 한다. 질적 독서는 자신에 대한 성찰과 세상 이치의 탐구 그리고 자신의 생각을 세상의 이치와 연결하는 독서이다. 이러한 질적 독서는 학교 교육에서 비롯된다. 독서를 그렇게 규정할 수 있고, 그렇게 할 수 있게 하는 곳이 학교이다. 질적 독서 문화의 활동적 기반이 학교의 독서 교육인 것이다. 질적 독서의 방법은 독서 지도에서 나온다. 사회가 양적 독서를 추구하며 분명한 목적의식을 제공하지 못하면 학교에서 바르게 이끌어 주어야 한다. 학생의 질적 독서 활동은 학교 교육에서 책임을 져야 한다.

4) 담화형식의 단일성: 〈이야기 형식이면 다 된다?〉

학생들은 주로 이야기책만 읽는다. 약간의 과학 그림책도 읽는다. 그 외

10) 사회가 학생들에 요구하는 것은 이홍우(1998)가 뒤르껭의 생각을 교육적 의미로 설명하면서 사용한 '제도적 의미'이다. 학생들의 독서 문화는 주체적으로 만들기보다는 사회적으로 제도화된 의식에 기초하여 만들어진다. 결국 학생들의 독서 문화는 가족과 학교와 그 시대의 사회가 결정하는 것이다.

의 책은 잘 읽지 않는다. 사실 이야기 형식이 아닌 책은 종류도 많지 않다. 도서관과 서점에도 어린이 책은 주로 이야기 형식이다. 그 결과 우리나라 학생들은 이야기 담화형식만을 주로 읽게 된다. 이것은 또 학생용 도서가 이야기 형식으로 편중되어 출판되게 한다. 우리나라 학생들은 다른 담화형식의 책은 접하기가 어렵다. 이것은 초등학생만의 문제가 아니다. 국민 전체의 독서 담화형식과도 관련되어 있다. 담화형식은 내용의 구조이며, 특정 학문의 사고방식이고, 의사소통 규칙이다. 특정 학문의 담화형식을 익히지 못하면 그 학문 분야의 책을 읽을 수 없다.

초등학교의 교과는 10개이다.[11] 이 10개는 이들의 고유 담화형식을 가지고 있다. 사회과 책은 사회학의 담화형식을 가지고 있고, 미술과 책은 미학의 담화형식을 가지고 있다. 초등학생들이 읽어야 할 책은 최소한 이들 교과 관련 내용과 담화형식에 기초한 읽을거리들로 구성되어야 한다. 예체능 교과에 관련된 책은 쉽게 찾아볼 수 없다. 사회나 과학과 같은 교과에 관련된 책은 있지만 그 표현 형식은 이야기 형식을 띠고 있다. 과학 동화, 역사 동화라는 책이다. 이들 책에 가려 초등학생들은 과학에 관련된 책을 과학 담화형식으로 읽지 못하게 된다. 그래서 과학에 관련된 책은 어렵고 복잡하고, 이해가 안 간다고 느낀다. 과학적 담화형식을 모르기 때문이다. 단일 담화형식으로 독서하는 것도 하나의 독서 문화일 수 있다. 그러나 그 문화는 개선되어야 할 문화이다.

각 학문 분야의 담화형식은 초등학교 독서를 통하여 습득되어야 한다. 최소한으로는 학교 교과의 담화형식을 습득하여야 하고, 이를 기반으로 여러 담화형식을 익혀야 한다. 초등학생 때 익히지 못한 담화형식은 어른이 되어도 쉽게 익힐 수 없다. 우리나라 대학생들에게 철학이나 종교, 과학,

---

11) 국어, 도덕, 사회, 수학, 과학, 실과, 체육, 음악, 미술, 영어(우리들은 1학년 및 통합교과 제외)

예술 등에 관련된 책을 권하면 그 책에 관심을 갖지 않는다. 학생들에게 이들 책의 담화형식이 낯설어 읽기 어렵기 때문이다. 책이 어려운 것은 내용보다 담화형식에 있다. 책의 내용 전개에 사용되는 사고방식과 담화형식이 익숙하지 않아서이다. 책의 내용을 담아내는 담화형식은 사회적이다. 사회적으로 오랜 시간 속에서 합의된 관습이다. 개인은 이 담화형식을 익혀야만 내용을 이해할 수 있게 된다. 따라서 특정 분야의 책을 읽기 위해서는 그 분야의 담화형식을 익혀야 한다. 학생들이 이야기책을 읽을 수 있는 것은 이야기책의 담화형식을 익혔기 때문이다. 또 다른 담화형식의 책을 읽기 못하는 것은 그 책이 요구하는 담화형식을 갖지 못했기 때문이다.

학생들의 이야기 담화형식의 습득은 이야기책을 선호하게 만들었다. 그것은 초등학생의 책들이 이야기 담화형식으로 편중되게 하는 결과를 가져왔다. 학생들이 이야기 담화형식의 책만 읽는 것은 학생이 원해서가 아니다. 사회 독서 의식과 독서 교육의 결과에서 비롯된 것이다. 학생들은 교육을 통하여 이야기 담화형식만 읽을 수 있도록 교육을 받았다.[12] 그 결과 학생들은 다른 담화형식은 읽을 수 없게 된 것이다. 이야기 담화형식이 나쁘거나 잘못된 것이라고 말하는 것이 아니다. 독서의 궁극적인 목적은 다른 사람의 생각을 이해하고 자기 생각의 발전을 이루는 것이다. 그렇다면 여러 사람의 생각을 만날 수 있는 다양한 책을 읽어야 한다. 한두 가지 담화형식만으로는 여러 가지 책을 읽을 수 없다. 그리고 학생 독서는 학년이 올라갈수록 여러 담화형식의 책을 읽을 수 있어야 한다. 그러나 학생들은 이야기 담화형식이 아닌 것은 회피한다. 중등학생은 관심 있는 도서를, 대학생은

---

12) 7차 교육과정 초등학교 5학년 1학기에 읽기 교과서에 사용된 제재는 39개이다. 이중에 문학 관련 제재가 29개이고, 비문학 제재가 10개이다. 문학이 두 마당이라고 하더라도 문학 제재가 많다. 비문학 제재 중에는 텍스트가 짧고 단순한 담화형식이 있다. 2015 교육과정의 5-1학기 국어 교과서는 3개 읽기 단원에서 9여 개의 비문학 제재를 사용하고, 문학 단원에서 7개를 활용하고 있다.

전공 도서를 제대로 읽어내지 못한다. 책의 내용에 접근할 수 있는 담화형식을 갖추지 못했기 때문이다. 그동안 단일 담화형식을 중심으로 독서한 결과이다. 앞으로는 매체의 발달로 더욱 다양한 담화형식이 생겨날 것이다. 이에 능동적으로 대처할 수 있는 다양한 담화형식을 익혀서 독서하는 학생 독서 문화로 개선하는 것이 필요하다.

3. 학교의 독서 교육 검토

학교 독서 교육은 학생들의 독서 문화에 적극적으로 영향을 미친다. 독자들은 학교에서 배운 방식대로 책을 읽는다. 책을 선택하고, 내용을 파악하고, 의미를 해석한다. 학교 독서 교육은 사회의 독서 교육보다 강력하다. 학교에서 배운 독서 방식은 특별한 계기를 갖지 않는 이상 평생 독서 습관이 된다. 예를 들어, 필자 중심 읽기 교육을 받은 독자는 텍스트 속에서 계속 필자를 찾는다. 그리고 텍스트 중심 읽기 교육을 받은 독자는 텍스트 구성 요소를 중심으로 내용을 기억하려고 애쓴다. 독자 중심 읽기 교육을 받은 독자들은 텍스트에 자신의 의미를 부여하려고 노력한다. 현재는 독자 중심 읽기 교육이 이루어지고 있다. 이 읽기 교육의 특성을 ① 읽기 능력 강조, ② 독자 중심 의미 해석 중시, ③ 모둠 토의 활동 지원 등으로 구분하여 검토한다.

1) 읽기 능력 강조: 〈읽기 기능이 읽기 능력을 향상 시킨다?〉

현재의 읽기 교육의 목표는 읽기 능력 향상이다.[13] 읽기 능력은 글을 읽

---

13) 국어과 교육의 목표가 국어능력 향상이다. 읽기 교육 목표는 읽기 능력 향상이다. 읽기 능력 향상은 읽기를 할 수 있는 전략을 익힐 때 이루어진다. 전략을 많이 알고, 그 전략을 잘 활용할 수 있으면 능력이 높아진다. 그래서 읽기 교과서에서 제시된 차시 목표는 모두 전략을 지도하도록 되어 있다. 예를 들면, 읽기 3학년 1학기 2단원의 목표는 '문단

을 수 있는 능률성이다. 읽기 능률은 읽기 효율이나 읽기 효과의 의미를 포함한다. 읽기 능률은 단위 시간당 읽기 비율로 읽기 노력에 비한 이해 결과(읽기 효율)와 그 결과가 얼마나 좋은 것인가(읽기 효과)와 관련된다. 그리고 능력이라는 말에 덧붙여지는 의미가 가능성이다. 실제로 무엇을 할 수 있는 잠재된 힘이다. 그래서 읽기 능력의 의미는 '적은 읽기 노력으로 좋은 읽기 결과를 얻을 수 있는 잠재 가능성'이다. 학생의 읽기 능력 신장이라는 말은 읽기 능률을 위한 잠재 가능성을 키워주는 것이다. 읽기 능력이라는 말 속에는 책을 통하여 얻은 내용(생각)의 깊이는 들어 있지 않다. 들어 있다고 하더라도 아주 적다. 읽기 능력은 읽을 수 있는 잠재된 힘을 키우기만 하면 되지 그 내용에까지 관심을 가질 필요가 없다. 공장에서 생산자가 공산품을 효율적으로 만드는 것으로 끝나지, 생산된 물건을 자신이 가지지 않는 것과 같다.

독자의 읽기 능력은 읽기 방법의 습득으로 향상된다. 지금의 교육과정에서 보면 읽기 방법의 구체적인 내용은 읽기 기능과 읽기 전략이다. 읽기 기능과 전략은 독자가 읽기과정에서 만나는 문제를 효율적으로 해결할 수 있게 하는 구체적인 방법이다. 읽기 기능과 읽기 전략은 읽기를 빠르고 쉽게 할 수 있게 한다.[14] 읽기 기능은 독자가 텍스트의 형식[15]에 효율적으로

의 짜임을 생각하며 글을 읽고 써 봅시다.'이다. 단원의 각 활동 명은 '설명하는 글을 쓴 경험 나누기', '중심 문장과 뒷받침 문장 알기', '중심 문장과 뒷받침 문장 파악하며 글 읽기', '중심 문장과 뒷받침 문장을 생각하며 문단 쓰기', '문단을 만드는 놀이하기'이다. 단원의 목표와 활동들은 '문단의 구성 기능/전략'을 지도하도록 하고 있다.

14) 기능(skill: 기술(어떤 일을 효과적으로 할 수 있는 방법))은 자동성을 요구하고, 전략(strategy: 책략(어떤 일을 꾸미고 이루어 나가는 꾀와 방법))은 융통성을 추구한다. 기능을 반복 숙달을 통하여 자동성을 갖출 수 있고, 전략은 원리 이해와 적용을 통하여 융통성을 발휘할 수 있게 된다.

15) 독자가 글을 잘 읽기 위해서는 언어 구조나 담화 관습과 같은 텍스트 형식을 익혀 활용해야 한다. 예를 들어 낱말 글자 인식, 낱말 소리내기, 어구 나누기, 통사 구조, 문장 형식, 문단 구조, 장르 특성, 삽화, 글의 조직 등은 독자가 능숙하게 익히고 있어야 독서를 할 수 있다.

적응하게 하고, 읽기 전략은 텍스트의 내용을 효과적으로 처리하게 해준다. 특히 전략은 독자가 인지적 문제에 부딪혔을 때 문제를 효율적으로 해결하도록 돕는다. 독자 중심 읽기에서는 텍스트 의미의 독자 중심적 처리를 강조하면서 읽기 기능과 읽기 전략이 중요하게 다루어지고 있다. 그래서 읽기 교육에서는 학생들에게 읽기 기능과 읽기 전략을 가르친다. 독자가 읽기과정에서 부딪치는 인지적 어려움을 효과적으로 해결하게 하기 위함이다. 읽기 기능과 읽기 전략은 독자 중심 읽기 관점에서 학습자의 읽기 능력을 신장시키는 묘약이다. 읽기 기능과 읽기 전략 지도는 학생의 읽기 잠재 가능성을 높인다. 그래서 읽기 기능과 읽기 전략을 지도하기 위한 구체적인 방법[16]도 제시되어 있다. 교과서의 구성과 학습 활동도 읽기 기능과 읽기 전략을 학습할 수 있도록 구조화되어 있다.[17]

읽기 기능과 읽기 전략은 읽기를 문제해결로 보는 관점에서 비롯되었다. 인지심리학의 논의를 읽기 교육에 수용한 것이다. 이 관점에서 보면, 읽기는 인지적 정보를 처리하는 활동이다. 정보를 표상하고, 기억하고, 회상하는 활동이다. 즉, 읽기 기능과 읽기 전략은 글의 정보를 처리하는 데 필요한 도구인 셈이다. 이들 전략은 주로 정보의 인식과 구조화 및 점검과 관련된다.[18] 이들 기능과 전략들은 독자의 효율적인 정보처리를 돕는다. 그리고

16) 현재 국어과 교수 방법은 직접교수 모형, 문제 해결 학습 모형, 창의성 계발 학습 모형, 지식 탐구 학습 모형, 반응중심 학습 모형, 역할 수행 학습 모형, 가치 탐구 학습 모형, 전문가 협동 학습 모형, 토의·토론학습 모형 등 9가지이다. 읽기 교수-학습이 이해학습과 적용학습으로 이루어진다고 할 때, 원리학습에는 직접교수 모형 주로 활용되고, 적용학습에는 나머지 8가지 학습법이 활용된다.

17) 읽기 단원의 교수·학습 활동 구성은 2009 교육과정에서는 이해학습과 적용학습으로 구분된다. 이해학습은 기능/전략을 익히는 교수·학습 활동 절차로 이루어져 있고, 적용학습은 익힌 기능/전략을 활용한 교수·학습 활동을 하도록 되어 있다. 2015 교육과정에서 연역식과 귀납식으로 구분한다. 연역식은 교사의 시범을 따라 읽기 기능/전략을 배우는 것이고, 귀납식은 학생이 읽기 활동을 하면서 읽기 기능/전략을 배우는 것이다.

18) 최현섭 외(2001)는 읽기 전략을 다음과 같이 제시하고 있다.
읽기 전 전략: 예측하기. 연상하기, 미리보기

독자가 효율적인 정보처리를 할 수 있게 되면 읽기 능력이 높아졌다고 본다. 즉, 읽기 전략을 잘 알고 있어서 이를 잘 활용하면 읽기 능력이 높다고 본다. 그러나 읽기 전략을 많이 가졌다고 하여 읽기 능력이 높아진다고 할 수는 없다. 표상과 기억과 회상이 읽기의 전부가 아니기 때문이다. 그것만으로 이해의 질이 높아지지는 않는다.

읽기는 인지적 문제해결일 수 있지만 이해는 아닐 수 있다. 이해는 독자 생각의 질적 변화이다. 자신의 마음을 들여다보거나 책에서 설명하는 대상의 본질과 이치를 해석하고, 자신의 생각과 해석한 본질과 이치를 연결하는 것이다. 이것은 읽기 전략으로 해결되는 것이 아니라 성찰과 궁리와 통찰 등으로 이루어진다. 이해는 내용을 다루는 방법으로 되는 것이 아니고,[19] 내용 그 차제에 대한 궁리로 이루어진다. 이해는 인지[20]의 활동(정보처리활동)이 아니라 궁리[21]의 결과이다. 다시 말하면, 이해는 독자가 책의 내용을 표상하고 분석하는 것이 아니라, 글의 의미를 찾아 독자의 생각 속으로 녹여 들이는 것이다. 읽기 전략은 텍스트에서 정보를 처리하는 데는 유용하다. 그렇지만 텍스트의 의미를 독자의 생각으로 녹여 들이는 데는 별로 쓸

읽기 중 전략: 훑어보기, 중심생각 찾기, 글 구조 파악하기, 추론하기, 건너뛰며 읽기
읽기 후 전략: 요약하기, 비판적으로 읽기, 창의적으로 읽기

19) 현재의 읽기 교육에서 학생들은 전략 학습에만 관심을 갖는다. 내용 이해는 관심이 없다. 읽기 교육에서 그렇게 요구하기 때문이다. 비유컨대, 전략 중심 독서 교육은 고기 잡는 방법을 알려주는 교육이다. 교육의 결과, 학생들은 오직 고기를 잡는 데만 관심을 집중한다. 낚아 올린 고기를 처리할 방법을 모른다. 잡은 고기를 그대로 물속으로 돌려보내거나 아무 데나 방치해 버린다. 그 결과 학생들의 생각은 허약해지고 깊이가 없어지고 있다. 이러한 읽기 교육은 학생들의 독서 문화를 단순하고, 가볍고, 말초적 재미를 느끼게 하는 독서로 이어지게 한다. 학생들은 생각하는 독서를 할 줄 모르기 때문에 가벼운 독서를 택하는 것이 당연한 일이다.

20) 인지는 자극을 받아들이고, 저장하고, 인출하는 일련의 정신 과정이다. 즉, 지각, 기억, 상상, 개념, 판단, 추리를 포함하여 무엇을 안다는 것을 의미한다.

21) 궁리는 사물의 이치를 깊이 연구하고, 마음속으로 이리저리 찬찬히 따지면서 신중하게 생각하는 것이다.

모가 없다.

읽기 기능과 전략은 읽기를 잘하게 하는 방법이다. 읽기를 잘한다는 것은 이해를 잘한다는 것과는 다르다. 이해를 잘한다는 것은 글의 의미를 독자의 생각으로 잘 만든다는 것이다. 독자 생각 내용의 변화를 이끌어 낸다는 것이다. 기능과 전략은 생각의 내용 변화를 유도하지 않는다. 읽는 절차의 효율성은 높일 수 있지만 생각의 내용의 질은 담보해 주지 않는다. 읽기의 최고 수준이 '비판적 읽기'인데 여기서도 독자 생각의 내용에 대한 질 문제는 다루지 않는다.[22] 단지 텍스트 정보의 타당성을 따지는 방법만을 말할 뿐이다. 이는 전략이 생각의 내용을 유도할 수 없다는 말도 되지만 이해가 인지적인 분석이나 문제해결 관점으로 밝힐 수 없는 부분이 있음을 의미한다. 독자 생각의 질은 폭넓고 종합적인 사고를 통하여 이루어진다. 방법(전략)적 사고는 내용적 사고를 돕는 보조 도구일 뿐이다. 바꾸어 말하면, 독자 생각의 질적 변화는 내용적 사고를 바탕으로 한다. 학교의 읽기 교육은 방법적 사고를 강조한다. 방법만 강조하는 독서는 생각을 키우는 독서가 아니다.

읽기 교육은 학생들의 생각이 텍스트 속으로 들어가고, 텍스트 생각이 독자의 생각으로 녹아들도록 이루어져야 한다. 텍스트와 거리를 두고 텍스

---

22) 비판적 읽기에 대하여 한철우 외(2001: 105-108)는 '독자가 반성적 회의로 글을 분석하여 글의 내용 표현과 구조 가치 등을 평가하고 판단하는 능동적 읽기'라고 정의한다. 그리고 비판적 읽기 전략으로 ① 자료(저자)의 신뢰성 판단하기 ② 사실과 의견 구분하기 ③ 저자의 의견과 자신의 생각 비교하기 ④ 광고(선전)의 기교 찾기 ⑤ 판단을 하기 전에 평가 기준 세우기 등을 제시하였다. 김혜정(2002: 149)은 비판적 읽기를 과제 지향적, 목적 지향적, 기능 중심적 고차적 읽기로 정의하고, 그 전략으로 ① 텍스트의 주제와 관련된 과제: 타당성과 논리성에 대한 평가 ② 텍스트 표현에 관계된 과제: 효과성과 적절성에 대한 평가 ③ 텍스트의 의사소통 기능에 관계된 과제: 효과성과 적절성에 대한 평가 ④ 텍스트와 배경지식에 관계된 과제: 정확성과 타당성에 관계된 과제 ⑤ 텍스트의 수용과 관계된 과제를 들고 있다(2002: 175). 여기서 ⑤의 하위 내용 중 '평가 결과 점검'과 '가치관의 수정 및 태도 변화'는 독자의 생각과 다소 관련을 맺는 부분이다.

트의 내용을 넌지시 들여다보는 독서는 학생 독서가 아니다. 비평가의 독서이다. 학생 독서는 텍스트 내용과 독자의 생각이 함께 뒤섞이는 독서이다. 따라서 학교 독서는 텍스트와 거리를 좁히는 독서가 되어야 한다. 현재의 읽기 교육은 학생들이 텍스트와의 거리를 충분히 좁히지 못하게 하고 있다. 읽기 능력을 강조하면서 전략을 읽기 학습의 전경으로 내세우고, 내용을 배경으로 돌렸기 때문이다. 그러다 보니 읽기 교육에서 학생의 모든 관심은 전략을 익히는 데 집중한다. 또한 텍스트는 내용보다 읽기 기능과 읽기 전략을 잘 익힐 수 있는 것이면 최고라 여긴다. 이러한 읽기 교육의 관점에서 볼 때, 텍스트의 내용에 관심을 가지는 학생은 어리석다. 읽기 능력은 텍스트의 내용이 아니라 읽기 기능과 전략의 습득으로 향상되기 때문이다. 이렇듯 기능 중심의 읽기 교육은 학습자가 어떤 생각을 키워가야 하는지 제시하지 못한다. 단지 읽기만 강요당할 뿐이며, 무미하고 건조한 읽기 학습을 하는 것이다. 학생의 생각을 키우는 독서는 텍스트 내용에 관심을 갖는 독서이다. 그렇지 않으면 질적 이해를 할 수 있는 학생 독서 문화는 기대할 수 없다.

2) 독자 중심 의미 해석 중시: 〈배경지식이 의미를 결정한다?〉

지금의 읽기 교육은 독자 중심의 의미 구성을 강조한다. 독자가 주체적으로 텍스트의 의미를 해석해야 한다고 본다. 또한 독자가 해석한 의미는 고유의 것으로 여긴다. 다른 독자가 해석에 참견하거나 해석의 내용을 비판할 수 없다고 생각한다. 독자만의 배경지식을 활용하여 의미 해석을 하기 때문이다. 그래서 텍스트 의미 해석은 전적으로 독자에게 일임된다. 다른 사람은 독자의 의미 해석에 관여할 수 없다. 읽기 교육에서도 학생의 의미 해석에는 관여하지 않는다. 텍스트 내용에 접근하는 전략만을 강조할 뿐이다. 학생이 어떤 의미로 해석하든 괘념치 않는다.

읽기를 인지적 관점에서 보면, 텍스트의 의미는 독자의 배경지식이 결정한다. 배경지식은 스키마의 바탕이 된다.[23] 독자가 글을 읽기 전에 활성화한 스키마는 글 내용을 표상할 형식 스키마[24]와 일부 내용 스키마를 제공한다(김도남, 2004). 독자는 텍스트를 읽으면서 텍스트의 내용(내용 스키마)을 형식 스키마의 빈칸에 채워 넣는다. 형식 스키마는 배경지식의 내용과 텍스트의 내용으로 모두 채워지는 것은 아니다. 형식 스키마의 나머지 빈칸은 추론을 통하여 채우게 된다. 배경지식 내용과 텍스트 내용을 이용하여 추론하게 됨으로써 형식 스카마를 모두 채우게 된다. 독자의 내용 표상이나 의미 해석은 배경지식 내용과 텍스트 내용 그리고 추론 내용에 의하여 결정된다. 이때 독자의 텍스트의 해석에 작용하는 중요한 요소는 형식 스키마와 배경지식 및 추론과 같은 독자 요인이 된다. 이들 독자의 요인은 종합하여 배경지식이라 부른다.

인지적 관점에서 보면, 독자의 텍스트 이해는 배경지식을 기반으로 이루어진다. 그래서 인지적 관점을 수용한 독자 중심 읽기 교육에서는 배경지식을 소중하게 생각한다. 배경지식이 독자의 고유한 것이고, 배경지식이 독자 중심의 의미 구성을 하게 한다고 보기 때문이다.[25] 이러한 생각은 텍스트

---

23) 배경지식은 세 가지로 구분할 수 있다. 배경지식(background knowledge)과 사전지식(prior knowledge) 및 스키마(schema)이다. 배경지식은 글 이해에 밑바탕이 되는 지식이고, 사전지식은 해당 글을 이해하는 데 필요한 지식이다. 그리고 스키마는 텍스트의 내용과 직결된 인지적 틀이다. 스키마는 형식 스키마와 내용 스키마로 구분된다. 그리고 내용 스키마는 기존 지식, 글 내용 지식, 추론 내용 지식으로 구분된다. 기존 지식은 형식 스키마와 함께 활성화되는 독자가 이미 가지고 있던 내용 스키마이고, 글 내용 지식은 글을 읽고 새롭게 알게 된 내용 스키마이다. 그리고 추론 내용 지식은 기존 지식과 글 내용 지식을 활용한 추론으로 형식 스키마의 빈자리를 채운 내용 스키마이다.

24) 형식 스키마는 내용 스카마를 표상한 빈칸(slot)을 가지고 있다. 형식 스키마의 빈칸에 내용 스키마를 채우게 됨으로써 내용 표상이 일어난다. 형식 스키마의 빈칸에 채워지는 내용 스카마는 배경지식의 내용, 텍스트 내용, 추론 내용 등이다(김도남, 2004: 15; Thomas, 1996: 193-194).

25) 읽기 교육에서 배경지식의 역할을 인정해야 하지만 그것의 역할을 과대평가해서는 안

의미를 해석할 권리를 독자에게 위임하는 계기를 마련했다. 독자가 글을 어떻게 해석하든 그것은 독자의 배경지식에 의한 고유의 것으로 인정하게 된 것이다. 그래서 독자의 텍스트 의미 해석은 다른 독자가 간섭할 수 없는 신성 행위로 여겨지게 되었다. 그리고 독자가 해석한 의미는 독자 고유의 것으로 인정한다. 그 결과 읽기 수업에서 학습자들은 서로의 의미 해석에 이의를 제기하지 않는 것이 불문율이 되었다.

읽기 교육에서 배경지식의 강조는 관점에 따라 다르다.26) 독자 중심 읽기 교육 관점에서는 절대적인 가치를 부여한다. 텍스트 중심 읽기 교육 관점에서는 배경지식의 중요성이 크지 않다. 텍스트 내용을 강조하기 때문이다. 사회적 상호작용 중심의 읽기 교육 관점에서는 고려해야 할 요인이지만 절대적 가치를 부여하지 않는다. 개인의 배경지식보다는 다른 사람과의 합의를 중요하게 보기 때문이다. 그렇지만 현재의 읽기 교육의 주요 관점이 독자 중심 읽기이다. 그래서 배경지식은 중요한 관심의 대상이 되고 있다. 독자 중심 읽기에서 배경지식의 강조는 독자의 주체적 텍스트 이해를 요구한다. 독자의 주체적 이해는 다른 독자와의 차별성을 갖는다. 독자는 자신만의 배경지식으로 유일무이한 의미를 구성하기 때문이다. 즉, 독자들은 각자의 배경지식에 의하여 텍스트의 의미를 독자적으로 해석한다는 것이다.

된다. 교육적으로 학생들에게 제공하는 배경지식은 사전지식이다. 읽기 수업에서 교사는 특정한 텍스트를 읽는 데 필요한 사전 지식을 제공한다. 사전지식은 학생이 글을 읽고 해석할 수 있는 단서이고, 안내자이다. 사전지식을 교사가 효과적으로 제공하면 학생의 글 해석에 많은 도움이 된다. 교사에 의하여 제공된 정보가 의미 해석에 중요한 역할을 하는 것이다. 실제 수업에서 대부분의 경우 텍스트 해석은 교사의 사전지식 제공에 의하여 이루어진다. 학생들은 텍스트에 대하여 배경지식을 가지고 있지 않는 경우가 대부분이다. 교사는 배경지식 활성화라는 명목으로 사전지식을 제공한다. 그 결과 학생들은 텍스트 해석은 어느 정도 합의된 형태가 된다. 이것은 실제적인 수업의 결과이다. 사전지식이 낳은 결과인 것이다. 학생들은 교사가 제공한 사전지식으로 텍스트를 해석하고 더 이상은 고민하지 않는다. 특히 어린 독자들은 이들 사전지식의 한계를 넘어서기 어렵다. 그러나 독서는 사전지식을 넘어서는 텍스트 내용 해석을 전제한다.

26) 읽기 교육의 관점에 대해서는 김도남(2002)를 참조할 수 있다.

이 배경지식은 독자적인 해석을 하게 하는 것과 아울러 고립적 의미 구성으로 독자 간 소통을 어렵게 한다. 배경지식은 모든 사람이 다르다. 모든 사람이 다른 방식으로 텍스트를 해석한다. 사전지식에 의하여 조절될 수 있지만 미봉적이다. 독자는 배경지식으로 고유한 해석을 해야 한다. 독자의 고유한 해석은 다른 독자와 소통될 수 없다. 독자들은 각자의 고유한 해석을 존중해 주어야 한다. 고유의 것은 다른 독자의 관여를 허락하지 않는다. 결국 서로의 해석에 대한 존중이 소통을 막아버린다. 독자 고유의 해석은 누구도 간섭을 할 수 없는 것이기 때문이다. 그러기 때문에 학생들은 서로의 생각 차이만 확인하고, 소통은 하지 않는다. 이러한 소통의 방해는 고립적 독서를 강화한다. 그 결과 학생들의 텍스트 이해는 개인적인 일이 된다. 배경지식의 강조는 독자들의 의사소통을 방해하는 하나의 요인이 된다. 그러면서 소통이 필요 없는 독서 문화를 만들어 간다.

배경지식의 강조는 독자가 글을 이해하기 위한 심적 노력도 불필요하게 만든다. 자기만의 의미를 전제하기 때문에 깊이 있게 생각해야 할 필요성을 제기하지 않는다. 자신의 해석이 타당한 것으로 인정되기에 깊이 있는 해석은 사치일 뿐이다. 마음이 가는 대로 해석해도 되고, 해석의 결과에 대한 책임감도 느낄 필요가 없다. 독자의 해석에 대하여 누구 하나 관심을 보이지 않기 때문이기도 하다. 배경지식의 강조가 독자의 해석을 고립시켰다.

또한 읽기 교육에서 배경지식을 강조함으로써 이해의 질에 대해서는 관심을 갖지 않는다. 독자의 이해는 독자만의 것이기에 누구도 이의를 제기하지 않는다. 누구도 독자의 이해의 질에 대하여 책임을 묻지 않는다. 독자도 자신의 이해의 질에 대하여 의미를 부여하지 않는다. 따라서 이해의 질에 대한 판단 기준을 정할 수 없다. 또한 판단 기준이 있어도 이해의 질을 점검해 줄 사람이 없다. 그렇게 되다 보니 독자들은 깊이 있는 생각을 하거나 자신의 해석에 대한 책임의식이 없다. 이것은 독서 결과에 대한 관심의 부족으로 이어지고 독자의 이해에 대한 질은 담보할 수 없게 된다. 독서 지도에서는 이 문제를 해결할 수 있는 방법 제시가 있어야 바른 독서 문화를 이끌어낼 수 있게 될 것이다.

3) 모둠 토의 활동 지원: 〈상호작용이 텍스트 이해를 깊게 한다?〉

읽기 교육에서 모둠활동이나 클럽활동을 하면서 상호작용을 강조한다.[27] 사회적 상호작용이 이해를 도울 것이라고 전제하기 때문이다. 읽기에서 사회적 상호작용은 이해에 도움을 준다. 상호작용이 독자간의 생각을 교환하게 함으로써 텍스트 이해에 대한 발판을 마련해 주기 때문이다. 그리고 상호작용은 해석에 대한 부담을 덜어주고, 의견교환에서 오는 즐거움도 준다. 독자의 사회적 상호작용은 텍스트의 해석과 이해에 영향을 미친다. 독자의 상호작용에 대한 논의들이 이를 검증하고 있다.[28] 이러한 논의에 힘입어 학생들의 상호작용을 강조하는 협동학습 활동 방법이 다양하게 제시되고 있다.[29] 읽기 교실도 모둠 활동을 할 수 있도록 책상을 배치하고, 수업을 모둠별 활동으로 진행하는 사례가 늘어나고 있다.

읽기 교육에서 상호작용을 강조하는 것은 바람직하다. 글의 해석이나 이해는 다른 독자와의 상호작용을 통하여 증진된다. 글을 읽는 것 자체가 소통의 행위이며, 글을 읽는 이유가 다른 사람과 소통을 하기 위한 것이기 때문이다. 따라서 상호작용은 학생들에게 권장되어야 하고, 구체적인 방법을 지도해야 한다. 그러한 요구에 따라 상호작용 중심의 독서 방법들이 소개되고, 논의되고 있다. 또 실제 수업에서도 활용하고 있다. 상호작용 중심

---

27) 사회적 상호작용을 강조하는 읽기 교육은 읽기 협동학습(신헌재 외, 2006)이나 독서클럽 활동(강원경, 1999) 에서 볼 수 있다. 학교의 읽기 수업도 모둠별로 이루어지는 경우가 많다. 그러나 일상적인 초등학생 독서 문화에서는 상호작용이 활발하지 않다.

28) 허순범(2001), 이희정(1999) 등의 논의를 참조할 수 있다.

29) 신헌재 외(2006)를 참조할 수 있다.

의 토의 독서 문화는 확산되고 장려되어야 한다. 그러나 학교에서 이루어지고 있는 상호작용 활동을 보면, 기대하는 바와는 달리 문제가 많이 엿보인다. 그것은 모둠 구성원들이 발전적인 대화를 나누지 못한다는 것이다. 서로 속내를 드러내지 않고, 서로의 생각에 대하여 깊이 공감하지 않는다. 이것은 서로의 생각이 어떻게 다른지, 서로 합의해야 할 것이 무엇인지를 모르게 만든다. 서로 차이점을 인식하고 이것을 밝히려는 의지적 노력이 있어야 생각의 발전을 가져올 수 있다. 그러나 현재의 독서 토의는 형식적이고 눈가림식의 활동으로 이루어지고 있다.

읽기 수업에서 이루어지는 토의가 이런 형태에 머무르는 원인은 그 이론적 바탕에 있다. 독서 토의의 이론적 배경은 비고츠키의 주장을 주요 골자로 삼고 있으며, 그 구체적인 활동이 협동학습으로 나타나고 있다. 비고츠키 주장의 핵심은 인간 고등사고의 사회적 기원이다. 그 구체적인 개념은 근접발달영역과 비계설정으로 정리된다. 고등사고가 사회적 측면에서 기원하기에 사회적 상호작용이 필요하고, 또 사회적 상호작용은 근접발달영역 안에서 비계를 만들어 주어야 한다는 것이다. 근접발달영역은 학습의 영역이고, 비계설정은 교수의 영역이다. 학습의 영역은 능력 부족이 전제되고, 교수의 영역은 능력 우월이 전제된다. 그런데 대화는 능력 부족과 능력 우월 사이에는 일어나지 않는다. 이것은 모둠 학습에 그대로 반영되어 있다. 모둠을 이질 집단으로 구성한다는 원칙이다. '이질'은 능력의 차이를 가리킨다. 학생들은 모둠을 구성할 때부터 토의나 대화가 전제된 것이 아니고, 학습과 교수를 전제하고 만난다. 근접발달영역을 가지고 있는 학생과 비계를 가지고 있는 학생으로 만나는 것이다. 이 관계는 대화를 전제하지 않는다.

협동학습의 방법도 토의나 대화를 적극적으로 이끌지 못한다. 협동학습은 학습자들에게 동등한 활동 참여 기회만을 강조한다. 모둠 구성원들이 모두 활동에 참여하고 기여해야 한다는 것을 전제한다.[30] 모둠 구성원들에게 말할 수 있는 동등한 기회를 부여하자는 것이다. 토의는 말할 기회의 동등화로 이루어지는 것이 아니다. 그런데도 무슨 말을 할지 관심은 없지만 예의상 기회를 주어야 한다는 것이다. 모둠을 구성할 때 교사와 학생들은 누가 공부를 잘하고 못하는지를 알고 있다. 그래서 집단을 편성할 때 학생들은 마음이 편안하지 않다. 능력 우수와 능력 부족으로 나뉨을 당해야 하기 때문이다. 협동학습이 활동 참여에 대한 동등한 기회는 보장해 주었지만 말한 내용에 마땅히 부여해야 할 대등한 가치를 보장해 주지는 못하는 것이다. 이런 모둠에서 책을 읽고 토의를 한다고 할 때, 서로에게 무슨 말을 할 수 있는가? 학생들은 각자의 말만 할 뿐이지 생각의 발전은 질적으로 일어나기 힘들다.

상호작용이 이루어지기 위한 근본적인 조건은 서로의 말이 갖는 가치를 대등하게 인정하는 것이다. 서로의 말에 대등한 가치를 인정하게 되면 각자의 말에 관심을 기울인다. 남이 자신의 말에 관심을 가진다는 것을 알면 생각하기 시작한다. 생각의 변화가 시작되는 계기가 마련되는 것이다. 그러면서 다른 사람의 말에 귀를 기울이고, 그 말의 내용에 공감대가 형성된다. 대화의 기본 조건이라 할 공통 과제에 대한 인식이 비로소 가능케 되는 것이다. 학생들이 책을 읽고 서로의 과제가 공통된 것이라는 것을 알 때, 상호작용이 일어난다. 모둠을 구성해 놓고, 교사가 북 치고 장구 친다고 토의가 일어나는 것이 아니다. 독서 토의는 서로 수준을 비교하고, 서로 경쟁하고,

---

30) 시 두레 학습의 주의 점을 옮겨 보면 다음과 같다(신헌재 외, 2006: 113).

① 능력을 통합할 수 있는 소집단 활동 과제를 제시한다.

② 주의 깊게 과제를 분석하고, 과제를 실행할 때 필요한 지적 능력을 검토한다.

③ **서로 다른 개개의 지적 능력들이 과제의 효율적인 수행에 필요한 것이며, 이러한 모든 능력들을 소유한 완벽한 개인은 없으나, 누구든 이러한 재능들을 몇 가지씩은 소유하고 있음을 학생들에게 확신시킨다.**

④ **수준이 낮은 학생들을 면밀히 관찰하고, 그들에게 공개적으로 발언권을 준다.**

⑤ **수준이 낮은 학생들의 기여가 두레의 성공과 어떤 관련이 있는지를 솔직하고 명확하게 설명한다.**(진하게 필자 강조)

이기적인 분위기 속에서는 제대로 이루어질 수 없다. 학교 밖의 독서 문화에서도 마찬가지이다. 교수-학습에서는 교사와 학생 간 능력 우열의 구분이 효과적이지만 학습 토의에서는 능력 우열의 구분은 방해가 된다. 모둠 학습에서 토의가 제대로 이루어지지 않는 것도 결국 이 때문이다.

사실 초등학교에서는 독서 토의 문화가 존재하지 않는다고 봐야 한다. 학생을 모둠 지어 앉게 해 놓고는 있지만 그 속에서 진정한 독서 토의는 이루어지지 않는다. 책을 읽고, 생각한 내용에 대하여 논의하는 것은 잠재적으로 금지하고 있기 때문이다. 읽기 교수-학습의 기본학습이나 실천 학습이 토의를 할 수 있도록 구성되어 있지 않고, 내용에 대한 생각을 대등하게 주고받을 수 있게 되어 있지도 않기 때문이다. 기본 학습에서는 단원의 읽기 기능을 학습이고, 실천학습에서는 배운 내용을 새로운 상황에 적용하고 단원 학습 내용을 정리하는 내용으로 되어 있다. 목표가 읽기 기능을 익히는 것이기에 내용에 대한 생각을 할 수 있는 기회가 부족하다. 생각을 주고받는다는 것이 생각의 발전을 위한 것이라기보다는 생각의 차이를 확인하기 위한 것이며, 발전 활동도 근본적인 생각의 질적 변화를 전제하지 않는다. 다만 내 생각을 말해 보는 것이 지나지 않는다.

4. 독서 문화 개선 방향 탐색

문화는 쉽게 변화하지 않는다. 초등학생의 독서 문화도 하루아침에 바꿀 수는 없다. 그러나 문제를 인식했다면 이를 개선할 수 있는 방법을 찾아야 한다. 그동안에도 학생들의 독서 의식이나 독서 방법, 독서 생활을 변화시키기 위한 여러 가지 노력이 있었다. 독서 주간을 대대적으로 실시하고, 학교 도서관이나 지역 도서관의 활용을 강조하고, 학교마다 권장도서 목록을 만들어 제시하고 있다. 사회적으로도 독서에 관심을 가지고 지속적으로 홍보하고 있다. 방송 프로그램과 신문의 도서 소개, 독서 관련 단체의 독서 감상문 쓰기 대회 등이 그것이다. 이러한 노력의 방향은 주로 독서 문화의 외적 실천에 닿아 있다고 볼 수 있다.

독서 문화를 개선하는 좀더 근본적인 목적은 독자의 이해의 질을 높이는 것이다. 이해의 질은 독자가 펼치는 생각의 질이다. 독자의 이해 질을 높이는 것은 사회보다는 학교가 잘할 수 있다. 학생 독서 문화의 개선이 학교를 통하여 이루어질 때 큰 효과를 기대할 수 있다는 의미이다. 여기서는 세 가지 생각을 중심으로 독서 문화의 개선 방향을 탐색하여 본다.[31] 소크라테스의 '자신이 아는 것이 무엇인지 분명하게 안다(산파술)'와 주희의 '사물의 이치를 깨달아 자신을 완성한다(격물치지)', 그리고 장회익의 '인간은 전우주적 생명체다(온생명)'라는 생각을 빌려, 독서 문화의 개선 방향을 생각하여 본다. 소크라테스와 주희는 과거의 동양과 서양을 대표한다는 의미도 있지만 서로의 단점을 메울 수 있는 생각이기도 하다. 플라톤의 산파술은 객관적인 앎이 무엇인지 문제 삼고, 주희의 격물치지는 인간적인 앎의 문제를 다룬다. 그리고 장회익(1998)은 앎의 현대적 사용을 이야기한다. 과거와 현재의 지혜를 통하여 질적 이해를 위한 독서 문화를 생각해 본다.

가. 무엇을 아는지 확인하는 독서

독자는 독서를 통하여 많은 것을 얻는다. 필요한 정보를 얻고, 사고방식을 익히며, 정서를 함양한다. 또한 독서를 통해 풍부한 지식은 물론 세상을 보는 눈과 삶의 지혜를 얻는다. 독자는 독서에서 얻은 것을 분명하게 아는

31) 여기서의 독서 문화 개선 방향 탐색은 구체적인 방법을 제시하기보다는 앞으로의 접근 방향을 제안하는 정도에서 논의한다. 여기서 독서 문화 개선 방안으로 제시된 세 가지 관점은 독서가 독자의 이해를 명확히 하고, 독자의 생각을 발전시키며, 독자의 현대적 삶에 기여해야 한다는 생각에서 선택되었다.

것이 필요하다. 단순히 책을 읽었다고 이야기할 것이 아니라 책을 읽고 어떤 내용을 얻었는지를 분명하게 아는 것이 필요하다. 단순히 책을 읽었다는 생각은 독서에서 큰 의미가 없다. 책을 통하여 얻은 것이 분명하게 드러날 때 비로소 책을 읽었다고 할 수 있고, 그때서야 비로소 진정한 독자가 된 것이다. 이러한 독자 의식은 우연히 주어지는 것이 아니라 교육으로 익히는 것이다. 따라서 읽기 교육에서는 독자가 책을 읽고 안 것을 규명할 수 있도록 가르쳐야 한다. 학생들이 자신이 읽은 것에서 안 것을 분명히 확인하는 독서 태도를 가지도록 해야 한다. 지금까지의 독서 교육은 독자의 책읽기를 강조하였지 안 것이 무엇인지 확인하는 것은 소홀하였다.

바람직한 독서 문화를 위하여 독서 교육은 안 것을 확인하는 방법과 태도를 길러주어야 한다. 책을 읽고 나서 책을 덮는 순간 모든 것이 해결된 것과 같이 여기는 것은 잘못이다. 사실 독서는 책을 덮은 후부터 시작되는 것이라 해도 과언이 아니다. 독자가 책을 읽고 진실로 얻게 되는 것은 책을 읽으면서 얻는 것이 아니라 책을 읽고 나서 자기의 생각을 정리하면서 얻게 되는 것이다. 우리의 독서 교육은 이 부분에 대하여 소홀한 부분이 많다. 책을 읽고 난 뒤의 활동을 강조하지만 그것은 자신의 앎을 확인하는 것이 아니었다. 자기의 과제가 아닌 다른 과제를 해결하기에 바빴다. 주어진 문제 풀기나 과제(숙제) 해결에 바쁜 것이다. 자신의 생각을 정리하는 것이 아니라 남이 요구하는 생각을 정리한 것이다. 사실 독서하는 독자는 자신의 과제를 가지고 있다. 그러나 책을 읽고 나면 자신의 문제는 내팽개치고 엉뚱한 것에 매달린다. 그런 독서는 독서의 질을 높일 수 없다. 현재 학생들의 독서는 전체가 남을 위한 문제를 해결하는 독서이다. 그러다 보니 정작 자신이 안 것을 확인하지 못한다.

책을 읽고 안 것을 확인하는 것은 새로운 것이 아니다. 소크라테스는 2천년 전에 산파술이라는 대화법을 제시했다(임태평, 1997). 이것은 독서와 관련하여 두 가지 의미를 갖는다. 하나는 책과 대화하는 것이고, 다른 하나는 읽은 후 다른 사람과 대화하는 것이다. 교육은 후자의 대화법이다. 책을 읽은 후 교사나 다른 사람을 통하여 자신을 앎을 분명하게 규정하는 것이다. 그러나 독서는 두 대화를 다 가능하게 하고, 특히 독자는 책과의 대화를 통하여 자신이 아는 것을 분명하게 할 수도 있다. 독자가 책을 읽은 후 앎을 분명히 하는 것은 자신의 문제이다. 책이나 다른 사람은 단지 보조자일 뿐이다. 독서에서 자신의 앎을 분명하게 하는 것은 자신이다. 그러나 남이 도와주면 더 잘할 수 있다. 책을 읽고 나서 안 것을 분명히 하는 것은 독자의 즐거움이다. 책을 읽은 후 무엇을 알게 되었는지 확인하는 태도는 금방 지닐 수 없다. 지속적인 교육이 필요하다. 따라서 학생들이 책을 읽고 생각을 분명히 할 수 있도록 하는 태도의 기초는 교사와 학부모에게서 시작된다.

책을 읽고 생각을 정리하는 것은 무엇을 알게 되었는지를 인식하는 것에 시작된다. ① 책의 내용을 아는지를 점검한다. ② 책에서 무엇을 알게 되었는지 점검한다. 독자가 무엇을 알려고 했는지, 필자는 무엇을 알려주려고 했는지를 점검하는 것에서 확인할 수 있다. ③ 자신이 아는 것이 무엇이고, 모르는 것이 무엇인지를 분명히 한다. 아는 것이 정확한지, 어렴풋한지, 일부인지, 전부인지 등을 따지는 것이다. 모르는 것은 무엇인지, 어떤 것을 모르는지, 노력하면 알 수 있는 것인지, 알 수 없는 것인지를 명확히 하는 것이다. ④ 아는 것을 분명히 한다. 어렴풋한 것을 명확히 하고, 금방 알 수 없는 것은 모르는 것으로 규정한다. 아는 것과 알지 못하는 것을 분명하게 구분하고 확인한다. 그래야 모르는 것을 알려고 노력하게 된다. ⑤ 모르는 것은 왜 모르는지 밝힌다. 모르는 것 중에 알 수 있는 것은 다시 탐구하여 분명히 한다. 그래도 모르는 것은 왜 모르는지 규명한다. 이것은 다음 독서를 위한 기반이 된다. 모르는 것을 아는 것도 이해이다. ⑥ 모르는 것을 알기 위하여 다시 독서한다.

학생들이 생각을 정확하게 정리하도록 하는 데에는 외적인 도움이 있어야 한다. 교육적으로는 교사나 부모가 그 몫을 해야 한다. 교사와 부모는 학생이 읽은 책에 대하여 내용을 질문하고, 학습자가 알게 된 것이 무엇이고, 그것이 자신의 생각과 어떤 관련 속에 있는지를 밝히게 하고, 생각의 변화를 확인할 수 있도록 해야 한다. 교사는 대화를 통하여 학생의 생각을 메타적으로 점검하는 것이다. 소크라테스가 자신의 제자들에게 사용한 방법이다. 소크라테스는 대화를 통하여 그리스 젊은이들이 스스로 자신이 무엇을 알고 무엇을 모르는지를 분명히 하기 위하여 노력하였다. 이것은 독서교육적으로 중요한 의미를 갖는다. 학습자는 자신이 알고 있는 것이 무엇이고, 모르는 것이 무엇인지를 아는 것이다. 이러한 조건이 만들어졌을 때 학습자는 공부를 하고, 독서를 한다. 자신이 무엇을 모르는지 알면서 독서를 안 할리 없고, 무엇을 모르는지 모르는데 공부를 할 리는 만무하다.

나. 아는 것으로 마음의 눈을 뜨는 독서

독서에서 중요한 것은 내용을 자기화하는 것이다. 내용을 자기화한다는 것은 단순히 책의 내용을 내면화하여 자기의 생각으로 삼는다는 의미를 넘어선다.[32] 텍스트의 내용을 독자의 의식 속에 속속들이 스며들게 하는 것이다. 즉, 텍스트의 내용과 자기의 생각을 하나로 연결하는 것이다. 텍스트를 통하여 알게 된 세상의 이치와 본질로 독자의 마음을 새롭게 하는 것이다. 우리의 교육은 이런 부분에 대하여 소홀하였다. 책을 읽는다는 것은 단지 지식을 얻기 위한 것이거나 관심 있는 사물에 대하여 아는 것을 전제로 했다. 그 결과 학생들은 책에서 알게 된 생각을 자신의 마음과 연결할

---

32) 내면화는 텍스트의 의미를 독자의 생각으로 받아들인다는 의미이다. 독서에서 질적 이해는 텍스트의 의미를 바탕으로 발전된 새로운 생각을 구성하는 것이다.

수 있는 방법을 잃어버렸다.

책을 읽는 목적은 다양하다. 그러나 책을 읽는 본질은 단순하고 명쾌하다. 그것은 독자의 인격[33]적 성숙이다. 생활에 필요한 지혜나 지식을 얻는 것은 인격 성숙의 일부분일 뿐이다. 교사나 학부모가 학생들에게 책을 읽으라고 하는 마음의 이면에는 학생의 인격적 성장에 대한 바람이 있다. 책을 읽는 표면적 목표는 공부를 잘하기 위해서, 현명해지기 위해서, 훌륭한 사람이 되기 위해서 등이다. 그러나 심층적 의미는 이를 포괄하는 인격의 성숙이다. 독서 문화의 개선은 독서의 본질적인 문제를 전제한 접근이어야 한다. 독서 문화의 본질은 하나이지만 그 현상은 다양하다. 독서 문화의 개선이 본질에의 충실을 추구하지 않고 다양한 현상 개선을 추구하면 전체가 부실하게 된다.

인격적 성숙을 위한 읽기는 주희의 격물치지(格物致知)의 방법이 유용하다. 격물은 사물을 탐구하여 이치를 밝혀내는 것이다. 치지(致知)는 격물을 통하여 밝혀낸 이치를 마음의 본질로 삼는 것이다. 그래서 하늘(사물)의 이치와 마음을 일치시키는 것이다(성즉리). 격물치지는 결국 세상의 이치를 마음의 이치로 연결하는 원리이다(이종란 외 역, 2002: 321-331). 독서도 이와 같은 것이라 할 수 있다. 책을 읽고 해석하는 행위는 격물이다. 해석의 내용을 마음으로 받는 것이 치지이다. 독자의 격물은 책을 통하여 세상의 이치를 탐구하는 것이고, 치지는 이치로 마음을 다잡아 마음의 눈을 뜨는 것이다.

독서는 단순히 책의 내용을 파악하는 행위로 끝나서는 안 된다. 사물의 이치(또는 본질)를 파악하는 독서여야 한다. 그러면서 독자의 마음을 그 이치

---

33) 인격은 사람의 품격이다. 심리학적으로는 개인의 지·정·의 및 육체적 측면을 총괄하는 전체적 통일체를 가리킨다. 윤리학적으로는 도덕적 행위의 주체로서의 개인으로 자기 결정적이고, 자율적 의지를 가진 그 자신이 목적 자체인 개인을 의미한다. 법률적으로는 권리·의무의 주체이며, 법률상 독자적 가치가 인정되는 자격이다.

와 하나 되게 해야 한다. 또한 책 한 권의 내용 파악을 위한 것이 아니라 그 책에서 다루고 있는 대상의 이치를 탐구하는 것이어야 한다. 책을 통하여 인간의 정신세계, 과학원리, 사회의식, 예술문화 등의 이치를 탐구해야 한다. 다시 말하면, 독서를 통하여 세상의 이치를 탐구하는 것이 되어야 한다. 밝혀진 이치로 마음을 바로잡아야 한다. 마음을 떠난 이치는 그 존재 가치가 없다. 그런 이치는 탐구할 이유가 없다. 독자가 탐구한 이치는 반드시 독자의 마음을 발전시키는 내용이 되어야 한다.

그런 관점에서 보면, 독서의 최고 수준은 '비판적 이해'가 아닌 '성찰적 이해'가 되어야 한다. '비판'은 자신보다 타자에 관심을 둔다. 독자 자신이 구성한 의미보다 텍스트에 초점을 맞춘다. 그래서 비판은 비판자의 내적 발전보다는 외적 대상의 규정에 관심이 주어진다.[34] 비판자는 비판 대상과 거리를 두고 싶어 한다. 비판 대상이나 결과가 비판자에게 영향이 미치지 않기를 바라기 때문이다. 이것이 비판적 이해의 속성이다. 객관적으로 점검하고, 평가하면서 그것이 독자의 마음과는 거리가 있는 내용이기를 바란다. 반면, '성찰'은 타자보다는 자신에게 관심을 둔다. 텍스트보다 자신의 마음을 되짚어 보는 것에 관심이 있다. 외적 변화보다는 내적 발전을 전제한다. 그러면서 끊임없이 마음이 이치와의 거리를 좁혀간다. 성찰의 결과는 이치에 기초한 마음의 발전이다. 성찰적 이해는 이치와 마음의 간극을 없애는 이해이다. 진정한 독서는 책의 내용을 비판하는 것이 아니라 책에서 이치를 찾고 이를 마음으로 받아들이는 것이다.

그동안의 독서 교육은 학생 마음의 변화에 많은 관심을 두지 못한 것이

34) 박수자(2001)는 비판적 이해를 '텍스트에 대한 주관적 입장에서의 객관화된 평가(136~137쪽)'라고 말하고, '일단 정보를 발견하고 이해하게 되면 암시적 의미를 발견하고 해석하며, 그 적용 가능성, 정확성, 타당도, 가치 등에 대한 판단과 평가 등을 포함한다'(163쪽)라고 말한다. 즉, 텍스트의 의미에 대한 가치의 판단이 비판적 이해이다.

사실이다. 그 외적인 또는 이론적인 정당화에 기초하여 이루어졌기 때문이다. 독서의 궁극적인 목적을 간과한 것이다. 학생들의 인격적 성숙을 바라면서 독서의 결과는 지식 획득이나 성적에 관심을 두었다. 독서문화운동이나 독서능력인증제 등의 사회적 독서 교육이나 학교에서의 교육이 독서의 본질에서 벗어나고 있다. 독서 문화는 격물과 치지를 추구해야 한다. 독자는 세상을 인식할 수 있는 눈을 갖추어야 한다. 책은 세상을 볼 수 있는 좋은 눈을 가지고 있다. 독자는 책 속의 눈을 통하여 세상을 격물할 수 있다. 또한 책은 마음을 들여다볼 수 있게 하는 힘이 있다. 그 힘과 아울러 이치와 마음을 연결할 수 있는 묘안도 있다. 독자는 이것을 활용하면 치지(致知)할 수 있다. 그러기 위해서는 세상의 이치를 마음의 이치로 삼기 위한 독자의 성찰적 노력이 있어야 한다. 인격적 성숙은 세상의 이치에 합당한 마음을 갖는 것이라 할 수 있다. 그리고 바람직한 독서 문화는 독자의 인격적 성숙을 지향하는 의지의 실행이다.

다. 깨인 눈으로 온삶을 가꾸는 독서

학생들은 현실만 아는 우물 안의 개구리가 되어서는 안 된다. 세계는 넓고 다양하며 함께 고민하고 즐거워해야 할 일들이 많다. 우리 문화의 위대성을 알고, 아시아의 문화를 탐구하고, 서구의 사상을 능가하는 생각을 만들면서, 한편으로는 한 시대를 함께 사는 인류의 고통을 걱정해야 한다. 그래야 자신의 존재 가치를 높일 수 있다. 세상과의 소통은 독서를 통해서 가능하다. 독서는 자신과 타인, 세계와 우주를 연결해 준다. 우리는 독서를 통하여 인류 문명과 정신세계를 만날 수 있으며, 인류의 나약함과 무지함, 포악함과 아픔을 경험할 수 있다. 그러면서 세계와 우주 속의 자기 존재를 느낄 수 있게 된다. 독서를 하지 않으면 자신조차 인식하지 못한다. 독서하지 않는 사람은 단지 한 미물일 뿐이다.

우리 학생들의 독서 문화는 어떤가? 짐작건대 현실적이다. 독서는 하지만 눈앞의 문제를 가리기 위한 독서이다. 자신의 존재를 인식하기 위한 독서가 아니다. 세계와 소통하는 독서가 아니다. 이들 독서 문화는 학생들 스스로 만든 것이 아니다. 그들에게는 잘못이 없다. 학생들은 사회가 요구하는 대로 독서를 하는 것이다. 개선될 독서 문화는 독서를 자신의 내면의식의 성찰과 외부 세계를 탐구하여 연결하는 것으로 바라보아야 한다. 그래서 독자와 세계의 조화를 추구하는 삶인 '온삶'을 살 수 있도록 해야 한다. '온삶'은 '온생명'[35]에 기초한 삶이다.

온생명은 우주는 하나의 살아 있는 생명이라는 의미이다. 우주는 그 자체로 생명이며 우리는 그 생명의 일부이다. 우리는 우주의 영향을 받고, 우주에 영향을 준다. 우리는 우주와 하나인 것이다(장회익, 1998). 그러면서 주변의 풀 한 포기에서도 영향도 받고, 영향을 주기도 한다. 온생명은 내가 인식할 수 있는 것뿐만 아니라 내가 인식할 수는 없지만 우주 안에 존재하는 것은 나의 삶과 연관되어 있다는 것을 알려준다. 외부 세계의 변화는 내 삶의 변화이고, 내 삶의 변화는 외부 세계의 변화와 연결된다. 동식물은 인간의 필요에 의하여 존재하고, 자연은 인간의 필요에 의해서만 의미를 갖는다는 생각은 낡은 생각이다. 모두가 공존하고 발전해야 하는 고유한 가치를 가지고 있다.

우리의 삶은 외부 세계의 도움으로 유지된다. 서로의 온정과 생명체의 희생 및 물질의 활용으로 살아간다. 그들의 존재가 우리의 삶을 유지시킨다. 우리는 모든 존재의 고유한 가치를 인식하며 위대함을 느껴야 한다. 세상은 사람이 보는 마음의 눈에 달려있다. 온생명은 그것을 이야기하고

35) 온생명은 장회익(1998)이 제시한 과학철학 사상을 나타내는 대표용어로, 생명, 인간, 과학, 사상, 문명, 세계, 우주 등이 하나의 연결고리로 되어 있는 생명체라는 의미를 갖는다.

있다. 마음의 눈이 없으면 우리는 아무것도 볼 수 없다. 우리가 세상을 볼 수 있는 눈은 독서를 통하여 얻는 것이다. 세상을 망가지게 할 기술도 책을 통하여 익히고, 세상을 보호할 마음도 책을 통하여 배운다. 그러나 책은 다행히 현명한 사람에 의하여 쓰여졌고, 위대한 생각이 다음 세대에 전달되도록 해준다. 독자는 독서를 통하여 세상과 소통하는 자신을 만들 수 있다. 학생들은 독서를 통하여 문화인이 된다. 문화인은 세상 파괴의 화신이 아니라 생장을 돕는 상생자이다.

지식을 얻기 위한 독서는 큰 가치가 없다. 학교 성적을 높이기 위한 독서는 가벼운 독서이다. 우리 사회의 문제를 해결하기 위한 독서는 쓸모 있는 독서이다. 인류 정신문화를 아우르고, 생명과 자연의 존재 의미를 탐구하는 독서는 진정한 독서이다. 즉, '온삶'을 추구하는 독서가 진짜 독서인 것이다. 독서 문화라는 것은 독서 속에 배어 있는 의식이고, 목적이고, 추구하는 가치에 의하여 규정된다. 독서 문화는 주어지는 것이 아니라 책을 읽는 사람들이 만들어가는 것이다. 초등학교의 독서 문화는 사회가 학생들에게 요구하는 제도적 의미에 의하여 결정된다. 사회의 제도적 의미는 모든 사람의 의식을 이루기 때문에 쉽게 바뀌지 않는다. 그러나 사회를 이끌어가려는 의식 있는 사람들에 의하여 변할 수 있다. 독서에 대한 의식은 좁게 생각하면 한없이 좁아진다. 반대로 넓게 생각하면 우리는 한없이 넓어진다. 독서에 대한 넓은 의식이 바른 독서 문화를 만든다. 초등학생들의 생각은 더 쉽게 바뀐다. 사회적, 교육적으로 어떤 것을 요구하느냐에 따라 학생들의 생각은 달라진다. 우주를 품는 생각을 요구하면 그들의 독서 문화는 우주를 품는 독서를 할 수 있게 될 것이다. 성적을 올리기 위하여 알량한 몇 가지 지식 얻기를 요구하면 그들의 독서 문화는 그렇게 형성될 것이다. 사회와 학교가 학생들에게 독서를 통하여 온삶을 살아가도록 요구하면, 그들은 온삶을 추구하는 독서 문화를 만들어 갈 것이다.

5. 초등 독서 문화의 과제

초등학교의 독서 문화는 문제가 없다. 다만 개선의 필요성만 있을 뿐이다. 초등학생들은 다른 어떤 사람들보다 독서를 열심히 한다. 최선을 다해 책을 읽는다. 주어진 독서 환경에 불만을 갖거나 개선을 요구하지도 않는다. 독서를 잘하지 못하는 것은 자신의 책임이라고 생각한다. 교사와 부모도 학생이 독서를 잘하지 못하면 그것은 학생의 잘못이라고 생각한다. 그가 부족한 점이 있어서 독서를 못한다고 생각한다.

초등학교 독서 문화에 문제가 있다면 그것은 사회의 독서 의식 문제이다. 학생들의 독서 문화를 이끌고 만들어가는 것은 사회이기 때문이다. 부모의 욕심에 의하여 학생들은 책을 읽고, 교사가 바라는 대로 글을 이해한다. 사회에 의하여 독서 문화가 달라지는 것이다. 그러므로 초등학교 독서 문화를 바꾸기 위해서는 사회의 독서 의식이 바뀌어야 한다. 학생들에게 읽으라고 요구만 할 것이 아니라, 어떻게 읽고 무엇을 위하여 읽어야 하는지를 알려 주어야 한다. 학생들의 독서 문화를 이끌어 주어야 한다.

사회적으로 학생들의 독서 문화를 이끌어 주기 위해서는 교사와 부모가 무엇을 어떻게 바꾸어야 하는지를 지를 고민해야 한다. 독서의 문제점을 찾고 이를 해결할 수 있는 방안을 제시해야 한다. 그리고 학생들이 이 문제를 해결하기 위해 노력하고, 문제가 해결된 방법으로 독서를 할 수 있게 해 주어야 한다. 학생들의 독서 문화에는 사회의 개입이 절대적인 것이다. 예전이나 지금도 사회가 학생들의 독서 문화를 이끌어 왔고, 미래에도 이끌어 갈 것이다. 사회가 학생의 독서 문화에 바르게 영향을 주려면 학생 독서의 문제점을 근본적으로 해결하는 대안을 제시해야 한다.

참고문헌

강원경(1999), 독서 클럽활동 양상 연구, 한국교원대 석사논문.
김도남(2002), 텍스트 이해 교육 접근 관점 고찰, 국어교육학회, 국어교육학연구 15집.
김도남(2004), 독자의 의미 표상 방법 고찰, 한국초등국어교육학회, 한국초등국어교육 25집.
김도남(2014), 상호텍스트성과 텍스트 이해 교육, 박이정.
김혜정(2002), 텍스트 이해 과정과 전략에 관한 연구, 서울대 박사논문.
박수자(2001), 읽기 지도의 이해, 서울대학교출판부.
신헌재 외(2006), 국어과 협동학습 방안, 박이정.
원진숙·윤준채·전아영(2002), SSR 활동이 학습자의 읽기 태도 및 읽기 이해에 미치는 영향, 한국어교육학회, 국어교육 108호,
이종란 외 역(2002), 주희의 철학, 예문서원.
이홍우(1998), 교육의 개념, 문음사.
이희정(1999), 초등학교의 반응중심 문학교육 방법 연구, 한국교원대 석사논문.
임태평(1997), 플라톤 철학과 교육, 교육과학사.
장회익(1998), 삶과 온생명, 솔.
주영숙·김정휘(1986). 교육심리학탐구, 교육과학사.
최현섭 외(2002), 국어교육학개론, 삼지원.
한순미(1999). 비고츠키와 교육, 교육과학사.
한철우 외(2001), 과정 중심 독서 지도, 교학사.
허순범(2000), 과제 분담 협동학습을 통한 소설 교수 학습 방법 연구, 한국교원대 석사논문.
통계청(2006), 생활통계, http://www.nso.go.kr/nso2005/index.jsp.
Thomas, G. G.(1996), *Creating reading instruction for all children*. Boston: Allyn and Bacon.

제3부

읽기 교육의 도전

제1장 차연적 읽기와 교육

1. 문제제기

차연(différance, 差延)은 대상을 바라보는 방식이다. 우리는 대상을 한 번에 온전히 볼 수 없다. 대상에는 보이지 않는 부분이 있기 때문이다. 그러나 대상을 바라보는 위치를 바꾸거나 대상을 조작하면 보이지 않던 부분을 볼 수 있게 된다. 대상을 차연적으로 바라본다는 것은 대상에서 보이지 않는 부분을 드러냄을 말한다. 이와 같은 인식의 논리에 있어 텍스트 또한 차연적으로 읽을 수 있다. 텍스트를 차연적으로 읽음으로써 독자는 텍스트에서 파악되지 않거나 이해되지 않는 부분을 드러내어 새로운 의미를 생성할 수 있다.

읽기 교육은 텍스트 읽기를 통해 독자가 다양성으로 가득한 세상에 대한 이해를 확장하고, 삶의 새로운 변화를 추구하는 데 목적을 두어야 한다. 이와 같은 측면에서 본 연구는 현행 읽기 교육이 독자의 이해를 확장하는 데 어려움이 있다는 문제의식에서 출발한다. 기존의 읽기 교육은 독자의 개인적인 측면에서 텍스트를 바라보는 단일 시각을 강조하는 측면에서 전개된다. 독자의 텍스트 이해는 의미 구성으로 한정되며, 독자는 텍스트 이해에

---

* 이 장의 내용은 '차연적 읽기의 교육적 접근 방향 탐색'(김예진, 2021, 한국초등교육 32(1)집)을 수정 보완한 것입니다.

있어 읽기 기능을 습득하는 학습의 객체에 그쳐 주체적인 독자로서의 성장에서 소외된다. 김형효(1993)에 의하면 일점지향적인 진리의 추구는 개개인의 고유한 차이를 억압하고, 자기와 다른 것을 반(反)진리로 배척한다. 고정적인 진리를 추구하는 텍스트 의미의 중심성에 기반한 기존 읽기 교육은 현실의 다양성을 축소하며, 독자는 각자의 고유성을 상실한다. 한편, 김도남(2018)에 의하면 현행 독자 중심 읽기 교육은 동일성(sameness)의 논리를 바탕으로 한다. 독자 중심 읽기 교육은 독자의 제한적인 배경지식에 의존하기 때문에 독자는 어떤 텍스트를 읽더라도 비슷한 의미 구성을 반복하게 된다. 의미 구성 과정에서 독자는 스스로 구성한 의미 이외의 다른 의미들의 가능성을 간과함으로써 편협한 텍스트 이해를 경험한다.

여기서는 자크 데리다(Jacques Derrida)의 차연을 독자의 텍스트 이해 측면에서 재해석하여 차연적 읽기의 개념을 정립하고 교육적 접근 방향을 탐색한다. 차연적 읽기의 도입은 현행 읽기 교육에서 추구하는 의미의 중심성을 해체하고 기존 읽기 교육의 한계를 극복하게 한다. 자크 데리다는 표상적 사유에 의해 억압된 차이들을 자유롭게 해방함으로써 대상의 본질이 한 가지로 고정될 수 없음을 역설한다. 이에 기초한 차연적 읽기는 차이나고 지연되는 텍스트의 본질 의미를 최대한 밝혀 독자의 이해를 확장하는 방법이다. 차연적 읽기를 통하여 독자는 의미의 중심성에서 벗어남으로써 텍스트 이해를 확장한다. 텍스트 이해의 확장은 다양성의 세계에 대한 인식으로 독자를 이끈다. 이를 기반으로 하여 독자는 다양성의 세계 속에서 자기(自己)를 이해할 수 있으며, 삶에 대한 유의미한 변화를 추구할 수 있다.

2. 차연과 텍스트 이해

차연은 기호 작용에서 시작되어 독자의 텍스트 이해에도 기능한다. 차연은 기호의 기표와 기의 관계, 텍스트의 내용과 의미 관계, 독자의 텍스트 내용 파악과 의미생성 과정에 관여한다. 이 장에서는 독자의 텍스트 읽기 과정에서 차연의 속성을 기호와 텍스트에서의 차연 작용을 토대로 살펴본다.

가. 기호와 의미

데리다의 차연(디페랑스)은 개념(사유)과 청각영상(물질)의 결합체[1]로 이루어진 소쉬르의 기호를 바탕으로 한다. 소쉬르는 기호에서 기의(記意, signifié)와 기표(記表, signifiant)의 자의적 결합이 시간 속에서 사회적 합의를 바탕으로 고정되어 의미가 드러난다고 설명한다. 예를 들어, 소쉬르는 '세 개의 모[2]'라는 기호는 기표 '세모'와 기의 '△'의 사회적 합의에 의한 고정적 결합이라고 본다. 데리다가 해체하는 것은 이와 같은 기호의 기표와 기의 간 결합의 고정성이다. 기표와 기의가 일대일로 대응하는 소쉬르의 기호 구조와 달리, 데리다의 기호 구조는 하나의 기의에 여러 기표가 대응한다. 데리다의 기호에서 '세 개의 모'에 대한 기표는 '세모' 한 가지로 종결되지 않고, △(기의)는 삼각, 세모꼴, 삼각형, 삼변형 등의 여러 기표로 표현될 수 있다.[3]

이와 같은 기호 작용은 텍스트 속에서도 그대로 적용된다. 〈흥부와 놀부〉의 기호 '흥부'를 살펴 기호의 차연적 구조를 구체화하면 다음과 같다. ※는 '흥부'의 기의이며, 맥락 속에서 모습을 달리하지만 동일한 인물임을

---

1) 스위스의 언어학자 페르디낭 드 소쉬르(Ferdinand de Saussure)의 『일반언어학 강의』(김현권 역, 2012: 133-137)를 토대로 나타내면 다음과 같다.
기호=기의+기표(기의 자체 포함)

2) 표준국어대사전

3) 데리다의 기호 구조를 식으로 표현하면 $\frac{S_1 + S_2 + S_3 + \cdots + S_n(\text{기표})}{S(\text{기의})}$와 같이 구조화할 수 있다.

표현하기 위해 괄호를 사용하여 기표를 제시하면 다음과 같다.

$$\frac{\text{(쫓겨나는)흥부}+\text{(자식이 많은)흥부}+\text{(제비를 돕는)흥부}+\cdots+\text{(부자가 된)흥부}}{※}$$

기호의 의미는 한꺼번에 드러나지 않고 텍스트 맥락에 따라 부분적으로 드러난다. 기호 '흥부'의 기의(※)는 장소나 상황 등에 따라 달라지는 여러 기표에 대응한다. 흥부의 기의(※)는 한 가지이지만, 텍스트 속에서 (쫓겨나는)흥부, (자식이 많은)흥부, (제비를 돕는)흥부 등 다양한 모습의 기표로써 나타난다. 이때 각각의 기표는 기의의 전체가 아닌 일부분만을 지시하며, 어떤 기표와 기의 부분이 연결되느냐에 따라 그 의미가 결정된다. 예를 들어, (쫓겨나는)흥부와 기의 부분의 결합은 '가난'이, (자식이 많은)흥부와 기의의 결합은 '가장'이, (제비를 돕는)흥부에서 드러나는 의미는 '동물 보호'가 될 수 있다. 이와 같이 흥부의 의미는 다르게 구성될 수 있으나, 흥부의 본질 자체는 달라지지 않는다. '가난'이든 '가장'이든 '동물 보호'이든 모두 흥부의 기의로 기능하고 흥부의 의미 본질을 이룬다.

데리다의 시각에서 기호는 부재하는 현전을 지시할 뿐이며, 의미는 항상 연기된다. 이는 언어 기호 자체는 어떤 본질이나 의미를 갖지 않음을 뜻한다. 그렇다면 기호에서 의미는 어떻게 드러나는가? 기호의 의미는 다른 기호와의 차이를 바탕으로 드러날 수 있다. 데리다는 각각의 기호에 다른 기호가 부재하지만, 그 흔적들이 해당 기호에 내재해 있다고 설명한다. 즉 기호 '(쫓겨나는) 흥부'에는 '자식이 많은', '제비를 돕는', '가난한' 등의 흔적들이 내재해 있다.

기호 '흥부'의 각 의미들은 차이를 기반으로 한다. 제비를 돕는 흥부는 제비 다리를 부러뜨렸던 놀부와 차이가 있어 의미가 드러난다. 만약 흥부와 '흥부 아내의 남편으로서의 흥부'의 차이에 주목한다면, 흥부의 의미는 '무능한 가장'으로 새롭게 나타난다. 이와 같은 차이가 존재하지 않는다면, '흥부'의 의미는 단순히 '제비를 돕는 인물'에 제한될 수도 있다. 차이에 의하여 흥부의 의미는 다양하게 드러난다. 그렇다고 차이를 짓기만 하면 흥부의 의미가 온전히 드러나는 것도 아니다. 살펴본 두 가지 의미 이외에도 '흥부'에는 아직 드러나지 않고 연기되는 의미들이 존재한다. 흥부의 특정한 의미가 드러날 때, 그 의미는 흥부가 지닌 의미 본질의 여럿 중 하나에 불과하다.

이와 같이 데리다는 차연에 주목함으로써 대상의 본질이 온전하게 드러나는 것이 불가능함을 역설한다. 하나의 대상은 어떤 대상과 접목되느냐에 따라 달라지는 '차이'를 지닌다. 기호를 해석함으로써 얻어지는 의미는 전체 의미에서 특정 차이 관계에 관련한 일부분만이 나타난 것이라 할 수 있다. 기호의 의미는 전체 의미 본질의 일부분이기 때문에 고정될 수 없다. 여러 기의를 밝혀낸다고 해도 항상 뒤로 밀려나 드러나지 않고 연기되는 의미 부분들은 존재한다.

나. 차연과 텍스트

동일성을 추구하는 표상 체계는 세상의 진정한 본질을 담고 있다고 말할 수 없다. 박영욱(2009)에 의하면, 표상 체계는 세계를 분류하는 머릿속 기준이다. 이 표상 체계를 통해 우리는 세상을 인식하고 개념화한다. 그러나 어떠한 표상 체계도 해당 개념이 지시하는 실제와는 다르다. 예를 들어, '사과'를 떠올렸을 때, 머릿속에 표상된 사과가 현실의 그 어떤 사과와도 일치하지 않는 것에서 이를 알 수 있다.

데리다는 인간의 사유가 표상성으로 제한되어 현실의 풍부함과 다양성이 사라진다고 설명한다. 다양성의 상실은 존재의 제각기 다른 고유한 특이성인 '차이'의 소멸을 가져온다. 차이의 억압은 동일성의 추구이며, 같은 것만을 강조할 경우 차이의 고유한 가치는 제거된다. 예를 들어, 우리 집 강아지 '떵이'는 시츄라는 강아지로, 떵이만의 고유한 분위기를 지니며, 그 어떤 비슷한 강아지로도 대체될 수 없다. 그러나 우리 집 떵이를 '강아지' 또는 '시츄'라는 표상을 통해 동일성의 개념으로 바라보면 '떵이'의 고유성과 가치는 특이성을 갖지 못하여 사라진다.

차연(差延)은 공간화에 따른 '차이(差異)'와 시간화에 따른 '지연(遲延)'의 두 가지 뜻을 담고 있다. 특정 개념이나 존재는 타자(他者)와 차이를 지니며, 타자의 흔적 속에서 드러난다. 이때 드러나는 것 이외의 것들은 지연된 채 흔적으로 존재한다.

공간화에 따른 차이는 한 가지가 반대되는 것들을 감추고 있는 것이며, 반대되는 것은 대립되는 것이 아닌 다름(이타성(異他性))을 의미한다(김형효, 1993: 215). 데리다는 공간적 개념인 차이를 '간격(l'espacement)'으로 설명한다. 요소들 사이에는 간격이 생길 수밖에 없다. 간격은, 차이가 대상을 구별짓고 분별할 수 있도록 하는 것임을 나타낸다(김형효, 1993: 211). 이때 차이는 흑과 백과 같은 대립을 의미하는 것이 아니라 서로에 대한 타자로서의 존재이다. 데리다에게는 자기 자신 또한 타자의 타자에 지나지 않는다. 즉, 공간화에 따른 차이는 어떠한 개념 자체에 타자가 흔적으로 존재하는 '차이'가 이미 내재함을 뜻한다.

시간화에 따른 지연은 흔적들의 시간적 연쇄성에 의하여 차연이 이해되어야 함을 말한다. 지연은 타자들이 스스로 자신을 지우면서 내보내는 흔적들을 대기(待機)함으로써 의미가 드러남을 내포한다. 데리다에게 대기는 의미의 완성이나 채움을 유예시키는 시간적 표현이다. 대기로서의 차연은 텍스트의 세계에서 의미가 그 자체로서 절대적으로 성립할 수 없고, 자기 영역을 통괄하고 통제할 수 있는 독립성을 지닐 수 없음을 가르쳐 준다(김형효, 1993: 215). 이는 특정 개념이, 내재되어 있는 다른 흔적들이 뒤로 밀려나면서 드러남을 뜻한다.

텍스트 의미는 차연의 구조를 토대로 한다. 독자가 텍스트를 읽고 의미를 생성할 때, 생성한 의미는 차연으로 인하여 텍스트 의미의 완전한 전체가 될 수 없으며 텍스트 의미 본질의 일부분에 불과하다. 차연의 구조에 있어 의미는 다른 텍스트들과의 차이를 바탕으로 하며, 드러난 의미 본질 이외의 다른 속성들은 지연되어 드러나지 않은 채 존재한다.

이와 같은 차연의 구조를 (가), (나)를 예시로 살펴보면 다음과 같다.

> (가) 어머니의 고추밭에 나가면/ 연한 손에 매운 물든다 저리 가 있거라/ 나는 비탈진 황토밭 근방에서/ 맴맴 고추잠자리였다/ 어머니 어깨 위에 내리는/ 글썽거리는 햇살이었다/ 아들 넷만 나란히 보기 좋게 키워내셨으니/ 진무른 벌레먹은 구멍 뚫린 고추 보고/ 누가 도현네 올 고추 농사 잘 안 되었네요 해도/ 가을에 가봐야 알지요 하시는/ 우리 어머니를 위하여 / 나는 빨리 어른이 되고 싶었다(안도현, 〈고추밭〉 전문)

> (나) 길가에 민들레 한 송이 피어나면/ 꽃잎으로 온 하늘을 다 받치고 살듯이/ 이 세상에 태어나서/ 오직 한 사람을 사무치게 사랑한다는 것은/ 이 세상 전체를/ 비로소 받아들이는 것입니다/ 차고 맑은 밤을 뜬눈으로 지새우며/ 우리가 서로 뜨겁게 사랑한다는 것은/ 그대는 나의 세상을/ 나는 그대의 세상을/ 함께 짊어지고/ 새벽을 향해 걸어가겠다는 것입니다(안도현, 〈사랑한다는 것〉 전문).

(가)에서는 어머니에 대한 '사랑'이 드러나고, (나)에서는 연인에 대한 '사랑'의 의미가 나타나지만, 두 의미 모두 '사랑'의 개념에 해당한다. 사랑의 본질은 한 가지이지만 각 작품에서 서로 다른 모습의 기표로써 드러난다. 만약 독자가 하나의 텍스트에서 '사랑'과 관련한 의미를 구성한다면, 그 의미는 '사랑'의 일부분에 불과하다고 할 수 있다. 텍스트는 각각 '사랑'의 기의를 드러내지만 차이가 내재하여 있다. 즉, 연인에 대한 '사랑'에는 어머니

에 대한 '사랑'이 이미 흔적으로 존재하고 있다.

차연의 구조에서 하나의 기의는 다양한 텍스트 기표로써 나타난다. 각각의 기표는 다른 기표와의 차이를 내포한다. 하나의 기표가 드러날 때, 다른 기표는 지연된다고 할 수 있다. 기표의 지연은 차연 개념에서 기의가 미끄러지는 본질적인 지연과는 다르게 시간상, 위치상에서 이루어진다. 기표의 위치적 지연은 텍스트 속 모든 기표는 독자에게 지각 가능하다고 할 수 있으나, 독자가 주목하지 않은 기표는 뒤로 밀려남을 의미한다. 기표의 지연은 차이를 만들고, 부각된 기표는 기의의 부분을 지시한다. 이와 같은 과정에서 텍스트 의미가 나타나며, 나타나지 않은 의미는 지연된 기의에 기인한다. 이것이 차연의 구조이다.

텍스트는 차연적으로 구성되어 있다. 데리다는 텍스트를 묶음 또는 다발이라고 기술한다. 이는 차연이 여러 방향으로 집합되어 서로 얽히고 설켜 있는 구조임을 나타낸다. 텍스트는 다른 주제, 다른 의미, 그리고 다른 방향으로 함께 섞여 짜여진 구조이다. 데리다에 의하면 차연은 항상 타자와 연결될 수 있어 새로운 방향으로 진행되고 구성될 수 있는 복잡성을 지닌다 (김보현 역, 1996: 119).

각각의 서로 다른 기표들이 짜깁기되어 하나의 텍스트를 구성한다. 텍스트 속에서 서로 차연의 관계를 맺으며 접목되는 대상은 많다. 〈흥부와 놀부〉에서는 흥부뿐만 아니라 놀부 또한 흥부를 돕는 놀부, 흥부 가족을 쫓아내는 놀부 등 다양한 기표로써 서로 접목되어 존재한다. 인물뿐만 아니라 텍스트에 존재하는 모든 것들은 데리다에게 접목의 대상인 텍스트가 된다.

텍스트에서 대상들은 서로 관계를 맺으며 끊임없이 접목되며, 겹쳐져 주름(le pli)을 만든다. 주름은 무한히 반복되는 차이들 사이에 생기는 하나의 흔적이다. 대상 A는 대상 B와 다르고 대상 B는 대상 C와 다르다. 김보현 (2011)에 의하면 이와 같은 차이성(diacriticity)은 무한히 계속적으로 반복되는 데, 이때 차이를 구분하는 경계선이 주름이다. 주름은 각 대상을 구분 짓지만 동시에 대상을 서로 연결하는 접선이기도 하다(김형효, 1993: 136). 예를 들어, 〈흥부와 놀부〉에서 흥부와 놀부는 서로 차이성을 지닌 개념으로, 두 대상 사이에 경계선이 존재한다. 그러나 두 대상이 다르다고 하여 각각 독립적으로 존재하는 것이 아니라 서로 관계를 맺고 있다. 그 결과 주름이 생성된다고 할 수 있으며, 이와 같은 과정을 통해 텍스트가 전개된다.

텍스트에서 각 대상은 서로 겹쳐진 채 접목되어 주름을 만들고 있다. 이와 같은 차연의 구조로 이루어진 텍스트를 도식화하면 [그림 1]과 같다. 대상들은 불가분의 영향 관계에 놓이며, 각 대상은 고정된 테두리를 갖지 않기 때문에 경계선을 점선으로 표현할 수 있다.

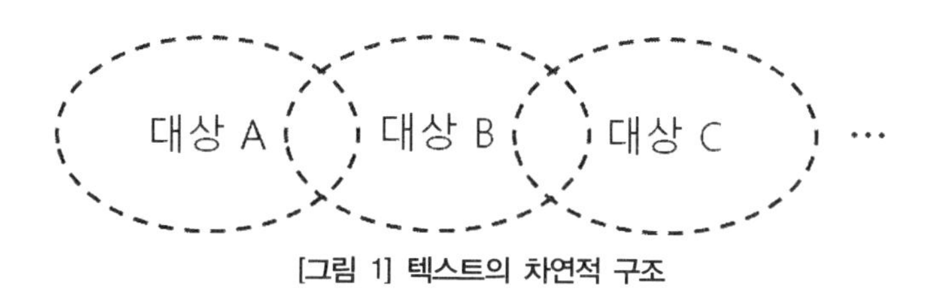

[그림 1] 텍스트의 차연적 구조

텍스트의 차연적 구조는 독자가 의미의 중심성에 기반한 기존 읽기 방식에서 벗어나 텍스트를 차연적으로 읽어야 함을 시사한다. 텍스트의 차연으로 인하여 하나의 텍스트에는 여러 의미가 부유(浮游)하고 있다. 독자가 차연을 고려하지 않는다면 흔적으로 밀려나 있는 의미들을 밝힐 수 없다. 차연적 읽기는 겹쳐져 있는 주름을 펼쳐 가는 과정으로, 접힌 주름을 펼침으로써 다양한 텍스트 의미가 드러날 수 있다. 독자는 지연된 의미가 존재함을 인식하고 부유하는 기표들과 기의를 연결 지어 의미를 생성할 때, 접혀진 주름을 펼칠 수 있다. 이와 같은 읽기 과정은 독자의 텍스트 이해 확장에 기여한다.

한편, 데리다에게 텍스트는 기표가 다른 기표들과 짜깁기하는 관계가 진행되는 과정이다. 텍스트 안에서 모든 요소는 자기 고유성을 지니지 않고 다른 요소들과의 차이만을 상호연계적으로 드러낸다. 즉, 텍스트는 일종의 기호이다. 기호가 기표와 기의로 구성되어 있듯이 텍스트도 마찬가지로 기표와 기의 관계로 파악할 수 있다. 텍스트의 의미 작용 구조는 기호의 의미 작용 구조와 동일하다. 텍스트는 다른 텍스트들과의 차이가 내재된 상호연계를 이루고 있으며, 하나의 텍스트 의미는 다른 텍스트와의 관계 속에서 드러난다.

텍스트가 차연적으로 구성되어 있기 때문에 텍스트 의미 또한 차연적으로 밝힐 수 있다. 차연적 읽기는 특정 기표가 지시하는 기의의 부분이 다르기 때문에 어떤 기표를 선택하느냐에 따라 드러나는 의미가 다름을 알고, 지연된 의미들을 밝혀 텍스트 이해를 확장하는 읽기이다. 차연적 읽기에서 독자는 자신의 의미생성이 텍스트 전체 의미 본질의 부분에 불과함을 인지한다. 이와 같이 독자의 의미생성 과정은 차연의 구조에 기초한다.

텍스트에서 다양한 기표를 통하여 기의의 본질이 부분적으로 연결될 때 텍스트 의미가 드러난다. 특정 개념의 기표들은 기의의 각기 다른 부분을 지시한다. 이와 같은 기표와 기의의 의미 관계는 [그림 2]와 같이 도식화할 수 있다.

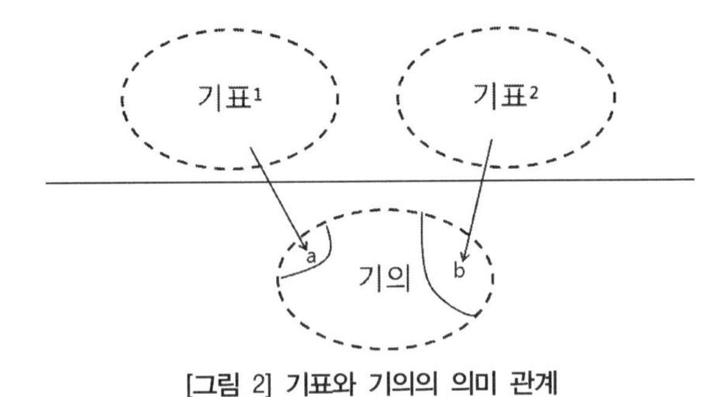

[그림 2] 기표와 기의의 의미 관계

독자가 생성하는 텍스트의 의미는 어떤 기표가 기의의 어느 면을 지시하느냐에 따라 결정된다. [그림 2]에서 기표^{1}과 기표^{2}는 동일한 기의를 가리키지만, 기의의 서로 다른 부분을 지시하고 있다. 기표^{1}은 기의의 a 부분을, 기표^{2}는 기의의 b 부분을 지시한다. 기의 부분 a와 b는 동일한 기의를 이룬다. 그러나 각각의 기표가 기의의 서로 다른 부분을 지시하기 때문에 기표^{1}과 기의 a가 연결되었을 때, 기표^{2}와 기의 b가 연결되었을 때 각각 텍스트의 의미는 다르게 나타난다.

예를 들어, 〈흥부와 놀부〉에서 흥부의 의미는 흥부의 여러 기표 중 하나와 기의가 연결될 때 드러나는데, 각각의 기표는 기의 전체를 지시할 수 없다. 기표 '(가난한) 흥부'의 기의 a 부분 지시를 통하여 독자는 '가장의 무능'이라는 의미를 생성할 수 있다. 반면, '흥부'라는 똑같은 대상이더라도 기표 '(제비를 돕는) 흥부'와 기의 부분 b가 연결되었을 때에는 '선행'이라는 새로운 의미가 나타날 수도 있다.

독자가 특정 의미를 생성할 때, 결합되지 않은 기표와 기의를 통해 드러날 수 있는 차이의 의미는 뒤로 밀려나 존재한다. [그림 2]에서 기표-기의 결합을 바탕으로 텍스트 의미가 드러날 때, 기의와 연결되지 않은 다른 기표들이 있음을 알 수 있다. 이때, 밀려난 기표들을 통해 드러날 수 있는 의미는 유보된다. 〈흥부와 놀부〉에서 '무능한 가장'이라는 의미를 생성할 수 있는 이유는 독자가 가족들을 배고프게 한 흥부의 모습에 주목하고, 해당 기표가 '흥부'의 기의 중 특정 부분을 지시했기 때문이다. 유보된 의미들은 독자가 주목하지 않았기 때문에 드러나지 않은 것이며, 존재하지 않는 것이 아니라 잠재성을 띤 흔적의 상태이다.

기표와 기의의 의미 관계에 따른 독자의 의미생성은 다음과 같은 특성이 있다. 첫째, 독자에 따라 또는 같은 독자이더라도 독자가 처한 다양한 상황 맥락에 따라 의미생성이 달라진다. 이는 [그림 2]와 같이 기표^{1}이 항상 기의의 a 부분을 고정적으로 지시하지는 않음을 의미한다. 둘째, 기표의 기의 부분 지시 양상의 차이는 차연의 현재진행성에서 비롯된다. 텍스트는 완결되어 존재하는 실체가 아니라, 다양한 대상이 서로 접목되어 부유하고 있는 구조이다. 따라서 텍스트 의미는 특정 독자가 특정 기표를 선택하는 순간에 고정되어 결정되고, 기표들이 관계하는 상황 맥락이 달라짐에 따라 변화한다. 셋째, 독자가 생성하는 텍스트 의미는 동일하지 않으나, 서로 상충하지도 않는다. 의미의 비동일성은 같은 본질에서 다른 일면이 나타난 것에 기인할 뿐이다. 따라서 텍스트에서 드러난 각각의 의미는 대립 또는 한 쪽이 틀린 것임을 의미하지 않는다.

기존의 텍스트 중심 읽기 교육이 수렴적 읽기였다면, 차연적 읽기는 확산적 읽기를 지향한다. 텍스트에 이미 결정되어 있는 의미를 찾는 읽기는 독자가 어떤 의미 구성 과정을 거치든 특정 의미를 구성해 내어야 한다. 그러나 차연에 의하여 텍스트 의미는 한 가지로 결정될 수 없다. 차연적 읽기는 독자가 지연되는 차이 의미들의 존재를 인정하고 드러나지 않은 의미들을 최대한 밝힘으로써 독자의 확산적 사고를 자극한다.

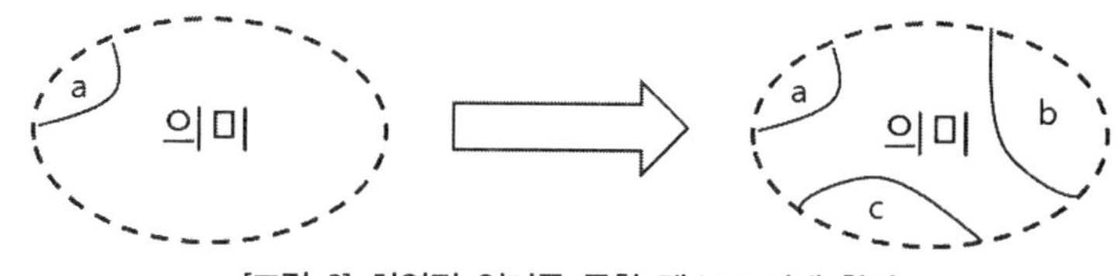

[그림 3] 차연적 읽기를 통한 텍스트 이해 확장

[그림 3]은 차연적 읽기를 통한 독자의 텍스트 이해 확장을 구조화한 것이다. 차연을 고려하지 않았을 때 독자의 의미 구성은 [그림 3]의 왼쪽과 같이 a에 제한된다. 독자는 차연적 읽기를 통해 [그림 3]의 오른쪽 그림과 같이 a뿐만 아니라 밀려난 b, c를 밝혀 텍스트에 대한 이해를 확장할 수 있다.

다. 차연적 읽기 특성

독자는 텍스트를 읽을 때 차연 되는 의미를 인지하고 찾아야 한다. 차연 되는 의미를 밝히는 과정은 중심성을 벗어난 텍스트 이해를 할 수 있는 실마리가 된다. 하나의 중심성에서 벗어나는 텍스트 이해는 독자에게 이해에 있어 다양성의 길을 열어준다. 독자가 텍스트의 어떤 부분이나 요인에 집중하느냐에 따라 텍스트의 의미가 달라진다. 텍스트는 차연적으로 구성되어 있고, 차이나고 지연 되고 있는 의미들이 텍스트들의 접목에 따라 순간순간 다르게 드러나게 되기 때문이다. 이 차연의 속성을 강조한 읽기가 차연적 읽기이다.

차연적 읽기의 특성을 정리하면 다음과 같다. 첫째, 차연적 읽기는 텍스트의 각 부분에 관심을 둔다. 이는 독자의 텍스트 이해가 텍스트 전체가 아닌 특정 지점에서의 일부분과 관련되어 일어난다는 뜻을 함축한다. 텍스트 의미가 온전한 전체로 드러나지 않는 차연의 작용에서 독자의 특성, 읽기 상황 맥락, 텍스트 특성은 모두 독자의 의미생성에 접목되는 텍스트이다. 즉, 어떤 텍스트를 읽느냐에 따라, 또 동일한 텍스트라 하더라도 어떤 맥락에서 기표와 기의가 어떻게 연결되느냐에 따라 독자의 의미생성이 다르게 이루어지기 때문에 독자의 텍스트 이해는 부분적으로 진행된다.

둘째, 차연적 읽기는 텍스트 의미의 다면성과 지연성을 고려한다. 이 글에서 의미의 다면성이란, 독자가 주목한 기표가 텍스트 의미에서 특정 부분을 지시함을 뜻한다. 차연적 읽기에서 의미의 다면성을 고려한다는 것은 특정 의미가 의미 본질의 어느 부분인지를 메타적으로 밝히는 읽기를 뜻하는데, 다음 그림과 같은 두 가지 방향에서 이루어진다.

첫째는 독자가 특정 의미를 생성했을 때, 접목된 기표와 기의 부분을 구체화하는 하향식 방향이다. [그림 4]와 같이 독자는 a부분으로 의미를 생성

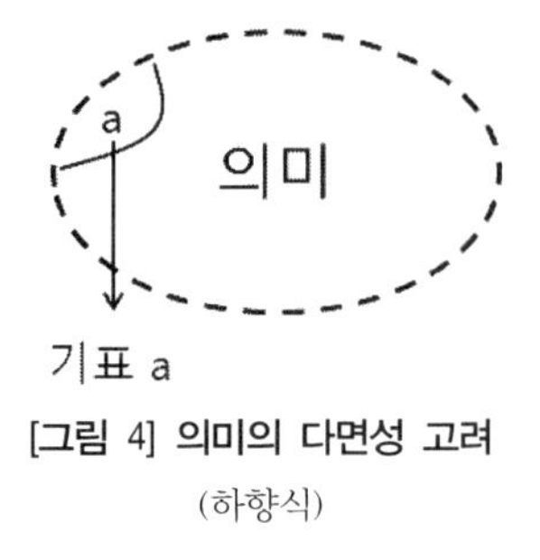

[그림 4] 의미의 다면성 고려
(하향식)

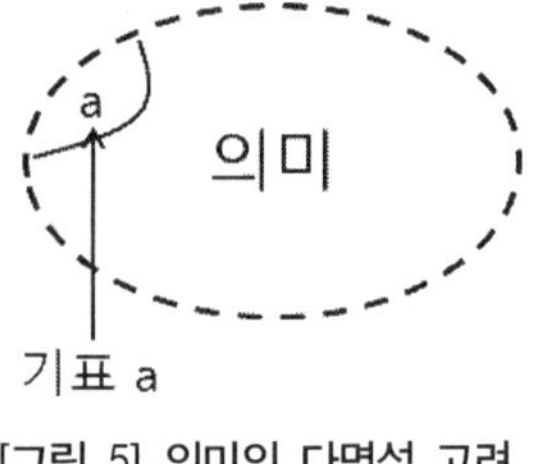

[그림 5] 의미의 다면성 고려
(상향식)

하고 의미의 다면성을 고려하여 해당 의미생성은 어떤 기표를 선택한 결과인지 자신의 의식을 확인한다. 둘째는 지연된 의미 부분을 밝히기 위하여 아직 나타나지 않았으나 드러날 수 있는 의미를 예상하며 기표를 선택하는 상향식 방향이다. [그림 5]에서 확인할 수 있듯이 독자는 특정 의미를 생성할 수 있으리라는 기대감을 바탕으로 한 목적의식 아래 기표 a를 선택하고 관련 의미를 생성한다.[4)]

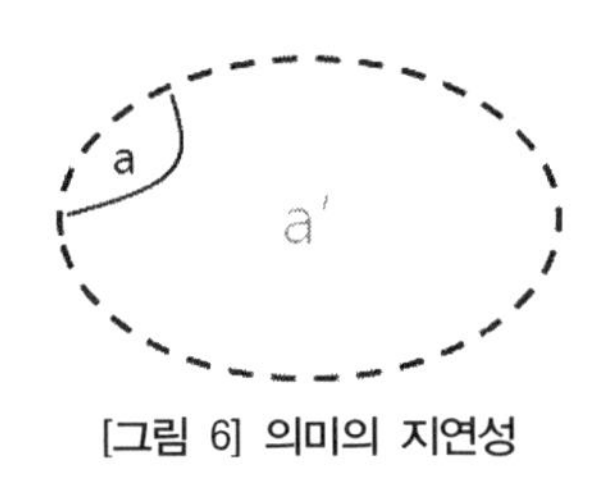

[그림 6] 의미의 지연성

4) 예를 들어, 〈흥부와 놀부〉에서 독자가 '착한 일을 하면 복을 받는다'는 의미를 생성한 경우를 살펴볼 수 있다. 독자는 의미의 다면성을 고려하여 자신이 구성한 의미가 텍스트 전체 의미의 일부분임을 인지한다. 그리고 자신이 어떤 기표에 주목했는지 살핀다. 그 결과 '흥부가 제비 다리를 고쳐 준 선행'이 스스로에게 가치 있게 다가왔음을 깨닫는다. 이와 같은 읽기 상황이 하향식으로 이루어지는 의미의 다면성 고려라 할 수 있다. 한편, '착한 일을 하면 복을 받는다'는 의미를 구성한 독자는 텍스트의 의미를 여기에서 종결하지 않는다. 독자는 지연되어 있는 의미를 예상하고, 이를 밝히기 위하여 새로운 의미 구성을 진행한다. 자신이 선택하지 않은 기표들을 살펴 새로운 기표 '흥부에게는 보물을, 놀부에게는 도깨비를 준 제비'를 선택한다. 그리고 '눈에는 눈, 이에는 이'라는 새로운 의미를 구성한다. 이와 같은 읽기 상황은 의미의 다면성 고려가 상향식으로 진행된 결과이다.

한편, [그림 6]은 의미의 지연성을 구체화한 것이다. 읽기 상황에서 의미 부분 a가 드러났을 때, 드러나지 않은 의미 a'는 존재하지 않는 것이 아니라 지연된 채 존재한다. 의미 a'는 a와 같이 전체 의미 본질을 형성하고 있으나, 기표와 기의의 결합이 이루어지지 않았기 때문에 부각되지 않았을 뿐이다.

텍스트 의미의 지연성에 대한 고려는 독자가 의미를 구성할 때, 지연되는 의미에는 어떤 것들이 있는지를 밝히는 것이다. 예를 들어, 〈흥부와 놀부〉에서 독자가 '착한 일을 하면 복을 받는다.'는 의미를 구성한 상황을 살펴볼 수 있다. 독자는 의미의 다면성과 함께 지연성을 고려함으로써 현재 드러나지 않고 유보된 의미가 있음을 인지한다. 그리고 주목하지 않았던 놀부, 제비, 또는 다른 텍스트 기표들을 확인한다. 그 결과 독자는 새로운 기표를 선택하여 지연된 의미를 새롭게 생성함으로써 텍스트 이해를 확장할 수 있다.

셋째, 차연적 읽기는 독자에 의하여 의미의 부각과 밀림이 결정된다. 이 글에서는 의미의 드러남을 의미의 부각으로, 의미의 지연을 밀림으로 정의한다. 다음 [그림 7]을 통해 구체적으로 살펴볼 수 있다. [그림 7]은 전체 의미 본질 중 의미 부분 a, b, c를 나타낸다. 의미 부분 a가 부각될 경우, 의미 본질의 다른 부분들인 b, c는 밀려나 드러나지 않는다. 마찬가지로 b가 드러났을 때, b 이외의 다른 의미들은 지연된다.

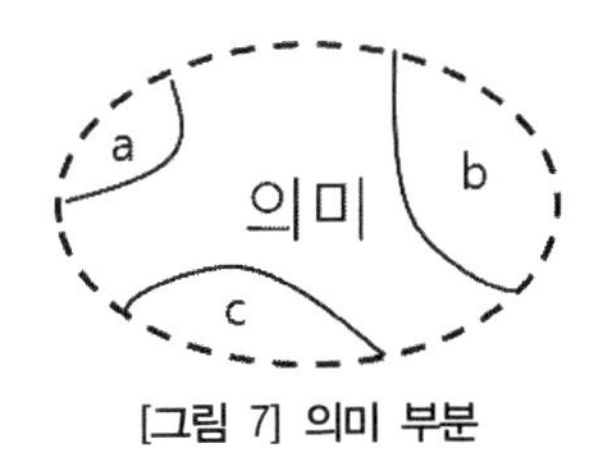

[그림 7] 의미 부분

의미의 부각과 밀림은 기표-기의를 연결하는 주체인 독자에 의하여 이루어진다. 독자는 텍스트를 읽으며 여러 기표 중 특정 기표를 선택하는데, 선택된 기표는 기의의 특정 부분을 지시한다. 즉, 독자의 선택에 따라 기표와 기의가 결합하고, 이에 따라 부각되는 의미와 밀려나는 의미가 결정된다. 이 글에서는 기표-기의 연결 요소를 '단서'라 정하였다. 텍스트 읽기에서 독자가 설정할 수 있는 단서에는 텍스트 내용 요소, 독자 요소, 읽기 상황 요소 등이 반영된다. 텍스트의 어떤 부분에 주목하느냐에 따라 달라지는 독자의 단서 선택은 특정 의미를 생성하게 되는 결과로 이어진다. 단서는 독자의 텍스트 읽기 관점을 초점화하며, 독자는 단서를 통해 읽기 과정을 점검하고 조정할 수 있다.

독자가 설정하는 단서에는 독자 자아가 반영된다. 독자 자아는 독자의 관심, 가치관, 삶의 지향 등을 담는다. 독자는 어떤 가치관을 형성하고 있느냐에 따라 각기 다른 단서를 설정하는데, 독자가 선택한 단서는 곧 독자 자아에 대한 이해로 연결된다. 독자는 차연적 읽기에서 단서를 설정하고 이를 메타적으로 살펴 자아에 대한 이해를 확장할 수 있다. 예를 들어, 〈흥부와 놀부〉에서 흥부의 '선행'과 관련한 의미보다 제비의 '감사'라는 의미를 생성한 독자의 경우를 보자. 이때 독자는 주는 사람보다 받는 사람에 주목하며, 받는 사람의 역할에 더 관심을 두는 독자 자아를 지닌 것으로 자아를 파악할 수 있다.

차연적 읽기에서는 독자의 주체성이 강조된다. 차연적 읽기에 있어 독자의 특성은 다음과 같다. 첫째, 독자는 의미의 다양성을 인정한다. 독자가 의미의 중심성에서 벗어나 차연으로 인한 의미의 다양성을 인정할 때 텍스트를 차연적으로 읽을 수 있으며, 이를 통해 텍스트 이해를 확장할 수 있다. 둘째, 독자는 생성한 의미 이외에 연기되는 의미의 존재를 예상하며, 이에 따라 연기된 의미를 밝히기 위하여 독서를 계속하여 진행한다. 독자는 특정

의미를 생성한 이후에도 온전하게 드러나지 않는 의미 본질을 최대한 밝히고자 노력하는 주체적인 읽기 동기를 지닐 수 있다. 셋째, 독자는 차연적 읽기를 바탕으로 자기(自己)를 이해한다. 독자가 선택하는 기표-기의 연결인 단서에는 독자 자아가 반영된다. 독자는 자신의 의미생성에 투영된 자신의 의식을 자각하고, 이를 통해 자신의 삶에 있어 유의미한 변화를 이끌어 자기 이해를 실현한다.

3. 차연적 읽기의 교육

독자의 텍스트 이해는 차연의 특성을 내포한다. 독자가 차연적 특성을 드러내 텍스트를 읽는 방법이 차연적 읽기이다. 차연적 읽기는 기존의 읽기 방법과는 다르기 때문에 학습 독자에게 차연적 읽기의 구체적인 방법을 지도할 필요가 있다. 차연적 읽기를 할 수 있도록 학습자에게 교육적으로 접근하는 방법을 교수·학습적 측면에서 살펴본다.

가. 차연적 읽기의 지도 전제

차연적 읽기는 독자의 텍스트 이해의 측면에서 특이성을 함축한다. 이러한 특성을 전제하면서 독자의 텍스트 이해가 이루어진다. 차연적 읽기의 교수·학습 상황에서도 마찬가지로 차연적 읽기에 내재해 있는 특이성을 미리 고려할 필요가 있다. 차연적 읽기의 특이성은 차이나고 지연되고 있는 텍스트의 의미를 독자가 포착해야 하기 때문에 발생한다. 이 글에서는 차연적 읽기에 내재된 주요 특이성을 데리다의 텍스트 이론을 토대로 간추려 비결정성, 지연성, 현재진행성, 외부성으로 제시한다. 이들을 차연적 읽기 지도의 전제로 설정하여 살펴보면 다음과 같다.

비결정성(非決定性)은 텍스트 의미가 한 가지로 결정될 수 없음을 뜻하며, 텍스트에서의 무의미나 다의적 의미와는 구별된다. 차연은 유(有)와 무(無)의 이분법을 무너뜨리며, 텍스트에는 중심이 부재하여 여러 의미가 고정되는 것 또한 불가능하기 때문이다. 김형효(1993)에 의하면 데리다의 텍스트는 부유하는 습성으로 인하여 일관된 의미를 이끌 수 없다. 이와 같은 측면에서 비결정성은 텍스트 세계의 고유한 다양성에 대한 존중이다. 또한 학습자가 비결정성을 인지하지 못한다면 텍스트에서 지연된 의미를 밝힐 필요성을 상실한다. 교사는 학습자가 의미의 비결정성을 깨달을 수 있도록 학습자의 인지적 갈등을 유발하는 교수·학습 상황을 구안해야 한다.

지연성(遲延性)은 텍스트에서 어떤 대상이 드러났을 때 드러나지 않은 부분은 뒤로 밀려나 흔적으로 존재함을 말하며 연기(延期), 유보(留保), 대기(待機)와 일맥상통한다. 지연성의 논리는 데리다가 차연이 동시성의 체계에서 벗어난다고 설명하는 데에서 도출할 수 있다. 지연성은 차연적 읽기에서 학습자가 특정 의미를 생성했을 때, 다른 의미들은 유보되는 모습으로 실현된다. 의미의 지연성은 학습자의 텍스트 이해가 독립적인 하나의 요소로 종결되는 것을 방지한다. 교사는 학습자가 지연성을 인지하고 이를 점검하기 위하여 텍스트 의미 생성 과정을 구체화할 수 있도록 지도해야 한다.

현재진행성은 텍스트에서 기호가 '흔적(trace)'만을 담고 있으며, 이와 같은 흔적은 고정되지 않고 항상 변화할 수 있는 잠정적인 상태임을 의미한다. 이는 학습자가 텍스트 의미를 생성할 때 실현되는데, 학습자가 특정 의미를 생성하였다고 하더라도 텍스트 의미는 변화 가능성에 항상 열려 있는 상태를 유지한다. 의미의 현재진행을 통해 학습자는 현재성(現在性)에의 함몰을 경계하고 삶의 변화를 추구할 수 있다. 텍스트 의미는 학습자의 독자 자아가 투영된 결과이기 때문에 학습자 또한 의식의 변화 가능성에 개방된다. 교사는 차연적 읽기 지도를 통해 학습자의 잠재성을 존중할 수 있다.

외부성(外部性)[5]은 대상의 본질이 그 자체로 고유하게 성립되지 않고 바깥의 흔적이 이미 침투되어 있음을 말한다. 외부성의 논리는 흔적에 있어 비현재적인 것이 현재적인 것에 침투되어 있다는 데리다의 설명으로부터 나온다(김형효, 1993: 55). 외부성은 학습자가 생성하는 의미에 반영되는데, 텍스트 의미는 내부와 외부의 경계가 구분되지 않은 채 섞여 있다. 〈흥부와 놀부〉에서 학습자가 '흥부'에 대한 의미를 생성했을 때, 해당 의미에는 이미 놀부와 흥부의 관계, 제비의 성격 등 직접성이 결여된 외부적 요소가 이미 작용하고 있음이 그 예가 된다. 교사는 학습자가 자신이 생성한 의미에 이미 다른 것들이 관계되어 있음을 인식하고 자기중심성을 경계할 수 있도록 지도해야 한다.

나. 차연적 읽기의 지도 절차

독자의 차연적 읽기 활동은 읽기 학습에서 비롯된다. 차연적 읽기를 배워 익혔을 때, 차연적 읽기를 할 수 있다. 학습자에게 차연적 읽기를 지도하기 위해서는 일정한 접근 절차가 필요하다. 독자의 차연적 읽기는 심리 활동이기에 여러 가지 의식 작용이 통합적으로 일어나지만 교육적 접근은 절차적, 단계적으로 이루어져야 한다. 학습자의 읽기 과정에서 일어나는 통합적인 의식 작용을 구분 짓고, 순서화하여 접근하는 것이 필요하다. 이와 같은 체계화된 접근이 학습자의 읽기 학습을 효과적으로 할 수 있게 한다.

앞에서 논의한 차연의 기호 측면, 텍스트 측면, 텍스트 이해 측면을 고려하면, 독자의 차연적 읽기를 위한 독자의 심리적 의식 활동을 구체화할 수

5) 외부성은 경제 용어로서, 어떤 개인이나 기업이 재화나 용역을 생산·소비·분배하는 과정에서, 대가를 주고받지 않은 채로, 그 과정에 참여하지 않은 다른 개인이나 기업의 경제 활동이나 생활에 이익을 주거나 손해를 끼치는 것이다. 본 연구에서는 이와 같은 경제적 관점을 비유적으로 차용하여 차연적 읽기 지도의 원리로 안내한다.

있다. 텍스트를 읽을 때에는 차이나고 지연되는 의미를 포착하기 위한 인지 활동이 일어난다. 또한 차연적 텍스트 이해가 갖는 의미를 밝히는 인지 활동도 필요하다. 이와 같은 인지 활동을 돕기 위한 교수·학습적 측면에서의 주요 활동과 순서를 다음 네 가지로 정할 수 있다. '중심성 벗어나기, 단서로 초점화하기, 새로운 의미 찾기, 삶과 연결하기'이다. 각 활동을 구체적으로 살펴보면 다음과 같다.

첫 번째로, '중심성 벗어나기'는 학습자가 의미의 고정성과 관련한 기존 사고에서 벗어남으로써 텍스트 의미의 비결정성을 자각하는 과정이다. 본 단계에서 학습자는 텍스트 의미를 심층적으로 탐구하는 것이 아니라, 겉으로 드러나는 의미를 인식한다. 먼저 학습자는 정형적인 틀에 얽매이지 않고 자유롭게 텍스트를 접하며 텍스트의 표면적인 주제를 생각한다. 이를 동료 학습자와 공유하면서 학습자는 자신의 생각 이외의 여러 주제와 의미의 가능성을 접하고, 이 과정에서 텍스트 의미의 중심성에 대해 인지적 갈등을 겪는다.

두 번째로, '단서로 초점화하기'는 학습자와 텍스트의 인지적 연결에 대한 방향성을 탐색하는 과정이다. 본 단계에서 학습자는 여러 단서를 살펴, 단서에 따라 드러나는 의미를 확인한다. 단서는 학습자가 텍스트와 관련 없는 무의미한 해석을 하지 않도록 예방한다. 이 단계에서 학습자는 동료 학습자와 자신의 사고 과정을 공유하고 비교하며 의미의 지연성을 경험한다. 초점에 따라 의미가 달라짐을 학습자가 확인할 수 있기 때문이다. 이와 같은 과정에서 학습자는 이전 단계에서 인지한 의미의 비결정성에 대한 원인을 파악할 수 있다.

세 번째로, '새로운 의미 찾기'는 차연을 고려하여 학습자가 텍스트의 다양한 의미를 밝히는 과정이다. 먼저 학습자는 차이나고 지연되는 의미들에는 어떤 것들이 있을지, 어떤 단서를 새롭게 활용할 수 있을지 예상한다.

그리고 여러 단서를 활용하여 다양한 텍스트 의미를 생성한다. 이때 학습자는 스스로 텍스트의 어떤 부분에 주목하여 어떤 단서를 선택했는지 확인하고, 차연 되었을 것이라 예상한 의미가 실제로 생성되었는지 파악한다. 이와 같은 과정을 통해 학습자는 의미의 지연성에 대한 인식을 확립할 수 있다.

네 번째로, '삶과 연결하기'는 학습자의 이해를 텍스트에서 학습자의 삶으로 확장한다. 텍스트에 대한 이해를 학습자의 삶에 연결하여 변화를 도모하는 것이다. 먼저 학습자는 여러 텍스트 의미 중 자신에게 가장 가치 있게 느껴지는 의미를 선택하여 텍스트의 현재적(現在的) 의미를 확정한다. 의미의 확정은 학습자가 생성한 여러 의미를 통합하고 일시적으로 고정함으로써 학습자가 여러 의미 속에서 길을 잃는 것을 방지한다. 학습자는 확정한 의미를 표면적으로 구성했던 의미와 비교하여 텍스트 의미 변화를 구체적으로 확인한다. 학습자가 생성한 텍스트 의미에는 자신의 자아가 반영되어 있기 때문에 학습자는 이를 초인지적으로 살펴 자기 이해에 도달할 수 있다. 마지막으로 학습자는 선택한 의미가 자신의 현재 삶에 기여할 수 있는 바를 숙고하여 자신의 삶을 변화시킨다.

다. 차연적 읽기의 지도 전략

학습자의 차연적 읽기 학습은 교사의 지도를 바탕으로 이루어진다. 학습자가 차연적 읽기를 경험하고, 차연적 읽기를 익힐 수 있도록 돕는 교사의 구체적인 활동 방안으로 차연적 읽기 지도 전략을 제시한다. 지도 전략이 체계적이고 구체적일 때 차연적 읽기 지도는 효과적으로 이루어질 수 있다. 차연적 읽기 지도 전략은 다양하게 전개될 수 있다. 텍스트를 읽을 때 차이 나고, 밀려 나는 의미를 고정하는 방법은 다양할 수 있기 때문이다. 또한 텍스트 내적으로, 독자 심리적으로, 읽기 맥락적으로 관여하는 요소들은 많다. 차연적 읽기를 지도하는 교사는 학습자 상황을 고려하고, 교수·학습적 상황에 따라 다양한 전략을 선택하여 활용할 수 있다. 이 글에서는 지도 절차별로 중요한 전략을 정리하여 한 가지씩 제시한다. 차연적 읽기 지도 전략에는 '상투성 깨뜨리기, 차이 단서 찾아내기, 밀리는 의미 추적하기, 가치 변화 강조하기'가 있다.

'상투성 깨뜨리기'는 의미의 중심성과 관련한 인지적 갈등을 효과적으로 유발하여 학습자가 의미의 고정성에서 벗어날 수 있도록 사고를 자극하는 지도 전략이다. 교사는 학습자들이 1차적으로 구성한 텍스트 의미를 동료 학습자와 공유하고, '진정한 의미'에 대해 토의하는 활동을 구안한다. 이 과정에서 교사는 진정한 의미를 찾았다고 착각하거나 진정한 의미는 존재하지 않는다고 어렴풋이 짐작하는 학습자들의 기존 생각에 반박하여 일반적인 사고를 깨뜨린다. 이를 통해 학습자들이 의미의 비결정성을 깨닫고 새로운 의미를 드러내야 함을 인식할 수 있도록 지도한다.

'차이 단서 찾아내기'는 학습자가 차연을 경험할 수 있도록 중심성 벗어나기에서와 단서로 초점화하기 단계에서의 의미 구성 과정의 차이를 안내하는 지도 전략이다. 단서로 초점화하기 활동에서는 학습자가 이전 과정에서 구성한 의미를 동일하게 반복하는 무의미한 읽기가 진행될 위험이 있다. 따라서 교사는 학습자에게 이전 의미와는 다른 새로운 의미를 생성할 수 있는 단서를 탐색하도록 안내해야 한다.

'밀리는 의미 추적하기'는 차연 개념에 대한 학습자의 이해 증진을 통해 학습자가 차연적 읽기의 필요성을 확립하도록 지도하는 전략이다. 차연은 추상성이 높은 개념이기 때문에 교사는 학습자에게 비유적으로 차연을 설명하는 것이 효과적이다. 예를 들어, '줄서기'에서 일렬로 줄을 섰을 때 교사가 맨 앞에서 줄을 바라볼 경우 뒤에 서 있는 학생들은 뒤로 밀려나 보이지 않음을 이야기할 수 있다. 앞에서 보이지 않는 학생들은 지연된 의미 부분에, 줄은 텍스트에, 교사는 독자에 해당한다. 이를 통해 교사가 뒤로 밀린 학생들을 확인하듯이, 학습자는 텍스트를 차연적으로 읽어야 함을 인지할 수 있다.

'가치 변화 강조하기'는 텍스트 의미의 변화 가능성을 강조하여 학습자의 잠재성을 일깨우는 지도 전략이다. 교사는 학습자가 의미의 현재성에 입각하여 텍스트 의미를 결정할 때, 차연 되는 의미가 항상 존재하고 있음을 학습자에게 인지시켜야 한다. 학습자가 가치 있다고 판단하는 의미에는 학습자 자아의 잠재성이 투영된다. 교사는 학습자의 삶과 삶의 지향은 항상 변화하고 발전함을 학습자에게 안내하여 텍스트의 의미 가치의 변화 가능성이 존재함을 지도해야 한다.

4. 읽기 교육의 과제

이 글에서는 독서를 통한 자기 이해와 관련한 읽기 지향을 실현하는 구체적인 방법을 논의하였다. 과거와 달리 독서는 '앎'의 기능을 벗어나 미래 지향적인 유의미한 가치를 지녀야 한다. 텍스트는 더 이상 지식을 습득하는 수단이거나 정보를 처리하기 위한 기반이 아니다. 독자는 독서를 통해 의식하지 못했던 자신의 자아를 이해하고 새로운 자아를 만난다. 독자가 새로운 자아를 바탕으로 삶의 변화를 모색함으로써 독서의 가치가 실현될 수 있다.

이 글에서는 자크 데리다의 차연 이론에 입각하여 텍스트 의미를 2가지 전제를 기반으로 살폈다. 첫째, 텍스트에서 특정 의미가 드러났을 때 차이나고 지연되는 의미들이 존재한다는 점이다. 둘째, 독자가 생성하는 텍스트 의미에는 독자 자아가 반영된다는 점이다.

독자의 텍스트 이해 과정은 차연의 구조에 기반한다. 차연은 차이와 지연의 합성어로, 의미의 중심성을 해체한다. 이를 읽기와 접목하여 이 글에서 논의한 차연적 읽기는 텍스트 의미가 다면적으로 드러남을 알고, 의미 구성에 있어 차연 되는 의미들을 밝혀 독자의 이해를 확장하는 읽기 방법이다. 독자는 읽기의 주체로서, 차연적 읽기를 통해 자아를 이해하고 삶의 새로운 변화를 추구하는 읽기 목적을 달성할 수 있다.

차연적 읽기를 통해 학습 독자는 다양성의 현실 세계를 이해한다는 측면에서 다음과 같은 의의가 있다. 첫째, 차연적 읽기 토대가 되는 의미의 비결정성은 인간 사고의 제한성을 벗어나 다양성의 세계를 이해하는 원동력이 된다. 둘째, 차연적 읽기를 통해 독자는 하나의 관점에서의 텍스트 의미를 중시하여 획일화되는 이해의 위험성에서 탈피할 수 있다. 셋째, 차연적 읽기는 독자가 생성한 의미 이외의 차연 되는 의미를 인지하기 때문에 학습자는 비판적 사고력을 함양할 수 있다. 넷째, 차연적 읽기가 타자를 존중하는 읽기라는 점에서 학습자는 자기중심성에서 벗어날 수 있다.

이 글에서 제시한 차연적 읽기의 교육적 접근 방향은 교사와 학생에게 텍스트 이해에 대한 새로운 시각을 제공한다. 텍스트 이해의 다면성과 학습자의 잠재성을 존중하는 읽기 교육이 이루어진다면 본 연구의 성과는 무한히 확장될 수 있다. 차연을 바탕으로 논의한 텍스트 의미 생성 과정과 자기 이해의 읽기 지향과 관련한 다각적인 연구가 이루어지기를 기대한다.

참고문헌

김경용(1994), 기호학이란 무엇인가, 민음사.
김보현(2011), 데리다 입문, 문예출판사.
김형효(1993), 데리다의 해체철학, 민음사.

박영욱(2009), 데리다&들뢰즈(의미와 무의미의 경계에서), 김영사.
김보현(편)(1996), 해체, 문예출판사.
김현권 역(2012), 일반언어학 강의, 지식을만드는지식.
김도남(2002), 텍스트 이해 교육의 접근 관점 고찰. 국어교육학회, 국어교육학연구 15권
김도남(2018), 텍스트 이해의 전체성과 동일성 비판. 한국초등국어교육학회, 한국초등국어교육 65권.
박영민(2003), 국어과 교육과정에서 읽기의 본질과 두 가지 읽기 이론, 한국독서학회, 독서연구 10권.
김예진(2020), 차연적 읽기 지도 방법 연구, 서울교육대 석사논문.
이경하(2003), 데리다의 '차연', 연세대 석사논문.
지민하(2018), 독자의 개별적 의미 구성 교육 방법 연구, 서울교육대 석사논문.

제2장 읽기 프레임과 교육

1. 문제 제기

몇 년 전 우리 사회는 2007년에 있었던 남북정상회담의 회의록 해석 문제로 소란했다. 같은 내용의 텍스트를 읽고, ◇◇당과 ◆◆당의 의견이 대립하고, 신문이나 방송에서도 서로 다른 해석을 보도하였다. 대화록에서 특정 내용을 선별하여 발췌한 일과 발췌된 내용에 대한 해석의 차이가 있었던 것이다.

> (대통령) 이 문제에 대해 나는 위원장님하고 인식을 같이 하고 있습니다. NLL은 바뀌어야 합니다. 그러나 이게 현실적으로 자세한 내용도 모르는 사람들이 민감하게, 시끄럽긴 되게 시끄러워요. 그래서 우리가 제안하고 싶은 것이 안보군사지도 위에다가 평화경제지도를 크게 위에다 덮어서 그려보자는 것입니다. 전체를 평화체제로 만들어서 쌍방의 경찰들만이 관리하자는 것입니다.[1](국가정보원, NLL 대화록 발췌본 일부, 국민일보

---

* 이 장의 내용은 '읽기 프레임의 특징 고찰'(김도남, 2013, 새국어교육 96집)을 수정 보완한 것입니다.

1) 이 문제에 대해서는 나는 위원장하고 인식을 같이 하고 있습니다. NLL은 바꿔야 합니다. 그러나 이게 현실적으로 자세한 내용도 모르는 사람들이 민감하게, 시끄럽긴 되게 시끄러워요. 그래서 우리가 제안하고 싶은 것이 안보군사 지도 위에다가 평화 경제 지도를 크게 위에다 덮어서 그려보자는 것입니다. 그래서 서해 평화협력지대라는 큰 그림을 하나 그려놓고, 어로 협력 공동으로 하고 한강하구 공동개발하고, 또 자유로운 동산. 특히 인제 대충 지역이 개발이 되면 해주를 비켜서라도 개성공단 연장선상에서 계획이 서고, 되면 그

(2013.6.24.))

이 발췌본은 ◎◎◎ 전 대통령이 NLL(북방한계선, Northern Limit Line)을 포기했는가를 밝히기 위하여 국가정보원이 국회 정보위원들에게 제출한 자료이다. 이 발췌본은 신문과 인터넷에 게재되면서 누구나 열람할 수 있는 자료가 됐다. 이 발췌본에 대한 ◇◇당과 ◆◆당의 의견 차이도 크지만 개인 간에도 의견 차이가 크다고 할 수 있다.[2] 구체적인 예로 이 발췌본 공개와 관련하여 KBS 9시 뉴스와 SBS 8시 뉴스의 내용을 들 수 있다. 민동기(2013)의 '미디어 오늘' 신문의 기사를 보면, 같은 사건에 대한 것임에도 두 방송사의 보도는 전혀 다른 내용을 담고 있다는 것을 알 수 있다.

> (KBS 뉴스) "북핵문제에 대해서는 확실하게 짚어달라는 남측 보수 세력들의 주문이 많지만 개의치 않는다는 반응을 내보였고, 5년 임기 내내 국제무대에서 북측의 입장을 변호해 왔다는 점도 강조했습니다. 북한의 자금이 예치돼있던 방코델타아시아 은행의 계좌를 미국이 동결시킨 것에 대해서는 미국의 실책이었고 부당하다고 말했습니다. … 특히 남북관계가 뒷걸음치지 않게 쐐기를 박아두자고 제안했습니다."

> (SBS 뉴스)"발췌본에 따르면, 노무현 전 대통령은 김정일 위원장에게

길을 통한 통로, 통로를 좁게 만들게 아니라 전체를 평화체제로 만들어 쌍방의 경찰들만이 관리하는 겁니다(중앙일보, 2013.6.25.).
http://joongang.joins.com/article/517/11892517.html?ctg=1000&cloc=joongang%7Chome%7Cspecial(2013.7.9. 검색)

2) 한국갤럽이 지난 15~18일(2013.7.) 성인남녀 1,215명을 대상으로 실시해 19일 공개한 여론조사(표본오차는 95% 신뢰수준에서 ±2.8%p)에 따르면, 응답자 중 정상회담 회의록 내용을 보거나 들은 적이 있는 이들(776명) 가운데 'NLL 포기는 아니다'는 의견이 55%로 절반 이상을 차지했다. 이는 'NLL 포기 의사를 밝힌 것'이라는 응답 21%를 두 배 이상 압도하는 것이며, 모름·응답거절은 24%였다. 앞서 한국갤럽이 국가정보원에 의해 남북정상회담 회의록이 공개된 직후인 지난달 26~27일(2013.6.) 성인 608명(표본오차는 95% 신뢰수준에서 ±4.0%p)을 대상으로 실시한 조사에서는 'NLL 포기가 아니다'는 의견이 53%, 'NLL 포기'라는 답은 24%였다(프레스바이플, 2013.7.19.). http://www.pressbyple.com/news/articleView.html?idxno=23713)(2013.7.20. 검색)

외국 정상들과의 회담에서 자신이 북측의 대변인이나 변호인 노릇을 했다고 말했습니다. 같은 민족으로서 북한에 대해선 가급적 우호적인 설명을 했다는 뜻으로 해석됩니다. … 노 전 대통령은 북측이 안정을 유지한 토대 위에서 경제적 발전을 이루는 것이 우리에게 이익이라고 생각한다며 남북한의 상생도 강조한 것으로 돼 있습니다. 국정원이 공개한 대화록 발췌본에는 NLL과 관련된 것 말고는 김정일 위원장의 발언이 거의 실려 있지 않았습니다."(민동기, 미디어 오늘(2013.6.24), 기사의 일부)

뉴스 텍스트를 볼 때, 두 방송사는 서로 다른 시각에서 발췌본을 보고 있으며 관심도 다른 곳에 두고 있다. 또 시청자들에게 전달하고 싶은 내용도 서로 다른 것임을 알 수 있다. KBS 뉴스는 대통령 발언에서 북한 지지 의도를 드러내려고 하고, SBS 뉴스는 상호 화합적 노력의 의미를 드러내려고 하고 있다. 두 뉴스 텍스트는 발췌본에 대한 관심의 초점과 의미 부여가 다름을 보여준다. 이와 같이 특정 대상에 대하여 사회나 단체, 개인이 서로 다르게 의미를 부여할 수 있도록 하는 인식의 틀이 '프레임'이다. 이동훈·김원용(2012: 25)은 "프레임은 우리가 세상을 이해하고 판단하는 기준이 되는 사고의 틀 역할을 한다."고 말한다. 남북정상회담 발췌본에 대한 두 방송사의 뉴스 내용을 보면, 두 방송사의 뉴스 관계자들은 서로 다른 프레임을 가지고 있음을 확인할 수 있다.

프레임은 한마디로 세상을 바라보는 마음의 창이다. 어떤 문제를 바라보는 관점, 세상을 향한 마인드 셋, 세상에 대한 은유, 사실들에 대한 고정관념 등이 모두 프레임의 범주에 포함되는 말이다. 마음을 비춰보는 창으로써의 프레임은 특정한 방향으로 세상을 보도록 이끄는 조력자 역할을 하지만, 동시에 우리 보는 세상을 제한하는 검열관의 역할도 한다(최인철, 2010: 11).

프레임은 특정 이슈를 구성하는 요소들 간의 관계를 구조화하는 의미적 토대의 역할을 한다. 따라서 프레임은 개별 구성 요소들의 조합에 의미를 부여하는 연결체 역할을 한다. 어떠한 프레임을 토대로 이슈의 구성 요소들을 조합하는가에 따라 해당 이슈가 뉴스에서 재현되는 방향이 달라질 수 있다. 때문에 프레임을 '사회적 현실의 재구성'이라는 관점에서 바라보는 견해도 존재한다(이동훈·김원용 2012: 50).

레이코프(2004)에 따르면 사람들이 특정 프레임을 가지고 있지 않으면 특정 프레임이 수반된 다른 사람의 말과 행동을 이해할 수 없다고 말한다(유나영 역 2012: 49).

사람의 대상에 대한 이해는 인지 체계에 의하여 이루어진다. 인지 체계는 경험을 통하여 확립되고 지각 과정에 작용한다. 사람은 대상을 오감으로 감각하고, 의지적으로 인식한다. 대상에 대한 인식의 경험이 축적되고, 구조화되면서 인지 체계가 형성된다. 각 개인의 구조화된 인지 체계는 대상을 같은 형식으로 인식하게 한다. 대상에 대한 단위 인지 체계의 여러 요소 중에 하나가 프레임이다. 사람은 각자가 인지 체계를 이루고 있는 프레임을 가지고 있다.

프레임(frame)은 인지과학자들이 '인지적 무의식(cognitive unconscious)'이라고 부르는 것의 일부이다. 인지적 무의식이란 우리 두뇌 안에 있는 구조물인데, 의식적인 형태로 접근할 수 없지만 그 결과물-우리가 사고를 풀어나가는 방식이나, 상식이라고 여기는 것-을 통해 그 존재를 알 수 있다. 또 우리는 언어를 통해서도 프레임을 추론할 수 있다. 모든 단어는 개념적 프레임에 맞추어 정의된다. 우기가 어떤 단어를 들었을 때, 우리 두뇌에서는 그 단어와 결부된 프레임(또는 프레임의 집합)이 작동한다(유나영 역, 2012: 17-18).

프레임은 우리 두뇌의 시냅스에 자리 잡고 있으며, 신경 회로의 형태로 물리적으로 존재한다. 만약 사실이 프레임에 부합하지 않으면 프레임은 유지되고 사실은 무시된다(유나영 역, 2012: 141).

프레임은 인지 체계를 구성하는 한 부분이다. 프레임은 인지 체계 내에서 다른 부분들과 긴밀하게 연합하여 작용하며 인식 활동을 조절한다. 프레임은 인지 체계 내에서 대상에 대한 인지 활동을 포함하여 정서 반응, 무의식 심리 작용, 행동 양식에 관여한다. 즉 프레임은 각 개인의 인지 작용뿐만 아니라 감정과 행동에도 관계하고 있다. 인지 체계가 인식의 구조적 틀이라면 프레임은 인식의 작용적 틀이다. 그래서 프레임은 대상을 특정한 관점으로 지각하고, 인식하고, 해석하고, 판단하여 행동하게 만든다.

위의 대화록 발췌본에 대한 뉴스 텍스트에서 보았듯이 글을 읽는 행위에도 독자의 프레임이 작용한다. 독자들은 자신이 가지고 있는 프레임으로 글을 읽고 내용을 파악하고 의미를 구성하며 말하고 행동한다. 이러한 프레임은 모든 독자들이 가지고 있다. 독자가 가지고 있는 프레임은 경험을 통하여 형성된 것인데 독자의 프레임 형성에 가장 큰 역할을 하는 것은 학교 교육이다. 학생들은 학교 교육의 과정에서 의식적 또는 무의식적으로 프레임을 구성하고, 그 프레임으로 책을 읽는다.

읽기 교육에서는 독자의 읽기 과정에 작용하는 프레임의 특성을 알아볼 필요가 있다. 읽기에 작용하는 프레임의 특성을 파악하게 되면 교수·학습에서 학생들의 프레임 형성을 도울 수 있고, 프레임을 효과적으로 활용할 수 있도록 할 수 있다. 이 논의에서는 프레임의 개념을 살피고, 독자의 읽기에 작용하는 '읽기 프레임'을 특징을 논의하고자 한다. 이는 읽기 교육에서 학생의 읽기에 작용하는 읽기 프레임에 대한 접근의 기초를 마련하기 위한 것이다. 학생의 읽기 능력의 향상을 위한 프레임의 형성과 변화에 대한 교육적 접근은 다른 자료를 참조할 수 있다.[3]

3) 김도남의 읽기 프레임과 관련된 논문(2014, 2015)을 참조할 수 있다.

2. 프레임의 의미역

'프레임(frame)'은 여러 가지 의미로 쓰이는 용어이다.[4] 표준국어대사전에는 '[Ⅰ] 명사 ① 자동차, 자전거 따위의 뼈대', '[Ⅱ] ② 볼링에서 한 경기를 열로 나누었을 때의 하나를 세는 단위'라고 되어 있다. 프레임은 ①과 ②의 의미가 확대되어 일정한 틀을 가진 것으로 인식되는 대상을 지시하는 용어로 폭넓게 사용되고 있다. 현재 일반적으로 사용되고 있는 프레임이라는 용어의 의미를 한정하는 것은 어려운 일이라 할 수 있다. 이 논의에서는 프레임을 '사람이 대상을 인식하고 이해할 때 작용하는 일련의 심리적 틀'로 한정하여 논의하고자 한다.

사람의 인식과 관련한 프레임도 지시 대상이 분명하여 그 의미가 한정되어 간결하게 파악되는 것은 아니다. 인식과 관련한 프레임은 사람의 단위 활동과 관련된 개별적 심리 작용 틀부터 단체, 지역, 정당, 국가, 대륙, 문화권에 속한 사람들의 집단적 심리 작용 틀을 포괄한다. 이러한 프레임에 대한 레이코프(2004)의 정의를 보면 다음과 같다.

> 프레임(frame)이란 우리가 세상을 바라보는 방식을 형성하는 정신적 구조물이다. 프레임은 우리가 추구하는 목적, 우리가 짜는 계획, 우리가 행동하는 방식, 그리고 우리 행동의 좋고 나쁜 결과를 결정한다. 정치에서 프레임은 사회 정책과 그 정책을 수행하고자 수립하는 제도를 형성한다.

---

4) frame(한글과컴퓨터 영한엣센스) ① (건물·선박·비행기 따위의) 뼈대, 구조; (제도의) 조직, 기구, 구성, 체제. ② (인간·동물의) 체격, 골격. ③ 기분. ④ 틀; 테; 창틀; 틀형(型)[대(臺)](자수틀·식사대·선광반·방적기·식물 재배용 프레임); (미국속어) 주머니, 지갑; (pl.) 안경테; 액자; 배경, 환경. ⑤ 영화[텔레비전]의 한 화면, 구도; 〖TV〗 프레임(주사선의 연속으로 보내지는 한 완성된 영상); (미국구어) 야구의 1이닝[한 경기]; 〖권투〗 라운드, 회; 당구의 1회분 게임; (볼링·투구의) 번, 회; 〖컴퓨터〗 짜임, 프레임(a) 스크린 등에 수시로 일정 시간 표시되는 정보[화상]. b) 컴퓨터 구성 단위). ⑥【미국】 목조 가옥(~ house). (한글과컴퓨터 영어유의어사전) (n) framework, skeleton, structure, support, build, physique, shape, size. (v) design, devise, draft, draw up, formulate, write, set up trap

프레임을 바꾸는 것은 이 모두를 바꾸는 것이다. 그러므로 프레임을 재구성하는 것이 바로 사회의 변화이다(유나영 역, 2012: 17).

이 말에 따르면, 프레임은 사람의 행동 양식을 결정하는 심리적 구조체이다. 이 프레임은 개인 행위의 목적, 계획, 행동, 결과 등 일련의 개인적 활동을 결정한다. 더 나아가서는 한 사회의 정책과 정책 수행 및 제도를 형성한다. 프레임은 변화를 위한 근본 조건으로, 개인이나 사회가 변화를 하려면 프레임을 바꾸어야 한다.

이 프레임은 개인의 의식이 외부 세계와의 상호작용으로 형성되어 마음 속에 자리를 잡고 있다. 프레임은 특정한 대상을 인식하는 데 필요한 개념이나 상식적 지식, 인지적 습관, 사회적 관습 등의 요소들로 이루어져 있다.[5] 프레임을 구성하는 요소는 대상에 따라 달라진다. 또한 대상에 대한 개인의 경험에 따라서도 달라진다. 이는 프레임의 구성 요소가 고정되어 있기보다는 경험의 양에 따라 변화함을 뜻한다. 프레임의 구성 요소는 개별적으로 존재할 수도 있지만 서로의 유기적 관계 속에서 존재한다.[6] 예를 들면, 철골 구조물은 낱낱의 철골들이 서로 유기적으로 연결되어 하나의 형태를 이루고 있는 것과 같다. 프레임도 사람의 인식 작용과 행동 양식에 관여하는 심리 요소들의 구조적인 짜임이다. 프레임이 구조적이라는 것은

---

5) 프레임은 내적으로 구성 요소들을 갖는다. 프레임의 구성 요소는 프레임을 논의하는 방식에 따라 달라진다. 예를 들어 보그랑드와 드레슬러(Beaugrande and Dressler, 1981)는 프레임을 사전 지식(prior knowledges)의 한 형태로 보고, 어떤 중심적 개념이나 상황에 대한 상식적 지식을 포함하는 것으로 본다(박정준, 1994: 67). 이숙의(2011)는 토론 프레임을 논의하면서 토론 프레임은 주장하기, 반박하기, 끼어들기, 중재하기, 수긍하기, 정리하기 등의 하위 사건 프레임으로 구성된다고 분석하였다.

6) 레이코프는 프레임을 마음의 견고한 구조물로 표현했다. 프레임은 핵심 개념이며, 자체적으로 다양한 연관 개념과 네트워크를 이루어 하나의 사고 체계를 구성한다. 따라서 견고하게 구축된 프레임은 지각된 현실을 해부해서 판단하는 메스의 역할을 할 수도 있다(이동훈·김원용 역, 2012: 94).

프레임을 구성하는 요소들이 유기적으로 결합되어 상보적으로 작용함을 의미한다.[7] 그렇기 때문에 프레임을 구성하고 있는 한 가지 요소가 활성화되면 프레임 전체가 연동하여 작용한다.

> 프레임은 생각의 틀이고, 세상을 바라보는 새로운 시각이다(김경집, 2008: 4).
>
> 프레임은 우리가 현실을 이해하고, 판단할 때 작동하는 가이드라인의 역할을 한다. 우리는 프레임에 따라 받아들인 정보를 조합하여 현실을 머릿속에 재구성한다. 이렇게 머릿속에 재조합된 현실이 바로 우리가 이해한 대상으로서의 현실이다. 사실, 이 현실은 어떻게 보면 정보의 재조합 덩어리일 뿐이지 그 자체는 아니다. 그럼에도 집단이 공유하는 프레임은 구성원 각자의 모자이크 조각 같은 판단을 하나의 그림으로 완성시키는 역할을 한다. 결국 프레임은 공동체 구성원으로서, 또는 여론 형성의 기본 단위 의견의 담지자로서 개인이 상황을 인식하고 교류를 통해 의견을 집단화하는 출발점으로 작용한다(이동훈·김원용, 2012: 20).

프레임은 인식을 하게 하는 개념, 지각, 판단, 결정 등의 틀이면서 행위를 하게 하는 습관, 의지, 지향, 활동 등의 토대이다. 프레임은 사람의 인식이나 행위를 위한 프로그램과 같다. 개인의 인식 작용이나 과제 해결 행위를 프로그램에 따라 하는 것과 비슷하게 만든다. 대상의 인식 과정과 결과를 늘 유사하게 만들고, 과제 해결 행위의 형태를 늘 동일하게 만든다. 프레임을 이루는 요소는 개인마다 차이가 있을 수 있으나 개인 내에서의 작용은 일관성을 갖는다. 인식의 일관성은 인식 활동의 혼란을 방지하고, 정보의 처리를 자동화할 수 있게 한다.

---

7) 프레임은 어떤 중심적 개념이나 상식적 지식을 포함한다. (…중략…) '생일파티' 프레임을 예로 들자면 '누구의 생일이며, 선물로 적당한 것은 무엇이며, 생일파티에서 주로 이루어지는 사건들은 무엇인가'등에 대한 지식을 포함한다(박정준, 1994: 67-68).

> 프레임은 세계에 대한 우리의 가장 기본적인 상호작용을 가능하게 한다. 프레임은 우리의 아이디어와 개념을 구조화하고, 사유 방식을 형성하며, 심지어 지각 방식과 행동 방식에도 영향을 준다. 대부분의 경우에 우리는 프레임을 무의식적으로 그리고 자동적으로 사용한다. 즉 우리는 프레임을 제대로 파악하지 않은 채 사용하는 것이다(Lakoff, 2006, 나익주 역, 2012: 45-46).

프레임은 인식과 행위 과정에 의식적 또는 무의식적으로 작용한다. 생활에서의 모든 대상을 같은 방식과 형식으로 인식함으로써 인식 활동의 안정성과 효율성을 높인다. 프레임은 개인이 특정 대상을 동일하게 인식할 수 있게 함으로써 인지적 부담을 줄이고, 필요한 것에 집중할 수 있게 돕는다. 프레임은 결국 늘 같은 방식으로 대상을 인식하게 하는 틀이라 할 수 있다. 그렇기 때문에 대상을 새롭게 인식하기 위해서는 새로운 프레임을 필요로 한다. 또한 프레임은 개인이 사고 활동이나 과제 해결 행위를 할 때 자동적으로 개입하여 그 활동에 관여한다. 개인은 이 프레임의 작용으로 양식화된 인지 절차와 과제 해결 과정을 거쳐 문제를 해결한다. 프레임은 구조화된 행위의 틀이면서 행위의 지향점을 포함하고 있다. 그래서 개인들은 프레임에 따라 인식하고, 사고하고, 행동하여 과제를 성취할 수 있게 된다. 개인은 프레임의 작용으로 과제를 만족스럽게 해결할 수 있는 것이다.

> 한번의 결심으로 프레임은 쉽게 바뀌지 않는다. 이것이 습관으로 자리 잡을 때까지 리프레임 과정을 끊임없이 반복해야 한다. 프레임은 단순한 마음먹기가 아니다. 규칙적인 운동을 통해 근육을 늘리듯이, 규칙적이고 반복적인 연습을 통해 새로운 프레임을 습득해야 한다(최인철, 2010: 204).

프레임의 변화는 새로운 인지 능력과 활동 능력을 갖게 되는 것이다. 한 번 형성된 프레임은 잘 변화하지 않지만 프레임 구성 요소가 변화를 하게 되면 새로운 프레임이 형성된다. 프레임의 구성 요소 변화는 부분적일 수도 있지만 결과는 전체적인 변화를 이루게 된다. 프레임의 변화는 교육에 의하여 효과적으로 일어난다. 학교에서 일상의 경험과 다른 내용을 배우게 되면 프레임의 변화가 일어난다. 프레임이 변화하게 되면 개인은 기존의 프레임과 다른 새로운 프레임을 갖게 된다. 또한 개인이 다양한 주제에 대한 여러 가지 프레임을 가지게 되면 세계의 다양한 측면을 인식할 수 있게 된다.

책을 읽고 이해하는 활동도 프레임의 작용으로 이루어진다.[8)] 독자가 가진 읽기 프레임은 글을 읽을 때의 읽기 행위와 인지 과정에 관여한다. 독자가 어떤 읽기 프레임을 가지고 있는가에 따라 책을 읽는 방식과 과정, 결과가 달라진다. 독자의 읽기 활동이 읽기 프레임에 기초하여 이루어지기 때문이다. 독자의 읽기 프레임도 일반적 프레임의 속성을 가지고 있으면서 읽기에 한정된 특성을 가진다. 읽기 프레임은 독자의 읽기 경험과 읽기 학습을 통하여 형성되고, 강화되어 독자의 마음속에 자리를 잡고 있다. 그러다가 독자의 읽기 행위 과정과 의미 구성 내용에 관여함으로써 읽기 활동을 통제하고 조정하는 특성을 갖는다.

요컨대, 프레임은 사람이 인식하고, 이해하고, 판단하고, 행위하는 데 작용하는 심리의 틀이다. 사람의 인지 활동과 과제 해결 행위가 일정한 양식을 따르도록 하고, 같은 형태의 결과를 만들게 한다. 언어적으로 보면 프레임은 언어의 내용을 정해진 틀로 인식하여 의미를 이해하고 표현할 수 있게 한다. 그래서 생각과 생각 내용, 행동과 행동 방식이 일정한 양식에 따라 이루어지게 하여 정형성과 효율성을 갖게 한다.

---

8) 읽기에 대한 접근 이론 중에 스키마 이론이 있다. 스키마 이론은 개별 독자의 인지적 텍스트 이해 과정에 대한 정교한 설명을 제공한다. 읽기 프레임의 접근도 기본적으로는 스키마 이론의 논의를 포함하며 독자의 인지적 텍스트 이해 과정에 대한 관점을 공유한다. 그러면서 프레임 이론의 관심은 인지적 이해 과정에 작용하는 독자의 잠재적 읽기 심리, 습관적 읽기 행동 체계, 구성 의미 내용의 경향성 등을 포함하여 설명하려고 한다.

3. 읽기 프레임의 특징

읽기 프레임은 독자가 글을 읽는 과정에 작용하는 프레임이다. 독자는 읽기 프레임에 의존하여 책을 읽으며 의미를 구성하고, 읽기 활동을 수행한다. 독자의 읽기 행위는 읽기 프레임으로 설명될 수 있으며, 읽기 프레임의 변화로 바꿀 수 있다. 읽기 프레임의 의미와 특성을 살펴본다.

가. 읽기 프레임의 의미

독자의 활동을 프레임의 관점에서 볼 때, 글을 읽는 행위는 읽기 프레임을 토대로 이루어진다. 독자의 읽기 프레임은 일차적으로 텍스트의 내용을 인식하게 하는 심리 작용이다. 읽기 프레임은 독자가 텍스트에서 특정 정보에 주목하게 하고, 그 정보를 체계화하여 의미를 해석할 수 있게 한다. 더 나아가서는 텍스트의 의미를 한정하고, 일정한 형식적 틀 속에서 파악하게 한다. 즉 독자가 텍스트의 의미를 읽기 프레임에 맞추어 구성하게 한다. 독자는 읽기 프레임을 이용하여 의미를 구성하는 것이 아니라 읽기 프레임에 의존하여 의미를 구성하는 것이다. 독자에게 읽기 프레임이 없으면 독자는 글의 내용 파악은 할 수 있어도 주체적인 의미를 구성해 내지는 못한다. 읽기 프레임이 글의 내용을 인식하는 방향과 의미를 구성하는 틀을 결정하기 때문이다. 읽기 프레임이 텍스트의 의미 범주를 정하고, 의미를 판단할 수 있게 하는 것이다. 다음 글을 읽어 보면서 읽기 프레임을 확인하여 보자.

山是山 水是水	산은 산이고 물은 물이로다.
山不是山 水不是水	산은 산이 아니고 물은 물이 아니로세.
山卽是水 水卽是山	산이 곧 물이고 물이 곧 산이로구나.
山是山 水是水	산은 산이고 물은 물이다(靑原禪師 法語[9]).

'산은 산이고 물은 물이다'라는 말은 우리 사회에서 널리 회자되고 있다. 이 말의 의미는 사용하는 상황마다 다르다. 이 말은 청원유신선사(青原惟信禪師 ?~1117, 송나라 때 승려)의 법어로 알려지고 있는 선불교의 화두이다. 독자가 이 '청원선사 법어'를 읽을 때 그 의미는 개인이 가지고 있는 읽기 프레임에 따라 달라진다. 법어를 글자대로 의미를 파악하려고 하면 비논리적이어서 이해가 되지 않는다. 반면 불교의 선사가 한 말이라는 맥락을 생각하면 그 뜻을 분명하게 알지는 못하지만 이해가 되는 면이 있다. 더 나아가 자료를 찾아보게 되면 그 의미를 좀 더 깊이 이해할 수 있는 측면이 있다.

위 '법어'의 의미는 읽는 독자마다 다르다. 독자가 법어의 의미를 파악하는 과정에 각자의 읽기 목적, 배경지식, 인지 과정, 읽기 전략, 읽기 태도, 읽기 관점 등이 함께 작용하기 때문이다. 이 법어를 어떤 독자는 호기심에서, 어떤 독자는 그 의미 이해를 위해, 또 어떤 독자는 청원선사에 대하여 알아보기 위해 읽을 수 있다. 법어를 읽으면서 독자는 '산은 산이고 물은 물이다'라고 말한 성철 스님에 대한 기억을 떠올릴 수 있다. 또는 내용 전개의 논리적 구조를 따져 볼 수도 있고, 다른 사람에게 의미를 묻거나 인터넷 검색을 할 수도 있다. 또는 관련된 책을 찾아서 글의 맥락과 상황을 분석할 수도 있다. 이를 통하여 독자는 법어에 대한 의미를 구성하게 된다. 독자가 이 법어를 이해하는 데는 맥락 인식, 의미 탐구 의지, 읽기 습관, 읽기 경험,

---

9) 吉州青原惟信禪師 上當 (法語) 老僧三十年前未參禪時(노승삼십년전미참선시) 見山是山 見水是水(견산시산 견수시수) 及至後來親見知識有箇入處(급지후래친견지식유개입처) 見山不是山 見水不是水(견산불시산 견수불시수) 而今得箇 休歇處(이금득개 휴헐처) 依前見山秖是山 見水秖是水(의전견산지시산 견수지시수) 大衆這三般見解是同是別(대중저삼반견해시동시별) 有人緇素得出 許與親見老僧(유인치소득출 허여친견노승). 내가 삼십년 전 참선하기 전에는 산은 산으로 물은 물로 보았다. 그러다가 나중에 선지식을 친견하여 깨침에 들어서는 산은 산이 아니고 물은 물이 아닌 것을 보았다. 지금 휴식처를 얻고 나니 옛날과 마찬가지로 산은 다만 산이요 물은 다만 물로 보인다. 그대들이여, 이 세 가지 견해가 같은 것이냐 다른 것이냐? 이것을 가려내는 사람이 있으면 나와 같은 경지에 있음을 인정하겠노라. 속전등록(續傳鐙錄) 22권 p.273.

관련 자료, 주제 관련 관심 등이 복합되어 작용한다. 독자가 법어를 읽어 의미를 이해하는 데 관여하는 여러 요소들이 구조적으로 결합되어 글을 읽게 하고, 의미를 구성하게 한다.

법어는 독자가 관련 읽기 프레임을 가지고 있는가에 따라 다르게 읽힌다. 불교 관련 텍스트에 관심과 경험이 많지 않아 이와 관련된 읽기 프레임이 없는 독자는 처음과 마지막 구절에 관심을 두고 읽을 것이다. 그래서 법어를 축어적인 의미로만 이해할 것이다. 그리고 '산은 산이고, 물은 물이다'라는 말을 일상생활에서 대상을 있는 그대로 보라는 의미로 사용할 것이다. 반면 불교 관련 텍스트를 읽어서 그와 관련된 읽기 프레임을 가진 독자는 가운데 두 구절에 관심을 두고 읽을 것이다. 그리고 법어에 들어 있는 함축적 의미를 찾으려고 할 것이다. 그래서 책을 찾아보거나 구절의 내용을 추체험해 보기 위해 노력할 것이다. 그리고 이 구절의 뜻을 마음속에 새기지만 일상에서 함부로 사용하기를 꺼려할 것이다. 이 두 부류의 독자가 법어를 이해하고 활용하는 차이는 읽기 프레임의 차이에서 비롯된 것이라 할 수 있다.

읽기 프레임은 독자가 의미 구성을 하는 과정에서 독자의 인지 활동과 읽기 행동을 관리한다. 독자의 인지와 행동을 관리한다는 말은 읽기 프레임에 의하여 읽기 행위가 이루어짐을 의미한다. 읽기 프레임은 독자의 심리 구조체로서 의식의 심층에 존재하면서 읽기 과정에 관여하는 것이다. 앞의 발췌록이나 법어 읽기에서 볼 수 있듯이 독자의 읽기 프레임은 글의 내용에 대한 인지적 접근, 관심 부분, 의미 해석, 정서적 반응, 행위적 실천뿐만 아니라 하나의 읽기 주제에 대한 장기적 독서 지향을 포함한다. 읽기 프레임은 읽기 과정에서 독서 의지나 신념을 제공하고, 지향하는 읽기의 목표에 따라 읽기 활동을 관리하고 조절한다. 읽기 프레임은 내재적인 인식의 틀과 외재적인 행위의 틀을 동시에 포함하고 있는 것이다. 그래서 독자는 읽기 프레임에 의지하여 읽기를 할 수 있게 된다.

독자가 특정 읽기 프레임을 형성하여 지니게 되면 그 프레임의 작용은 자동화된다. 위 두 독자를 비교해 보면, 전자의 독자는 불교 관련 특정 읽기 프레임이 없기 때문에 관련 프레임이 작용하지 않는다. 법어를 읽으면서 승려가 한 말이라는 것은 인식하지만 그 의미를 적극적으로 해석하거나 탐구하려고 하지 않는다. 관련된 읽기 프레임이 없어 법어를 읽는 과정에 관여를 하지 않는 것이다. 그렇지만 후자의 독자는 관련 읽기 프레임을 가지고 있다. 그래서 법어를 읽을 때마다 읽기 프레임이 관여함으로써 의미 구성의 내용과 인식 활동에 대하여 점검하고, 더 깊이 있는 이해를 하도록 한다. 이때 독자는 관련된 읽기 프레임을 의도적으로 회상하고 개입시키지 않지만 읽기 프레임이 자동적으로 개입하여 법어의 의미를 해석하게 한다.

읽기 프레임은 독자가 특정 읽기 주제[10]와 관련된 글을 읽는 행위를 구조화한다. 읽기 주제와 관련된 글에 관심을 가지게 하고, 텍스트 읽는 방법을 결정하게 하며, 글을 읽어 구성해야 할 의미도 규정한다. 즉, 읽기 프레임은 읽기 주제와 관련하여 읽기가 이루어지게 하는 토대를 이루는 심리적 틀이다. 프레임이 심리 구조체로서 삶의 문제에 영향을 주듯이 읽기 프레임은 독자의 읽기 심리 구조체로서 읽기 활동에 영향을 준다. 독자의 읽기 주제와 관련하여 인지적, 정서적, 행위적 활동을 관리하는 것이다. 독자가 특정 주제에 대한 읽기 프레임을 형성하고 있으면 읽기를 효과적으로 수행할 수 있게 된다. 읽기 프레임이 읽기 주제와 관련된 글을 읽을 수 있는 토대를 제공하기 때문이다.

읽기 교육에서 학생이 읽기 프레임을 이해하고 활용할 수 있도록 하는 것이 필요하다. 읽기 기능에 대한 교육만으로는 학생을 읽기 능력이 높은

10) 주제는 독자가 관심을 가지고 있어 읽기 프레임의 활동하는 범위 내에 들어 올 수 있는 글이나 책의 내용을 의미한다.

독자로 길러낼 수 없다. 읽기 프레임을 교육하여 학생이 자신의 읽기 행위에 대한 이해와 관심이 있는 읽기 주제에 대하여 깊이 있는 읽기를 하게 함으로써 읽기 능력이 높은 유능한 독자가 되도록 할 수 있다. 또한 읽기 프레임의 특성을 알게 하여 여러 읽기 프레임을 바탕으로 타당성과 합리성을 추구하는 의미 구성을 하도록 할 수 있다. 읽기 프레임의 교육 가능성을 탐색해 보기 위해서는 그 특성을 알아보아야 한다. 이는 읽기에 대한 이해의 폭을 넓혀 줄 뿐만 아니라 읽기 프레임을 토대로 한 읽기 교육의 접근 가능성을 알려줄 것이다.

나. 읽기 프레임의 특성

독자의 읽기에 관여하는 읽기 프레임은 읽기 경험, 관심 주제, 배경지식, 읽기 지향, 읽기 기능, 도서 정보, 읽기 태도 등 여러 가지 요소들로 이루어진다. 읽기 프레임의 구성 요소는 독자가 속한 사회·문화적 환경, 독서 문화, 독서 교육, 개인 독서 성향 등에 따라 다를 수 있다. 그렇지만 읽기 프레임의 구성 요소들은 특정한 경향성을 공유하면서 개별 독자의 읽기 프레임의 특성을 드러낸다. 읽기 프레임은 비교적 오랜 시간에 걸쳐 여러 읽기 관련 요소들이 결합되어 형성되면서 그 특성을 가지게 되고, 그 특성은 독자의 읽기 활동을 통해 드러난다. 그래서 읽기 프레임의 특성은 독자의 읽기 활동 과정에 작용하는 읽기 요소들의 속성으로 규정할 수 있다. 읽기 프레임을 구성하는 대표적인 요소들의 속성들을 분석하여 특성을 살펴보자.

> 大學之道 在明明德 在親(新)民 在止於至善
> 대학지도 재명명덕 재친(신)민 재지어지선

이 글귀는 누구나 잘 아는 『대학(大學)』의 첫 구절이다. 이 구절의 해석은 독자에 따라 다를 수 있다. 이 문구를 해석하는 데 작용하는 읽기 프레임의 특성이 독자마다 다르기 때문이다.

㉠ '大學'의 도는 明德을 밝히는 데 있으며, 백성을 새롭게 함에 있으며, 至善에 그침에 있다(성백효, 2004: 23).
㉡ 큰 배움의 길은 밝은 덕을 밝히는 데 있으며, 백성을 친하게 하는 데 있으며, 지선의 이상 사회를 향해 매진하는 데 있다(김용옥, 2009: 270).

㉠은 『대학·중용 집주(大學·中庸 集註)』의 자의(字意)에 충실한 해석이다. 사회의 지도자 될 사람이 개인적으로 확립해야 할 학문의 목표를 강조한 해석이다. ㉡은 사회적 실천에 중점을 둔 해석이다. 사회의 지도자가 될 사람이 지향하는 이상 사회를 향한 실천적 학문의 목표를 강조한 해석이다. ㉠이 개인적 수양에 초점을 둔 해석이라면 ㉡은 사회적 실천에 초점을 둔 해석이라 할 수 있다. 이러한 해석의 차이를 읽기와 관련지으면 읽기 프레임의 특성 차이라고 할 수 있다. 읽기 프레임의 특성 차이를 좀 더 구체화하기 위하여 위 구절의 '명명덕(明明德)'에 대한 해석의 차이를 다른 예를 통하여 살펴보자.

① 명(明)은 밝힘이다. 명덕(明德)은 사람이 하늘에서 얻은 바, 허령(虛靈)하고 어둡지 않아서 중리(衆理)를 갖추고 있고, 만사(萬事)에 응하는 것이다. 다만 기품(氣稟)에 구애된 바와 인욕(人慾)에 가리운 바가 되면 때로 어두울 적이 있으나, 그 본체의 밝음은 일찍이 쉬지 않는다. 그러므로 배우는 자가 마땅히 그 발(發)하는 바를 인하여 마침내 밝혀서 그 처음을 회복해야 한다(성백효 역, 2004: 23). 大學者大人之學也 明明之也 明德者人之所得乎天而虛靈不昧 以具衆理而應萬事者也 但爲氣稟所拘 人欲所蔽 則有時而昏 然其本體之明 則有未嘗息者 故學者當因其所發而遂明之 以復其初也

② 두 개의 명(明)자를 모름지기 분명하게 이해할 것이니 그 두 번째의 명자는 광명(光明)의 명이니 이것은 자기 마음의 본체를 가리킴이고, 첫 번째 명자는 두 가지 뜻이 있나니 하나는 오명(悟明)의 명이고 또 하나는 소명(昭明)의 명 그것이다. 만일 첫 번 명덕 위에 나아가 자기의 공부를 말한다면 곧 깨달아 밝히는 오명의 명이니 말하자면 이 명덕은 나에게 본래 있는 성품이다. 다만 언제가 미(迷)해서 알지 못함이 마치 어떤 미한 사람이 공연히 자기 머리가 없다고 말하여 사방에 헤매면서 찾았으나 찾아 얻지를 못하다가, 어느 날 홀연히 깨달아서 '본래 자기 머리가 여전히 있었고 본래부터 잃어버리지 아니함'을 당장에 아는 것과 같다(원조각성 역, 2002: 42~43). 兩個明字를 要理會得有分曉니 且第二個明字는 有兩意하니 若就明德上하야 說自己工夫하면 便是悟明之明이니 謂明德은 是我本有之性이라. 但一向迷而不知하야 恰是一個迷人이 只說自家沒了頭하야 馳求不得이라다 一日에 忽然省了 當下知得本頭가 自在하야 原不曾失이라.

위 두 글은 '명명덕(明明德)'이 무엇인가에 대한 설명이다. ①은 유학의 관점에서 정이(程頤(伊川) 1033~1107, 송나라 때 유학자)가 한 말이고, ②는 불교적 관점에서 감산대사(憨山大師 1546~1623, 명나라 때 승려)가 한 말이다. 유학의 관점에서 '명덕(明德)'은 사람이 본디부터 타고난 바른 이치로 된 마음의 본체이다. '명명덕(明明德)'은 개인의 '기품'과 '욕심'에 얽매이거나 가려져 있는 바른 마음의 본체를 밝혀 회복하는 것이다. 이 말은 명덕의 밝힘이 바르지 못한 품성을 바르게 하는 것임을 강조하는 것이다. 이는 앞의 ㉠과 관련되어 있으며 개인이 외적 탐구와 노력을 통한 바른 내적 심성을 기룰 수 있도록 수양하는 것을 강조한다. 반면 ②의 불교적 관점에서 명덕은 개인이 가지고 있는 밝고 바른 마음의 본체이다. 개인은 자신이 그것을 가지고 있지만 가지고 있음을 알지 못한다. 그래서 배움을 통하여 자신에게 바른 마음의 본체가 있음을 깨달아야 함을 강조한다. 즉 명덕의 밝힘은 자신의 무지를 없애고 지혜를 갖게 되면 저절로 이루어진다는 것이다.

명덕이 개인의 기품에 얽매이거나 인욕에 가려져 있다고 인식하느냐, 어리석어[미혹(迷惑)] 분명하게 깨닫지 못한다고 인식하느냐는 명덕을 밝히는 방식의 차이를 가져온다. 정이는 명덕이 드러나지 못함이 기품과 인욕 때문이기에 명덕을 밝히기 위해서는 심성을 바르게 하기 위한 수양이 필요하다고 인식하였다. 반면 감산대사는 미혹 때문이라고 보기에 지혜를 얻어 밝혀 아는 것이 필요하다고 인식하였다. 두 사람의 이러한 텍스트 해석 방식과 읽기 과정은 『대학(大學)』을 읽는 내내 유지될 것이고, 관련된 다른 책을 읽을 때에도 마찬가지일 것이다. 두 사람의 읽기 활동은 각자의 읽기 프레임의 특성을 바탕으로 이루어지기 때문이다.

위에서 볼 수 있는 바와 같이, 두 사람의 읽기 프레임의 특성은 읽기 프레임을 구성하고 있는 구성 요소들의 속성 때문이다. 읽기 프레임을 구성하고 있는 요소들이 특정 속성을 가지고 있기 때문에 두 사람의 읽기 프레임이 다른 특성을 드러낸다고 할 수 있다. 독자의 읽기 프레임은 구조적으로 작용을 하는 체계로 일관성 있으면서 정형적이며 일정한 지향성을 가진다. 이는 읽기 프레임을 구성하고 있는 독자의 읽기 관련 심리 요소들의 특정 속성 때문이다. 즉 읽기 프레임을 이루고 있는 읽기 목표나 배경지식, 읽기 기능, 읽기 태도 등이 특정한 경향성을 띠는 성질을 지니고 있기 때문인 것이다.

읽기 프레임의 특성을 드러내는 특정한 속성을 지니는 독자의 주요 심리 요소를 들면 다음과 같다. 정체된 배경지식, 습성화된 읽기 기능, 범주화된 도서 정보, 고착된 읽기 목적, 전일적 주제 탐구 의지, 정형화된 읽기 습관과 태도 등이다. 읽기 프레임의 특성은 읽기 프레임을 구성하고 있는 요소들이 정형화되고, 고정화된 습관적 속성에서 비롯되는 것이다. 읽기 프레임의 특성을 드러내는 구성 요소의 속성을 살펴보면 다음과 같다.

1) 정체된 배경지식

읽기 프레임을 이루는 핵심 요소는 읽기 주제와 관련된 독자의 배경지식이다. 윗글 ①과 ②를 비교할 때 일차적으로 알 수 있는 것은 두 사람의 배경지식이다. ①의 저자는 유학의 학문적 전통에 뿌리를 두고 있는 학자이다. ②의 저자는 불교의 학문적 전통에 뿌리를 두고 있는 승려이다. 명명덕의 의미 해석에 대한 두 사람의 차이는 기본적으로 배경지식에서 비롯되었다. ①의 저자는 유학 경전을 공부하면서 갖게 된 지식을 명명덕의 해석에 활용했고, ②의 저자는 불교 경전을 공부하면서 얻은 지식을 활용했다.

독자의 배경지식은 읽기 프레임의 필수 요소이다. 읽기 주제와 관련된 배경지식은 독자가 구성하는 의미에 직접 관여하기 때문이다. 그래서 독자가 읽기 주제와 관련된 배경지식이 없을 경우에는 글을 읽기 어렵다. 글의 내용이 독자의 인지 활동 과정 속으로 들어오지 않거나, 들어 와도 기존의 인지 내용 정보들과 결합을 하지 못하기 때문이다.[11] 이는 배경지식이 글의 내용을 선별적으로 수용함을 의미한다. 그러면서 의미 구성에 중심 역할을 하여 독자가 구성하는 의미를 결정하는 것이다.

읽기 프레임을 구성하고 있는 배경지식은 프레임의 구조적인 틀 내에서 기능을 한다. 배경지식이 읽기 프레임 내에 자리를 잡게 되면 정체되는 특성을 갖는다. 읽기 프레임을 이루는 배경지식은 익숙한 정보나 내용에만 반응함으로써 쉽게 변화하지 않는 것이다. 새롭거나 다른 것을 수용하지

---

11) 신경과학에 의하면 우리가 가지고 있는 모든 개념들 — 우리 생각의 구조를 이루는 장기적인 개념들 — 은 우리 두뇌의 시냅스에 구체화되어 있습니다. 개념들은 누가 사실을 알려 준다고 해서 바뀔 수 있는 것이 아닙니다. 우리는 사실을 접할 수 있지만, 우리에게 그것이 의미를 지니려면 그것은 우리 두뇌에 존재하는 시냅스와 맞아떨어져야 합니다. 그렇지 않으면 사실은 우리 머릿속으로 들어왔다가 그대로 밖으로 나갑니다. 그것은 우리 귀에 아예 안 들어오거나 사실로 받아들여지지 않습니다. 우리는 상대방의 말을 이해하지 못하고 어리둥절합니다. 그러고는 그것이 비합리적이거나 미쳤거나 어리석은 것이라고 딱지를 붙여 버립니다(유나영 역, 2012: 49).

않는 배경지식은 피아제가 말하는 동화나 조절 작용을 하지 않고 지속적으로 평형화 상태를 유지한다. 즉 정체된 배경지식이 된다. 이는 독자가 인지적으로 안정된 상태를 유지하면서 의미를 구성할 수 있게 해 준다. 그러면서 정체된 배경지식은 독자가 구성할 의미를 적극적으로 제한한다. 읽기 프레임을 이루고 있는 다른 요소들과 연합하여 독자가 읽기 프레임에 맞는 의미를 구성하도록 한다. 그래서 정체된 배경지식으로 독자가 글을 읽고 구성하는 의미는 동질성을 갖게 된다. 여러 가지 글을 읽어도 같은 형식의 의미를 구성하게 되는 것이다. 앞의 발췌본을 읽는 독자나 위의 자료 ①과 ②의 필자들이 다른 글을 읽으면서 구성할 의미를 상상해 보면 쉽게 알 수 있다.

정체된 배경지식은 고정된 형태로 작용을 하기 때문에 의미 구성의 형식적 틀로 작용한다. 특히 배경지식 중 형식적 지식(형식 스키마)는 독자가 읽고 있는 텍스트의 내용을 같은 형식 속에 넣을 수 있도록 한다. 이는 의미 구성의 높은 효율성을 제공하는 역할도 하지만 동형의 의미만을 구성하게 하는 역할을 한다. 그래서 독자가 한정된 의미만을 재생산하게 하는 역할을 한다. 이는 배경지식이 변화를 중단하거나 변화가 지체됨으로써 빚어지는 일이다. 읽기 프레임의 배경지식을 바꾸기 위해서는 새로운 관점으로 글을 읽으면서 지식을 축적하여 다른 관점의 지식을 습득해야 한다. 새로운 지식을 바탕으로 다른 안목을 얻게 되었을 때 새로운 배경지식을 갖게 되어 읽기 프레임을 변화시킬 수 있다.

2) 습성화된 읽기 기능

독자가 어떤 글을 읽더라도 읽기 기능이 필요하다. 위의 자료 ㉠, ㉡에는 구절을 해석하는 기능이, ①, ②에는 어구를 해석하는 기능이 사용되었다. ①, ②를 쓴 두 사람은 어구를 해석하면서 주로 배경지식을 활용하고, 선행 관련 자료를 참조하여 의미를 구성하는 기능을 사용했다. 이들 두 사람이 사용한 읽기 기능을 떠올려 보면, 관련된 글을 읽을 때는 늘 같은 읽기 기능을 사용했을 것이다. 읽기 프레임을 구성하고 있는 읽기 기능은 습관화되어 있어 자동적으로 활용되고, 일정 부분 습성화된 형태를 띠고 있기 때문이다. 독자는 책을 읽을 때 이미 익숙해진 읽기 기능을 활용한다. 특정한 부분이나 내용에 초점을 맞추고, 특정한 방식으로 내용을 해석하고 의미를 구성한다. 그래서 독자가 의식적으로 글의 내용에 접근하지 않으면 항상 같은 방식으로 내용을 해석하게 된다. 독자들이 특정한 형태로 의미를 구성하는 것은 읽기 프레임의 구성 요소인 읽기 기능의 영향인 것이다.

읽기 기능은 독자가 글의 내용을 파악하고, 해석하고, 이해하는 과정에서 사용하는 인지 도구이다. 독자는 글을 읽으면서 이들 도구를 선택하고, 이를 사용하여 의미를 구성하게 된다. 독자가 선택하고 사용하는 읽기 기능에 의하여 글의 내용이 파악되고 의미가 구성되는 것이다. 읽기 기능이 글의 내용과 독자의 인지가 상호작용하도록 매개하고 읽기가 읽어나도록 한다. 독자는 특정한 읽기 기능을 의도적으로 사용할 수도 있지만 대개는 습성화된 읽기 기능을 무의식적으로 사용한다. 늘 사용하는 읽기 기능을 선택하고, 같은 방식으로 사용하게 되는 것이다. 그래서 독자의 의미 구성 과정은 늘 유사하게 된다. 습성화된 읽기 기능은 자동성을 가지고 있어서 독자의 의미 구성 과정에서 인지적 부담을 줄이고, 활동의 효율성을 높여 준다.

읽기 프레임을 구성하고 있는 습성화된 읽기 기능은 친숙성, 반복성, 특유성 등의 특성을 갖는다. 친숙성은 독자의 특정 읽기 기능 사용이 자연스럽고 능숙한 것을 말한다. 독자가 읽기 프레임에 의한 읽기를 할 때에 활용되는 읽기 기능은 늘 사용하던 방법이어서 익숙하게 사용한다. 반복성은 읽기를 할 때마다 계속하여 사용함을 의미한다. 어떤 텍스트를 읽건 익숙한 읽기 기능을 사용해 내용을 파악하는 것을 말한다. 독자는 읽기 기능을 무의식적으로 반복하고 있기에 그 기능이 효과적인지 문제적인지를 점검하지 않는다. 늘 같은 방식으로 글을 읽고 의미를 구성한다. 특유성은 독자의 읽기 기능 사용의 독특성을 말한다. 읽기 프레임을 가진 독자는 읽기 기능 사용에 그 개인만의 특성이 있다. 실제 독자들은 기능의 특유성을 누구나 가지고 있다고 할 수 있다. 예를 들어 텍스트 중심으로만 읽기도 하고, 다른 텍스트를 참조하기도 하고, 다른 사람과 의논하기도 하는 등 읽기 기능을 그 독자의 특정한 방식으로 사용하는 경우가 그것이다.

3) 범주화된 도서 정보

독자가 관심을 가지고 있는 읽기 주제에 대한 도서 정보는 독자의 읽기의 방향과 구성할 의미 내용에 적극적인 영향을 준다. 독자가 주제를 탐구하는 독서를 함에 있어 관련 도서의 정보는 필수적이다. 앞의 '법어'나 '명명덕'의 해석과 관련하여 두 사람의 관련 도서 정보를 떠올려 보면, 읽기 프레임 속에 들어 있는 관련 도서의 정보를 대강 예측할 수 있다. 독자들은 읽기 주제와 관련된 도서의 정보를 바탕으로 읽을 계획을 세우고, 읽기 의지를 강화하고, 구성할 의미에 대한 확신을 가진다. 도서 정보는 독자가 구성할 의미의 방향을 정하여 주는 강력한 힘이 된다. 도서 정보는 독자가 구성할 의미에 근거가 되어 읽기 의지와 신념을 공고히 가질 수 있게 하기 때문이다. 읽기 프레임을 구성하는 도서의 정보는 독자가 읽는 글을 통하여 계속하여 모으면서 그 역할이 더욱 공고해진다.

독자가 인식하게 되는 도서 정보는 다양하다. 이들 도서 정보 모두가 읽기 프레임을 구성하는 것은 아니다. 여러 정보 중에서 주제에 대한 선입관과 관련이 있는 정보만 읽기 프레임의 구성 요소가 된다. 독자는 책에 대한 선입관으로 책을 선택하고, 책을 통하여 습관적 의미를 확인하는 데 도서 정보가 절대적인 영향을 주게 된다. 독자는 읽기 프레임으로 글을 통하여 보고 싶은 것만 보게 되기 때문이다. 독자가 주제 관련 도서의 정보를 얻게 되는 경로는 다양하다. 학생들의 경우에는 학교 교육을 통하여 정보를 얻는다. 반면 일반적인 독자들은 읽는 과정에서 도서 정보를 얻게 된다. 또 다른 한 가지는 다른 사람과 대화를 통하여 도서에 대한 정보를 얻게 된다. 이들 도서 정보들이 독자에게 의미 있는 것으로 받아들여질 때 읽기 프레임의 요소로 작용한다. 도서 정보의 읽기에 대한 영향력은 그 힘에 비례한다. 정보에 대한 힘의 크기는 어디에서 그 정보를 얻었느냐와 관련된다. 독자의 신뢰가 큰 곳에서 얻은 도서 정보가 큰 힘을 가지게 된다.

도서 정보는 독자의 의미 구성뿐만 아니라 책의 선택에도 영향을 준다. 강력한 정보는 책을 먼저 선택하여 집중하여 읽게 하고, 약한 정보는 책을 읽을 목록에서 배제하거나 후 순위로 밀려나게 한다. 이는 도서 정보가 독자의 주제 탐구에 직접적인 영향을 줌을 의미한다. 또한 이는 도서 정보가 읽기 프레임의 중요 요소임을 나타낸다. 책에서 어떤 의미를 구성하고, 어떤 책을 연결하여 읽을지를 결정하기 때문이다. 도서 정보의 의의를 조금 더 확대하면 독자가 어떤 의미를 구성하기 위하여 어떤 책을 읽어야 할지를 미리 결정하게 한다. 독자의 읽기 행위를 강력하게 관리하고 조정하는 역할을 도서 정보가 하게 되는 것이다. 독자는 이런 점에서 도서 정보를 신중하게 모으고 판단을 하는 것이 필요하다. 독자는 읽기 주제를 효과적으로 탐구할 수 있는 도서 정보를 모으는 것이 필요하다.

읽기 프레임을 구성하고 있는 요소로서의 도서 정보는 범주화되어 있다. 프레임을 지닌 독자는 특정한 책을 중심으로 자신의 독서 세계를 구성한다. 이러한 범주화는 몇 가지 특징을 갖는다. 도서를 선택하거나 도서에 대한 판단에서 특정 도서만을 한정하여 선택하는 경향성을 갖는다. 논리적으로는 세상의 모든 도서에 대하여 독자는 선택하고 읽을 수 있다. 그러나 프레임으로 범주화되어 있는 도서 정보는 선별성이 있고 배제성의 경향을 지닌다. 그래서 특정 도서만을 선택하여 읽게 만든다. 범주화는 유사성을 전제한다. 독자는 서로 관련이 있으면 유사한 내용을 담고 있는 도서에 관심을 보인다. 관심이 있는 주제에 대한 동질적인 도서에 더 많은 관심을 가지게 되는 것이다. 읽기 프레임의 구성 요소로서의 도서 정보의 유사성이라는 말은 제한성과 배제성을 동시에 포함하고 있다. 유사한 도서에 관심을 가짐으로써 다른 도서 정보에는 관심을 갖지 않게 된다. 그래서 독자는 특정 도서만을 선택하여 읽게 된다.

4) 고착적 읽기 목적

읽기 목적은 읽기 프레임의 외적 중핵 요소이다. 앞의 '명명덕'에 대한 ①과 ②의 필자를 생각하여 볼 때, 두 사람은 내재적으로 읽기 목적을 가지고 있다. 이 읽기 목적은 책을 읽을 때마다 바뀌는 것이 아니다. 잠재적으로 마음속에 존재하면서 글을 읽는 과정 속에 지속적으로 작용한다. 독자가 글을 읽는 과정에 초인지의 형태로 작용하여 읽기 행위와 의미 구성 내용을 관리하고 통제한다. 읽기 목적은 독자의 인지 활동 자체가 아니라 인지 활동 외부에서 인지 활동에 강하게 영향력을 행사한다. 이 읽기 목적은 독자의 읽기 행위에 내적 정당성을 부여하고, 읽기 활동에 다른 활동보다 우위적 지위를 부여한다. 그래서 독자가 읽기 활동에 가중치를 두게 함으로써 다른 경쟁 활동을 제치고 읽기를 할 수 있도록 한다.

읽기 목적도 읽기 학습이나 읽기 활동 속에서 형성되고, 확고하게 된다. 학생의 경우에는 학습을 통하여 읽기 목적을 설정하고, 일반 독자는 책을 읽거나 과제를 수행하면서 읽기 목적을 정한다. 읽기 목적은 의도적으로 정하는 경우도 있지만 무의식중에 형성되는 경우가 많다. 읽기 목적은 독자가 이루어야겠다는 의식을 가지게 될 때 목적으로서의 가치를 가진다고 할 수 있다. 하나의 읽기 목적이 이루어지면, 독자는 다르거나 좀 더 높은 읽기 목적을 가지게 된다. 예를 들어 『大學』을 불교의 관점에서 본질을 깨치는 원리를 이해하는 것[12]을 목적으로 할 때, 그 원리를 『大學』을 통해 이해하게 되면 읽기 목적에 도달하게 된다. 그렇게 되면 유학의 다른 책을 이해하기 위한 읽기 목적으로 수정된다. 읽기 프레임 속의 읽기 목적은 개별 책에 한정되기보다는 읽기 화제나 주제와 관련되어 있다. 읽기 프레임의 구성 요소인 읽기 목적은 단기간 내에 형성된 것이 아니기 때문에 거시적인 속성을 가진다. 거시적이기 때문에 장기간의 읽기를 통하여 이루어야 하고, 심리적으로 미래 지향적이고 쉽게 변하지 않기 때문에 고착성을 갖는다.

읽기 프레임은 읽기 목적으로 인하여 분명하게 드러난다. 읽기 프레임이 읽기 활동을 배후에서 조절할 때 읽기 목적을 늘 앞세운다. 그래서 독자가 글을 왜 읽고 있는지를 반성해 보면 읽기 목적을 인식할 수 있다. 읽기 목적이 파악되면 읽기 프레임은 그 실체를 드러내게 된다. 읽기 프레임의 인식은 독자가 탐구할 주제를 위하여 읽어야 할 책과 읽기 방법, 읽기 일정, 읽는 관점 등을 알게 해 준다. 그래서 읽기 목적이 독자에게 분명하게 파악되어 있을 때 읽기 프레임의 구조와 기능은 효율성을 가진다.

읽기 프레임의 구성 요소로서의 읽기 목적은 읽기 주제와 관련하여 습관화된 지향점을 갖고 있다. 습관화된 지향점은 생각이나 행동을 의도적으로 하려고 하지 않아도 그렇게 됨을 뜻한다. 읽기 프레임은 습관성이 있는 읽기 목적을 포함하고 있다. 이 습관화된 읽기 목적은 지속성과 동일성을 갖고 있다. 읽기 프레임이 변화하거나 다른 읽기 프레임을 갖지 않으면 읽기 주제에 대한 읽기 목적은 지속된다. 독자는 늘 같은 목표로 책을 읽는 것이다. 동일성은 그 목적이 특정 텍스트를 읽을 때에도 늘 동일하게 적용된다는 것이다. 동일성을 말하는 것은 텍스트를 읽을 때 독자의 의식이 다른

12) 예로 감산대사(憨山大師)가 쓴 '대학강목결의(大學綱目決疑)를 들 수 있다.

읽기 목적에 대한 생각을 가질 수 있지만 이는 곧 무시되고, 사라짐을 뜻한다. 그리고 습관적으로 가지고 있는 목적이 늘 독자의 의식에 자리를 잡고 있게 된다. 하나의 읽기 프레임 속에 있는 읽기 목적은 고정성을 갖게 된다는 의미도 된다. 고정성은 텍스트를 읽는 독자의 읽기 목적이 습관화되어 이미 정해져 있는 대로 따른다는 것이다. 그래서 목적의 변경이 쉽게 일어나지 않게 되는 것이다. 이러한 읽기 목적은 독자가 텍스트를 읽을 때 독자가 의식하지 않아도 자동으로 읽기 행위에 개입하게 된다. 그러면서 텍스트를 읽을 때마다 반복된다.

5) 전일적 주제 탐구 의지

읽기 프레임은 읽기 주제를 탐구하려는 의지와 상보적으로 형성되고 실현된다. 읽기 프레임이 독자의 읽기 과정에 활용되기 위해서는 일관되게 주제를 탐구하려는 의지가 있어야 한다. 읽기 프레임의 구성 요소인 주제 탐구 의지는 지속적이면서 습관적이다. 위의 ①, ②를 쓴 두 사람을 생각하여 볼 때, 이들은 각자의 관점에서 글을 읽으려는 강한 의지를 가지고 있다. 하나의 관점에서 주제를 탐구하려는 의지를 가지기 때문에 전일(專一)적 특성을 갖는다고 할 수 있다. 그래서 같은 글을 여러 번 반복하여 읽고, 관련된 글을 찾아서 지속적으로 읽는다. 이로써 글의 전체 내용에 대한 의미를 구성하고, 일관성 있는 글에 대한 해석을 할 수 있게 된다.

주제 탐구 의지는 읽기 프레임이 필요로 하는 글을 찾아 꼭 읽어야 한다고 여기는 심리이다. 주제 탐구 의지는 의식적이기보다는 잠재의식적이고, 순간적이기보다는 지속적으로 작용한다. 그래서 독자는 잠재의식 속에서 지속적으로 주제를 탐구해야 한다는 의식이 작용하기 때문에 기회가 있을 때마다 책을 읽는다. 주제 탐구 의지는 읽기 주제와 관련된 글을 읽게 하고, 글을 읽을 때에 어려움을 만나면 이를 적극적으로 해결할 수 있게 한다.

이것이 독자가 읽기 주제와 관련된 글을 꾸준히 읽을 수 있게 한다.

주제 탐구 의지의 형성에는 내적 요인이 작용할 때와 외적 요인이 작용할 때가 있다. 내적 요인은 독자가 읽기 과정에서 주제에 흥미를 느끼게 되어 주제 탐구 의지가 강해지고 습관화되는 것이다. 외적 요인은 주제 탐구에 대한 다른 사람의 강조나 주제 탐구의 가치에 대한 설득이 독자에게 탐구 의지를 갖게 하는 것이다. 이 탐구 의지는 성공적인 읽기 경험에 기대어 강화된다. 한 권의 책을 끝까지 읽는다든가 책에서 가치 있는 의미를 발견한다든가 읽기 목표에 한 걸음 다가갔다고 생각할 때 강해진다. 읽기 성공 경험은 탐구 의지를 강화하여 일상생활에서 읽기를 지속할 수 있게 한다.

주제 탐구 의지의 전일성은 읽기 프레임의 실현적 요인이기도 하다. 독자가 전일적 주제 탐구 의지에 의하여 책을 읽어 나가게 되면, 읽기 프레임을 끊임없이 환기시켜 동형의 의미를 재생산하게 한다. 전일적 주제 탐구 의지는 습관화되어 있어서 지속적이고 일관성 있는 읽기의 과정을 수행할 수 있게 만든다. 또한 읽기 과정에서 생겨나는 독자의 심리적 갈등을 해소하게 한다. 책을 읽는 활동은 심리적인 어려움을 동반하는데 독자는 이를 회피하고픈 마음도 있다. 생리적으로도 몸은 늘 편안함을 추구하고, 힘을 들여 읽는 것을 싫어하기 때문이다. 이들 심리적, 생리적 갈등의 극복은 전일적 주제 탐구 의지가 이루어낸다. 주제 탐구에 대한 강한 의지가 작용할 때 갈등이 극복되어 읽기 활동이 지속된다.

읽기 프레임을 구성하는 전일적 주제 탐구 의지는 몇 가지 내적 특성을 갖는다. 단일성, 집착성, 집중성, 항상성 등이 그것이다. 단일성은 한 가지 주제에 대한 탐구 의지를 가진다는 것이다. 탐구 의지의 단일성은 읽기 프레임이 한 가지 읽기 주제에 집중할 수 있게 한다. 집착성은 탐구하려는 읽기 주제에 마음을 다하여 전념하는 것이다. 한 가지 주제에 집착하게 되면 다른 주제에 대해서는 크게 마음을 두지 않는다. 집중성은 읽는 글의 내용 파악이나 구성하는 의미가 주제와 관련된 내용으로 수렴되는 것이다. 독자가 여러 가지의 관련된 글을 읽어도 하나의 주제로 수렴된 의미를 구성하게 한다. 항상성은 탐구 의지가 늘 지속적으로 동일한 방식으로 작용한다는 것이다. 읽기 프레임을 가진 독자는 이 읽기 의지적 항상성의 작용으로 늘 같은 방식으로 읽기를 하게 된다.

6) 정형화된 읽기 습관과 태도

읽기 프레임을 구성하고 있는 요소 중에 주목해야 할 것이 읽기 습관과 읽기 태도이다. 읽기 습관은 반복된 읽기 행위 방식에서 비롯된 읽기 행동의 경향성이고, 읽기 태도는 읽기에 대한 지속적인 생각이나 읽기에 대한 의식에서 비롯된 읽기 신념의 경향성이다. 읽기 습관과 읽기 태도는 독자가 읽기 행위를 유지하도록 하면서 반복적인 동형의 의미를 구성하게 한다. '명명덕' 관련 ①과 ②의 필자를 생각해 보면, 이들의 유학적 또는 불교적 의식에서의 읽기 습관과 읽기 태도는 지속적으로 반복되면서 정형화된 특성을 가지고 있음을 짐작할 수 있다. 읽기 습관은 동형의 읽기 활동과 인지적, 정서적 반응이 일어나게 하고, 읽기 태도는 읽기에 대한 동형의 믿음, 관념, 의식으로 읽기 행위가 지속되게 한다. 이들 정형화된 읽기 습관과 읽기 태도는 독자의 읽기 활동을 능동적, 개성적으로 일어나게 하는 특징을 갖는다.

읽기 프레임은 독자의 읽기 습관과 태도에 의하여 그 작용 특성을 드러낸다. 독자가 한 권의 책을 선택했을 때, 그 선택한 책에 대하여 정형화된 읽기의 습관과 태도가 함께 작용한다. 이는 그 책을 읽는 시간과 읽기 집중도, 읽기 방법의 선택과 적용은 물론이고, 글의 내용 파악과 인지적, 정서적 반응을 결정한다. 따라서 독자의 읽기는 읽기 습관은 읽기 태도에 따라 그 특성이 달라진다.

읽기 프레임의 정형화된 읽기 습관과 읽기 태도는 고착화된 면이 있지만 읽기의 효율을 높이는 역할을 한다. '명명덕' 관련 ①과 ②의 필자들은 글을 읽을 때, 동형의 반복적인 읽기를 수행함으로써 관련된 글을 효율적으로 읽는다. 읽기 습관과 읽기 태도는 독자의 읽기 행위를 관리하는 강력한 기제로써 읽기 활동에 작용하기 때문이다. 독자의 읽기 활동은 무의식적으로 이들 읽기 습관과 읽기 태도에 지배되어 관리되는 것이다. 즉 독자의 읽기 활동은 정형화된 읽기 습관과 읽기 태도에 따라 이루어지게 된다. 이를 교육적으로 볼 때, 올바른 읽기 습관과 적극적인 읽기 태도를 학생들이 갖게 하는 것이 중요하다. 그리고 읽기 습관과 읽기 태도는 교사의 논리적 설명이나 설득을 통하여 형성되기도 하지만 반복적이고 지속적인 읽기 활동의 성공 경험과 읽기에 대한 개인의 통찰을 통하여 형성되고 습득된다.

읽기 프레임의 요소로서의 정형화된 읽기 습관과 태도는 특정 읽기 주제에 대한 읽기 과정과 의미 구성 방식에 단일성을 가지게 한다. 특정하게 정해진 한 가지 패턴에 따라 글을 읽도록 하는 것이다. 그래서 유사한 읽기의 과정을 거쳐 동형의 의미를 구성하게 한다. 또한 읽기 프레임 속의 정형화된 읽기 습관과 읽기 태도는 지속성을 갖는다. 읽기 프레임을 이루고 있는 읽기 습관과 읽기 태도는 동일 읽기 프레임 내에서는 변화하지 않는다. 그래서 독자의 읽기 활동이 특정한 틀 속에서 이루어지고 그 틀에서 벗어나지 못하여 고착성을 띄게 된다. 이러한 읽기 습관과 읽기 태도는 독자의 읽기 경향성을 드러내 보임으로써 읽기 특성을 규정하게 한다.

4. 읽기 교육의 과제

독자가 글을 읽는 활동에는 여러 요인이 작용한다. 독자가 속한 사회의 환경, 문화, 상황뿐만 아니라 개인의 경험, 능력, 과제, 관심, 습관 등이 함께 작용한다. 이들 요인은 직접 또는 간접으로 독자의 읽기 활동에 관여한다. 읽기 교육에서는 이들의 영향 요인들을 분석하여 학생들의 읽기 능력 향상에 필요한 요인들을 지도하고 있다. 읽기 프레임은 읽기 활동에 적극적으로 작용하는 요인이다. 그렇지만 읽기 교육에서는 읽기 프레임을 수용하여 지도하지 않고 있다. 읽기 프레임에 대한 교육적 논의가 충분히 이루어지지 않았기 때문이다.

프레임이라는 말은 일정한 구조를 이루고 있는 대상을 지시하는 폭넓은 의미를 가진다. 프레임이 지시하는 대상은 구조적인 짜임을 가지고 있는 구체적인 물건과 개인 심리, 사회적 의식 등을 두루 포함한다. 이 논의에서는 프레임의 의미를 사람이 대상을 인식하는 구조적인 심리 작용 틀로 한정하여 살폈다. 그래서 독자의 읽기 행위가 읽기 프레임의 작용으로 이루어진다고 보았다. 독자의 읽기 행위를 프레임의 관점에서 보면 독자는 읽기 프레임을 토대로 읽기를 하고 의미를 구성한다.

읽기 프레임의 특징은 그 구성 요소들의 속성들로 규정된다. 읽기 프레임을 규정하는 구성 요소들은 정체된 배경지식, 습성화된 읽기 기능, 범주화된 도서 정보, 고착적 읽기 목적, 전일적 주제 탐구 의지, 정형화된 읽기 습관과 태도 등이다. 이들 요소의 속성은 읽기 교육이나 읽기 경험을 통하여 형성되어 독자의 마음속에 자리 잡고 있으면서 독자의 읽기 활동의 특정 경향성을 만들어낸다. 이 읽기 프레임의 특성은 독자가 받은 읽기 교육과 읽기 경험에 의하여 달라질 수 있다.

읽기 프레임은 독자가 글을 읽고 이해하는 과정에 관여하여 읽기 결과를 조절하는 특성을 갖고 있다. 읽기 프레임은 독자가 글의 내용을 파악하여 해석하고 의미를 구성하는 심리적 틀이다. 독자가 읽기 주제를 가지고 있으면 그 읽기 주제와 관련된 읽기 프레임도 가지고 있다. 그래서 읽기 주제와 관련된 글을 읽을 때 읽기 프레임이 작용하게 된다. 독자의 읽기 프레임은 시간이 지날수록 튼실해지고, 분명해져서 독자의 읽기 특성을 드러내는 역할을 한다.

여기서는 독자의 마음속에 자리 잡고 있는 읽기 프레임의 특징을 중심으로 살펴보았다. 읽기 프레임을 읽기 교육에 도입하기 위해서는 다양한 논의가 필요하다. 독자의 읽기 프레임의 형성과 변화, 읽기 과정에서의 역할, 읽기에서의 활용 방법, 교육 및 평가 방법 등에 대한 논의가 필요하다. 이들 논의를 통하여 읽기 프레임을 구체적으로 밝히고, 교육의 가능성을 탐색할 필요가 있다.

참고문헌

김도남(2014), 읽기 프레임 활동 기제 고찰, 한국초등국어교육학회, 한국초등국어교육 55권.

김도남(2015), 읽기 프레임 구성 과정 고찰, 청람어문교육학회, 청람어문교육 55권.

김경집(2008), 생각의 프레임, 현실문화.

김용옥(2009), 대학·학기 한글역주, 통나무.

민동기(2013), KBS 수신료 인상이 부절절한 이유를 보여주는 'NLL'보도, 미디어오늘, 2013.6.25.

박정준(1994), "프레임, 스크립트 이론과 텍스트 정보처리과정", 한국텍스트언어학회, 텍스트언어학 2권.

성백효 역(2004), 大學·中庸, 전통문화연구회.

원조각성 역(2002), 大學綱目決疑, 현음사.

이동훈·김원용(2012), 프레임은 어떻게 사회를 움직이는가, 삼성경제연구소.

이숙의(2011), 토론 프레임의 인지언어학적 연구, 한국어의미학회, 한국어의미학, 36권.

이유미(2011), 토론 대회와 토론 지도; 프레임을 활용한 교차토론 방법 연구, 한국화법학회, 화법연구 19권.

중앙일보(2013), 2007년남북정상회담[회의록전문](2013.6.25.), http://joongang.joins.com/article/517/11892517.html?ctg=1000&cloc=joongang%7Chome%7Cspecial(2013.7.9.)
차윤주(2013), 'NLL 포기 발언 아냐' 55%…갤럽여론조사, 프레스바이플(2013.7.19.), http://www.pressbyple.com/news/articleView.html?idxno=23713 (2013.7.20.)
최인철(2010), 나를 바꾸는 심리학의 지혜 프레임, 21세기북스.
특별취재팀(2013), 金 "NLL까지 물러나겠다"…盧 "평가협렵지대로 만들자"[발췌록전문], 국민일보(2013.6.24.), http://news.naver.com/main/read.nhn?mode=LSD&mid=sec&sid1=100&oid=005&aid=0000563061(2013.7.9.)
Lakoff. G. (2004), *Don't think of an elephant!: know your values and frame the debate: the essential guide for progressives*, White River Junction, Vt: Chelsea Green Pub. Co., 유나영 역(2012), 코끼리는 생각하지 마, 삼인.
Lakoff. G. & the Rockridge Institue. (2006), *Thinking Points: Communicating Our American Value and Vision, Farrar*, New York : straus and Giroux, LLC, 나익주 역(2012), 프레임 전쟁, 창비.

〈자료〉
속전등록(續轉鐙錄), 22권. 273. 大正新脩大正藏經 Vol. 51, No. 2077.

제3장 읽기 밈과 교육

1. 문제 제기

① 모든 세포의 꿈은 두 개의 세포가 되는 것이다(Monod, 1971).
② 학자는 도서관이 또 다른 도서관을 만들기 위한 하나의 방식일 뿐이다(Dennett, 1990).[1]
③ 독자는 책이 또 다른 책을 만들기 위한 하나의 방식이다.

①은 진화생물학의 관점에서 세포의 속성에 대한 정의이다. ②는 밈(meme)[2]의 관점에서 본 학자의 속성에 대한 정의이다. ③은 ②를 모방한 독자의 속성에 대한 정의이다. 세포는 자기 복제를 하여 생명을 존속시킨다. 학자도 지식을 복제를 하여 학문을 계승하고 발전시킨다. 이런 관점에서 독자를 바라본다면, 독자를 학자에 비유하여 ③처럼 정의할 수 있지 않을까? 읽기도 독자 개인에게 국한되지 않고, 교육을 통하여 다른 사람에게로 계승되고 이 과정에서 발전이 일어나기 때문이다.

복제는 같은 것을 반복하여 생성하는 것이지만 생식 세포의 복제처럼 같

* 이 장의 내용은 '읽기 밈과 읽기 교육'(김도남, 2018, 독서 연구 46집)을 수정 보완한 것입니다.

1) 앞 두 문장은 장대익(2008: 2)의 논문에서 재인용한 것이다.

2) 밈(meme)은 모방에 의하여 전달되는 문화 정보의 단위를 지시하는 용어로 리처드 도킨슨(1976)이 〈이기적 유전자〉(홍영남, 이상임 역, 2010)에서 사용한 말이다. 이 '밈'이라는 용어는 그 의미가 확장되어 진화생물학적 관점에서 인간의 문화 전달 현상을 탐구하고 설명하는 인식 체계를 지시하는 말로 확장되어 사용되고 있다.

지만 다른 점이 있는 재현이다. 이 복제의 속성을 모방[3]이라 한다. 모방은 원본을 본떴지만 원본과 다름이 있는 같음을 지시한다. 이러한 복제로 인하여 진화[4]가 일어난다. 이 복제 속에는 모방과 전달이라는 두 가지 요소가 존재한다. 세포는 자기 복제로 자기를 모방한 것을 만들어 다음 세대에 전달한다. 학자의 복제는 학문의 내용과 방법을 모방하여 새로운 학문을 만들고 다른 사람에게 전달한다. 독자가 하는 일도 학자가 하는 일과 크게 다르지 않다. 사람은 생물학적인 세포의 복제도 하지만 정신적인 문화의 복제도 한다. 학자나 독자가 하는 일은 정신적인 문화를 복제하는 역할을 한다. 사람이 다른 사람의 행동을 모방하여 익히는 문화 행동의 복제를 밈(meme)이라 한다. 이 밈에 대한 학문적 탐구가 밈학(memetis)[5]이다.

밈학은 진화생물학적 관점에서 세상을 탐구하는 학문이다. 밈학은 인간의 문화 요소가 복제되어 다음 세대로 전달되는 과정[6]에서 진화가 일어난다고 설명한다. 밈학의 관점에서 보면, 문화는 사람이 창조하기보다는 밈에 의하여 창조되고 변화한다. 문화의 전달도 생물학적인 특성을 지니고 있는 것이다. 밈은 변이, 선택, 보유(유전)를 한다(김명남 역, 2010: 51). 생물체가 다

---

3) 모방도 밈과 관련된 용어로, 세포가 유전자(gene)의 복제에 의하여 새로운 세포의 생성하는 것을 가리킨다. 특히 생식 세포의 복제와 같이 비슷하지만 다른 속성을 함께 가지는 복제의 특성을 지시하는 용어이다.

4) '진화'라는 말은 '생물이 생명의 기원 이후부터 점점 발달하여 감'을 뜻하지만, 표준국어대사전을 보면, '일이나 사물 따위가 점점 발달하여 감'이 첫 번째 의미로 등록되어 있다. 이 논의에서는 '문화'와 관련하여 '진화'를 쓸 때에는 이 첫 번째 의미와 더불어 생물적 의미를 포함한다. 밈(meme)이 문화의 발달을 진화생물학에 바탕을 두고 설명하는 용어이기 때문이다. 그리고 진화는 진보와는 다르다. 진보는 '정도나 수준이 나아지거나 높아짐'을 의미를 내포하지만 진화는 나아지나 높아질 수도 있지만 아닐 수도 있는 변화 그 자체를 의미한다.

5) 밈학(memetics)은 블랙모어가 〈밈〉(김명남, 역: 2010)에서 자신이 확립한 학문을 가리키는 말이다. 리처드 도킨스(1976)가 〈이기적 유전자〉에서 진화생물학적 관점에서 문화를 설명하기 위한 문화의 단위를 '밈'(meme)이라고 했다. 블랙모어는 이 '밈'을 인간 뇌의 발달이나 언어의 발달 등에 적용하면서 '밈학'을 확립하였다.

6) 밈은 한 뇌에서 다른 뇌로 건너뛰는 복제자다(김명남 역, 2010: 59)

똑같이 않으면서(변이), 특정한 환경에 잘 살아남아야 하고(선택), 앞 세대의 특징을 물려받는 과정(보유)을 지니듯, 문화도 그렇다. 밈의 관점에서 보면 문화는 변이하고, 선택되며, 보유된다. 사람 간에 또는 세대 간에 이루어지는 문화적 행동은 생물학적 특성을 토대로 이루어진다. 그리고 밈은 사람의 입장에서 문화를 보는 것이 아니라 문화의 입장에서 사람의 삶을 보게 한다. 즉 사람의 삶이 문화에 의하여 복제되고 전달되는 것으로 설명한다. 밈이 사람의 삶을 이끌고 바꾼다는 관점이다.

읽기는 밈의 한 부분이다. 읽기는 사람의 문화적 행동의 한 가지인 것이다. 책을 읽는 행위는 기본적으로 복제이다. 모방과 전달을 통하여 이루어진다. 그러면서 변이하고, 선택하고, 보유되는 특징도 있다. 독자는 다른 독자의 읽기 방법과 해석 의미를 모방하고, 상황(환경)에 맞게 활용한다. 이 과정에 모방과 전달이 있고, 보유, 변이, 선택이 있다. 읽기도 밈의 특성을 가진다. 읽기와 관련하여 작용하는 특정한 밈을 '읽기 밈'이라고 할 때, 독자의 읽기는 읽기 밈에 의하여 결정된다. 독자가 의지적으로 읽기를 하고 있다고 할 수 있지만 밈의 관점에서 보면 읽기는 읽기 밈에 의존하여 이루어진다. 독자가 하는 모든 행위는 읽기 밈에 의하여 이루어지는 것이다. 독자는 읽기 밈으로 읽을 책을 선택하고, 읽기 방법에 의존하여 책을 읽고, 책의 의미를 이해한다. 책을 읽는 어떤 활동에도 밈이 관여하고 있다. 독자는 서점에서 아무 책이나 선택하지 않는다. 읽어야 할 책을 선택하고 읽고 싶은 책을 선택한다. 그리고 책을 읽는다. 읽기 밈이 그렇게 지시하는 것을 따른 것이다. 책을 읽을 때도, 독자의 고유한 자기의 방법이 없다. 다른 사람의 읽는 방법을 활용하고 있는 것이다. 독자가 구성하는 의미도 마찬가지이다. 독자가 새로운 의미를 찾기보다는 이미 주어져 있는 의미를 확인하거나 구성해 내는 것이다.

이 논의는 읽기를 진화생물학적 관점에서 들여다보기 위한 시도이다. 본격적인 진화생물학이라기보다는 진화생물학에서 파생된 밈학의 관점에서 읽기와 읽기 교육을 보려는 시도이다. 밈학의 관점에서 보면 인간의 활동은 밈을 바탕으로 이루어지는 것이 많다. 읽기도 그 중의 한 가지 활동이다. 읽기는 다른 독자의 읽기 행동을 모방하여 일어나기 때문이다. 독창적으로 읽기 활동을 하는 독자도 있지만 많은 독자는 다른 독자를 모방할 수밖에 없다. 이 논의에서는 읽기가 밈을 바탕으로 이루어지는 활동임을 살피고, 읽기 교육을 개선하기 위한 시사점을 검토해 본다.

2. 밈과 읽기 밈

밈은 사람 사이에 전달되는 문화 행동의 요소이다. 읽기는 사람이 창조한 문자로 생각을 주고받는 대표적인 문화적 행동이다. 읽기는 한 독자가 다른 독자의 읽기 요소를 복제하여 텍스트를 읽는 행위다. 밈의 관점에서 읽기는 모방을 통하여 익히게 되고, 전달을 통하여 공유된다. 이 과정에 읽기 교육이 깊이 관여하고 있다. 밈과 읽기 밈, 읽기 교육과의 독자의 관계를 검토해 본다.

가. 밈과 독자

밈은 인간의 문화 전달 요소를 진화생물학의 관점에서 일컫는 도킨스(1976)의 말이다. 이 밈은 문화 전달의 속성이 생물 유전자의 속성과 공유되는 점이 있음을 함의한다.

> 새로 등장한 수프는 인간 문화라는 수프다. 새로이 등장한 자기 복제자에게도 이름이 필요한데, 그 이름으로는 문화 전달의 단위 또는 모방의 단위라는 개념을 담고 있는 명사가 적당할 것이다. 이에 알맞은 그리스어

> 어근으로부터 '미멤mimeme'이라는 말을 만들 수 있는데, 내가 원하는 것은 '진gene(유전자)이라는 단어와 발음이 유사한 단음절의 단어이다. 그러기 위해서 위의 단어를 '밈meme'으로 줄이고자 하는데, 이를 고전학자들이 이해해 주기를 바란다. 위안이 될지 모르지만 이 단어가 '기억 memery', 또는 프랑스어 'même'이라는 단어와 관련 있는 것으로 생각할 수도 있다. 이 단어의 모음은 'cream'의 모음과 같이 발음해야 한다(홍영남·이상임 역, 2011: 323).

> 밈의 예로서 도킨스는 '노랫가락, 발상, 캐치프레이즈, 복식의 유행, 항아리를 만드는 방법이나 아치를 건설하는 방법 등을 꼽았다. 과학적 발상 역시 이 사람의 뇌에서 저 사람의 뇌로 건너뛰면서 사람들을 사로잡고 전세계로 퍼진다고 했다. 종교는 신이나 내세에 대한 믿음으로 전 사회를 감염시키며, 생존력이 아주 높은 밈 집단이다. 옷이나 식습관의 유행, 예식, 관습, 기술 등도 모두 한 사람에게서 다른 사람에게로 복사되는 것이다. 밈은 사람들의 뇌(혹은 책이나 발명품)에 저장되며 모방을 통해 전달된다 (김명남 역, 2010: 43).

유전자와 밈은 근본적으로 다르지만 유사한 점을 가지고 있다. 유전자는 생물적인 단위이고, 밈은 문화 행동의 단위이다. 유전자와 밈은 그 속성과 작용의 측면에서 닮아있다. 유전자의 기본적인 속성은 진화이다. 다윈은 생물의 진화가 유전, 변이, 자연 선택에 기초한다고 했다(김명남 역, 2010: 51). 유전자는 한 생명체에서 다른 생명체로 DNA가 복제되는 과정을 의미하고, 변이는 동일한 복제가 아님을, 자연 선택은 적응도가 낮은 변이가 도태되는 현상이다(김광원, 2008). 밈도 유전과 변이와 자연 선택의 속성을 지닌다. 문화의 요소는 다른 사람들 사이에서 복제되고, 복제(복사)되는 과정에 변이가 생기고, 적응도가 낮은 변이 밈은 사라진다. 적응도가 높은 변이 밈들은 유전자와 같이 번성한다.

> 문화적 진화의 위력을 제대로 보여주는 것은 우리 인간이라는 종이다. 언어는 많은 예 중의 하나에 불과하다. 의복과 음식의 유행, 의식과 관습, 예술과 건축, 기술과 공학 등 이들 모두는 역사를 통하여 마치 속도가 매우 빠른 유전적 진화와 같은 양식으로 진화하는 데, 물론 실제로는 유전적 진화와 전혀 관계가 없다(홍영남·이상임 역, 2011: 320).

> 밈은 일종의 인지 단위로서, 모방을 통해 뇌에서 뇌로 건너뛰는 정보이다(김광현, 2009: 90).

> 나는 '유전자 복합체'를 크고 작은 유전자 단위로 분할하고, 그것을 더 작은 단위로 분할했다. 그리고 '유전자'를 엄격히 '모 아니면 도'식이 아닌 편의적 단위로서, 즉 자연 선택의 단위가 될 만큼 복제의 정확도를 염색체의 한 부분으로 정의했다. 자, 이에 베토벤 9번 교향곡 중 쉽게 구분되고 외우기 쉬운 한 악구가 있어 불쾌할 정도로 주제넘은 유럽의 한 방송국이 이를 시그널 뮤직으로 사용한다면, 그 악구는 위의 의미에서 하나의 밈이라고 할 수 있다(홍영남·이상임 역, 2011: 327-328).

> 밈은 넓은 의미의 모방을 통하여 복사될 수 있는 정보인 한 모두가 밈이다(김명남 역, 2010: 143).

밈은 문화의 개별적인 요소들이다. 일정한 크기로 물리적으로 구분할 수 없지만 사람들 사이에 복제되고 전달되는 의식 내용은 다양한 크기의 단위로 구분될 수 있다. 베토벤의 5번 교향곡 첫 마디인 '따따따 따안'도 밈이고, 문학 작품을 해석하는 독자반응비평의 비평 방법도 밈이다. 사람들이 뇌로 받아들여 기억하고 전달함으로써 확산할 수 있는 것이 밈이다. 사람의 행동(정신 활동 포함)으로 생성되고 다른 사람에게 전달되어 퍼져나가는 요소가 밈이다. 읽기의 행동도 개별 독자가 모방하여 전달받은 것을 수행하기 때문에 밈이다. 읽기 방법도 밈이고, 특정한 책이나 글의 해석된 의미도 밈이다. 읽기 기능과 읽기 전략 하나하나도 밈이라 할 수 있다. 다만 이 밈의 단위를

분명하게 구분 짓는 것은 아직 과제로 남아 있다.[7)]

밈은 개별적인 단위를 지시하지만 밈의 작용은 복합적으로 이루어진다. 유전자들은 복합적으로 뭉쳐 있으면서 상호작용을 통하여 유기체를 만들어 낸다. 마찬가지로 밈도 개별적이기보다는 복합적으로 작용을 한다. 블랙모어는 이를 '상호 적응한 밈 복합체'라 부른다(김명남 역, 2010: 65). 도킨스는 밈 복합체로 종교의 지옥불 이야기를 예로 들었다. 종교 율법을 따르지 않으면 사후 지옥불에서 고통을 당한다는 이야기이다(홍영남·이상임 역, 2010: 331). 이 밈은 신의 밈과 사후 세계의 밈이 결합되어 이루어져 있다. 이와 같이 밈은 단일한 정보이기보다는 관련된 정보들이 함께 결합되어 작용한다. 밈들이 연합하여 복합적으로 구성된 것을 '밈플렉스(memeplex)'라고 한다. 이 밈플렉스의 핵심은 그 안에 편입된 밈이 혼자일 때보다 집합의 일부일 때 더 잘 복제된다는 것이다(김명남 역, 2010: 66). 이는 밈이 개별적으로 작용하기보다는 복합적으로 작용함을 뜻한다.

밈을 이해하기 위하여 사람의 행동이나 동물의 행동 중에 밈인 것과 밈이 아닌 것의 구분이 필요하다. 동물의 행동도 모방과 전달이 되는 것이 있는데 이들 행위는 밈이 아니다. 새가 병에든 우유를 먹기 위해 병뚜껑을 여는 것, 일본원숭이가 고구마를 씻는 것, 파블로프의 개가 종소리에 침을 흘리는 것 등은 모방적이고 전달되지만 밈은 아니다. 유우병의 뚜껑을 새가 여는 것은 새가 부리로 물건을 쪼는 종류가 다양한 것일 뿐이지 새로운 것을 배운 것이 아니다. 원숭이가 고구마를 씻는 것은 어떤 고구마든 단지 씻는 습관적인 것이고, 종소리에 침을 흘리는 개는 개별적인 것이다.[8)] 즉 밈은

---

7) 블랙모어(김명남 역, 2010: 121-137)는 밈에 대한 세 가지 문제로, '① 밈의 단위를 규정할 수 없는 것, ② 밈이 복사도고 저장되는 메커니즘을 모르는 것, ③ 밈은 '라마르크식' 진화(획득형질의 유전: 필자)라는 문제'를 들었다.

8) 모든 생각이 밈은 아니라는 점을 명심해야 한다. 원칙적으로 개개인이 직접적으로 느끼는 인식과 감정은 밈이 아니다. 그것은 각 개인만이 소유할 수 있고, 남에게 전달할 수 없기

새로운 행동을 모방을 통하여 배우는 것이고, 상황에 맞게 사용될 수 있는 것이며, 보유(공유)될 수 있는 것이어야 한다. 이러한 밈은 사람만이 가질 수 있다.

> 밈은 인간의 고유한 모방 능력이며, 그것의 존재 조건은 다른 이에게 복제될 수 있다는 데 있다(김광현, 2009: 91).

> 우리가 모방을 통해 배운 것은 무엇이든 밈이다. 하지만 우리는 우성 모방이 무슨 뜻인지 확실하게 알아야 한다. 밈학memetics에 대한 이해가 온전히 그 정의에 달려 있기 때문이다. 도킨스는 밈이 '넓은 의미에서 모방이라고 말할 수 있는 어떤 과정을 통해서 뇌에서 뇌로' 건너뛴다고 했다. 나도 '모방'의 뜻을 넓은 의미에서 사용할 것이다. 가령 한 친구가 당신에게 이야기를 들려주었는데 당신이 그 개요를 기억했다가 다른 사람에게 들려준다면 그 과정도 모방이다. 당신이 친구의 행동이나 표현을 하나하나 정확하게 모방한 것은 아니다. 하지만 틀림없이 무언가가(이야기의 개요가) 친구로부터 당신에게로, 또 다른 친구에게로 복사되었다. 이것이 내가 말하는 '넓은 의미의 모방'이다. 여러분이 앞으로 간혹 헷갈릴 때가 있으면, 모방은 무언가가 복사되어야 하는 과정이라는 것만 떠 올려라(김명남 역, 2010: 44).

> 서로 완벽하게 같지 않은 복사물들을 만드는 복제자가 있고, 복사물들 중 일부만 생존한다면, 진화는 반드시 일어난다. 진화의 필연성이야말로 다윈의 통찰을 더없이 현명한 것으로 만드는 일이다. 적절한 시작 조건이 만들어지기만 하면 진화는 당연히 펼쳐진다는 것이다(김명남 역, 2010: 51).

밈은 유전자가 복제자와 운반자로 구분되듯 두 요소를 갖는다. 복제자는 모방에 의하여 변화가 있으면서 같은 형태의 복사물을 만드는 실현체이다. 이는 진화를 위한 조건이다. 밈도 모방에 의하여 변화가 있지만 같은 형태

때문이다(김명남 역, 2010: 58).

의 복사물을 만든다. 이 복사물은 주로 뇌 속에 저장되게 된다. 밈은 기억에 의하여 작동되고 전달되기 때문이다. 운반자는 유전자를 다음 세대에 전달하는 생물체에 해당한다. 유전자의 운반자는 생명체로 한정되지만 밈의 운반자는 사람으로 한정되는 것은 아니다. 사람 기억의 확장을 돕는 조건을 갖추고 있는 대상들 또는 정보의 전달을 위해 활용되는 대상들은 운반자의 역할을 한다. 도킨스(1982)는 운반자를 '복제자를 수집해 놓은 집, 이들 복제자의 보존과 전달을 위한 단위로써 이름을 붙일 가치가 있는 것으로 보기에 충분한 독립된 어떤 단위'로 정의한다(박장순, 2011: 31). 밈의 운반자는 다양할 수 있다. 사람의 신경적 행동이 복제자라면 운반자는 사람의 뇌와 그 작용의 확장을 돕는 언어부터 책이나 매체들이 밈의 운반자에 해당한다.

> 밈은 인간 행동의 비밀 코드다. 다시 말해 인간의 심리, 종교, 정치, 문화 진화를 이해하기 위한 열쇠인 로제타스톤과 같은 것이다. 이 열쇠는 동시에 판도라의 상자까지 열어버려서, 새롭고 정교한 대중 조작의 기술을 출연시켰다. 이 기술은 어찌나 교묘한지, 우리가 오늘 본 텔레비전 광고와 정치 연설과 설교 방송이 얼마 후에는 좋았던 옛 시절의 추억으로 둔갑할지도 모른다(윤미나 역, 2011: 36-37).

생물체가 유전자 코드대로 몸체를 갖고 활동을 하듯, 사람의 행동도 밈의 코드대로 문화적인 행동과 활동을 한다. 생물체가 유전자의 코드대로 복제자와 운반자의 역할에 충실하듯 사람도 밈의 요소의 코드대로 복제자와 운반자의 역할에 충실하다. 예를 들면, 특정 종교를 선택하여 그 종교의 밈을 받아들인 사람은 종교 밈의 운반자 역할에 충실하다. 군인은 군대 밈에, 교사는 교사 밈에, 공무원은 공무원 밈에 충실하다. 사람이 밈의 요소를 받아들여 가지게 되면 밈이 유전자와 같이 사람을 조정하기 때문이다. 밈은 생각의 양식이고, 활동의 형식이고 신념의 근원이다. 사람의 행동은 밈에 의하여 유지되고 변화된다. 밈을 떠나서는 문화적인 행동을 할 수가 없다.

독자의 행동을 밈의 관점에서 보면 읽기 밈에 기초한다. 독자가 의지적으로 하는 활동을 밈이 조정하는 것이다. 독자가 책을 선택하고, 읽기 방법을 사용하고, 책의 의미를 결정하는 것은 모두 밈이다. 독자가 책을 읽는 것은 스스로의 관심과 흥미에서 비롯된 것으로 보이지만 실제로는 그렇지 못하다. 어릴 때는 부모가, 학생 때는 교사가, 성인이 되어서는 동료가 권하거나 책에서 알려주는 책을 읽는다. 독자가 주체적으로 책을 선택하는 경우는 일어나기 어렵다. 아무리 좋은 책이 있어도 그 책의 정보가 없으면 선택하기 어렵다. 책을 읽는 방법도 마찬가지이다. 부모나 교사, 동료가 알려준 방법으로 책을 읽게 된다. 독자가 독특하게 개발한 방법으로 책을 읽기는 쉽지 않다. 그리고 책의 의미 결정도 독창적이기보다는 다른 사람이 정한 의미를 찾는 경우가 대부분이다.

독자는 밈의 생성자이기보다는 밈의 수용자이고, 밈의 전달자이며, 밈의 지배를 받는 자이다. 독자가 책을 읽고 의미를 구성하는 방식은 모두 밈에 따른 것이다. 독자가 독자 중심으로 책을 읽는다고 하여 독자만의 읽기를 하기는 어렵다. 책을 독자 중심으로 읽는 방법과 읽기 실천은 독자 중심 읽기 밈에 의지하고 있기 때문이다. 즉 개별 독자의 독자 중심 읽기 방법도 전달받아 사용하는 것이다. 독자는 학교 교육을 통하여 독자 중심 읽기의 방법을 익히고 사용한다. 독자가 독자 중심 읽기 방법을 배우지 않았다면 독자 중심 읽기를 하기는 어렵다. 텍스트 중심 읽기의 방법을 학습한 독자가 스스로 독자 중심 읽기 방법을 선택하는 것은 불가능하다.

독자의 읽기 행동은 읽기 밈을 따른다. 독자의 읽기 행동을 크게 나누면 두 가지로 나눌 수 있다. 하나는 읽는 방법을 복제하는 것이고, 다른 하나는 책의 의미를 복제하는 것이다. 책을 읽는 행위는 이 두 가지를 중심으로 이루어지는데 이는 밈과 유사하다. 블랙모어는 밈의 모방을 통한 복사를 두 가지로 나누었다. '지침 복사하기'와 '생산물 복사하기'가 그것이다(김명남, 2010: 136). 이 두 가지 방식이 정리되는 데는 클라크, 도킨스, 데닛 외 여러 사람의 역할이 있었다.[9] 독자의 읽기 밈을 구분해 본다면 이 구분을 그대로 적용할 수 있다. 독자가 책을 읽는 행위는 생산물을 복사하거나 지침을 복사하는 것으로 볼 수 있다. 읽기 교육의 관점에서 보아도 텍스트 중심 읽기는 생산물 복사하기를 강조하였고, 독자 중심 읽기는 지침 복사하기를 강조하였다고 할 수 있다.

나. 읽기 밈과 읽기

읽기 밈은 독자의 읽기 행위에 관여하는 밈이다. 독자의 읽기 행위는 생물학적 유전이나 타고난 본능에서 비롯되지 않았다. 다른 사람의 읽기 활동을 보고 배운 것이다. 어릴 때 부모가 읽어 주는 책을 따라 읽고, 흉내 내고, 글의 내용에 의미를 부여하는 것을 모방하여 익혔다. 학교에서는 교사의 읽기 방법과 읽기 행위를 모방하였고, 다른 친구나 미디어에서 이루어지는 읽기 행동을 모방하였다. 그렇게 하여 독자는 다른 사람에게서 책을 읽기 위한 지침을 복사하였고, 읽기의 생산물을 복사하여 가지게 된 것이다. 독자는 이 지침과 생산물을 활용하여 다시 책을 읽는다.

독자의 읽기는 읽기 밈에 의하여 이루어진다. 읽기 밈이 독자의 의식 속에서 읽기 행동을 조절하고 있기 때문이다. 읽기 밈은 독자가 책을 읽을

9) 클라크(1975)는 사람들의 머릿속에 저장되는 지침을 i-문화와 m-문화로 나누고, 도킨스(1982)는 클라크의 구분을 이용하여 복제자 자체와 표현형적 효과 또는 밈 생산물로, 데닛(1995)은 밈과 표형형으로, 엔리 가보라(1997)는 유전형과 표현형으로, 후안 델리우스(1989)는 밈과 표현형적 발현으로, 글렌 그랜트는 밈형과 사회형으로 구분하기도 했다(김명남, 2010: 140).

때 어떤 자세와 태도로 읽을 것인지, 내용을 어떤 방식으로 파악하고, 어떤 의미를 구성할지를 조절한다. 예로 초등학교 독자가 〈흥부전〉을 읽고 의미를 찾는 활동을 생각해 볼 수 있다. 독자는 〈흥부전〉의 흥부 행동에 호감을 가지며, 놀부 행동에 반감을 가진다. 흥부에 대한 호감과 놀부에 대한 반감은 본능적으로 있었던 것이 아니다. 어릴 때 부모나 다른 사람의 읽기 행동을 보고 배운 것이다. 〈흥부전〉의 인물에 대한 읽기 밈은 비슷한 이야기를 읽을 때도 작용을 한다. 그래서 전래 동화를 읽을 때는 호감을 가지는 인물과 반감을 가지는 인물의 대립 구조에 집중한다. 이런 대립 구조를 기초한 이야기의 해석 생산물은 '권선징악'이 된다. 초등학생 독자의 전래 동화 읽기는 이런 읽기 밈에 의하여 이루어진다.

그렇다면 첫 읽기 밈의 생성은 어떻게 이루어지는가? 블랙모어(1999)는 새 밈의 시작은 '오래된 밈들의 변이와 조합을 통해 생겨난다. 한 사람의 마음속에서 생겨나기도 하고, 사람에서 사람으로 전달되는 과정에서 생겨나기도 한다'(김명남 역, 2010: 58)고 했다. 우리 사회는 현재 〈흥부전〉에 대한 새로움 밈을 가지고 있다. 우리는 〈흥부전〉의 주제를 전통적 해석인 '권선징악'보다 '경제적 이득을 추구하는 사회 현실 반영'의 의미로 해석한다. 그래서 흥부에 호감을 가지기보다는 놀부에 더 많은 호감을 갖는다. 흥부는 경제적 관점에서 보면 무능하고, 사회적으로 허약한 존재이다. 반면 놀부는 유능하고 강한 존재이다. 그러니 흥부는 반감의 대상이 되고, 놀부가 호감을 대상이 된다. 그러다 보니 놀부의 이름을 이용한 음식점들이 인기가 있고, 놀부의 경제학이 회자된다. 이 읽기 밈은 한 사람의 작품 해석에서 생성된 것이다. 이 〈흥부전〉의 읽기 밈은 조동일(1969)의 논문에서 시작되었다. 조동일은 〈흥부전〉의 이본들을 분석하면서 이야기 전달자와 수용자들의 관심이 경제적인 문제에 초점이 있음을 밝혔다. 이 밈은 생명력을 갖고 문학 연구자들 사이에 퍼져나갔고, 사회 전반으로 확대되어 받아들여졌다. 고

전 문학 작품을 새롭게 해석하는 이 밈은 문학 작품을 다른 관점에서 해석하는 밈으로 변이되었다.[10)]

읽기 밈은 어떻게 이동하는가? 밈이 복제를 통하여 이동하듯 읽기 밈도 복제를 통하여 이동된다. 밈의 복제는 인간의 뇌를 매개체로 이용하여 바이러스처럼 전염된다[11)](박장순, 2011: 23). 도킨스는 복제의 속성을 세 가지로 요약했다. 충실성, 다산성, 장수성이다. 즉 복제자는 정확하게 복사되어야 하고, 복사물을 많이 만들어야 하며, 복사물이 오래 살아 있어야 한다(김명남 역, 2010: 130). 밈의 복제도 이 특성을 반영하고 있다. 즉 읽기 밈도 이 특성을 가져야 한다. 변형이 이루어지지만 원본의 속성을 유지해야 하고, 다음 세대로 전달되어 소통되어야 한다. 〈흥부전〉의 경제적 관점을 반영한 읽기 밈은 세 가지 속성을 그대로 유지하고 있다고 할 수 있다. 인간 행동에 대한 경제적 측면에서 충실하고, 여러 분야로 확장되어 많은 사람들이 받아들이고 있고, 오랫동안 유지되고 있다. 읽기 밈이 복제를 통하여 이동되고 있는 것이다. 도킨스의 밈도 블랙모어의 밈학을 통하여 충실성, 다산성, 장수성의 속성을 갖고 발전하고 있다. 이 논의도 도킨스의 밈을 복제하여 확장하는 데 기여하고 있다.

읽기 밈의 복제는 모방과 전달 속성도 갖고 있다. 모방은 동일성과 변화성을 동시에 갖는 말이다. 읽기 밈이 생성되면 똑같이 복제되기도 하지만 상황에 따라 변화한다. 텍스트 중심 읽기의 밈이 모방될 때, 문종에 따라, 또는 장르에 따라, 사회에 따라 변화가 있었다. 글의 짜임 중심으로 전체-부분-종합의 방식(김재윤 외, 1991: 117)의 읽기에서 내용의 전개 방식인 내용 구

---

10) 이에 대한 예로 인권한 편저(1991)에 실린 〈흥부전 연구〉에 대한 논문들을 예로 들 수 있다.

11) 함재봉·고명현(2008)은 '바이러스가 세포를 점령하여 자신을 복제하듯이 밈도 사람의 뇌를 점령하며 끝없이 자신을 복제하고, 바이러스와 마찬가지로 숙주가 가지고 있는 생각, 또는 다른 사람의 생각과의 조합을 통해 변이를 일으킨다'라고 했다(박장순, 2011: 23).

조를 강조하는 방식(노명완, 1994: 220-251)으로 변이가 있었으며, 소설 중심의 신비평 방법이나 시 중심의 형식주의 비평 방법이 있었다(정동화·이현복·최현섭, 1987: 417-455). 독자 중심 읽기의 방식도 개인적 인지 활동을 강조하는 읽기(권경안 외, 1994: 197-237)와 사회적 인지 활동을 강조하는 읽기(한국독서학회, 2003: 395-423), 상호텍스트성을 강조하는 읽기(김도남, 2014)가 이루어지고 있다. 이들 읽기 방식들은 모방에 의하여 이루어지지만 많은 변이의 요소를 포함하고 있다. 모방은 그 자체로 차이성을 만들면서 동일성을 유지하게 한다. 전달은 이동성과 분리성을 갖는다. 읽기 밈은 독자에서 독자로 이동한다. 한 독자에게만 머무는 읽기 방법이나 해석된 의미는 밈이 되지 못한다. 독자 사이를 수직적, 수평적으로 이동해야만 읽기 밈이다. 읽기 밈의 분리성은 개체적 차원에서 각기 보유되는 것이다. 한 사회와 한 시대에 산다고 하여 모든 사람이 같은 읽기 밈을 가지는 것은 아니다. 읽기 밈은 개인에게 전달된 것을 받는 것이다. 개별 독자가 어떤 읽기 밈을 전달받았는가에 따라 읽기 활동의 양상이 달라진다.

읽기 밈이 독자의 읽기를 주관한다. 독자가 한 가지 읽기 밈을 복제하게 되면 그 읽기 밈에 의하여 읽기를 하게 된다. 읽기는 문화의 속성이 있기에 창조된 것이고 읽는 방법을 익혀야 할 수 있는 행위이다. 〈흥부전〉을 경제적 이익 추구의 사회 현실 반영이라는 읽기 밈에 대해 모르는 독자는 권선징악의 관점에서만 읽게 된다. 읽기 밈이 그렇게 하도록 하고 있기 때문이다. 다른 고전소설을 읽을 때도 인물의 대립 구조에 기초한 읽기를 하고, 결과로 권선징악을 확인한다. 그렇지만 〈흥부전〉을 경제적 이익 추구 현실 반영으로 보는 밈을 받아들인 독자는 〈흥부전〉뿐만 아니라 다른 고전소설을 읽을 때 다른 관점으로 글을 읽고 다른 의미를 찾아내게 된다.[12] 다른

12) 우리나라의 문학 교육에서 관심을 두었던 문학비평이론의 변화를 보아도 알 수 있다. 1970-80년대의 역사·전기적 비평, 1980-90년대의 신비평·형식주의 비평, 1990-2000년대

예로, 도킨스의 밈을 읽기 밈으로 구체화하여 받아들이면 읽기를 밈의 관점에서 보게 된다. 독자의 측면에서 읽기를 보는 것이 아닌 읽기 밈의 측면에서 읽기를 보게 된다. 이는 독자의 읽기가 읽기 밈의 주도로 이루어짐을 알게 한다. 독자가 어떤 책을 읽던 그 책을 읽게 하는 것은 읽기 밈인 것이다. 독자는 읽기 밈의 봉사자이고, 운반자에 해당한다.

읽기 밈은 변화한다. 읽기 밈의 변화는 읽기 지침의 변화에 주요 관심사가 된다. 읽기 지침은 읽기의 방법이라 할 수 있다. 읽기의 방법은 읽기를 보는 관점에서 비롯된 내용에 접근하는 원리라 할 수 있다. 이 읽기 지침은 새롭게 생성되고 전달의 과정에서 정교화되거나 달라진다. 예로, 도킨스가 문화적 요인의 복제를 밈이라는 용어로 표현하자, 이 밈은 블랙모어 의하여 밈학으로 발전한다. 블랙모어의 밈학은 도킨스의 밈의 아이디어를 반영하고 있으면서 대상 영역이 인간 두뇌의 발달, 언어의 발달, 이타성 문화, 자아 등을 설명하는 것으로 확대된다. 이러한 변화는 블랙모어가 밈을 복제하고 전달하는 과정에서의 다른 요인을 반영한 것이다. 읽기 밈도 복제되고 전달되면서 변화한다. 조동일의 〈흥부전〉 읽기 밈은 다른 고전문학을 연구하는 사람들에게 전달된다. 이 과정에서 춘향전의 인간적 해방(조동일, 1970: 242), 토끼전의 자유인의 의지(인권환, 1973: 295)가 주제로 부각되는 읽기가 이루어진다. 이들은 이본의 확장을 분석하는 원리에서 권력관계나 페미니즘의 관점을 덧대면서 변화를 하게 된다. 즉 읽기 밈이 다른 읽기 환경을 만나면서 변화를 한다. 독자 중심 읽기의 변화도 이와 마찬가지이다. 개인적 기능과 전략 및 배경 지식의 관점(노명완 외, 1994)에서 읽기 밈이 사회적 기능과 전략(한국독서학회, 2003)과 상호텍스트성의 관점(김도남, 2014)의 읽기 밈으로 변화하고 있다.

의 독자반응비평 등의 문학 작품을 읽는 읽기 밈으로 존재했다. 각 시기별 문학 교육의 접근이 하나의 읽기 밈으로 존재했다.

3. 읽기 밈과 교육 방향

밈의 이론은 유전자를 중심으로 생물의 진화를 바라보고 있다. 유전자를 중심으로 보는 생물의 진화는 복제와 운반을 주요 수단으로 한다. 유전자는 복제됨으로써 그 형질을 반복하며 변화시키고, 생물체를 운반자로 사용함으로써 세대를 이어 존속할 수 있다. 복제는 생물의 변형을 만들고 운반은 지속할 수 있게 한다. 복제와 운반을 통하여 생물은 자신의 한계를 극복한다. 밈은 유전자의 이런 특성을 바탕으로 인간 문화의 진화를 설명하는 원리이다. 읽기 밈은 밈의 특성을 반영하여 읽기의 진화를 설명하는 원리이다. 읽기 밈의 관점에서 읽기 교육을 검토하고 읽기 교육의 방향을 검토해 본다.

가. 읽기 밈에 기초한 읽기 교육 비판

독자의 읽기 활동은 읽기 밈의 복제에서 시작된다. 읽기 밈을 복제한 개인은 뇌 속에 읽기 밈을 보유하게 된다. 읽기 밈을 보유한 사람은 읽기 밈의 작용에 의한 책을 읽음으로써 독자가 된다. 독자는 읽기 밈에 따라 읽기 행위를 한다. 읽기 지침에 따라 읽기 행동을 수행하고, 읽기 생산물을 만들어내게 된다. 독자는 이런 읽기 행위를 반복하는 과정에서 읽기 지침의 변형을 이룰 수 있게 되면 새로운 읽기 밈을 만들게 된다. 새로운 읽기 지침은 새로운 읽기 생산물을 만들었을 때 읽기 밈으로 작용할 수 있게 된다. 새로운 읽기 지침의 생성은 독자가 다른 읽기 지침을 수용하여 읽기 지침을 변형할 때 일어난다.

읽기 교육에서 이루어진 읽기 지침의 변화를 보면, 외현적 읽기 행위인 통독, 정독, 미독의 기술을 강조하는 읽기 지도(손정표, 1980: 179-186)에서 문장·문단 내용 분석과 음독 중심의 읽기(최현섭 외, 1984/1987)로 변화한다. 이들의 변화는 소쉬르의 언어 이론과 문학의 신비평 이론의 영향을 받아서 이루어졌다고 할 수 있다.[13] 문단 중심의 글 내용 파악하기와 음독을 강조하는 읽기는 5차 교육과정(1987)이 이전까지 실제로 많이 이루어졌다.[14] 이 읽기 지침은 그 후 행동주의 심리학과 구조주의 인식론의 영향으로 점차 정교화의 과정을 거치면서 텍스트 중심 읽기 교육으로 자리를 잡게 된다. 즉 텍스트 중심의 읽기 밈이 되어 독자의 읽기를 결정하게 된다.

텍스트 중심 읽기는 다시 인지심리학을 만나게 되면서 변화한다. 이 변화는 노명완(1988)의 〈국어교육론〉에서 볼 수 있다. 〈국어교육론〉을 보면 스키마 이론과 텍스트 구조 이론이 만나는 과정을 볼 수 있다. 이 책은 전체 5부로 구성되어 있고, 세부적으로 18개의 장을 담고 있다. 이 책의 3장에 있는 8장부터 14장까지가 스키마 이론과 텍스트 구조 분석 이론을 다루고 있다. 이 부분에서 두 이론의 융합은 이루어지지 않아 새로운 읽기 지침은 만들어지지 못했다. 다만, 이 논의는 텍스트 중심 읽기 교육에서 독자 중심 읽기 교육으로 넘어가는 징검다리 역할을 했다. 비슷한 시기에 발간된 책인 〈국어과교육론〉(노명완, 박영목, 권경안, 1988)에는 스키마 이론만 언급함으로써 독자 중심 읽기가 확산되게 하는 역할을 했다. 그 후 최현섭 외(1996)의 〈국어교육학 개론〉에서 읽기 기능/전략 중심의 읽기 교육이 확고하게 자리를 잡도록 했다. 즉 독자 중심 읽기 지침이 교육을 통하여 복제되어 퍼지게 된 것이다. 그 후 독자 중심의 읽기 지침은 비고츠키의 논의나 반응 중심

---

13) 최현섭 외(1984/1987) 〈국어과교육론〉의 문학 교육을 설명하는 부분에서 신비평 이론의 내용을, 문법(언어지식) 교육을 설명하는 부분에서 소쉬르의 언어 이론을 확인할 수 있다. 읽기 교육을 설명하는 부분에서는 문장 분석이나 문단 분석 방법으로 내용을 파악하고, 음독으로 글을 읽는 방법을 설명하고 있다. 아울러 속독의 방법도 소개하고 있다.

14) 1987년에 고시된 5차 국어과 교육과정은 인간 중심을 표방하면서 학습자의 요인이 강조됐다. 읽기 영역에서는 인지적 관점이 반영되어 스키마 이론이 도입되고, 읽기 기능 학습이 강조되었다. 5차 교육과정은 그 내용 면에서 많은 변화를 이루었지만 학교의 실제 교육에서는 여전히 문단 중심 내용 파악하기와 음독하기 활동이 이루어졌다.

문학 비평, 수용 이론 등의 영향으로 내부적으로 변화하고 있다.

읽기나 읽기 교육의 접근 관점이 어떤 것이든 독자의 읽기 행위는 읽기 밈의 복제에서 시작된다. 읽기 밈을 복제하는 일은 다른 사람의 읽기 행동을 모방하는 일에서 비롯된다. 어린아이가 부모나 주변 사람의 책 읽는 행위를 모방하고, 학생이 교사나 친구의 읽기를 모방하는 일에서 비롯된다. 모방은 남을 관찰함으로써 어떤 행동에 관해서 뭔가를 배우는 것이다(김명남 역, 2010: 115). 관찰을 통하여 할 수 없었던 것을 할 수 있게 되거나 몰랐던 것을 알게 되었을 때 모방이 일어난다. 책을 읽는 행위는 그 근원부터 모방이다. 글자를 익혀 글을 읽을 수 있는 것도 모방이고, 문장을 읽고, 문단을 읽고, 한 편의 글을 읽는 것도 모방이다. 책의 처음부터 끝까지 한 줄씩 읽어 나가는 것도 모방에서 비롯된다. 문단의 내용을 파악하고, 글의 내용을 파악하는 것도 모방을 통하여 이루어진다. 글의 내용 파악 방법을 익히지 못한 사람은 내용 파악을 제대로 하지 못한다. 학교에서 학생들에게 내용 파악의 방법을 가르치는 이유가 여기에 있다. 모방으로 배우지 않으면 아무리 나이가 들어도 읽기를 할 수 없다.

읽기 밈의 모방이 본격적으로 이루어지는 곳은 학교이다. 학교는 학생들에게 책 읽는 방법과 책의 의미를 강조하여 가르친다. 학생은 학교에서 강조하는 읽기 방법과 책 내용의 의미를 배움으로써 독자가 된다. 학교에서 가르치는 읽기 방법은 읽기 지침서 밈에 해당하고, 책 내용의 의미는 읽기 생산물 밈에 해당한다. 학교에서 가르치는 읽기 밈은 활용성이 높은 것이면서 빠르고 쉽게 복제된다. 이 읽기 밈의 복제는 충실성, 다산성, 장수성을 갖추고 있다. 따라서 학교 교육은 읽기 밈의 충실한 운반자이고 전달자다. 학교의 교사가 읽기 밈의 운반자가 되고 학생을 복제자가 되어 읽기 밈이 전달되고 퍼져나가는 것이다. 읽기 밈의 관점에서 보면 모든 학교에서 학생들이 읽기와 관련하여 배우고 익히는 것은 읽기 밈의 복제와 관련된다. 학교는 읽기 밈을 운반하는 강력한 수단인 것이다.

학생들이 읽기 밈을 모방하여 가지고 읽기 행위를 하게 될 때 독자가 된다. 읽기 교육은 두 가지 요소의 읽기 밈을 강조하는 관점에서 이루어지고 있다. 하나는 읽기 지침서 밈의 복제를 강조하는 관점이고, 다른 하나는 읽기 생산물 밈의 복제를 강조하는 관점이다. 이 두 관점을 단순히 대별하면 독자 중심 읽기 교육과 텍스트 중심 읽기 교육이다. 현재 이루어지고 있는 독자 중심 읽기 교육은 읽기 지침의 모방을 강조한다. 2015 국어과 교육과정의 읽기 영역 내용 체계표를 보면, 이를 쉽게 알 수 있다. 읽기 과정 및 읽기 방법에 관련된 각 학년(군)별 내용 요소를 보면, 읽기 교육에서 지도해야 할 내용은 읽기 방법과 관련된 것이다. 이 교육과정에서는 읽기 교육이 읽기 방법 즉 읽기 지침을 중심으로 이루어지게 되어 있다. 읽기 생산물은 독자에게 맡겨 두었기에 크게 관심을 두지 않는다.[15] 그래서 이 읽기 교육에서는 학생들이 읽기 지침을 잘 모방하여 지침대로 읽기 활동을 할 것을 강조한다.

텍스트 중심 읽기 교육은 생산물의 모방을 강조한다. 텍스트 중심 읽기 교육에서 읽기 지침은 생산물을 위한 수단이고, 모든 독자가 동일한 읽기 생산물을 얻게 만드는 도구에 지나지 않는다. 텍스트 중심 읽기도 읽기 지침은 사용하지만 최종의 목표는 읽기 생산물의 복제에 있다. 이 때 강조된 읽기 교수 모형을 보면[16] 이를 알 수 있다. 읽기 교수 모형에서 교수-학습 단계를 보면, 글 전체의 내용을 살피고, 부분적으로 분석(지식, 정보, 주제, 사상)하고, 종합적으로 정리한다. 이 단계를 거치면서 중요하게 다루어지는

15) 텍스트의 의미는 독자의 배경지식에 의하여 결정되기에 개인의 배경지식에 학교가 관여하기는 어렵다. 배경지식은 삶 전체의 경험에 의하여 축적되는 것이기 때문에 읽기 학습 시간 또는 텍스트를 읽는 동안에 바꾸거나 대체하는 것이 어렵다. 따라서 텍스트의 의미 해석은 독자 개인의 몫으로 남게 된다.

16) 읽기 교수 모형(김재윤 외, 1991: 117)

것은 텍스트에 내재된 객관화된 지식이나 필자의 사상이라고 할 수 있다. 학생들은 읽기 학습을 통하여 이 지식이나 사상에 해당하는 읽기 생산물을 찾아 받아들여야 한다. 요컨대 이 읽기 교육에서는 독자가 책이나 글을 읽고 해석된 의미를 찾아 공유하는 활동을 강조했다.

읽기 교육은 읽기 지침과 읽기 생산물을 함께 복제할 수 있게 할 때 이상적이다. 읽기 지침만 강조하거나 읽기 생산물만 강조하는 것은 독자의 바른 읽기를 제한한다. 독자가 글을 읽는다는 것은 읽기 지침에 의한 읽기 생산물을 얻기 위한 것이다. 어느 한 가지만 가진 독자는 올바른 텍스트 읽기를 하기 어렵게 된다. 읽기 지침과 읽기 생산물을 함께 교육해야 한다는 말에는 읽기 지침에 따른 읽기 생산물이 존재하고, 같은 책을 읽더라도 읽기 지침과 읽기 생산물이 달라질 수 있음을 전제한다. 한 권의 책을 읽더라도 독자는 다양한 읽기 지침을 적용할 수 있고, 읽기 지침에 따른 읽기 생산물을 얻을 수 있는 것이다. 예를 들어 〈흥부전〉을 읽을 때, 선악의 대립 구조로 읽는 읽기 지침을 사용하여 권선징악의 의미를 찾을 수도 있고, 이야기 전달자의 의도를 이본의 내용을 분석하여 경제적 이익을 추구하는 사회 현실의 의미를 찾을 수도 있다. 또는 불교의 연기 논리를 읽기 지침으로 적용하여 인과응보의 의미를 찾을 수도 있고, 사회적 경제적 논리를 읽기 지침으로 적용하여 빈부 계급 간의 갈등의 의미를 찾을 수도 있다.

읽기 교육은 진화생물학적인 관점에서 비롯된 읽기 밈을 긍정적으로 바

1	목표	독서 재의 내용 구조 분석 → 교수 목표 설정
2	진단	독서 능력 및 태도, 독서 흥미 → 학습 결함 처치, 교수 계략
3	교수-학습	도입: 동기 유발, 목표 확인 전개: ① 단서: 전체적 접근 ② 반응(부분적 접근): 형식적 접근(구조 분석), 내용적 접근(지식, 정보, 주제, 사상, 내용 분석) 정착: 종합(형식과 내용, 지식과 정보, 주제, 사상, 줄거리 …등의 체계화 독서 형성 평가•독후감 지도-치료지도
4	평가	독서 지도 목표 도달의 확인 → 결과 활용(독서 교수 · 학습의 개선)

라볼 필요가 있다. 읽기 밈은 교육을 통하여 보유, 변이, 선택이 이루어진다. 읽기 교육은 읽기를 진화의 관점을 토대로 검토해 볼 필요가 있다. 읽기 밈에 의하여 읽기가 이루어지면서 변화 발전되고 있다는 것을 수용해야 하기 때문이다. 진화생물학은 생물의 진화를 당연시한다. 이에서 비롯된 밈도 진화를 그 속성으로 한다. 이 밈의 관점에서 읽기 밈도 당연히 진화해야 한다. 읽기 교육은 진화하는 읽기 밈의 메타적으로 살피면서 수업에서 읽기 지침과 생산물의 고루 다룰 수 있도록 해야 한다.

나. 읽기 밈에 기초한 읽기 교육의 방향

읽기 밈은 진화생물학의 관점에서 읽기와 읽기 교육을 설명하는 관점을 제공한다. 읽기 밈은 읽기의 읽는 방법과 해석 의미의 단위로 독자에 의하여 복제되고 운반되는 문화 단위이다. 읽기 교육은 이 읽기 밈을 복제하고 수단이고, 독자는 읽기 밈의 운반자이다. 읽기는 이 읽기 밈에 의하여 이루어지면서 진화한다. 읽기 밈의 관점에서 읽기 교육의 방향을 몇 가지 살펴본다.

1) 읽기 안쪽에서 바깥쪽 내다보기

읽기 밈은 읽기를 내부에서 읽기를 설명할 수 있게 한다. 도킨스(1976)의 관점에 따르면, 유전자(gene)는 복제의 과정을 거치면서 생물의 진화가 이루어지게 하고 있다. 환경이 생물을 진화시키는 것이 아니라 유전자의 복제가 생물을 진화시킨다는 것이다. 이를 밈에 적용하면, 환경이 문화를 진화시키는 것이 아니라 밈의 복제가 문화를 진화시킨다. 읽기도 텍스트나 독자가 진화시키는 것이 아니라 읽기 밈의 복제가 읽기를 진화시킨다. 읽기 밈이 독자와 독자의 사이에서 복제되면서 읽기의 진화를 일으키는 것이다.

읽기의 변화는 읽기 밈의 진화를 통하여 이루어지는 것이다. 독자는 읽기 밈의 복제자이면서 읽기 밈의 운반자이다. 독자가 읽기의 방법을 익힐 때에는 복제자가 되고, 읽기 방법을 활용하여 읽기를 수행할 때는 운반자가 된다. 읽기의 진화는 독자가 읽기 밈을 운반하고 복제하는 과정에서 일어난다.

그동안 읽기 학자들은 읽기를 읽기 바깥에서 설명하는 논리로 접근했다. 텍스트를 보는 관점이나 독자를 보는 관점에 기초하여 읽기를 설명하려 했다. 텍스트를 보는 관점의 변화나 독자를 보는 관점의 변화에 의하여 읽기가 달라진다고 본 것이다. 그래서 읽기 이론과 읽기 교육의 변화는 텍스트나 독자 중 어느 하나를 강조하는가에 따라 달라지는 것으로 설명했다. 그리고 텍스트 중심의 접근이나 독자 중심의 접근에 변화가 있어도 큰 틀에서 같은 것으로 보았다. 텍스트 중심 접근에는 소쉬르의 언어 이론, 행동주의 심리학, 슐라이어마허의 해석학, 구조주의 인식론, 이야기 문법, 신비평, 형식주의 비평, 담화분석이론, 텍스트 언어학 등이 관여하여 여러 가지 모습을 띠고 있지만 각각의 읽기 접근은 구별되지 않는다. 독자 중심 접근도 피아제의 인지심리학, 비고츠키의 인지심리학, 스키마 이론, 촘스키 언어학, 리쾨르의 해석학, 가다머의 해석학, 데리다의 해체주의 인식론, 구성주의, 독자반응비평, 수용이론, 정신분석학, 인지문법 등이 관여하여 다양한 형태를 보이지만 구별되지 않는다. 외부의 시각에서 읽기의 외형만 보고 판단하기 때문이다.

읽기를 내부에서 보면 세부적으로 구분된다. 외부적으로 동물을 볼 때는 개, 소, 원숭이, 사람 등과 같이 종을 중심으로만 분류하는 것과 같다. 반면 내부에서 보면 세부적으로 구분하여 인식할 수 있게 된다. 사람을 아시아, 유럽, 아프리카 인종으로 구분하면서 아시아 사람을 한국인, 일본인, 중국인, 베트남인, 인도인 등으로 구분하여 인식할 수 있다. 유전자들이 복제의 과정에서 각기 다른 특성을 지니도록 진화가 일어난 것을 구분할 수 있게 하기 때문이다. 읽기 밈도 마찬가지이다. 복제의 과정에서 조금씩 달라진 형태를 가지게 되어 구분된다. 그리고 읽기 형태가 다양함을 인식하게 하고, 읽기 밈의 복제가 읽기의 진화를 일으키고 있음을 알 수 있게 한다. 즉 읽기 밈들이 복제되면서 달라지고 있는 것이다.

읽기 밈은 읽기 그 자체의 변화를 보게 한다. 사람들이 창안한 읽기 밈이 복제되고, 전달되고, 유지되는 것을 알 수 있게 한다. 읽기 밈이 복제되면서 읽기가 달라는 것으로 볼 수 있도록 하는 것이다. 현재의 독자 중심 읽기를 보면, 노명완(1988)의 〈국어교육론〉, 노명완 외(1988)의 〈국어과교육론〉, 최현섭 외(1996)의 〈국어교육학개론〉, 박수자(2001)의 〈읽기지도의 이해〉, 한철우 외(2001)의 〈과정 중심 독서지도〉, 김도남(2014)의 〈상호텍스트성과 텍스트 이해 교육〉, 이경화(2010)의 〈읽기교육의 원리〉 등은 읽기 교육에 대한 조금씩 다른 모습을 보이고 있다. 이들은 독자 중심의 읽기 교육 관점을 공유하지만 세부적으로는 각기 강조하는 바가 다르다. 이들은 독자 중심 읽기 교육의 다양한 모습을 제시하고 있다. 읽기 밈의 형태가 서로 조금씩 다른 것이다.

읽기의 진화는 읽기 밈의 복제 과정에서의 변화에 따른 것이다. 독자들이 어떤 읽기 밈을 복제하여 활용하는가에 따라 읽기가 진화하는 것이다. 독자들이 단일 읽기 밈을 복제한다면 읽기는 진보할 수 없다. 독자들이 각기 다른 읽기 밈을 복제할 때 읽기는 진화를 일으킨다. 독자들의 읽기 밈 복제의 원천은 타 독자이지만 교육적으로 보면 학교의 교사이다. 교사는 학생들에게 읽기 밈을 전달하는 강력한 운반자이다. 학생이 교사들에게서 여러 가지 읽기 밈을 반복적으로 전달받고 자신의 읽기 밈을 가지게 되면서 읽기의 진화는 읽어난다. 교사마다 자신의 읽기 밈을 학생들에게 제공하면 학생들은 읽기 밈들을 새롭게 만들어내게 된다. 이 학교에서 생성된 읽기 밈들은 학생들을 운반자로 삼아 다른 사람들에게 전파된다. 읽기가 읽기 밈에 의하여 진화하는 것이다.

읽기 교육에서는 읽기를 그 내부적 관점에서 검토할 필요가 있다. 내부적 관점은 읽기의 특성을 새롭게 규정할 수 있게 하기 때문이다. 읽기를 텍스트와 독자의 상호작용의 관계가 아닌 본질적 특성에서 바라보는 것이다. 읽기를 그 본질에서 접근을 하게 되면 읽기 교육의 새로운 길을 열리게 할 수도 있다. 읽기 밈의 관점에서의 접근은 여러 내부적 관점 중의 한 가지라 할 수 있다. 이 읽기 밈의 관점도 아직 정립되지는 않은 상태에 있지만 이에 대한 관심을 가질 필요가 있다.

2) 다양한 읽기 밈을 교육 내용으로 선택하기

독자의 읽기 학습은 읽기 밈의 복제 활동이고, 읽기 행위는 읽기 밈의 운반 행위이다. 특정 독자는 복제와 운반 과정에서 읽기 밈을 새롭게 만들기도 하고 변형시키기도 하지만 대부분의 독자는 단순 복제자이고 운반자이다. 많은 독자는 다른 사람의 읽기 밈을 복제하여 읽기를 수행하고, 다른 독자에게 큰 변화 없이 전달한다. 많은 독자는 읽기 밈이 가치 있는 것으로 판단되면 그 밈을 그대로 받아들인다. 독자가 복제한 읽기 지침을 그대로 사용하여 기존의 읽기 생산물을 확인하고 있을 때는 단순 복제자이고 단순 운반자가 된다.

읽기는 읽기 지침과 읽기 생산물의 복제로 존재한다. 읽기 밈이 복제를 통하여 독자들의 마음속에 자리를 잡고 있다가 읽기 활동으로 발현됨으로써 읽기가 이루어진다. 읽기 밈은 독자의 행동을 결정한다. 읽을 책을 결정하고, 읽는 방법을 결정하고, 구성할 의미를 결정한다. 독자의 읽을거리를 결정하기에 책의 생산과 유행을 결정한다. 독자는 프로그램화된 읽기 밈의 코드에 따라 읽기를 수행하게 된다. 읽기 밈의 프로그램을 충실하게 수행한 독자는 우수한 독자가 된다. 우수한 독자는 새로운 읽기 밈을 만들 수 있는 조건을 갖추게 되고, 새로운 읽기 밈을 만들게 되면, 이를 복제하는 독자들이 생기게 된다. 〈흥부전〉을 새롭게 해석한 조동일은 우수한 독자라 할 수 있다. 〈흥부전〉에 대한 새로운 밈을 만들어냈기 때문이다. 그 밈은 충실하게 복제되고, 다산성 있게 여러 학문 분야로 퍼져나가고 있다. 그리고 비교적 오랫동안 회자되고 있다.

읽기를 그 내부에서 보면 다른 현상으로 보일 수 있다. 읽기를 그 내부에서 보면, 읽기 교육은 읽기 밈을 운반하는 운반자이다. 교사는 자신이 보유한 읽기 밈을 체계적으로 다른 사람에게 전달하는 역할을 한다. 교사가 어떤 읽기 밈을 복제하여 지니고 있는지에 따라 다음 세대의 읽기가 결정된다. 물론 학교에서의 읽기 밈의 운반자로 교사가 유일한 존재는 아니다. 읽기 밈의 운반자에는 교과서와 교육 자료들이 포함된다. 운반자들의 역할에 의하여 다음 세대들은 읽기 밈을 복제한다. 복제자들은 운반자들을 관찰하여 익히는 활동의 과정을 통하여 읽기 밈을 습득하고 지니게 된다.

현재의 읽기 교육은 획일적이고 제한적이다. 독자 중심 읽기가 초등학교부터 고등학교까지 이어지고 있다. 독자 중심 읽기는 읽기 밈의 속성으로 보면 특정한 읽기 지침만 강조한다. 이 읽기 지침을 많이 복제한다고 하여 읽기 문화가 확산되는지는 의문이다. 독자 중심 읽기는 읽기 기능을 강조한다. 독자의 인지적인 문제해결을 위한 읽기 방법을 강조하는 것이다. 이 읽기 지침에 따른 읽기는 독자에게 한정된 의미 구성을 하게 한다. 개별 독자의 배경지식에 갇힌 의미 구성을 강조하는 것이다. 이 독자 중심 읽기 방법은 개인을 벗어나면 힘을 잃게 된다. 읽기 밈의 복제가 일어나기는 하지만 의미의 다산성이 떨어지는 복제에 그친다. 읽기 지침의 공유는 강조하지만, 읽기 결과물 공유는 강조하지 않기 때문이다. 이 읽기 교육에서는 교사의 읽기 지침을 학생이 복제하고 나면 그 지침은 다른 학생에게 쉽게 복제되지 못한다. 읽기의 수행과정이나 생산물이 개인적인 것으로 여겨지기 때문이다. 읽기 결과물이 공유되지 못한다. 그렇기에 이 읽기는 독자 개인에게 제한된 읽기이다. 읽기 결과물과 병행한 읽기 지침의 전달이 이루어져야 읽기 밈의 복제가 효과적으로 이루어질 수 있다.

읽기 교육의 진화는 다양한 읽기 밈의 복제에서 이루어진다. 읽기 밈의 복제에는 다른 읽기 밈과의 결합으로 새로운 읽기 밈으로의 진화를 전제한다. 밈은 진화의 특성을 내포하고 있기 때문이다. 읽기 밈의 진화는 다양한 읽기 밈의 결합이 이루어질 때 건강할 수 있다. 한 생물 종의 번성도 다양한 유전인자가 결합된 복제 속에서 일어난다. 읽기 밈의 건전한 진화도 마찬가지이다. 다양한 읽기 밈이 존재하고 그 읽기 밈들이 서로 결합하여 복제를 이룰 때 건전한 진화가 일어난다. 읽기의 건전한 진화를 위해서는 읽기 교육에서 다양한 읽기 밈에 대한 수용이 필요하다. 다양한 읽기 밈을 복제하여 보유하고 있어야 하고, 이를 학생들이 복제할 수 있도록 해 주어야 한다. 읽기 밈의 복제는 다양한 읽기 지침과 읽기 생산물의 결합에 의한 재생산이 이루어지게 한다.

현재의 읽기 교육에서의 읽기 밈은 제한적이다. 독자 중심 읽기 교육이 중심이 되어 다른 읽기 관점이나 읽기 교육 관점에 대하여 배타적이다. 읽기나 읽기 교육을 정신분석학적으로 접근할 수도 있고, 기호학이나 해석학, 현상학, 언어학, 미학, 사회학, 윤리학, 복잡계 과학, 뇌 과학 등으로 접근할 수도 있다. 글에 대한 타당한 읽기 생산물을 제시할 수 있는 읽기 지침이라면 학생의 수준에 맞게 교육할 수 있어야 한다. 읽기를 할 때 필요한 인지적인 읽기 기능만을 교육의 내용으로 삼는 것은 타당하지 않다. 이는 새로운 읽기 밈을 생산하는 데도 바람직하지 않다. 학생들이 새로운 읽기 밈에 관심을 가질 수 있도록 하기 위해서는 다양한 읽기 밈을 복제할 수 있게 해야 한다.

읽기 교육에서 읽기 밈을 선택하는 기준은 복잡하지 않다. 읽기 밈의 내적 요소인 읽기 지침과 읽기 생산물의 관계가 타당하면 선택할 수 있다. 읽기 지침은 글을 읽는 방법으로 관점에 따라 다르다. 기호학의 관점에서는 기호를 탐구하는 방식에 기초한 읽기 방법이 제시되고, 해석학은 이해의 관점에서 인식의 작용을 탐구하는 방식에 기초한 읽기 방법을 제시한다. 또한 이들 방법으로 만들어지는 읽기 생산물도 각기 다르다. 기호학은 텍스트에 내재된 의미 규정이나 의미 생성을 생산물로 보지만 해석학은 존재의 이해나 자아의 이해를 읽기 생산물로 본다. 물론 기호학이나 해석학도 접근 관점에 따라 다른 읽기 지침과 읽기 생산물이 있을 수 있다. 이들 읽기 지침과 생산물의 관계가 타당성을 갖고 있다면 읽기 교육에서는 이들을 교육 내용으로 선택해야 한다.

읽기 밈의 복제는 학생의 수준에 맞게 이루어지게 한다. 읽기 교육에서 읽기 밈을 내용으로 선택하였다고 하여 모든 밈을 누구에게나 복제하게 하는 것은 아니다. 학생들이 이해하고 활용할 수 있는 읽기 밈을 복제할 수 있게 해야 한다. 읽기 지침의 수준을 학생이 이해할 수 있는 수준에서 조절할 수도 있겠지만 여러 가지 읽기 지침을 한 번에 가르칠 수 없기에 시기를 조절할 필요가 있다. 이 말은 학생들의 읽기 지침의 복제 시기를 고정할 필요는 없지만 일정한 순서를 정하여 제공할 필요가 있음을 의미한다. 학생에게 읽기 지침의 복제는 읽기 생산물의 복제도 함께 할 수 있게 하는 것이 되어야 한다. 읽기 생산물은 글에 대한 개별적인 것일 수도 있지만 읽기 지침이 지향하고 있는 생산물의 특성이라 할 수 있다. 그래서 특정 생산물을 위해서는 특정 읽기 지침을 선택하여 활용할 수 있게 하도록 하는 것이 필요하다.

읽기 지침과 읽기 생산물은 밈플렉스를 이룬다. 밈플렉스는 관련 밈의 집합체를 의미한다. 읽기 밈의 밈플렉스의 기본 요소가 읽기 지침과 읽기 생산물인 것이다. 한 권의 책을 읽고 이해하기 위해서는 단일 밈만으로 어려울 수 있다. 단일 밈으로는 단편적인 이해밖에 할 수 없을 수도 있다. 그렇기 때문에 읽기 밈들의 집합체를 활용하여 읽기를 할 수 있도록 하는 것이 필요하다. 이는 연결되어 있거나 관련지을 수 있는 읽기 밈들을 함께 복제할 수 있도록 하는 것이 효율적이라는 말도 된다. 밈플렉스도 고정된 것이 아니고, 상황에 따라 서로 연결되어 하나의 밈플렉스를 이루므로 글이나 책의 내용에 따라 밈플렉스를 구성할 필요가 있다.

〈일반언어학 강의〉를 어떤 학문적 입장에서 읽느냐에 따라 그 의미는 달라진다. 언어학의 읽기 지침에서 보면 현대 언어학의 시발점이라는 의미를 갖는다. 심리학의 입장에서 보면 욕망의 기제를 설명하는 틀이고, 문화인류학의 입장에서 보면 문화를 탐구하는 도구이고, 철학의 입장에서 보면 이중적 구조로 세계를 인식하게 하는 원리이다. 이 책의 의미를 해석하기 위해서는 관점에 따라 밈플렉스를 구성할 필요가 있다. 언어학에 대한 이해를 위한 밈을 토대로 찾아야 할 의미와 관련된 읽기 밈을 결합하여 밈플렉스를 구성할 수 있도록 한다. 읽기에서는 어떤 밈플렉스를 사용하는가에 따라 읽기 생산물은 달라질 수 있다. 읽기 교육은 읽기 지침과 읽기 생산물의 밈플렉스에 적극적인 관심이 필요하다. 이는 양질의 읽기 밈을 학생들이 복제할 수 있게 하는 일이 될 것이다.

3) 읽기를 진화의 관점에서 교육하기

진보와 진화는 다른 것이라고 말한다. 진보는 낮은 수준에서 높은 수준으로 발전해 가는 것이다. 진화는 다양해지는 것이고 환경에 적응하여 변화하는 것이다. 읽기는 생물체와 같이 진화한다. 읽기는 지침이 다양해지고 읽기 환경이 달라짐에 따라 이에 적응하여 변화한다. 읽기가 진화하기 위해서는 복제와 운반이 이루어져야 한다. 복제를 한다는 것은 동일한 것을 반복하여 생산한다는 의미가 아니다. 생물체의 DNA가 복제를 하는 것과 같이 일정한 변화를 전제한다. DNA는 한 개체의 것이 동일하게 복제되기보다는 암수 두 개체가 결합하여 이루어지는 복제이다. 그래서 복제의 과정에는 일정한 변화와 변이가 존재할 수 있게 된다. 이 변화와 변이가 진화를 이루어지게 한다.

읽기도 진화를 한다. 읽기는 단성 복제를 하는 존재가 아니라 다성의 복제를 하여 진화한다. 이 말은 새로운 읽기 지침과 읽기 생산물이 계속 생겨난다는 말이다. 블래모어의 말(김명남 역, 2010: 58)과 같이, 그 과정에서 오래된 읽기 밈들은 변화하고 조합하여 변이(새로운 읽기 밈)가 생겨난다. 또는 한 독자의 마음속에서 생겨나기도 하고, 독자에서 독자로 전달되는 도중 생겨나기도 한다. 읽기 밈의 진화는 새로운 환경에서의 읽기를 유리하게 만든다. 또는 새로운 세계를 볼 수 있게 한다. 독자가 처한 읽기의 환경은 변화하고 있고, 새롭게 보아야 할 세계는 끊임없이 늘어나고 있다. 이에 따라 읽기는 진화를 한다.

읽기의 환경의 변화는 아날로그에서 디지털로 바뀌어가고 있다. 많은 사람은 책보다는 스마트 폰으로 독서를 한다. 많은 사람이 디지털 독자로 변화하고 있다. 아날로그 독자와 디지털 독자가 공존하고 있다. 읽기의 지침은 아날로그의 것과 디지털의 것이 다르다. 읽기 생산물도 마찬가지로 다르다. 현재로서는 어느 한 가지가 절대적 우위를 갖는 것은 아니다. 아날로그 읽기 지침과 읽기 생산물은 그 나름대로 유용하고, 디지털 읽기 지침과 읽기 생산물은 그 나름으로 유용하다. 이들 두 가지 읽기 밈이 새로운 읽기 밈플렉스를 구성해 가고 있다고 할 수 있다. 디지털 읽기 밈은 빠른 변화 중 하나이다. 디지털 기술의 변화에 의한 읽기 환경의 변화에서 비롯된 것이다. 이는 읽기의 빠른 진화를 요청하고 있다.

읽기 교육은 읽기 밈의 진화를 인식하고 수용할 필요가 있다. 물론 읽기 밈의 진화를 인식하고 수용하고 있고, 다만 그 적극성의 정도에 문제가 있다고 말할 수도 있다. 그렇지만 우리의 읽기 교육은 5차 교육과정(1987년) 이후 진화가 일어나지 않고 있다. 읽기 밈의 변화를 수용하고 있지 않다. 독자 중심 읽기는 진화하는 읽기 밈을 억압하고 있다. 늘 독자가 의미를 결정한다는 말만 되풀이하고 있다. 과연 독자가 의미를 결정하는가? 현실의 독자들은 책에 대하여 아무런 생각도 가지고 있지 못하다. 독자들은 책에 주어진 낱낱의 정보 파악에 허덕이고 있는 실정이다. 책을 읽을 수 있는 제대로 된 읽기 지침이 무엇인지도 파악하지 못하고 있다. 읽기 교육이 진화하는 읽기의 관점으로 보고 있지 않기 때문이다. 읽기를 읽기 안에서 밖을 바라보는 것을 하지 않고 있다. 읽기는 진화한다. 때문에 현재의 읽기에 대한 인식이 모든 것을 해결하지 못한다. 다만 현재에 무엇을 해야 하는지는 알기 위하여 노력해야 한다.[17]

읽기 밈의 관점에서 보면, 읽기 밈에 의한 읽기 교육의 운영이 필요하다. 읽기 밈에 의한 읽기 교육이란 읽기 밈의 변화를 반영한 읽기 교육이다. 읽기 교육을 한 가지 관점이나 한 가지 논리로 경직되게 할 게 아니라 읽기 환경과 조건에 따라 변화 있는 읽기 교육을 해야 한다. 현재 하고 있는 독자 중심의 읽기 기능 교육은 학생의 읽기 능력을 높일 수 있는 한 가지 논리일 뿐이다. 논리라는 말은 실제로는 그렇지 않을 수 있음을 전제한다. 읽기 기능은 독자의 인지적 문제를 해결하게 해줄 수 있다. 그렇지만 인지적 문제가 없는 독자나 읽기에 관심이 없는 학생이 읽기를 하게 하는 데는 도움이 되지 못한다. 또한 읽기를 많이 하지만 책의 내용을 가치 있게 활용하지 못하는 독자들에게도 도움을 줄 수 없다. 현실적으로 읽기 기능만 알고 읽

17) 우리는 유전자의 기계로 만들어졌고 밈의 기계로 자라났다. 그러나 우리에게는 우리의 창조자에게 대항할 힘이 있다. 이 지구에서는 우리 인간만이 유일하게 이기적인 유전자의 폭정에 반역할 수 있다(홍영남·이상임 역, 2011: 335).

기를 하지 않아도 되는 읽기 교육이 이루어지고 있는 것이다.

읽기 교육은 읽기를 하도록 하는 교육이어야 한다. 읽기를 위한 방법만 알아서는 읽기를 하게 만들 수 없다. 이는 읽기 교육이 읽기의 내적 특성에 기초하여 접근한 것이 아니라 교육적 논리에 기초를 두고 접근하기 때문이다. 읽기를 읽기 자체로 보는 시각이 있어야 학생들이 읽기를 하게 할 수 있다. 읽기를 읽기 자체로 볼 수 있게 하는 한 가지 방법이 읽기 밈이다. 읽기 밈은 읽기 속성을 바탕으로 한다. 사람 사이의 읽기 문화를 중심으로 읽기를 바라보고 읽기를 인식하고 설명하는 틀이다. 읽기가 외적인 작용에 의하여 이루어지는 것이 아니라 읽기 내적인 요인에 의하여 이루어지는 것으로 보는 것이다. 읽기 밈은 읽기 진화의 관점에서 출발하기는 하지만 그 능동성을 갖는 개념이다. 읽기 밈은 읽기 지침과 읽기 생산물의 요소로 이루어져 있어 복제를 한 독자는 코드대로 읽기를 하고 생산물을 만들게 한다는 것이다.

읽기 밈은 읽기 활동에 근본적인 동력을 갖게 한다. 읽기 밈은 능동적이고 필연적인 복제를 통하여 전달되고 활용된다.[18] 아직 읽기 밈의 복제와 전달을 위한 구체적인 교육적 원리가 제시되지는 않았다. 하지만 읽기 밈은 읽기 기능과 같이 실제 읽기 활동과 분리된 채 학습되는 것이 아니라 읽기 활동 속에서 복제되고 전달된다는 점에서 능동성을 갖는다. 읽기를 독자의 의도와 의지로 이루어지는 행위로는 보는 관점도 읽기 밈에 의하여 이루어

18) 도킨스는 복제자와 운반자를 구분해야 한다는 중요한 개념을 도입했다. 스스로 복제하는 것이면 뭐든 복제자라 불릴 수 있다. 특히 그 복제자의 타고난 속성에 따라서 복사의 가능성이 달라지는 경우라면 그것이 '능동적 복제자(active replicator)' 이다. 한편 운반자는 환경과 상호작용하는 개체를 말한다. 그래서 헐은 비슷한 개념에 대해서 차라리 '상호작용자'라는 표현을 선호했다. 운반자 혹은 상호작용자는 내부에 복제자들을 품고 보호해 준다. 최초의 복제자는 아마도 원시 수프(primordial soup)에 들어 있던 단순한 자기 복제 분자였겠지만, 오늘날 우리에게 가장 친숙한 복제자는 DNA이다. DNA의 운반자는 생물체이거나 생물체들의 집단이고, 그들은 바다나 하늘이나 숲이나 평지에서 살아가면서 상호작용을 한다(김명남 역, 2010: 41-42).

지는 것으로 보면 읽기 교육의 적극성이 강화될 수 있다. 읽기가 독자의 외적 동기에 의한 것이 아니라 읽기 밈의 코드에 따라 이루어지는 것으로 보기 때문이다. 읽기 밈은 독자가 읽기를 필연적으로 할 수 있게 만드는 기제이다. 사람들의 문화적 삶의 한 부분이기 필연적으로 읽기를 해야 하는 것으로 볼 수 있다.

독자는 교육받은 대로 읽기를 한다. 어떤 읽기 교육을 받았는가에 따라 읽기 활동이 달라진다. 독자 중심 읽기 교육의 극단은 독자가 읽기 기능을 많이 익히도록 하면 된다. 학생들이 글을 읽을 때 부딪히는 문제를 해결할 수 있는 읽기 기능만 가지면 된다. 읽기 기능의 실제 사용은 학생에게 일임되어 있다. 이 읽기의 지향은 책을 읽고 의미를 구성하는 일이지만 현재 읽기 교육에서 독자가 구성할 의미는 뒷전인 것이다. 읽기에서 읽기 생산물에 관심을 두지 않기 때문이다. 읽기 교육의 관심은 읽기 능력일 뿐, 독자가 구성하는 의미가 아닌 것이다. 독자는 읽기 생산물을 위한 책을 읽지만 교육에서는 읽기 생산물을 중요하게 다루지 않고 있다. 읽기 교육은 읽기 밈을 통하여 읽기 지침과 읽기 생산물이 함께 하는 읽기를 지향해 나갈 필요가 있다.

4. 읽기 교육의 과제

읽기는 어떤 관점에서 보느냐에 따라 달라진다. 읽기가 책과 독자와의 관계일 수 있지만 단지 그렇게 단순화시켜서 볼 문제는 아니다. 읽기는 문화의 문제이며 정신의 문제이고 인간 행동의 문제이다. 읽기의 어떤 측면을 강조하여 보는가에 따라 다른 모습을 갖는다. 이 논의는 읽기를 진화생물학이 관점에서 비롯된 밈학의 관점을 살짝 빌어서 살펴보았다. 본격적인 밈학의 관점에서 읽기를 보기 위한 시발점이라 할 수 있다. 읽기를 밈학의 관점에서 보면 진화하는 문화의 한 갈래 중의 하나이다. 읽기는 읽기 밈을 복제하는 과정을 통하여 존재한다.

읽기 밈의 형태는 다양하게 존재한다고 할 수 있다. 유행적인 읽기 밈, 항존적인 읽기 밈, 공시적인 읽기 밈, 통시적인 읽기 밈, 특정 집단적인 읽기 밈, 보편적인 읽기 밈, 특수한 분야의 읽기 밈 등 여러 가지이다. 이들 읽기 밈들은 모방과 운반을 통하여 퍼져나가고 진화한다. 읽기 밈은 고착되거나 완성될 수 없으며 환경 조건에 따라 달라진다. 읽기 밈의 활동은 독자와 독자 간의 모방과 전달에 의존한다. 읽기 밈은 그 과정에서 변이가 생기게 되고, 읽기 환경에 적응하면 지속성을 갖지만 그렇지 못하면 사라지게 된다. 환경에 적응한 읽기 밈은 독자의 읽기 활동을 조절하고 통제한다.

읽기 교육은 읽기 밈을 복제하고 보관하고 전달하는 대표적인 운반 조직체이다. 읽기 교육에서는 어떤 읽기 밈이 있는지를 밝혀야 하고, 필요한 읽기 밈을 복제하여 보관하여야 한다. 그리고 학생들이 필요로 하는 읽기 밈을 복제하게 해야 한다. 그러기 위해서는 학교는 읽기 밈을 열린 자세로 살피고 선택하는 것이 필요하다. 진화하는 읽기 밈을 분류하고, 중요한 읽기 밈을 학생들이 복사하게 하는 일은 읽기 교육의 생명이다. 읽기 교육은 읽기 밈에 들어 있는 읽기 지침과 읽기 생산물에 대한 선별을 통하여 이들을 보관하고, 학생들이 복제할 수 있도록 해야 한다.

참고문헌

김광현(2009), 문화 유전자와 문화 코드, 한국기호학회, 기호학연구 26권.
김도남(2014), 상호텍스트성과 텍스트 이해 교육, 박이정.
김명남 역(2010), 밈, 바다출판사.
김재윤 외(1991), 국어과교수법, 선일문화사.
노명완(1988), 국어과 교육론, 한샘.
노명완(1994), 국어교육론, 한샘.
노명완·권경안·박영목(1994), 국어교육론, 갑을출판사.
박장순(2011), 한류의 흥행 유전자 밈, 북북서.
송성회(2013), 밈 과학과 문학 생태학, 한국독일어문학회, 독일어문학 63권.
송성회(2014), 밈(meme) 과학으로 문학 읽기의 가능성, 한국연극평론가협회, 연극평론 72권.
윤미나 역(2011), 마인드 바이러스, 흐름출판.
인권환(1973), 토끼전의 서민의식과 풍자성, 이상택 외 편저(1982), 한국고전소설, 계명대학교출판부.
장대익(2008), 일반 복제자 이론: 유전자, 밈, 그리고 지향계, 한국과학철학회, 과학철학 11권 1호.
장대익(2012), 호모 리플리쿠스(Homo replicus): 모방, 거울뉴런, 그리고 밈, 한국과학기술정보연구원(KISTI), 인지과학 23권 4호.
정동화·이현복·최현섭(1987), 국어과교육론, 선일문화사.
조동일(1969), 흥부전의 양면성, 인권환 편저(1991), 흥부전 연구, 집문당.
조동일(1970), 갈등에서 본 춘향전의 주제, 이상택 외 편저(1982), 한국고전소설, 계명대학교출판부.
한국독서학회(2003), 21세기 사회와 독서 지도, 박이정.
한철우 외(2001), 과정 중심 독서 지도, 교학사.
홍영남·이상임 역(2010), 이기적 유전자, 을유문화사.
인권환(1991), 흥부전 연구, 집문당.

제4장 거울 뉴런과 읽기 교육

1. 문제 제기

독자의 텍스트 이해는 뇌의 활동에 기초한다. 텍스트의 기호에 대한 독자의 시각 활동을 뇌가 처리함으로써 이해가 이루어지는 것이다. 텍스트 이해에 작용하는 뇌의 활동은 복합적이다. 그래서 뇌의 특정한 부분이나 활동만으로 독자의 읽기 행동을 설명하는 것은 한계를 가질 수 있다. 그렇지만 이에 대한 시도가 무의미한 것은 아니다. 이러한 시도가 읽기 연구나 읽기 교육 연구에 새로운 발판을 마련해 줄 수 있기 때문이다. 읽기 연구 또는 읽기 교육 연구에서 그동안 뇌의 활동에 대해서는 많은 관심을 기울이지 못했다. 뇌에 대한 연구의 성과들을 읽기에 적용하기에는 이른 감이 있었기 때문이다. 이제는 뇌에 대한 연구 성과들이 다소 축적되었고, 읽기와 관련지어 생각할 수 있는 시기가 되었다. 뇌의 연구 성과를 바탕으로 볼 때, 그동안의 읽기 연구에서 해명하지 못했던 점을 탐구해 볼 수 있다.

노자의 『도덕경(道德經)』은 동양 고전 중의 하나이다.[1] 독자들은 『도덕경』

---

* 이 장의 내용은 '거울뉴런의 읽기 과정 이해에 대한 시사'(김도남, 2017, 한국초등교육 28(1)집)을 수정 보완한 것입니다.

1) 『도덕경』을 예로 드는 것은 보통의 독자는 『도덕경』을 읽고 이해하기 어렵다는 통념이 있기 때문이다. 일반 성인 독자가 읽기 어려운 텍스트는 많다. 여기서는 어려운 텍스트의 대표로 『도덕경』을 선택했다.

을 읽고 이해하기도 하고 못하기도 한다. 『도덕경』을 처음 읽는 독자는 그 내용을 이해하기 어렵다. 각 장의 내용뿐만 아니라 텍스트 전체가 일관성 있는 내용으로 파악되지 않기 때문이다. 반면 『도덕경』을 이해한 독자도 있다. 이들 독자는 『도덕경』 전체와 각 장의 의미 관계를 일관성 있게 파악한다. 그리고 특정 장이나 글귀를 좋아하여 반복하여 읽고 음미한다.

독자가 『도덕경』의 이해를 어려워하는 것을 텍스트 중심 읽기 이론이나 독자 중심 읽기 이론으로는 설명하기 어렵다. 독자가 『도덕경』을 전체적으로 살피고, 장별로 분석하고 종합하지 않아서 이해를 못하는 것이 아니다. 또한 독자의 배경지식이나 읽기 기능/전략을 활용하여 내용을 확인하고, 추론하고, 평가 및 감상을 안 해서 이해 못하는 것도 아니다. 『도덕경』 읽기는 텍스트 분석 방법이나 읽기 기능/전략의 사용만으로 이루어지지 않는 것이다. 이는 초등 저학년 학생이 『달 샤베트』(백희나, 2014)를 읽을 때도 마찬가지이다. 『달 샤베트』의 각 사건을 파악할 수는 있지만 전체적인 의미가 무엇인지, 각 사건이 서로 어떤 관계에 있는지 알지 못한다. 학생이 특정 다른 텍스트를 읽고 이해하지 못하는 것도 텍스트 중심 읽기나 독자 중심 읽기 이론으로 설명하기 어려운 경우가 있는 것이다.

독자가 글을 읽고 이해하지 못하는 까닭을 뇌 연구를 이용하면 일부 설명이 가능하기도 하다. 독자의 읽기를 거울 뉴런(mirror neuron) 이론에서 보면[2], 뉴런의 활성화로 이루어지는 모방[3]을 잘하지 못하기 때문이다. 거울 뉴런은 모방의 형태로 활성화된다. 거울 뉴런 이론에 따르면 감각 기관으로 감지된 정보들이 뇌에 전달되면 뇌의 특정 부분(F5 영역)이 활성화된다. 한

---

2) 거울 뉴런에 대한 개괄적인 연구 내용에 대해서는 김미선 역(2009)을 참고할 수 있다.

3) 여기서의 모방은 관찰자의 뇌에서 일어나는 뉴런의 활성화와 관찰 대상자의 뇌에서 일어나는 뉴런의 활성화가 같음을 의미한다. 뉴런의 활성화가 같음은 인지적, 정서적, 행동적 반응이 같게 된다. 즉 모방 작용이라는 말은 뉴런의 활성화가 같아 외현적, 내재적 행동이 닮아 있음을 가리킨다. 모방에 대한 구체적인 논의는 장대익(2012b)를 참조할 수 있다.

원숭이가 다른 원숭이의 먹이 활동을 볼 때 거울 뉴런이 활성화되는데, 이 때 두 원숭이의 활성화된 뉴런이 같다는 것이다. 눈으로 볼 때 활성화되는 뉴런이 행동할 때 활성화되는 뉴런과 똑같아 거울에 비치는 것과 같다고 하여 거울 뉴런이라고 한다. 이 거울 뉴런의 작용을 모방이라 한다. 거울 뉴런의 모방은 보는 것만으로 상대방의 행동 의도, 행동 내용, 행동에 내재된 감정을 알 수 있게 한다. 거울 뉴런의 활성화로 행동의 의도, 내용, 감정을 알 수 있는 것은 뇌의 여러 부분이 관여하여 이루어지는데, 거울 뉴런과 관련된 뇌의 작용체계를 거울 뉴런계라고 한다.[4] 이 거울 뉴런 이론의 관점에서 보면, 독자가 『달 샤베트』나 『도덕경』을 읽고 이해를 못하는 것은 거울 뉴런의 활성화가 일어나지 않았기 때문이라고 할 수 있다. 즉 텍스트를 읽고 인물의 행동이나 기호의 내용에 대하여 거울 뉴런계의 활성화가 제대로 일어나지 않은 것이다. 독자가 텍스트를 읽어 이해하기 위해서는 필자나 텍스트 속의 화자, 텍스트 속의 인물, 다른 독자의 행동에 대한 거울 뉴런의 활성화로 모방작용이 있어야 한다. 독자가 텍스트를 읽고 이해할 수 있는 거울 뉴런의 활성화에 의한 모방이 필요한 것이다.

뇌의 작용으로 보면, 읽기는 뇌의 뉴런 활동이 관여하여 이루어진다. 독자가 시각으로 텍스트의 기호를 감지하면 뉴런이 이를 처리한다. 시각의 정보를 처리하는 뉴런들이 연합하여 기호의 의미를 파악하는 것이다. 독자는 뉴런의 작용으로 텍스트의 내용을 인식하게 되는 것이다. 거울 뉴런의 작용을 바탕으로 읽기에서 뉴런이 어떻게 작용하는지 검토할 필요가 있다. 이 논의에서는 거울 뉴런을 중심으로 독자의 읽기 활동의 설명 가능성을 탐색한다. 거울 뉴런으로 읽기를 설명하는 본격적인 논의보다는 그 가능성을 검토하는 수준에서 논의를 전개한다. 이를 통하여 독자의 읽기 과정 이

4) 거울 뉴런계에 대한 개괄적인 이해는 손정우, 김혜리(2013: 110)를 참조할 수 있다. 거울 뉴런계에 대한 구체적인 이해는 김미선 역(2009), 장대익(2012b)을 참조할 수 있다.

해와 읽기 교육과 관련하여 몇 가지 시사점을 짚어본다. 미러 뉴런 이론을 토대로 한 독자의 읽기 과정과 읽기 교육에 대한 본격적인 논의는 다음으로 미룬다.

2. 거울 뉴런과 읽기

독자의 텍스트 이해는 뇌의 작용으로 일어난다. 독자는 글을 읽을 때 뇌를 의식하지는 않지만 뉴런의 활성화로 텍스트 이해가 일어난다. 거울 뉴런에 대한 논의와 독자의 읽기 과정에 작용하는 거울 뉴런의 역할을 살펴본다.

가. 거울 뉴런

사람은 다른 사람의 행동과 생각을 쉽게 모방하고 따라 할 수 있다. 정교한 기계를 조정하는 기술을 배울 수 있고, 다른 사람의 마음에 동일시를 하거나 공감을 할 수 있다. 또한 깊은 사고의 과정을 따라함으로써 사유의 내용과 방법을 익힐 수 있다. 독자는 다른 독자의 읽기 행위를 보고 텍스트를 읽는 방법을 배울 수 있다. 이러한 사람의 행동의 토대가 되면서 이들 활동을 가능하게 하는 것이 뇌의 뉴런이다. 사람의 뉴런은 사람이 하는 모든 행동과 생각을 가능하게 하는 기관이다. 이 뉴런의 여러 가지 기능 중에 한 가지가 모방이다. 이 모방의 특성을 드러내는 뇌의 한 부분이 거울 뉴런이다.

거울 뉴런은 원숭이 뇌 연구에서 우연히 발견되었다. 이탈리아의 파르마 대학에서 리촐라티(Rizzolatti, 1981) 연구팀이 마카카 원숭이(Macaca nemestrina)를 관찰하는 과정에서 알게 되었다(김미선 역, 2009: 18). 리촐라티와 그 연구원들은 마카카 원숭이의 뇌를 연구 중이었는데 한 원숭이의 뇌 F5 부분이 다른 원숭이의 행동만을 보아도 직접 행동을 하는 것과 같이 활성화되는 것을 발견하였다. 심지어는 연구자가 땅콩을 집어 드는 것을 본 원숭이의 뇌도 활성화되었다고 한다(손정우, 김혜리, 2013: 110). 원숭이의 뇌에서 F5 부분이 보는 것만으로도 행동할 때와 같은 활성화가 일어나는 것을 발견한 것이다. 또한 콜러(Evelyne Kohler, 2002) 등은 마카카 원숭이가 땅콩의 껍질을 까거나 종이를 찢는 등의 손 행위를 직접 수행하는 경우, 다른 원숭이가 이러한 행위를 수행하는 것을 보는 경우, 그리고 이러한 손 행위들이 내는 소리를 듣기만 하는 경우 모두에서 동일한 뉴런들이 활성화된다는 것을 발견했다. 이는 거울 뉴런의 활성화가 행위, 보기, 듣기 사이에 차이가 없음을 밝혀주는 것이다(정혜윤, 2014: 322).

이 발견은 원숭이의 거울 뉴런이 다른 원숭이의 행동을 지각하는 것만으로도 거울에 대상이 비치는 것과 같이 반영(reflection) 작용이 일어나는 것을 알게 해 주었다. 또한 이는 지각(perception)과 행위(action)가 뇌 안에서 분명하게 분리되어 있지 않았음을 알려준다(손정우, 김혜리, 2013: 110). 리촐라티 연구팀(Rizzolatti et al, 1996)은 본격적인 실험을 통해 원숭이의 전두부 아래쪽 대뇌피질(inferior frontal cortex)과 두정부 아래쪽 대뇌피질(inferior parietal cortex)에 있는 신경세포의 대략 10% 정도가 '거울'과 같은 특성을 지니고 있다는 사실을 확인하였다(한일조, 2010: 525). 거울 뉴런의 발견은 우연이었지만 그 발견은 원숭이의 뇌의 작용뿐만 아니라 사람의 거울 뉴런의 작용을 탐구하는 계기가 되었다.

사람의 거울 뉴런에 대한 연구는 뇌자기공명영상(fMRI) 기법을 이용하여 이루어졌다. 이 연구를 통하여 사람의 뇌도 원숭이 뇌와 같은 부분에서 같은 활성화 작용이 일어난다는 것을 알게 되었다. 거울 뉴런은 다른 사람이 공을 찰 때, 누군가 찬 공을 볼 때, 공차는 소리를 들을 때, 심지어 '차다'라는 낱말을 말하거나 듣기만 할 때도 공을 찰 때와 같이 활성화된다(김미선 역, 2009: 21). 이 거울 뉴런과 관련하여 인지뿐만 아니라 감정이나 정서적인 반응과 관련한 작용을 연구하면서 제시된 것이 거울 뉴런계[5]이다. 거울 뉴런계는 거울 뉴런의 조직적 작용 체계라 할 수 있다. 거울 뉴런들이 조직적이고 체계적으로 활성화되어 활동하는 체계가 거울 뉴런계이다. 이 거울 뉴런계는 다른 신경계와 연합하여 다양한 인간의 인식 활동에 작용한다.

거울 뉴런에 대한 연구는 여러 다른 학문의 연구와 연결되면서 학문적 확장을 이루고 있다. 거울 뉴런의 활성화로 인한 인지 활동과 인지 내용의 공유, 감정 및 정서의 공감은 현상학의 상호주관성을 뒷받침하는 신경학적 근거로 받아들여지고 있다(이미선 역, 2009: 272-277). 또한 리처드 도킨스가 제시한 밈(meme)의 전달 체계의 설명 근거로도 받아들여지고 있다. 거울 뉴런은 밈이 사람 사이에 복제되어 전달되는 경로를 설명해 준다(김명남 역, 2010: 40-46, 장대익, 2012b). 더 나아가 체화된 인지 이론[6]의 설명 근거로도 활용된다(이미선 역, 2009: 100-106). 거울 뉴런은 신체 기관의 감각 작용을 반영하고

---

5) 거울 뉴런은 다른 행위자가 행한 행동을 관찰하기만 해도 자신이 그 행위를 직접 할 때와 똑같은 활성을 내는 신경세포이다. 이 뉴런들이 인간 뇌에서는 하전두회(Inferior Frontal Gyrus)와 하두정엽(Inferior Parietal Lobule)에 존재하는데 이 부분을 두정엽-전두엽(P-F) 거울 뉴런계라고 일컫는다. 이 P-F 거울 뉴런계 외에도 이것에 시각 정보를 제공해주는 후부 상측두구, 그리고 거울 뉴런계의 작용을 통제하고 상위 수준으로 조직하는데 활성화되는 전두엽 부분이 함께 작용하여 복잡한 거울 뉴런 반응이 일어난다. 우리는 거울 뉴런계를 통해 타인의 행동을 관찰하는 것만으로도 그의 행동을 온몸으로 이해할 수 있으며, 그 행위를 나의 운동 계획과 비교해 실행으로 바꾸는 과정을 용이하게 함으로써 타인의 행동에 대한 모방을 가능하게 한다. 전자는 공감에 관한 것이며 후자는 모방 능력에 관한 내용이다. 공감은 도덕성의 기초이고 모방은 문화의 동력이다(장대익, 2012b: 530).

6) 체화된 인지 이론은 인간의 인지과정이 신체적 행동의 일부이며, 다른 신체 행동과의 상호작용 가운데 수행되는 것으로 해석한다. 이 이론에 따르면 외부로부터 입수되는 정보를 인지하는 과정은 인간의 구체적인 행동과 결부되어 있다. 예를 들어 우리가 자전거를 타고 가는 사람을 볼 때, 우리의 인지는 눈을 통해 단순히 시각 정보를 받아들이는 데서 그치지 않고, 자전거를 타는 행동과 관련된 뇌의 특정 부위를 함께 활성화시켜 정보를 처리한다는 것이다. 인간의 인지 과정에는 이렇게 구체적인 행위가 결부되어 있는 것으로 체화된 인지 이론은 해석하고 있다(이성은, 2011: 155).

신체 기관의 작용에 관여하며, 뉴런계의 조직적 활동은 심리 작용을 설명해 주기 때문이다. 슈퍼 거울 뉴런(super mirror neuron)의 존재에 대한 설명(이미선 역, 2009: 209-213)은 거울 뉴런의 체계적 작용에 대한 이해를 높여 주고 있다. 이러한 거울 뉴런은 독자의 텍스트 읽기 행동을 설명할 수 있는 근거로도 활용될 수 있다.

거울 뉴런의 작용과 관련하여 국내에서도 다양한 분야의 연구들이 이루어지고 있다. 거울 뉴런의 작용에 근거하여 인간의 마음과 행동을 설명하고 이를 활용하려는 관점이다. 몇 가지를 예로 들면, 자폐 스펙트럼 장애(ASD) 관련 연구(손정우, 김혜리, 2013), 공감을 위한 도덕 교육(한일조, 2010), 감각 운동적 반응에 의한 정서적 음악 감상(정혜윤, 2014), 소통과 공감을 위한 무용의 표현과 이해(김연수, 2013), 뇌의 공감 작용에 기반한 통일 교육(오기성, 2014) 등이다. 거울 뉴런의 작용 특성을 바탕으로 한 연구는 앞으로 다양하게 이루어질 것으로 기대된다.

이 논의에서는 거울 뉴런의 작용을 읽기 활동과 관련지어 살펴본다. 이를 통하여 읽기에 대한 이해의 장을 넓히고, 읽기 교육에 대한 뇌 과학적 논의 가능성을 탐색해 본다. 독자의 읽기 활동이 뇌를 기반으로 이루어지지만 뉴런과 관련지은 논의는 많지 않다. 따라서 이 논의는 거울 뉴런으로 읽기 이해와 읽기 교육에 대한 논의의 토대를 마련하는 것이라 할 수 있다.

나. 거울 뉴런과 읽기 활동

읽기 활동은 독자 뇌의 뉴런 작용으로 이루어진다. 뉴런 조직의 복합적인 연합 작용의 결과로 독자는 텍스트를 이해할 수 있다. 독자가 텍스트의 기호를 해독하고, 텍스트의 내용을 표상하고, 텍스트의 의미를 규정하는 일련의 활동은 뉴런의 작용에 기초한다. 이 뉴런의 작용에서 거울 뉴런은 독자의 읽기 과정을 설명하는 하나의 단서를 제공한다. 거울 뉴런의 활성화가 독자의 읽기 행위와 분리될 수 없고, 다른 사람[7]의 뉴런 활성화가 같은 형태를 취한다는 것이다. 이는 독자의 읽기 행위가 다른 사람의 인지작용을 모방하여 일어남을 뜻한다. 즉 독자는 거울 뉴런의 모방작용으로 읽기 방법의 사용은 물론 텍스트의 내용을 파악하고 이해하는 것이다.

거울 뉴런의 관점에서 볼 때, 독자는 다른 사람의 뉴런 활성화와 같은 뉴런 활성화로 다른 사람과 같은 생각과 느낌을 가질 수 있다. 독자가 텍스트를 읽고 내용 파악하고, 생각을 공유하고, 느낌에 공감할 수 있는 것은 거울 뉴런의 모방 때문인 것이다. 독자가 텍스트를 읽을 때 거울 뉴런의 활성화가 다른 형태로 일어나거나 활성화되지 않으면 텍스트 내용의 표상과 이해는 어렵게 된다. 독자의 텍스트 읽기는 거울 뉴런이 다른 사람과 같은 형태로 활성화됨으로써 이루어지는 것이다.

거울 뉴런은 낱말, 문장, 텍스트에 대한 듣기, 말하기(쓰기), 읽기 등의 언어적 자극에 활성화된다. 이 거울 뉴런의 활성화가 타인의 것과 같은 형태로 이루어질 때 언어적 의사소통 행동이 일어난다. 독자가 텍스트의 내용을 표상하고 인식하고 이해하는 활동도 거울 뉴런의 활성화로 일어난다.

글 (가)는 유아를 위한 그림 동화인 『달 샤베트』(백희나, 2014)의 일부이다. 독자가 이 텍스트를 읽을 때 거울 뉴런이 작용하게 된다. 독자가 첫 문장을 읽으면 이야기 장면과 관련하여 거울 뉴런은 '여름날 밤'과 관련된 이야기 화자나 인물의 경험을 활성화하게 된다. 여름밤과 관련된 개인적, 사회적 경험과 학습된 경험이 여러 가지로 활성화된다. 독자가 그 다음 문장을 읽으면 뉴런은 특정한 경험인 잠과 관련된 경험을 활성화한다. 그러면서 더위

7) '다른 사람'은 다른 독자를 지시하지만, 독자가 글을 읽을 때 거울 뉴런이 모방하는 대상은 다른 독자나 화자 또는 이야기 속의 인물이 될 수도 있다. 독자의 거울 뉴런이 모방하는 대상은 독자가 텍스트를 읽을 때 인식되는 대상에 따라 달라진다.

(가) 아주아주 무더운 여름날 밤이었습니다. 너무너무 더워서 잠도 오지 않고 아무 것도 할 수 없었습니다. 모두들 창문을 꼭꼭 닫고, 에어컨을 쌩쌩, 선풍기를 씽씽 틀어 잠을 청하고 있었습니다.

똑 · · · · ·　　똑 · · 똑.

어! 이게 무슨 소리지?

창밖을 내다보니 커다란 달이 똑똑 녹아내리고 있었습니다. 부지런한 반장 할머니가 큰 고무 대야를 들고 뛰쳐나가 달 방울들을 받았습니다.

'이걸로 무얼할까?'

할머니는 노오란 달 물을 샤베트 틀에 나누어 담아 냉동실에 넣어 두었습니다.

(백희나(2014), 『달 샤베트』 일부)

잠이 오지 않음을 알게 되고, 문 닫고 냉방장치를 가동하는 활동을 연결하여 인식한다. 거울 뉴런의 활성화에 문제가 생기면 이 장면의 일들은 하나의 사건을 만들지 못하고 개별적으로 인식된다. 이어 잠이 오지 않음을 거울 뉴런이 반영하여 주기에 밖에서 들리는 '똑 똑 똑'하는 소리가 나는 상황을 떠올릴 수 있다. 그러면서 소리의 정체를 확인하고, 달 물을 받기 위한 반장 할머니의 행동을 이해할 수 있다. 그리고 받은 달물의 처리에 대한 행동이 필요함을 이해하게 된다. 독자가 이 글을 읽고 내용을 파악할 수 있는 것은 거울 뉴런이 활성화되어 관련 상황을 반영해 주고 있기 때문이다. 독자는 반영된 내용에 의식의 초점을 맞추어 내용을 확인함으로써 텍스트의 내용 파악이 이루어진다. 글을 읽는 데 작용하는 거울 뉴런의 작용을 구체적으로 생각해 보자.

거울 뉴런은 의식보다 앞서 작용한다. 글 (가)를 읽는 독자가 첫 문장의 '여름날 밤'을 읽을 때 뉴런은 여름밤의 일어났던 일의 경험을 활성화한다. 뉴런 활성화는 관련된 여러 가지 경험의 신경적 활성화이다. 독자는 그 다음 '잠도 오지 않고'를 읽으면서 활성화된 신경적 경험에서, 더워서 잠을 잘 이루지 못한 경험에 초점을 맞추게 된다. 더운 여름날 밤의 여러 경험 중에서 잠을 못 이룬 경험이 전경으로 부각되고 다른 경험은 배경으로 존재하게 된다. 뉴런의 활성화는 독자가 글을 읽는 각 순간에 이루어지고 전경으로 부각되는 경험들에 의식이 잠깐 집중을 하게 된다. 이 과정에서 의식이 집중한 것만 의미 있게 받아들여지게 되고, 나머지 경험들은 잠재적인 배경으로 남아 있게 된다. 이 뉴런 활동을 통해 독자는 텍스트의 내용을 파악하게 된다. 이 과정에서 뉴런의 활성화는 인식보다 앞서 작용하기에 의식하지 못하는 경우가 대부분이다. 이 거울 뉴런의 활성화는 감각을 통하여 지각된 것이 무엇인지를 알게 하고, 일련의 신경적 작용으로 의식이 인식 내용을 가지게 한다.

거울 뉴런의 활성화는 단순히 감각 반응을 반영하는 것에 그치지 않는다. 거울 뉴런의 작용은 관련된 행위의 계획과 행위를 함께 일어나게 한다. 『달샤베트』를 읽는 독자는 첫 장면을 읽으면서 사람들이 여름밤 더워서 잠이 안 오면 에어컨을 트는 것을 연관 지어 인식한다. 거울 뉴런의 설명을 참조하면, 사람이 사과를 보면 사과를 잡는 운동 계획과 입으로 가져다 먹는 것을 함께 인식할 수 있게 한다(김미선 역, 2009: 24). 이는 지각과 운동이 연동되어 있음을 뜻한다(장대익, 2012a: 44). 이런 연동은 행동 계획을 인식하고 행동을 직접 하는 것을 넘어 이에 대한 이해를 가능하게 한다. 독자는 『달샤베트』에서 '똑 똑 똑'하는 소리가 밤중에 들리면 밖에서 일어나서 무슨 일인지 알아보는 행동을 해야 한다는 것을 안다.

거울 뉴런이 활성화되면서 계획과 행동을 할 수 있는 것은 거울 뉴런과 주변의 뉴런들이 함께 활성화되기 때문이다. 이 거울 뉴런과 관련된 뉴런이 거울 뉴런계를 이룬다.[8] 거울 뉴런계는 거울 뉴런과 연결되어 있는 다른

---

8) 원숭이에서 타 개체의 행동을 관찰할 때 활성화되는 영역은 F5 영역만은 아니다. 상측두구(Superior Temporal Sulcus: STS)의 피질 영역도 타 개체에 의해 행해진 행동을 관찰할 때 활성화된다(perrett et al. 1990; Rizzolatti and Craighero 2004). 특히 상측두구 피질의 일부는 목적 지향적인 손 운동을 관찰하는 동안 활성화 된다(장대익, 2012a: 44).

뉴런과 연합을 가리킨다. 거울 뉴런계의 활동은 감각에 대한 단순 모방을 넘어 인지적 활동을 하게 하는 토대가 된다.[9] 이로 인하여 거울 뉴런계는 의도를 가진 행위를 하여 목표를 달성하게 한다. 더 나아가 사람들이 의사소통을 하고, 타인의 행동을 이해하는 데 근본적인 역할을 함을 시사한다(김미선 역, 2009: 36-37). 이는 거울 뉴런이 타자의 행위에 내재된 의도를 인식할 수 있게 하여 상대방의 생각을 인지적으로 공유하게 한다.

거울 뉴런계는 인지의 공유를 넘어 감정에 공감하게 한다. 거울 뉴런은 감각 내용의 반영을 통하여 모방을 하고, 거울 뉴런계는 의도와 행위, 목적에 대한 인지적 공유가 일어나게 한다.[10] 거울 뉴런은 연결된 다른 뉴런을 활성화함으로 독자는 『달 샤베트』를 읽을 때 인물의 느낌이나 감정에 공감할 수 있게 된다. 감정의 공감에 관여하는 뇌의 부분은 변연계이다. 뇌의 변연계가 활성화되면 감정을 느끼게 되는 것이다. 공감은 변연계에서 주로 일어나는데 거울 뉴런과의 관계 맺기는 섬(insula)에 의하여 이루진다. 섬은 거울 뉴런계와 변연계 중간에서 이들을 연결하여 주는 역할을 하는 부분이다. 섬이 거울 뉴런과 변연계를 연결함으로써 거울 뉴런의 반영에서 비롯된

---

9) 거울 뉴런계는 정확히 어떤 기능을 담당하는가? 우선 한 가지 운동을 하고 있는 개체를 머릿속에 떠올려보자. 이 운동은 1) 운동의 목표(goal)[무엇(what)에 해당됨], 2) 운동을 하고자 하는 의도(intention)[왜(why)에 해당됨], 3) 운동을 실행하는 방식(action planning)[어떻게(how)에 해당됨], 4) 운동 행위 자체 등의 복잡한 일련의 과정으로 이루어진다. (중략) 인간의 거울 뉴런계는 타 개체의 목표, 의도, 실행 방식, 모두를 쉽게 부호화할 수 있다는 것이다. 이 때문에 결국 모방적 학습이 가능하게 되며 또한 지식과 기술이 축적될 수 있다. 이런 면에서 인간은 진정한 모방 능력을 보유하였다고 말할 수 있다(손정우, 김혜리, 2013: 110).

10) 매우 흥미로운 또 다른 한 부류의 거울 뉴런은 실행의 준비 행위나 그 행위에 논리적으로 관련된 행위를 부호화한다. '이 논리적으로 관련된 거울 뉴런'은 먹을 것이 식탁 위에 놓이고 있는 것을 볼 때도 발화하고, 그 원숭이가 먹을 것을 한 점 쥐어 입으로 가져가는 동안에도 발화한다. 이 부류의 세포들은 단순히 관찰되는 행위뿐만 아니라 그 행위와 관련된 의도까지 부호화하는 거울 세포들로 이루어진 신경사슬의 일부일 것이다(김미선 역, 2009: 36).

감정에 공감할 수 있게 된다(김미선 역, 2009: 128-129, 손정우, 김혜리, 2013: 111). 거울 뉴런계는 행위에 대한 모방을 넘어 감정에 대한 공감을 하게 한다.

거울 뉴런계의 타인의 감정 공감은 다른 사람을 이해하는 데 중요한 역할을 한다. 사람은 공감을 통하여 다른 사람과 관계를 맺으면서 상호주관성을 갖게 된다. 상호주관성은 거울 뉴런이 다른 사람의 행위를 모방하여 그 내용을 공유하고 감정을 공감하게 되면서 이루어지는 것이다. 또한 거울 뉴런 중에는 자신의 행위에 대하여 높은 활성화를 이루고 타자 행위에 대해서는 낮은 활성화를 보이게 하는 슈퍼 거울 뉴런이 있다(김미선 역, 2009: 209-213). 이 슈퍼 거울 뉴런의 작용으로 개인은 주관적이고 독립적인 행동과 인식을 할 수 있다.

거울 뉴런은 오감을 자동적이고 무의식적[11]으로 반영한다. 『달 샤베트』를 읽는 독자는 인물들의 모든 감각적 활동을 반영한다. 이 반영으로부터 의식을 집중하게 되는 인물들의 감각 활동에 대한 인식 활동이 이루어진다. 거울 뉴런에 반영된 내용을 인식하게 될 때는 행위의 의도, 목표, 방법, 행동을 포함하여 이에 수반되는 감정도 알게 한다. 그래서 다른 사람의 행위를 보게 되면 의도, 목표, 방법, 행동을 인식하고 이해하고 감정에 공감하게 된다.[12] 이런 거울 뉴런의 작용은 타인의 읽기 행위를 보는 활동(읽기 학습과 관련)과 독자가 텍스트에서 타자의 행위를 보는 활동(읽기 활동과 관련)과 관련된다.

거울 뉴런 이론으로 보면 읽기 학습은 뉴런의 모방이 있어야 한다. 즉

---

11) 일반적으로 무의식은 '자신의 언동이나 상태 따위를 스스로 깨닫지 못하는 일체의 작용'(표준국어대사전)을 뜻한다. 이는 정신분석학적 관점에서의 이드(id)를 포함하고 있는 정신 영역과는 구분된다. 이 논의에서는 이 두 가지 용어가 함께 사용되지만 문맥에서 구부분할 수 있다.

12) 행위의 모방과 관련한 인간의 행위를 리처드 도킨스은 〈이기적 유전자〉에서 '밈(meme)'라 표현했다. 옥스퍼드영어사전에서는 밈을 "비유전적 수단, 특히 모방에 의해 전달되는 것으로 여길 수 있는 문화의 한 요소"라고 정의 되어 있다고 한다(김미선 역, 2009: 61).

독자의 거울 뉴런이 다른 독자가 읽기 행위를 할 때와 같이 활성화되어야 한다. 독자의 거울 뉴런의 활성화가 다른 독자와 같게 일어나게 되면 텍스트 이해가 같게 일어난 것이라 할 수 있다. 특히 학생의 읽기 학습은 다른 독자의 읽기 행위 모방을 통하여 일어난다. 텍스트를 읽는 외적 활동도 모방이고, 텍스트를 이해하는 내적 사고 활동도 모방이라 할 수 있다. 읽기의 외적 활동은 텍스트를 찾고, 선택하고, 읽는 자세를 취하고, 책을 펴고, 책장을 넘기고, 책을 덮는 일련의 과정을 거친다. 독자(읽기 학습자)들은 타인(능숙한 독자)의 외적 읽기 행위를 모방한다. 읽기의 내적 활동은 뇌가 텍스트의 기호를 시각적으로 지각함으로써 해독 작용이 일어나고, 낱말이나 문장, 문단, 글의 단위 내용에 대한 인식 작용과 이에 대한 의미 작용과 관련된다. 독자(읽기 학습자)는 다른 독자가 텍스트의 낱말, 문장, 문단, 글을 어떻게 의미화하는지를 이해하고 이를 모방하게 된다. 독자의 모방은 처음에는 부분적으로 일어나지만 점차 전체 활동을 따라하게 된다. 그 결과 읽기를 배우고 독자적인 읽기를 할 수 있게 된다.

텍스트 이해는 활성화된 거울 뉴런에 대한 의식 집중으로 일어난다. 거울 뉴런의 활성화는 자동적이고 무의식적이기 때문에 이해를 위해서는 의식의 집중이 필요하다. 독자가 텍스트를 이해할 수 있는 것은 활성화된 뉴런에 의식을 집중하여 의미를 붙잡아 두기 때문이다. 독자는 텍스트를 읽으면서 활성화된 뉴런 활동에 의식을 집중한다. 그러면서 행동, 장면(상황), 사건, 논리 등을 인식하게 된다. 거울 뉴런의 반영 내용은 텍스트 내 기호의 자극으로 일어나는 타자의 행동, 장면, 사건, 논리 등이다. 의식은 거울 뉴런의 반영 내용을 확인하여 특정 내용을 초점화함으로써 인식할 수 있게 한다. 예를 들어, 의식이 행동을 모방한다는 것은 그 행동의 목적, 의도, 방법, 절차, 논리 등 텍스트의 기호 이면에 있는 것을 인식하게 됨을 의미한다. 그렇지만 독자는 텍스트를 읽으면서 텍스트 이해에 필요한 것에만 의식을 집중한다. 거울 뉴런이 텍스트의 기호 해독으로 관련 내용을 모사하면 독자의 의식은 필요한 것에만 집중하여 내용을 인식하게 된다. 의식이 선택하지 않은 부분은 활성화되었다가 사라지게 된다. 사라진다고 하여 의미가 없는 것은 아니고, 인식 작용의 토대가 되는 기능을 한다.

다. 거울 뉴런과 텍스트 이해

독자의 텍스트의 이해는 거울 뉴런계의 복합적 작용에 기초한다. 읽기 활동에서의 거울 뉴런은 단순히 텍스트의 기호가 지시하는 대상을 반영하는 것이 아니다. 독자가 텍스트 기호를 시각적으로 해독하여 거울 뉴런이 활성화되면 기호가 지시하는 대상을 지각한다. 텍스트 내용 지각은 개별 기호가 지시하는 대상을 보는 것이 아니라 기호들이 연합하여 드러내는 대상을 알아보는 것이다. 또한 그 대상에서 비롯된 의도(지향)나 감정(정서)도 함께 지각하는 것이다. 독자의 텍스트 이해는 기호들이 연합하여 지시하고 있는 대상을 거울 뉴런이 조직적 작용으로 반영하는 일이다. 이는 텍스트의 기호들이 연합하여 지시하는 대상을 독자의 거울 뉴런이 반영하지 못하면 텍스트의 이해는 일어나지 않음을 전제한다. 텍스트의 이해는 기호들이 연합하여 드러내는 대상을 알아보는 것이다.

다음의 『도덕경』 1장은 관념적인 내용을 담고 있다. 신체 행동이나 물질 대상을 나타내는 내용이 아니기에 독자가 처음 이 텍스트를 읽으면 거울 뉴런이 바로 활성화되지 않는다. 독자의 거울 뉴런이 『도덕경』의 기호 해독으로 활성화될 수 있는 조건을 가지고 있지 않은 것이다. 거울 뉴런이 활성화되려면 관련 경험이 있어 뉴런에 저장되어 있어야 한다. 그래야 뉴런이 활성 조건을 만나게 되면 활성화가 일어난다. 『도덕경』을 읽고 거울 뉴런의 활성화가 이루어지려면 이 텍스트의 기호에 대한 해독 경험과 기호들

道可道 非常道, 名可名 非常名. 無名天地之始, 有名萬物之母. 故常無 欲以觀其妙, 常有 欲以觀其徼. 此兩者 同出而異名, 同謂之玄. 玄之又玄, 衆妙之門. (道德經 第1章)	(나) 도라고 할 수 있는 도는 영원한 도가 아니고, 이름을 부를 수 있는 이름은 불변의 이름이 아니니, 천지의 시원에는 이름이 없고, 만물이 생겨나서야 이름이 있게 되었다. 그러므로 이름이 없을 적엔 무욕(無欲)으로 그 신묘함을 바라보고, 이름이 생겨난 뒤에는 유욕(有欲)으로 그 돌아감을 본다. 이 둘은 같이 나왔으되 이름이 다를 뿐, 같이 현묘하다고 일컬으니, 현묘하고 또 현묘해서 모든 신묘함이 나오는 문이 된다(임채우 역, 2008: 49).

의 지시 대상에 대한 인식 경험이 있어야 한다. 거울 뉴런이 텍스트 기호의 지각으로 활성화되지 않으면 내용을 파악하기 어렵게 된다. 성인이라도 어린아이가 낯선 텍스트를 처음 읽는 것처럼 반응하게 된다.

『도덕경』을 초보 독자가 이해하려고 하면 어려움을 겪게 된다. 『도덕경』의 기호들이 무엇을 의미하고 있는지 파악하기 어렵기 때문이다. 독자가 『도덕경』을 읽고 이해하기 위해서는 전문 독자의 『도덕경』 읽기를 보고 모방하는 것이 필요하다. 전문 독자가 『도덕경』을 읽고 생각하고, 말하고, 표정과 몸짓으로 드러내는 의미를 경험하는 것이다.[13] 『도덕경』의 초보 독자가 전문 독자의 읽기 행동을 경험하게 되면 그때 거울 뉴런의 활성 조건을 가지게 된다. 전문 독자의 『도덕경』 의미 해석 활동을 인식하게 되면 초보 독자도 각 부분과 전체의 의미화를 모방할 수 있게 되는 것이다. 읽기 학습을 거울 뉴런 이론의 관점에서 보면, 학습자는 다른 독자를 모방하고 따라 함으로써 읽기를 배울 수 있는 것이다.

거울 뉴런 이론에서 볼 때, 어린 독자나 미숙한 독자들이 그림 동화나 이야기 텍스트를 쉽게 읽고, 설명이나 설득 텍스트를 어려워하는 이유를

13) 이는 『도덕경』을 독자의 수준에서 쉽게 읽을 수 있게 설명된 텍스트를 포함한다.

알 수 있다. 이야기 텍스트는 다른 사람의 행동이 주로 묘사되어 있기 때문에 거울 뉴런이 이를 쉽게 반영하기 때문이다. 설명이나 설득의 텍스트는 개념이나 관념적인 내용이기에 거울 뉴런이 이를 쉽게 반영할 수 없는 것이다. 설명이나 설득의 텍스트는 거울 뉴런이 모방의 형태로 내용을 반영하지 못하는 것이다. 이들 텍스트 이해를 위해서는 『도덕경』 읽기와 같이 다른 독자의 행동을 모방하거나 의지적으로 반영하려는 노력이 필요하다. 즉 다른 독자의 텍스트 이해 활동을 모방해서 읽어야 하는 간접 모방 또는 이중 모방을 해야 하는 것이다.

초보 독자가 텍스트를 읽고 이해하지 못하는 것은 거울 뉴런이 내용을 반영하지 못하기 때문이다. 독자가 텍스트의 기호들을 해독하여도 거울 뉴런의 활성화가 이루어지지 않는 것이다. 『도덕경』의 초보 독자가 글자나 낱말을 몰라서 이해하지 못하는 것이 아니다. 『도덕경』을 읽는 전문 독자에 대한 모방 경험이 없어 거울 뉴런의 활성화가 일어나지 않아 의미 파악 활동이 원활하지 못한 것이다. 거울 뉴런이 활성화되지 않으면 독자의 의도적인 집중에도 텍스트의 이해는 일어나지 않는다. 이때는 독자가 계속하여 텍스트를 읽을 필요가 없다. 다른 방법을 찾아서 텍스트에 접근하는 것이 필요하다. 즉 다른 독자의 동일 텍스트 읽기 활동을 찾아보는 것이다.

독자의 텍스트 이해의 능력은 외적 행동보다는 내적 행동을 반영할 때 향상된다. 『도덕경』을 읽는 방법을 익히려면, 다른 독자의 외적 행동을 모방하는 것도 필요하지만 의미 해석 활동을 하는 심리적 과정을 모방할 필요가 있다. 독자의 텍스트 이해 능력의 향상은 내적 행동의 모방에서 비롯되는 것이다. 즉, 전문 독자의 텍스트 기호 해독의 방법이나 내용 인식 논리를 모방하여 활용할 수 있을 때 읽기를 잘 할 수 있게 된다. 독자의 내적 행동 모방은 의식적인 인식 작용을 거친 후에 일어난다. 전문 독자의 읽기 활동을 인식하여 확인하고 난 후에 그 내적 행동의 반영 활동이 독자에게서 일어나는 것이다.

이 내적 행동 반영은 설명 대상이나 설득 논리에 따라 반영의 정도가 다르다고 할 수 있다. 대상이나 논리에 대한 인식 능력이나 경험이 있으면 거울 뉴런의 반영이 일어나지만 그렇지 않은 경우에는 잘 일어나지 않는다. 원숭이의 거울 뉴런 실험에서 사람의 무언극(팬터마임)을 보여주었을 때, 원숭이의 거울 뉴런은 활성화되지 않았다(장대익, 2012a: 46). 사람의 경우에는 무언극을 볼 때 거울 뉴런이 활성 되지만 원숭이의 경우는 활성 요인이 부족하여 반영이 일어나지 않은 것이다. 사람의 팬터마임을 본 원숭이의 거울 뉴런이 활성화되지 않는 것은 배우의 행위가 '어떻게'실행되는가를 지각하지 못하기 때문이다. 이는 거울 뉴런이 활성 요인이 부족할 경우 활성 되지 않음을 의미한다. 텍스트 읽기는 내적 행동 모방으로 이루어지기 때문에 활성 요인이 부족한 경우가 있게 된다. 거울 뉴런의 활성 요인의 부족은 팬터마임을 보는 원숭이의 예와 같이 전문 독자의 읽기 행동에 내재된 의도나 목표, 절차, 내용 등과 관련된 '왜'나 '어떻게'를 지각하지 못하는 것에서 비롯된다. 이럴 경우 초보 독자는 전문 독자에게 읽기 행동의 의도, 목적, 내용, 절차, 감정 등과 관련하여 설명을 듣고 이해하는 것이 필요하다. 초보 독자가 전문 독자의 행동을 이해할 수 있게 되어 거울 뉴런이 전문 독자와 같은 형태로 활성화가 되면 텍스트를 이해할 수 있게 된다.

독자의 읽기 행동에는 슈퍼 거울 뉴런도 관여한다. 슈퍼 거울 뉴런은 기호 해독으로 활성화된 대상에 대하여 의식의 초점을 잡아주는 역할을 한다. 거울 뉴런이 텍스트에서 인식 대상의 의도, 목적, 방법, 행동, 논리, 정서 등을 반영(reflection)하면 슈퍼 거울 뉴런은 거울 뉴런의 활동 의도에 맞는 특정 요소에 초점을 맞춘다. 독자는 이 슈퍼 거울 뉴런의 작용으로 의식 활동에 반영된 다양한 내용 요소들 중에서 특정한 요소만을 선택하여 의식 작용을 끌어들여 텍스트를 이해하게 만든다. 독자의 텍스트 이해는 거울 뉴런이 반영하고 있는 내용 중에서 슈퍼 뉴런이 어떤 것을 선택하였는가에 따라 달라진다. 읽기 교육을 이와 관련지어 보면, 읽기 학습은 슈퍼 거울 뉴런의 활동을 강화하는 방향으로 이루어지고 있다고 할 수 있다. 읽기 교육은 텍스트에서 어떤 내용 요소에 초점을 맞추어야 하는지를 강조하기 때문이다.

독자의 텍스트 이해 과정에서는 인지적, 정서적, 운동적 내용 이해가 함께 일어난다. 독자가 텍스트의 기호를 해독하여 거울 뉴런에 내용이 반영되면 거울 뉴런계가 동시에 작용을 하게 된다. 거울 뉴런에 반영된 내용에 대하여 거울 뉴런에 연결된 뉴런들이 함께 활성화되는 것이다. 그렇기 때문에 독자의 텍스트 이해는 인지적인 활동과 정서적인 활동이 함께 일어난다. 대상의 행동에 내재된 계획, 의도, 목적, 방법 등의 인지적 내용에 대한 공유가 일어나면서, 변연계가 작용하여 행동에 내재된 여러 복잡하고 미묘한 감정에 대한 공감 작용이 일어난다. 독자가 몰입하여 텍스트를 읽을 때 내용 파악과 함께 다양한 감정(웃음, 울음, 화냄 등)을 표현을 하게 된다. 이에 더하여 신체적 활동도 일어난다. 텍스트를 읽고 거울 뉴런에 반영된 운동 기능이 있을 경우, 근육을 사용하는 자극에 따라 신체의 움직임이 일어난다. 사람의 인식 작용에 신체적 구조와 기능의 작용이 반사적으로 일어나는 것을 '체화된 인지(embodied cognition)'[14]라 한다.

거울 뉴런 이론의 관점에서 보면, 텍스트 이해에 작용하는 내용 파악, 추론, 평가 및 감상[15]은 동시적이고 직관적으로 일어난다. 그동안의 독자의

---

14) 라코프(Lakoff, 1999)에 따르면, 체화된 인지(embodied cognition) 이론은 인간의 모든 인지 작용을 뇌로만 환원시키려는 인지신경과학에 반발하여 인간의 인지 작용이 두뇌에만 국한되는 것이 아니며 우리의 다른 신체 기관들과 연관을 맺고 있고 더 나아가 외부 환경과의 상호작용하고 있다고 본다. 즉, 뇌와 몸이 분리된 것이 아니라 몸의 일부로서 뇌가 존재하고 뇌에서 이루어지는 인지 과정도 뇌와 연관되어 있는 몸의 신체 작용과 연관되어 이루어진다고 보는 것이다. 그리고 몸이 외부의 환경과 상호작용하듯이 인지 작용도 외부 환경과 영향을 주고받는 것으로 해석된다(이성은, 2011: 157-158).

읽기 행동을 설명하는 읽기 교육의 접근에서는 파악, 추론, 평가 및 감상이 읽기 수준 또는 단계와 관련되어 이루어진다고 보았다. 거울 뉴런 이론의 관점에서 보면, 읽기의 수준별 또는 단계별 활동이 구분되어 이루어지지 않는다. 독자의 거울 뉴런에 텍스트의 내용이 반영되면 독자는 텍스트의 내용 파악과 동시에 추론을 하고 평가 및 감상을 한다. 내용 파악이 일어난 후 추론을 하고, 추론을 하고 난 후 평가와 감상을 하는 것이 아니다. 거울 뉴런에 텍스트의 내용이 반영되면 이들 읽기 활동은 큰 시간 차가 없이 일어난다. 물론 이해한 텍스트의 내용과 추론 및 평가, 감상을 확인하고 정리하여 언어적으로 드러내기 위해서는 시간이 필요할 수 있다. 뇌의 뉴런 활동으로 보면 이는 이미 일어난 활동에 대한 인지적 정리 활동일 뿐이다.

독자의 텍스트 이해는 거울 뉴런계의 연합된 공동의 작용으로 일어난다. 그래서 독자는 텍스트를 읽어가면서 거울 뉴런에 텍스트 내용을 반영할 수만 있으면 이해의 모든 활동을 함께 하게 된다. 필자의 의도 파악, 내용 확인, 추론, 비판(평가, 감상), 창의 활동까지도 동시에 일어난다. 이러한 인식 활동에 작용하는 두 가지 중요 기제는 모방과 상호주관성이다. 모방은 다른 사람이 몸으로 행동할 때 일어나는 뉴런의 활동과 그 행동을 보는 사람의 뉴런 활동이 같은 형태로 일어난다는 것이다. 거울 뉴런의 활성화가 같은 방식으로 일어난다는 것을 행동하는 사람과 보는 사람의 인지, 정서, 운동에 관련하여 뉴런의 작용이 닮아 있다는 의미다. 상호주관성은 뉴런 작용의 닮음으로 인하여 사람 사이에 공유되고 공감되는 공통의 인지적 작용이 있다는 말이다. 이 상호주관성 덕분에 독자는 다른 사람이 구성한 텍스트를 읽고 인지적 공유와 정서적 공감을 한다. 또한 신체적, 행동적으로 닮은 행위를 할 수 있게 된다. 독자가 텍스트를 읽고 이해하는 행위는 거울 뉴런의

---

15) 2015 국어과 교육과정의 읽기 교육 내용 체계표에서는 읽기의 방법을 '사실적 이해, 추론적 이해, 비판적 이해, 창의적 이해, 읽기 과정의 점검'으로 구분하고 있다.

주요 기제인 모방과 상호주관성에 기초한다.

3. 읽기 과정 이해에 대한 시사점

거울 뉴런 이론은 독자의 읽기 활동의 다른 측면을 볼 수 있게 하는 관점을 제공한다. 뇌의 한 부분인 거울 뉴런계의 작용으로 독자의 텍스트 읽기 과정이 어떻게 일어나는지를 알 수 있게 한다. 이는 읽기에 대한 접근을 반성적으로 보게 하면서 읽기 교육의 접근 방식이 보완되어야 함을 시사한다. 거울 뉴런 이론이 독자의 읽기 과정 이해에 주는 몇 가지 시사점을 정리하여 본다.

가. 뉴런 작용에 기초한 읽기 활동

독자의 읽기 활동은 의도적이고 의지적으로 이루어진다. 독자는 읽을 텍스트를 선택하여 일정 시간 동안 의식을 집중하여 읽기를 한다. 이 읽기 활동은 외현적으로 분명한 목표와 계획 및 의도를 가지고 있다. 읽기 활동은 의지와 인내가 필요하고 적극적인 사고 작용이 수반된다. 의지가 있어야 일정 분량의 텍스트를 지속적으로 읽을 수 있고, 사고를 해야 텍스트 전체 내용을 종합하여 의미를 해석할 수 있다. 독자가 읽기 행위를 수행하기 위해서는 노력과 수고로움을 견뎌낼 수 있어야 한다. 또한 의식이 집중된 몰입 과정을 거쳐야만 텍스트를 이해할 수 있게 된다. 읽기의 외현적 읽기 활동 과정은 의식적이다.

독자의 읽기 활동을 뉴런의 작용으로 보면 상황은 좀 다르다. 뉴런의 활동을 보면 의도적이고 계획적인 활동보다는 반사적이고 무의식적이며 자동적으로 일어난다. 뉴런은 의도하지 않아도 반응하고 활동한다. 실제적으로 독자가 읽기를 하는 과정에서 하는 일련의 활동을 모두 의지적으로 한다면 인지적 처리에 큰 부담이 있을 것이다. 뉴런은 무의도적이고 자동적으로 활동한다. 실험실에서 마카카 원숭이 한 마리가 다른 원숭이가 먹이를 집는 행동을 보고 반응을 보이는 뉴런이 그 예이다. 실험실 원숭이는 자신이 먹을 의도를 가지고 있지 않지만 다른 원숭이의 행동을 보는 것만으로 뉴런은 반응하는 것이다. 사람의 뇌도 마찬가지이다. 다른 사람의 행동을 보면 반사적으로 행동의 의도와 목적을 떠올리고 어떻게 하는지를 의식한다. 뉴런은 의식이 의도하지 않아도 반사적으로 활성화되는 것이다.

독자의 읽기에 관여하는 뉴런도 마찬가지이다. 독자의 뉴런 활동은 외현적으로 일어나는 활동 특성과는 다른 형태를 취한다. 거울 뉴런은 의지와는 상관없이 활성화된다. 독자가 의지적으로 활동을 하려 하지 않아도 뉴런은 먼저 작용한다. 텍스트의 기호를 지각하는 순간 뉴런은 반응하여 독자의 행동을 이끈다. 텍스트를 펴고 어디서부터 어떻게 읽을지를 결정한다. 이해 가능한 텍스트의 경우에는 뉴런의 활성화가 자동적으로 일어나고 있기 때문이다. 독자가 익숙한 텍스트를 읽을 때는 의도적으로 의식을 집중하지 않아도 이해가 일어난다. 소설을 읽을 경우 장면이 쉽게 표상되면서 내용 파악은 물론 의미도 쉽게 이해된다. 반면, 『도덕경』을 처음 읽는 독자의 경우에는 뉴런이 제대로 활성화되지 않는다. 각 장의 기호에 대한 뉴런의 활성화가 관련성이 있으면서 일관성 있게 일어나지 않는 것이다. 그래서 『도덕경』을 이해하지 못한다. 『도덕경』을 이해하려면 다른 독자의 『도덕경』 읽는 방법을 모방하여 익혀야 한다. 이 방법의 모방이 『도덕경』을 읽는 바탕이 되고, 새롭게 이해할 수 있는 토대가 된다.

읽기의 거울 뉴런의 활동은 다른 사람의 읽기 행동과 관련되어 있다. 독자는 다른 독자의 읽기를 보며 읽는 행위를 이해하게 된다. 이는 처음 읽기를 시작하는 어린아이부터 텍스트를 능숙하게 읽는 독자까지 마찬가지로 작용한다. 어린아이는 다른 사람의 텍스트를 읽은 것을 보고 텍스트를 읽는 행동을 인식하게 된다. 그러면서 다른 사람이 텍스트를 읽는 것을 따라 함으로써 읽는 방법을 익히게 된다. 텍스트를 읽을 수 있는 독자도 새로운 분야의 텍스트를 읽으려면 다른 독자의 텍스트를 읽기 방법을 따라 해야 한다. 성인이라도 낯선 텍스트를 읽기 위해서는 그 텍스트를 읽는 다른 독자를 따라 하는 것이 필요하다. 『도덕경』을 읽기 위해서는 『도덕경』을 읽고 이해한 사람의 읽기를 따라 해야 한다. 거울 뉴런이 다른 사람의 읽기 활동을 반영해 주어야 독자가 텍스트 읽는 방법을 습득할 수 있게 된다. 독자가 텍스트를 이해하는 방법을 익히는 것은 거울 뉴런의 반영 작용을 토대로 한다.

뉴런의 작용에 기초한 독자의 의식 작용은 체화된 인지 활동이다. 독자의 기호 해독은 물론 의미 이해의 행위는 체화된 형태로 이루어진다. 뉴런은 특정 기호에 대한 반응의 형태가 정해져 있는 것이다. 뉴런의 그 정해진 반응의 결과로 독자는 텍스트를 이해한다. 뉴런 활동 자체가 체화된 인지 활동을 만들어내는 것이다. 독자의 읽기 활동은 많은 부분 신체적이면서, 다른 독자나 사회적인 외부 환경과 이 관계를 바탕으로 이루어지는 체화된 것이다. 우리가 다른 사람이 쓴 글을 읽고 이해를 한다는 것 자체가 체화된 인지 활동의 결과이다.

독자의 거울 뉴런의 무의식적인 활동에 관심이 필요하다. 독자가 읽기를 하든 읽기를 배우든 뉴런 활동은 의식 작용 이전부터 일어나고 있다. 뉴런은 모든 인식 활동에 우선한다. 뉴런이 어떻게 활성화되어 기호의 내용을 표상하느냐가 이해에 절대적으로 관여한다. 독자의 거울 뉴런이 무엇을 어떻게 활성화했는가가 텍스트 이해를 좌우하는 것이다. 독자가 필요에 따라서는 거울 뉴런의 활성화에 대하여 의식적인 점검이나 확인이 필요할 수도 있다. 최소한 거울 뉴런의 작용에 대해 관심을 가질 필요가 있다.

나. 뉴런의 모방에 의한 읽기 학습

읽기는 모방 행동이다. 다른 독자의 읽기를 따라 하는 행동이다. 독자가 모방을 통해 새로운 읽기를 할 수 있게 됨으로써 이해 능력이 높아진다. 거울 뉴런 이론에서 보면 독자는 다른 독자의 읽기 행동을 반영하여 모방하면서 읽기 의도와 목적, 방법, 행동을 공유할 수 있고, 정서적 반응까지 공감할 수 있다. 독자가 텍스트를 읽을 때 하는 행동은 다른 독자의 행동을 모방함에서 비롯된다. 가정에서 부모가 어린아이에게 텍스트를 읽어 주면 아이는 글자를 모르지만 읽는 행위를 재연한다. 텍스트의 장면에서 텍스트를 읽어 준 사람의 반응을 재연하며 읽는다. 이 재연을 통하여 아이는 텍스트를 이해하게 된다. 학교에서의 읽기도 마찬가지이다. 교사가 어떻게 텍스트를 읽는가를 학생들은 보고 재연한다. 물론 취학 전 아동과 같이 재연하는 것은 아니다. 성인 독자도 다른 독자의 읽기를 모방해야 새로운 영역의 텍스트를 읽을 수 있다. 성인 독자라고 하여 모든 텍스트를 읽고 이해할 수 있는 게 아니다.

다른 독자의 읽기 행동 모방에서 내적 행동의 모방이 중요하다. 내적 행동은 텍스트의 내용을 이해하는 인지 과정과 결과 산출 활동이다. 독자의 이 내적 행동 모방은 간접 모방 또는 2차적 모방이라 할 수 있다. 대상의 외현적 행동을 보고 모방하는 것이 직접 모방 또는 1차적 모방이다. 읽기 학습은 직접 모방보다는 간접 모방을 하는 것이 중요하다. 학습자가 교사나 독자의 읽기 행동을 보고 내적인 사고 활동을 모방할 때 읽기 학습이 일어난다. 이 간접 모방은 행동 절차에 대한 설명이나 행동 내용에 대한 대화를 하면서 이루어지는 인지적 소통을 통하여 이루어진다. 즉 독자가 다른 독자의 읽기 행동을 모방하기 위해서는 텍스트 이해의 과정에 활동하는 읽기 방법과 읽기 과정, 사고 내용을 인지적으로 공유하고, 정서적인 반응의 과정과 심리적 태도에 공감하는 활동이 필요하다. 이 내적 행동의 모방이 바르게 이루어져야 독자는 읽기 방법을 배울 수 있다. 읽기 기능/전략만을 단순하게 모방하는 것은 읽기 방법을 제대로 배우는 것이라 하기에는 부족한 점이 있다. 읽기 기능/전략을 모방하였다고 하여 텍스트를 읽고 이해할 수 있는 게 아니기 때문이다.[16)]

훌륭한 읽기는 훌륭한 본보기가 있어야 가능하다. 읽기는 독자의 의지대로 일어나는 일이 아니다. 독자가 특별한 읽기를 하고 싶어도 그 읽기를 할 수 없다. 어떻게 해야 하는지 방법을 모르고 있기 때문이다. 방법을 들었다고 할지라도 텍스트에 대한 읽기 활동을 보지 못하고 모방해 본 일이 없으면 읽기를 할 수 없다. 한 개인이 어느 날 노자의 『도덕경』이나 칸트의 『순수이성비판』을 읽겠다고 마음먹고 읽는 방법을 인터넷을 찾아 이해했다고 하여 읽을 수 없다. 이들 텍스트를 읽기 위해서는 이들 텍스트를 읽는 본보기가 필요하다. 이들 텍스트를 읽는 전문 독자의 읽기를 모방해야만 읽을 수 있는 것이다. 그렇지 않고 의지만 가지고 이들 텍스트를 읽으려고 한다고 읽을 수 없다. 개인이 독자가 되어 훌륭한 읽기를 하기 위해서는 그 읽기 활동의 본보기를 찾아야 한다.

읽기 교육에서는 본보기에 해당하는 읽기가 무엇인지 탐구해야 한다. 읽기 교육은 교사가 읽기를 학생에게 가르치는 일이다. 학생에게 읽기를 잘하도록 가르친다는 것은 학생의 현재 읽기 수준을 넘어 새로운 읽기를 하도록 하는 일이다. 현재의 읽기 교육을 거울 뉴런의 관점에서 보면 학생의 현재 읽기 수준을 넘는 읽기를 교육하고 있는지 분명하지 않다. 단지 읽는

---

16) 국어과 수업에서 활용하는 교수법 중 하나인 직접 교수법이 모방을 강조한 측면이 있다. 직접 교수법은 국어과의 교육 내용인 기능을 학생들에게 시범 보임으로써 학생들이 기능을 익히게 하는 면이 있다. 이 직접 교수법을 모방 학습이라고 하기에는 부족함이 있다. 직접 교수법은 기능에 한정된 것이어서, 텍스트 내용의 인지적 공유 과정과 정서적 반응 공감 및 신체적 활동에 대한 고려는 하지 않았다.

기능만을 가르치기 때문이다. 여러 가지 읽기 기능을 갖춘다고 읽기를 잘 할 수 있을지는 의문이다. 거울 뉴런 이론의 관점에서 보면, 현재의 읽기 수준을 넘어서려면 훌륭한 독자의 읽기 행동을 모방해야 한다. 훌륭한 독자의 읽기 행동의 과정과 내용 인식, 정서 반응, 신체 행위를 거울 뉴런에 반영하여 모방하는 행위를 해 보아야 한다. 읽기 교사는 학생의 읽기 본보이기 독자이다. 읽기 본보이기 독자가 어떤 읽기 행동을 해야 할지는 앞으로의 탐구 과제이다.

다. 공유된 다양체의 기초한 텍스트 이해

현재 읽기에 대한 교육적 인식은 인지적 관점에 기초한다. 인지적 관점은 읽기 행동을 인지적 활동 특성에 따라 구분하고, 이들에 논리적 위계를 부여하고 있다. 2015 교육과정을 보면, 읽기의 방법을 사실적 이해, 추론적 이해, 비판적 이해, 창의적 이해로 구분하고 있다. 이 네 가지 이해는 인지적으로 구분되는 위계에 따른 것으로 여겨지고 있고, 논리적인 설명력과 설득력을 갖추고 있다고 받아들여진다. 그래서 이 교육과정을 보는 교사는, 독자의 읽기는 수준에 따라 위계적으로 구분되는 네 가지 이해 수준에 맞게 이루어져야 한다고 생각하게 된다. 이 생각은 읽기 교육이 네 단계의 이해의 수준에 따라 교수-학습 활동을 하게 한다. 사실적 이해를 하고 난 후 추론적 이해를 하고, 추론적 이해를 한 후 비판적 이해를 하도록 읽기 교수-학습 활동을 이끌게 된다. 그리고 마지막 단계에서 창의적 이해 활동을 하게 된다.

독자의 텍스트 이해 활동은 수준이나 위계에 따라 이루어질 수 있다. 이는 독자가 의지적으로 자신의 사고 활동을 통제하고 조절할 때이다. 이 수준이나 위계에 따른 이해 활동이 특정한 목적으로 이용될 때는 의미가 있을 수도 있다. 그렇지만 거울 뉴런의 작용 관점에서 보면, 텍스트 이해는 특정 한 수준이나 위계에 따라 순차적으로 이루어지는 것은 가능하지도 않고, 그런 읽기는 할 수도 없다. 뉴런은 여러 가지 인지·정서·신체적 반응을 함께 한다. 읽기 활동은 뉴런의 '공유된 다양체' 활동으로 일어나는 것이다.

> 공유된 다양체(shard multiplicité)라는 말은 한 부위의 뉴런은 다른 여러 뉴런 부위와 연결되어 있어, 한 부위의 뉴런의 작용은 연결된 뉴런 부위와 함께 작용을 하여 여러 가지 뉴런 활동이 동시적으로 일어남을 가리킨다. 이 말은 Gallese(2001)가 만든 용어이다. '우리가 우리와는 다른 인간 존재들을 우리와 유사한 존재로 인식하는 것, 그리고 또 상호주관적 의사소통과 마음 읽기가 가능하게 되는 것이 바로 이것 때문이라고 주장한다. (중략) Gallese가 이야기 하고자 하는 것은 사회적/상호주관적 수준에서 건, 개인적/의식적 수준에서 건, 아니면 뉴런적/의식하부적 수준에서 건 공감을 가능하게 하는 기초로서의 '공유된 다양체'에 포함된 내용들은 언뜻 서로 분리되어 작용하는 것 같지만 사실은 모든 영역들이 서로 긴밀하게 연결되어 작용하고 있음을 강조함이다.'(한일조, 2010: 534-535)

읽기 교육과정에서 읽기 방법을 네 가지 이해로 나눈 것은 독자의 사고 행위를 범주화한 것에 지나지 않는다. 이런 방법의 읽기 활동은 한 가지 수준의 이해를 하면 다른 수준의 이해를 억제하게 된다. 즉 한 가지 이해를 목적으로 텍스트를 읽으면 다른 이해 활동과 반응은 못하게 하는 것이다. 이런 읽기 활동을 콜링우드는 '소독하는 습관'(김혜련 역, 1996: 195)이라고 했다. 거울 뉴런 이론의 관점에서 보면, 읽기는 인지, 정서, 신체가 협응하고, 사실적·추론적·비판적·창의적 이해가 동시에 일어나는 다양체의 특성을 반영한다. 읽기 행위는 수준이나 위계적인 순서나 단계에 따라 이루어지지 않는다. 사실적·추론적·비판적·창의적 이해는 읽기 행위의 다양체의 일부로 일어난다.

거울 뉴런 이론에서 보면, 읽기 활동은 공유된 다양체의 특성을 토대로 이루어진다. 공유된 다양체는 다른 독자와도 공유되고, 독자의 의식 활동 간에도 공유되며, 뉴런 부위들 간에도 공유되어 동시에 이루어지는 뉴런의 작용을 가리킨다. 독자의 거울 뉴런의 활성화는 다른 독자의 행위를 반영하면서 관련된 의식 활동이 동시에 일어나도록 하는 거울 뉴런계의 작용으로 이루어진다. 독자의 텍스트 이해는 서로 관련된 뉴런계의 활성화로 인한 공유된 다양체의 특성을 토대로 이루어지는 것이다. 독자가 텍스트의 기호를 지각하게 되면 관련된 뉴런계가 동시에 활성화되어 인지·정서·신체의 반응뿐만 아니라 사실적·추론적·비판적·창의적 이해가 동시에 이루어진다. 어느 한 가지 이해가 일어나고 다른 이해가 일어나는 것이 아니다.

읽기 교육에서는 교육 내용의 선정에 대한 새로운 고민이 필요하다. 현재 읽기 교육은 읽기의 교육 내용 구성과 읽기의 방법을 이해 활동의 위계에 기초하여 구성하고 있다. 뇌 과학이나 거울 뉴런 이론의 관점에서 보면, 독자의 읽기 활동에 대한 새로운 인식의 틀로 읽기 교육의 내용과 방법을 마련할 필요가 있다. 물론 현재의 인지적 읽기 교육 접근도 논리가 분명하고 읽기 행위에 대한 높은 설명력을 가지고 있다. 그러나 뇌 과학적 접근 관점도 논리가 분명한 하나의 관점이다. 읽기 교육은 현재의 접근을 유지할 수도, 수정할 수도 있을 것이다. 또한 새로운 관점으로 대치할 수도 있을 것이다.

라. 상호주관성에 의한 의미 구성

독자의 의미 구성은 개방적이다. 개방적이라는 말은 다른 사람과 공유하는 부분이 많다는 의미이다. 물론 공유되지 않는 개별적이고 고유한 부분도 있다. 여기서의 관심은 공유되는 부분이기에 이에 대하여 생각해 본다. 텍스트 이해는 다른 사람과 공유하는 사고와 의미 내용이 없다면 일어날 수 없다. 읽기는 다른 사람의 행동과 생각을 파악하는 일이기 때문이다. 공유된 부분을 갖지 않는다면 다른 사람과의 행동과 생각을 파악하는 일은 불가능하다. 독자가 텍스트를 읽을 수 있는 것은 공유되는 요인이 있기 때문이다. 간단히 말하면, 텍스트가 쉽게 읽히는 것은 공유되는 부분이 많고, 읽히지 않는 것은 공유되는 부분이 적기 때문이다.

거울 뉴런 이론의 관점에서 보면, 독자는 다른 사람과 공유하는 신경적 특성을 갖는다. 거울 뉴런의 생성과 진화는 공유를 전제로 이루어진 것이다. 거울이라는 것이 비치는 것을 그 속성으로 한다. 비친다는 것은 원래의 것과 같은 모양을 만듦을 내포한다. 거울 뉴런은 다른 사람이 행동할 때와 같은 형태의 뉴런 활성화를 하는 것이다. 이는 거울 뉴런이 함께 공동으로 인식함, 즉 인식의 공유를 그 본질로 한다는 것을 뜻한다. 독자의 거울 뉴런은 다른 독자의 뉴런과 동일한 활성화를 함으로써 다른 독자의 행동에 내재된 것을 함께 지각할 수 있다. 독자의 거울 뉴런은 다른 독자의 생각, 의도, 행동, 감정을 공유할 수 있게 해준다. 이로써 다른 독자의 읽기 행위를 보는 독자의 읽기 활동이 모방되어 일어날 수 있게 된다.

독자는 읽기를 통하여 다른 사람의 행동과 감정, 신체 운동을 공유한다. 텍스트의 내용은 다른 사람의 생각이고, 행동이고, 감정이고, 신체 운동이다. 이 텍스트의 내용을 독자는 거울 뉴런의 반영으로 지각한다. 그러므로 독자의 거울 뉴런을 통한 지각은 다른 사람과 그 내용을 공유하는 것이라 할 수 있다. 이 공유는 상호주관성의 요인이다. 서로 공통적인 것을 인지적으로 공유하기 때문이다. 독자와 타자의 상호주관성이 거울 뉴런을 매개로 이루어지는 것이다.

독자의 읽기 능력 신장은 상호주관성의 확립으로 일어나는 것이다. 독자의 읽기 활동은 다른 독자의 모방으로 이루어진다. 텍스트를 읽고 의미를 구성하는 행위 자체가 모방에서 출발하는 것이다. 독자의 읽기 능력 향상도 높은 읽기 능력을 가진 독자의 읽기 행동을 모방함으로 이루어진다. 독자가 높은 능력을 가진 독자를 만나지 못하면 읽기 능력 향상은 쉽게 일어나지 않는다. 독자의 읽기 능력의 향상은 다른 독자를 모방하여 읽기 방법과 텍스트 내용에 대한 반응을 공유할 때 일어난다. 이때 읽기 방법과 반응의 공유는 독자가 다른 독자와의 상호주관성을 확립하게 한다. 이 확립된 상호주관성을 바탕으로 독자는 읽기 능력 향상은 물론 상황에 따른 개별적 읽기를 할 수 있게 된다.

독자는 상호주관을 바탕으로 주관을 확립한다. 독자의 상호주관이 타자와 공유된 부분이라면 타자와 공유되지 않은 주관도 있다. 독자의 읽기에서 많은 부분은 상호주관에 기초한 것이고, 일부분이 주관적인 것이다. 읽기의 많은 부분이 상호주관에 기초한다는 것은 본보기를 보여준 독자와 같은 방식으로 같은 의미 구성을 한다는 말이다. 실제, 독자는 텍스트를 새롭게 자기 방식대로 읽는 것이 쉽지 않다. 우리 사회의 문학 작품 읽기의 관점을 생각해 보면 역사 전기적 비평의 관점에서 고등 교육을 받은 독자는 필자를 중심으로 텍스트를 해석한다. 한정된 관점으로 작품을 읽는다. 신비평이나 형식주의 비평 관점에서 교육을 받은 독자는 텍스트 분석을 중심으로 해석을 하고, 수용이론이나 독자반응 비평 관점에서 교육 받은 독자는 배경지식에 의존한 의미 구성을 한다. 교사와 작품 읽기 방법을 공유함으로써 상호주관성을 확립한 것이다. 주관적 읽기는 상호주관을 바탕으로 다른 의미 구성을 하는 것이다. 독자만의 다른 의미 구성은 슈퍼 뉴런을 통한 반영과 모방의 방식을 달리하면서 주관이 마련된다고 할 수 있다.

읽기 교육에서는 독자의 상호주관성과 주관성에 관심을 가져야 한다. 현재의 읽기는 주관성에 초점이 놓여 있다. 거울 뉴런 이론의 관점에서 보면 상호주관성은 자연스러운 것인데 이를 애써 외면하고 있는 것이다. 주관성을 강조하는 읽기의 관점에서 읽기 교육이 이루어지고 있기 때문이다. 읽기 교육에서는 상호주관성의 존재와 역할 및 확립에 대하여 관심을 가져야 한다. 거울 뉴런의 작용이 상호주관을 바탕으로 이루어지고 있기 때문이다.

마. 신체를 고려한 읽기 활동

그동안의 읽기 활동은 신체와 큰 관련이 없다고 보았다. 읽기는 인지 활동을 바탕으로 이루어지기 때문에 신체의 작용은 중요하지 않다고 여겼다. 그래서 바른 읽기 자세는 의자 등받이에 엉덩이를 붙이고 등을 펴고 앉아 책상 위에 두 손을 얹어 책을 세워 잡는 모습이었다. 읽기를 할 때 몸은 보조적 역할만 하는 것으로 여겼기에 정해진 자세로 읽어야 한다고 생각한 것이다. 그렇지만 독자가 읽기를 할 때 배운 자세대로 하는 경우는 많지 않다. 자신이 편한 자세라고 하지만 다양하게 자세를 바꾸어 가며 여러 가지 신체 활동을 하면서 읽는다. 일부 신체 활동은 의식적이지만 일부 활동은 독자도 의식하지 못한 채 일어난다.

읽기 활동은 체화된 인지에 기초한다. 독자가 텍스트 속의 다른 사람의 생각, 의도, 행동, 감정, 신체 행위를 인식하는 것은 신체성에 기초한다. 신체가 직접 움직이지는 않아도 운동 관련 뉴런의 활동이 작용함으로써 텍스트 내용 파악이 이루어진다. 신체 활동이 거의 없는 수학 공식을 읽고 이해하는 과정에서도 공식의 내용은 물론 공식을 만들어 낸 논리적 세계를 다양하게 신체 활동을 하면서 이해한다. 독자의 신체 활동은 의지적으로 일어나기보다는 거울 뉴런의 활성화를 통하여 일어나게 되는 것이다. 뉴런의 활동을 통제하는 것이 필요할 수도 있지만 자연스럽지 못하고 효율적이지도 못하다. 언어에 대한 뉴런 연구의 결과에서 보면 음운, 낱말, 문장의 처리에서 모두 체화된 인지의 특성을 반영하고 있기 때문이다(이성은, 2011, 2013).

읽기는 뉴런의 발달과 작용 방식에 영향을 받는다. 독자의 텍스트 이해는 뉴런의 작용 방식에 따라 달라진다. 뉴런은 특정한 반응과 작용을 하도록 발전하였고, 사람은 이 뉴런 작용에 따라 인식하고 표현하는 것이다. 텍스트 내용의 이해는 뉴런의 작용 방식에 따라 이루어지게 마련이다. 즉 독자의 읽기는 체화된 인지에 의존한다. 뉴런은 개인의 의지에 의존해 작용하지 않는다. 무의식적이고 자동적으로 활성화되어 인지에 영향을 준다. 이 거울 뉴런의 활성화로 특정한 행동이 이루어지고 행동 속에 내재된 행동 의도와 행동 결과를 공유하고, 감정을 공감한다. 의지의 관여 없이 활성화되어 행동을 모방하고 이해하게 하는 것은 체화된 인지의 특징이라 할 수 있다. 체화되어 있기에 자연스럽고 자동적으로 일어나게 되는 것이다. 독자가 텍스트를 읽을 때 많은 정보는 무의식적이고 자동적으로 처리된다. 체화된 인지가 이를 처리하여 주기 때문이다. 읽기의 활동에서 이 체화된 인지 활동이 자동적으로 처리되지 않게 되면 인지적 분담이 높아지게 되고, 텍스트 이해에 어려움을 겪게 된다고 할 수 있다.

인지적 관점에서는 무의식적, 자동적으로 처리되는 정보에는 관심을 기울이지 않았다. 그렇지만 거울 뉴런 이론의 관점에서 보면 무의식적으로 처리되는 부분에 관심을 갖는 것이 필요하다. 텍스트 이해가 반사적, 무의식적, 자동적으로 작용하는 뉴런에 의하여 인지, 정서, 행동이 설명되고 있기 때문이다. 체화된 인지에 대한 텍스트 이해적 접근은 뉴런의 작용 방식에서 비롯된 인지의 특성을 방영한 읽기에 대한 이해를 가능하게 한다. 이는 우리가 텍스트를 읽고 처리하는 시간과 기억에 남는 정보와 그렇지 않은 정보의 차이로 인한 이해의 차이를 설명할 수 있다. 또한 내용 파악, 추론, 평가 및 감상이 어떤 특성을 바탕으로 일어나는지 알게 한다.

읽기 교육에서는 뉴런의 작용에서 비롯된 체화된 인지에 기초한 읽기 활동을 고민할 필요가 있다. 독자의 텍스트 읽기에서 어떤 내용이 자동적으로 처리되고, 어떤 부분에 의식을 집중하여야 할지를 알게 하는 것이 필요하다. 또한 체화된 인지에 문제가 생겼을 때 어떻게 교육적으로 접근해야 할지를 검토할 필요가 있다. 독자가 텍스트를 읽는 과정에서 이루어지는 체화된 인지의 작용으로 처리되는 내용과 그렇지 않은 내용이 차이가 무엇인지를 밝히는 것도 필요하다.

4. 읽기 교육의 과제

독자의 읽기 행위는 어떤 관점에서 보느냐에 따라 달라진다. 읽기 행위는 하나의 관점이나 이론으로 설명되기 어려운 다양성을 지니고 있기 때문이다. 독자의 읽기 행위를 하나의 관점에서 파악하려면 그 관점에 기초한 논리적 설명이 필요하다. 읽기 행위가 논리적으로 설명될 때, 읽기를 이해할 수 있고 읽기 교육의 접근이 가능해진다. 거울 뉴런 이론은 독자의 읽기 행위를 설명할 수 있는 하나의 관점이 될 수 있다. 그렇지만 아직 읽기를 충분하게 논리적으로 설명하기에는 부족한 점이 많다. 이 논의는 거울 뉴런 이론의 관점에서 독자의 읽기 행위를 설명하기 위한 하나의 시도이다.

거울 뉴런 이론의 관점에서 읽기를 보면, 독자의 텍스트 이해는 겨울 뉴런이 텍스트의 내용을 반영하기 때문에 이루어진다. 겨울 뉴런은 텍스트 내용을 반영하여 독자가 인식할 수 있게 해준다. 겨울 뉴런이 반영한 내용 중 특정한 내용에 의도적으로 의식을 집중하게 되면 그 내용을 파악할 수 있게 된다. 이러한 반영과 인식 작용이 독자가 텍스트의 내용을 파악하고 이해할 수 있게 한다. 거울 뉴런의 텍스트 내용 반영은 표면적인 내용만 인식하게 하는 것이 아니라 심층의 의미를 알 수 있게 해 준다. 즉 인지적인 내용뿐만 아니라 정서적 정조와 신체적 감각까지도 알 수 있게 한다.

이 논의에서는 거울 뉴런 이론이 읽기를 어떻게 설명할 수 있을지를 검토해 보면서 시사점을 찾아보았다. 거울 뉴런 이론은 읽기를 새롭게 볼 수 있게 하는 것은 분명하다. 그렇지만 거울 뉴런을 통하여 읽기를 설명해 내는 일은 여러 가지 과제를 안고 있다. 독자의 읽기 활동에 관여하는 뉴런의 활동을 탐구하는 일이 쉽지 않다. 읽기에 관여하는 거울 뉴런에 대한 구체적인 증거와 설명이 이루어진다면 읽기 활동의 이해와 읽기 교육의 변화를 이루게 될 것이다.

참고문헌

김명남 역(2010), 밈, 바다출판사.

김미선 역(2009), 미러링 피플, 갤리온.

김연수 (2013), 표현하는 마음과 공명하는 몸: 표현 움직임 영역의 확장과 가능성 탐색, 한국무용연구 31권 2호.

김혜련 역(1996), 상상과 표현, 고려원.

배문정(2015), 체화된 인지와 반표상주의, 과학철학 18권 3호.

백희나(2015), 달 샤베트, 책읽는곰.

손정우, 김혜리(2013), 깨진 거울인가 깨지지 않은 거울인가?: 자폐 스펙트럼 장애의 거울 뉴런 문제에 대한 고찰, 소아청소년정신의학 24권.

오기성(2014), 뇌과학에 기초한 통일교육 개선 방향. 통일문제연구 26호.

이성동, 윤송아 역(2016), 공감하는 뇌, 울산대학교출판부

이성은(2011), 체화된 언어인지: 이론의 개관과 전망. 독어학 24호.

이성은(2013), 화된 문장 인지 처리 과정과 독일어 제2언어 처리과정. 독어학 24호.

임채우 역(2008), 왕필의 노자주, 한길사.

장대익(2012a), 거울 뉴런에 대한 최근 연구들: 모방과 공감을 중심으로. 정보과학회지 30(12)호.

장대익(2012b), 호모 이프리쿠스(Homo replicus): 모방, 거울 뉴런, 그리고 밈. 인지과학 23(4)호.

정혜윤(2014), 음악, 정서, 그리고 몸: 신경미학적 접근 미학 80호.

최진석(2002), 노자의 목소리로 듣는 도덕경, 소나무.
한일조(2010), 거울 뉴런(Mirror Neuron)과 공감과 도덕교육. 교육철학, 41호.
Gallese, V.(2001), "The 'Shared Manifold' Hypothesis: From Mirror Neurons to Empathy". Journal of Consciousness Studies. Vol. 8.
Kohler, Evelyne, Christian Keysers, M. Alessandra Umiltà, Leonardo Fogassi, Vittorio Gallese, and Giacomo Rizzolatti.(2002), "Hearing Sounds, Understanding Actions: Action Representation in Mirror Neurons." Science 29.
Lakoff, G. and & Johnson, M.(1999), Philosophy in the flesh: The embodied mind and its challenge to western thought. New York: Basic books.
Perrett, D. I., M. H. Haddrries, et al.(1990), "Social signals analyzed at the single cell level: Someone id looking at me, something touched me, something movedp", International Journal of Comparative Psychology, 4(1).
Rizzolatti, G. and L. Craighero.(2004), "the mirror-neuron system"Annu. Rev. Neurosci., 27.
Rizzolatti, G., Fadiga, L., Gallese, V. & Fogassi, L.(1996), "PremotorCortex and the Recognition of Motor Actions". Cognitive Brain Research Vol. 3. No. 2.
Rizzolatti, G., Scandolara, C., Matelli, M. and Gentilucci, M.(1981), Afferent properties of periarcuate neurons in macaque monkeys. II. Visual responses. Behav Brain Res. 2.

제5장 영화 읽기와 교육

1. 문제 제기

예술은 "삶이 스스로의 힘으로는 실현시킬 수 없는 삶의 궁극 목적"(Gilles Deleuze, 1964/2004: 242)이다. 예술이 생성해낼 수 있는 삶에 대한 사유는 어떤 의미를 지니는가? 영화 〈알리타: 배틀 엔젤〉(2019, Robert Rodriguez)을 통해 들여다본다. 〈알리타: 배틀 엔젤〉의 배경은 2563년이다. 뇌만 멀쩡하면 몸은 언제든 기계로 갈아치울 수 있는 26세기는 인간과 사이보그가 공존하는 시대이다. 나노 머신 기술이 적용된 사이보그 신체는 화성 연합 과학의 기술을 반영하며, 광전사 신체 기계는 자기 치유 기능까지 있다. 그렇다면 인간과 사이보그의 구분은 어떤 의미를 지니는가? 인간은 지배자이며 사이보그는 피지배자인가? 반대로 사이보그가 지배자이고, 인간은 피지배자인가?

"존재가 아니라 존재 사이에 벌어지는, 하나의 존재에서 다른 존재로 '되는' 변화를 주목하고, 그러한 변화의 내재성을 주목하며, 그것을 통해 끊임없이 탈영토화되고 변이하는 삶(이진경, 2002: 33)", 이것은 〈알리타: 배틀 엔젤〉에서 발견할 수 있는 삶에 대한 사유이다. 알리타는 자신을 비틀어버린

* 이 장의 내용은 '들뢰즈·가타리 철학에 기반한 〈알리타: 배틀 엔젤〉 분석: 욕망, 되기, 탈주의 개념을 중심으로'(여수현, 2021, 한국초등교육 32(4)집)을 수정 보완한 것입니다.

다. 자신에 대한 반동적 사유를 한다. 알리타 존재 또한 그들의 산물이기 때문이다. 그녀의 사유는 부정에 대한 저항과 직결한다. 부정에 저항하는 '욕망'의 과정은 고정될 수도, 정적인 좌표에 고착될 수도 없는 '-되기'의 과정에서 발현된다. 그리고 '-되기'는 세계에 틈새를 생성하는 탈주의 삶으로 이어진다.

논지 전개는 다음과 같다. 우선 욕망하는 기계로서 알리타를 분석한다. 들뢰즈·가타리(Gilles Deleuze·Féllix Guattari)는 배치를 이루는 모든 기계를 가리켜 '욕망하는 기계'라고 말한다. 기계, 배치, 욕망의 세 가지 개념을 논리적으로 풀어나가며 욕망하는 기계로서 알리타를 분석한다. 다음으로 알리타의 욕망의 흐름을 '-되기'의 과정에서 풀어본다. 들뢰즈·가타리의 맥락에서 욕망은 '-되기'가 발현되기 위한 힘 자체이다. '-되기'는 어떠한 형태도 될 수 있는 잠재성을 띠며 이는 알리타의 생성적 속성을 드러낸다. 마지막으로 '-되기'를 통해 발산되는 알리타의 존재 역량이 '탈주'로 드러남을 확인한다. '탈주'는 발산적인 행위 역량이 결부된 차이 생성의 운동으로 '나'라는 존재자를 확인하는 관문이 된다. 알리타 존재가 지닌 함의를 '탈주'로 탐구함으로써 그것이 내포한 진리를 밝혀본다.

2. 알리타: 욕망하는 기계

'기계'[1] 개념은 들뢰즈·가타리 철학의 일이관지(一以貫之)이다. 들뢰즈·가타리는 모든 행위 주체를 '기계'라고 부른다.[2] 그 이유는 주체는 다른 것들과 접속함으로써 그 자신의 속성이 달라지기 때문이다. 기계는 각자 변치

---

1) 들뢰즈·가타리 철학에서 말하는 '기계'는 공학적 기계를 뜻하는 것이 아닌, 의식과 무관하게 작동되는 무의식적 에너지의 흐름을 의미한다(여수현, 2020b: 171).

2) 이런 이유에서 본 논고는 여기서부터 영화 〈알리타〉에 등장하는 모든 인물명 뒤에 '기계'를 붙인다.

〈사진 1-1〉 〈사진 1-2〉 〈사진 1-3〉 〈사진 1-4〉

않는 단일한 속성을 지닌 단독체가 아니라 다른 것들과 어떤 식으로 연결되느냐에 따라 성격이 달라진다. 알리타-기계의 '손-기계'는 무엇과 배치되느냐에 따라 다른 기계가 된다. 이도가 건네준 오렌지와 배치되면 '물건을 받는-기계'가 되고, 칼과 배치되면 '전투-기계'가 된다(사진 1-1, 1-2). 기계는 접속을 통해 기능이 규정되는 존재인 셈이다.

기계 개념은 개체와 개체 간의 관계로까지 확대된다. 아이언시티에는 '인간-기계'와 '사이보그-기계'가 존재한다, '인간-기계'는 '현상 수배범-기계'가 될 수도, '사이보그-기계'는 '헌터 워리어-기계'가 될 수도 있다. 물론 어떤 기계와 접목되느냐에 따라 '인간-기계'가 '헌터 워리어-기계'도 될 수 있다. 대표적으로 이도-기계가 그러하다(사진1-3, 1-4). 이도-기계는 사이보그-기계의 손상된 일부를 고쳐주는 인간-기계이며, 동시에 현상 수배범-기계를 해치는 헌터 워리어-기계이다. 어떠한 개체가 '기계'로서 작동하는 목적은 정해져 있지 않다. Michael Hardt(1993)는 '기계'의 개념을 사용하는 이유를 설명하며 존재의 생산성을 강조한다. 모든 것은 생산이며, 존재는 생성, 즉 되기[3])이다. 존재는 고정된 것이 아닌 끊임없이 변조하는 과정으로서, 기계들은 새로운 기계들을 형성하기 위해 하나가 다른 하나에 접속한다(Michael Hardt, 1993/2004: 326 참조).

이 기계들이 접속하여 선을 이루고 나아가 면을 이루면, 그 장을 가리켜 '배치(agencement)'라고 한다. "배치는 많은 이질적인 항들을 허용하고, 상이한 본성들, 즉 시대·성(性)·계(界)들을 가로질러 그 항들 간의 연결들 및 관계들을 수립하는 하나의 다양체이다(Gilles Deleuze·Claire Parnet, 1977/2005: 131)". 〈알리타: 배틀 엔젤〉은 사실적 공간이 아닌 영화적으로 형성된 "미지의 공간"이다. 미지의 공간은 "잠재적 연결의 공간으로, 순수한 가능태의 장소(Gilles Deleuze, 1983/2002: 207)"로서 파악된다. 이는 〈알리타: 배틀 엔젤〉의 공간이 알리타-기계가 겪는 전투와의 잠재적 연결 상태인 동시에, 유기체적 사고에만 얽매이지 않는 순수한 가능태의 장소임을 의미한다.

〈알리타: 배틀 엔젤〉의 장소는 '잘렘'과 '아이언시티'로 나뉜다. 잘렘은 300년 전 화성인들의 공격으로 지상과 연결되는 부위가 끊어진 하늘에 떠 있는 거대 공중 도시이다. 그리고 아이언시티는 잘렘에서 버려지는 쓰레기 더미를 중심으로 세워진 지상의 고철 도시이다. 아이언시티는 잘렘에 필요한 식량과 물자를 공급하며 유지된다. 이 잘렘의 지도자 노바-기계를 없애려는 알리타-기계의 욕망은 '잘렘-아이언시티'라는 배치의 산물이다. 만약 알리타가 '잘렘-아이언시티'라는 배치가 아닌 다른 환경에 배치되었다면, 그녀의 욕망은 달라질 수 있다. "발화 행위의 주체는 존재하지 않으니, 어떤 주체를 표상하려 하지 말고 어떤 배치의 프로그램을 짭시다(Gilles Deleuze·Claire Parnet, 1977/2005: 147)"라는 들뢰즈의 언술에서 욕망 자체가 배치의 산물임을 확인할 수 있다.

Liseloot Mariett Olsson(2009)는 배치를 다음과 같이 설명한다. 배치는 두

3) '-되기'에 대한 논의는 Ⅱ-2에서 다룬다.

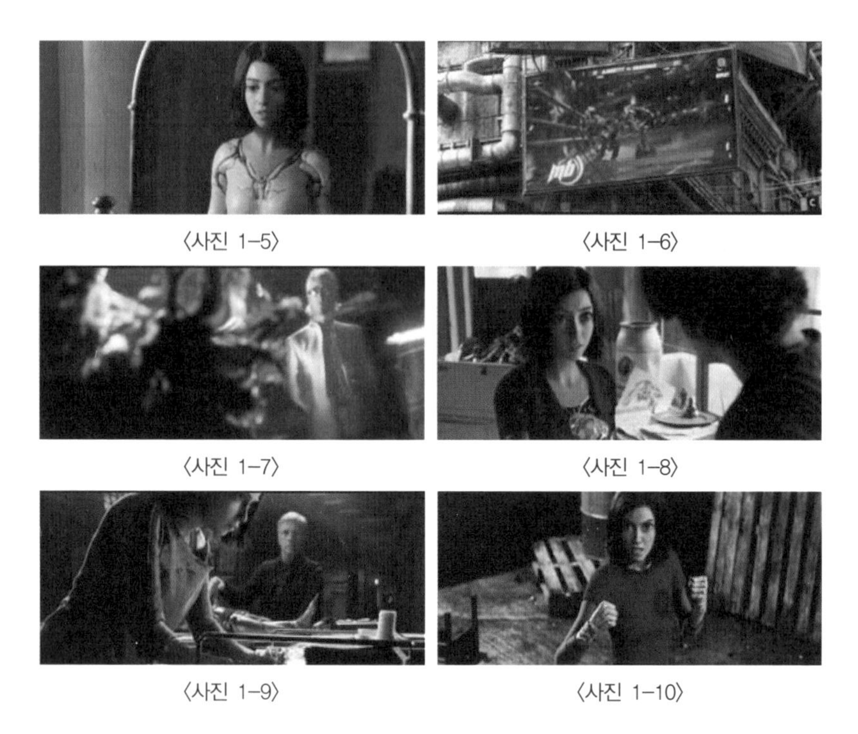

〈사진 1-5〉 〈사진 1-6〉

〈사진 1-7〉 〈사진 1-8〉

〈사진 1-9〉 〈사진 1-10〉

개의 축을 지니고 있다. 하나의 축은 발화(speech)나 기호(signs)와 같은 언표의 집단적 배치(collective assemblage of enunciation)와 신체나 행위의 물질적 과정인 기계적 배치(machined assemblage)이다. 또 다른 하나의 축은 거주하는 영토를 떠나 습관을 벗어나는 움직임인 탈영토화 지점(points of deterritorialization)과 그것을 안정시키고 습관 체계로 가능하도록 하는 재영토화된 선(reterritorialization lines)이다. 배치가 변화하면 신체 기계는 이 두 축 사이에서 감응하거나(affecting) 또는 감응된다(affected)(Liseloot Mariett Olsson, 2009/2017: 218).[4]

알리타-기계의 욕망은 어떠한 기계적 배치(machined assemblage)에서 발현되는가? 알리타-기계는 잘렘에서 떨어지는 쓰레기 더미에 묻혀 아이언시티

4) 여수현(2020b)은 배치를 다음 표와 같이 나타낸다.

로 떨어진다. 이도-기계에게 신체-기계를 이식받고 깨어난 알리타-기계는 휘청거리며 침대에서 일어난다. 그리고 거울을 통해 자신을 확인한다(사진 1-5). 그리고 자신의 신체-기계에서 느껴지는 알 수 없는 힘을 느끼며 '나는 누구인가?'에 대한 의문을 갖는다. 거울에 비친 자신과의 관계 속에서 그녀의 욕망은 시작된다. 곧이어 그녀는 아이언시티에서 살아가기 위한 새로운 삶의 방식을 형성하기 위해 말하고 행동하는 방식을 생산한다.

집단적 배치(collective assemblage of enunciation)는 어떠한가? 깨어난 알리타-기계는 이도-기계와 집 밖으로 나온다. 알리타-기계에게 아이언시티의 모든 일은 낯설고 신기하다. 알리타-기계는 우연히 전광판을 보게 되고 모터볼 대회를 알게 된다. 이도-기계는 모터볼 대회에 관심 두지 말라고 하지만 알리타-기계에게 모터볼 대회는 일종의 기표적 자극제(a-signifying trigger)로 기능한다(사진 1-6). 이 기표적 자극제는 휴고-기계와의 접속을 통해 알리타-기계에게 더욱 강렬하게 작용한다.

재영토화된 선(reterritorialization lines)은 알리타-기계가 겪는 전투에서 드러난다. 그녀가 겪는 전투에서 이미 존재하는 도식과 기호들이 재생산되며 알리타-기계는 노바-기계가 자신이 처치해야 할 축임을 알게 된다(사진 1-7). 알리타-기계는 노바-기계가 형성하는 권력의 위계적인 질서를 거부하며, 이러한 권력에 대해 틈새(interstice)를 형성한다. 그리고 자신의 욕망을 마음껏 발산한다.

탈영토화 지점(points of deterritorialization)은 휴고-기계와의 관계에서 드러난다. 휴고-기계를 통해 알리타-기계의 새로운 형태의 욕망이 나타난다(사진 1-8). 알리타-기계는 사이보그-기계이고, 휴고-기계는 인간-기계이지만, 이

<table>
<tr><td colspan="5">배치의 두 축</td></tr>
<tr><td>기계적 배치</td><td>집단적 배치</td><td>→ → → 감 → → →
← ← ← 응 ← ← ←</td><td>탈영토화 지점</td><td>재영토화 된선</td></tr>
<tr><td colspan="2">축 1</td><td></td><td colspan="2">축 2</td></tr>
</table>

는 둘 사이의 탈영토화 지점에서 문제가 되지 않는다. 알리타-기계와 휴고-기계는 서로에게 "언제나 하나의 배치물이거나 영토를 열거나 닫았다가 하는 특이한 열쇠(Gilles Deleuze·Félix Guattari, 1980/2001: 635)."로 둘의 이질적인 계열들은 접속하고 발산한다.

감응(affect)은 어떠한가? 알리타-기계는 외부의 기계들과 접속하여 선을 이루고 나아가며, 감응하거나(affecting) 또는 감응된다(affected). 기계적 배치(machined assemblage)와 집단적 배치(collective assemblage of enunciation), 그리고 재영토화된 선(reterritorialization lines)과 탈영토화 지점(points of deterritorialization) 사이에서 알리타-기계가 느끼는 감정은 감응의 결과물이다. 알리타-기계는 이도-기계에게 광전사 신체 기계를 이식해달라고 부탁한다. 하지만 이도-기계는 알리타-기계의 부탁을 거절하고, 이는 그녀의 행위용량을 분해, 제한한다. 알리타-기계는 자신의 역량으로 이를 받아들이지 못하고 분노의 감정을 느끼는 것이다(사진 1-9). 이 분노의 감정은 알리타-기계의 행위용량이 분해, 제한되면서 나타나는 감응(affet)의 결과물이다.

이러한 배치를 이루는 모든 기계가 '욕망하는 기계'[5]이다. 이때의 욕망은

---

5) "욕망하는 기계들이란 다음과 같은 것들이다: 먼저 자기 구성하는 기계들(machines formatives)인데, 이 기계들에 있어서는 고장조차도 어떤 기능을 수행하며, 그 기능(fonctionnement)은 자기구성(formation)과 구별되지 않는다. 다음은 시간을 따라 생성하는(chronogénes) 기계들인데, 이 기계들은 자신의 적합한 배열(montage)과 일체를 이루고 있고, 국지화할 수 없는 연결들(liasons)과 산포된 국지화들을 통해 작동한다. 또한, 이 기계들은 코드의 잉여가치와 더불어 시간화의 과정, 즉 **떨어져나간 파편들과 조각들을 통한 자기구성들의 과정**에 개입한다. 그래서 이 기계들 전체는 부분들과 함께 스스로 생산된다. 이것은 마치 따로 떨어져 있는 하나의 부분, 버틀러의 말을 빌리면, 다른 부분들 위에 포개진 〈하나의 다른 구역 속에서〉 생산되는 것과 같다. 셋째로는 원래 의미에서의 기계들이다. 이 기계들은 절단들과 흐름들, 결합된 파동들과 입자들, 결합 가능한 흐름들과 부분대상들을 통해 진행되는데, 여기에는 언제나 한발 떨어져서 횡단적 연접들, 포함적 이접들, 다성적 통접들이 포함된다. 또한 이 기계들은 분열-흐름들(flux-schizes)로 구성된 일반화된 분열생성(schizogenése) 내부에서 개인성의 이전(transfert d' individualité)과 함께 채취들(prelevements), 이탈들(détachements), 잔여물들(resetes)을 생산한다(Gilles Deleuze·Féllix Guattari, 1972/1994: 423, 진하게 필자 강조)"

"물음을 던지고 문제를 제기하는 어떤 탐색의 힘(Gilles Deleuze·Félix Guattari, 1968/2004: 242)"이다. 여기서의 '힘'은 니체(Friedrich Wilhelm Nietzche, 1844-1900)의 '권력에의 의지(Wille Zur Macht)'에서 연유한다. "권력의지는 힘의 생성적 요소임과 동시에 힘들의 종합의 원리이다. 우리는 그 종합이 영원회귀를 형성하고, 그 종합 속에서 **힘들이 자신의 원리에 따라서 필연적으로 형성**된다는 점(Gilles Deleuze, 1962/1998: 105, 진하게 필자 강조)"을 주목해야 한다.

들뢰즈는 프로이트(Sigmund Freud, 1856-1939)에게서 욕망을 결핍으로 환원시켜 설명하려는 태도를 지적한다. 이는 "'프로이트의 모토(wo es war, sill ich werden)'에서 '해야만 한다(soll)'가 풍기는 윤리적 뉘앙스를 비판(Gilles Deleuze, Claire Parnet, 1977:2005, 144 참고)"하는 데서 여실히 드러난다. 들뢰즈는 '해야만 한다(soll)'라는 도덕법칙적 문법 자체를 문제시한다. 정신분석적으로 노바-기계를 없애려는 욕망은 알리타-기계가 가야할 '그것이 있었던 곳(Wo es war)'으로 좌표화된다. 그러나 들뢰즈는 정신분석적 명령에서 알리타가 닿아야 할 '그것이 있었던 곳(Wo es war)' 자체를 해체하고,[6] 이는 알리타의 '순수과거'[7]에서 드러난다.

---

6) 같은 맥락에서 들뢰즈는 "어린 한스(Hans)의 경우에도 프로이트는 동일한 실수(Gilles Deleuze·Claire Parnet, 1977:2005, 148)"를 저지르고 있다고 말하며 프로이트가 소개했던 '다섯 살배기 꼬마 한스의 공포증 분석'을 비판한다. 프로이트의 분석은 "배치(건물-거리-인접한 창고-마차의 말-말 한 마리가 넘어진다-말 한 마리가 채찍을 맞는다), 상황(아이는 거리로 나가는 것을 금지당했다 등), 꼬마 한스의 시도(다른 출구가 모든 봉쇄된 이상, 말-되기, 즉 어린 시절의 블록, 한스의 동물-되기의 블록, 어떤 생성의 표시인 부정법, 도주선이나 탈영토화의 움직임)(Deleuze·Claire Parnet, 1977/2005, 148, 번역 일부 수정)"를 전혀 반영되지 못한 채, 말(馬)은 아버지가 타고 다녔다는 점에서 부권(父權)을 상징하는 남근으로 좌표화한 점을 문제 삼는다.

7) '순수과거'는 "한 번도 현재였던 적이 없는 과거(Gilles Deleuze, 1980/2004: 194)"로, 베르그송(Henri Bergson, 1859-1941)의 '순수기억'에서 유래한다. "순수기억은 베르그송의 〈물질과 기억〉에서 등장한 철학적 개념으로 순수기억 안에는 인간의 능동성과 물리적 기억의 한계와 독립적으로, 흔적도 없이 가라앉은 사건을 포함한 모든 사건이 저장되고 기억된다(Willians James, 2004/2010: 193)."

모든 순간이 기억으로 남지 않는다. 아주 일부의 것들만이 기억이 되고 나머지는 과거로 사라진다. 과거로 사라진 이 순간들을 들뢰즈는 '순수과거(pure past)'라고 부른다. 순수과거는 기억을 해내려는 능동적인 사유로 통해 떠오를 수 있는 것이 아니다. 노바-기계를 물리치기 위한 훈련, 대추락 당시의 전투 등의 순수과거는 알리타-기계의 잠재태(the virtual)로 존재한다. 순수과거는 알리타-기계의 의식되지 않는 영역에 잠재되어 있다. 이는 알리타-기계의 순수과거가 '무의식'[8]으로 존재함을 의미한다.

알리타-기계는 잘렘에서의 기억이 전혀 없지만 위급상황이 오면 무의식적으로 그녀가 과거에 익혔던 화성의 고대 무술인 기갑술을 발휘한다. 이때 "무의식은 억압된 추억과는 아무 상관이 없다(Deleuze· Claire Parnet, 1977:2005, 145)." 알리타-기계는 자신의 몸속에 잠재된 전투능력을 발현하지만, 이는 억압된 과거의 기억을 떠올렸기 때문이 아니다. 이는 알리타-기계가 현재의 순간에 생산해낸 것이다. 알리타-기계가 잃어버린 기억을 찾아가는 서사의

---

8) 들뢰즈는 "정신분석학이 무의식의 세계를 축소하고 파괴하며 악령을 몰아내듯 쫓아 버리기 위해서만 무의식을 언급하고(Gilles Deleuze·Claire Parnet, 1977/2005: 143)" 있음을 지적하며 정신분석학을 비판한다. 물론 그가 정신분석이 발견해 낸 무의식 자체를 부정하는 것은 아니다. 보다 정확히 말하면, 무의식은 긍정하지만, 그 속성을 오이디푸스 콤플렉스로 수렴하는 단일한 해석을 비판하는 것이다. 이에 대한 그의 담론을 옮긴다. "우리는 반대로 풀어 보고자 합니다. 그러니까 무의식, 여러분은 그 무의식을 갖고 있지 않다고, 절대로 그런 일은 없다고, 그래서 '내(je)'가 대신 들어서야만 하는 거기에 어떤 '그것이 있었던(c' était)' 적은 없다고 말입니다. 이 작업을 위해서 프로이트의 공식을 뒤집어야만 합니다. 무의식, 여러분은 그 **무의식을 생산해야만 하는 것이죠**. **무의식은 억압된 추억과는 아무 상관이 없습니다**. 심지어 환상과도 아무 상관이 없지요. 사람들은 어린 시절의 추억들을 재생산하는 것이 아니라, 늘 현재적인 어린 시절의 블록들을 가지고 어린아이-되기라는 블록들을 생산합니다. 저마다 자신과 동시대적인 숨겨 두었던 태반 조각을 실험 재료로 삼아 제조하거나 배치하는 것이지, 자신이 깨고 나온 알이나, 그 알을 낳은 부모나, 자신이 부모에게서 끌어낸 이미지들이나, 생식 구조 따위를 재료 삼아 그리하는 것은 아닙니다. **무의식을 만드세요**. 물론 쉬운 일은 아니겠지요. 그것은 아무 데나 있는 것이 아니니까요. 실언, 재치 있는 말이나 심지어 꿈과 함께 있는 것도 아니고요. **무의식, 그것은 제조하여 흐르도록 해야할 하나의 실체**이고 정복해야 할 정치적이고 사회적인 한 공간입니다(Gilles Deleuze·Claire Parnet, 1977/2005, 145, 진하게 필자 강조)."

흐름은 프루스트의『잃어버린 시간을 찾아서』에서도 발견할 수 있다.

> 그런데 과자 조각이 섞인 홍차 한 모금이 내 입천장에 닿는 순간, 나는 깜짝 놀란 내 몸속에서 특별한 일이 일어나고 있다는 사실에 주목했다. 이유를 알 수 없는 어떤 감미로운 기쁨이 나를 사로잡으며 고립시켰다. … 아니, 그 본질을 내 안에 있는 것이 아니라 바로 나 자신이었다. 나는 더 이상 나 자신이 초라하고 우연적이고 죽어야만 하는 존재라고 느끼지 않게 되었다. 도대체 이 강렬한 기쁨은 어디서 온 것일까? (Proust, 1927/2012: 87)

주인공이 특별한 느낌을 불러일으킬 거라고 의도하지 않은 사건(마들렌과 홍차의 맛, 향, 입술에 닿는 촉감 등)이 특별한 느낌을 불러일으키는 열쇠가 되어 주인공은 그 동안 잊고 지냈던 기억들을 끄집어내게 된다(여수현, 2020c: 147). 알리타-기계 역시 마찬가지다. 자신의 이름조차 기억하지 못하는 알리타-기계는 모든 기억을 잃은 채 이도-기계가 지어준 이름 '알리타'로 살아간다. 알리타-기계는 헌터 워리어였던 이도-기계가 살인을 저지른다고 판단하고, 이를 저지하려고 한다. 이를 발견한 글루위시카-기계는 알리타-기계와 이도-기계를 모두 공격하는데, 알리타-기계는 갑자기 각성이라도 한 듯 화려한 전투기술로 글루위시카-기계를 제압한다(사진 1-10). 이도-기계에게 신체-기계를 이식받고 전투를 해 본 적도, 기술을 배운 적도 없는 알리타-기계가 무의식적으로 기술을 수행한 것이다. 이것이 바로 순수과거이다. 알리타-기계의 과거는 알리타-기계가 한 번도 경험해보지 못한 전투기술을 수행했다는 사건에 단순히 끼워 맞출 수 있는 과거가 아니다. 알리타-기계의 의식에서 떠오르지 않는 순수과거, 다시 말해 알리타-기계의 기억에 의해 형성되는 순수과거이다(여수현, 2020c: 147 참조).

3. 알리타-기계의 욕망 흐름: -되기[9)]

〈사진 2-1 〉 〈사진 2-2 〉

〈사진 2-3〉 〈사진 2-4〉

욕망에 대한 물음의 파편들이 모여 '알리타'라는 존재를 잉태한다. 알리타-기계의 욕망은 '알리타' 존재의 근원이 된다. 욕망은 독립적 개체로부터 발산되는 것이 아니다. 욕망은 개체 간의 복수적 계열série에서 무한한 힘들의 작용을 받아 '순간[10)]'으로 나타난다. 알리타-기계는 휴고-기계의 도움

---

9) 들뢰즈·가타리가 말하는 '되기'에는 여러 유형이 있다. '여성-되기', '소수자-되기', '아이-되기', '동물-되기', '식물-되기', '광물-되기', '분자-되기', '입자-되기', '음악-되기', '지각 불가능한 것-되기', '세상 모든 사람-되기', '이것임-되기' 등이 있다. 이러한 유형은 '되기'의 단계를 따져서 구분하기 어렵다. 기관 없는 신체를 억압하는 영토들 가운데, 어느 영토에 중점을 두고 탈영토화하느냐에 따라 대략적인 구분만 가능할 뿐이다. 본 논고는 알리타-기계를 들뢰즈·가타리가 말하는 '되기'의 유형 중 특정 유형에 대응시키는 것이 목적이 아니다. 이는 고정된 질서를 확신하는 근대 철학에 반기를 들고 차이와 생성을 외치는 그들의 철학에도 맞지 않은 흐름이다. 논의를 전개하며 '전사-되기', '소수자-되기', '지각 불가능한 것-되기' 등의 개념이 등장하지만, 이는 알리타-기계의 '-되기'의 일부일 뿐이다. '-되기'의 의미 자체에 초점을 맞추길 바란다.

10) 이 순간은 '시뮬라크르simulacre'를 의미한다. 시뮬라크르는 사건이며, 사건은 순간적인 존재이다. 욕망 역시 시뮬라크르로 드러난다. 고정되어 있는 욕망은 없다. 욕망은 배치 속에서 끊임없이 변화, 생성된다. 그리고 이 변화와 생성은 탈주fuite를 향한다. 시뮬라크르에 대한 논의는 여수현(2020d)을 참고할 수 있다.

을 받아 전투 당시 아이언시티로 추락한 화성 연방 공화국(United Republics of Mars(URM)) 우주선으로 간다. URM을 보며 알리타-기계는 광전사 신체 기계가 있는 사령실로 가야한다고 말하며 물속으로 뛰어든다. "생산하는 것은 언제나 생산되는 것에 접목되어 있다(Gilles Deleuze·Féllix Guattari, 1972/1994: 21)." 알리타-기계가 URM에 접목된 '순간', URM이 알리타-기계에 반응한 것이다. 또한 알리타-기계가 URM에 반응한 것이다. 알리타-기계는 URM의 구조에 익숙한 듯 사령실로 쉽게 도착한다. 그리고는 광전사 신체 기계를 발견한다(사진 2-1). 광전사 신체 기계는 알리타-기계의 욕망을 자극한다. 알리타-기계는 광전사 신체 기계 자체를 욕망하는 것이 아닌, 광전사 신체 기계를 통해 자신이 물리쳐야 할 노바-기계와의 관계 속에서 욕망한다.

알리타-기계와 휴고-기계의 감응 역시 욕망이 배치하는 '순간'을 통해 드러난다(사진 2-2). 휴고-기계가 알리타-기계에게 반응하는 현상을 합리적으로 설명할 근거가 없다. 그것은 휴고-기계가 지닌 가치관과 인식의 근거로 환원되는 성격의 것이 아니다. 휴고-기계가 과거의 보편적인 감정을 재현하고 재인함으로써 나온 결과가 아닌 것이다. 알리타-기계와 휴고-기계는 "끊임없이 상대방 속으로 변형되어 들어가며, 서로 상대방 속으로 이행한다(Gilles Deleuze·Félix Guattari, 1980/2001: 431)." 알리타-기계와 휴고-기계의 접속은 잠재적인 것의 현실화를 의미한다. Claire Cloebrook(2002)는 입은 가슴에, 말벌은 양란에 상호접속함을 들어 욕망하는 기계는 생산적이고 연접적(접속적)이라고 말한다. 이러한 접속은 생명의 흐름 표현이다. 예컨대 성욕은 다른 사람을 욕망하는 한 인물이 아니라, 생명이 생산하고 지속되는 방식으로 이해될 수 있다. 신체들은 이러한 비인칭적 생명이 흘러 지나가는 지점들일 뿐이다(Claire Cloebrook, 2002:2016, 220-222 참조).

알리타-기계와 글루위시카-기계의 접속은 어떠한가? 알리타-기계는 글루위시카-기계와의 전투를 위해 헌터 워리어-기계들에게 도움을 청하지만, 헌터 워리어-기계들은 글루위시카-기계에 현상금이 걸려 있지 않다는 이유로 알리타-기계의 도움을 거절한다(사진2-3). 알리타-기계, 그리고 헌터 워리어-기계는 모두 소수자이다. 알리타-기계는 소수자들의 힘을 집결하여 노바-기계에게 대항하려고 하지만, 그들에게 소외당한다. 소수자에 대한 소수자의 폭력성이 드러난 것이다.[11] 이러한 현상의 이유는 무엇인가? 헌터 워리어-기계들의 욕망은 자본으로 환원되기 때문이다. 자본으로 환원되는 욕망들은 담론의 가면을 쓴 욕망일 뿐이다. 들뢰즈·가타리에 의하면 기계 안에서 들끓고 있는 욕망은 그 목적성이 분명하지 않다. 또한 확실성과 객관성의 근거로 작동하는 것도 아니다. 욕망은 진리와 인식의 체계가 권고하는 영속성과 보편성으로부터의 탈주함으로써 마주치는 것, 욕망하는 기계를 설득할 수 있는 이질적이고 미지의 것이다.

알리타-기계와 이도-기계의 접속에서 발현되는 욕망 역시 마찬가지이다. 이 둘의 관계는 들뢰즈가 말한 선생과 학생의 관계와 비교된다. 들뢰즈는 〈베르그송주의〉에서 선생과 학생의 관계를 일종의 노예 관계라고 말한다. 그는 선생은 문제를 내고, 학생은 그 문제에 대한 답을 찾는 일종의 주종 관계를 문제 삼는다. "진정한 자유는 문제 자체를 결정하고 구성할 수 있는 능력(Gilles Deleuze·Félix Guattari, 1980/2001: 13)"으로 알리타-기계는 자신의 욕망이 발산하는 대로 광전사 신체 기계를 이식해 달라고 이도-기계에게 부탁했지만, 이도-기계는 이를 거부했다. 하지만 전투에서 알리타-기계가 파편화되고 "진실로 중요한 것은 문제를 푸는 것보다 문제를 발견하고 결과적으로 문제를 제기[설정]하는 일(Gilles Deleuze·Félix Guattari, 1980/2001: 13)"임을 파악하고 이도-기계는 결국 알리타-기계에게 광전사 신체 기계를 이식한다(사진 2-4). 이식받은 기계는 알리타-기계의 사유에 따라 외피가 재구성되고,

---

11) 그래서 들뢰즈.가타리는 다수자의 '소수자-되기' 뿐만 아니라 소수자의 '소수자-되기'가 필요하다고 말한다.

미시적 조정이 이루어지면 알리타-기계에게 안착된다. 광전사 신체 기계가 알리타-기계가 되는 실현은 알리타-기계의 자유로운 사유를 가능하게 하고, 알리타-기계의 욕망을 가감 없이 발현하게끔 한다. 이런 의미에서 들뢰즈·가타리는 "-되기는 욕망의 과정이다(Gilles Deleuze·Félix Guattari, 1980/2001: 517)."라고 말한다. 이는 '-되기'를 통해 알리타의 욕망이 발현됨을 의미한다.

'-되기'란 "실체적 의미가 아니라 동사적 의미로 이해되어야 하는 용어로서, 모든 대상 혹은 존재를 성격 규정하는 잠재적인 점들로 이루어지는 계열série이 순간적으로 만나 변신을 낳는 하나의 과정(Villani& Sasso, 2003/2012: 107)"이다. 그 '순간'에 일어나는 '사건(event)'에 주목해야 한다. "형식들은 없고, 형식화되지 않은 요소들 간에 이루어지는 운동적 관계들(Gilles Deleuze·Claire Parnet, 1977/2005: 169)"만 존재할 뿐인 세계에서 알리타-기계는 예견치 못한 사건들과 접속하고, 성장한다. 알리타-기계가 접속하는 '사건'이란 개념은 '생성과 변이의 관점에서, 그러면서도 주관적인 것이 아니라 사물들 사이에서 의미에 접근하는 길(이진경, 2005: 416)'이 된다.

알리타-기계의 '-되기'는 '리좀(rhizome)'[12] 형상을 띤다. "리좀은 언제나 중간에 있으며 사물들 사이에 있고 사이-존재(Gilles Deleuze·Félix Guattari, 1980/2001: 53)"이다. 이러한 사이-존재의 특성이 알리타-기계의 '-되기' 과정이다. 예를 들어 글루위시카-기계와의 전투에서 '알리타-기계'와 '전사-기계' 사이의 중간은 "하나가 하나를 휩쓸어 가는 수직 방향, 횡단운동을 가리킨다. 그것은 출발점도 끝도 없는 시냇물이며, 양쪽 둑을 갉아내고 중간에서

---

12) 리좀rhizome은 들뢰즈·가타리가 〈천개의 고원〉에서 다룬 개념으로 수목형arborescent 모델과 대비되는 개념이다. '-되기'는 사이에서 끊임없이 발산되다 단절이 일어나고, 그 지점에서 새로운 접속을 통해 또 다른 '-되기'를 생성한다. 단절과 접속이 중간에서 반복되며 무한히 뻗어 나가는 '-되기'는 리좀적 특성을 지닌다. 리좀의 원리로는 접속(connexion)의 원리, 이질성(heterogenéité)의 원리, 다양성(multiplicité)의 원리, 비의미적 단절(repture asignifiante)의 원리, 지도 그리기(cartographie)와 전사(décalcomanie)의 원리가 있다. 리좀에 대한 논의는 여수현(2020a)를 참고할 수 있다.

속도를 내는(Gilles Deleuze·Félix Guattari, 1980/2001: 55)" 리좀적 생성과정을 드러낸다.

즉 '-되기'는 "'A와 B 사이'처럼 관계들의 견지에서만 사고할 수 있을 뿐 'A에서 X로'처럼 생산의 견지에서는 사고할 수 없는 것이다(Gilles Deleuze·Félix Guattari, 1980/2001: 445)." 즉 '-되기'는 알리타-기계와 전사-기계 '사이에서' 일어나는 것이지, 알리타-기계가 전사-기계로 고정되어 과정이 아니라는 것이다. 그 이유는 "실제적인 것은 되기 그 자체이며 … 고정된 것으로 상정된 몇 개의 항이 아니기(Gilles Deleuze·Félix Guattari, 1980/2001: 452)" 때문이다. 이처럼 고정된 항을 상정하지 않음은 '-되기'가 구조적인 자아에 선행함을 의미한다. '-되기'를 통해 알리타-기계의 자아는 분산되고, 해체됨으로써 어떠한 형태로도 될 수 있는 잠재성을 띠게 된다. 이는 알리타-기계가 지향해야 할 본질적 속성이 존재함을 의미하는 것이 아니라, 알리타-기계의 생성적 속성이 발현됨을 의미한다(여수현, 2019: 166 참조).

생성적 속성은 고정된 자아에 매몰되지 않고, 욕망을 발산하는 속성을 의미한다. 알리타-기계는 '잘렘', 그리고 그곳의 지도자 '노바-기계'의 권력이 갖는 일원적 중심성에서 벗어나 탈정체화와 불균형화를 추구한다. 여기서 들뢰즈·가타리 철학의 숨은 의미가 드러난다. 알리타-기계가 잘렘에 가고자 하는 욕망은 공공의 목적의식 때문이 아니다. 들뢰즈·가타리에 의하면 공공의 목적의식은 이미 오이디푸스화된 사회적 욕망일 뿐이다. 알리타-기계가 잘렘에 가고자 하는 욕망은 공익적 담론으로 환원되지 않는, 알리타-기계와 잘렘 사이에서 '그저' 작동하는 것이다. 이러한 작동 방식이 바로 '기계'의 작동 방식이다. 기계의 무인격적이고 비인칭적인 작동 방식은 "지배적 검열코드를 분쇄하는 반 주체들의 육체적 저항지점이며, 탈코드적이고 노마드적인 해방(이동언, 1997: 281)."으로 이어진다. 공공의 목적의식에서 시작되지 않았지만 몰적 거시 체제를 해체하는 결과가 도래된 것이다.

몰적 거시 체제는 위계적인 평가의 척도로서 작동하는 권력을 기반으로 한다. 소수자에 대한 편견과 차별은 소수 집단과 다수 집단을 구분 짓는 결과를 낳고, 이러한 잣대는 우월한 집단과 열등한 집단이라는 새로운 형태의 내부적 위계질서를 뒷받침하는 기반이 된다. 알리타-기계의 욕망은 잘렘-아이언시티, 부유층-빈민층, 강자-약자, 다수자-소수자의 이분법적 세계를 해체할 수 있는 열쇠가 된다. 알리타-기계의 욕망은 개인의 문제에서 나아가 '소수자-되기(Minorität-Werden)'로 나아가는 것이다.

'소수자-되기'는 다수자가 상정하는 확실성과 객관성의 논리에 물음을 제기하는 탈영토화 과정이다. 이는 "끊임없이 새로운 삶을 모색하고 실험하고 '있는', 그것을 가로막은 온갖 코드들과 제도들 및 권력에 맞서 싸우고 '있는' 주체들의 노력에 다름 아니다(김경섭, 2009: 152)." 영토화된 주체에 대한 대안적 주체로서 알리타-기계가 드러내는 소수성은 "결코 이미 만들어진 기성의 것이 아니며, 오직 전진하며 공격하는 양상을 보이는 탈주선 위에서 구성(Gilles Deleuze· Claire Parnet, 1977:2005, 87)"된다.

탈주선 위에서 구성되는 "욕망을 억압하는 규범들에 저항하고 스스로를 분자화하여 새로운 관계를 설정하는 주체성(Féllix Guattari, 1979/2000: 153)"은 단순히 거시적인 저항 집단을 대표하는 몰적 소수자를 의미하지 않는다. 알리타-기계가 그려내는 욕망의 발산은 "소수자-되기를 통한 노마드적 주체성이며 주체성 변형의 투쟁 과정(Féllix Guattari, 1979, 2000: 153)"으로 이해될 수 있다. 그래서 들뢰즈·가타리는 "-되기는 자기 자신 외에는 아무것도 생산하지 않는(Gilles Deleuze·Félix Guattari, 1980/2001: 452)" 내재적인(immanent) 것이라고 말한다.

알리타-기계는 소수자로서 전쟁기계를 작동하며 강밀도를 집중시켜 자신을 배치시키며, 새로운 반향을 일으킨다. 그리고 자신의 에너지 분포를 바꾸고 새로운 에너지를 무한히 형성한다. 중요한 것은 알리타-기계가 노바-

기계 자리를 착취해 또 다른 권력자가 되는 것이 아니라는 점이다. 알리타-기계는 위계적 체계의 일원적 중심성 자체를 해체한다. 즉 '소수자-되기'에는 소수자라 하더라도 몰적 소수자가 되려는 소수자는 제외되며, 다수자라 하더라도 분자적 다수자가 되려는 다수자는 포함된다.

4. 알리타-기계 존재의 함의: 탈주

사진 3-1

사진 3-2

'-되기'는 '생성'이다. "생성은 언제나 중간에 있다. 우리는 중간에서만 생성을 얻을 수 있다. 생성은 하나도 둘도, 또 둘 사이의 관계도 아니다. 생성은 둘-사이(entre-deux)이며, 경계선 또는 탈주선과 추락선, 이 둘 사이를 수직으로 지나가는 선이다(Gilles Deleuze·Félix Guattari, 1980/2001: 555)." 그렇다면 알리타-기계의 '소수자-되기'는 무엇을 향해 전개되는가? 그것은 "의문의 여지 없이 지각 불가능하게-되기이다. 지각 불가능한 것[13]은 생성의 내재적 끝이며 생성의 우주적 공식formule이다(Gilles Deleuze·Félix Guattari, 1980/2001: 529, 번역 일부 수정)"

모든 기계에는 '지각 불가능하게-되기'의 의욕이 있다. 이는 모든 개체의 존재 양식이 '차이 생성'임을 함의한다. "존재는 차이를 통해 만들어진다는

13) "지각불가능한 것(imperceptible(탈기관적인 것 anorganique)), 식별불가능한 것(indiscernable(탈기표적인 것asignifiant)), 그리고 비인칭적인 것(impersonnel(탈주체적인 것asubjectif))(Gilles Deleuze·Félix Guattari, 1980/2001: 529)"은 맥을 같이하는 개념이다.

그런 의미에서, 존재는 차이이다(Gilles Deleuze, 1968/2004: 57)." 이에 다이안 아버스(Diane Arbus, 1923-1971)는 '차이를 무시해서는 안 되고, 모두 전체로 간주해서도 안 된다. 그 차이를 관찰해야 하고, 알아차려야 하며, 주의를 기울여야 한다(Diane Arbus, 2003: 67).'고 말한다. 스스로 변화하고 달라지는 종결 없는 과정이 개체들의 운명인데, 이 차이 생성의 일시적 응결 형태는 존재의 일의성(uni-vocité)으로 나타난다.

존재의 일의성은 "존재에 단 하나의 목소리[이름]만을 부여(Gilles Deleuze, 1968/2004: 101)"함을 의미한다. 알리타-기계는 현상 수배범-기계에게는 헌터 워리어-기계이고, 휴고-기계에게는 연인-기계이다. '헌터 워리어'로 언명될 수도, '연인'으로 언명될 수도 있지만, 일의적인 것은 알리타-기계 자체인 것이다. "일의적인 것은 존재이고, 이런 일의적(univoque) 존재는 다의적인(équivoque) 존재자를 통해 언명된다. (중략) 존재는 어떤 형식들에 따라 언명되지만, 이 형식들은 존재의 의미가 지닌 단일성을 깨뜨리지 않는다. 존재는 자신의 모든 형식들을 통해 언명되지만, 하나의 똑같은 의미에서 언명(Gilles Deleuze, 1968/2004: 633, 번역 일부 수정)"될 뿐이다.

알리타-기계의 "존재를 언명하는 각각의 것들은 차이에 의해 지배받고 있다(Gilles Deleuze, 1968/2004: 103)." 알리타-기계의 존재는 차이 생성 자체를 통해 언명되는 것이다. 그리고 이 차이 생성은 "본질상 긍정의 대상, 긍정 자체(Gilles Deleuze, 1968/2004: 136)."로 세계에 틈새를 생성하고, 일원적 중심성으로부터 탈주(fuite)한다.

소위 '탈주'라 하면 문제 상황으로부터의 회피를 의미하지만 들뢰즈·가타리식 맥락에서 '탈주'는 역행하는 저항의 수단이 아닌, 발산적인 행위 역량이 결부된 차이 생성의 운동이다. 즉 탈주는 능동적이며 긍정적인 개념으로 '나'라는 존재자를 확인하는 관문이다. 알리타-기계의 탈주 양상은 "그리고 그리고..(et)라는 접속사들로 이어져 나간다(Gilles Deleuze·Félix Guattrai, 1980/

2001: 55).” 모터볼 대회도 이 접속사들 중 하나이다(사진 3-1). 알리타-기계를 없애라는 노바-기계의 명령에 따라 최첨단 장비로 중무장한 선수-기계들은 알리타-기계를 공격한다. 하지만 알리타-기계는 이에 굴하지 않고 적들을 물리치며 자신의 신체적 역량을 드러낸다. 이러한 의도적인 균열과 질서의 파편화는 다수자의 시각에서는 '사회악'으로 낙인된다. 그러나 탈주 없는 삶은 몰적 사회 시스템으로 회귀될 뿐이다. 알리타-기계는 거대 사회 체제에 틈새를 만들며 자신을 탈주시킨다.

알리타-기계의 욕망, 그리고 그 욕망의 흐름인 '-되기'는 이러한 틈새를 만드는 탈주로 나아간다. 알리타-기계의 존재는 고정된 무엇으로 정의되지 않는 '차이 생성' 그 자체인 것이다. 이는 긍정도 부정도 아닌 열려있는 세계를 지향한다. 열려있는 세계는 분자적 세계이다. 몰적 세계는 구조적인 확실성을 의미하는 반면, 분자적 세계는 구조적인 불확실성을 의미한다. 분자적 세계에는 차이 생성의 운동만이 존재하며 불변하는 영속적인 존재는 없다. 존재의 위계도, 긍정과 부정이라는 이원화의 세계도 존재하지 않는다. 분자적 세계가 지닌 이러한 모호함은 알리타-기계를 비규정성과 불확실성의 상태로 만든다. 이는 욕망하는 기계의 분열증적 욕망이 어떠한 형태로든 배치될 수 있는 상태를 의미한다.

알리타-기계의 분열증적 욕망은 '잘렘-아이언시티'를 지층화하는 성층 작용을 분해한다. 알리타-기계와 '잘렘-아이언시티'의 배치는 서로 다른 목소리를 내지만, 내재적 운동을 공유한다. '잘렘-아이언시티'의 배치가 모든 방향으로 가는 흐름이라면, 알리타-기계 역시 모든 방향으로 가는 흐름이다. 하지만 '잘렘-아이언시티'를 지층화하는 성층 작용은 “질료에 형식을 부여하고, 공명과 잉여의 시스템들 속에서 강렬함들을 가둬두거나 독자성을 붙들어 매어(Gilles Deleuze·Félix Guattari, 1980/2001: 85)” 버린다. '잘렘-아이언시티'라는 거시 체제를 대표하는 관념은 이분법적 시각을 강요하고 그 체제의 구성원은 이러한 시각에 익숙해지는 것이다. "권력은 완결되고 완벽한 개체를 추구하며 코드화하려고 한다. 그리고 인간의 욕망을 동질화하려고(서울사회과학연구소, 1997: 113)."한다. 그리고 알리타-기계는 그곳에서 탈주를 시도한다.

잘렘이 조직화한 세계 바깥으로 탈주하는 알리타-기계의 행위는 예상치 못한 결과를 낳는다. 바로 휴고-기계의 죽음이다(사진 3-2). 하지만 이러한 절망적 결과는 알리타-기계의 탈주 행위를 더욱 고조시킨다. 휴고-기계의 죽음 이후 다시 모터볼 대회에 등장한 알리타-기계. 그녀의 삶이 어디로 나아갈지, 그리고 어떤 힘을 발휘하게 될지 잘렘의 시각으로 포착해낼 수 없다. 알리타-기계의 탈주는 당연하다고 여겨왔던 이분법적 프레임에 대한 회의를 불러일으키며 "발전되고, 해소되고, 제거될 모든 모순보다 더 고귀한 것은 가치 전환(Gilles Deleuze, 1962/1998: 46)."이라는 묵직한 울림으로 진동하며 마무리된다.

5. 읽기 교육의 과제

지금까지 들뢰즈·가타리 철학에 기반하여 〈알리타: 배틀 엔젤〉을 분석하였다. 욕망하는 기계로서 알리타-기계는 배치 안에서 불확실성을 띠는 욕망, 무한히 변용 가능한 욕망을 발산한다. 알리타-기계는 "하나의 고른판이 되며 이것은 하나의 욕망이 아니라 여럿의 욕망이 동시에 존재하는 장을 형성(Gilles Deleuze·Félix Guattari, 1980/2001: 295)"한다. 그리고 '-되기'를 통해 그 고른판에는 비결정적인 복수의 욕망이 흐르고, 그 흐름은 이질적인 욕망이 끊임없이 해체되고 파편화되는 '탈주'하는 삶으로 나아간다.

욕망은 잠재력을 지닌 기계들이 서로의 차이를 확인하면서 새로운 세계를 만들어 가는 문제의식을 통해 일원적 중심성에서 벗어나 제3의 것을 구상할 수 있다. '기계'라는 개념 규정에서 출발한 알리타-기계의 존재 의미가

'탈주'를 통해 확인된다는 점, 그리고 이는 탈위계적 세계를 생성하는 힘이 된다는 점에서 본 논고의 탐구는 결국 "모든 규정은 부정(Gilles Deleuze, 1968/2004: 136)"이라는 명제에 도달한다.

이 과정에서 알리타-기계는 "가로질러 가는 것들은 형식을 부여받지 않은 불안정한 질료들, 모든 방향으로 가는 흐름들, 자유로운 강렬함들 또는 유목민과 같은 독자성들, 순간적으로 나타났다 사라지는 미친 입자들(Gilles Deleuze·Félix Guattari, 1980/2001: 85)" 중 하나이지만, 그녀가 발산하는 힘은 위대하다. 그 힘은 관념의 동종성을 거부한다. 이는 우리가 어떠한 방식으로 단일한 규범을 변화해 나가야 하는지에 대한 생성적 사유를 불러일으킨다. 이 사유는 "근대적 주체의 동일성에서 벗어나는 새로운 주체성, 다른 방식으로 사고하고 행동하는 주체성을 생산(Gilles Deleuze, 1990/1993: 105, 번역 일부 수정)"하는 수많은 입자의 생성을 불러일으킬 것이다.

참고문헌

김경섭(2009), 사건의 유물론과 소수적 탈주의 미시정치학: 들뢰즈 가타리의 정치 윤리학, 현대사상 4호.

서울사회과학연구소(1997), 탈주의 공간을 위하여, 푸른숲.

여수현(2019), 들뢰즈와 가타리의 '되기' 개념에 기반한 '독자 되기' 고찰, 한국초등교육, 30(3)호.

여수현(2020a), 읽기의 리좀(rhizome)적 특성 고찰, 한국초등교육, 31(1)호.

여수현(2020b), 들뢰즈·가타리의 욕망론에 기초한 독자 욕망 탐구, 한국초등교육, 31(2)호.

여수현(2020c), 들뢰즈의 시간 이론에 기초한 독자 자아 탐구, 독서연구, 56호.

여수현(2020d), 텍스트 읽기 과정에서 독자 자아에 대한 이해 - 들뢰즈 철학의 시뮬라크르(simulacre) 개념을 기반으로- 한국초등교육, 31(3)호.

이동언(1997), 문화연구의 새로운 토픽들, 문화과학사.
이진경(2002), 노마디즘 2, 휴머니스트.
이진경(2005), 철학과 굴뚝청소부, 그린비
Arnaud Villani·Robert Sasso(2003), *Le vocabulaire de Gilles Deleuze*, 신지영 역(2012), 들뢰즈 개념어 사전, 갈무리.
Claire Cloebrook(2002), *Understanding Deleuze*, 한정헌 역(2016), 들뢰즈 이해하기, 그린비.
Diane Arbus(2003), *Revelations*, New York: Random House.
Féllix Guattari(1979), L' *inconscient machinique: essais de schizo-analyse*, 윤수종 역(2000), 기계적 무의식: 분열분석, 푸른숲
Gilles Deleuze(1962), *Nietzsche et la philosophie*, 이경신 역(1998), 니체와 철학, 민음사.
Gilles Deleuze(1964), *Proust et Les signes*, 서동욱·이충민 역(2004), 프루스트와 기호들, 민음사.
Gilles Deleuze(1966), *Le Bergsonisme*, 김재인 역(1996), 베르그송주의, 문학과 지성사.
Gilles Deleuze(1968), *Différence et répétition*, 김상환 역(2004) 차이와 반복, 민음사.
Gilles Deleuze(1983), *Cinema. 1: L'image-movement*, 유진상 역(2002), 시네마 1: 운동-이미지, 시각과 언어.
Gilles Deleuze(1990), *Pourparler*, 김종호 역(1993), 대담 1972-1990, 솔.
Gilles Deleuze·Claire Parnet(1977), *Dialogues*, 허희정·전승화 역(2005), 디알로그, 동문선.
Gilles Deleuze·Féllix Guattari(1972), *L'ANTI-OEDIPE: Capitalism et schizofhrenie I*, 최명관 역(1994), 앙띠 오이디푸스, 민음사.
Gilles Deleuze·Félix Guattari(1980), *Mille Plateaux: Capitalisme et schizophrénie 2*, 김재인(역)(2001), 천 개의 고원: 자본주의와 분열증 2, 새물결.
James Williams(2004), *Gilles Deleuze's Difference and repetition*, 신지영 역(2010), 들뢰즈의 차이와 반복, 라움.
Liseloot Mariett Olsson(2009), *Reading Early Childhood Education with Gilles Deleuze et Félix Guattari*, 이연선·이경화·손유진 역(2017), 들뢰즈와 가타리를 통해 유아교육 읽기, 살림터
Marcel Proust(1927), *A la recherche du temps perdu*. 김희영 역(2012), 잃어버린 시간을 찾아서 1, 민음사.

| 색 인 |

ㄱ

ㄴ

ㅁ

ㅂ

ㅅ

ㅇ

ㅈ

ㅍ

ㅎ